उपनिषद्

एकादश प्रमुख उपनिषदों का प्रथम सम्पूर्ण एवं द्विभाषीय

हिन्दी तथा अंग्रेजी पद्य भाष्य

(मूल संस्कृत पाठ सहित)

ॐ पूर्णमदः पूर्णमिदं पूर्णात्पूर्णमुदच्यते।
पूर्णस्य पूर्णमादाय पूर्णमेवाव शिष्यते॥

ॐ ब्रह्म पूर्ण, ब्रह्माण्ड पूर्ण, जग-पूर्ण उदित उस पूर्ण जनित।
वह ब्रह्म पूर्ववत् रहे पूर्ण, ब्रह्माण्ड पूर्ण यद्यपि निःसृत।

पं० श्री भवेश नाथ पाठक, एम० ए०

भगवद्गीता तथा ब्रह्मसूत्र के प्रथम द्विभाषीय, हिन्दी-अंग्रेजी, समश्लोकी पद्यभाष्यकार

EASTERN BOOK LINKERS

ईस्टर्न बुक लिंकर्स

दिल्ली : : (भारत)

प्रकाशक :
ईस्टर्न बुक लिंकर्स
५८२५, न्यू चन्द्रावल, जवाहरनगर,
दिल्ली-११०००७
फोन : ३९७०२८७
ई-मेल : easternbook@mantraonline.com

प्रथम संस्करण : २००२

मूल्य : सात सौ पचास रुपये

ISBN : 81-7854-011-8

टाईप सैटिंग : क्रियेटिव ग्राफिक्स
ए-४०/६, गली नं० २, ब्रह्मपुरी
दिल्ली - ५३ फोन० २१९५६४३
मुद्रक : आर० के० ऑफसैट प्रोसैस, नवीन शाहदरा, दिल्ली-110032

THE UPANIṢADS

The First Bilingual Annotations of
Eleven Main Upaniṣads
In Hindi & English Verses
With Full Saṁskṛta Texts
(Complete & Unabridged-Not an Anthology)

The Supreme Self is Full, Infinite and Perfect!
The Universe too is Full and Perfect as the effect!
From that Full Self, Full Creation detracted!
That Self Full remains, Full cosmos retracted!

Paṇḍit Shri Bhawesh Nath Pathak, M.A.
Author of
Brahma Sūtra-The Songstring Divine & Gītā-Sugītā-
The Gītā Divine In Hindi & English Verses

Eastern Book Linkers

Delhi :: India

Published by :
EASTERN BOOK LINKERS
5825, New Chandrawal,
Jawahar Nagar, Delhi-7
Ph. : 3970287
E-mail : easternbook@mantraonline.com

Edition : 2002

Price : 750.00

ISBN : 81-7854-011-8

Laser Type Setting :
CREATIVE GRAPHICS
A-40/6, Gali No. 2,
Brahmpuri, Delhi-110053
Phone : 2195643

सर्मपण

धर्मपत्नी श्रीमती देवता पाठक तथा
सुपुत्रगण, नीरज नाथ पाठक, सोम नाथ पाठक शास्त्री तथा वेद नाथ पाठक वैदिक,
को जिन्होंने वेदान्त प्रस्थानत्रयी की इस महायात्रा हेतु पर्याप्त पाथेय प्रदान किया!

"उत्तिष्ठत जाग्रत प्राप्य वरान्निबोधत......." कठ- १-३-१४
उठ जाग, श्रेष्ठ गुरु करो प्राप्त, होगा उनसे ही ब्रह्म सुगम!
असिधार-तीक्ष्ण यह मार्ग सूक्ष्म, ज्ञानी कहते पथ अति दुर्गम!
"सत्यमेव जयति......" मुण्डक ३-१-६
जीतता सत्य ही, असत् नहीं, सत् करे दिव्य-पथ का वितान!
ऋषि आप्तकाम जिस पथ जायें, हो जहाँ परम सत् का निधान!

ग्रा०/पो० भैसदीरा
द्वारा-गुरुबाजार, जि० कटिहार
(बिहार) पिन-854104
फोन- 06452-65606

भवेश नाथ पाठक
श्रावणी पूर्णिमा, 15-8-2000
संस्कृत दिवस, रक्षा बन्धन
स्वतेत्रता दिवस

DEDICATED TO

My wife Smt. Devata Pathak And sons-
Neeraj Nath Pathak, Som Nath Pathak Shastri & Ved Nath Pathak Vaidik,
But for whom I could not have progressed far on the path of the
Poetic Vedānta Triad.

From nescience and ignorance arise and awake!
Getting great teachers true knowledge partake!
Very difficult to tread is this path of knowledge,
The sages say, it is sharp like the razorś edge!
(Kaṭha-1-3-14)
The Truth alone triumphs, urtruths not succeed!
The Truth extends the Path Divine to proceed!
The sages who no more desires entertain,
The Supreme Abode of Truth by that path attain!
(Muṇḍaka-3-1-6)

Vill.& P.O. Bhaisdira
via-Gurubazar
Dist. Katihar (Bihar)
Pin- 854104
Phone- 06452-65606

Bhawesh Nath Pathak
15-8-2000
Saṁskṛta Day
Rakṣā Bandhana,
Independence Day

आमुख-स्तुति

ॐ ब्रह्म वाक्, बल, प्राण, चक्षु, श्रोत्रांग, इन्द्रियाँ पुष्ट करे!
उपनिषद्-ब्रह्म को नहीं तजूं, परित्याग न कर वह मुझे वरे!
उपनिषद् ज्ञान औ धर्म सभी, हो ब्रह्म-निरत मैं सतत वरूँ!
वह मेरा, मैं होऊँ उसका, उससे अटूट सम्बन्ध करूँ!
ॐ सहरक्षा, बल-वृद्धि साथ, सहभोजन औ सहपोषण हो!
अध्ययन-ज्ञान हो तेजस्वी, निर्मल विद्वेष रहित मन हो!
ॐ भद्र वचन ये श्रोत्र सुनें, कल्याण दृष्ट हो नेत्रों से!
निज आयु देव हित में भोगें, स्तुतिलीन सुदृढ़ तन-अंगों से!
हे इन्द्र यशस्वी स्वस्ति करें, पूषा सर्वज्ञ करें पालन!
अरि नाशक चक्र गरुड़ हितकर, कल्याण बृहस्पति कर साधन!

(उपनिषदों के शान्ति पाठों से)

PROLOGUE INVOCATIONS

O God, my limbs and strength be rigorous!
My speech, breath, sight and hearing be vigorous!
All this is Para Brahma, the Upaniṣads regard!
I may not the Upaniṣads' Brahma disregard!
He may not from his own Self me alienate!
The unity with Him may never terminate!
The Upaniṣadś Truth and Dharma in me may abide!
Undiscarded I may in His Self reside!
May God us together protect and sustain!
May we together dining all strength attain!
The knowledge we acquire, may all illuminate!
All distrust and malice in us eliminate!
O God, our ears may good words receive!
Our Eyes O Lord only good things perceive!
Strong bodied and limbed, with life alloted,
By us the Supreme may be always meditated!
May the glorious Indra prosperity award!
The all-knowing Pūṣan welfare safeguard!
The discus-strong Garuḍa may good-luck provide!
And wise Bṛhaspati with us may abide!

(From Upaniṣadś Peace Invocations)

उपनिषद्

धनुर्गृहीत्वौपनिषदं महास्त्रं शरं ह्युपासानिशितं संधयीत।
आयम्य तद्भावगतेन चेतसा लक्ष्यं तदेवाक्षरं सोम्य विद्धि॥ ३

प्रणवो धनुः शरोह्यात्मा ब्रह्मतल्लक्ष्यमुच्यते।
अप्रमत्तेन वेद्धव्यं शरवत्तन्मयो भवेत॥ ४

(मुण्डकोपनिषद् २-२)

उपनिषद्–ओम् धनु–महाअस्त्र, ले कर उपासना–शर साधन!
प्रभु–चित्त खींच धनु वेध सोम्य, वह ब्रह्म लक्ष्य, कर आराधन! ३

धनु प्रणव, यही आत्मा शर है, परब्रह्म लक्ष्य कहते चिन्मय!
हो विद्ध वाण ज्यों लक्ष्य–रूप, अप्रमत्त वेध कर हों तन्मय! ४

पं॰ श्री भावेश नाथ पाठक

The Upaniṣads

Take as the great weapon the Upanṣads' Oṁ-bow!
On it fix the meditation-sharpened your arrow!
Drawing it with the mind on Him concentrated,
O Dear, now hit that Imperishable targeted! 3
Verily, the bow is the Oṁ syllable venerated!
With this Self as arrow, one Brahma targeted!
Unerring, the goal should be hit concentrated,
With Him to be one as the arrow-penetrated! 4

Muṇḍaka-2-2

Pt. Shri Bhawesh Nath Pathak

भेंट पत्र

....बहूनि चानन्तानि च
तदेतद्ब्रह्मापूर्वमनपरमनन्तरमबाह्यमयमात्माब्रह्म
सर्वानुभूरित्यनुशासनम्॥ (बृहदारण्यक २-५-१९)

माया अनेक हों या अनन्त, जीवात्मा ब्रह्म-रूप, अनपर!
वह है अपूर्व, कोई न परे, कुछ नहीं अन्य हो बाह्यान्तर!
सर्वानुभूत है तत्त्व यही, अयमात्मा ब्रह्म', यही वह है!
यह आत्मा ही है ब्रह्म-रूप, शास्त्रों का अनुशासन यह है!

सुश्री/श्री- -
- -

संसार-सागर तरने में पद्यात्मक वेदान्त 'प्रस्थान त्रयी' (उपनिषद्, ब्रह्मसूत्र तथा भगवद्गीता) आपका पथ प्रशस्त करे तदर्थ अनेक शुभकामनाएँ!

Gift Card

Other than the Self, no entity is there
In this unique Self, nothingelse does inhere!
One to which nothing outside does adhere!
It is the Supreme Self, pervading everywhere!
This truth all persons somewhat perceive
This Self is Brahma, in heart they conceive!
The scriptures say, it is self-realized,
And one in one's own Self visualized!

Bṛhadāraṇyaka-2-5-19

Miss, Mrs. Mr. - - - - - - - - - - - - - - - - - -
- -

May, while you negotiate this World Ocean, the float of Poetic Vedānta Triad bring you all success, glory and Blissful Self-Realization!

- - - - - - - - - -

विषय सूची-CONTENTS

लेखकीय

जब मैंने इन उपनिषदों का अंग्रेजी में पद्य भाष्य किया तो यह विचार आया कि क्यों नहीं इसे भी भगवद्गीता तथा ब्रह्मसूत्र की भाँति द्विभाषीय पुस्तक का रूप देने के लिये अपनी पूर्व प्रकाशित कृति 'उपनिषद्गीत-गीता सुगीता' के उपनिषद्गीत अंश को इसमें सम्मिलित कर दूं। फिर मुझे प्रतीत हुआ कि स्वतंत्र रूप से बाद में लिखे गये अंग्रेजी भाष्य के साथ पूर्व प्रकाशित हिन्दी पद्यानुवाद कुछ ठीक जँच नहीं रहा है। संभवत: उस समय मेरा कवि-हृदय कुछ मुखर हो गया था तथा अब काल-क्रम में हो सकता है कि कवि-दृष्टि थोड़ी प्रखर हो गई हो! अस्तु मैं उपनिषद्गीत' के पुनरीक्षण में लग गया। किन्तु तब मैंने पाया कि उपनिषदों के पद्य-भाष्य ने एक नया ही रूप ले लिया है। और इस प्रकार मैं एक प्रकाशित कृति के अनावश्यक पुनः प्रकाशन-दोष से बच गया। अब मैं यही कहूँगा कि वह 'उपनिषद्गीत' था और यह 'उपनिषद्' है-मूल से अपेक्षाकृत अधिक निकट। यों उस 'उपनिषद्गीत' का अपना अलग महत्व है तथा वह स्वतंत्र रूप से पठनीय एक काव्य रचना है।

इस महद् ग्रन्थ में गंभीर पाठकों की सुविधा, अध्येताओं के अभ्यास एवं तुलनात्मक अध्ययन हेतु सम्पूर्ण मूल संस्कृत पाठ भी सम्मिलित कर लिया गया है जिससे पुस्तक पूर्ण, प्रामाणिक तथा अधिक उपादेय हो गई है। मैं मानता हूँ कि हिन्दी पद्य-भाष्य भी यदा-कदा दुरूह एवं सूत्रात्मक हो गया है क्योंकि मेरा प्रयत्न रहा है कि प्रत्येक श्लोक या संदर्भ को यथा संभव हिन्दी पद्य की एक ही चतुष्पदी में बाँधे रखूं। सस्कृत के सूत्रात्मक कथ्य को हम बहुत मनोयोग से समझने का प्रयत्न करते ही हैं। फिर हिन्दी में सूत्रात्मकता से विराग क्यों? विषय वस्तु स्वयं-संवेद्य है, सब कुछ व्याकरण के अनुसार शब्दों में बांधा नहीं जा सकता और न ऐसा करने का प्रयत्न करना ही उचित होगा। स्वयं अपने भाव-प्रयत्नों से हृदयंगम करने हेतु थोड़ी सूत्रात्मकता अपेक्षित है जिससे जिज्ञासु-पाठक मन्त्र-द्रष्टा ऋषि के मनोभावों को बूझ शब्दों के बीच छिपे अनकहे कथ्य-तथ्य एवं सत्य समझें। कुछ स्थलों पर अंग्रेजी पद्य भाष्य हिन्दी पद्य भाष्य की यत्किंचित व्याख्या का भी कार्य करेगा। यों दोनों भाष्य स्वतंत्र हैं तथा कहीं-कहीं बाह्यत: थोड़ा अर्थान्तर-मतान्तर भी दिख सकता है। किन्तु उसे विरोधी नहीं अपितु पूरक तत्त्व समझना चाहिये। इस पुस्तक के प्रणयन एवं प्रस्तुतीकरण में मेरे सुपुत्रों श्री नीरज नाथ पाठक, सोम नाथ पाठक शास्त्री एवं वेद नाथ पाठक वैदिक तथा जामाता श्री अनिल कुमार पाठक का पर्याप्त योगदान रहा है। मैं अपने प्रकाशक विशेष कर श्री शाम लाल एवं रवि मल्होत्रा जी, मुद्रक एवं अन्य सहयोगियों का भी साधुवाद करता हूँ। ये सभी पुण्य के भागी हैं। अपने जीवन-यज्ञ के इस हवन की पूर्णाहुति स्वरूप द्विभाषीय पद्यात्मक सम्पूर्ण वेदान्त प्रस्थान त्रयी का यह तृतीय एवं अन्तिम पुष्प अर्पित करते हुए मेरी आकांक्षा है:

हो गीता 'सुगीता' रूप 'उपनिषद्' ले धनुष स्वरूप!
शर वेदान्तगीत अनूप, बिंधकर ब्रह्म हो अनुरूप!
हो प्रस्थान-त्रय सुप्रयाण, विचलित क्यों पड़े निष्प्राण!
आत्मा सत्, नहीं तन-प्राण, यह वेदान्त सत्य-प्रमाण!

भावेश नाथ पाठक

PREFACE

This work together with my two other bilingual books, 'Brahma Sūtras-The Song String Divine' and Gītā Sugītā-The Gītā Divine' published earlier, at long last finally completes my long projected and cherished Bilingual and poetic Vedānta Triad in Hindi and English Verses, perhaps the first such venture so far!

The expressions and treatment in this work may at places appear to be complex or involved, though to a careful reader or one having some faith and grooming, they may be clear enough. Apart from the complexities of the subject-matter itself and my own limitations, these may chiefly be due to the fact that I have been rather fastidious towards the texts and tried to be honest to them, perhaps more honest than I should have been in the interest of good poetry. It has none the less been intended to be a blissful poetry as true to the sacred texts of inspired utterances as I could possibly make it. And it had to be poetry as the revelations are the product of a poetic approach to the Ultimate Reality.

For the convenience of more serious readers and for facilitating comparative study, proper reference and may be, meditations, I have included the full Saṁskṛta Texts hoping it would add to the authenticity and value of this volume. It may be necessary to add here that with reference to the Hindi version the English annotations have been separately and independently conceived. The latter may therefore some times appear to differ in perception and purport. But the difference is more apparent than real and they may be considered to be supplementary and complementary in nature.

A considerable credit goes to my sons, Neeraj Nath; Som Nath Shastri and Ved nath Vaidik and son-in-law Anil Kumar Pathak for their assistance in planning and preparing for this great work as well as for their pre-publication criticisms and suggestions. I must also thank my publishers specially Shri Sham Lal Malhotra & Shri Ravi Malhotra, printers, distributors and all others who have extended their full co-operation to me in this great endeavour.

May I wish here my dear reader, that-

'The Upaniṣads' be as the bow contemplated!
'Vedānta Gīta- Brahma Sūtra the arrow targeted!
'The Gītā Divine' meditation concentrated!
The goal is Para Brahma, thus penetrated!

Bhawesh Nath Pathak

ईशावास्योपनिषद्

शान्ति पाठ

ॐ पूर्णमदः पूर्णमिदं पूर्णात्पूर्णमुदच्यते।
पूर्णस्य पूर्णमादाय पूर्णमेवावशिष्यते॥
ॐ शान्तिः शान्तिः शान्तिः।

ईशावास्यमिदं सर्वं यत्किञ्च जगत्यां जगत्।
तेन त्यक्तेन भुञ्जीथा मा गृधः कस्य स्विद् धनम्॥ १
कुर्वन्नेवेह कर्माणि जिजीविषेच्छतं समाः।
एवं त्वयि नान्यथेतोऽस्ति न कर्म लिप्यते नरे॥ २

ईशावास्योपनिषद्

(शुक्ल यजुर्वेद काण्व शाखीय संहिता का चालीसवां अध्याय)

शान्ति पाठ

ॐ ब्रह्म पूर्ण, ब्रह्माण्ड पूर्ण, जग-पूर्ण उदित उस पूर्ण जनित!
वह ब्रह्म पूर्ववत् रहे पूर्ण, ब्रह्माण्ड पूर्ण यद्यपि निःसृत!
ॐ त्रिविध ताप शान्त हों!

ईश से बसा सभी कुछ यहाँ, जगत् में जो स्थावर-गतिमान!
ईशमय त्याग-भाव से भोग, मोह तज, धन किसका मतिमान! १
कर्मरत रहकर ही निष्काम, शरत-शत जीना भी हो प्रेय!
कर्म यों नहीं करें नर लिप्त, नहीं पथ अन्य कभी हो श्रेय! २

ĪŚĀVĀSYA UPANIṢAD

Peace Invocation

The Supreme Self is Full, Infinite and Perfect!
The Universe too is Full and Perfect as the effect!
From that Full Supreme, Full Creation detracted!
That Self Full remains, Full cosmos retracted!
May the Three-Fold Afflictions be Resolved!

Whatever the moving world has sentient or insentient,
All is pervaded by the Supreme Self Sentient!
Minding Him, enjoy with renunciation, not longing!
Covet not the riches, to no one belonging! 1
Always perform your duties determined!
There is not a way but the duties enjoined.
Thus living a hundred years too be in mind,
And acting unattached, the actions not bind! 2

असुर्या नाम ते लोका अन्धेन तमसाऽवृताः।
तांस्ते प्रेत्याभिगच्छन्ति ये के चात्महनो जनाः। ३
अनेजदेकं मनसो जवीयो नैनद्देवा आप्नुवन् पूर्वमर्षत्।
तद्धावतोऽन्यानत्येति तिष्ठत्तस्मिन्नयो मातरिश्वा दधाति। ४
तदेजति तन्नैजति तद् दूरे तद्वन्तिके।
तदन्तरस्य सर्वस्य तद् सर्वस्यास्य बाह्यतः। ५
यस्तु सर्वाणि भूतान्यात्मन्येवानुपश्यति।
सर्व भूतेषु चात्मानं ततो न विजुगुप्सते। ६

अन्ध तम युत असुरों के लोक, वहीं पुनि-पुनि मरकर हो गमन।
भोग-आसक्ति मगन जो मनुज, करें ऐसे जो आत्मा-हनन। ३
तीव्र मन से, एकाकी, अचल, देव-इन्द्रिय द्वारा अप्राप्त।
आदि, ठहरे भी गति से परे, वायु-जल उस ज्ञाता से प्राप्त! ४
युगल चल-अचल, वही सर्वत्र, बहुत ही दूर, बहुत ही पास।
बसा अन्तर में सबके वही, चतुर्दिक बाहर भी हो भास। ५
परम आत्मा में देखे भूत, आत्ममय भूत सभी, यह जान।
मनुज हो घृणा-द्वेष से दूर, सभी भूतों में हो भगवान! ६

[Īśāvāsya

There are gloomy worlds enveloped in ignorance,
Where the demons dwell in darkness of nescience.
Destroying their Self who not to it abide,
They go there after their death to reside. 3
One and not moving, it is swifter than mind!
The Primal knowing all, leaves the sense-gods behind!
Even when not moving, it crosses those running,
It makes moist air sustain all raining. 4
Though it appears moving, the Self never moved!
It seems far away and yet is near proved!
In the heart of all beings the Self does reside,
And yet it surrounds all from the outside! 5
One who all beings in the Self realized,
And the Self abiding in all visualized,
Not doing evil deeds, he hates not a person,
He turns away never from Self-realization! 6

यस्मिन् सर्वाणि भूतान्यात्मैवाभूद् विजानतः।
तत्र को मोहः कः शोक एकत्वमनुपश्यतः॥ ७
स पर्यगाच्छुक्रमकायमव्रणमस्नाविरं शुद्धमपापविद्धम्।
कविर्मनीषी परिभूः स्वयम्भूर्याथातथ्यतोऽ र्थान्व्यदधाच्छाश्वतीभ्यः
समाभ्यः॥ ८
अन्धं तमः प्रविशन्ति येऽविद्यामुपासते।
ततो भूय इव ते तमो य उ विद्यायां रताः॥ ९
अन्यदेवाहुर्विद्ययान्यदाहुरविद्यया।
इति शुश्रुम धीराणां ये नस्तद् विचचक्षिरे॥ १०

आत्मवत् भूत सभी, एकत्व, जान देखें जब ज्ञानी-सन्त।
मोह फिर उन्हें कौन हो शेष, शोक का भी होता है अन्त। ७
शुक्र, अशरीर, स्नायुव्रणहीन, स्वयम्भू, द्रष्टा, ज्ञाता, व्याप्त।
शुद्ध निष्पाप, मनीषी, शुभ्र, यथोचित शाश्वत-स्रष्टा प्राप्त। ८
तमोमय भौतिकवादी जान, अविद्या-कर्म लीन भरपूर।
अधिक तम में जो त्यागें कर्म, रहें जो विद्या-मद में चूर। ९
कहें विद्या के फल कुछ भिन्न, अविद्या-कर्म जन्य फल अन्य।
धीर-ज्ञानी से हमने सुना, जिन्होंने व्याख्या की इस जन्य। १०

When a knower has known all thus unified,
When one all beings in the Self vivified,
What are for him then sorrows and delusions?
The seer of the unity is above all illusions. 7
Sinewless, pure, incorporeal and radiant,
Untouched by evils, seer and non-variant!
He pervades all, Self-Existent and wise,
Since Beginning providing for all nature-wise. 8
Devoted to objects and untruths in ignorance,
Some go to the gloomy darkness of nescience!
Leaving duties who boasted of knowledge alone,
To a greater gloom, as it were, they too are gone! 9
The effect of knowledge is one thing stated,
The result of half-truths is another related
We have thus heard from the wise illumined,
Who have for us these thus determined. 10

विद्यां चाविद्यां च यस्तद् वेदोभयं सह।
अविद्यया मृत्युं तीर्त्वा विद्ययामृतमश्नुते॥ ११
अन्धं तमः प्रविशन्ति येऽसम्भूतिमुपासते।
ततो भूय इव ते तमो य उ सम्भूत्यां रताः॥ १२
अन्यदेवाहुः सम्भवादन्यदाहुरसम्भवात।
इति शुश्रुम धीरणां ये नस्तद् विचचक्षिरे॥ १३
सम्भूतिं च विनाशं च यस्तद् वेदोभयं सह।
विनाशेन मृत्युं तीर्त्वा सम्भूत्यामृतमश्नुते॥ १४

अविद्या-विद्या जानें युगल, जानते साथ कर्म औ ज्ञान।
जीतते वही कर्म से मृत्यु, ज्ञान से ब्रह्मामृत का पान। ११
भजें जो 'असंभूति' या मर्त्य, वही अज्ञान अन्धतम वरें।
अमर 'संभूति' भजें मदमत्त, प्राप्त वे अधिक घोर तम करें। १२
अन्य फल अविनाशी से प्राप्त, भजें नश्वर, फल होते अन्य।
सुना ज्ञानी से हमने यही, जिन्होंने व्याख्या की इस जन्य। १३
युगल यदि जानें एक समान, मर्त्य औ अमर तत्त्व का ज्ञान।
मृत्यु तरते नश्वर को जान, करें अक्षर से अमृत पान। १४

One who has the knowledge and illumination,
And does as well worldly Karma and action,
The death he transcends his actions performing,
And becomes immortal to knowledge conforming. 11
Into the darkness of ignorance they are gone,
Who worship the unmanifest or mortal alone,
Who boastfully manifest immortal meditate,
In a greater gloom, so to say, they vegitate! 12
One thing is said to be the manifest meditation,
Another is the effect of unmanifest adoration!
We have thus heard from the wise illumined,
Who have for us these in this way defined. 13
One who has the knowledge of Brahma manifest,
And who also knows the Nature unmanifest,
The death he transcends unmanifest meditating,
And becomes immortal manifest venerating. 14

हिरण्मयेन पात्रेण सत्यस्यापिहितं मुखम्।
तत्त्वं पूषन्नपावृणु सत्यधर्माय दृष्टये।। १५
पूषन्नेकर्षे यम सूर्य प्राजापत्य व्यूह रश्मीन् समूह।
तेजो यत्ते रूपं कलयाणतमं तत्ते पश्यामि योऽसावसौ पुरुषः
सोऽहमस्मि।। १६
वायुरनिलममृतमथेदं भस्मान्तं शरीरम्।
ॐ क्रतो स्मर कृतं स्मर क्रतो स्मर कृतं स्मर।। १७
अग्ने नय सुपथा राये अस्मान् विश्वानि देव वयुनानि विद्वान्।
युयोध्यस्मज्जुहुराणमेनो भूयिष्ठां ते नमउक्तिं विधेम।। १८

हिरणमय पात्र ढँका है सत्य, हँटा पूषन् मुख से आवरण।
सत्य-दर्शन हो भर्ता पूर्ण, करूँ मैं सत्य-धर्म का वरण। १५
प्रजापति, ऋषि, यम, हे आदित्य, स्वयँ में ले समेट निज रश्मि।
तेजमय देखूँ मैं शिव रूप, वही मैं, सोऽहम्, मैं ब्रह्मास्मि! १६
वायु-अमृत में प्राणेन्द्रियाँ, भस्म जब तन हो, त्लेतीं शरण।
कर्म को स्मर, सुधि ले हे देव, किये कर्मो का मन कर स्मरण! १७
सभी कर्मों के ज्ञाता अग्नि, सुपथ से ले चल भगवत् धाम!
पाप औ बाधाएँ कर दूर, करें हम पुनि-पुनि तुझे प्रणाम! १८

ईशावास्योपनिषद् समाप्त

The face of the Truth-Brahma covered I behold!
It is enveloped by a radiant disc of gold!
Remove it Sustainer, and let me visualize!
Let a seeker of Dharma and Truth realize! 15
Sustainer, controller, Sole Seer and the Sun!
Now gather up your rays O Prajāpati's son!
So that I may now your grand form behold,
For, that Person in you is my own Self, I hold! 16
The life-breath goes to the air immortal,
As fire burns to ashes the bodies mortal.
Remember and see what you have performed!
I may remember, O God, to what I conformed! 17
O Fire God, lead us to that path divine!
Remove obstacles and depravities mine!
You are well aware of all our actions,
We offer you our repeated prostrations! 18

Īśāvāsya Upaniṣad Ends

केनोपनिषद्

(सामवेदीय तलवकार ब्राह्मण का नवम अध्याय)

शान्ति पाठ

ॐ आप्यायन्तु ममाङ्गानि वाक् प्राणश्चक्षुः क्षोत्रमथो बलमिन्द्रियाणि
च सर्वाणि। सर्वं ब्रह्मौपनिषदं माहं ब्रह्म निराकुर्यां मा मा ब्रह्म निराकरोत्
अनिराकरणमस्त्वनिराकरणं मेऽस्तु। तदात्मनि निरतेय उपनिषत्सु
धर्मास्ते मयि सन्तु, ते मयि सन्तु। ॐ शान्तिः शान्तिः शान्तिः

प्रथम खण्ड

ॐ केनेषितं पतति प्रेषितं मनः केन प्राणः प्रथमः प्रैति युक्तः।
केनेषितां वाचमिमां वदन्ति चक्षुः क्षोत्रं क उ देवो युनक्ति॥ १॥

शान्ति पाठ

ॐ ब्रह्म वाक् बल प्राण चक्षु, श्रोत्रांग इन्द्रियाँ पुष्ट करे!
उपनिषद्-ब्रह्म को नहीं तजूं, परित्याग न कर वह मुझे वरे!
उपनिषद् ज्ञान औ धर्म सभी, हो ब्रह्म निरत मैं सतत वरूँ!
वह मेरा, मैं होऊँ उसका, उससे अटूट सम्बन्ध करूँ!

प्रथम खण्ड

यह श्रेष्ठ प्राण प्राणित किससे, प्रेषित किससे मन विषयोन्मुख?
किससे प्रेरित वाणी मुखरित, ये चक्षु श्रोत्र किस देवोन्मुख? १

[Kena-1

Peace Invocation

May God, my limbs and strength be rigorous!
My speech, breath, sight and hearing be vigorous!
All this is Para Brahma, the Upaniṣads regard,
May I never the Supreme disregard!
Myself He may not from Him alienate!
The unity with Him may never terminate!
Upaniṣads' Truth and Dharma in me may reside!
Undiscarded I may in His Self abide!

Section-1

By whom towards objects the mind is compelled?
By whom these life-breaths are thus propelled?
Prompted by whom beings have speech function?
What gods direct eyes and ears to action? 1

श्रोत्रस्य श्रोत्रं मनसो मनो यद्वाचो ह वाचं स उ प्राणस्य प्राणः।
चक्षुषश्चक्षुरतिमुच्य धीराः प्रेत्यास्माल्लोकादमृता भवन्ति॥२॥
न तत्र चक्षुर्गच्छति न वागगच्छति नो मनो न विद्मो न विजानीमो
यथैतदनुशिष्यादन्यदेव तद्विदितादथो अविदितादधि।
इति शुश्रुम पूर्वेषां ये नस्तद्व्याचचक्षिरे॥३॥

यद्वाचानभ्युदितं येन वागभ्युद्यते।
तदेव ब्रह्म त्वं विद्धि नेदं यदिदमुपासते ४
यन्मनसा न मनुते येनाहुर्मनो मतम्।
तदेव ब्रह्म त्वं विद्धि नेदं यदिदमुपासते। ५

मन चक्षु श्रोत्र वाणी का पति, प्राणों का भी वह महाप्राण।
यह जान धीर अमृत होते, जग-जीवन से करके प्रयाण। २
मन चक्षु वाक् से वह अगम्य, है अन्य, परे अज्ञात-ज्ञात!
जानूं न, ज्ञात पूर्वों से ही, कैसे क्या तुझको कहूँ तात? ३
वाणी से वर्णित नहीं कभी, जिससे ही प्रकटित हो वाणी।
तू जान उसे ही ब्रह्म तात, वह नहीं, भजें जिसको प्राणी! ४
मन जिससे जाने, करे मनन, है मनन स्वयँ जिसका दुष्कर।
वह ब्रह्म, उसे तू जान तात, वह नहीं जिसे भजते ये नर। ५

The ear of the ear and the mind of the mind,
The speech, eye and breath of their own kind!
Knowing Him the wise leave this world mortal,
And free from bondage, they become immortal. 2
By eyes, mind and speech, He is beyond reach.
We not at all know as to how can we teach!
The ancients say, He is other than the known!
They also declare, He is other than unknown! 3
Brahma can not by the speech be expressed,
This speech itself from Him has egressed!
Know that is Para Brahma, the speech of speech!
And not what people worship here or preach! 4
That which can not by the mind be conceived,
The mind itself by which all preceived,
Know that is Para Brahma who knows this mind!
And not what being worshipped we do find! 5

यच्चक्षुषा न पश्यति येन चक्षूंषि पश्यति।
तदेव ब्रह्म त्वं विद्धि नेदं यदिदमुपासते। ६
यच्छोत्रेण न शृणोति येन श्रोत्रमिदं श्रुतम्।
तदेव ब्रह्म त्वं विद्धि नेदं यदिदमुपासते। ७
यत् प्राणेन न प्राणिति येन प्राणः प्रणीयते।
तदेव ब्रह्म त्वं विद्धि नेदं यदिदमुपासते। ८

द्वितीय खण्ड

यदि मन्यसे सुवेदेति दभ्रमेवापि नूनं त्वं वेत्थ ब्रह्मणो रूपम्।
यदस्य त्वं यदस्य देवेष्वथ नु मीमांस्यमेव ते मन्ये विदितम्। १

जो स्थूल चक्षु से नहीं दिखे, ये चक्षु देखते जिस कारण।
है ब्रह्म वही, जानो, न कि वह, जिसको भजते जन साधारण। ६
जिससे श्रुत होकर श्रोत्र सुनें, श्रोत्रों से जिसे नहीं सुनते।
है वही ब्रह्म, तू जान उसे, वह नहीं जिसे तुम सब गुनते! ७
प्राणित जिससे है स्वयँ प्राण, जो प्राण-वायु के नहीं शरण।
है ब्रह्म वही, तू जान तात, वह नहीं जिसे भजते जन-गण। ८

द्वितीय खण्ड

अति किंचित उसका रूप ज्ञात, यदि कहते तुमने है जाना।
सुरगण औ तेरा अल्प ज्ञान, मीमांस्य मात्र जाता माना! १

[Kena-1

That which can not by the eye be perceived,
The eyes due to whom the images received,
Know that is Para Brahma beyond time and form!
And not to what people worshipping conform! 6
That which can not be heard by the ear,
By which heard this ear is made to hear,
Know that is Para Brahma who really all heard,
And not what in worships is declared! 7
That which never by Life-breaths respirated,
By which the Life-Principle itself operated,
Know that is Para Brahma by which beings live,
And not what people worship and believe! 8

Section-II

If you do believe that you have known Brahma,
Very little indeed you know of His Dharma!
Whatever you know or the seers visualized,
Verily all that is debatable realized! 1

नाहं मन्ये सुवेदेति नो न वेदेति वेद च।
यो नस्तद्वेद तद्वेद नो न वेदेति वेद च॥ २
यस्यामतं तस्य मतं मतं यस्य न वेद सः।
अविज्ञातं विजानतां विज्ञातमविजानताम्॥ ३
प्रतिबोधविदितं मतममृतत्वं हि विन्दते।
आत्मना विन्दते वीर्यं विद्यया विन्दतेऽमृतम्।४
इह चेदवेदीदथ सत्यमस्ति न चेदिहावेदीन्महती विनष्टिः।
भूतेषु भूतेषु विचित्य धीराः प्रेत्यास्माल्लोकादमृता भवन्ति॥ ५

जानूं या नहीं, नहीं जानूं, मैं तदपि 'जानता' यह मानूं!
ज्ञाता जाने दोनों असत्य, ये 'जानूं' और 'नहीं जानूं'! २
जो अमत मानता वह जाने, अज्ञात रहे यदि ज्ञात कहे!
ज्ञातापन तज दे ज्ञात तभी, ज्ञाता-मद में, अज्ञात रहे! ३
जिससे ब्रह्मामृत प्राप्त वही, वास्तविक ज्ञान प्रतिबोध जान!
आत्मा से ही बल वीर्य ज्ञान, हो ज्ञान जन्य ही ब्रह्म ज्ञान! ४
हो कुशल जान लो यहीं, बाद में होगा महा विनाश।
आत्मवत् भूत देखते धीर, अमर होते तन का जब नाश। ५

I do not believe that I have fully known.
Not do I think, He remains unknown!
But I do know and those who really perceive,
Known and unknown negating they conceive, 2
Who thinks He is not known, he has conceived,
Who believes Him known, he has not perceived.
Who admits not to know, to him He is known,
And who boasts of knowing, He remains unknown! 3
By a fully conscious Self the Supreme is gained,
And turning towards Self eternity obtained.
Through one's own Self one strength maintained,
And through this knowledge immortality attained. 4
It is better to know Him in this life here,
Afterwards doom and destruction are there.
In all beings wise the Supreme visualize,
On death they are immortal as Truth realize. 5

तृतीय खण्ड

ब्रह्म ह देवेभ्यो विजिग्ये तस्य ह ब्रह्मणो विजये देवा
अमहीयन्त त ऐक्षन्तास्माकमेवायं विजयोऽस्माकमेवायं महिमेति॥१
तद्धैषां विजज्ञौतेभ्यो ह प्रादुर्बभूव तन्न व्यजानत किमिदं यक्षमिति।२
तेऽग्निमब्रुवञ्जातवेद एतद् विजानीहि किमिदं यक्षमिति तथेति॥३
तदभ्यद्रवत् तमभ्यतदत् कोऽसीत्यग्निर्वा अहमस्मीत्यब्रवीज्जा-
तवेदा वा अहमस्मीति४

तृतीय खण्ड

ब्रह्म के कारण ही सुर-विजय, किन्तु थे देव गर्व में चूर।
विजय-महिमा अपनी ही मान, विजय-मद में डूबे भरपूर! १
जान यह रोक लिया निज देय, ब्रह्म ने करने मद का नाश।
हुआ देवों को भी अज्ञेय, यक्ष के रूप प्रकट वह पास! २
जानने को आकुल थे देव, अग्नि से कहा, जानिये कौन?
अग्नि ने किया इसे स्वीकार, जानने दिव्य यक्ष वह मौन। ३
दौड़कर सम्मुख पहुँचे अग्नि, पूछते यक्ष नाम औ धाम।
अग्नि बोले, मैं ही हूँ अग्नि, जातवेदस् भी मेरा नाम! ४

[Kena-1

Section -III

Once Brahma for gods a victory obtained,
But the gods believed they themselves attained.
Exulting in their false greatness and glory,
They were proud of victory, as goes the story! 1
Withdrawing His grace as He became aware,
Brahma appeared as a demi-god there!
Who is this Yakṣa, all gods did ponder,
But knew they not that demi-god yonder! 2
Bewildered, the gods the Fire-God requested,
And asked to find out who manifested.
Who is this Yakṣa, they asked him to state,
The Fire-God agreed to so investigate. 3
The Fire God now went running to the place,
To the Demi-God Spirit he came face to face.
The Spirit asked Fire God, who was he named?
The Fire God, he replied, Jātaveda famed! 4

तस्मिंस्त्वयि किं वीर्यमिति। अपीदं सर्वं दहेयम् यदिदं पृथिव्यामिति॥ ५
तस्मै तृणं निदधावेतद्दहेति। तदुपप्रेयाय सर्वजवेन तन्न शशाक
दग्धुं स तत एव निववृते, नैतदशकं विज्ञातुं यदेतद् यक्षमिति॥ ६
अथ वायुमब्रुवन् वायवेतद् विजानीहि किमेतद् यक्षमिति तथेति॥ ७
तदभ्यद्रवत् तमभ्यवदत् कोऽसीति। वायुर्वा अहमस्मीत्य-
ब्रवीन्मातरिश्वा वा अहमस्मीति॥ ८
तस्मिंस्त्वयि किं वीर्यमिति। अमीदं सर्वमाददीयम् यदिदं पृथिव्यामिति॥ ९

यक्ष ने पूछा, क्या है शक्ति, अग्नि बोले मद में हो चूर।
जला कर सब कर सकता भस्म, जगत् में जो दिखता भरपूर। ५
जला इस तृण को, बोले यक्ष, लपक कर भी पावक हो विफल।
हारकर लौटे, बोले अग्नि, हो सका नहीं कार्य में सफल। ६
पुनः सब देव वायु से कहें, आप देखें यह कौन समक्ष!
वायु ने किया इसे स्वीकार, जानने कौन दिव्य यह यक्ष! ७
दौड़ वे आये यक्ष समीप, कौन तुम, यक्ष पूछते नाम।
वायु बोले, मैं ही हूँ वायु, मातरिश्वा भी अन्य सुनाम। ८
यक्ष ने पूछा, तेरी शक्ति, वायु बोले मद में हो चूर।
उठा लूँ सब कुछ जो भी यहाँ, उड़ा दूँ मैं नभ में अति दूर। ९

O so named, asked Yakṣa, tell me your prowess!
What are the powers that you do possess!
I can burn, said the Fire, all that is there!
I can turn everything into ashes here! 5
Placing a straw the Spirit asked him to burn,
The Fire attacked, but in ashes could not turn.
He returned back saying, he has failed to find,
As to who the Yakṣa was, a Spirit of what kind! 6
There after the gods the Air God requested,
To find out who had thus there manifested.
Who was this demi-god, they wanted to know,
The Air-God agreed to find out and show. 7
The Air God then went running to the place,
To the demi-god Spirit he came face to face.
The Spirit asked Air God, what was he named?
The Air God, he replied, 'Mātariśvā' famed! 8
O so named, asked Yakṣa, tell me your prowess!
What are the powers that you really possess?
The Air said, I can lift all that is there!
And blow off everything present anywhere! 9

तस्मै तृणं निदधावेतदादत्स्वेति। तदुपप्रेयाय सर्वजवेन तन्न शशाकादातुं
स तत् एव निववृते, नैतदशकं विज्ञातुं यदेतद् यक्षमिति॥ १०
अथेन्द्रमब्रुवन् मघवन्नेतद् विजानीहि किमेतद् यक्षमिति तथेति।
तदभ्यद्रवत्। तस्मात् तिरोदधे॥ ११
स तस्मिन्नेवाकाशे स्त्रियमाजगाम बहुशोभमानामुमां हैमवतीं
तांहोवाच किमेतद् यक्षमिति॥ १२

चतुर्थ खण्ड

सा ब्रह्मेति होवाच। ब्रह्मणो वा एतद्विजये महीयध्वमिति,
ततो हैव विदाञ्चकार ब्रह्मेति॥। १

फेक तृण कहें यक्ष, यह उड़ा, वायु झपटे लेकिन असमर्थ।
लौटकर बोले लज्जित पवन, जानने में मैं नहीं समर्थ! १०
इन्द्र से कहें देव अब आप, जानिये कौन यक्ष यह यहाँ।
दौड़कर ज्यों पहुँचे हैं इन्द्र, यक्ष हो गये तिरोहित वहाँ। ११
गगन में वहीं पहुँचते इन्द्र, उमा अतिशय सुन्दरी समक्ष।
पूछते हैमवती से, देवि, कौन यह दिव्य यहाँ था यक्ष?१२

चतुर्थ खण्ड

ब्रह्म वह, विजय उसीकी जान, मत्त तुम थे निज महिमा मान!
इन्द्र ने तब त्यागा निज अहं, सुरों को हुआ ब्रह्म का ज्ञान! १

[Kena-3

The Yakṣa placed a straw and asked him to move,
With force the Air blew, but he could not remove!
He returned back saying, he has failed to find,
As to who the Yakṣa was, a Spirit of what kind! 10
Now the gods 'Maghavana' or Indra requested
To find out who had as Yakṣa manifested,
Agreeing Indra before the Yakṣa appeared,
But the demi-god Spirit fast disappeared. 11
In the sky, a beautiful maiden materialized,
Himālaya's princess Umā was visualized!
Indra asked her, who had thus disappeared?
Who had as the demigod yakṣa appeared?12

Section-IV

Umā said that Yakṣa was Brahma indeed!
Gods exulted in the victory that was His deed!
It was Brahma really, now Indra realized,
Brahma as the demi-god had materialized! 1

तस्माद्वा एते देवा अतितरामिवान्यान् देवान् यदग्निर्वायुरिन्द्रस्ते
ह्येनन्नेदिष्ठं पस्पृशुस्ते ह्येनत् प्रथमो विदाञ्चकार ब्रह्मेति॥ २
तस्माद् वा इन्द्रोऽतितरामिवान्यान् देवान् स ह्येनन्नेदिष्ठं
पस्पर्श, स ह्येनत् प्रथमो विदाञ्चकार ब्रह्मेति॥ ३
तस्यैष आदेशो यदेतद् विद्युतो व्युद्यतदा इतीन्न्यमीमिषदा इत्यधिदैवतम्॥ ४
अथाध्यात्मं यदेतद्गच्छतीव च मनोऽनेन चैतदुपस्मरत्य भीक्ष्णं संकल्पः॥ ५
तद्ध तद्वनं नाम तद्वनमित्युपासितव्यं स य एतदेवं वेदाभि हैनं
सर्वाणि भूतानि संवाञ्छन्ति॥ ६

इसीसे अग्नि वायु औ इन्द्र, सुरों में सबसे श्रेष्ठ महान।
इन्होंने छूकर प्रिय-निकटस्थ, ब्रह्म को प्रथम लिया था जान। २
इन्हीं में मघवन सबसे श्रेष्ठ, जिन्होंने किया ब्रह्म का स्पर्श।
जानकर ब्रह्माश्रित सब जीव, उन्होंने जाना ब्रह्मोत्कर्ष। ३
छटा विद्युत् की जैसे त्वरित, नेत्र-पलकों का ज्यों झपकना।
सुरों का लेकर यों आधार, यही अधिदैविक संस्थापना। ४
ब्रह्म पर मन जाता है नित्य, करे मन भक्ति-प्रेम से स्मरण
करे संकल्प, यही अध्यात्म, करे मन उसी ब्रह्म का वरण। ५
प्रिय-प्राप्य ब्रह्म है सब जन को, ऐसी उपासना ही समुचित।
जो जाने ऐसा ब्रह्म-पुरुष, सब भूतों का वह प्रिय-वांछित॥ ६

Upaniṣad]

The Fire, Air and Indra gods therefore precede,
In greatness the other gods they supercede!
They were the first who thus visualized,
Closely, as if touching, they Brahma realized! 2
Among these deities God Indra is the best,
Closest as if touching, he became the greatest.
Para Brahma he had near and dear perceived,
And the Living Self dependent on Him conceived. 3
Like a flash of lightning, Para Brahma appears,
In a winking of eye, He like-wise disappears.
The illustration here has so been described,
As references to divinities are always ascribed. 4
This mind always goes to the God in devotion,
It lovingly remembers Him during meditation.
To attain Him it has the will and resolution,
This again is referred as Personal Illustration. 5
Brahma is the inner Self and one's nearest,
The object of one's resolution dearest,
He is to be in that manner contemplated,
All beings seek a person who so meditated. 6

उपनिषदं भो ब्रूहीत्युक्ता त उपनिषद् ब्राह्मीं वाव त उपनि- षदमब्रूमेति॥ ७
तस्यै तपो दमः कर्मेति प्रतिष्ठा वेदाः सर्वाङ्गानि सत्यमायतनम्॥ ८
यो वा एतामेवं वेदापहत्य पाप्मानमनन्ते स्वर्गे लोके ज्येये प्रतितिष्ठति
प्रतितिष्ठति॥ ९

केनोपनिषद् समाप्त

शान्ति पाठ - यथा उपनिषद् के प्रारम्भ में

उपदेश करें आचार्य हमें, उपनिषदों का जो ब्रह्म- ज्ञान।
आचार्य कहें, उपनिषद् कहा, तुम यह ब्राह्मी उपनिषद् जान! ७
आधार कर्म तप दम तीनों, है वेद अंगयुत ब्रह्म ज्ञान।
आयतन रूप है सत्य-ब्रह्म, परमात्मा सबका अधिष्ठान। ८
होते क्षय उसके सकल पाप, जाना जिसने यह ब्रह्म-ज्ञान।
हो अमर-श्रेष्ठ वैकुण्ठ प्राप्त, अमरत्व प्रतिष्ठित उसे जान। ९

केनोपनिषद् समाप्त

[Kena-4

The disciple prays his teacher for instruction,
For the wisdom of Upaniṣads and illumination.
The teacher says, O disciple, I have all related,
The knowledge of Brahma and Upaniṣad stated! 7
The knowledge of Brahma and full illumination,
Are based on penance, Self-control and action.
The Vedas with Divisions are organs of the wisdom,
The knowledge abides in Truth-Brahma's kingdom. 8
Whoever imbibes this wisdom and instruction,
His sins have indeed a complete destruction.
He goes to the Supreme heaven he had cherished,
In the Abode Imperishable he is established. 9

Kena Upaniṣad Ends

Peace Invocation

As given at the beginning of this Upaniṣad

कठोपनिषद्

ॐ सह नाववतु। सह नौ भुनक्तु। सह वीर्यं करवावहै।
तेजस्वि नावधीतमस्तु। मा विद्विषावहै। ॐ शान्तिः शान्तिः शान्तिः

प्रथम अध्याय-प्रथम वल्ली

ॐ उशन् ह वै वाजश्रवसः सर्ववेदसं ददौ। तस्य ह नचिकेता नाम पुत्रआस॥१
तं ह कुमारं सन्तं दक्षिणासु नीयमानासु श्रद्धाऽऽविवेश सोऽमन्यत॥२

(कृष्ण यजुर्वेद की कठ शाखा के अन्तर्गत)

शान्ति पाठ

ॐ सह रक्षा, बल-वृद्धि साथ, सह भोजन औ सह पोषण हो!
अध्ययन जन्य हों तेजस्वी, निर्मल विद्वेष रहित मन हो!
ॐ त्रिविध ताप की शान्ति हो!

प्रथम अध्याय-प्रथम वल्ली

ऋषि वाजश्रवा-सुत यज्ञ करें, कामना यज्ञ-फल की उनको।
दे दिया दान धन-धान्य सभी, सुत नामी नचिकेता जिनको। १
दक्षिणा जन्य बूढ़ी गौवें, नचिकेता ने लाते देखा।
वह था बालक ही किन्तु उसे, श्रद्धावश थीं चिन्ता-रेखा! २

Upaniṣad]

Kaṭha Upaniṣad

Peace Invocation

May God us together protect and sustain!
May we together dining all strength attain!
The knowledge we acquire, may all illuminate!
All distrust and malice in us eliminate!
Oṁ may the Three-fold Afflictions be resolved!

Section-I-I

Desiring the fruits of his sacrifice-action,
Vājaśravā's son held a big Yajña-funtion.
All his wealth he gave away for his fame,
He had a good son Naciketā by name. 1
When the cows were being brought for donation,
Though still a boy, Naciketā had compassion.
The old cows in charity made him agitated,
And filled with faith he thus contemplated. 2

पीतोदका जग्धतृणा दुग्धदोहा निरिन्द्रियाः।
अनन्दा नाम ते लोकास्तान् स गच्छति ता ददत्॥ ३
स होवाच पितरं तत कस्मै मां दास्यसीति।
द्वितीयं तृतीयं तं होवाच मृत्यवे त्वा ददामीति॥४
बहूनामेमि प्रथमो बहूनामेमि मध्यमः।
किं स्विद्यमस्य कर्तव्यं यन्मयाद्य करिष्यति॥ ५
अनुपश्य यथा पूर्वे प्रतिपश्य तथापरे।
सस्यमिव मर्त्यः पच्यते सस्यमिवाजायते पुनः॥ ६

अन्तिम जल पी, तृण अन्तिम खा, जो जीर्ण शिथिल औ दुग्धहीन।
कर दान इन्हें हो निम्न योनि, हों प्राप्त लोक जो सुखविहीन। ३
पूछा उसने हे पिता किसे, दे रहे दान में हैं मुझको?
थे पिता मौन, फिर-फिर पूछा, बोले क्रोधित हो, दूँ यम को! ४
सोचे, बहुतों में प्रथम रहूँ, बहु में मध्यम जाता माना।
यम का क्या चाहें कार्य आज, पितु मुझसे पूर्ण किया जाना? ५
जो पूर्वज थे या आज रहें, वह करता पितु का समाधान।
अन्नों-सा पक सब मृत्यु प्राप्त, अन्नों-सा उपजें नाशवान। ६

[Kaṭha-1-1

Not grazing nor drinking and no milk therefore,
With body and organs emaciated all the more.
One who gives away such cows in donation,
Only to miserable worlds goes that person. 3
He asked his father full of determination,
To whom O sire, you give me in donation?
A second and a third time Naciketā exhorted,
To the Death God I give, his father retorted. 4
He thought, in many he indeed was the foremost!
And among many he still was the mid-most!
By him what his father now wanted accomplished?
To serve what ends of Death he so wished? 5
He said, realize how forefathers did fare!
What also those others present had in share!
Ripening and dying crops grow once again,
The mortals alike die and again birth attain! 6

वैश्वानरः प्रविशत्यतिथिर्ब्राह्मणो गृहान्।
तस्यैतां शान्तिं कुर्वन्ति हर वैवस्वतोदकम्॥ ७
आशा प्रतीक्षे संगतं सूनृतां च इष्टापूर्ते पुत्र पशूंश्च सर्वान्।
एतद् वृङ्क्ते पुरुषस्याल्पमेधसो यस्यानश्नन् वसति ब्राह्मणो गृहे॥ ८
तिस्रो रात्रीर्यदवात्सीर्गृहे मे अनश्नन् ब्रह्मन्नतिथिर्नमस्यः।
नमस्तेऽस्तु ब्रह्मन् स्वस्ति मेऽस्तु तस्मात् प्रति त्रीन् वरान् वृणीष्व॥ ९
शान्तसंकल्पः सुमना यथा स्याद्वीतमन्युर्गौतमो माभि मृत्यो।
त्वत्प्रसृष्टं माभिवदेत्प्रतीत एतत्त्र्याणां प्रथमं वरं वृणे॥ १०

ब्राह्मण वैश्वानर अग्नि रूप, करता प्रवेश गृह अतिथि बना।
वैसा सत्कार करें यम-सुत, लें जल, स्वागत हो महामना! ७
घर में भूखा ब्राह्मण हरता, पशु-पुत्र, यज्ञ-फल, पुण्य-दान!
सब आशा और प्रतीक्षा-सुख, संगति-फल, खोता मूढ़ जान। ८
तुम निराहार निशि तीन रहे, वर तीन माँग, यम दे तुझको।
हे पूज्य अतिथि, कर स्वस्ति, नमः, ब्राह्मण, कृत-कृत्य करो मुझको! ९
जब यम गृह से वापस जाऊँ, हे मृत्यु, पिता हों शान्त-मुदित।
तीनों में पहला वर माँगूँ, बोलें होकर वे क्रोध रहित! १०

Upaniṣad]

As if the Fire God himself had awaited,
He at the Yama's as a Brāhmaṇa guest waited
In the manner such a guest is treated on coming,
The Yama's sons offered him water welcoming. 7
If to a Brāhmaṇa guest the food is not served,
The unwise host Yajña's fruits not deserved.
His sons, cattle hopes and good deeds are gone,
Expectations and good company leave him alone. 8
For three nights at my house you have abided,
O Brāhmaṇa venerable, without food resided!
Obeisance of Yama, now bless me in turn!
Ask for three boons from me in return! 9
My first boon O Death, I now ask satisfied!
Father Gautama be kind to me and pacified!
Seeing me he is without anger and pleased,
Sent back by you, he welcomes me appeased! 10

यथा पुरस्ताद् भविता प्रतीत औद्दालकिरारुणिर्मत्प्रसृष्टः।
सुखं रात्रीः शयिता वीतमन्युस्त्वां ददृशिवान्मृत्युमुखात्प्रमुक्तम्।। ११
स्वर्गे लोके न भयं किंचनास्ति न तत्र त्वं न जरया बिभेति।
उभे तीर्त्वाशनायापिपासे शोकातिगो मोदते स्वर्गलोके।। १२
स त्वमग्निं स्वर्ग्यमध्येषि मृत्यो प्रब्रूहि त्वं श्रद्दधानाय मह्यम्।
स्वर्गलोका अमृतत्वं भजन्त एतद् द्वितीयेन वृणे वरेण।। १३
प्र ते ब्रवीमि तदु मे निबोध स्वर्ग्यमग्निं नचिकेतः प्रजानन्।
अनन्तलोकाप्तिमथो प्रतिष्ठां विद्धि त्वमेतं निहितं गुहायाम्।। १४

यम मुख विमुक्त लख उद्यालक, हों पूर्व सदृश मुझसे प्रेरित।
वे निशि-निद्रा सोयें सुख से, स्वीकार तुझे कर क्रोध रहित। ११
हो युगल भूख औ प्यास परे, दुखहीन, जरा-भय से विहीन।
भयहीन, मृत्यु तुम नहीं जहाँ, वह स्वर्ग भोगते मोद लीन। १२
यम, अग्नि स्वर्ग-साधक बतला, श्रद्धा मुझको औ ज्ञात तुझे।
जो स्वर्ग जाय, अमरत्व वरे, वर यह द्वितीय दो अतः मुझे। १३
सुन ले नचिकेता वह रहस्य, पावक पावन वह मुझे विदित।
उससे अनन्त लोकादि प्राप्त, वह रहे बुद्धि की गुहा निहित। १४

[Kaṭha-1-1

From the jaws of death seeing you thus released,
Your father recognizing will indeed be pleased.
He shall be as before and agitated no longer,
Sleeping in peace through nights without anger. 11
In heaven of old age one never has a fear,
No fear whatsoever and you are not near!
Overcoming both hunger and thirst when there,
Far from sorrows to happiness they adhere. 12
The Fire you know, that to heaven does lead,
Explain that O Death, with full faith I plead!
To the heaven who go, immortality they reach,
As my second boon, about this Fire preach! 13
That heaven-giving Fire I really know well,
Understand it Naciketā, as I will now tell!
The door to endless worlds and foundation,
It abides in the cave of one's comprehension. 14

लोकादिमग्निं तमुवाच तस्मै या इष्टका यावतीर्वा यथा वा।
स चापि तत्प्रत्यवदद्यथोक्तमथास्य मृत्युः पुनरेवाह तुष्टः॥ १५
तमब्रवीत् प्रीयमाणो महात्मा वरं तवेहाद्य ददामि भूयः।
तवैव नाम्ना भवितायमग्निः सृङ्कां चेमामनेकरूपां गृहाण॥ १६
त्रिणाचिकेतस्त्रिभिरेत्य संधिं त्रिकर्मकृत् तरति जन्ममृत्यु ।
ब्रह्मजज्ञं देवमीड्यं विदित्वा निचाय्येमां शान्तिमत्यन्तमेति॥ १७
त्रिणाचिकेतस्त्रयमेतद्विदित्वा य एवं विद्वांश्चिनुते नाचिकेतम्।
स मृत्युपाशान् पुरतः प्रणोद्य शोकातिगो मोदते स्वर्गलोके॥ १८

वेदी, ईंटों का चयन बता, लोकादि-अग्नि उपदेश कहा।
जब नचिकेता दुहराये सब, यम बोले हो सन्तुष्ट महा। १५
देता वर अन्य तुझे, यह लो, बहुरूपा रत्नों की मनका।
यह अग्नि बनेगी 'नाचिकेत' मैं नामकरण करता इसका। १६
भज ऋक् यजु साम सहित पावक, जो त्रिधा करे तप यज्ञ दान।
तर जन्म-मृत्यु हो परम शान्ति, सर्वज्ञ पूज्य यह अग्नि जान। १७
ये तीन जान जो इस प्रकार, नचिकेत अग्नि का करे चयन।
वह यहीं काटता मृत्यु पाश, दुखहीन स्वर्ग में करे रमण। १८

The Death God the Primal Yajña Fire described,
Altar-bricks, laying and the rules prescribed.
Naciketā remembering repeated all stated,
The Death God, satisfied, again thus related. 15
Now this fire is as Naciketā Fire named,
Have a further boon, said Yama the famed.
I give you a jewelled rosary being pleased
Accept this multicolour garland appeased! 16
Meditated through penance, Yajña and charity,
Thrice by the Ṛg, Sāma and Yaju as a duty,
The Brahma-emerged knower-fire who attained,
Crossing all birth and death, eternal peace gained. 17
One who this Naciketā Fire duly meditated,
And knowing three forms fully assimilated,
He transcends birth and death while still here,
And beyond sorrows has paradise-bliss there! 18

एष तेऽग्निर्नचिकेतः स्वर्ग्यो यमवृणीथा द्वितीयेन वरेण।
एतमग्निं तवैव प्रवक्ष्यन्ति जनासस्तृतीयं वरं नचिकेतो वृणीष्व॥ १९
येयं प्रेते विचिकित्सा मनुष्येऽस्तीत्येके नायमस्तीति चैके।
एतद्विद्यामनुशिष्टस्त्वयाहं वराणामेष वरस्तृतीयः॥ २०
देवैरत्रापि विचिकित्सितं पुरा न हि सुविज्ञेयमणुरेष धर्मः।
अन्यं वरं नचिकेतो वृणीष्व मा मोपरोत्सीरति मा सृजैनम्॥ २१
देवैरत्रापि विचिकित्सितं किल त्वं च मृत्यो यन्न सुविज्ञेयमात्थ।
वक्ता चास्य त्वादृगन्यो न लभ्यो नान्यो वरस्तुल्य एतस्य कश्चित्॥ २२

तेरे ही नाम कही जाये, यह अग्नि स्वर्गसाधक जो हो।
माँगा द्वितीय वर जो वह लो, वर नचिकेता तीसरा कहो। १९
हो मृत्यु, कहें कुछ, आत्मा है, कुछ कहें नहीं है, यह संशय।
यम यही वरों में है तृतीय, मैं जानूं तुझसे निःसंशय। २०
अणु धर्म, सहज विज्ञेय नहीं, सर्वदा सुरों को भी शंका।
हे नचिकेता वर अन्य मांग, लौटा यह, हठ मत कर इसका। २१
कहते, देवों को भी दुरूह, यह विषय कठिन है ज्ञान जन्य।
पर तुझसा इसका गुरु अलभ्य, अतएव तुल्य वर नहीं अन्य। २२

[Kaṭha-1-1

Naciketā, your second boon is duly described,
That heaven-giving Fire is fully prescribed!
This fire will now be by your name related,
Now ask for the third boon as I had stated! 19
Yama, there is a doubt when some one is dead,
Some say one is and, one is no more, some said!
Instructed by you, I want to know it well,
This is my third boon O Death God, do tell! 20
Even the gods on this have doubts and confusion,
The truth being subtle, difficult is conclusion!
Excuse me Naciketā, and press me no more,
Do have another boon of choice therefore! 21
Indeed even gods have doubts and illusion,
Rightly O Death, very hard is conclusion!
But no teacher of it like you can be found,
And no other boon can really be so sound! 22

शतायुषः पुत्रपौत्रान् वृणीष्व बहून् पशून् हस्तिहिरण्यमश्वान्।
भूमेर्महदायतनं वृणीष्व स्वयँ च जीव शरदो यावदिच्छसि॥ २३
एतत्तुल्यं यदि मन्यसे वरं वृणीष्व वित्तं चिरजीविकां च।
महाभूमौ नचिकेतस्त्वमेधि कामानां त्वा कामभाजं करोमि॥ २४
ये ये कामाः दुर्लभा मर्त्यलोके सर्वान् कामांश्छन्दतः प्रार्थयस्व।
इमा रामाः सरथाः सतूर्या न हीदृशा लम्भनीया मनुष्यैः।
आभिर्मत्प्रत्ताभिः परिचारयस्व नचिकेतो मरणं मानुप्राक्षीः॥ २५
श्वोभावा मर्त्यस्य यदन्तकैतत् सर्वेन्द्रियाणां जरयन्ति तेजः।
अपि सर्वं जीवितमल्पमेव तवैव वाहास्तव नृत्यगीते॥ २६

गज अश्व स्वर्ण बहु पशु ले लो, वे पुत्र-पौत्र लो जो शतायु!
भू खण्ड महत् लो नाचिकेत, जबतक जीना हो माँग आयु। २३
यदि धन इस वर के तुल्य रहे, जीविका-भोग चिर प्राप्त करो!
भू पर महान सम्राट् बनो, भोगों में उत्तम भोग वरो! २४
रथ वाद्य सहित ये कामिनियाँ, भू-नर दुर्लभ जो अभिलाषा।
माँगो, भोगो, मैं दूँ तुझको, बस छोड़ मृत्यु की जिज्ञासा! २५
रख नृत्य गीत वाहन अन्तक, ये सभी भोग हैं क्षणिक-स्वल्प।
मनुजेन्द्रिय का ये तेज हरें, है भोग हेतु सब आयु अल्प! २६

Upaniṣad]

Have big herds of cattle, elephants and steed.
Take gold and big tracts of land that you need!
Have sons and grandsons centenarian wished,
And live for as long as you cherished! 23
Ask for whatever you consider comparable,
Have for a long life all wealth preferable!
Naciketā I give you an empire one aspires,
I will make you the enjoyer of all the desires! 24
These celestial maidens no man can obtain,
To serve you with chariots and bugles you gain!
Fulfil those desires men can never attain,
But ask not about Death and this Soul again! 25
The vigour of senses wearing out as erasers,
O Death, really transient are these pleasures.
For these a long life also short measures,
Keep chariots, music, dances and treasures! 26

न वित्तेन तर्पणीयो मनुष्यो लप्स्यामहे वित्तमद्राक्ष्म चेत् त्वा।
जीविष्यामो यावदीशिष्यसि त्वं वरस्तु मे वरणीयः स एव॥ २७
अजीर्यताममृतानामुपेत्य जीर्यन् मर्त्यः क्वधःस्थः प्रजानन्।
अभिध्यायन् वर्णरतिप्रमोदानतिदीर्घे जीविते को रमेत॥ २८
यस्मिन्निदं विचिकित्सन्ति मृत्यो यत्साम्पराये महति ब्रूहि नस्तत्।
योऽयं वरो गूढमनुप्रविष्टो नान्यं तस्मान्नचिकेता वृणीते॥ २९

प्रथम अध्याय-द्वितीय वल्ली

अन्यच्छ्रेयोऽन्यदुतैव प्रेयस्ते उभे नानार्थे पुरुषं सिनीतः।
तयोः श्रेय आददानस्य साधु भवति हीयतेऽर्थाद्य उ प्रेयो वृणीते॥ १

धन से न मनुज हो तृप्त कभी, लख तुझे वित्त पाना निश्चित।
जबतक यम-शासन जीयें ही, वर वही अस्तु वरणीय उचित। २७
यह मर्त्य जीर्ण जब यह जाने, तुझ-सा जब अजर-अमर पाये।
आमोद रमण सौन्दर्य जन्य, दीर्घायु किसे फिर क्यों भाये?२८
अति गूढ़ बना यह चकित करे, संशययुत यह, अब दो उत्तर।
वर अन्य न माँगे नचिकेता, कह, आत्मा क्या हो मृत्योत्तर?२९

प्रथम अध्याय-द्वितीय वल्ली

दो मार्ग भिन्न हैं श्रेय-प्रेय, कल्याण सर्वदा श्रेय करे।
ये भिन्न फलद सबको बाँधें वह लक्ष्य-भ्रष्ट जो प्रेय वरे। १
[Katha-1-1

Having wealth one can not satisfaction attain,
When we have known, riches also we gain!
Till you have your reign you, I this life retain
So the boon about Death and the Soul will remain! 27
Attaining the undecaying Immortals' portal,
In long life and pleasures delights what mortal?
Knowing this life as decaying and perishing,
Love, beauty and lust who will be cherishing? 28
As is always debated, what is after death there?
O Death, tell me this, how does the Soul fare?
More complex and important is now the reference,
For any other boon I have no preference! 29

Chapter One-Section-II

The Good is one thing and the pleasant is another!
They bind all, Yama says, purposes though differ,
One does benefit by following good measures,
And misses one's ends doting pleasant and pleasures! 1

श्रेयश्च प्रेयश्च मनुष्यमेतस्तौ सम्परीत्य विविनक्ति धीरः।
श्रेयो हि धीरोऽभि प्रेयसो वृणीते प्रेयो मन्दो योगक्षेमाद् वृणीते॥ २
स त्वं प्रियान् प्रियरूपांश्च कामानभिध्यायन्नचिकेतोऽत्यस्राक्षीः।
नैतां सृङ्कां वित्तमयीमवाप्तो यस्यां मज्जन्ति बहवो मनुष्याः॥ ३
दूरमेते विपरीते विषूची अविद्या या च विद्येति ज्ञाता।
विद्या भीप्सिनं नचिकेतसं मन्ये न त्वा कामा बहवोऽलोलुपन्त॥ ४
अविद्यायामन्तरे वर्तमानाः स्वयं धीराः पण्डितम्मन्यमानाः।
दन्द्रम्यमाणाः परियन्ति मूढा अन्धेनैव नीयमाना यथान्धाः॥ ५

सम्मुख आते ये श्रेय-प्रेय, जो धीर पृथक् कर वरे श्रेय।
पर योगक्षेम लौकिक पाने, जो मन्द बुद्धि वह वरे प्रेय। २
प्रिय भोग, कामना प्रिय त्यागा, हो मननशील हे नाचिकेत!
धन की बेड़ी से नहीं बँधे, जिसमें अनेक फँस हैं अचेत। ३
ये विद्या और अविद्या दो, विपरीत फलद, दोनों न श्रेय।
मानूं विद्योपासक तुझको, कामना लुभा पाई न प्रेय। ४
कहते अपने को धीर-विज्ञ, जो धरें अविद्या- मार्ग कुटिल।
पथ अन्ध दिखाये अन्धे को, त्यों मूढ़ भटकते हैं धूमिल! ५

Upaniṣad]

Both good and the pleasant appeal to persons,
The wise discerning distinguish between options.
The good and the virtuous is preferred by the wise,
The pleasant worldly good attracts the unwise. 2
In shakles of wealth many a persons are found,
By these Naciketā you could not be bound!
Fully considering, the rewards you renounced,
Delightful desires and pleasures denounced! 3
Ignorance and knowledge these two are apart.
To different and opposite ends they depart.
You were not tempted by pleasures galore,
I regard you a seeker of knowledge therefore! 4
Boasting to be wise though immersed in nescience
Wise in their conceit, the fools are in ignorance
Staggering like a blind, led by another blind
Wandering, their objects they always fail to find. 5

न साम्परायः प्रतिभाति बालं प्रमाद्यन्तं वित्तमोहेन मूढम्।
अयं लोको नास्ति पर इति मानी पुनः पुनर्वशमापद्यते मे॥ ६
श्रवणायापि बहुभिर्यो न लभ्यः शृण्वन्तोऽपि बहवो यं न विद्युः।
आश्चर्यो वक्ता कुशलोऽस्य लब्धाऽऽश्चर्यो ज्ञाता कुशलानुशिष्टः॥ ७
न नरेणावरेण प्रोक्त एष सुविज्ञेयो बहुधा चिन्त्यमानः।
अनन्यप्रोक्ते गतिरत्र नास्ति अणीयान् ह्यतर्क्यमणुप्रमाणात्॥ ८
नैषा तर्केण मतिरापनेया प्रोक्तान्येनैवे सुज्ञानाय प्रेष्ठ।
यां त्वमापः सत्यधृतिर्बतासि त्वादृङ् नो भूयान्नचिकेतः प्रष्टा॥ ९

परलोक न सूझे धन-मद में, यह कहे प्रमादी, जगत् सत्य।
दम्भी माने कुछ अन्य नहीं, वह पुनि-पुनि यम-वश रहे मर्त्य। ६
हो श्रवण अनेकों को अलभ्य, सुनकर भी बहुत नहीं जानें!
ज्ञानी गुरु से जानें दुर्लभ, वक्ता-श्रोता विरला मानें। ७
अल्पज्ञ कथन या बहु चिन्तन, इनसे न कभी वह सुविज्ञेय।
अणु से भी सूक्ष्म अतर्क्य रहे, वह बिना सिद्ध गुरु नहीं ज्ञेय। ८
जो तुझे, नहीं वह तर्क-बुद्धि, गुरु से ज्ञानार्थ कथित जानूं।
तुझ-सा जिज्ञासु मिलें हमको, तुम सत्य-धैर्ययुत, मैं मानूं! ९

[Kaṭha-1-2

The ignorant steeped in wealth are deluded,
The virtues leading higher up them eluded.
Only here and no hereafter, they maintain,
They fall under Yama's sway again and again! 6
Many for listening have no occasion here,
Others even hearing know not the Self there!
A rare teacher tells and the rare ones find,
The well taught knower is a wonder rare kind! 7
If taught by one who has not fully known,
Even often meditating it remains unknown.
One knows the Self from another wise able,
Very subtle, beyond reason and inconceivable! 8
It is not by reason that the Self you have gained!
From a teacher illumined, this wisdom is attained!
Gaining it Naciketā, to the truth you adhere!
Firm seekers like you we wish to have here! 9

जानाम्यहं शेवधिरित्यनित्यं न ह्यध्रुवैः प्राप्यते हि ध्रुवं तत्।
ततो मया नाचिकेतश्चितोऽग्निरनित्यैर्द्रव्यैः प्राप्तवानस्मि नित्यम्।। १०
कामस्याप्तिं जगतः प्रतिष्ठां क्रतोरनन्त्यमभयस्य पारम्।
स्तोममहदुरुगायं प्रतिष्ठां दृष्ट्वा धृत्या धीरो नचिकेतोऽत्यस्राक्षीः।। ११
तं दुर्दर्शं गूढमनुप्रविष्टं गुहाहितं गह्वरेष्ठं पुराणम्।
अध्यात्म योगाधिगमेन देवं मत्वा धीरो हर्षशोकौ जहाति।। १२
एतच्छ्रुत्वा सम्परिगृह्य मर्त्यः प्रवृह्य धर्म्यमणुमेतमाप्य।
स मोदते मोदनीयं हि लब्ध्वा विवृतं सद्म नचिकेतसं मन्ये।। १३

निधि कर्म फलों की है अनित्य, जानूं अध्रुव से ध्रुव अप्राप्त।
नचिकेत अग्नि अध्रुवों से ले, मैं उसी नित्य को हुआ प्राप्त। १०
सुख भोग, यज्ञफल नित्य जहाँ, जो जगत्-प्रतिष्ठा नाचिकेत!
चिर, वेद स्तुत्य वैकुण्ठ अभय, त्यागा धृति से हे धीर चेत। ११
दुर्दर्श पुरातन व्याप्त गूढ़, जग-वन में औ हिय-गुहा निहित।
अध्यात्म योग से जान उसे, हों धीर हर्ष औ शोक रहित। १२
जो श्रवण ग्रहण औ मनन करे, वह मोद मग्न अणुतत्त्व जान।
आनन्द-ब्रह्म पा रहे मुदित, नचिकेता मार्ग प्रशस्त मान! १३

Upaniṣad]

The fruits of acions and wealth are perishable,
Through them not attained is the Imperishable.
Knowing it and the Fire of Naciketā preserving,
I attained the Eternal, Four Orders observing. 10
Naciketā, no desires and pleasures you accepted,
Seeing, kingdom glory and great fame rejected!
Unending fruits and heaven you renounced,
Thus you are very firm and wise pronounced! 11
Indwelling, pervading and not easily visible,
In the world-forest most secret and invisible,
Knowing that Eternal by Self-Yoga measures,
A wise overcomes all pains and pleasures. 12
When hearing of the subtle Self, one meditated,
And knowing by pure reason truly contemplated,
Rejoicing in Bliss, the Blissful one does gain,
I say, the door is open, Naciketā attain! 13

अन्यत्र धर्मादन्यत्राधर्मादन्यत्रास्मात्कृताकृतात्।
अन्यत्र भूताच्च भव्याच्च यत्तत्पश्यसि तद्वद॥ १४
सर्वे वेदा यत् पदमामनन्ति तपांसि सर्वाणि च यद् वदन्ति।
यदिच्छन्तो ब्रह्मचर्यं चरन्ति तत्ते पदंसंग्रहेण ब्रवीम्योमित्येतत्॥ १५
एतद्ध्येवाक्षरं ब्रह्म एतद्ध्येवाक्षरं परम्।
एतद्ध्येवाक्षरं ज्ञात्वा यो यदिच्छति तस्य तत्॥ १६
एतदालम्बनं श्रेष्ठमेतदालम्बनं परम्।
एतदालम्बनं ज्ञात्वा ब्रह्मलोके महीयते॥ १७

जो धर्म-अधर्मों से अन्यत, भूतादि त्रिकालों से अतीत।
जो परे कार्य-कारण जग से, यम कौन बता तुझको प्रतीत! १४
संक्षेप कहूँ, वह ओमाक्षर, सब वेद करें पद-प्रतिपादन।
साधक रखते हैं ब्रह्मचर्य, सब तप जिसके पथ औ साधन। १५
है ब्रह्म यही पद ओमाक्षर, परब्रह्म यही कहते ज्ञानी।
चाहे जो कुछ सब सहज प्राप्त, जाने जो अक्षर यह ध्यानी। १६
आधार यही अन्तिम सबका अति श्रेष्ठ इसीका आलम्बन।
जा ब्रह्मलोक महिमान्वित हो, जाने जो अक्षर अवलम्बन। १७

[Kaṭha-1-2

Knowing it beyond right and wrong in nature,
Neither any cause nor an effect in feature!
Beyond time and all in present, past and future,
Tell me about it which is different in stature! 14
Naciketā, which all these Vedas described,
For which all austerities have been prescribed,
Observing celibacy which seekers meditate,
That is Oṁ syllable, in essence, I state. 15
This one syllable Oṁ is the Brahma Supreme!
Beyond all, the highest and sacred extreme!
One who really knows the Oṁkāra one syllable,
Whatever he wishes in getting he is able, 16
The one syllable Oṁ is the best foundation,
The support-supreme of all in contemplation.
One who knows really that in it all abided,
In Brahma's world, he becoming great resided. 17

न जायते म्रियते वा विपश्चिन्नायं कुतश्चिन्न बभूव कश्चित्।
अजो नित्यः शाश्वतोऽयं पुराणो न हन्यते हन्यमाने शरीरे॥ १८
हन्ता चेन्मन्यते हन्तुं हतश्चेन्मन्यते हतम्।
उभौ तौ न विजानीतो नायं हन्ति न हन्यते॥ १९
अणोरणीयान्महतो महीयानात्मास्य जन्तोर्निहितो गुहायाम्।
तमक्रतुः पश्यति वीतशोको धातुप्रसादान्महिमानमात्मनः॥ २०
आसीनो दूरं व्रजति शयानो याति सर्वतः।
कस्तं मदामदं देवं मदन्यो ज्ञातुमर्हति। २१

अज, नित्य, पुरातन, शाश्वत यह, आत्मा न जन्म ले, नहीं मरे।
ज्ञाता यह, कारण-कार्य नहीं, तन मर जाता, यह नाश परे! १८
हन्ता समझे मैं मार रहा, मरता माने मैं मरा यहीं।
ये दोनों नहीं जानते यह, आत्मा मरता-मारता नहीं! १९
वह निहित जीव हिय-गह्वर में, अणु से भी सूक्ष्म, महत्तम भी।
जो वीतशोक-निष्काम वही, देखें प्रसाद हो प्राप्त जभी। २०
ठहरे भी जाता दूर-दूर, जाये सोते सर्वत्र वही।
ऐश्वर्यों से वह नहीं मत्त, जाने न अन्य, जानूं मैं ही। २१

This Knower Soul is never born nor torn.
Not caused it is, nor it causes to be born!
When this body is no more, it is existing,
Unborn, eternal, primeaval, and lasting! 18
He is really slaying, if a slayer thus claims,
And I am being slain if some one exclaims,
Both of them know not, verily it is plain!
This Soul never slays, nor it is ever slain! 19
Smaller than small and greatest of big features,
The Self does abide in the heart of creatures.
Free from desires by His grace one beholds,
And one is free from the sorrow that holds. 20
The Self reaches very far while it is still sitting!
It goes everywhere even when it is sleeping!
Not elated by powers and pleased without pleasure!
Who except myself can know its nature! 21

अशरीरं शरीरेष्वनवस्थेष्ववस्थितम्।
महान्तं विभुमात्मानं मत्वा धीरो न शोचति। २२
नायमात्मा प्रवचनेन लभ्यो न मेधया न बहुना श्रुतेन।
यमेवैष वृणुते तेन लभ्यस्तस्यैष आत्मा विवृणुते तनूंस्वाम्। २३
ना विरतो दुश्चरितान्नाशान्तो नासमाहितः।
नाशान्तमानसो वापि प्रज्ञानेनैनमाप्नुयात्। २४
यस्य ब्रह्म च क्षत्रं च उभे भवत ओदनः।
मृत्युर्यस्योपसेचनं क इत्था वेद यत्र सः। २५

रहता है जो अशरीर बना, अस्थिर शरीर में अविचल स्थित।
वह है महान, विभु, आत्मरूप, यह जान धीर हों शोक रहित। २२
बहु श्रवण, तर्क या मेधा से, प्रवचन से, आत्मा प्राप्त नहीं।
यह जिसे वरे वह प्राप्त करे, प्रकटाता अपना रूप वहीं। २३
जो दुराचार से विरत नहीं, इन्द्रियवश, मन से जो अशान्त।
अप्राप्य, यदपि हो सूक्ष्म बुद्धि, प्रज्ञा से पाते जो प्रशान्त। २४
हों ब्रह्म क्षत्र दोनों भोजन, यह मृत्यु सरस व्यंजन समान।
कैसा वह, कहाँ उसे पायें, किसको इसका हो सके ज्ञान! २५

[Kaṭha-1-2

In beings embodied, bodiless it resided,
In changing and transients, immutably abided!
The Great Self being the Supreme Self pervaded,
The wise really knowing, all sorrows evaded. 22
By the Vedas or sermons, the Self is not gained,
Through intellect or reasoning it is not attained.
Much hearing or learning, it remains unknown,
He gets whom it chooses and makes itself known! 23
One who has not given up evil ways and actions,
And has not controlled one's senses' functions
Who peace and tranquillity of mind not gained,
He merely through knowledge the Self not attained. 24
One who as the food consumes all creatures,
For whom Death itself as condiment features,
The eater of both wise and brave who can show?
What He is and where, who can really know?25

तृतीय वल्ली

ऋतं पिबन्तौ सुकृतस्य लोके गुहां प्रविष्टौ परमे परार्धे।
छायातपौ ब्रह्मविदो वदन्ति पञ्चाग्नयो ये च त्रिणाचिकेताः॥ १
यः सेतुरीजानानामक्षरं ब्रह्म यत् परम्।
अभयं तितीर्षतां पारं नाचिकेतं शकेमहि॥ २
आत्मानं रथिनं विद्धि शरीरं रथमेव तु।
बुद्धिं तु सारथिं विद्धि मनः प्रग्रहमेव च॥ ३
इन्द्रियाणि हयानाहुर्विषयांस्तेषु गोचरान्।
आत्मेन्द्रियमनोयुक्तं भोक्तेत्याहुर्मनीषिणः॥ ४

तृतीय वल्ली

नर तन हिय-सत् के साधक दो, छायातप भाँति विभिन्न रहें।
नचिकेत अग्नि, पंचाग्नि तथा, जो ब्रह्म ज्ञानयुत सभी कहें। १
नचिकेत अग्नि वह यज्ञ-सेतु, याज्ञिक जिससे दुख- सिन्धु तरें।
भव सिन्धु पार करना यदि हो, परब्रह्माक्षर का वरण करें। २
तू जान बुद्धि सारथि स्वरूप, मन ही लगाम के रूप जान।
यह मनुज देह ही रथ जानो, जीवात्मा को ही रथी मान। ३
ज्ञानी कहते, ये विषय मार्ग, इन्द्रिय ही घोड़े हों पथपर।
भोक्ता कहलाता जीवात्मा, जब तन इन्द्रिय मन युत तत्पर। ४

Upaniṣad]

Section-III

The seekers are two like shade and illumination,
Who partake the indwelling truth in Creation.
The wise sacrifices like shade determined,
They say, the knowledge like light illumined! 1
Know the Naciketā Fire in sacrifices!
As the bridge to cross the sorrows it suffices!
In crossing world-ocean if we are to be able,
We must know the Fearless and Imperishable. 2
Know as a chariot the body of a bodied,
And the Lord of the chariot, the Self embodied!
Now the intellect as the charioteer behold,
With the mind as reins the chariot it does hold! 3
The senses are said to be the horses here,
And the objects of senses as roads, as it were!
With the body mind and senses all there,
The Jīva as Enjoyer to all does adhere! 4

यस्त्वविज्ञानवान् भवत्ययुक्तेन मनसा सदा।
तस्येन्द्रियाण्यवश्यानि दुष्टाश्वा इव सारथेः॥ ५
यस्तु विज्ञानवान् भवति युक्तेन मनसा सदाः।
तस्येन्द्रियाणि वश्यानि सदश्वा इव सारथेः॥ ६
यस्त्वविज्ञानवान् भवत्यमनस्कः सदाशुचिः।
न स तत्पदमाप्नोति संसारं चाधिगच्छति॥ ७
यस्तु विज्ञानवान् भवति समनस्कः सदा शुचिः।
स तु तत्पद माप्नोति यस्माद् भूयो न जायते॥ ८

चंचल अयुक्त मन रहे सदा, जो नहीं रहे विज्ञानवान।
इन्द्रियां नहीं उसके वश में, ज्यों दुष्ट अश्वयुत कोचवान। ५
पर सदा युक्त, मन यदि वश में, जो मनुज रहे विज्ञानवान।
इन्द्रियाँ रहें उसके वश में ज्यों श्रेष्ठ अश्वयुत कोचवान। ६
जो सदा असंयत चित्त अशुचि, वह ब्रह्म परम पद नहीं वरे।
विज्ञानहीन वह पुनः पुनः, भव चक्रों में ही भ्रमण करे। ७
पर सदा चित्त से संयत शुचि, विज्ञानवान जो मननशील।
पद परम प्राप्त हो जिससे वह, ले नहीं जन्म बन मरणशील। ८

[Kaṭha-1-3

One who is irrational and impulsive kind,
Always with a fickle and uncontrolled mind,
His senses are out of his control indeed
As vicious horses to the charioteer not heed. 5
But one who has understanding and intellect,
Who his mind does control and collect,
His senses are under his control indeed,
As good horses to the charioteer do heed. 6
Never having purity and without any intellect,
His mind who can never control and collect,
He attains not the Supreme nor proximation,
Instead he is back for transmigration. 7
But he who has always purity and understanding,
Who also his mind can control comprehending,
Verily he attains His state on liberation,
From where he returns not for transmigration. 8

विज्ञान सारथिर्यस्तु मनः प्रग्रहवान् नरः।
सोऽध्वनः पारमाप्नोति तद्विष्णोः परमं पदम्॥ ९
इन्द्रियेभ्यः परा ह्यर्था अर्थेभ्यश्च परं मनः।
मनसस्तु परा बुद्धिर्बुद्धेरात्मा महान् परः॥ १०
महतः परमव्यक्तमव्यक्तात् पुरुषः परः।
पुरुषान्न परं किंचित्सा काष्ठा सा परा गतिः॥ ११
एष सर्वेषु भूतेषु गूढोत्मा न प्रकाशते।
दृश्यते त्वग्र्यया बुद्ध्या सूक्ष्मया सूक्ष्मदर्शिभिः॥ १२

विज्ञान बनाते सारथि जो, मन की लगाम का ज्ञान जिन्हें।
संसार-मार्ग के पार पहुँच, पद परम विष्णु का प्राप्त उन्हें। ९
इन्द्रिय से इन्द्रिय-विषय परे, विषयों से बली सूक्ष्म मन है।
मन से भी महती बुद्धि प्रबल, सब परे श्रेष्ठ यह आत्मन है। १०
जग-जीव व्यक्त से ब्रह्म जनित, माया महती, अव्यक्त शक्ति।
अव्यक्त परे वह ब्रह्म-पुरुष, सीमा, न परे कुछ, यह पर गति। ११
माया वेष्टित आत्मा अदृश्य, यद्यपि सब भूतों के अन्तर।
अनुवीक्षण-अग्रबुद्धि से ही, देखते सूक्ष्मदर्शी तत्पर। १२

If the charioteer is one's understanding,
Keeping the reins of mind firmly holding,
Crossing world-lanes, his ends he attains,
And the state of Supreme Viṣṇu he gains. 9
The objects of senses are beyond these senses,
The mind is above the senses' essences.
The intellect is really greater than mind,
But this Self leaves the intellect behind! 10
The unmanifest Nature dwarfs the manifest,
The Puruṣa Spirit is above the unmanifest.
But nothing is beyond the Puruṣa Supreme,
The ultimate goal and the limit extreme! 11
Abiding in all the Self hidden does remain,
Deluded, its glimpses not everyone can gain.
The seers who have the intellect and intuition,
Through subtle reason alone have illumination. 12

यच्छेद्वाङ्मनसी प्राज्ञस्तद्यच्छेज्ज्ञान आत्मनि।
ज्ञानमात्मनि महति नियच्छेत्तद्यच्छेच्छान्त आत्मनि॥ १३
उत्तिष्ठत जाग्रत प्राप्य वरान्निबोधत।
क्षुरस्य धारा निशिता दुरत्यया दुर्गं पथस्तत्कवयो वदन्ति॥ १४
अशव्दमस्पर्शमरूपमव्ययं तथारसं नित्यमगन्धवच्च यत्।
अनाद्यनन्तं महतः परं ध्रुवं निचाय्य तन्मृत्युमुखात् प्रमुच्यते॥ १५
नाचिकेत मुपाख्यानं मृत्युप्रोक्तं सनातनम्।
उक्त्वा श्रुत्वा च मेधावी ब्रह्मलोके महीयते॥ १६

इन्द्रियाँ करें मन में निरुद्ध, मन विज्ञ करें प्रज्ञा अधीन।
फिर बुद्धि महा आत्मा को दें, आत्मा हो शान्तात्मा विलीन। १३
उठ जाग, श्रेष्ठ गुरु करो प्राप्त, जानो, उनसे हो ब्रह्म सुगम।
असिधार- तीक्ष्ण यह मार्ग सूक्ष्म, ज्ञानी कहते पथ अति दुर्गम। १४
निर्गन्ध नित्य ध्रुव औ अनादि, जो शब्द रूप रस स्पर्श परे।
अव्यय अनन्त औ महत् परम, जाने जो उसको मृत्यु तरे! १५
यम कथित सनातन ज्ञान रूप, नचिकेता-यम का उपाख्यान।
मेधावी जो कहते-सुनते, वे ब्रह्मलोक जा हों महान। १६

[Kaṭha-1-3

To the mind the speech and senses should be drawn,
The mind as well in the intellect withdrawn.
The intellect be in the Great Self assimilated,
And the Self with the Supreme Serenity related! 13
From ignorance and nescience arise and awake!
Getting great teachers true knowledge partake!
Very difficult to tread is the path of knowledge,
The sages say, sharp like the razor's edge! 14
He is without any touch, taste, smell or sound!
No form, change, beginning or end ever found!
Who the supreme, eternal and abiding visualized,
He freed from the jaws of the death, realized. 15
By the Death God Yama to Naciketā related,
This ancient discourse is thus often stated.
A wiseman who hears and relates this story,
He abides in Brahma's world greater in glory. 16

य इमं परमं गुह्यं श्रावयेद् ब्रह्मसंसदि।
प्रयतः श्राद्धकाले वा तदानन्त्याय कल्पते। तदानन्त्याय कल्पत इति।। १७

द्वितीय अध्याय–प्रथम वल्ली

पराञ्चि खानि व्यतृणत् स्वयंभूस्त स्तस्मात्पराङ्पश्यति नान्तरात्मन्।
कश्चिद्धीरः प्रत्यगात्मानमैक्षदावृत्तचक्षुरमृतत्वमिच्छन्।। १
पराचः कामाननुयन्ति बालास्ते मृत्योर्यन्ति विततस्य पाशम्।
अथ धीरा अमृतत्वं विदित्वा ध्रुवमध्रुवेष्विह न प्रार्थयन्ते।। २
येन रूपं रसं गन्धं शब्दान्स्पर्शांश्च मैथुनान्।
एतेनैव विजानाति किमत्र परिशिष्यते।। एतद्वै तत्।। ३

जो शुचि कहता यह परम गुह्य, विद्वद्-संसद या श्राद्ध समय।
फल दायक यह होता अनन्त, होता अमर्त्य वह भी निश्चय।। १७

द्वितीय अध्याय–प्रथम वल्ली

विधि रचित इन्द्रियाँ बाह्योन्मुख, आत्मा न देख जायें बाहर।
अमृतत्व हेतु मुड़ आत्मा को, देखते धीर कोई अन्तर। १
जो बाह्य भोग में लीन मूढ़, वे यम का विस्तृत पाश वरें।
ध्रुव-अमर जानकर धीर यहाँ, कामना अध्रुव की नहीं करें। २
ये गन्ध रूप रस शब्द स्पर्श, मैथुन, सब कुछ जानें जिससे।
यह भी जानें क्या शेष यहाँ, वह ब्रह्म, सभी भासित उससे। ३

Upaniṣad]

Whoever this most secret discourse related,
Being pure in assemblies of wisemen stated,
Or during last rites this story repeated,
With endless fruits the Death he defeated! 17

Chapter Two-Section-I

The God-created senses outwards perceived,
Therefore not the Self, one objects concevied.
A rare wise seeking shuns looking outward,
And realizes the Self and eternity inward. 1
The fools following the outward pleasures,
Fall in the big net of death in full measures.
A wise discerning who knows the eternal,
Desires not any of the things non-eternal. 2
By which one perceives all forms touch and smell,
The sound, taste and love one knows so well,
By whose grace knows what is still left here,
That indeed is the Self, which is all that is there! 3

स्वप्नान्तं जागरितान्तं चोभौ येनानुपश्यति।
महान्तं विभुमात्मानं मत्वा धीरो न शोचति॥ ४
य इमं मध्वदं वेद आत्मानं जीवमन्तिकात्।
ईशानं भूतभव्यस्य न ततो विजुगुप्सते॥ एतद्वै तत्॥ ५
यः पूर्वं तपसो जातमद्भ्यः पूर्वमजायत।
गुहां प्रविश्य तिष्ठन्तं यो भूतेभिर्व्यपश्यत॥एतद्वै तत्॥ ६
या प्राणेन सम्भवत्यदितिर्देवतामयी।
गुहाँ प्रविश्य तिष्ठन्तीं या भूतेभिर्व्यजायत॥एतद्वै तत्॥ ७

जिससे स्वप्नों में सभी भान, जाग्रत में जिससे सभी ज्ञान।
हों धीर शोक से मुक्त जान, सर्वात्मा ऐसा विभु महान। ४
वह भूत-भविष्यत् का शासक, जीवन औ फल दाता आत्मा।
जो जान निकट हों द्वेष-शून्य, जानो निश्चय वह परमात्मा। ५
जल-पूर्व, क्रियातप-प्रकट प्रथम, हिय गह्वर में स्थित सर्वात्मा।
देखें भूतों के साथ जिसे, वह ब्रह्म, वही है परमात्मा। ६
है वही देवतामयी अदिति, प्रगटित प्राणी औ प्राण सहित।
है वही ब्रह्म हिय गुहा मध्य, करके प्रवेश जो होता स्थित। ७

[Kaṭha-2-1

By which in dreams one everything conceived,
And also in the waking state all this perceived,
When one the Great Self pervading has known,
To such a wise grief is totally unknown. 4
The source of life and of all fruits of actions,
The Lord of past, present and future funtions,
That verily is the Great Self knowing which near,
One cares no longer and never has a fear. 5
By penance who primordial Himself created,
And prior to water and elements permeated,
That Indweller in beings who really conceived,
That verily is the Self, he truly perceived. 6
The Life Principle that in beings originated,
The power divine that the Prāṇa propagated,
In the heart of beings indwelling conceived
One who sees such a Self he really perceived. 7

अरण्योर्निहितो जातवेदा गर्भ इव सुभृतो गर्भिणीभिः।
दिवे दिव ईड्यो जागृवद्भिर्हविष्मद्भिर्मनुष्येभिरग्निः॥एतद्वै तत्॥ ८
यतश्चोदेति सूर्योऽस्तं यत्र च गच्छति।
तं देवा सर्वे अर्पितास्तदु नात्येति कश्चन॥एतद्वै तत्॥ ९
यदेवेह तदमुत्र यदमुत्र तदन्विह।
मृत्योः स मृत्युमाप्नोति य इह नानेव पश्यति॥ १०
मनसैवेदमाप्तव्यं नेह नानास्ति किंचन।
मृत्योः स मृत्युं गच्छति य इह नानेव पश्यति॥ ११

ज्यों भ्रूण गर्भिणी में पोषित, सर्वज्ञ अग्नि वह अरणि निहित।
जो जागरूक-हविषायुत से, हो नित्य स्तुत्य, वह ब्रह्म विहित। ८
सब देव समर्पित हैं जिसमें, उदयास्त सूर्य का हो जिससे।
वह ब्रह्म, वही है परमात्मा, हो परे नहीं कुछ भी उससे। ९
जो ब्रह्म यहाँ है वही वहाँ, जो वहाँ, वही इहलोक व्याप्त।
नानात्व देखते जो उसमें, पुनि-पुनि करते हैं मृत्यु प्राप्त। १०
वह तत्त्व प्राप्य निर्मल मन से, नानात्व यहाँ कुछ भी न कहीं।
नानात्व सृष्टि में जो देखें, मरकर जन्में, फिर मरें यहीं। ११

As a foetus in the womb remains well protected,
The sacred Knower Fire is in woods undetected.
Venerated by the wise who always oblate,
That verily is the Self one should contemplate. 8
Where the sun rises and goes down also where,
To whom all the gods submitting do adhere,
With nothing beyond and which none can reach,
That is surely the Self you asked me to preach! 9
The Self abiding here, pervades everywhere,
It prevailing elsewhere, abides also here!
Instead of unity who perceives diversity,
From one death to another he suffers adversity. 10
By a pure mind alone, realization is attained,
No diversity here what so ever is obtained.
Viewing all different and separate in entity,
From one death to another one goes in futility. 11

अङ्गुष्ठमात्रः पुरुषो मध्य आत्मनि तिष्ठति।
ईशानो भूत भव्यस्य न ततो विजुगुप्सते।।एतद्वै तत्।। १२
अङ्गुष्ठमात्रः पुरुषो ज्योतिरिवाधूमकः।
ईशानो भूतभव्यस्य स एवाद्य स उ श्वः।।एतद्वै तत्।। १३
यथोदकं दुर्गे वृष्टं पर्वतेषु विधावति।
एवं धर्मान् पृथक् पश्यंस्तानेवानुविधावति।। १४
यथोदकं शुद्धे शुद्धमासिक्तं तादृगेव भवति।
एवं मुनेर्विजानत आत्मा भवति गौतम।। १५

अंगुष्ठमात्र वह ब्रह्म पुरुष, बसता आत्मा के मध्य यहाँ।
वह भूत-भव्य पति, ब्रह्म वही, जाने उसको भय-ग्लानि कहाँ! १२
अंगुष्ठमात्र वह ब्रह्म-पुरुष, प्रज्ज्वलित ज्योति निधूर्म मान!
हो आज, पुनः कल वही, नित्य, वह भूत-भव्य पति ब्रह्म जान! १३
गिरि-श्रृङ्ग बरस जल अधः बहे, घाटी में होकर भिन्न-भिन्न।
त्यों विविध धर्म औ भाव देख, दौड़ें पीछे, जो हों अभिन्न! १४
यदि निर्मल जल उसमें बरसे, निर्मल जल रहता शुद्ध बना।
गौतम, ज्ञानी मुनि का आत्मा, ऐसा ही होता महामना! १५

[Kaṭha-2-1

The hearts of beings that abode provided,
Where the thumb-size Supreme Self abided.
Knowing it the past and future ruler here,
One is not distressed nor one has any fear. 12
Without any smoke, He shines like a flame,
He is of the thumb-size without any blame!
That is He, the ruler of past, present and future,
Today and tomorrow, eternal in nature! 13
As one rain-water on a hill top divides,
Appearing as many running down its sides,
One who sees diversity, the truth not attains,
And running around, the goal one not gains. 14
If in a pure water, more pure rain does pour,
That pure water remains quite pure as before!
The Self of a seer also so becomes,
O Gautama, when it in His contact comes. 15

द्वितीय वल्ली

पुरमेकादश द्वारमजस्या वक्रचेतसः।
अनुष्ठाय न शोचति विमुक्तश्च विमुच्यते।।एतद्वै तत्।। १
हंसः शुचिषद् वसुरन्तरिक्षसद्धोता वेदिषदतिथिर्दुरोणसत्।
नृषद् वरसदृतसद् व्योमसदब्जा गोजा ऋतजा अद्रिजा ऋतं बृहत्।। २
ऊर्ध्वं प्राणमुन्नयत्यपानं प्रत्यगस्यति।
मध्ये वामनमासीनं विश्वे देवा उपासते।। ३
अस्यविस्रंसमानस्य शरीरस्थस्य देहिनः।
देहाद्विमुच्यमानस्य किमत्र परिशिष्यते।।एतद्वै तत्।।४

द्वितीय वल्ली

अज ज्ञान-रूप परमात्मा की, एकादशद्वार पुरी यह तन।
हर शोक मुक्ति दे, ब्रह्म वही, कर ध्यान रहे जबतक जीवन! १
वह मनुज देव, जल औ पृथ्वी, नभ, पर्वत औ सत्कर्म नाम!
होता, पावक, गृहअतिथि, हंस, वसु, बृहत् सत्य औ परमधाम! २
कर प्राण ऊर्ध्व, नीचे अपान, हिय मध्य बसे तन में आत्मा।
सब देव- इन्द्रियाँ जिसे भजें, वह स्तुत्य-श्रेष्ठ है परमात्मा। ३
जब देह त्याग करता प्रयाण, तन-स्थित जानेवाला आत्मा।
तब भला शेष क्या रह जाये, है वही ब्रह्म, वह परमात्मा। ४

Chapter Two-Section-II

That Self is unborn with consciousness eternal,
In a city of eleven doors, external and internal.
That is He, grief taking, when one meditated,
And departing from here is emancipated. 1
As the sun, Vasu and air in space He resides,
In men, gods, water, hills and earth He abides.
As the fire in Yajña, the priest and guests
The Self as the great truth virtuous manifests. 2
That Self is directing our Prāṇa upwards
And casting the Apāna lower breath downwards.
Seated in the middle is that Self venerable,
The gods and the senses worship the adorable. 3
This Soul embodied which transmigrated,
When shedding its body from here migrated,
What then in this body does really remain?
That verily is the Self you seek to attain! 4

न प्राणेन नापानेन मर्त्यो जीवति कश्चन।
इतरेण तु जीवन्ति यस्मिन्नेतावुपाश्रितौ॥ ५
हन्त च इदं प्रवक्ष्यामि गुह्यं ब्रह्म सनातनम्।
यथा च मरणं प्राप्य आत्मा भवति गौतम॥ ६
योनिमन्ये प्रपद्यन्ते शरीरत्वाय देहिनः।
स्थाणुमन्येऽनुसंयन्ति यथाकर्म यथाश्रुतम्॥ ७
य एष सुप्तेषु जागर्ति कामं कामं पुरुषो निर्मिमाणः।
तदेव शुक्रं तद् ब्रह्म तदेवामृतमुच्यते।
तस्मिंल्लोकाः श्रिताः सर्वे तदु नात्येति कश्चन। एतद्वै तत्॥ ८

केवल इस प्राण-अपान जन्य, कोई भी मर्त्य नहीं जीवित।
रहता वह जीवित अन्य जन्य, जिसपर ये दोनों हों आश्रित। ५
बतलाऊँगा मैं फिर तुझको, वह गुह्य-सनातन ब्रह्म परम।
मरने पर क्या हो जीवात्मा, यह भी बतलाऊँगा गौतम। ६
पाते शरीर अनुरूप जीव, जिसके जैसे हों कर्म-ज्ञान!
वे विविध योनियों में जाते, स्थावर का लेते अन्य स्थान। ७
जो पुरुष काम-स्रष्टा, विशुद्ध, हो विलय, सुप्त सब, वह जागे।
सब लोक उसी अमृत-आश्रित, कुछ भी न अन्य उससे आगे! ८

[Kaṭha-2-2

A mortal lives not by the up-going Prāṇa,
Nor he survives by the down breath Apāna.
Due to some other cause the beings are alive,
Depending on which these two also thrive. 5
To you O Gautama, now I shall explain,
The mystery of Brahma, the Eternal, again.
How, knowing not, the embodied Soul does fare,
And after the death what happens there! 6
According to their own nature and learning,
Many take recourse to an womb thus yearning.
Depending on Karma their bodies they gain,
Others only stationary forms do attain. 7
Desires diverse are created as He resolved,
He is waking when beings slept or dissolved.
That indeed is Brahma, pure and immortal,
Containing all, beyond whom goes no mortal. 8

अग्निर्यथैको भुवनं प्रविष्टो रूपं रूपं प्रतिरूपो बभूव।
एकस्तथा सर्वभूतान्तरात्मा रूपं रूपं प्रतिरूपो बहिश्च॥ ९
वायुर्यथैको भुवनं प्रविष्टो रूपं रूपं प्रतिरूपो बभूव।
एकस्तथा सर्वभूतान्तरात्मा रूपं रूपं प्रतिरूपो बहिश्च॥ १०
सूर्यो यथा सर्वलोकस्य चक्षुर्न लिप्यते चाक्षुषैर्बाह्यदोषैः।
एकस्तथा सर्वभूतान्तरात्मा न लिप्यते लोकदुःखेन बाह्यः॥ ११
एको वशी सर्वभूतान्तरात्मा एकं रूपं बहुधा यः करोति।
तमात्मस्थं येऽनुपश्यन्ति धीरास्तेषां सुखं शाश्वतं नेतरेषाम्॥ १२

पावक प्रविष्ट है अखिल भुवन, सबमें लेकर अनुरूप रूप।
भूतान्तर-बाहर ब्रह्म एक, प्रतिरूप ग्रहण करता स्वरूप। ९
यह एक वायु जग में लेती, सब कुछ प्रविष्ट अनुरूप रूप।
भूतान्तर-बाहर ब्रह्म एक, सबका ही ले लेता स्वरूप। १०
सब लोकों का जो चक्षु सूर्य, वह बाह्य नेत्र त्रुटि से न लिप्त।
भूतात्मा रहकर ब्रह्म बाह्य, वह भूत दुखों में हो अलिप्त। ११
जो एक वशी, सब भूतात्मा, अपने को वह बहुरूप करे।
आत्मस्थ देख हों धीर सुखी, सुख-नित्य दूसरा नहीं वरे। १२

The one fire in cosmos forms diverse assumed,
Whatever the object, form similar resumed.
The one Self within all, is also so without,
And it corresponds to all throughout. 9
The one air in world, shapes different assumed,
Entering into objects, forms similar resumed.
The one Self within all, is also on all sides,
And it corresponds to every one besides. 10
The world's eye, the sun, can never be soiled,
Impurities or eye-defects not it defiled.
One Self within all is out too, distinguished,
The miseries here not the Self tarnished. 11
The one sovereign ruler within all existed,
Who out of His own Self many manifested.
The wise within themselves always perceive,
They, and not others eternal bliss receive. 12

नित्यो नित्यानां चेतनश्चेतनानामेको बहूनां यो विदधाति कामान्।
तमात्मस्थं येऽनुपश्यन्ति धीरास्तेषां शान्तिः शाश्वती नेतरेषाम्॥ १३
तदेतदिति मन्यन्तेऽनिर्देश्यं परमं सुखम्।
कथं नु तद्विजानीयां किमु भाति विभाति वा॥ १४
न तत्र सूर्यो भाति न चन्द्रतारकं नेमा विद्युतो भान्ति कुतोऽयमग्निः।
तमेव भान्तमनुभाति सर्वं तस्य भासा सर्वमिदं विभाति॥ १५

तृतीय वल्ली

ऊर्ध्वमूलोऽवाक्शाख एषोऽश्वत्थ सनातनः। तदेव शुक्रं तद् ब्रह्म तदेवामृतमुच्यते।
तस्मिंल्लोकाः श्रिताः सर्वे तदु नात्येति कश्चन॥ एतद्वै तत्॥ १

चेतन में चित्, नित नित्यों में, वह एक करे बहु फल विधान।
ज्ञानी केवल, अन्यान्य नहीं, आत्मस्थ देख चिर शान्तिवान। १३
वह अनिर्देश्य, कैसे जानूं, सुख परम उसे ज्ञानी मानें।
क्या स्वयँ प्रकाशित वह अथवा, अनुभव से सुगम उसे जानें?१४
ये सूर्य चन्द्र विद्युत् तारे सब ज्योतिहीन, फिर अग्नि कहाँ?
ये सब ज्योतित जब वह प्रदीप्त,उस ज्योति जनित जग दीप्त यहाँ! १५

तृतीय वल्ली

ब्रह्माण्ड सनातन ऊर्ध्वमूल, यह अधःशाख अश्वत्थ रूप।
जिसके न परे कुछ, ब्रह्म मूल, वह शुक्र लोक-आश्रय स्वरूप। १

[Kaṭha-2-2

The Eternal among eternals, He all fruits decided,
The consciousness in conscious, He alone provided.
The wise within themselves always visualized,
They, and not others, peace eternal realized. 13
The wise believe He is indescribable,
That is He, the Bliss Supreme and knowable!
Does He shine Himself or the mind conceived,
How do I conceive, how He is perceived?14
The moon shines not and the sun has no glare,
Nor do the stars and lightning light there!
How then could glow fire, by Him these radiated,
By His illumination all this is illuminated. 15

Chapter Two-Section-III

Rooted upwards, primeaval and pure there,
The universe to the Brahma World Tree does adhere!
The branches below are the lesser gods mortal,
None goes beyond, that is He, the Immortal. 1

यदिदं किं च जगत्सर्वं प्राण एजति निःसृतम्।
महद्भयं वज्रमुद्यतं य एतद्विदुरमृतास्ते भवन्ति॥ २
भयादस्याग्निस्तपति भयात् तपति सूर्यः।
भयादिन्द्रश्च वायुश्च मृत्युर्धावति पञ्चमः॥ ३
इह चेदशकद् बोद्धुं प्राक् शरीरस्य विस्रसः।
ततः सर्गेषु लोकेषु शरीरत्वाय कल्पते।।४
यथाऽऽदर्शे तथाऽऽत्मनि यथा स्वप्ने तथा पितृलोके।
यथाप्सु परीव ददृशे तथा गन्धर्वलोके छायातपयोरिव ब्रह्मलोके।।५

उससे निःसृत सम्पूर्ण जगत्, सब ब्रह्म जन्य चेष्टा करते।
उस उद्यत वज्र महद्भय को, जानें जो ब्रह्मामृत वरते। २
तपती है अग्नि उसीसे डर, दिनकर तपता उससे डरकर।
ये इन्द्र-वायु डर क्रियाशील, पाँचवी मृत्यु भय से तत्पर! ३
हो कुशल मृत्यु से पूर्व मनुज, इस तन में ही यदि जान सका।
अन्यथा युगों तक विविध योनि, लोकों में तन धारण उसका। ४
दर्पण-सा आत्मा में देखें, स्वप्नों-सा जाकर पितृलोक।
गन्धर्व लोक में ज्यों जल में, छायातप-सा जा ब्रह्मलोक। ५

All that are created, in Life-Brahma function,
From Him does spring whole cosmos into action.
Knowing that terror with thunderbolt wielded,
Becoming immortal to death one not yielded. 2
Through fear of Him the fire starts blazing,
The sun also fearing radiates so dazing.
So also the rain-god and air-god function,
The fifth too, the Death, is for fear in action! 3
It is better if a person, while here, realizes,
And one, before the body perishes, visualizes.
Otherwise for ages one alway birth attains,
And in worlds and species different remains. 4
Mirror-like He is in one's Self visualized,
Like in a dream in mane's world realized.
As reflection in water in demigod-world shown,
In Brahma's world He is like light and shade known! 5

इन्द्रियाणां पृथग्भावमुदयास्तमयौ च यत्।
पृथगुत्पद्यमानानां मत्वा धीरो न शोचति॥ ६
इन्द्रियेभ्यः परं मनो मनसः सत्त्वमुत्तमम्।
सत्त्वादधि महानात्मा महतोऽव्यक्तमुत्तमम्॥ ७
अव्यक्तात्तु परः पुरुषो व्यापकोऽलिङ्ग एव च।
यं ज्ञात्वा मुच्यते जन्तुरमृतत्वं च गच्छति॥ ८
न संदृशे तिष्ठति रूपमस्य न चक्षुषा पश्यति कश्चनैनम्।
हृदा मनीषा मनसाभिक्लृप्तो च एतद् विदुरमृतास्ते भवन्ति॥ ९

हों पृथक्-भाव इन्द्रियाँ विविध, उत्पन्न सभी उदयास्त सहित।
आत्मा है उद्भव-अस्त हीन, यह जान धीर हों शोक रहित। ६
मन श्रेष्ठ इन्द्रियों से होता, मन की तुलना में बुद्धि ज्येष्ठ।
आत्मा महान है बुद्धि- परे, जीवात्मा से अव्यक्त श्रेष्ठ। ७
अव्यक्त प्रकृति से पुरुष परे, व्यापक अलिंग वह अति महान।
जीवात्मा को हो मुक्ति प्राप्त, अमृतत्व वरे वह उसे जान। ८
वह रूप नेत्र में नहीं टिके, नयनों से सकते देख नहीं।
मन हृदय बुद्धि औ ध्यान लगा, जो जानें होते अमर यहीं। ९

[Kaṭha-2-1

Different from the Self, transient and created,
The diverse senses from elements originated.
Separate in entities, they arise and perish,
The wise never grieve who thus distinguish. 6
This mind is better than all other senses,
The intellect is greater than mind in essences.
The Soul Embodied is higher than intellect,
But the Unmanifest exceeds all in effect! 7
The Supreme is beyond the Unmanifest Nature,
Pervading and without any quality or feature.
Knowing that Person immortality is gained,
And the Soul Embodied emancipation attained. 8
These eyes His true image can not receive,
By gross eyes the Supreme none can perceive.
By the mind, heart and intellect one can attain,
And knowing Him the Bliss Eternal they gain. 9

यदा पञ्चावतिष्ठन्ते ज्ञानानि मनसा सह।
बुद्धिश्च न विचेष्टति तामाहुः परमां गतिम्॥ १०
तां योगमिति मन्यन्ते स्थिरामिन्द्रियधारणाम्।
अप्रमत्तस्तदा भवति योगो हि प्रभवाप्ययौ॥ ११
नैव वाचा न मनसा प्राप्तुं शक्यो न चक्षुषा।
अस्तीति ब्रुवतोऽन्यत्र कथं तदुपलभ्यते॥ १२
अस्तीत्येवोपलब्धव्यस्तत्त्वभावेन चोभयोः।
अस्तीत्येवोपलब्धस्य तत्त्वभावः प्रसीदति॥ १३

ज्ञानेन्द्रिय पाँचो स्थिर मन में, जब बुद्धि बने निर्मल-निश्चल।
गति परम उसे कहते ज्ञानी, उस स्थिति में जीवात्मा अविकल। १०
इन्द्रिय की स्थिर धारणा योग, इससे अप्रमत्त रहें, मानें।
हो मोह नष्ट, सद्गुण उद्भव, सब उदय-अस्त इससे जानें। ११
वह चक्षु वाक् मन से अगम्य, इनसे उसतक कैसे जायें?
जो कहे 'अस्ति', जाने वह है, अन्यान्य उसे कैसे पायें! १२
कह 'अस्ति' प्राप्त करते उसको, कुछ तत्त्व भाव से भी जानें।
इन दो में जिसको अस्ति-भाव, हो तत्त्व-भाव अभिमुख, मानें! १३

When the mind complete tranquillity attained,
With it the five knowledge senses restrained,
When intellect is serene subdued by fortitude,
Such a state is called the State of Beatitude. 10
The Yoga is said to be the control of senses,
Steadily subdued, leaving nothing in essences.
One is absolutely without confusion,
Yoga created virtues destroying delusions. 11
By speech or the mind, He can not be gained,
Nor by these eyes He can be attained.
By one saying'He is 'He can be apprehended,
But how by others can He be comprehended?12
'He exists' holding thus, one surely conceived,
Meditating and reasoning some also perceived.
In these two knowing, 'He exists' who holds,
For him He His real nature unfolds! 13

यदा सर्वे प्रमुच्यन्ते कामा येऽस्य हृदि श्रिताः।
अथ मर्त्योऽमृतो भवत्यत्र ब्रह्म समश्नुते॥ १४
यदा सर्वे प्रभिद्यन्ते हृदयस्येह ग्रन्थयः।
अथ मर्त्योऽमृतो भवत्येतावद्ध्यनुशासनम्॥ १५
शतं चैका च हृदयस्य नाड्यस्तासां मूर्धानमभिनिःसृतैका।
तयोर्ध्वमायन्नमृतत्वमेति विष्वङ्ङन्या उत्क्रमणे भवन्ति॥ १६
अंगुष्ठमात्रः पुरुषोऽन्तरात्मा सदा जनानां हृदये सन्निविष्टः।
तं स्वाच्छरीरात्प्रवृहेन्मुञ्जादिवेषीकां धैर्येण तं विद्याच्छुक्रममृतं
विद्याच्छुक्रममृतमिति। १७

हिय स्थित जो रहते सकल काम, जब उनसे होती है विमुक्ति।
यह मर्त्य अमर हो जाय यहीं, हो ब्रह्म ज्ञान, हो जाय मुक्ति। १४
मद-मोह ग्रन्थियाँ जो हिय में, होता जब उन सबका भेदन।
हो मर्त्य इसी तन में अमर्त्य, शास्त्रों का ऐसा अनुशासन! १५
हिय की सौ-एक शिराओं में, मूर्धन्य एक जाती उससे।
निःसृत होते अमृतत्व लीन, हों विविध योनि सौ अन्यों से। १६
अन्तर्यामी, अंगुष्ठमात्र, अमृत, सबके हिय सदा निहित।
तन से खींचें ज्यों मूँज-सींक, वह शुक्र जान लें धैर्य सहित। १७

[Kaṭha-2-3

When one gives up all cravings and wishes,
Which dwell in the heart and no more cherishes,
A mortal becomes immortal even while here,
Attaining the knowledge of Para Bramha there. 14
If while one is here all illusions are resolved,
And all knots in heart untied and dissolved,
A mortal becomes immortal while still here,
This is what the Vedānta disciplines declare! 15
The heart a hundred and one veins contained,
By one going up, Soul immortality attained.
The remaining hundred veins to rebirth lead,
On death lesser souls by these veins proceed. 16
Always in the heart of beings established,
Of the size of thumb is the Indweller cherished.
Firmly draw out like the stub in a reed,
And know Him, the purest immortal seed! 17

मृत्यप्रोक्तां नचिकेतोऽथ लब्ध्वा विद्यामेतां योगविधिं च कृत्स्नम्।
ब्रह्म प्राप्तो विरजोऽभूद्विमृत्युरन्योऽप्येवं यो विदध्यात्ममेव॥ १८

कृष्ण यजुर्वेदीय कठोपनिषद् समाप्त

शान्ति पाठ

ॐ सह नाववतु। सह नौ भुनक्तु। सह वीर्यं करवावहै।
तेजस्वि नावधीतमस्तु। मा विद्विषावहै।
ॐ शान्तिः शान्तिः शान्तिः

(कृष्ण यजुर्वेद की कठ शाखा के अन्तर्गत)

हो शुद्ध अमर औ ब्रह्म प्राप्त, यमप्रोक्त योग विधि पूर्ण जान।
नचिकेता-सा हो कोई भी, जाने जो यह अध्यात्म ज्ञान। १८

कठोपनिषद् समाप्त

शान्ति पाठ

ॐ सह रक्षा, बल-वृद्धि साथ, सह भोजन औ सह पोषण हो!
अध्ययन जन्य हों तेजस्वी, निर्मल विद्वेष रहित मन हो!
ॐ त्रिविध ताप की शान्ति हो!

Naciketā from the Death God this wisdom obtained,
And free from all passions, proximity attained.
Knowing all rules of Yoga, he immortality gained,
Also others do so, who similarly bargained! 18

The Kaṭha Upaniṣad Ends

Peace Invocation

May God us together protect and sustain!
May we together dining all strength attain!
The knowledge we acquire, may all illuminate!
All distrust and malice in us eliminate!
Oṁ May the Three-fold Afflictions be resolved!

प्रश्नोपनिषद्

शान्ति पाठ

ॐ भद्रं कर्णेभिः श्रृणुयाम देवा भद्रं पश्येमाक्षभिर्यजत्राः।
स्थिरैरङ्गैस्तुष्टुवांसस्तनूभिर्व्यशेम देवहितं यदायुः।।
स्वस्ति न इन्द्रो वृद्धश्रवाः स्वस्ति नः पूषा विश्ववेदाः।
स्वस्ति नस्तार्क्ष्यो अरिष्टनेमिः स्वस्ति नो बृहस्पतिर्दधातु।।
ॐ शान्तिः शान्तिः शान्तिः

प्रथम प्रश्न

ॐ सुकेशा च भारद्वाजः शैव्यश्च सत्यकामः सौर्यायणी च गार्ग्यः
कौसल्यश्चाश्वलायना भार्गवोवैदर्भिः कबन्धी कात्यायनस्ते हैते
ब्रह्मपरा ब्रह्मनिष्ठाः परं ब्रह्मान्वेषमाणा एष ह वै तत्सर्वं।
वक्ष्यतीति ते ह समित्पाणयो भगवन्तं पिप्पलादमुपसन्नाः।। १

शान्ति पाठ

ॐ भद्र वचन ये श्रोत्र सुनें, कल्याण दृष्ट हो नेत्रों से!
निज आयु देव हित में भोगें, स्तुतिलीन सुदृढ़ तन-अंगों से!
हे इन्द्र यशस्वी स्वस्ति करें, पूषा सर्वज्ञ करें पालन!
अरिनाशक चक्र-गरुड़ हित कर, कल्याण बृहस्पति कर साधन!
ॐ त्रिविध ताप की शान्ति हो!

प्रथम प्रश्न

ये छहो, सुकेशा सत्यकाम, ऋषि सौर्यायणी, आश्वलायन।
औ भार्गव तथा कबन्धी भी, सब ब्रह्मनिष्ठ थे पारायण।
वेदज्ञ ब्रह्म अन्वेषी वे, सोचें मुनि देंगे ब्रह्मज्ञान।
ऋषि पिप्पलाद के पास गये, हो समित्पाणि वे यही जान। १

Praśna Upaniṣad

Peace Invocation

O Lord, our ears may good words receive!
Our eyes O Lord, may good things perceive!
Strong bodied and limbed with the life alloted,
By us may the God be always meditated!
May the glorious Indra prosperity award!
The all knowing Pūṣan welfare safeguard!
The discus-strong Garuḍa may good-luck provide!
And wise Bṛhaspati with us may abide!
Oṁ, May the Three-fold Afflictions be resolved!

तान्ह स ऋषिरुवाच भूय एव तपसा ब्रह्मचर्येण श्रद्धया संवत्सरं
संवत्स्यथ यथाकामं प्रश्नान्पृच्छत यदि विज्ञास्यामः सर्वं ह वो वक्ष्याम इति॥ २
अथ कबन्धी कात्यायन उपेत्य पप्रच्छ।
भगवन् कुतो ह वा इमाः प्रजाः प्रजायन्त इति॥ ३
तस्मै स होवाच प्रजाकामो वै प्रजापतिः स तपोऽतप्यत स
तपस्तप्त्वा स मिथुनमुत्पादयते। रयिं च प्राणं चेत्येतौ मे बहुधा प्रजाः करिष्यत इति॥ ४

तप ब्रह्मचर्य श्रद्धा पूर्वक, आश्रम में ठहरो एक वर्ष।
ऋषि कहें, पूछना यथाकाम, यदि जानूं कह दूं सब सहर्ष। २
बीता जब वर्ष, कबन्धी ने, मुनि से जाकर जिज्ञासा की।
ये प्रजा जन्म क्योंकर लेतीं, बनती जब सृष्टि विधाता की? ३
तप करें प्रजापति प्रजाकाम, रयि-प्राण द्वित्व तप से विरचित।
इच्छा यह थी ये युगल करें, सम्पूर्ण प्रजाएँ उत्पादित। ४

The First Question

Six seeker disciples who Brahma meditated,
Intent on knowing once thus contemplated.
Reverend Pippalāda could explain and show,
With fuel in hand they went there to know. 1
The seer asked them to intern for an year,
With austerity, celibacy and faith reside there.
Then they could ask questions they desired,
If he knew, he would tell them all they required. 2
When at the hermitage they were for an year,
Kabandhī Kātyāyana now came to the seer.
O reverend, he said, my question I state,
Whence these diverse beings originate? 3
Willing to create, the Lord of all Creation.
In austerity brooded with full resolution.
The pair of Matter and Life He created,
So that the two all beings procreated. 4

आदित्यो ह वै प्राणो रयिरेव चन्द्रमा रयिर्वा एतत्
सर्वं यन्मूर्तं चामूर्तं च तस्मान्मूर्तिरेव रयिः॥ ५
अथादित्य उदयन्यत्प्राचीं दिशं प्रविशति तेन प्राच्यान् प्राणान्
रश्मिषु संनिधत्ते। यद्दक्षिणां यत्प्रतीचीं यदुदीचीं यदधो यदूर्ध्वं
यदन्तरा दिशो यत्सर्वं प्रकाशयति तेन सर्वान् प्राणान् रश्मिषु संनिधत्ते॥ ६
स एष वैश्वानरो विश्वरूपः प्राणोऽग्निरुदयते। तदेतदृचाभ्युक्तम्॥ ७
विश्वरूपं हरिणं जातवेदसं परायणं ज्योतिरेकं तपन्तम्।
सहस्ररश्मिः शतधा वर्तमानः प्राणः प्रजानामुदयत्येष सूर्यः॥ ८

आदित्य प्राण-भोक्ता निश्चय, यह चन्द्र रहे रयि-भोग्य रूप।
सब मूर्तामूर्त जगत् रयि है, जो मूर्त रूप सब रयि स्वरूप। ५
रवि उदित पूर्व में प्राण लिये, दक्षिण-पश्चिम करता धारण।
उत्तर नीचे ऊपर अन्यत, सब करे रश्मि से संधारण। ६
रवि तन में वैश्वानर-पावक, है विश्वरूप यह प्राण वही।
दिनकर इस भाँति उदित होता, कहती यह वैदिक ऋचा यही। ७
वह विश्वरूप, सर्वज्ञ, तप्त, वह एक, परायण, ज्योतिवान।
जीवों का प्राण, सहस्त्र- रश्मि, उगकर शतधा हो वर्तमान। ८

[Praśna-1

The sun represents the Life Principle created,
The 'Rayi' or matter as the moon emanated.
All that is with form or formless conceived,
Is Rayi or matter whatever is perceived. 5
The sun rising in the east its rays radiates,
Sustaining life there, elsewhere propagates.
It south, west, north, up and down penetrates,
Intermediate and elsewhere life permeates. 6
In enjoyers as inner fire it does appear,
The sun as the world's Life Principle is there.
Sustaining all creatures it life generated,
By this hymn it is accordingly narrated. 7
The World Body, knowing all and illuminating,
Sustaining all by thousand rays radiating!
The one sun rising in hundred ways emanated,
In all diverse beings it life germinated. 8

संवत्सरो वै प्रजापतिस्तस्यायने दक्षिणं चोत्तरं च। तद्ये ह वै तदिष्टापूर्ते
कृतमित्युपासते ते चान्द्रमसमेव लोकमभिजयन्ते। त एव पुनरावर्तन्ते
तस्मादेत ऋषयः प्रजाकामा दक्षिणं प्रतिपद्यन्ते। एष ह वै रयिर्यः
पितृयाणः॥ ९

अथोत्तरेण तपसा ब्रह्मचर्येण श्रद्धया विद्ययाऽऽत्मानमन्विष्यादित्य-
मभिजयन्ते। एतद्वै प्राणानामायतनमेतदमृतमभयमेतत्परायणमेतस्मान्न
पुनरावर्तन्त इत्येष निरोधस्तदेष श्लोकः॥ १०

पञ्चपादं पितरं द्वादशाकृतिं दिव आहुः परे अर्धे पुरीषिणम्।
अथेमे अन्य उ परे विचक्षणं सप्तचक्रे षडर आहुरर्पितमिति॥ ११

संवत्सर, काल, प्रजापति रवि, उत्तर-दक्षिण के वही अयन।
दक्षिण जाये तो पितृयाण, उत्तर पथ उसका देवायन।
जो प्रजोत्पत्ति के अभिलाषी, फल हेतु करें जो यज्ञ-दान।
पुनरावर्ती जा चन्द्रलोक, रयि-पथ उनका, वह पितृयाण। ९
तप, ब्रह्मचर्य, श्रद्धा, विद्या, इनसे परमात्मा खोज करें।
उत्तर पथ जा आदित्य लोक, वे जीतें औ परब्रह्म वरें।
प्राणों का रवि है केन्द्र अभय, अमृत, निरोध, यह श्लोक कहे।
गति परम, लौटना शेष सभी, निवृत्ति मूल यह अयन रहे। १०
कुछ पंचपाद, द्वादश आकृति, द्यौ परे, जलद औ पितु मानें।
कुछ सप्तचक्र छः अरारूढ़, सर्वज्ञ, विश्व-अर्पित जानें। ११

The Time is the Lord with two paths people take,
Doing Yajñas by the South Path to moon they make.
For progenies and fruits this manes' path they gain,
But the path being material, they come back again. 9
By austerity and celibacy the Fearless who gain,
And by knowledge and faith the Great Self attain,
They reach the Sun State by North Path immortal,
From that abode final, returns not a mortal. 10
Some say, five feet and twelve forms are there,
Higher than heaven, water-giver father here!
Others see seven wheels with six spoke-seasons,
With these the sun is all knower, one reasons! 11

मासो वै प्रजापतिस्तस्य कृष्णपक्ष एव रयिः शुक्लः प्राणस्तस्मादेत
ऋषयः शुक्ल इष्टं कुर्वन्तीतर इतरस्मिन्॥ १२
अहोरात्रो वै प्रजापतिस्तस्याहरेव प्राणो रात्रिरेव रयिः प्राणं वा एते
प्रस्कन्दन्ति ये दिवा रत्या संयुज्यन्ते ब्रह्मचर्यमेव तद्यद्रात्रौ रत्या संयुज्यन्ते॥ १३
अन्नं वै प्रजापतिस्ततो ह वै तद्रेतस्तस्मादिमाः प्रजाः प्रजायन्त इति॥ १४
तद्ये ह वै तत्प्रजापतिव्रतं चरन्ति मिथुनमुत्पादयन्ते। तेषामेवैष ब्रह्मलोको
येषां तपो ब्रह्मचर्यं येषु सत्यं प्रतिष्ठितम्॥ १५

ये मास प्रजापति ही मानो, रयि कृष्ण, प्राण हो शुक्लपक्ष।
ऋषि करें शुक्ल में यज्ञ-कर्म, करते सकाम कुछ कृष्णपक्ष। १२
दिन-रात्रि प्रजापति, दिवा प्राण, रयि निशा, रात्रि में रति करते।
यह ब्रह्मचर्य, पर दिन में रति, प्राणों को क्षीण करे, कहते। १३
है अन्न प्रजापति रूप परम, उससे ही वीर्य करें धारण।
उस वीर्य जन्य हो प्रजा जन्म, बल ओज सभी का वह कारण। १४
वे कन्या-सुत उत्पन्न करें, जो मनुज प्रजापति व्रत करते।
तप ब्रह्मचर्य सत् स्थित जिसमें, यह ब्रह्मलोक वे ही वरते। १५

[Praśna-1

With two fortnights the months all sustained,
To Matter and Life dark and bright pertained.
In bright ones seers sacrifices performed,
To the dark for fruits materialists conformed. 12
The day and night also in a pair sustain,
Respectively to Life and Matter they pertain.
Making love during day time life diminished,
During nights it is like celibacy cherished. 13
Verily, food-matter is the lord of creatures!
Giving all strength it has sustaining features.
They all energy and the semen generated,
From which all these beings originated. 14
With proper austerity who procreated here,
Blessed are they with a son-daughter pair.
And to celibacy, penance and truth who adhere,
Attaining Para Brahma's world they remain there! 15

तेषामसौ विरजो ब्रह्मलोको न येषु जिह्ममनृतं न माया चेति॥ १६

द्वितीय प्रश्न

अथ हैनं भार्गवो वैदर्भिः पप्रच्छ। भगवन्कत्येव देवाः
प्रजा विधारयन्ते कतर एतत्प्रकाशयन्ते कः पुनरेषां वरिष्ठ इति॥ १
तस्मै स होवाचाकाशो ह वा एष देवो वायुरग्निरापः पृथिवी वाङ्मनश्चक्षुः
श्रोत्रं च। ते प्रकाश्याभिवदन्ति वयमेतद्बाणमवष्टभ्य विधारयामः॥ २
तान्वरिष्ठः प्राण उवाच। मा मोहमापद्यथाहमेवैतत्पञ्चधाऽऽत्मानं प्रवि-
भज्यैतद्बाणमवष्टभ्य विधारयामीति तेऽश्रद्दधाना बभूवुः॥ ३

जिनमें न कुटिलता औ मिथ्या, माया से जो सर्वथा मुक्त।
निर्मल, विकार से रहित, शुद्ध, वे ब्रह्मलोक जा हों विमुक्त। १६

द्वितीय प्रश्न

धारण करते हैं कौन देव, यह प्रजा प्रकाशित है किनसे?
वैदर्भि पूछता, श्रेष्ठ कौन, भगवन जिज्ञासा है तुझसे। १
नभ, कहते ऋषि, पर अग्नि वायु, जल वाक्, चक्षु, भू, देव सकल।
यह कहें मोह में, इस तन को, हम ही धारण करते अविकल! २
बोला तब उनमें श्रेष्ठ प्राण, बन पाँच करूँ मैं ही धारण!
मत मोह करो, लेकिन फिर भी, उनमें श्रद्धा का नहीं स्फुरण! ३

Having neither any crookedness nor perversity
Who are very far from falsehood and duplicity,
Only such persons Brahma's abode do attain,
Brahmaloka pure and invariable they gain. 16

The Second Question

Now Bhārgava Vaidarbhi said, Sire explain!
How many among gods these beings sustain?
What deities among them beings illuminated
And also among all whom do you best rated? 1
The sky, said the seer, but fire water and air,
The earth, eye, mind, speech organ and ear,
These all in conceit claimed, they all sustain!
Giving all support, they all this maintain! 2
Then Prāṇa the greatest said, have no illusions!
This is the doing of my Five-fold divisions!
Dividing my ownself all bodies I sustain,
But the deities were still very much in disdain. 3

सोऽभिमानादूर्ध्वमुत्क्रमत इव तस्मिन्नुत्क्रामत्यथेतरे सर्व एवोत्क्रामन्ते
तस्मिंश्च प्रतिष्ठमाने सर्व एव प्रातिष्ठन्ते। तद्यथा मक्षिका
मधुकरराजानमुत्क्रामन्तं सर्वा एवोत्क्रामन्ते तस्मिंश्च प्रतिष्ठमाने
सर्वा एव प्रातिष्ठन्त एवं वाङ्मनश्चक्षुः श्रोत्रं च ते प्रीताः
प्राणं स्तुन्वन्ति॥४

एषोऽग्निस्तपत्येष सूर्य एष पर्जन्यो मघवानेष वायुः।
एष पृथिवी रयिर्देवः एदसच्चामृतं च यत्॥ ५
अरा इव रथनाभौ प्राणे सर्वं प्रतिष्ठितम्।
ऋचो यजूंषि सामानि यज्ञः क्षत्रं ब्रह्म च॥ ६

हो प्राण गर्व से गमनोद्यत, बाहर हों सब इन्द्रियाँ तभी।
ज्यों मधुकर राजा जब निकले, बाहर आतीं मक्षिका सभी।
जब प्राण रुके वे भी ठहरें, मक्षिका यथा मधुकर युत स्थित।
मन वाक् चक्षु औ श्रोत्र सभी, कह प्राण श्रेष्ठ स्तुति करें मुदित। ४
यह प्राण अग्नि बन तपे नित्य, यह पवन मेघ रवि मघवन भी।
सत्-असत् सभी, अमृत भी यह, पृथ्वी औ रयि के भोग सभी। ५
ऋग्वेद साम यजु मन्त्र सभी, ब्राह्मण क्षत्रिय यज्ञादि सहित।
सब रहें प्रतिष्ठित प्राण मध्य, रथ चक्र नाभि ज्यों अरे निहित। ६

[Praśna-2

When Prāṇa left offended, the senses too departed,
Resettling pleased and praising when Prāṇa not parted!
As bees with the king-bee in and out moved,
The behaviour of the senses like-wise proved! 4
The Prāṇa is the sun, earth and the fire burning,
The Prāṇa is the air, Indra and the cloud raining!
The matter, non-existence and pleasures external,
The Prāṇa is the Truth and everything eternal! 5
Established in the Prāṇa, all here are sustained,
Like spokes in a wheel-hub all are contained.
The Ṛg Yaju and Sāma hymns to it do adhere,
The sacrifices, wisdoms and valour are there. 6

प्रजापतिश्चरसि गर्भे त्वमेव प्रतिजायसे।
तुभ्यं प्राण प्रजास्त्विमा बलिं हरन्ति यः प्राणैः प्रतितिष्ठसि॥ ७
देवानामसि वह्नितमः पितृणां प्रथमा स्वधा।
ऋषीणां चरितं सत्यमथर्वाङ्गिरसामसि॥ ८
इन्द्रस्त्वं प्राण तेजसा रुद्रोऽसि परिरक्षिता।
त्वमन्तरिक्षे चरसि सूर्यस्त्वं ज्योतिषां पतिः॥ ९
यदा त्वमभिवर्षस्यथेमाः प्राण ते प्रजाः।
आनन्दरूपास्तिष्ठन्ति कामायान्नं भविष्यतीति॥ १०

संचार गर्भ करते जन्मे, प्रतिरूप मातु-पितु तुम्हीं प्राण।
दें तुझे प्रजापति प्रजा अर्घ्य, प्राणों में स्थित दो तुम्हीं त्राण! ७
पितरों के लिये स्वधा प्रथमा, तुम देव जन्य पावक स्वरूप!
सत् चरित आंगिरस ऋषियों के, इन्द्रिय के सत् आचरण रूप! ८
तुम इन्द्र रुद्र हो तेजोमय, रक्षक बन तुम करते रक्षण।
सब ज्योतिर्गण के स्वामी रवि, तुम अन्तरिक्ष करते विचरण। ९
जब तुम अच्छी वर्षा देते, तेरी सन्तति आनन्द-मग्न।
सब प्रजा हर्ष में कह उठती, अब उपजेगा भरपूर अन्न। १०

Upaniṣad]

Moving yourself in the womb,you take birth here,
The Sustainer of all, parents-like reappear!
Through the vital airs you move body-features,
To you proffer offerings these various creatures. 7
For gods you are Prāṇa the fire for sacrifice!
The first-born and libation for manes to rejoice!
By Atharvāṅgirasa seers and senses visualized,
Prāṇa, you are the Truth that they realized! 8
Prāṇa, you are Indra and Rudra gods by nature!
With your valour you as the protector feature!
It is you who always move about in space,
As the sun, the lord of luminaries, you grace! 9
Prāṇa, as you yourself come down as the rain,
Your subject creatures happiness do attain.
Thinking that abundant food they will gain,
They remain in a state of bliss once again. 10

व्रात्यस्त्वं प्राणैकर्षिरत्ता विश्वस्य सत्पतिः।
वयमाद्यस्य दातारः पिता त्वं मातरिश्व नः॥ ११
या ते तनूर्वाचि प्रतिष्ठिता या श्रोत्रे या च चक्षुषि।
या च मनसि सन्तता शिवां तां कुरु मोत्क्रमीः॥ १२
प्राणस्येदं वशे सर्वं त्रिदिवे यत्प्रतिष्ठितम्।
मातेव पुत्रान् रक्षस्व श्रीश्च प्रज्ञां च विधेहि न इति॥ १३

तृतीय प्रश्न

अथ हैनं कौसल्यश्चाश्वलायनः पप्रच्छ, भगवन्कुत एष प्राणो जायते
कथमायात्यस्मिञ्शरीर आत्मानं वा प्रविभज्य कथं प्रातिष्ठते

प्रथमोत्पन्न, संस्कार रहित, एकर्षि अग्नि, सत्पति, अत्ता!
हे प्राण, पिता तुम प्राण-वायु, हविषा हम दें तुम हो भोक्ता! ११
मन चक्षु श्रोत्र वाणी में जो, है बसा-व्याप्त तेरा स्वरूप।
उत्क्रमण नहीं कर छोड़ हमें, कर दे उसको कल्याण रूप। १२
द्यौ अन्तरिक्ष भू स्वर्ग मध्य, स्थित सभी प्रतिष्ठित हैं तुझमें।
माता-सी रक्षा करो प्राण, श्री प्रज्ञा का दो दान हमें। १३

तृतीय प्रश्न

पूछते आश्वलायन ऐसा, किससे जन्मे, कैसे आता!
यह प्राण स्वयँ बँटकर कैसे, तन मध्य प्रतिष्ठित हो जाता?

[Praśna-2

Without investiture the first-born sole seer!
We provide food for that Supreme Eater here!
Prāṇa the Lord of universe, true and fair!
To us you are like a father and the air! 11
You are established in ear eye and speech,
Make propitious that image, we do beseech!
Prāṇa, your glimpses our minds pervade,
Depart not from here and never evade! 12
By Prāṇa all this is controlled and contained,
All in sky, space and heavens by you sustained.
Protect us as a mother her offsprings guarded,
To us all wisdom and glories be awarded! 13

The Third Question

Now Āśvalāyana asked, whence the Life does come?
How dividing in this body, established does become?
How does it depart and how holds all external?
And how it sustains what herein is internal? 1

केनोत्क्रमते कथं बाह्यमभिधत्ते कथमध्यात्ममिति॥ १

तस्मै स होवाचातिप्रश्नान्पृच्छसि ब्रह्मिष्ठोऽसीति तस्मात्तेऽहं ब्रवीमि॥ २

आत्मन एष प्राणो जायते यथैषा पुरुषे छायैतस्मिन्ने तदाततं मनोकृते-
नायात्यस्मिञ्शरीरे॥ ३

यथा सम्राडेवाधिकृतान्विनियुङ्क्ते। एतान्ग्रामानेतान्ग्रामानधितिष्ठ-
स्वेत्येवमेवैष प्राण इतरान्प्राणान्पृथक्पृथगेव संनिधत्ते॥४

पायूपस्थेऽपानं चक्षुः श्रोत्रे मुखनासिकाभ्यां प्राणः स्वयं प्रातिष्ठते
मध्ये तु समानः। एष ह्येतद्धुतमन्नं समं नयति तस्मादेताः सप्तार्चिषो भवन्ति॥५

क्योंकर प्रयाण, कैसे करता, इस बाह्य जगत् को यह धारण?
कैसे तन मन इन्द्रियाँ आदि, अन्तर में करता संधारण! १
'अति-प्रश्न' पूछते, गुरु कहते, ये प्रश्न कठिन औ अति महान!
तुम ब्रह्मनिष्ठ हो इससे ही, करता इनका मैं समाधान! २
जन्मे परमात्मा से आता, तन में यह मन-संकल्प जनित।
जिस भाँति रहे तन से छाया, यह प्राण परम आत्मा आश्रित। ३
सम्राट करे विनियुक्त दूत, अधिकारी ग्रामों में जैसे।
यह मुख्य प्राण करता नियुक्त, प्राणों को पृथक्-पृथक् वैसे। ४
यह प्राण नासिका-मुख द्वारा, हो चक्षु-श्रोत्र में स्थित स्वनियत।
दे पायु-उपस्थों में 'अपान', करता 'समान' तन-मध्य नियत।

Upaniṣad]

The seer then replied to the disciple's questions
The questions defy all knowledge and conceptions!
But since you faithfully Brahma contemplated,
I will tell you about what you have related. 2
Verily, the Life from the Supreme Self evolves,
It comes to this body when the mind so resolves.
As a person's shadow is his accompaniment,
The Prāṇa is always on that Self dependent. 3
As a sovereign his different deputies despatches,
And to regions different officers attaches,
The Prāṇa deputing its other breath functions,
Stations in this body at different locations. 4
The Prāṇa is in the mouth, nose, eye and ear,
For excretion and procreation Apāna is there.
The Samāna in mid-body takes food everywhere,
It thereby lighted the seven fires in here. 5

हृदि ह्येष आत्मा अत्रैतदेकशतं नाडीनां तासां शतं शतमेकैकस्यां द्वा-
सप्ततिर्द्वासप्ततिः प्रतिशाखा नाडीसहस्राणि भवन्त्यासु व्यानश्चरति॥ ६
अथैकयोर्ध्व उदानः पुण्येन पुण्यं लोकं नयति
पापेन पापमुभाभ्यामेव मनुष्यलोकम्॥ ७
आदित्यो ह वै बाह्यः प्राण उदयत्येष ह्येनं चाक्षुषं प्राणमनुगृह्णानः।
पृथिव्यां या देवता सैषा पुरुषस्यापानमवष्टभ्यान्तरा यदाकाशः स समानो वायुर्व्यानः॥ ८

ले जाता तन में यह 'समान', समभाव प्राप्त हविषा विभिन्न।
उससे ही पोषित 'सप्त-अग्नि, इन्द्रिय के सातों द्वार भिन्न। ५
आत्मा हिय में, है 'व्यान' वहीं सौ-एक शिरायें हैं हिय में।
शाखाएँ सौ, प्रतिशाखायें, हैं द्वा-सप्तति सहस्र सब में। ६
जो जाये ऊर्ध्व उदान' एक, देता पुण्यों से पुण्य लोक।
दे पाप कर्म से पाप लोक, जो उभय करें दे मनुज लोक। ७
चाक्षुष प्राणों पर दयावान, यह रवि निश्चय ही बाह्य प्राण।
पृथ्वी में जो देवता-शक्ति, संधारण करती वह 'अपान'।
पृथ्वी-द्यौ के जो मध्य टिका, आकाश रूप लेता 'समान'।
जो प्राण-वायु संचार करे, आकाश मध्य है वही 'व्यान'। ८

[Praśna-3

The heart-Self hundred and one veins contains,
A hundred smaller vessels each vein maintains.
Seventy two thousand branches each vessel related,
The Vyāna breath in all these veins percolated. 6
Through one vein the Udāna breath upward leads,
It takes one to good worlds for virtuous deeds.
It does take to evil worlds for one's evil acions,
And to world-mortal who bothways functions. 7
The rising sun is Prāṇa, the life-breath external!
It is sympathetic to Eye-Prāṇa internal.
The divinity in the earth sustains the Apāna,
The sky is Samāna with the air as Vyāna! 8

तेजो ह वा उदानस्तस्मादुपशान्ततेजाः पुनर्भवमिन्द्रियैर्मनसि सम्पद्यमानैः। ९
यच्चित्तस्तेनैष प्राणमायाति प्राणस्तेजसा युक्तः सहात्मना यथासङ्कल्पितं लोकं नयति।१०
य एवं विद्वान्प्राणं वेद न हास्य प्रजा हीयतेऽमृतो भवति तदेष श्लोकः। ११

उत्पत्तिमायतिं स्थानं विभुत्वं चैव पञ्चधा।
अध्यात्मं चैव प्राणस्य विज्ञायामृतमश्नुते विज्ञायामृतमश्नुत इति। १२

जब तेज शान्त, हो मृत्यु प्राप्त, मनलीन इन्द्रियों का प्रयाण।
जीवात्मा लेता पुनर्जन्म, यह तेज-शक्ति ही है उदान। ९
जीवात्मा जैसा चित्त युक्त, वह प्राण वरे उस चित्त सहित।
यह प्राण तेज युत ले जाये, लोकों में जो संकल्प जनित। १०
जानते प्राण को जो ऐसा, वे अमर, मृत्यु से उन्हें मुक्ति।
उनकी सन्ततियां नहीं नष्ट, विद्वान वही, यह श्लोक-उक्ति। ११
उत्पत्ति, आगमन, स्थान, व्याप्ति, आध्यात्मिक अथवा बाह्य प्राण।
अमरत्व प्राप्त निश्चय करते, पंचधा प्राण यदि लिया जान। १२

चतुर्थ प्रश्न

भगवन, सोता है कौन, कहें, जाग्रत रहता है कौन यहाँ?
हो स्वप्न किसे औ सुख किसको, वह कौन प्रतिष्ठित सभी जहाँ?१

The Udāna is the sun's fire- energy and radiation,
When the body is cold the Soul goes on migration.
All the senses of a person merge into this mind,
One goes for a rebirth and a new body does find! 9
The Soul with its thoughts to life comes again,
The Prāṇas, with Udāna-fire, senses also gain.
Then the Prāṇa takes it out in transmigration,
To such worlds its thoughts for itself did fashion. 10
Knowing thus the Life or the Prāṇa one gains,
That wise has no break in his progeny's chains.
As for his ownself, he becomes immortal,
In this context follows this verse for the mortal. 11
Knowing Life's emanation, advent and retention,
Its glory, pervasiveness and five-fold extention
And how to the body outside it pertained,
Becoming immortal one beatitude attained. 12

चतुर्थ प्रश्न

अथहैनं सौर्यायणी गार्ग्यः पप्रच्छ। भगवन्नेतस्मिन्पुरुषे कानि स्वपन्ति
कान्यस्मिञ्जाग्रति कतर एष देवः स्वप्नान् पश्यति कस्यैतत्सुखं भवति
कस्मिन्नु सर्वे संप्रतिष्ठिता भवन्तीति। १
तस्मै स होवाच। यथा गार्ग्य मरीचयोऽर्कस्यास्तं गच्छतः सर्वा एतस्मिंस्तेजोमण्डल
एकीभवन्ति। ताः पुनः पुनरुदयतः प्रचरन्त्येवं ह वै तत्सर्वं परे देवे मनस्येकी
भवति। तेन तर्ह्येष पुरुषो न श्रृणोति न पश्यति न जिघ्रति न रसयते न स्पृशते
नाभिवदते नादत्ते नानन्दयते न विसृजते नेयायते स्वपितीत्याचक्षते। २
प्राणाग्नय एवैतस्मिन्पुरे जाग्रति। गार्हपत्यो ह वा एषोऽपानो व्यानोऽन्वाहार्यपचनो
यद्गार्हपत्यात्प्रणीयते प्रणयनादाहवनीयः प्राणः। ३

ऋषि कहें, किरण सिमटें-फैलें, जैसे रवि अस्त-उदय होता।
मन परम देव में वैसे ही, इन्द्रियाँ मिलें जब मन सोता।
यह जीव न देखे, नहीं सुने, रस स्पर्श गन्ध का भी अभाव।
सुख, वाक् ग्रहण, त्यागना नहीं, गतिहीन, सो रहा यही भाव। २
तन-पुरी मध्य जाग्रत रहतीं, पंचाग्नि, रहें जो पंच प्राण।
भोजन हित 'अन्वाहार्यपचन', इस देह मध्य हो यही व्यान।
जिससे लें 'आहवनीय' अग्नि, वह 'गार्हपत्य' पावक अपान।
इस गार्हपत्य से जो प्रणीत, प्रणयन के कारण वही प्राण! ३
उच्छ्वास और निःश्वास रूप, आहुतियाँ हैं, ऋत्विक 'समान'।
यजमान-इष्टफल मन-उदान, दे ब्रह्म नित्य मन को 'उदान'। ४

[Praśna

The Fourth Question

When sleeping, what powers do sleep O Venerable?
Who waking remains and in dreaming who is able?
Who feels, Gārgya asked, the happiness cherished?
And in whom all this is really established? 1
At sun-set and sun-rise, rays fold in and radiated,
This mind also sleeping all senses assimilated.
No sight, smell, taste, touch, emiting or taking,
It sleeps without joy, hearing, moving or speaking. 2
Now waking is the 'Gārhapatya' Fire, the 'Apāna,
As is the 'Anvāhāryapacana' which is 'Vyāna?
From Gārhapatya Fire they' Āhavanīya' make,
In this body-city these fires lay awake! 3

यदुच्छ्वासनिःश्वासावेतावाहुती समं नयतीति स समानः। मनो ह वाव
यजमानः। इष्टफलमेवोदानः स एनं यजमानमहरहर्ब्रह्म गमयति॥४
अत्रैष देवः स्वप्ने महिमानमनुभवति। यद् दृष्टं दृष्टमनुपश्यति श्रुतं
मेवार्थमनुश्रृणोति। देशदिगन्तरैश्च प्रत्यनुभूतं पुनः पुनः प्रत्यनुभवति
दृष्टं चादृष्टं च श्रुतं चाश्रुतं चानुभूतं चानाभूतं च सच्चासच्च सर्वं
पश्यति सर्वः पश्यति॥ ५
स यदा तेजसाभिभूतो भवत्यत्रैष देवः स्वप्नान्न पश्यत्यथ
तदैतस्मिन्शरीर एतत्सुखं भवति॥ ६
स यथा सोम्य वयांसि वासोवृक्षं संप्रतिष्ठन्ते एवं ह वै तत्सर्वं पर
आत्मनि सम्प्रतिष्ठते॥ ७

स्वप्नों में देखे-सुने जीव, महिमा अपनी, जाग्रत में ज्यों।
देशान्तर में अनुभूत सभी, बहुधा अनुभव स्वप्नों में त्यों।
देखा-अनदेखा, श्रुत-अश्रुत, सब रूप बने देखे-सुनता।
सत्, अननुभूत, अनुभूत, असत्, सब देखे औ अनुभव करता! ५
जब मन होता तेजाभिभूत, जीवात्मा देखे स्वप्न नहीं।
इस तन में ब्रह्मानन्द सदृश, हो यह सुषुप्ति-सुख प्राप्त यहीं। ६
हे सोम्य वृक्ष- वासों में ज्यों, पक्षियाँ प्रतिष्ठित हों अविकल।
त्यों परमात्मा में स्थित सुख से, भू इन्द्रिय प्राण सभी प्रतिपल। ७
तन्मात्रा युत भू तेज वायु, जल, नभ, इनके जो रूप युगल।
ये नेत्र, श्रोत्र, रस, त्वचा, घ्राण, इनके जो कुछ भी विषय सकल।

The 'Samāna' inhaling and exhaling regulates,
These are two offerings the doer mind oblates.
The 'Udāna' for the doer-mind desired fruit keeps,
Taking the mind to Brahma as daily it sleeps! 4
Repeatedly in dreams mind glories visualized,
Seeing, hearing and feeling all prior realized
Also never seen heard and felt it conceived,
Being all, both truth and untruth it perceived! 5
When, as one sleeps, pious qualities culminated,
And charged with energy, mind is illuminated,
It in deep sleep no longer dreams visualized,
In the body thus the Living Self bliss realized! 6
O dear, as birds come back as they wished,
And in their tree-abodes they rest established,
In Supreme Self lay this Creation contained,
There all these are established and sustained! 7

पृथिवी च पृथिवी मात्रा चापश्चापोमात्रा च तेजश्च तेजोमात्रा
च वायुश्च वायुमात्रा चाकाशश्चाकाशमात्रा च चक्षुश्च द्रष्टव्यं
च श्रोत्रं च श्रोतव्यं च घ्राणं च घ्रातव्यं च रसश्च रसयितव्यं च
त्वक्च स्पर्शयितव्यं च वाक्च वक्तव्यं
च हस्तौ चादातव्यं चोपस्थश्चानन्दयितव्यं च पायुश्च
विसर्जयितव्यं च पादौ च गन्तव्यंच मनश्च मन्तव्यं च बुद्धिश्च
बोद्धव्यं चाहङ्कारश्चाहङ्कर्तव्यं च चित्तं च चेतयितव्यं च तेजश्च
विद्योतयितव्यं च प्राणश्च विधारयितव्यं च॥ ८
एष हि द्रष्टा स्प्रष्टा श्रोता घ्राता रसयिता मन्ता बोद्धा कर्ता
विज्ञानात्मा पुरुषः स परेऽक्षर आत्मनि संप्रतिष्ठते॥ ९

ये जो उपस्थ औ पायु, पाद, विषयों युत ये कर्मेन्द्रिय भी।
मन चित्त बुद्धि औ अहंकार, वाणी, विषयों के सहित सभी।
जो तेज, प्रकाशित जो अथवा, जो प्राण, या कि जो अनुप्राणित।
ये भूत सकल औ तत्त्व सभी, परमात्मा में होते हैं स्थित। ८
द्रष्टा, स्प्रष्टा, श्रोता, घ्राता, रसयिता और बोद्धा, मन्ता।
विज्ञानात्मा ऐसा कर्ता, अक्षर- परमात्मा स्थित रहता। ९
छाया तन वर्ण रहित निर्मल, जाने जो अक्षर का स्वरूप।
पाता परमाक्षर, श्लोक यही, सर्वज्ञ वही हो सर्व रूप। १०

The earth, water and fire with subtle formations,
The air and space with their subtle causations,
All eye-forms, ear-sound and nose-smell here,
The tongue-taste, skin-touch and speech-words adhere.
The hands, feet, genitals and rectum with objects,
The mind, ego, intellect and heart with subjects
Consciousness with conscious and light with lighted,
All life and living in the Self stay delighted. 8
The Self is the smeller, toucher, hearer and seer.
The perceiver, taster, thinker and doer!
The knower Self sentient is from Him inseparable,
The Person established in Supreme Imperishable! 9

परमेवाक्षरं प्रतिपद्यते स यो ह वै तदच्छायम शरीरमलोहितं शुभ्रमक्षरं
वेदयते यस्तु सोम्य। स सर्वज्ञः सर्वो भवति। तदेष श्लोकः॥ १०
विज्ञानात्मा सह देवैश्च सर्वैः प्राणा भूतानि संप्रतिष्ठन्ति यत्र।
तदक्षरं वेदयते यस्तु सोम्य स सर्वज्ञः सर्वमेवा विवेशेति॥ ११

पञ्चम प्रश्न

अथ हैनं शैब्यः सत्यकामः पप्रच्छ। स यो ह वै तद्भगवन् मनुष्येषु
प्रायणान्तमोङ्कारमभिध्यायीत। कतमं वाव स तेन लोकं जयतीति॥ १
तस्मै स होवाच एतद्वै सत्यकाम परं चापरं च ब्रह्म यदोङ्कारः।
तस्माद्विद्वानेतेनैवायतनेनैकतरमन्वेति॥ २

सब देव भूत प्राणेन्द्रिय युत, विज्ञानात्मा जिसमें आश्रित।
जाने जो ऐसा परमाक्षर, सर्वज्ञ बने, हो सबमें स्थित। ११

पञ्चम प्रश्न

जो मनुज करे नित उपासना, ओंकार ध्यान कर आजीवन।
यह पूछे शिबि-सुत सत्यकाम, वह कौन लोक जीते भगवन! १
पर-अपर ब्रह्म ओंकार यही, निश्चय ऐसा है, ऋषि कहते।
विद्वान इसीका चिन्तन कर, पर-अपर एक को पा लेते! २
जो मात्रा एक भजे इसकी, दें उसे ऋचा जग में नर तन।
तप ब्रह्मचर्य श्रद्धायुत हो, महिमामय हो वह मृत्यु भुवन। ३

Knowing that Self dear, bodiless and pure,
Imperishable, without shadow and colour for sure!
Verily, the Supreme Imperishable one attains,
Becomes all and knows all as this verse maintains. 10
With sense-gods, vital breaths and elements here,
To which the Living Self established does adhere,
One who knows the Supreme Imperishable Immortal,
Knowing all, O dear, becomes all a mortal! 11

The Fifth Question

Śibi's son Satyakāma now came to the seer,
Venerable Sir, he said, a question is here!
If one, till one died, Oṁkāra contemplated,
What worlds does he win who so meditated? 1
The seer stated, verily Oṁkāra is Brahma!
He is both Lower and Higher in His Dharma.
Knowing this wise do Oṁkāra meditation,
And attain Brahma higher or lower in station! 2

स यद्येकमात्रमभिध्यायीत स तेनैव संवेदितस्तूर्णमेव जगत्यामभिसम्पद्यते।
तमृचो मनुष्यलोकमुपनयन्ते स तत्र तपसा ब्रह्मचर्येण, श्रद्धया सम्पन्नो
महिमानमनुभवति॥ ३
अथ यदि द्विमात्रेण मनसि सम्पद्यते सोऽन्तरिक्षं यजुर्भिरुन्नीयते सोमलोकम्
स सोमलोके विभूतिमनुभूय पुनरावर्तते॥४
यः पुनरेतं त्रिमात्रेणोमित्येतेनैवाक्षरेण परं पुरुषमभिध्यायीत स तेजसि
सूर्ये सम्पन्नः। यथा पादोदरस्त्वचा विनिर्मुच्यत एवं ह वै स पाप्मना
विनिर्मुक्तः स सामभिरुन्नीयते ब्रह्मलोकं स एतस्माज्जीवघनात् परात्परं
पुरिशयं पुरुषमीक्षते तदेतौ श्लोकौ भवतः॥ ५
तिस्रो मात्रा मृत्युमत्यः प्रयुक्ता अन्योन्यसक्ता अनविप्रयुक्ताः।
क्रियासु बाह्याभ्यन्तर मध्यमासु सम्यक्प्रयुक्तासु न कम्पते ज्ञः॥ ६

मन से एकत्व द्विमात्रा दे, यजु-श्रुति उसको दें सोमलोक।
वह चन्द्रलोक-सुख अनुभव कर, फिर से लौटे इस मृत्युलोक। ४
जो भजे त्रिमात्रा ओमाक्षर, भज परम पुरुष रविलोक वरे।
पापों से वह सर्वथा मुक्त, ज्यों सर्प केचुली त्याग करे।
ले जाय साम-श्रुति ब्रह्मलोक, हो प्राप्त परात्पर जीवनघन।
अन्तर्यामी को वह देखे, आगे वर्णित दो श्लोक-वचन। ५
हों मृत्युमान यदि पृथक् तीन, ये पृथक् नहीं, सम्बद्ध वरें।
बाह्याभ्यन्तर मध्यम प्रयोग, ज्ञाता को विचलित नहीं करें। ६

[Praśna-5

If one does one-element Oṁkāra meditation,
One returns here illumined by his action.
The Ṛg hymns lead him to the earth and austerity,
And he attains glory through faith and chastity. 3
United with mind in a two-element meditation,
One goes to the space by such a contemplation.
The Yaju verses lead him to the moon-world there,
And having gained glory he returns back here. 4
One who by three elements the Supreme meditated,
Sin-free, like slough-free snake, sun-world inhabitated.
From there the Sāma hymns to Brahma's world lead,
To the Greater than life, the Indweller indeed! 5
But not beyond mortality are these in separation,
Uniting the three, one should do contemplation.
One fears not if one duly actions performed,
Who inside-out and intermediately conformed. 6

ऋग्भिरेतं यजुर्भिरन्तरिक्षं सामभिर्यत्तत्कवयो वेदयन्ते।
तमोङ्कारेणैवायतनेनान्वेति विद्वान् यत्तच्छान्तमजरममृतमभयं परं चेति॥ ७

षष्ठ प्रश्न

अथ हैनं सुकेशा भारद्वाजः पप्रच्छ। भगवन्हिरण्यनाभः कौसल्यो राजपुत्रो
मामुपेत्यैतं प्रश्नमपृच्छत। षोडशकलं भारद्वाज पुरुषं वेत्थ। तमहं
कुमारमब्रुवं नाहमिमं वेद यद्यहमिममवेदिषं कथं ते नावक्ष्यमिति समूलो
वा एष परिशुष्यति योऽनृतमभिवदति तस्मान्नार्हाम्यनृतं वक्तुम्। स
तूष्णीं रथमारुह्य प्रवव्राज। तं त्वा पृच्छामि क्वासौ पुरुष इति॥ १
तस्मै स होवाच। इहैवान्तः शरीरे सोम्य स पुरुषो यस्मिन्नेताः
षोडशकलाः प्रभवन्तीति॥ २

ऋक् से भू, यजु से अन्तरिक्ष, दे साम सुधी के परम लोक।
भज ओम् परम औ अजर-अमर, हो शान्त अभय वह ब्रह्मलोक! ७

षष्ठ प्रश्न

कोशल का राजकुमार एक, था हिरण्यनाभ नाम जिसका।
वह पूछे, कहे सुकेशा अब, यह प्रश्न सुनें भगवन उसका!
क्या तुम्हें पुरुष वह ज्ञात सोम्य, जो रहता षोड़श कलावान!
मैं नहीं जानता, मैं बोला, क्यों नहीं बताता अगर ज्ञान!
जो अनृत कहे जड़ से सूखे, मैं मिथ्या करता नहीं कथन।
वह रथारूढ़ चुप लौट गया, वह पुरुष कहाँ, पूछूँ भगवन! १
जिसमें इनका होता उद्भव, जो पुरुष षोड़शो कला सहित।
हे सोम्य, कहें यह पिप्पलाद, तन अन्तर ही वह पुरुष निहित! २

The Ṛg gave the earth and the Yaju sky awarded,
The Sāma gave the worlds the sages much regarded.
The wise through Oṁkāra the Immortal realizes.
The Serene, Undecaying and Fearless visualizes. 7

The Sixth Question

Once, now said Sukeśā, to him a person came,
The prince of Kosala, Hiraṇyanābha by name.
O Reverend, the prince then asked me a question,
Do you know Sukeśā, the Sixteen-part Person?

स ईक्षांचक्रे। कस्मिन्नहमुत्क्रान्त उत्क्रान्तो भविष्यामि कस्मिन्वा प्रतिष्ठते
प्रतिष्ठिास्यामीति॥ ३

स प्राणमसृजत प्राणाच्छ्रद्धां खं वायुर्ज्योतिरापः पृथिवीन्द्रियं मनः।
अन्नमन्ना द्वीर्यं तपो मन्त्राः कर्म लोका लोकेषु च नाम च।।४
स यथेमा नद्यः स्यन्दमानाः समुद्रायणाः समुद्रं प्राप्यास्तं गच्छन्ति भिद्येते
तासां नामरूपे समुद्र इत्येवं प्रोच्यते। एवमेवास्य परिद्रष्टुरिमाः षोडश
कलाः पुरुषायणाः पुरुषं प्राप्यास्तं गच्छन्ति भिद्येते चासां नामरूपे
पुरुष इत्येवं प्रोच्यते स एषोऽकलोऽमृतो भवति तदेष श्लोकः॥ ५

वह पुरुष सोचता, कैसे मैं, उत्क्रमित और फिर कैसे स्थित!
किसके स्थित रहते मैं हूँ स्थित, किसके जाते मैं स्वयँ चलित! ३
वह पुरुष रचे यह प्राण तभी, श्रद्धा आकाश पवन रचता।
फिर तेज-शक्ति, जल भू, इन्द्रिय, मन, अन्न सभी रचना करता।
अन्नों से फिर वह वीर्य रचे, हों कर्म मन्त्र तप सभी रचित।
वह लोक रचे फिर नामों को, उन लोकों में ही करे सृजित। ४
सागर अभिमुख बहती नदियाँ, मिल हों विलीन सागर स्वरूप।
कहलातीं वे केवल सागर, खोकर अपने सब नाम-रूप।
पुरुषोन्मुख षोड़श कला सभी, लें पुरुष रूप होकर विलीन।
हों नष्ट नाम औ रूप भिन्न, सब द्रष्टा अमृत अकल-लीन! ५

[Praśna-6

O Sire, I had stated, I know not that Person!
Why else I would not have answered the question?
Ruined to the roots one is telling the untruth.
I ask O venerable, about that Person and truth! 1
The seer Pippalāda said, now know Him O dear!
He is within the body, the Indweller here!
In whom these sixteen parts arise and abide,
That Person in this body itself does reside! 2
On whose leaving He also would then be exiting,
And which remaining present He would be existing?
Creating all this the Creator thus pondered,
And then the Supreme the Sixteen Parts rendered. 3
He created the life, faith, senses and mind,
The space, air, light, water and foods all kind.
The earth, works, worlds and persons He created,
All vitality, austerities and hymns originated. 4

अरा इव रथनाभौ कला यस्मिन्प्रतिष्ठिताः।
तं वेद्यं पुरुषं वेद यथा मा वो मृत्युः परिव्यथा इति॥ ६
तान्होवाचैतावदेवाहमेतत्परं ब्रह्म वेद। नातः परमस्तीति॥ ७
ते तमर्चयन्तस्त्वं हि नः पिता योऽस्माकमविद्यायाः परं पारं तारयसीति
नमः परम ऋषिभ्यो नमः परम ऋषिभ्यः॥ ८

शान्ति पाठ – यथा आरम्भ में

जिसमें ये कला प्रतिष्ठित हैं, रथ चक्र नाभि हों अरे यथा।
ज्ञातव्य पुरुष वह तुम जानो, फिर मृत्यु न देगी तुझे व्यथा। ६
ऋषि पिप्पलाद कहते, जानूं, मैं इतना ही पर ब्रह्म जन्य।
कुछ और नहीं ज्ञातव्य यहाँ, है नहीं और कुछ परे अन्य। ७
वे पिप्पलाद को पूज कहें, पितु आप परम ऋषि, दिया तार!
अज्ञान–सिन्धु के किया पार, ऋषि परम, नमः, पुनि नमस्कार! ८

अथर्ववेदीय प्रश्नोपनिषद् समाप्त

Upaniṣad]

As flowing into the seas the rivers disappear,
The names and forms gone, sea alone does appear,
These sixteen are no more, when the Seer they gained,
That Partless Immortal Person remained. 5
In whom these sixteen parts remain established,
As a car wheel-nave is with spokes furnished,
One must know that Supreme Person knowable,
So that the death not makes one miserable. 6
The great seer Pippalāda further stressed,
He the six disciples in this way addressed.
About Para Brahma, only this much I know!
Certainly He is not beyond what I show! 7
The pupils praised, you father-like initiated!
And across the ocean of ignorance negotiated!
A great sage you are to you salutations!
O seer supreme, again our prostrations! 8

Praśna Upaniṣad Ends

मुण्डकोपनिषद्

शान्ति पाठ

ॐ भद्रं कर्णेभिः श्रृणुयाम देवा भद्रं पश्येमाक्षभिर्यजत्राः।
स्थिरैरङ्गैस्तुष्टुवां सस्तनूभिर्व्यशेम देवहितं यदायुः॥
स्वस्ति न इन्द्रो वृद्धश्रवाः स्वस्ति नः पूषा विश्ववेदाः।
स्वस्ति नस्ताक्ष्र्यो अरिष्टनेमिः स्वस्ति नो बृहस्पतिर्दधातु॥
ॐ शान्तिः शान्तिः शान्तिः

प्रथम मुण्डक–प्रथम खण्ड

ॐ ब्रह्मा देवानां प्रथमः सम्बभूव विश्वस्य कर्ता भुवनस्य गोप्ता।
स ब्रह्मविद्यां सर्वविद्या प्रतिष्ठामथर्वाय ज्येष्ठ पुत्राय प्राह॥ १

शान्ति पाठ

ॐ भद्र वचन ये श्रोत्र सुनें, कल्याण दृष्ट हो नेत्रों से!
निज आयु देव हित में भोगें, स्तुतिलीन सुदृढ़ तन–अंगों से! कल्याण
यशस्वी इन्द्र करें, पूषा सर्वज्ञ करें पालन!
अरिनाशक चक्र गरुड़ हित कर, कल्याण बृहस्पति कर साधन!
ॐ त्रिविध ताप की शान्ति हो!

प्रथम मुण्डक–प्रथम खण्ड

ब्रह्मा त्रिभुवन कर्ता–रक्षक, देवों में प्रथमोत्पन्न रहें।
आधार ज्ञान जो ब्रह्मज्ञान, सुत ज्येष्ठ अथर्वा जन्य कहें! १

Muṇḍaka Upaniṣad

Peace Invocations

O Lord our ears may good words receive!
Our eyes O God may good things perceive!
Strong bodied and limbed for whole life Lord,
May we meditate in the service of God!
May the Glorious Indra prosperity award!
The all knowing Pūṣan welfare safeguard!
Discus-strong Garuḍa may goôd-luck provide!
And wise Bṛhaspati with us may abide!

God, May the Three-fold Afflictions be resolved!

First Muṇḍaka-Section-I

Among gods emanated first Brahmā Effected,
Divining this Creation who all this protected.
God Brahmā his eldest son Atharvā initiated,
The source of all wisdoms Brahma Vidyā enunciated. 1

अथर्वणे यां प्रवदेत ब्रह्माथर्वा तां पुरोवाचाङ्गिरे ब्रह्मविद्याम्।
स भारद्वाजाय सत्यवहाय प्राह भारद्वाजोऽङ्गिरसे परावराम्॥ २
शौनको ह वै महाशालोऽङ्गिरसं विधिवदुपसन्नः पप्रच्छ।
कस्मिन्नु भगवो विज्ञाते सर्वमिदं विज्ञातं भवतीति॥ ३
तस्मै स होवाच। द्वे विद्ये वेदितव्ये इति ह स्म यद्ब्रह्मविदो
वदन्ति परा चैवापरा च॥४
तत्रापरा, ऋग्वेदो यजुर्वेदः सामवेदोऽथर्ववेदः शिक्षा कल्पो व्याकरणं
निरुक्तं छन्दो ज्योतिषमिति। अथ परा यया तदक्षरमधिगम्यते॥ ५

अंगी को कहें अथर्वा यह, ब्रह्मा प्रदत्त, पर-अवर कथित।
फिर कहें सत्यवह को अंगी, अंगिरा सत्यवह से शिक्षित। २
शौनक गृहस्थ जो महाशाल, अंगिरा निकट पूछें अवनत।
क्या जान सभी जानें भगवन, विज्ञात सभी कुछ हो विधिवत! ३
अंगिरा कहें शौनक से यों, जो ब्रह्मनिष्ठ वे यही कहें।
हैं वेदितव्य दो विद्याएँ, वे दोनों अपरा-परा रहें। ४
ऋग्वेद, साम, यजु औ अथर्व, ज्योतिष, निरुक्त, शिक्षा 'अपरा'।
व्याकरण, छन्द औ कल्प सभी, अपरा, ब्रह्माक्षर-ज्ञान 'परा'। ५

The wisdom which Brahmā to Atharvā did preach,
Atharvā in ancient times to Aṅgī did teach.
This was by Aṅgī to Satyavaha related,
As a teacher to pupil, he Aṅgirā educated. 2
There was one Śaunaka, a house-holder reputed,
Approaching sage Aṅgirā he duly saluted.
He asked what is that by which O venerable,
In knowing about everything else one is able? 3
Aṅgirā said to Śaunaka, the wisdom to be known,
By the wise illumined of two kinds are shown.
One is the spiritual wisdom, the higher or 'Parā'
The lower worldly wisdom is material 'Aparā'! 4
The lower ones are grammar, prosody and astrology.
Also the rituals, phonetics and etymology,
All the Ṛg, Yaju, Sāma and Atharva are Aparā,
The wisdom that shows the Imperishable, is Parā! 5

यत्तदद्रेश्यमग्राह्यम गोत्रमवर्णमचक्षुः श्रोत्रं तदपाणिपादम्।
नित्यं विभुं सर्वगतं सुसूक्ष्मं तदव्ययं यद्भूत योनिं परिपश्यन्ति धीराः॥ ६
यथोर्णनाभिः सृजते गृह्णते च यथा पृथिव्यामोषधयः सम्भवन्ति।
यथा सतः पुरुषात्केशलोमानि तथाक्षरात्सम्भवतीह विश्वम्॥ ७
तपसा चीयते ब्रह्म ततोऽन्नमभिजायते।
अन्नात्प्राणो मनः सत्यं लोकाः कर्मसु चामृतम॥ ८
यः सर्वज्ञः सर्वविद्यस्य ज्ञानमयं तपः।
तस्मादेतद्ब्रह्म नामरूपमन्नं च जायते॥ ९

अदृश्य सूक्ष्म अग्राह्य नित्य, अव्यय अवर्ण विभु गोत्रहीन!
निर्वंश निरिन्द्रय भूतयोनि, विद्वान जानते सर्व लीन! ६
पृथ्वी ज्यों ओषधियाँ देती, मकड़ी जाला बुन करे ग्रसित।
जीवित तन से ज्यों केश-लोम, यह विश्व ब्रह्म-अक्षर निःसृत। ७
संकल्प-तपों से ब्रह्म बढ़े, उससे अन्नों का हो उद्भव।
फिर प्राण मनस्, सत्, लोक, कर्म, कर्मों से अमृतफल संभव। ८
सर्वज्ञ, सभी को जो जाने, जिसका तप होता ज्ञान-रूप।
उससे विराट् यह विश्व सृजित, अन्नादि सभी औ नाम-रूप। ९

[Muṇḍaka-1-1

Unseen, without origin, whom none can conceive,
No form, hand, feet, ears and eyes to perceive!
Omnipresent, subtle, pervading and immortal,
Sages see the Imperishable as womb of the mortal! 6
As a spider creates and draws in the web-string,
As plants, and herbs from the earth do spring,
Like hairs growing on the body of one living,
The universe arises from the Imperishable Being! 7
Through austerities, knowledge and own resolution,
Expanding, Para Brahma manifested in Creation.
Thence were food-matters, life, mind and elements
Worlds, truth and actions with fruit-accompaniments! 8
Who knows all beings and everything conceived,
Whose brooding resolution is wisdom perceived.
From Him this universal World Body emanated,
All names, forms and food-matters originated. 9

प्रथम मुण्डक–द्वितीय खण्ड

तदेतत्सत्यं मन्त्रेषु कर्माणि कवयो यान्यपश्यंस्तानि त्रेतायां बहुधा सन्ततानि।
तान्याचरथ नियतं सत्यकामा एष वः पन्थाः सुकृतस्य लोके॥ १

यदा लेलायते ह्यर्चिः समिद्धे हव्यवाहने।
तदाज्यभागावन्तरेणाहुतीः प्रतिपादयेत्॥ २

यस्याग्निहोत्रमदर्शमपौर्णमासमचातुर्मास्यमनाग्रयणमतिथिवर्जितं च।
अहुतमवैश्वदेवमविधिना हुतमासप्तमांस्तस्य लोकान् हिनस्ति॥ ३

काली कराली च मनोजवा च सुलोहिता या च सुधूम्रवर्णा।
स्फुलिङ्गिनी विश्वरुची च देवी लेलायमाना इति सप्त जिह्वाः॥४

प्रथम मुण्डक–द्वितीय खण्ड

ऋषि मन्त्रों में सत् ही देखें, जो कर्म त्रिवेदों में वर्णित।
सत्यार्थी कर आचरण उन्हें, है यहाँ सुकृत-पथ यही विहित! १
जब यज्ञ अग्नि होती प्रदीप्त, उसमें आहुतियाँ हवन करें!
दो आज्यभाग आहुतियों के, जो मध्य रिक्त वह स्थान वरें! २
जिसमें न 'दर्श' औ 'पौर्णमास', जो वेदी 'चातुर्मास्य' रहित।
जो बिना अतिथि औ असमय हो, जो नहीं 'आग्रयण' कर्म सहित।
जो अग्निहोत्र विधि से विहीन, बलिवैश्वदेव विधि- कर्म हीन।
हों नष्ट पीढ़ियाँ सात तथा, हों पुण्यलोक सातों विहीन। ३
यज्ञाग्नि कराली, काली हैं, फिर सुलोहिता औ मनोजवा।
हों सुधूम्रवर्णा, स्फुलिङ्गिनी, औ विश्वरुची, सातों जिह्वा। ४

First Muṇḍaka-Section-II

Through the three Vedas in Tretā Yuga related,
The rituals that the sages often contemplated,
O seeker of truth, these properly perform!
To the path of virtue thus you will conform. 1
When the sacred fire is kindled and clicking,
And for the sacrifice the flames are licking,
Leaving two flanks for Ajyabhāga libations,
Offer, in the middle all the other oblations. 2
When 'Darśa', and 'Paurṇamāsa' are not performed,
Nor one to 'Cāturmāsya' and 'Āgrayaṇa' conformed,
Without guests, Viśvadevas and proper oblations,
The wrong libations ruin seven generations. 3
These are the seven tongues of Yajña-fire licking,
The Kālī, Karālī and Manojavā clicking.
Also Sulohitā and Sudhūmravarṇā are there,
Sphuliṅginī and Viśvaruchī Devi too adhere. 4

एतेषु यश्चरते भ्राजमानेषु यथाकालं चाहुतयो ह्याददायन्।
तं नयन्त्येताः सूर्यस्य रश्मयो यत्र देवानां पतिरेकोऽधिवासः।। ५
एह्येहीति तमाहुतयः सुवर्चसः सूर्यस्य रश्मिभिर्यजमानं वहन्ति।
प्रियां वाचमभिवदन्त्योऽर्चयन्त्य एष वः पुण्यः सुकृतो ब्रह्मलोकः।। ६
प्लवा ह्येते अदृढ़ा यज्ञरूपा अष्टादशोक्तमवरं येषु कर्म।
एतच्छ्रेयो येऽभिनन्दन्ति मूढा जरामृत्युं ते पुनरेवापि यन्ति।। ७
अविद्यायामन्तरे वर्तमानाः स्वयं धीराः पण्डितं मन्यमानाः।
जङ्घन्यमानाः परियन्ति मूढा अन्धेनैव नीयमाना यथान्धाः।। ८

दें इन प्रदीप्त ज्वालाओं में, जो यथाकाल याज्ञिक आहुति।
ले जातीं उनको सूर्य रश्मि, उस लोक जहाँ देवों के पति। ५
सुकृत से हो शुचि ब्रह्मलोक, आओ, प्रदीप्त आहुति कहतीं।
आजाओ कह प्रिय याज्ञिक को, ये रश्मि वहन कर ले जातीं। ६
यज्ञों के बेड़े अदृढ़ किन्तु, सब कर्म निम्न ये अष्टादश।
जो मूढ़ मग्न हों मान श्रेय, वे जरा-मृत्यु के पाश अवश। ७
वे भटकें मूढ़ अविद्या में, अपने को पंडित-धीर मान।
पथ अन्ध दिखाये अन्धे को, त्यों पीड़ित बारम्बार जान! ८

[Muṇḍaka-1-2

Those who in flames make timely oblations,
These lead through sun-rays to their destinations.
These rays take them to a place to reside,
Where Indra the Lord of gods does abide. 5
The oblations say, this is Brahma's abode, come!
Carrying through the sun-rays, they doer welcome.
By your virtuous deeds you have reached here,
Thus talking pleasantly they praise the doer. 6
But frail are the floats of sacrificial actions!
Transient and lower are eighteen Yajña functions.
Praising as the greatest good, deluded they are vain,
And to old age and death go again and again! 7
Thinking to be learned and wise, but conceited,
Abiding in ignorance, these fools are decieted.
Like the blind person led by another blind,
Wandering and staggering, they goal never find! 8

अविद्यायां बहुधा वर्तमाना वयं कृतार्था इत्यभिमन्यन्ति बालाः।
यत्कर्मिणो न प्रवेदयन्ति रागात् तेनातुराः क्षीणलोकाश्च्यवन्ते॥ ९
इष्टापूर्तं मन्यमाना वरिष्ठं नान्यच्छ्रेयो वेदयन्ते प्रमूढाः।
नाकस्य पृष्ठे ते सुकृतेऽनुभूत्वेमं लोकं हीनतरं वा विशन्ति॥ १०
तपः श्रद्धे ये ह्युपवसन्त्यरण्ये शान्ता विद्वांसो भैक्ष्यचर्यां चरन्तः।
सूर्यद्वारेण ते विरजाः प्रयान्ति यत्रामृतःस पुरुषो ह्यव्ययात्मा॥ ११
परीक्ष्य लोकान्कर्मचितान्ब्राह्मणो निर्वेद मायान्नास्त्यकृतः कृतेन।
तद्विज्ञानार्थं स गुरुमेवाभिगच्छेत् समित्पाणिः श्रोत्रियं ब्रह्मनिष्ठम्॥ १२

विषयी-कर्मी मानें कृतार्थ, वे बाल, अविद्या-रत रहते।
जानें न श्रेय, हों क्षीण पुण्य, क्षय पुण्यलोक, आतुर गिरते। ९
'यज्ञादि श्रेष्ठ' कह महामूढ़, अन्यत् कुछ श्रेय नहीं पायें।
लौटें भू पर वे स्वर्ग भोग, या लोक हीनतर ही जायें! १०
तप-श्रद्धा से विद्वान शान्त, वन में रह भिक्षा वृत्ति करें।
निर्मल हो रवि-पथ से जाकर, अव्यय औ अमृत पुरुष वरें। ११
अकृत कृतकर्मों से न प्राप्त, विद्वान जाँच वैराग्य वरें।
वे समित्पाणि जा ब्रह्मनिष्ठ, श्रोत्रिय गुरु से सत् प्राप्त करें। १२

They have achieved all, they childishly conceive!
Ignorantly behaving, they proudly so believe.
The ritualists really in attachment not know,
And good fruits exhausted miserably fall low! 9
They Yajñas and good deeds highest good deem,
To these so deluded nothing higher does seem.
Reaping fruits in the highest heaven they gain,
They come back to this or a lower world again! 10
But the tranquil and wise as mendicants abide,
In the forest with faith doing austerities reside.
Through the sun they approach fully freed of passion,
Where dwells the Imperishable Immortal Person! 11
Knowing work-gained worlds renunciation is gained,
Working with motive the Uncreated not attained.
So with Yajña's fire-wood, approach a wise teacher,
Well established in Brahma and learned by nature. 12

तस्मै स विद्वानुपसन्नाय सम्यक्प्रशान्त चित्ताय शमान्विताय।
येनाक्षरं पुरुषं वेद सत्यं प्रोवाच तां तत्त्वतो ब्रह्मविद्याम्॥ १३

द्वितीय मुण्डक–प्रथम खण्ड

तदेतत्सत्यं यथा सुदीप्तात्पावकाद्विस्फुलिङ्गाः सहस्रशः प्रभवन्ते सरूपाः।
तथाक्षराद् विविधाः सोम्य भावाः प्रजायन्ते तत्र चैवापियन्ति॥ १
दिव्यो ह्यमूर्तः पुरुषः स बाह्याभ्यन्तरो ह्यजः।
अप्राणो ह्यमनाः शुभ्रो ह्यक्षरात्परतः परः॥ २
एतस्माज्जायते प्राणो मनः सर्वेन्द्रियाणि च।
खं वायुर्ज्योतिरापः पृथिवी विश्वस्य धारिणी॥ ३

आगत प्रशान्त चित शम दम युत, जो शिष्य, उसे उपदेश करें!
पुरुषाक्षर का सत् ब्रह्मज्ञान, यों जान तत्त्वतः शिष्य वरें! १३

द्वितीय मुण्डक–प्रथम खण्ड

हे सोम्य, सहस्रों एक रूप, प्रकटें स्फुलिंग ज्वाला से ज्यों।
सत् यह, जड़-चेतन भाव विविध, प्रकटें लौटें अक्षर में त्यों! १
निश्चय अमूर्त वह दिव्य पुरुष, अज, बाह्याभ्यन्तर विद्यमान!
अप्राण अमन सर्वथा शुभ्र, जीवाक्षर से भी अति महान! २
उससे ही हों उत्पन्न प्राण, मन, सकल इन्द्रियाँ, तेज, सभी।
आकाश वायु जल उससे ही, सब धारण करती पृथ्वी भी। ३

[Muṇḍaka-1-2

Seeking duly and tranquil with a subdued mind,
One guards one's senses from objects determined.
By the wise the way to Brahma will be shown,
And the truth and Immortal Person will be known. 13

Second Muṇḍaka-Section I

O dear, from a fire when fully lit and blazing,
In like form thousands of sparks issue glazing.
The truth is, all from the Imperishable evolve,
And again all entities in Himself devolve! 1
Verily, without form is that Divine Person!
He is within us and pervades all Creation.
Beyond Life, mind, Jīva, He is unborn and pure,
Higher than the unmanifest Nature for sure! 2
From Him all life and the mind originated,
All senses, the space and air emanated.
Also light, heat and water to Creator purported,
From Him evolved earth that all these supported. 3

अग्निर्मूर्धा चक्षुषी चन्द्रसूर्यौ दिशः श्रोत्रे वाग् विवृताश्च वेदाः।
वायुः प्राणो हृदयं विश्वमस्य पद्भ्यां पृथिवी ह्येष सर्वभूतान्तरात्मा॥ ४
तस्मादग्निः समिधो यस्य सूर्यः सोमात्पर्जन्य ओषधयः पृथिव्याम्।
पुमान् रेतः सिञ्चति योषितायां बह्वीः प्रजाः पुरुषात् सम्प्रसूताः॥ ५
तस्मादृचः साम यजूंषि दीक्षा यज्ञाश्च सर्वे क्रतवो दक्षिणाश्च।
संवत्सरश्च यजमानश्च लोकाः सोमो यत्र पवते यत्र सूर्यः॥ ६
तस्माच्च देवा बहुधा सम्प्रसूताः साध्या मनुष्याः पशवो वयांसि।
प्राणापानौ व्रीहियवौ तपश्च श्रद्धा सत्यं ब्रह्मचर्यं विधिश्च॥ ७

पावक मूर्धा शशि-सूर्य नेत्र, दिक् श्रोत्र, वाक् हैं वेद रूप!
भू पाद, विश्व हिय, वायु प्राण, सब भूत- अन्तरात्मा स्वरूप! ४
रवि-समिध अग्नि हो फिर क्रम से, हो सोम, मेघ, ओषधि, उद्भव।
फिर वीर्य और सिंचित नारी, बहु प्रजा पुरुष से यों संभव। ५
उससे ही ऋक्, यजु, साम, लोक, यजमान, दक्षिणा, संवत्सर।
क्रतु, दीक्षा यज्ञ, पुनीत लोक, हों लोक जहाँ शशि औ दिनकर। ६
उससे बहु देव, मनुष्य, साध्य, पशु-पक्षी, प्राण-अपान सभी।
जौ-धान्य, सत्य, विधि, ब्रह्मचर्य, उससे ही हों श्रद्धा-तप भी। ७

Fire forms His head, sun and moon eyes there!
The Veda-speech and quarter-ears too adhere!
The air is breath and the cosmos-heart features,
With earth-feet He is the Inner Self of creatures! 4
He with the sun-fuel the fire originated,
The fire sky, the sky rain and rain herbs created.
The herb energy as the seed, women fertilized,
All progenies are thus from that Person realized. 5
From Him was the Ṛg, Yaju and Sāma emanation,
Sacrifices, ceremonies, Yajña-fees and intiation.
The year, duties, doer and worlds He created,
With those that the sun and moon illuminated. 6
All gods men and demigods He propagated,
Cattle, birds, rice, barley and all corns created.
He Life-breath, penance and faith originated,
From Him order, chastity and truth emanated. 7

सप्त प्राणाः प्रभवन्ति तस्मात् सप्तार्चिषः समिधः सप्त होमाः।
सप्त इमे लोका येषु चरन्ति प्राणा गुहाशया निहिताः सप्त सप्त॥ ८
अतः समुद्रा गिरयश्च सर्वेऽस्मात्स्यन्दन्ते सिन्धवः सर्व रूपाः।
अतश्च सर्वा ओषधयो रसश्च येनैष भूतैस्तिष्ठते ह्यन्तरात्मा॥ ९
पुरुष एवेदं विश्वं कर्म तपो ब्रह्म परामृतम्।
एतद्यो वेद निहितं गुहायां सोऽविद्या ग्रन्थिं विकिरतीह सोम्य॥ १०

द्वितीय मुण्डक—द्वितीय खण्ड

आविः संनिहितं गुहाचरं नाम महत्पदमत्रैतत्समर्पितम्।
एजत्प्राणन्निमिषच्च यदेतज्जानथ सदसद्वरेण्यं परं विज्ञानाद्यद्वरिष्ठं प्रजानाम्॥१

उससे मस्तक स्थित सप्त प्राण, उससे सातो यज्ञाग्नि सवन।
विषयों की समिधा सात दीप्त, हों विषय-ज्ञान के सात हवन।
इन्द्रिय द्वारों के सात लोक, जिनसे होकर इन्द्रिय विचरे।
हिय-गुहा मध्य सब सात-सात, सब प्राणी में वह निहित करे। ८
उससे ही गिरि-सागर सारे, बहु विध सर-सरिताएँ स्यन्दित।
उससे निःसृत ओषधि-रस से, आत्मा भूतान्तर आनन्दित। ९
तप कर्म ब्रह्म परमामृत वह, यह विश्व, सभी कुछ पुरुष मान!
हे सोम्य, अविद्या-ग्रन्थि खुले, यदि गुहा निहित को लिया जान! १०

द्वितीय मुण्डक—द्वितीय खण्ड

है ब्रह्म महत्-पद ज्योति रूप, अति श्रेष्ठ, गुहाचर वह वर्णित।
जो कुछ ले सांस, करे चेष्टा, जो देखे, सब उसमें अर्पित।

[Muṇḍaka-2-1

Seven Prāṇas located on the face He created,
Seven flames with seven fuel-objects originated.
The seven sense-doors for the senses to function,
In heart-cave created all seven in a person. 8
From Him all oceans and mountains feature,
From Him also flow rivers of all nature.
All herbs and juices due to Him existed,
On which the Soul Inner in beings subsisted. 9
That Supreme Person is all this Creation.
All austerities wisdoms, Yajñas and action.
Knowing that Indweller Brahma Immortal,
The knots of ignorance are gone of a mortal, 10

यदर्चिमद्यदणुभ्योऽणु च यस्मिंल्लोका निहिता लोकिनश्च। तदेतदक्षरं
ब्रह्म स प्राणस्तदु वाङ्मनः। तदेतत्सत्यं तदमृतं तद्वेद्धव्यं सोम्य विद्धि॥ २
धनुर्गृहीत्वौपनिषदं महास्त्रं शरं ह्युपासानिशितं संधयीत।
आयम्य तद् भाव गतेन चेतसा लक्ष्यं तदेवाक्षरं सोम्य विद्धि॥ ३
प्रणवो धनुः शरो ह्यात्मा ब्रह्मतल्लक्ष्यमुच्यते।
अप्रमत्तेन वेद्धव्यं शरवत्तन्मयो भवेत्॥ ४

अति निकट, सर्व-वरणीय वही, जानो उसको सत्-असत् रूप।
जीवों को वह विज्ञान-परे, है अविज्ञेय उसका स्वरूप। १
सब लोक-लोकवासी जिसमें, अति सूक्ष्म दीप्त वह ब्रह्माक्षर।
वेद्धव्य वही, मन वाक् प्राण, उस सत्-अमृत का वेधन कर! २
उपनिषत्-ओम् धनु- महाअस्त्र, ले कर उपासना-शर साधन!
प्रभु-चित्त खींच धनु वेध सोम्य, वह ब्रहम लक्ष्य, कर आराधन! ३
धनु प्रणव, यही आत्मा शर है, अप्रमत्त-वेध्य परब्रह्म अभय।
हो विद्ध वाण ज्यों लक्ष्य रूप, हों लक्ष्य-ब्रह्म में त्यों तन्मय। ४

Second Muṇḍaka- Section-II

Radiant, great and nearest, in heart He abided,
All breathing, seeing or moving, in His Self resided.
Know Him as the Being and Non-Being Person,
The most venerable and beyond comprehension! 1
Smaller than small, luminous and undecaying ,
Containing all worlds and the beings decaying,
That is Truth-Brahma, the life, speech and mind!
Aim the target Immortal O dear determined! 2
Take as the great weapon the Upaniṣad-Oṁ bow!
Fix on it the meditation-sharpened arrow!
Drawing it with mind on Him concentrated,
O dear, now hit that Imperishable targeted! 3
Verily the bow is the Oṁ syllable venerated.
With this Self as arrow, one Brahma targeted!
Unerring the goal should be hit concentrated,
With Him to be one as the arrow-penetrated! 4

यस्मिन् द्यौः पृथिवी चान्तरिक्षमोतं मनः सह प्राणैश्च सर्वैः।
तमेवैकं जानथ आत्मानमन्या वाचो विमुञ्चथामृतस्यैष सेतुः॥ ५
अरा इव रथनाभौसंहता यत्र नाड्यः स एषोऽन्तश्चरते बहुधा जायमानः।
ओमित्येवं ध्यायथ आत्मानं स्वस्ति वः पाराय तमसः परस्तात्॥ ६
यः सर्वज्ञः सर्वविद् यस्यैष महिमा भुवि।
दिव्ये ब्रह्मपुरे ह्येष व्योम्न्यात्मा प्रतिष्ठितः॥
मनोमयः प्राणशरीरनेता प्रतिष्ठितोऽन्ने: हृदयं संनिधाय।
तद्विज्ञानेन परिपश्यन्ति धीरा आनन्दरूपममृतं यद् विभाति॥ ७

जिसमें द्यौ पृथ्वी अन्तरिक्ष, है प्रोत प्राणयुत यह मन भी।
परमात्मा अमृत-सेतु एक, जानो तज बातें अन्य सभी। ५
जिस हिय में सब नाड़ियां जुड़ें, रथचक्रनाभि ज्यों जुड़े अरे।
बहु रूप प्रकट वह परमात्मा, उस हिय के अन्तर में विचरे।
ओंकार रूप उस आत्मा का, कर ध्यान उसीसे मंगल है!
अज्ञान अन्धतम परे पार, ले जाने का वह सम्बल है। ६
सर्वज्ञ-सर्वविद् परमात्मा, जिसकी महिमा जग में विस्तृत।
वह दिव्य ब्रह्मपुर हियनभ स्थित, मनमय, अन्नों में हो आश्रित।
नेता तनप्राणों का आत्मा, सर्वत्र दीप्त, आनन्द रूप।
प्रत्यक्ष देखते धीर उसे, विज्ञान जन्य अमृत स्वरूप। ७

[Muṇḍaka-2-2

In whom this mind and the senses are threaded,
The earth, sky, and heavens remain embeded,
Know the one Self leaving talk and triviality,
Verily that is the Bridge to Immortality! 5
Where arteries to heart as wheel-spokes adhere,
Manifesting manifold, He moves about there.
The Supreme Self as the Oṁ syllable meditate!
May you the abyss of nescience negotiate! 6
The Self all knowing and all aspects knowing,
Whose glories this majestic universe is showing,
His abode Brahmaloka in heart-sky flourished,
The Self of all there is divinely established.
Guiding body and senses, of mind it consisted,
Controlling the heart, in body it subsisted.
The wise knowing Him realization attain,
The Blissful, luminous and Eternal they gain. 7

भिद्यते हृदये ग्रन्थिश्छिद्यन्ते सर्वसंशयाः।
क्षीयन्ते चास्य कर्माणि तस्मिन्दृष्टे परावरे। ८
हिरण्मये परे कोशे विरजं ब्रह्म निष्कलम्।
तच्छुभ्रं ज्योतिषां ज्योतिस्तद्यदात्मविदो विदुः। ९
न तत्र सूर्यो भाति न चन्द्रतारकं नेमा विद्युतो भान्ति कुतोऽयमग्निः।
तमेव भान्तमनुभाति सर्वं तस्य भासा सर्वमिदं विभाति। १०
ब्रह्मैवेदममृतं पुरस्ताद्ब्रह्म पश्चाद्ब्रह्म दक्षिणतश्चोत्तरेण।
अधश्चोर्ध्वं च प्रसृतं ब्रह्मैवेदं विश्वमिदं वरिष्ठम्। ११

हिय ग्रन्थि जीव की खुल जाये, कट जायें मन के सब संशय।
यदि जाने कारण-कार्य ब्रह्म, शुभ-अशुभ सभी कर्मों का क्षय! ८
निर्मल, निष्कल, परब्रह्म शुभ्र, वह परम हिरण्मय-कोश निहित।
वह ज्योति सभी ज्योतिर्मय की, जो रहे आत्मविद् उसे विदित। ९
रवि तारे विद्युत् तेजहीन, शशि ज्योतिहीन, फिर अग्नि कहाँ?
हैं उसी ज्योति से सभी दीप्त, वह चमके, भासित सभी यहाँ! १०
सम्मुख आगे है ब्रह्म वही, वह पीछे, ऊपर, नीचे भी!
दायें-बायें विस्तृत, वरिष्ठ, जो कुछ जग में है ब्रह्म सभी!११

Seeing Him as the High Cause and Low Creation,
From the fetters of ignorance one has liberation.
The knot in the heart and doubts are dissolved,
From good and bad actions one is absolved. 8
In a bright golden embryo Para Brahma abides,
Devoid of stains in His Supreme State resides.
He is partless and pure, the Light of all lights,
With Self-realization one knowing Him delights. 9
The sun, moon and stars there do not illumine!
What to speak of fire, the lightnings not shine!
It is by His shining that these radiated,
By His illumination all this is illuminated! 10
That Immortal Brahma is before and behind!
To the right, left, above and below one can find!
The best of all, He pervades everywhere,
Verily all this and whatever else is there! 11

तृतीय मुण्डक–प्रथम खण्ड

द्वा सुपर्णा सयुजा सखाया समानं वृक्षं परिषस्वजाते।
तयोरन्यः पिप्पलं स्वाद्वत्त्यनश्नन्नन्यो अभिचाकशीति। १
समाने वृक्षे पुरुषो निमग्नोऽनीशया शोचति मुह्यमानः।
जुष्टं यदा पश्यत्यन्यमीशमस्य महिमानमिति वीतशोकः। २
यदा पश्यः पश्यते रुक्मवर्णं कर्तारमीशं पुरुषं ब्रह्मयोनिम्।
तदा विद्वान् पुण्यपापे विधूय निरञ्जनः परमं साम्यमुपैति। ३
प्राणो ह्येष यः सर्वभूतैर्विभाति विजानन् विद्वान् भवते नातिवादी।
आत्मक्रीड आत्मरतिः क्रियावानेष ब्रह्मविदां वरिष्ठः। ४

तृतीय मुण्डक–प्रथम खण्ड

सहचर पक्षी ये जीव-ब्रह्म, तन-वृक्ष एक स्थित सखा युगल।
खग- जीव कर्म-पिप्पल भोगे, खग-ईश न खा देखे अविकल! १
उस तरु पर भोगी मोह मग्न, असमर्थ जीव-खग करे शोक।
खग-ईश देख स्तुति-महिमा युत, दीनता त्याग हो वीतशोक! २
जब जीव देखता ब्रह्मयोनि, वह ईश पुरुष स्वर्णिम कर्ता।
वह ज्ञानी तजकर पुण्य-पाप, हो शुद्ध परम समता वरता। ३
बन प्राण दीप्त सब भूतों में, ज्ञानी अतिवादी नहीं, जान।
वे श्रेष्ठ ब्रह्मविद्, आत्मक्रीड़, आत्मा रत हों औ क्रियावान! ४

Third Muṇḍaka-Section I

The Living Self and Brahma two bird-friends abide,
On the same body-tree these companions reside.
The Jīva-bird eats the fruits of its actions,
The other just looks on without reactions! 1
On that tree the Jīva-bird sits thus deluded.
In humility grieving thus attached and illuded,
When Jīva the other bird adored visualizes
It seeing His glory free from sorrow, realizes! 2
When the Jīva-seer sees the Lord and Creator,
The golden-hued Person and Brahmā's originator,
Leaving all good and bad and without any stains,
That wise with the Supreme identity attains! 3
In all beings shining as the Life He is shown.
The wise never gainsays to whom He is known.
The best among them in Brahma establishes,
Doing duties he delights in the Self he cherishes! 4

सत्येन लभ्यस्तपसा ह्येष आत्मा सम्यग्ज्ञानेन ब्रह्मचर्येण नित्यम्।
अन्तः शरीरे ज्योतिर्मयो हि शुभ्रो यं पश्यन्ति यतयः क्षीण दोषाः॥ ५
सत्येमेव जयति नानृतं सत्येन पन्था विततो देवयानः।
येनाक्रमनत्यृषयो ह्याप्तकामा यत्र तत् सत्यस्य परमं निधानम्॥ ६
बृहच्च तद् दिव्यमचिन्त्यरूपं सूक्ष्माच्च तत् सूक्ष्मतरं विभाति।
दूरात् सुदूरे तदिहान्तिके च पश्यत्स्विहैव निहितं गुहायाम्॥ ७
न चक्षुषा गृह्यते नापि वाचा नान्यैर्देवैस्तपसा कर्मणा वा।
ज्ञान प्रसादेन विशुद्धसत्त्वस्ततस्तु तं पश्यते निष्कलं ध्यायमानः॥ ८

जो नित्य सत्य से लभ्य शुभ्र, परमात्मा ज्योतित तन-अन्तर।
तप ब्रह्मचर्य सत्-ज्ञान जन्य, यति देखें दोषों का क्षय कर। ५
जीतता सत्य ही, असत् नहीं, सत् से विस्तृत पथ देवयान।
ऋषि आप्तकाम जिस पथ जायें, हो जहाँ परम वह सत्-निधान। ६
वह है अचिन्त्य औ दिव्य बृहत्, सूक्ष्मातिसूक्ष्म भी वह ज्योतित।
दूरातिदूर औ निकट यहाँ, द्रष्टा के हिय की गुहा निहित। ७
वह चक्षु वाक्, इन्द्रियों अन्य, तप, कर्म जन्य हो नहीं ग्रहण।
जो ज्ञान-प्रसादों से निर्मल, ध्यानों से निष्कल करें वरण। ८

Upaniṣad]

By truth, austerity and celibacy to be gained,
Through the right knowledge the Self is attained.
The sinless ascetic as the Indweller conceived,
In this body the pure and luminous perceived. 5
The Truth alone triumphs, untruths not succeed!
The truth extends the Path Divine to proceed.
The sages who no more desires entertain,
The Supreme Abode of Truth by that path attain. 6
Farther than the far and without form there!
Smaller than the subtle, in the body shines here!
He is Grand and Divine and not conceivable,
Hidden in the heart, is by seers perceivable! 7
By the eye, speech and senses never perceived,
Through austerity and actions one not conceived.
Purified by knowledge, one has illumination,
The Partless is perceived by constant meditation. 8

एषोऽणुरात्मा चेतसा वेदितव्यो यस्मिन् प्राणः पञ्चधा संविवेश।
प्राणैश्चित्तं सर्वमोतं प्रजानां यस्मिन् विशुद्धे विभवत्येष आत्मा॥ ९
यं यं लोकं मनसा संविभाति विशुद्धसत्त्वः कामयते यांश्च कामान्।
तं तं लोकं जयते तांश्च कामांस्तस्मादात्मज्ञं ह्यर्चयेद् भूतिकामः॥ १०

तृतीय मुण्डक–द्वितीय खण्ड

स वेदैतत् परमं ब्रह्म धाम यत्र विश्वं निहितं भाति शुभ्रम्।
उपासते पुरुषं ये ह्यकामास्ते शुक्रमेतदतिवर्तन्ति धीराः॥ १

अणु-आत्मा मन से ज्ञेय वहीं, जिस तन में प्राण पंचधा स्थित।
इन्द्रियाँ जीव-चित करें व्याप्त, आत्मा प्रदीप्त जब शुद्ध चित्त। ९
इच्छित जो लोक सभी जीतें, आत्मज्ञ अभीप्सित भोग वरें।
इसलिये मनुज ऐश्वर्यकाम, आत्मज्ञ-धीर अर्चना करें। १०

तृतीय मुण्डक–द्वितीय खण्ड

जो शुभ्र, विश्व युत स्थित ज्योतित, ज्ञानी जाने वह ब्रह्म धाम।
अतिक्रमण वीर्य कर योनि मुक्त, जो ब्रह्म भजे निवृत्तकाम। १

[Muṇḍaka-3-1

By the five-fold Prāṇas and senses concealed,
This subtle Self is by pure reason revealed.
The senses pervaded all thinking and mind,
In tranquillity this Self itself illumined. 9
Whatever worlds and pleasures one desires,
A purified person those wins and acquires.
In the knowledge of the Self who is accomplished.
He is honoured by those who opulence cherished. 10

Third Muṇḍaka-Section II

To a knower Brahma's supreme abode is known,
So radiant where resting the universe also shone.
The wise who meditates giving up all desires,
Verily he freedom from rebirth acquires. 1

कामान् यः कामयते मन्यमानः स कामभिर्जायते तत्र तत्र।
पर्याप्त कामस्य कृतात्मनस्त्विहैव सर्वे प्रविलीयन्ति कामाः॥ २
नायमात्मा प्रवचनेन लभ्यो न मेधया न बहुना श्रुतेन।
यमेवैष वृणुते तेन लभ्यस्तस्यैष आत्मा विवृणुते तनुं स्वाम्॥ ३
नायमात्मा बलहीनेन लभ्यो न च प्रमादात्तपसो वाप्यलिङ्गात्।
एतैरुपायैर्यतते यस्तु विद्वांस्तस्यैष आत्मा विशते ब्रह्मधाम॥ ४
सम्प्राप्यैनमृषयो ज्ञानतृप्ताः कृतात्मानो वीतरागाः प्रशान्ताः।
ते सर्वगं सर्वतः प्राप्य धीरा युक्तात्मानः सर्वमेवाविशन्ति॥ ५

कामना जन्य इत-उत जन्में, जो काम सभी कुछ मान लीन।
जो रहें कृतात्मा-पूर्णकाम, हों यहीं कामना सब विलीन। २
प्रवचन, मेधा बहु श्रवण जन्य, परमात्मा होता प्राप्त नहीं।
वह वरे जिसे, हो लभ्य उसे, प्रगटाता अपना रूप वहीं! ३
बलहीन, प्रमादी, मिथ्या-तप, इनसे न प्राप्त हो परमात्मा।
जो विज्ञ करे समुचित प्रयत्न, आत्मा प्रविष्ट हो ब्रह्मात्मा। ४
जो ज्ञानतृप्त ऋषि, परम शान्त, ज्ञानी युक्तात्मा, कृत-आत्मा।
सब भाँति सर्वगत-सर्वरूप, जा लें प्रवेश वे ब्रह्मात्मा। ५

These desires who always values and cherishes,
He is often born here and there as he wishes.
When desires are no more, one is self-satisfied,
All desires vanish here and he is purified. 2
By sermons or speeches the Self is not gained,
Much hearing, learning or reasoning not attained!
Only he whom it chooses itself, does conceive,
It then reveals to him its nature to perceive, 3
One who has no strength, the Self he not gains,
Not earnest and austere, one never attains.
The wise who rightly by proper means strive,
They, led by the Self, in Brahma's state arrive! 4
Only sages saturated by wisdom do gain,
Passionless tranquillity and realization attain.
The wise on the Omnipresent fixed, meditating,
Attain the All in One and enter concentrating! 5

वेदान्त विज्ञान सुनिश्चितार्थाः संन्यास योगाद् यतयः शुद्धसत्त्वाः।
ते ब्रह्मलोकेषु परान्तकाले परामृताः परिमुच्यन्ति सर्वे॥ ६
गताः कलाः पञ्चदश प्रतिष्ठा देवाश्च सर्वे प्रतिदेवतासु।
कर्माणि विज्ञानमयश्च आत्मा परेऽव्यये सर्व एकीभवन्ति॥ ७
यथा नद्यः स्यन्दमानाः समुद्रेऽस्तं गच्छन्ति नामरूपे विहाय।
तथा विद्वान् नामरूपाद् विमुक्तः परात्परं पुरुषमुपैति दिव्यम्॥ ८
स यो ह वै तत्परमं ब्रह्म वेद ब्रह्मैव भवति नास्याब्रह्मवित्कुले भवति।
तरति शोकं तरति पाप्मानं गुहाग्रन्थिभ्यो विमुक्तोऽमृतो भवति॥ ९

वेदान्त ज्ञान जो निश्चितार्थ, संन्यास-योग से शुद्ध-मुक्त।
तन त्याग परम अमृत होकर, यति ब्रह्मलोक जा हों विमुक्त। ६
निज आश्रय लें पन्द्रहो कला, इन्द्रिय देवों में इन्द्रिय भी।
विज्ञानपूर्ण यह जीव, कर्म, ब्रह्माक्षर एकीभूत सभी। ७
नदियां बहकर हों सिन्धु-लीन, तज नाम-रूप सागर स्वरूप।
विद्वान परात्पर दिव्य पुरुष, पाते वैसे तज नाम-रूप। ८
हो ब्रह्म स्वयं परब्रह्म जान, कुल में अब्रह्मवित् उसे नहीं।
वह शोक-पाप तज हो अमृत, सब गुहा-ग्रन्थि से मुक्त यहीं। ९

[Muṇḍaka-3-2

By the Yoga of Renunciation who purity attained,
By the knowledge of Vedānta the Self ascertained,
Such sages at their end immortality gained,
And in Brahma's state all freedom obtained. 6
The Fifteen Parts are to the elements gone.
The senses with their Deities also become one.
The person's knowing-Self and acts perishable,
All become one with the Supreme Imperishable! 7
As flowing into the seas all rivers disappear,
The names—forms gone, sea alone does appear.
Even so the wiseman the Divine Person gains,
Losing his name and form, the Supreme he attains. 8
When a great Soul has known Supreme Brahma,
Grief, sin and deathless, he attains His Dharma!
He has no progenies without Brahma-wisdom,
His mind unfettered, he attains His kingdom. 9

तदेतदृचाभ्युक्तम्-
क्रियावन्तः श्रोत्रिया ब्रह्मनिष्ठाः स्वयं जुह्वत एकर्षिं श्रद्धयन्तः।
तेषामेवैतां ब्रह्मविद्यां वेदत शिरोव्रतं विधिवद्यैस्तु चीर्णम॥ १०
तदेतत् सत्यमृषिरङ्गिराः पुरोवाच नैतदचीर्णव्रतोऽधीते।
नमः परमऋषिभ्यो नमः परमऋषिभ्यः॥ ११

इस ब्रह्मज्ञान विद्या विषयक, इस भाँति ऋचा का अनुशासन।
जो ब्रह्मनिष्ठ श्नोत्रिय ज्ञाता, निष्काम कर्म करते पालन।
श्रद्धा पूर्वक वे स्वयं सविधि, एकर्षि हवन की अग्नि वरें।
श्नद्धायुत 'शिरोव्रती' को ही, यह ब्रह्मज्ञान उपदेश करें। १०
उपदेश अंगिरा ऋषि देते, ये पुरा काल के सत्य-सार।
जो नहीं व्रती वे नहीं वरें, है नमः परम ऋषि, नमस्कार! ११

मुण्डकोपनिषद् समाप्त

शान्ति पाठ-यथा आरम्भ में

This wisdom should be given to only such persons,
Versed in the Vedas who perform their functions.
Observing austere vows who offer oblations,
And faithful Brahma who do meditations. 10
Not meant for those with weak resolution,
Without austere vows difficult is solutoin.
Long ago seer Aṅgira had this truth narrated,
Salutations to the Supreme Seers venerated! 11

The Muṇḍaka Upaniṣad Ends

माण्डूक्योपनिषद्

शान्ति पाठ

ॐ भद्रं कर्णेभिः श्रृणुयाम देवा भद्रं पश्येमाक्षभिर्यजत्राः।
स्थिरै रङ्गैस्तुष्टुवां सस्तनूभिर्व्यशेम देवहितं यदायुः॥
स्वस्ति न इन्द्रो वृद्धश्रवाः स्वस्ति नः पूषा विश्ववेदाः।
स्वस्ति नस्ताक्ष्र्यो अरिष्टनेमिः स्वस्ति नो बृहस्पतिर्दधाधातु॥
ॐ शान्तिः शान्तिः शान्तिः

ओमित्येतदक्षरमिदं सर्वं तस्योपव्याख्यानं भूतं भवद्भविष्द्यदिति
सर्वमोङ्कार एव। यच्चान्यत् त्रिकालातीतं तदप्योङ्कार एव॥ १

शान्ति पाठ

ॐ भद्र वचन ये श्रोत्र सुनें, कल्याण दृष्ट हो नेत्रों से!
निज आयु देव हित में भोगें स्तुतिलीन सुदृढ़ तन-अंगों से!
कल्याण यशस्वी इन्द्र करें, पूषा सर्वज्ञ करें पालन!
अरिनाशक चक्र गरुड़ हित कर, कल्याण बृहस्पति कर साधन!
ॐ त्रिविध तापों की शान्ति हो!

यह एक ओम् अक्षर ऐसा, यह पूर्ण विश्व व्याख्यान करे।
सब भूत, भविष्यत् भवत् ओम्, वह भी जो अन्य त्रिकाल परे! १

Māṇḍūkya Upaniṣad

Peace Invocations

O Lord, our ears may good words receive!
Our eyes O God, may good things perceive!
Strong bodied and limbed for whole Life Lord!
May we meditate in the service of God!
May the glorious Indra prosperity award!
The all knowing Pūṣan welfare safeguard!
Discus-strong Garuḍa may good-luck provide!
And wise Bṛhaspati with us may abide!
God, may the Three-fold Afflictions be resolved!

The Oṁ Imperishable is all that is there!
This Oṁ is the present, past and future here!
And whatever else that transcends all time,
All that is verily this Oṁ syllable prime. 1

सर्वं ह्येतद् ब्रह्मायमात्मा ब्रह्म सोऽयमात्मा चतुष्पात्। २
जागरित स्थानो बहिष्प्रज्ञः सप्ताङ्ग एकोनविंशतिमुखः स्थूलभुग्वैश्वानरः
प्रथमः पादः। ३
स्वप्नस्थानोऽन्तः प्रज्ञः सप्ताङ्ग एकोनविंशति मुखः प्रविविक्तभुक् तैजसो
द्वितीयः पादः।४

यह सब जो कुछ है, ब्रह्म सभी, यह आत्मा ही है ब्रह्म रूप।
इन चार चरण या अंशों से, इस परमात्मा को दें स्वरूप! २
जाग्रत, जिससे हो बाह्य ज्ञान, वैश्वानर यह सप्तांग रूप!
उन्नीस मुखों युत प्रथम पाद, यह स्थूल विषय-भोक्ता स्वरूप!
द्यौ, सूर्य, वायु, आकाश, अन्न, जल औ पृथ्वी हैं अंग रूप।
मुख पंच प्राण, दस इन्द्रिय, मन, यह बुद्धि, अहं औ चित स्वरूप। ३
स्वप्नों में अन्तःप्रज्ञ सूक्ष्म, यह तैजस् भी सप्तांग युक्त।
यह सूक्ष्म विषय-भोक्ता द्वितीय, उन्नीस मुखों युत पाद उक्त। ४

Upaniṣad]

Verily all this is Para Brahma alone!
This Self is Brahma, with Himself all one!
The Supreme Self as this Living Self here,
Has four legs, quarters or divisions there! 2
This Waking State is the First Part stated,
Cognizing world-objects 'Vaiśvānara' related.
It seven limbs and nineteen mouths contained,
On gross material objects it is sustained.
As earth, water, food, heavens, space, sun and air,
The Vaiśvānara World-Body has seven limbs there!
The Five Vital Airs, ten senses and mind,
Ego, intellect and consciousness as mouths find! 3
The Dream State is the second Leg of the Self.
Cognizing internal, Light-'Taijas' itself!
Seven limbs, luminous with nineteen mouths there,
To subtle objects only this part does adhere! 4

**यत्र सुप्तो न कश्चन कामं कामयते न कश्चन स्वप्नं पश्यति तत् सुषुप्तम्।
सुषुप्तस्थान एकीभूतः प्रज्ञानघन एवानन्दमयो ह्यानन्द भुक्चेतोमुखः
प्राज्ञस्तृतीयः पादः। ५**

**एष सर्वेश्वर एष सर्वज्ञ एषोऽन्तर्याम्येष योनिः सर्वस्य प्रभवाप्ययौ हि
भूतानाम्। ६**

**नान्तः प्रज्ञं न बहिष्प्रज्ञं नोभयतः प्रज्ञं न प्रज्ञानघनं न प्रज्ञं नाप्रज्ञम्।
अदृष्टमव्यवहार्यम ग्राह्यम लक्षणमचिन्त्यमव्यपदेश्यमेकात्मप्रत्ययसारं
प्रपञ्चोपशमं शान्तं शिवमद्वैतं चतुर्थं मन्यन्ते स आत्मा स विज्ञेयः। ७**

हों नहीं कामना तथा स्वप्न, जब एकीभूत सुषुप्ति-स्थान।
हो घनीभूत विज्ञान रूप, प्रज्ञा ही पाद तृतीय जान!
उसका प्रकाशमय मुख प्रदीप्त, वह रहता है आनन्द रूप।
आनन्द मात्र ही भोग करे, ऐसी सुषुप्ति प्रज्ञा स्वरूप! ५
सर्वज्ञ प्राज्ञ वह सर्वेश्वर, अन्तर्यामी, सबका कारण!
सब भूतों का वह प्रभव-विलय, स्थिति रूप सभी करता धारण! ६
अन्तर बाहर या उभय नहीं, यह नहीं प्रज्ञ-अप्रज्ञ रूप।
जो घनीभूत प्रज्ञान नहीं, चौथा तुरीय आत्मा स्वरूप।
अग्राह्य अलक्षण शिव अचिन्त्य, निर्देश्य-दृष्ट-व्यवहार्य नहीं!
एकात्म-सत्त्व, उपशम-प्रपंच, अद्वैत शान्त विज्ञेय यहीं! ७

[Māṇḍūkya

The Third Part is 'Prajñā' cognition is sleep deep,
When one not desires nor dreams in the sleep.
United with the Self in concentrated cognitión,
Luminous and in bliss, one relishes resolution! 5
Such is the Lord of Creation and Controller,
Abiding in all, the All-Knowing Indweller!
The origin, source and womb of all and causation
The sustainer and the end of all this Creation! 6
Cogizing not the the diverse objects external.
Nor which is conscious to ideas internal!
Not cognitive nor non-cognitive in notion,
Which is also not concentrated cognition!
It is not seen, grasped, thought or described!
Undesignated, unmarked and non-dual ascribed!
One, final abode, end, benign and peaceful,
Knowable is that Self, Turīya, fourth blissful! 7

सोऽयमात्माध्यक्षर मोङ्कारोऽधिमात्रं पादा मात्रा मात्राश्च पादा अकार
उकारा मकार इति॥ ८

जागरित स्थानो वैश्वानरोऽकारः प्रथमा मात्राऽऽप्तेरा-
दिमत्त्वाद्वाऽऽप्नोति ह वै सर्वान्कामानादिश्च भवति य एवं वेद॥ ९
स्वप्न स्थानस्तैजस उकारो द्वितीया मात्रोत्कर्षादुभयत्वाद्वोत्कर्षति ह
वै ज्ञानसंततिं समानश्च भवति नास्याब्रह्मवित्कुले भवति य एवं
वेद॥ १०
सुषुप्तस्थानः प्राज्ञो मकारस्तृतीया मात्रा मितेरपातेर्वा मिनोति ह वा
इदं सर्वमपीतिश्च भवति य एवं वेद॥ ११

मात्रा अकार, मात्रा उकार, मात्रा मकार से ओम् रूप।
आत्मा ओमाक्षर, मात्रा पद, औ पद मात्रा का ले स्वरूप। ८
आदित्व-व्याप्ति से जो प्रथमा, जाग्रत है वैश्वानर अकार!
आदित्व-कामना प्राप्त करे, जो जाने मात्रा इस प्रकार। ९
उत्कर्ष उभयमय जो द्वितीय, तैजस् उकार वह स्वप्न-स्थान।
जाने, ज्ञानी औ सम होता, कुल में न रहे जिसको न ज्ञान। १०
जो हो सुषुप्ति में, करे लीन, वह प्राज्ञ-रूप मापक मकार।
लय स्थान बने, जग को मापे, जाने तृतीय जो इस प्रकार! ११

Upaniṣad]

Now the Self in the sphere of the Syllable is presented.
The Oṁkāra is the Self, verbally represented.
The three elements correspond to the quarters
And the quarters to A, U, and M, three letters. 8
The first letter A the waking state related,
The first and pervading, it is Vaiśvānara stated.
Fulfilled are the knower's or devotee's desires.
Who among the greatmen priority acquires. 9
The Second element U the Dream State indicated,
Middlesome and high, it is 'Taijas' related.
The knower more wisdom and equanimity gains,
He has no progeny who Brahma not attains. 10
The Third Element M is the Deep Sleep related,
The knower, the measurer and dissolver stated!
Knowing it one measures universe's all features,
In his Self remain united all creatures! 11

अमात्रश्चतुर्थोऽव्यवहार्यः प्रपञ्चोपशमः शिवोऽद्वैत एवमोङ्कार
आत्मैव संविशत्यात्मनाऽऽत्मानं य एवं वेद य एवं वेद॥ १२

मात्रा से रहित चतुर्थ पाद, ओंकार यही आत्मा स्वरूप।
व्यवहार्य नहीं, उपशम-प्रपंच, वह शिव तुरीय अद्वैत रूप।
इस भाँति ओम् हैआत्मा ही, ऐसा जिसको हो आत्म ज्ञान।
आत्मा द्वारा परमात्मा में, करता प्रवेश वह स्वतः जान। १२

अथर्ववेदीय माण्डूक्योपनिषद् समाप्त

शान्ति पाठ

यथा उपनिषद् के प्रारम्भ में

[Māṇḍūkya

The Fourth State is such that can not be described!
Benign, non-dual and without elements ascribed!
The Oṁkāra is the Supreme Self where all devolved,
Knowing, one attains it, his own Self resolved! 12

The Māṇḍūkya Upaniṣad Ends

ऐतरेयोपनिषद्

शान्ति पाठ

ॐ वाङ्मे मनसि प्रतिष्ठिता। मनो मे वाचि प्रतिष्ठितमाविरावीर्म एधि। वेदस्य म आणीस्थः श्रुतं मे मा प्रहासीः। अनेनाधीतेनाहोरात्रान्संदधाम्यृतं वदिष्यामि। सत्यं वदिष्यामि तन्मामवतु। तद्वक्तारमवतु अवतु मामवतु वक्तारमवतु वक्तारम्॥

ॐ शान्तिः शान्तिः शान्तिः

प्रथम अध्याय–प्रथम खण्ड

ॐ आत्मा वा इदमेक एवाग्र आसीत्। नान्यत्किंचन मिषत्। स
ईक्षत लोकान्नु सृजा इति॥ १

शान्ति पाठ

वाणी मनस्थित हो ज्योतिर्मय, मन वाक् लीन, दे दो दर्शन!
मन-वाक्, वेद आधान करो, श्रुत ज्ञानों का हो संरक्षण!
दिन-रात्रि अध्ययन ऋत् भाषण, मैं कहूँ सर्वदा सत्य वचन।
मेरी औ गुरु की रक्षा कर, हों त्रिविध ताप सम्पूर्ण शमन!

प्रथम अध्याय–प्रथम खण्ड

था प्रथम एक ब्रह्मात्मा ही, था अन्य न कुछ भी क्रियाशील।
लोकों की मैं रचना कर लूं, वह ब्रह्म हुआ यों मननशील। १

Aitareya Upaniṣad

Peace Invocation

May the speech be in mind and mind in speech!
Thus established they recall the Vedas and teach!
Illumined, for me now manifest and appear!
Whatever I have learnt, they may not disappear!
I will tell the truth and study day and night!
May He protect us, I will say what is right!
May the Supreme Brahma both of us protect,
Myself and my teacher whom I much respect!
May the Three-fold Afflictions be resolved!

Chapter One- Section-I

Before all this was anywhere manifested,
The Supreme Self alone in the Beginning existed!
Nothing else moved or functioned anywhere,
Let me create the worlds, He thought there! 1

स इमाँल्लोकानसृजत। अम्भो मरीचीर्मरमापोऽदोऽम्भः परेण दिवं द्यौः
प्रतिष्ठान्तरिक्षं मरीचयः पृथिवी मरो या अधस्तात्ता आपः॥ २
स ईक्षतेमे नु लोका लोकपालान्नु सृजा इति सोऽद्भ्य एव पुरुषं
समुद्धृत्यामूर्छयत्॥ ३
तमभ्यतपत्तस्याभितप्तस्य मुखं निरभिद्यत यथाण्डं मुखाद्वाग्
वाचोऽग्निर्नासिके निरभिद्येतां नासिकाभ्यां प्राणः प्राणाद्वायुरक्षिणी
निरभिद्येतामक्षिभ्यां चक्षुश्चक्षुष आदित्यः कर्णौ निरभिद्येतां कर्णाभ्यां
श्रोत्रं श्रोत्राद्दिशस्त्वङ् निरभिद्यत त्वचो लोमानि लोमभ्य
ओषधिवनस्पतयो हृदयं निरभिद्यत हृदयान्मनो मनसश्चन्द्रमा
नाभिर्निरभिद्यत नाभ्या अपानोऽपानान्मृत्युः शिश्नं निरभिद्यत शिश्नाद्रेतो
रेतस आपः॥ ४

मर, आप, मरीची, अम्भ रचे, हों अम्भ स्वर्ग स्थित ऊर्ध्व लोक।
हो लोक मरीची अन्तरिक्ष, मर पृथ्वी, नीचे आप लोक। २
उसने सोचा ये लोक सृजित, अब लोकपाल को दूँ स्वरूप।
जल से ही पुरुष निकाल एक, वह देता उसको मूर्त रूप। ३
वह पुरुष जन्य संकल्प करे, मुख-द्वार अण्ड सा तभी खुला।
मुख से वाणी फिर अग्नि, नाक, यह प्राण नासिका से निकला।
फिर वायु नेत्र औ चक्षु युगल, हो चक्षु जन्य आदित्य तभी।
पुनि कर्ण, श्रोत्र इन्द्रिय, दिक् हों, फिर त्वचा, त्वचा से लोम सभी।

[Aitareya-1-1

Creating the heaven-based Ambha beyond space,
The world called Marīcī in space He did place.
The earth for mortals named Mara He created,
And the Āpa world watery below originated. 2
He again thought, these worlds are now here,
Let me create the guard-Lokapālas there.
So from the water through His resolution
With limbs and organs He created the Person. 3
Basing on that very Primordial Person,
Brooding the Supreme Self resolved for creation.
Fired by energy His austerities provided,
The body of the Spirit egg-like divided.
Came out the mouth and from it speech-function,
From speech its deity the Fire-God in person.
Then came out nostrils and life-breath serged,
From Life-breath the air and`Air God emerged.

प्रथम अध्याय-द्वितीय खण्ड

ता एता देवताः सृष्टा अस्मिन् महत्यर्णवे प्रापतंस्तमशनाया पिपासाभ्यामन्ववार्जत् ता एनमब्रुवन्नायतनं नः प्रजानीहि यस्मिन् प्रतिष्ठिता अन्नमदामेति॥ १

यों ओषधि हिय औ मन निकले, मन से यह चन्द्र हुआ प्रगटित।
हो नाभि, अपान उसी से हो, फिर उस अपान से मृत्यु उदित।
हो शिश्न, उसीसे वीर्य पुनः वीर्यों से जल का हो उद्भव।
उसके ही तप-संकल्पों से, इस भाँति सभी कुछ हो संभव। ४

प्रथम अध्याय-द्वितीय खण्ड

भव-महासिन्धु में देव गिरे, यों भूख-पिपासा युत विरचित।
दें आश्रय, हम स्थित हो खायें, स्रष्टा से वे यों कहें क्षुधित। १

The eyes opening up, sight sense was there,
From sight the Sun God and light did appear.
Ear holes appearing, the ear sense originated,
From ear were quarters on all sides created.
Now the skin developed and hairs originated
From hair all herbs and plants germinated.
Then heart came to be and the mind did adhere,
From mind the Moon God came to be there.
The navel and from it the Apāna breath came,
And from Apāna the Death God became.
Came procreative organ and the semen seed,
And from the semen seed was water indeed! 4

Chapter One-Section-II

The deites now fell, into the ocean as it were,
As God attached thirst and hunger to care.
They asked the Creator for a place to abide,
Where they could take food and also reside. 1

ताभ्यो गामानयत्ता अब्रुवन्न वै नोऽयमलमिति ताभ्योऽश्वमानयत्ता अब्रुवन्न वै नोऽयमलमिति॥ २
ताभ्यः पुरुषमानयत्ता अब्रुवन् सुकृतं बतेति। पुरुषोवाव सुकृतम्। ता अब्रवीद्यथा यतनं प्रविशतेति॥ ३
अग्निर्वाग्भूत्वा मुखं प्राविशद्वायुः प्राणो भूत्वा नासिके प्राविशदादित्यश्चक्षुर्भूत्वाक्षिणी प्राविशद्दिशः श्रोत्रं भूत्वा कर्णौ प्राविशन्नोषधिवनस्पतयो लोमानि भूत्वा त्वचं प्राविशंश्चन्द्रमा मनो भूत्वा हृदयं प्राविशन्मृत्युरपानो भूत्वा नाभिं प्राविशदापो रेतो भूत्वा शिश्नं प्राविशन्॥४

स्रष्टा गौ रचते, देव कहें, पर्याप्त नहीं यह वास जन्य।
फिर अश्व रचा तो वे कहते, यह अनुपयुक्त, कुछ रचें अन्य! २
हो पुरुष रचित, वे कहें सुकृत, सच में मानव तन कृति सुन्दर!
निज-निज स्थानों में लें प्रवेश, देवों से कहते परमेश्वर। ३
हो वाक् रूप पावक मुख में, नासिका मध्य हो प्राण पवन।
रवि चक्षु बने जा नेत्रों में, दिक् कर्णों में हों श्रोत्र-श्रवण।
ओषधि त्वक् में जा लोम बनें यह चन्द्र बने मन जा हिय में।
जा नाभि मृत्यु बनती अपान, जल वीर्य बने पुरुषेन्द्रिय में। ४

[Aitareya-1-2

The Creator for them a cow-body created.
It was not sufficient, the deities stated.
Again for them a horse-body was presented
Not good enough this too, the deities resented. 2
The Creator there upon a human-form created.
O how good a human is, enough, they stated!
Indeed the human is a handsome creation,
God said, at proper places take your position! 3
Becoming speech the Fire God in mouth resided,
The Air God as life-breath in nostrils abided.
The Sun God as eye the eye organ adopted,
The Quarter's God as ear the ear-holes opted.
The herb-plants as hairs the skin infested,
The Moon God as mind in heart manifested.
The Death God as Apāna breath navel selected,
As semen, its organ the Water God elected. 4

तमशनायापिपासे अब्रुतामावाभ्यामभिप्रजानीहीति। ते अब्रवीदेतास्वेव
वां देवतास्वाभजाम्येतासु भागिन्यौ करोमीति। तस्माद्यस्यै कस्यै च
देवतायै हविर्गृह्यते भागिन्यावेवास्यामशनाया पिपासे भवतः॥ ५

प्रथम अध्याय–तृतीय खण्ड

स ईक्षतेमे नु लोकाश्च लोकपालाश्चान्नमेभ्यः सृजा इति॥ १
सोऽपोऽभ्यतपत्ताभ्योऽभितप्ताभ्यो मूर्तिरजायत। या वै सा
मूर्तिरजायतान्नं वै तत्॥ २

तब भूख-पिपासा कहे, ईश, आश्रय का दें कुछ स्थान कहीं!
स्रष्टा कहते, दे देव-भाग, करता हूँ भागीदार यहीं!
इसलिये विषय की हवि देते, जब कभी देव-इन्द्रियों जन्य।
उस हवि में भूख-पिपासा भी, रहती है भागीदार अन्य! ५

प्रथम अध्याय–तृतीय खण्ड

ये लोक हुए औ लोकपाल, स्रष्टा ने पुनः किया ईक्षण।
अब मैं इन सबके भरण हेतु, खाद्यान्नों का भी करूँ सृजन! १
वह पंचभूत-जल तप्त करे, संकल्प-तपों से मूर्ति सृजित।
निश्चय ही वह जो मूर्ति बनी, वह यही अन्न इस भाँति रचित! २

We also, said the hunger and thirst, be provided!
God said, with the senses the food be divided.
So anything a sense now received or conceived,
Both hunger and thirst are partners perceived! 5

Chapter One-Section-III

The Supreme Self thought, these are now created,
The worlds and their guardians, all originated.
For sustenance also they should be provided,
So let me create food for them, He decided. 1
Brooding upon water and elements He acted,
The elements thus acted upon now reacted.
When heated, from these a form then extended,
That form was indeed the food He intended! 2

तदेनत् सृष्टं पराङत्यजिघांसत्तद्वाचाजिघृक्षत्तन्नाशक्नोद्वाचा ग्रहीतुम्।
यद्धैनद्वाचाग्रहैष्यदभिव्याहृत्य हैवान्नमत्रप्स्यत्॥ ३
तत्प्राणेनाजिघृक्षत्तन्नाशक्नोत्प्राणेन ग्रहीतुं स यद्धैनत्प्राणेना
ग्रहैष्यदभिप्राण्य हैवान्नमत्रप्स्यत्॥४
तच्चक्षुषाजिघृक्षत्तन्नाशक्नोच्चक्षुषा ग्रहीतुं स यद्धैनच्चक्षुषा
ग्रहैष्यद्दृष्ट्वा हैवान्नमत्रप्स्यत्॥ ५
तच्छ्रोत्रेणा जिघृक्षत्तन्नाशक्नोच्छ्रोत्रेण ग्रहीतुं स यद्धैनच्छ्रोत्रेणा
ग्रहैष्यच्छ्रुत्वा हैवान्नमत्रप्स्यत्॥ ६

वह अन्न विमुख भागा, चाहा, पकड़ें वाणी से, थे असफल।
हो 'अन्न' बोलकर क्षुधा तृप्ति, यदि वाणी होती नहीं विफल! ३
फिर चाहा प्राणों से पकड़ें, था प्राण पकड़ने में असफल।
हो प्राण-क्रिया से क्षुधा तृप्ति, यदि हो जाता यह प्राण सफल! ४
नेत्रों से पकड़ें यह चाहा, पर नेत्रों से भी हुआ विफल।
बस देख अन्न हो क्षुधा-तृप्ति, यदि हो जाता यह चक्षु सफल! ५
सोचा श्रोत्रों से ही पकड़ें? पर श्रोत्र नहीं कर सके ग्रहण।
यदि ग्रहण श्रोत्र से कर लेता, सुनकर ही होता भूख-हरण! ६

[Aitareya-1-3

The food now tried to escape beyond reach
He tried but failed to seize it by the speech.
If then by his speech the food he had gained,
Saying 'food' one would have satisfaction attained! 3
He sought to seize food by his Prāṇa again,
But by the Prāṇa breath the food could not gain.
If he by the Prana the food had attained
Just smelling one would have satisfaction gained! 4
He tried now to hold food by the eye-sight
But the eye could not grasp with all its might.
If he had by his eyes the food thus obtained,
Seeing food one would have satisfaction attained! 5
He thereupon sought to seize it by his ear,
But the ears also were unsuccessful here!
If he had by his ear the food thus attained
Hearing of food one satisfaction obtained! 6

तत्त्वचाजिघृक्षत्तन्नाशक्नोत्त्वचा ग्रहीतुं स यद्धैनत्त्वचाग्रहैष्यत्स्पृष्ट्वा हैवान्नमत्रप्स्यत्॥ ७

तन्मनसा जिघृक्षत्तन्नाशक्नोन्मनसा ग्रहीतुं स यद्धैनन्मनसा ग्रहैष्यद्ध्यात्वा हैवान्नमत्रप्स्यत्॥ ८

तच्छिश्नेनाजिघृक्षत्तन्नाशक्नोच्छिश्नेन ग्रहीतुं स यद्धैनच्छिश्नेनाग्रहैष्य द्विसृज्य हैवान्नमत्रप्स्यत्॥ ९

तदपानेना जिघृक्षत्तदावयत् सैषोऽन्नस्य ग्रहो यद्वायुरन्नायुर्वा एष यद्वायुः॥ १०

चाहा त्वक् से पकड़ें उसको, पर त्वचा अन्न को पा न सकी।
छूकर ही अन्न क्षुधा मिटती, यदि पकड़ सफल होती उसकी! ७
उसने चाहा मन से पकड़ें, पर मन कर पाया ग्रहण नहीं।
हो अन्न-ध्यान से क्षुधा-तृप्ति, मन करता यदि अधिग्रहण कहीं! ८
चाहा जननेन्द्रिय से पकड़ें, पर शिश्न नहीं कर सका हरण।
हो अन्न त्याग से क्षुधा-तृप्ति, यदि कर पाता वह अन्न वरण। ९
चाहा अपान से औ पकड़ा, होता अपान से अन्न ग्रहण।
रक्षक अपान 'अन्नायु' रूप, खा अन्न जीव का करे भरण! १०

Upaniṣad]

Seizing the food by his skin he now sought,
But by the skin also the food was not caught,
If the food had been by the skin attained,
Touching food one would have satisfaction gained! 7
He sought to seize the food by mind once again,
But with the mind food he could not contain.
If he had with the mind the food thus attained,
Thinking of food one appeasement obtained! 8
By the procreative organ he sought to attain,
But this organ too food could not detain.
If by this organ he could have attained,
Excreting food a person satiation obtained! 9
With Apāna breath now he sought once again,
With this digestive breath, the food he did gain!
The Apāna with the food life-cycle maintains,
Digesting all food, it beings sustains! 10

स ईक्षत कथं न्विदं मदृते स्यादिति स ईक्षते कतरेण प्रपद्या इति।
स ईक्षत यदि वाचाभिव्याहृतं यदि प्राणेनाभि प्राणितं यदि चक्षुषा
दृष्टं यदि श्रोत्रेण श्रुतं यदि त्वचा स्पृष्टं यदि मनसाध्यातं
यद्यपानेनाभ्यपानितं यदि शिश्नेन विसृष्टमथ कोऽहमिति॥ ११
स एतमेव सीमानं विदार्यैतया द्वारा प्रापद्यत। सैषा विदृतिर्नाम
द्वास्तदेतन्नान्दम्। तस्य त्रय आवसथास्त्रयः स्वप्नाः
अयमावसथोऽयमावसथोऽयमावसथ इति॥ १२
स जातो भूतान्यभिव्यैख्यत् किमिहान्यं वावदिषदिति। स एतमेव
पुरुषं ब्रह्म ततममपश्यत्। इदमदर्शमिती३॥ १३

मुझ बिना रहे यह तन कैसे, अब परमात्मा करता विचार।
ले वह प्रवेश तन में कैसे, वह सोचे, जाये कौन द्वार?
मुझ बिना वाक् यदि बोल सके, यदि प्राण स्वयँ कर ले प्राणित।
ये नेत्र देख लें, श्रोत्र सुनें, यदि त्वचा स्वयँ हो स्पर्श सहित।
मन मनन करे औ शिश्न त्याग, हो यदि अपान से अन्न ग्रहण।
मैं कौन पुनः किस हेतु रहूँ, इस भाँति करे स्रष्टा ईक्षण! ११
मूर्धा विदीर्ण कर हो प्रविष्ट, 'विदृति-नान्दन' है द्वार वही।
जाग्रत, स्वप्नावस्था, सुषुप्ति, ये तीन स्वप्न हैं उसके ही!
उसके आश्रय भी तीन यहाँ, ये नेत्र, कण्ठ औ हिय स्वरूप।
अथवा ये आश्रय तीन रहें, हिय, परमधाम, ब्रह्माण्ड रूप! १२
तन में बन जीव, पुरुष देखे यह भूत जगत्, फिर कहे यही।
है कौन अन्य, है व्याप्त ब्रह्म, दिखता है केवल ब्रह्म वही! १३

[Aitareya-1-3

Without me how the Person will ever subsist?
The Self thought to enter into him and assist.
Without me speech, breath and eye are (eyes) not there,
Nor ear, skin, mind and Apāna can adhere. 11
So cleaving the head-end inside it went,
This cleft is thus known as the Blissful Vent.
Eye, throat and heart are three abodes here,
The three states of sleep for the Self also there! 12
Now born, the Living Self elements assimilated,
Who else is there, it looking contemplated.
Then it that Indweller pervading realized,
And exclaimed, I have seen, I have visualized! 13

तस्मादिदन्द्रो नामेदन्द्रो ह वै नाम तमिदन्द्रं सन्तमिन्द्र इत्याचक्षते
परोक्षेण। परोक्षप्रिया इव हि देवाः परोक्षप्रिया इव हि देवाः॥ १४

द्वितीय अध्याय-प्रथम खण्ड

पुरुषे ह वा अयमादितो गर्भो भवति। यदेतद्रेतः तदेतत्
सर्वेभ्योऽङ्गेभ्यस्तेजः सम्भूतमात्मन्येवात्मानं बिभर्ति तद्यदा स्त्रियां
सिञ्चत्यथैनञ्जनयति तदस्य प्रथमं जन्म॥ १

तत्स्त्रिया आत्मभूतं गच्छति। यथा स्वमङ्गं तथा। तस्मादेनां न हिनस्ति।
सास्यैत मात्मानमत्रगतं भावयति॥ २

हो 'इदम् अदर्शम्' से 'इदन्द्र', इसलिये नाम उसका इदन्द्र।
होते परोक्ष प्रिय देव सभी, कहते परोक्ष में उसे इन्द्र! १४

द्वितीय अध्याय-प्रथम खण्ड

हो जीव पुरुष-गर्भस्थ प्रथम, रहता यह उसके वीर्य रूप।
उसके सब अंगों से निःसृत, यह तेज-सार रेतस् स्वरूप।
धारण कर पहले आत्मभूत, यह तेज, करे नारी सिंचित।
जब गर्भ रूप में वह आये, यह प्रथम जन्म उसका निश्चित। १
होकर नारी में आत्म भाव, दे कष्ट नहीं निज अंग रूप।
तन- आगत का पोषण करती, नारी पति के आत्मा स्वरूप। २

Hence the Supreme has 'Idandra' been named.
Generally He is called as Indra the famed!
By the gods thus called He Indra became,
Gods prefer a secret and indirect name! 14

Chapter Two-Section-I

A male first the Jīva as his semen conceived!
The energy of all his limbs it received.
The essence of his own self in him he sustained,
Then mating an woman his first birth attained. 1
The semen-seed the mother not the least hurt,
Being like her own limb it grew and did spurt.
When she in her womb thus her child maintains
It is verily her husband whom she sustains! 2

सा भावयित्री भावयितव्या भवति। तं स्त्री गर्भं बिभर्ति। सोऽग्र एव
कुमारं जन्मनोऽग्रेऽधिभावयति। स यत्कुमारं जन्मनोऽग्रेऽधिभाव-
यत्यात्मानमेव तद्भावयत्येषां लोकानां संतत्या। एवं संतता हीमे
लोकास्तदस्य द्वितीयं जन्म॥ ३
सोऽस्यायमात्मा पुण्येभ्यः प्रतिधीयते। अथास्यायमितर आत्मा
कृतकृत्यो वयोगतः प्रैति। स इतः प्रयन्नेव पुनर्जायते तदस्य
तृतीयं जन्म॥४
तदुक्तमृषिणा—गर्भे नु सन्नन्वेषामवेदमहं देवानां जनिमानि विश्वा।
शतं मा पुर आयसीररक्षन्नधः श्येनो जवसा निरदीयमिति। गर्भ
एवैतच्छयानो वामदेव एवमुवाच॥ ५

पालती, अतः वह पालनीय, निज गर्भ करे समुचित धारण।
हो जन्म, पिता संस्कार करे, करता उन्नति-पथ निर्धारण।
वह पुत्र जन्य अभ्युदय कार्य, मानो अपने ही जन्य करे।
इससे सन्तति हो वृद्धिप्राप्त दूसरा यही वह जन्म वरे॥ ३
शुभ कर्म हेतु वह पितु-प्रतिनिधि, कृत-कृत्य वयोगत मृत्यु वरे।
फिर पुनर्जन्म ले वही जीव, तीसरा जन्म यह प्राप्त करे। ४
ऋषि कहें, मुझे जब नहीं ज्ञान, शत लौह-देह अवरुद्ध रहा।
अब बाज-वेग से तोड़ मुक्त, ऋषि वामदेव ने यही कहा।
इन देवों के जो विविध जन्म, मैं गर्भ मध्य ही गया जान।
वे कहें गर्भ में, ऋचा कहे, मुझको अब है हो गया ज्ञान! ५

[Aitareya-1-1

The sustainer of the child, she should be sustained,
Till it is born it is the mother who maintained.
On birth, consecrating father second birth attains,
Caring as if for own sake, for progeny's gains. 3
The good deeds of father the child restarted
Achieving the objects and old age one departed.
When gone one does take another birth again,
That is the third birth a person does gain! 4
While still in womb, seer Vāmadeva exclaimed,
Many births of gods I have known, he claimed.
A hundred iron-bodies first held me confined,
As a hawk I have broken open now, illumined! 5

स एवं विद्वानस्माच्छरीरभेदादूर्ध्व उत्क्रम्यामुस्मिन् स्वर्गे लोके
सर्वान्कामानाप्त्वामृतः समभवत् समभवत्। ६

तृतीय अध्याय–प्रथम खण्ड

कोऽयमात्मेति वयमुपास्महे। कतरः स आत्मा, येन वा पश्यति येन
वा श्रृणोति येन वा गन्धाना जिघ्रति येन वा वाचं व्याकरोति येन
वा स्वादु चास्वादु च विजानाति। १

यदेतद् हृदयं मनश्चैतत्। संज्ञान माज्ञानं विज्ञानं प्रज्ञानं मेधा
दृष्टिर्धृतिर्मतिर्मनीषा जूतिः स्मृतिः संकल्पः क्रतुरसुः कामो वश
इति सर्वाण्येवैतानि प्रज्ञानस्य नामधेयानि भवन्ति। २

तन नाश बाद ऋषि वामदेव, इस ज्ञान जन्य उत्क्रमण करें।
जा स्वर्ग लोक सब भोग प्राप्त, वे अमर रहें, अमरत्व वरें! ६

तृतीय अध्याय–प्रथम खण्ड

आत्मा द्वय में वह कौन एक, जिसको हम आत्मा कह वरते?
क्या जिससे देखें या बोलें, ध्वनि गन्ध स्वाद अनुभव करते! १
यह हृदय जिसे मन भी कहते, संज्ञान और आज्ञान सहित।
विज्ञान तथा प्रज्ञान युक्त, इसमें मेधा स्मृति दृष्टि निहित।
धृति मति क्रतु असु संकल्प सभी, वश जूति मनीषा और काम।
ये सभी मात्र प्रज्ञा-लक्षण, प्रज्ञान-ब्रह्म के विविध नाम! २

The wise Vāmadeva thus illumination gained,
Going up on death he Supreme State attained.
In the heaven he all his desired obtained,
And immortal becoming, immortal remained! 6

Chapter Three-Scction I

Who it is really one Ātmā designated?
Which of the two Selves one so meditated?
By which one hears, speaks, smells or perceives?
By which one the sweet or sour so conceives? 1
The mind called heart and also perception,
Consciousness, intelligence and discrimination,
Impulses, insight and one's steadfastness,
All are intelligence with memory and acuteness.
Similarly all desires, control and decision,
The thoughts, life, wisdom and one's volition.
All these are 'Prajñāna', namesake for intelligence!
Intelligence is Brahma, the Knowledge in essence! 2

एष ब्रह्मैष इन्द्र एष प्रजापतिरेते सर्वे देवा इमानि च पञ्च महाभूतानि
पृथिवी वायुराकाश आपो ज्योतींषीत्येतानी मानि च क्षुद्रमिश्राणीव
बीजानीतराणि चेतराणि चाण्डजानि च जारुजानि च स्वेदजानि
चोद्भिज्जानि चाश्वा गावः पुरुषा हस्तिनो यत्किंचेदं प्राणि जङ्गमं
च पतत्रि च यच्च स्थावरं सर्वं तत्प्रज्ञानेत्रम्। प्रज्ञाने प्रतिष्ठितं प्रज्ञानेत्रो
लोकः प्रज्ञा प्रतिष्ठिा प्रज्ञानं ब्रह्म॥ ३
स एतेन प्रज्ञेनात्मनास्माल्लोका दुत्क्रम्या मुष्मिन्स्वर्गे लोके सर्वान्
कामानाःप्त्वामृतः समभवत्समभवत्॥४

ऋग्वेदीय ऐतरेय आरण्यक अन्तर्गत
ऐतरेयोपनिषद् समाप्त

है ब्रह्म यही, है इन्द्र यही, सब देव यही प्रज्ञानात्मा।
प्रज्ञान ब्रह्म, प्रज्ञान सभी, प्रज्ञान प्रजापति परमात्मा।
पृथ्वी जल पावक गगन वायु, ये महाभूत जो पाँच सभी।
जो क्षुद्र-मिश्र हों जीव-बीज, जो रहें जरायुज, स्वेदज भी।
गौ अण्डज उद्भिज हय हस्ती, या जो प्राणी हैं मनुज रूप।
जो कुछ परंद जंगम स्थावर, सब प्रज्ञा के ही हों स्वरूप।
यह सृष्टि प्रतिष्ठित प्रज्ञा में, 'प्रज्ञानं ब्रह्म' यही आत्मा।
सब प्रज्ञा-चक्षु स्वरूप जीव, प्रज्ञान रूप है परमात्मा। ३
चैतन्य रूप उत्क्रमित गये, ऋषि वामदेव यों परमधाम।
प्रज्ञानात्मा में लीन अमर सब भोग प्राप्त, निवृत्तकाम! ४

[Aitareya-3-1

The Intelligence is Brahma, the Supreme Sustainer!
It is Indra, all gods and Prajāpati maintainer!
The Five Great Elements are based on Intellignece,
The earth, air, fire, ether and water in essence!
Small beings, mixed germs, all living features,
All egg, womb, sweat and sprout-born creatures,
Men, cows, horses and elephants breathing here,
All moving, flying and static to intelligence adhere!
That Supreme Intelligence all these guided!
All these are established in it well provided!
The universe is run and controlled by intelligence,
Intelligence is Brahma, the wisdom in essence! 3
Seer Vāmadeva this Intelligence-Self attained.
Soaring up alive the Supreme Self he gained!
All desires fulfilled with self-realization,
Becoming immortal, he gained emancipation! 4

The Aitareya Upaniṣad Ends

तैत्तिरीयोपनिषद्

शान्ति पाठ

ॐशं नो मित्रः शं वरुणः। शं नो भवत्वर्यमा। शं न इन्द्रो बृहस्पतिः। शं नो विष्णुरुरुक्रमः। नमो ब्रह्मणे। नमस्ते वायो। त्वमेव प्रत्यक्षं ब्रह्मासि। त्वामेव प्रत्यक्षं ब्रह्म वदिष्यामि। ऋतं वदिष्यामि। सत्यं वदिष्यामि। तन्मामवतु। तद्वक्तारमवतु। अवतु माम्। अवतु वक्तारम्।
ॐ शान्तिः शान्तिः शान्तिः

तैत्तिरीयोपनिषद्

कृष्ण यजुर्वेदीय तैत्तिरीय शाखान्तर्गत तैत्तिरीय आरण्यक का
सप्तम, अष्टम एवं नवम अध्याय
शान्ति पाठ तथा

शिक्षाध्याय का प्रथम अनुवाक

हे सूर्य, वरुण, अर्यमा, इन्द्र, आचार्य बृहस्पति मंगल कर!
जो पद-विक्षेप विशाल करें, वे परम विष्णु भी हों सुखकर!
हे ब्रह्म नमः, हे वायु नमः, साक्षात् ब्रह्म, ऋत, सत्य कहें!
रक्षा कर मेरी औ गुरु की, हम त्रिविध ताप से मुक्त रहें!

Taittirīya Upaniṣad

Peace Invocation and

Chapter on Education-Section 1

May the Sun God and Varuṇa to us be propitious!
Aryamā, Indra and Bṛhaspati be auspicious!
The Great Strided Viṣṇu to us be favourable!
Salutations to Brahma in these gods knowable!

Salutations O Air God, as Brahma manifested !
As the purport of scriptures and Truth you existed!
From the three-fold afflictions I may be protected,
And also my teacher who me thus instructed!

शिक्षाध्याय -द्वितीय अनुवाक

शीक्षां व्याख्यास्यामः। वर्णःस्वरः। मात्रा बलम्। साम संतानः। इत्युक्तः शीक्षाध्यायः।

तृतीय अनुवाक

सह नौ यशः। सह नौ ब्रह्मवर्चसम्। अथातः संहिताया उपनिषदं व्याख्यास्यामः। पञ्चस्वधिकरणेषु। अधिलोकमधिज्योतिषमधिविद्यमधिप्रजमध्यात्मम्। ता महासंहिता इत्याचक्षते। अथाधिलोकम्। पृथिवी पूर्वरूपम्। द्यौरुत्तररूपम्। आकाशः संधिः वायुः संधानम्। इत्यधिलोकम्।१

शिक्षाध्याय-द्वितीय अनुवाक

अब हम शिक्षा-व्याख्या कर लें, जो शब्द-मूल वे 'वर्ण' मान!
'स्वर' ज्ञान पुनः है आवश्यक, 'मात्रा' जानें स्वर-ज्ञान जान!
जो 'बल' मात्रा का उसे जान, उच्चारण का भी 'साम' गान!
संहिता शब्द-'संतान' मान, शिक्षा का यह अध्याय-ज्ञान!

तृतीय अनुवाक

गुरु-शिष्य कहें, हम दोनों ही, यश-ब्रह्मतेज सब साथ वरें!
उपनिषद् संहिता-उपासना, इनकी व्याख्या प्रारम्भ करें!

[Taittirīya

Chapter on Education- Section-2

Now let us discuss and define education,
'Varṇa' is the alphabet's letter for instruction.
The 'Svara' as the tone or accent is purported,
'Mātrā' the vowel marks which Varṇa supported.
'Bala' is the stress on syllable-pronunciation,
Then there is 'Sāma' the rythemic recitation.
The 'Santāna' is 'Saṁdhi', the syntax combination,
Thus is the chapter on Vedic Education!

Section-3

The teacher and disciples may glory attain!
May wisdom and illumination together we gain!
Let us discuss the Upaniṣads' five foundations,
These five are the Great Saṁhitā Meditations.

अथाधिज्यौतिषम्। अग्निः पूर्वरूपम्। आदित्य उत्तररूपम्। आपः
संधिः। वैद्युतः संधानम्। इत्यधिज्यौतिषम्।२
अथाधिविद्यम्। आचार्यः पूर्वरूपम्। अन्तेवास्युत्तररूपम्। विद्या
संधिः। प्रवचनं संधानम्। इत्यधिविद्यम्।३
अथाधिप्रजम्। माता पूर्वरूपम्। पितोत्तररूपम्। प्रजा संधिः। प्रजननं
सन्धानम्। इत्यधिप्रजम्।४
अथाध्यात्मम्। अधरा हनुः पूर्वरूपम्। उत्तरा हनुरुत्तररूपम्। वाक्
संधिः। जिह्वा संधानम्। इत्यध्यात्मम्।५

अधिलोक और अधिज्यौतिष जो, अधिविद्य तथा अधिप्रज स्वरूप।
अध्यात्म सहित अधिकरण पाँच, ये पंच महा संहिता रूप।
अधिलोक मध्य भू प्रथम वर्ण, यह पूर्व दिशा का ले स्वरूप।
द्यौ अन्तिम-उत्तर, नभ मध्यम, नभ सन्धि, वायु सन्धान रूप। १
अधिज्यौतिष में यह अग्नि पूर्व, द्यौ-रवि अन्तिम-उत्तर मानो।
है मध्य भाग जल सन्धि रूप, सन्धान यही विद्युत् जानो। २
अधिविद्य रूप आचार्य प्रथम, वे पूर्व, शिष्य अन्तिम-उत्तर।
यह विद्या सन्धि रहे सन्धान बना है प्रवचन-प्रश्नोत्तर। ३
अधिप्रज में माता प्रथम-पूर्व, अन्तिम-उत्तर हो पिता रूप।
है प्रजा सन्धि या मध्यभाग, सन्धान रहे प्रजनन स्वरूप।४

Upaniṣad]

Relating to the worlds is the Worldly Division,
The second relates Cosmological Function.
The third Wisdom and fourth is Progeny based stated,
The fifth to this body and person related.
Now the first the Worldly Meditation is stated.
Its first letter or east the earth indicated.
The heaven is north-last and sky middle junction,
The air is Sandhāna performing joining function. 1
The first letter is 'fire' in the Cosmic Meditation,
The last and north is the heavens and the Sun,'
The middle joint portion 'water' indicated
Lightning is Sandhāna which all these related. 2

इतीमा महासंहिता य एवमेता महासंहिता व्याख्याता वेद। संधीयते
प्रजया पशुभिः। ब्रह्मवर्चसेनान्नाद्येन सुवर्गेण लोकेन।६

शिक्षाध्याय-चतुर्थ अनुवाक

यशछन्सामृषभो विश्वरूपः। छन्दोभ्योऽध्यमृतात् सम्बभूव।
स मेन्द्रो मेधया स्पृणोतु। अमृतस्य देवधारणो भूयासम्॥
शरीर मे विचर्षणम्। जिह्वा मे मधुमत्तमा। कर्णाभ्यां भूरि विश्रुवम्।
ब्रह्मणः कोशोऽसि मेधयापिहितः। श्रुतं मे गोपाय॥ १

नीचे की टोडी प्रथम-पूर्व, ऊपर का हनु पर-वर्ण जान।
अध्यात्म-ध्यान में वाक् सन्धि, जिह्वा सन्धान स्वरूप मान! ५
इस भाँति महासंहिता पाँच, जो ऐसी व्याख्या जान वरे।
अन्नादि प्रजा पशु ब्रह्मतेज औ स्वर्गलोक वह प्राप्त करे। ६

चतुर्थ अनुवाक

वेदामृत निःसृत इन्द्र श्रेष्ठ, मेधायुत कर हे विश्वरूप!
हे ओम्, करूँ उसको धारण, जो अमृत परमात्मा स्वरूप!
तन में बल, जिह्वा मधुमय हो, मैं कर्णों से अति करूँ श्रवण!
हे ब्रह्मकोश प्रछन्न प्रणव, श्रुत ज्ञानों का तू कर रक्षण! १

[Taittirīya

The Knowledge based Meditation is the third sought,
The first letter 'teacher' and the last one is 'taught'.
'Learning' in the middle is the conjunction stated.
The effort in the teaching is Sandhāna related. 3
Then there is the fourth, the Progeny Meditation,
The first letter 'mother' and the last 'father' person.
The progenies in the middle are conjunction stated,
Procreation is Sandhāna, the effort that related. 4
The fifth is the Personal Meditation denoted,
First letter lower, last upper jaw connoted.
Joining the two is speech which is Sandhi related,
This tongue being the means is Sandhāna stated. 5
One who knows these meditations described,
The Five Great Saṁhitās here prescribed,
Enough cattle, progenies and food-matter gains,
Divinely illumined, the heaven he attains. 6

आवहन्ती वितन्वाना कुर्वाणाचीरमात्मनः। वासांसि मम गावश्च।
अन्नपाने च सर्वदा। ततो मे श्रियमावह। लोमशां पशुभिः सह स्वाहा।२
आ मायन्तु ब्रह्मचारिणः स्वाहा। विमायन्तु ब्रह्मचारिणः स्वाहा।
प्रमायन्तु ब्रह्मचारिणः स्वाहा। दमायन्तु ब्रह्मचारिणःस्वाहा। शमायन्तु
ब्रह्मचारिणः स्वाहा।३
यशोजनेऽसानि स्वाहा। श्रेयान् वस्यसोऽसानि स्वाहा। तं त्वाभग
प्रविशानि स्वाहा। स मा भग प्रविश स्वाहा। तस्मिन् सहस्त्रशाखे
नि भगाहं त्वयि मृजे स्वाहा।४

गौ अन्न वस्त्र समृद्धि मुझे, ऐसी श्री का तुम करो दान।
दो ज्ञान और लोमश पशु भी, स्वाहा, आहुति करते प्रदान। २
हों शिष्य ब्रह्मचारी अनेक, सब सरल निष्कपट, द्वेष रहित।
इन्द्रियाँ दमन, चित शमन करें, हों सत्य ज्ञान औ प्रमा सहित। ३
यशयुत जन में, धनवान श्रेष्ठ, तुझमें प्रविष्ट मैं, तू मुझमें।
स्वाहा, सहस्र शाखायुत तू, होऊँ निर्मल मैं जा तुझमें। ४

Education-Section 4

Among the Vedic hymns most eminent in norms,
Emerging from the Vedas, assuming all forms,
May the Lord Oṁ strengthen me with wisdom!
May I now attain the Immortality's Kingdom!
Pray, Oṁ, my body be agile and vigorous!
My ears very sharp and speech very sonorous!
O Brahma's shrine from the mortals concealed,
Preserve what I hear and to me all revealed! 1
Give me such a wisdom that always extended,
Clothes, woolled cattle, food and drinks expanded.
O God, give me knowledge and all prosperity,
Here are my oblations to you in sincerity! 2
Oblations for giving many celibate disciples,
Oblations, that they seek the truth without scruples!
Oblations, being tranquil they curb their senses !
Oblations, that they control their mind in defences! 3
Oblations for making among people very glorious!
Oblations for riches more than the rich famous!
O Lord, I may enter into Thyself, oblations!
Oblations, Thou enter into me in meditations!

यथाऽऽपः प्रवता यन्ति यथा मासा अहर्जरम्। एवं मां ब्रह्मचारिणो
धातरायन्तु सर्वतः स्वाहा। प्रतिवेशोऽसि प्र मा भाहि प्र मा पद्यस्व॥५

पञ्चम अनुवाक

भुर्भुवः सुवरिति वा एतास्तिस्त्रो व्याहृतयः। तासामु ह स्मैतां
चतुर्थीं महाचमस्यः प्रवेदयते। मह इति। तद्ब्रह्म। स आत्मा।

जल अधः सिन्धु औ मास सभी संवत्सर-काल मिलें जैसे।
आ मिलें ब्रह्मचारी मुझको, सब स्थानों से भगवन वैसे।
स्वाहा, आहुति तुझको देता, हो जा मुझको तू भासमान।
तू प्राप्त मुझे हो जा भगवन, तू ही आश्रय विश्राम स्थान। ५

पंचम अनुवाक

व्याहृतियाँ तीन प्रकार कहें, ये भूः भुवः औ सुवः रूप।
ऋषि महाचमस के सुत जानें, यह चौथी एक महः स्वरूप।

Worshipped by diverse forms of meditations,
A thousand different branches of such adorations,
Merging in Thyself through Thine contemplations,
May I be purified God, here are oblations! 4
As the waters running downwards disappear,
As the months are gone running into the year,
The disciples may come to me from everywhere!
For this God, my oblations for you are here!
O Lord, Thou art really the refuge to reside,
The ultimate abode for all to abide!
Enlighten me so that realization I gain!
Reveal and manifest for me to attain! 5

Section-5

The three mystic words are Bhūḥ, Bhuvaḥ and Svaḥ,
The son of Mahācamas knew a fourth one Mahaḥ!
The Mahaḥ is Para Brahma and Great Self stated,
Other gods represent its different parts related.

अङ्गान्यन्या देवताः। भूरिति वा अयं लोकः। भुव इत्यन्तरिक्षम्।
सुवरित्यसौ लोकः। मह इत्यादित्यः आदित्येन वाव सर्वे लोका
महीयन्ते।१
भूरिति वा अग्निः। भुव इति वायुः। सुवरित्यादित्यः। मह इति
चन्द्रमाः। चन्द्रमसावाव सर्वाणिज्योतींषि महीयन्ते। भूरिति वा
ऋचः। भुव इति सामानि। सुवरिति यजूंषि। मह इति ब्रह्म।
ब्रह्मणा वाव सर्वे वेदा महीयन्ते।२
भूरिति वै प्राणः। भुव इत्यपानः। सुवरिति व्यानः। मह इत्यन्नम्।
अन्नेन वाव सर्वे प्राणा महीयन्ते। ता वा एताश्चतस्त्रश्चतुर्धा।
चतस्त्रश्चतस्त्रो व्याहृतयः। ता यो वेद। स वेद ब्रह्म। सर्वेऽस्मै देवा
बलिमावहन्ति॥३

सब देव महः के अंग मात्र, है आत्मा भी और ब्रह्म महः।
यह लोक भूः, नभलोक भुवः, जो स्वर्ग लोक वह रहे सुवः।
आदित्य जन्य ही सभी लोक, बढ़ते हैं लेते हैं स्वरूप।
उससे ही महिमान्वित होते, है अतः महः आदित्य रूप। १
यह भूः अग्नि, है वायु भुवः, आदित्य पुनः है यही सुवः।
सब ज्योति चन्द्र से महिमान्वित, इसलिये यही चन्द्रमा महः।
ऋक् भूः, साम यह रहे भुवः, है यजुर्वेद ही सुवः रूप।
हों वेद ब्रह्म से महिमान्वित, यह महः ब्रह्म का ले स्वरूप। २
यह भूः प्राण की व्याहृति है, जो है अपान वह भुवः रूप।
है सुवः व्यान, यह अन्न महः, यह प्राण अन्न-महिमा स्वरूप।

The Bhūḥ is the earth and Bhuvaḥ space denoted,
By the Svaḥ mystic word the heaven is connoted.
This sun is Mahaḥ, the famous and the great,
Glorifying all worlds, the sun does illuminate. 1
The Bhūḥ is the fire and Bhuvaḥ air stated,
By divine word Svaḥ this sun is related.
The moon like-wise is Mahaḥ designated,
Above all luminaries the moon illuminated.
Bhūḥ is the Ṛgveda and Bhuvaḥ Sāmaveda,
While Mahaḥ is Brahma, the Svaḥ Yajurveda.
Verily Para Brahma the Vedas originated,
Therefore He has been Mahaḥ designated. 2

षष्ठ अनुवाक

स य एषोऽन्तर्हृदय आकाशः। तस्मिन्नयं पुरुषो मनोमयः। अमृतो
हिरण्मयः। अन्तरेण तालुके। य एष स्तन इवावलम्बते। सेन्द्रयोनिः।
यत्रासौ केशान्तो विवर्तते। व्यापोह्य शीर्षकपाले। भूरित्यग्नौ
प्रतितिष्ठति। भुव इति वायौ। सुवरित्यादित्ये। मह इति ब्रह्मणि।१

यों व्याहृतियों के चार अर्थ, चारों के आशय चार-चार
वह ब्रह्म जानता जो जाने, सब देव उसे दें भेंट-हार। ३

शिक्षा ॰ षष्ठ अनुवाक

जो हिय-अन्तर आकाश रहे, उसमें ही रहता पुरुष निहित।
यह पुरुष मनोमय अविनाशी, यह रहे हिरण्मय ज्योति सहित।
स्तन भाँति तालु नीचे लटके, जो मांस पिण्ड निःसृत उससे।
भेदता सुषुम्ना मस्तक यह, वह परमात्मा मिलता जिससे।
उससे निःसृत हो जीवात्मा, इस भूः अग्नि में होता स्थित।
वह पुनः भुवः के अर्थ रूप, इस वायु देव में हो सुनिहित।
आदित्य प्रतिष्ठित वह होता, इस भाँति सुवः का कर चिन्तन।
वह ब्रह्म प्रतिष्ठित भी होता, कर महः तत्त्व का अनुशीलन। १

The Bhūḥ is the Prāṇa and Bhuvaḥ the Apāna,
While Mahaḥ is food-matter, the Svaḥ is Vyāna.
Verily it is food that all life sustained.
This is what these mystic words pertained.
Of four kinds each the four words are stated,
Thus sixteen in all these terms are related.
One knowing it the knowledge of Brahma attains,
Such a person from the gods presents obtains. 3

Education—Section -6

The Indweller abides in the heart-sky of a mortal,
The Suṣumnā vein leads to the Immortal's portal.
Above the throat Suṣumna pierces the head apart,
By this path the Jīva on death does depart.
The Soul first abides in the Bhūḥ as fire,
As Bhuvaḥ it later on abides in the air.
And then it goes to the Sun World as Svaḥ,
And finally it merges in Brahma as Mahaḥ! 1

आप्नोति स्वाराज्यम्। आप्नोति मनस्पतिम्। वाक्पतिश्चक्षुष्पतिः।
श्रोत्रपतिर्विज्ञानपतिः। एतत्ततो भवति।२
आकाशरीरं ब्रह्म। सत्यात्म प्राणारामं मनआनन्दम्। शान्ति-
समृद्धममृतम्। इति प्राचीनयोग्योपास्स्वं।३

शिक्षा-सप्तम अनुवाक

पृथिव्यन्तरिक्षं द्यौर्दिशोऽवान्तरदिशः। अग्निर्वायुरादित्यश्चन्द्रमा
नक्षत्राणि। आप ओषधयोवनस्पतय आकाश आत्मा। इत्याधिभूतम्।

स्वाराज्य प्राप्त उसको होता, मन का स्वामी वह प्राप्त करे।
वह चक्षु श्रोत्र वाणी का पति, विज्ञान सभी सम्पूर्ण वरे। २
इन्द्रिय-आश्रय, सत्, नभ-तन हो, वह ब्रह्म बने अमृत स्वरूप।
मन शान्तिपूर्ण, आनन्द रूप, प्राचीनयोग्य भज इसी रूप। ३

शिक्षा-सप्तम अनुवाक

द्यौ, अन्तरिक्ष, पृथ्वी, दिक् औ, ये दिशा-अवान्तर, पाँच कहें।
ये अग्नि, वायु, आदित्य, चन्द्र, नक्षत्र, दूसरे पाँच रहें।
आत्मा, आकाश वनस्पति, जल, औषधि, तृतीय पंचक स्वरूप।
पंचक अधिभूत कहें इनको, ब्रह्माण्ड मध्य ये तीन रूप।

Such a knower Soul verily his own kingdom gains.
Also the Great Lord of minds he attains.
As the lord of speech, eye, ear and intelligence,
One gets these fruits if one knows in essence. 2
As the sky and the Truth in form and essences,
Like Brahma the refuge of the Prāṇas and senses,
The bliss, serenity and eternity he does gain,
O able disciple, meditating thus attain! 3

Education-Section-7

Earth, sky, heaven, regions and inter-quarters all,
These five diverse worlds in one line-up fall.
The fire, air, sun, moon and stars five-some,
Water, herb, plant, sky and the Self then come.
The above three are called the Material Five-Some.
The second group of five as the Personal does come.
The Prāṇa, Vyāna, Apāna, Udāna and Samāna,
Being the Breath line-up, related to Prāṇa.

अथाध्यात्मम्। प्राणो व्यानोऽपान उदानः समानः। चक्षुः श्रोत्रं मनोवाक्
त्वक्। चर्म मांसं स्नावास्थि मज्जा। एतदधिविधाय ऋषिरवोचत्।
पाङ्क्तं वा इदं सर्वम्। पाङ्क्तेनैव पाङ्क्तं स्पृणोतीति।१

अष्टम अनुवाक

ओमिति ब्रह्म। ओमितीदंसर्वम्। ओमित्येतदनुकृतिर्ह स्म वा
अप्योश्रावयेत्याश्रावयन्ति। ओमिति सामानि गायन्ति। ओंशोमिति।
शस्त्राणि शंसन्ति। ओमित्यध्वर्युः प्रतिगरं प्रतिगृणाति। ओमितिब्रह्मा
प्रसौति। ओमित्यग्निहोत्र मनु जानाति। ओमिति ब्राह्मणः प्रवक्ष्यन्नाह
ब्रह्मोपाप्नवानीति। ब्रह्मैवोपाप्नोति।१

जो प्राण व्यान हैं औ अपान, चौथा उदान, पंचम समान।
फिर चक्षु श्रोत्र मन वाक् त्वचा, इनको भी पंचक एक मान।
ये चर्म मांस औ स्नायु अस्थि मज्जा भी हैं पंचक स्वरूप।
ये सभी मिला अध्यात्म पाङ्क, ये ही उसके हैं तीन रूप।
पंचक उपासना वर्णित कर, ऋषि कहें सभी पंचक प्रकार।
अधिभूत बाह्य पंचक को यह, अध्यात्म पूर्ण कर दे प्रसार। १

शिक्षा० अष्टम अनुवाक

यह ओम् ब्रह्म, यह सर्वरूप, है ओम् अनुकरण की सम्मति।
गुरु बतलायें, जब शिष्य कहें, वे बोल ओम् देते सहमति।

The eye, ear, mind, speech and touch all adhere,
The skin, flesh, nerve, bone and bone-marrow there.
These three line-ups are the Personal related.
The seer thus the worship of Five-Somes stated.
The seer said, all these Five-Somes are in line.
Thus he prescribed the meditation divine.
The two groups of five supplement each other,
The Personal completes the Material another. 1

Section-8

The Oṁ syllable is Brahma and all that is there,
The embodiment of all existence every where!
When pupils ask, agreeing the teacher Oṁ cited,
Saying Oṁ the Sāma hymns also are recited.
Reciting the hymns the Oṁ and Śom are uttered,
The priest saying chants the Oṁ syllable muttered.
Saying Oṁ Brahmā-priest acceptance indicated,
Saying Oṁ for oblations his orders dictated.

शिक्षाध्याय-नवम अनुवाक

**ऋतं च स्वाध्यायप्रवचने च। सत्यं च स्वाध्यायप्रवचने च।
तपश्च स्वाध्याय प्रवचने च। दमश्च स्वाध्याय प्रवचने च।
शमश्च स्वाध्यायप्रवचने च। अग्नयश्च स्वाध्यायप्रवचने च।
अग्निहोत्रं च स्वाध्यायप्रवचने च। अतिथयश्च स्वाध्यायप्रवचने
च। मानुषं च स्वाध्यायप्रवचने च। प्रजा च स्वाध्यायप्रवचने च।
प्रजनश्च स्वाध्याय प्रवचने च। प्रजातिश्च स्वाध्यायप्रवचने च।
सत्यमिति सत्यवचा राथीतरः। तप इति तपोनित्यः पौरुशिष्टिः।
स्वाध्याय प्रवचने एवेति नाको मौद्‌गल्यः। तद्धि तपस्तद्धि तपः।१**

कह ओम्-शोम् हो ऋचा पाठ, कह ओम् साम गायन करते।
अध्वर्यु ओम् कह कर्मों में, 'प्रतिगर' मन्त्रों को भी पढ़ते।
ब्रह्मा कह ओम् अनुज्ञा दे, कह ओम् हवन-आदेश करे।
कह ओम् कहे जब वेद वरूँ, ब्राह्मण निश्चय ही ब्रह्म वरे। १

नवम अनुवाक

आचरण करें ऋत किन्तु कभी, प्रवचन-स्वाध्याय नहीं भूलें!
हम पालन करें सत्य लेकिन, स्वाध्याय और प्रवचन भी लें।
प्रवचन-स्वाध्याय नहीं तजकर, हम तप का भी कर लें पालन।
स्वाध्याय और प्रवचन रत हम, शम-दम का कर लें अनुपालन।

Upaniṣad]

A seeker of Brahma, the Vedas who recited,
He at the outset the Oṁ Syllable cited.
I may attain Brahma, this faith he maintains,
And verily the Vedas and Brahma he attains. 1

Section-9

Keeping good conduct, one should study and teach,
One should, being truthful, meditate and preach.
Curbing all the senses, study and meditate!
Controlling the mind, instructing contemplate!
Tending Yajña-fire, one should study and teach,
Offering the oblations meditate and preach.
Greeting guests one should study and meditate,
Doing worldly duties instructing contemplate!
Promoting the progenies, one should study and teach.
Procreating, one should meditate and preach.

दशम अनुवाक

अहं वृक्षस्य रेरिवा। कीर्तिः पृष्ठं गिरेरिव। ऊर्ध्व पवित्रो वाजिनीव स्वमृतमस्मि। द्रविणं सवर्चसम्। सुमेधा अमृतोक्षितः। इति त्रिशङ्कोर्वेदानुवचनम्॥१

हम अग्न्याधान, अतिथि सेवा, औ अग्निहोत्र भी सविधि करें।
कर मनुज कर्म, प्रजनन, पालन, हम प्रवचन औ स्वाध्याय वरें।
जो पुत्र- रथीतर, सत्यवचा, वे कहें श्रेष्ठ सत्-अनुष्ठान।
पुरुशिष्य तपस्वी-सुत कहते, है सत्य नहीं, तप ही महान।
प्रवचन-स्वाध्याय सभी कुछ है, ऐसा मुद्गल-सुत नाक कहें।
स्वाध्याय स्वयं तप, प्रवचन तप, ये युगल श्रेष्ठ तपरूप रहें। १

दशम अनुवाक

मैं विश्व-वृक्ष का प्रेरक हूँ, गिरिशृङ्ग सदृश हूँ कीर्तिवान।
मैं ऊर्ध्व, शुद्ध, पुण्यामृत हूँ, ज्यों अमृतमय रवि अन्नवान।
मैं आत्म तत्त्व की ज्योति, धनी, अव्यय मुझको मेधा सुन्दर।
ये हैं त्रिशंकु के वेद वचन, मैं हूँ अमृत से सिक्त अमर। १

Increasing clan one is to study and contemplate,
Meditation and preaching is penance, they state.
The Truth is penance, Satyavacā Rathītara stated,
Austerity is penance, recluse Pauruśiṣṭiḥ related.
Maudgalyaḥ Nāka study and preaching prescribed,
Both meditation and teaching penance described. 1

Section-10

Of the World-Tree I am both sustainer and cutter!
My fame spreads high as the mountain top greater!
I am the luminous Self, with Self saturated!
With a good intellect and nectar permeated!
As the corn-growing sun is nectarian in effect,
I am also high, pure and ambrosia perfect!
I am the Immortal and Imperishable Person!
The great seer Triśaṁku thus said on salvation! 1

शिक्षाध्याय-एकादश अनुवाक

वेदमनूच्याचार्योऽन्तेवासिन मनुशास्ति। सत्यं वद। धर्मं चर। स्वाध्यान्मा प्रमदः। आचार्याय प्रियं धनमाहृत्य प्रजातन्तुं मा व्यवच्छेत्सीः। सत्यान्न प्रमदितव्यम्। धर्मान्न प्रमदितव्यम्। कुशलान्न प्रमदितव्यम्॥ भूत्यै न प्रमदितव्यम्। स्वाध्यायप्रवचनाभ्यां न प्रमदितव्यम्। देवपितृकार्याभ्यां न प्रमदितव्यम्। मातृदेवो भव। पितृदेवो भव। आचार्य देवो भव। अतिथि देवो भव। यान्यनवद्यानि कर्माणि। तानि सेवितव्यानि। नो इतराणि। यान्यस्माकं सुचरितानि। तानि त्वयोपास्यानि। नो इतराणि।

एकादश अनुवाक

वेदोपदेश दे शिष्यों को, अनुशासित फिर आचार्य करें।
सत् बोलें, धर्माचरण करें, अप्रमत्त भाव स्वाध्याय वरें।
गुरु का प्रिय दे दक्षिणा रूप, तुम प्रजा-सूत्र को मत तोड़ो।
तुम सत्य-धर्म आचरण करो, इनको प्रमाद वश मत छोड़ो।
कर कुशल और ऐश्वर्य जन्य, मांगलिक-पुण्य जो कर्म सभी।
करना प्रमाद तुम मत इनमें, स्वाध्याय और प्रवचन में भी।
सब देव पितर के कार्यों में, कोई प्रमाद कथमपि मत हो।
बन मातृदेव औ पितृदेव, आचार्य-अतिथि को देव कहो।

Education—Section -11

Having taught the Vedas the teacher reiterated,
The inmate disciples he thus consecrated.
Speaking the truth perform duties and actions,
Do not neglect your studies and meditations!
To the teacher you award choice fees with regard,
Cutting off progeny-line your clan not retard.
Swerve not from the truth, nor from your Dharma,
For your own well being neglect not good Karma!
Do not omit your meditations and preachings,
Do not ever forget the Vedas' teachings.
The gods and ancestors be never neglected,
Forget not the rites and actions connected.
Your mother and father like gods venerate!
The teachers and guests like-wise contemplate.
Only actions that are fully blameless, perform.
Leaving others, only to our good things conform!

ये के चास्मच्छ्रेयांसो ब्राह्मणाः। तेषां त्वयाऽऽसनेन प्रश्वसितव्यम्।
श्रद्धया देयम्। अश्रद्धया देयम्। श्रिया देयम्। ह्रिया देयम्। भिया
देयम्। संविदा देयम्। अथ यदि ते कर्म विचिकित्सा वा वृत्त
विचिकित्सा वा स्यात्। ये तत्र ब्राह्मणाः सम्मर्शिनः। युक्ता
आयुक्ताः। अलूक्षा धर्म कामाः स्युः। यथा ते तत्र वर्तेरन्। तथा
तत्र वर्तेथाः। अथाभ्याख्यातेषु। ये तत्र ब्राह्मणाः सम्मर्शिनः। युक्ता
आयुक्ताः अलूक्षा धर्मकामाः स्युः। यथा ते तेषु वर्तेरन्। तथा
तेषु वर्तेथाः। एष आदेशः। एष उपदेशः एषा वेदोपनिषत्।
एतदनुशासनम्। एवमुपासितव्यम्। एवमुचैतदुपास्यम्।

जो कर्म अनिन्द्य उनहें ही कर, कथमपि करना मत अन्य कहीं।
आचरण हमारे भी जो शुभ, कर वे ही, करना अन्य नहीं।
जो ब्राह्मण हमसे श्रेष्ठ उन्हें, श्रम हरने आसन कर प्रदान।
दें दान अश्रद्धा भी यदि हो, यों श्रद्धापूर्वक करें दान।
दें जैसी श्री-सामर्थ्य रहे, लज्जापूर्वक भी करें दान।
भय से भी देते तो उत्तम, मैत्री-विवेक से कर प्रदान।
आचार-कर्म में यदि शंका, कर जो सात्त्विक ब्राह्मण करते।
आयुक्त-युक्त कर्मी, विवेकयुत, धर्मकाम जैसा बरते।
लांछित से यों व्यवहार करो, जो सरल हृदय ज्ञानी करते।
प्रेरित कर्मी या स्वतः युक्त, धर्मी विवेकयुत ज्यों बरते।
उपदेश, शास्त्र आदेश यही, यह वेद मर्म औ अनुशासन
है यही उपनिषत् उपासना, कर यही आचरण अनुपालन!

[Taittirīya

Offer seats and serve the Brāhmaṇs greater,
In comparison to us who seem to be better.
Give generously with respect and even in apathy,
With full faith, modesty, fear and sympathy.
About conduct or deeds if you are in doubt,
Do as the discerning wisemen go about.
Emulate the good-hearted virtuous in action,
Doing work enjoined or of their own volition.
With persons who are infamous or blamed,
Conduct yourself as the said wise famed.
The Vedas' purport, rules, discipline and command,
These are the teachings that attention demand.

शिक्षाध्याय-द्वादश अनुवाक

शं नो मित्रः। शं वरुणः। शं नो भवत्वर्यमा। शं न इन्द्रो बृहस्पतिः।
शं नो विष्णुरुरुक्रमः। नमो ब्रह्मणे। नमस्ते वायो। त्वमेव प्रत्यक्षं
ब्रह्मासि। त्वामेव प्रत्यक्षं ब्रह्मवादिषम्। ऋतमवादिषम्। सत्यमवादिषम्।
तन्मामावीत्। तद्वक्तारमावीत्। आवीन्माम्। आवीद्वक्तारम्।
ॐ शान्तिः शान्तिः शान्तिः

द्वादश अनुवाक

हे सूर्य वरुण अर्यमा इन्द्र, आचार्य बृहस्पति मंगल कर!
जो पद-विक्षेप विशाल करें, वे परम विष्णु भी हों हितकर!
हे ब्रह्म-वायु, है नमः तुझे, प्रत्यक्ष ब्रह्म ऋत सत्य कहा।
रक्षा की मेरी औ गुरु की, हों दूर ताप जो त्रिविध महा!

Education-Section-12

May the gods Mitra and Varuṇa be pleased!
And Aryamā, Indra and Bṛhaspati appeased!
Lord Viṣṇu of great strides may be propitious!
Salutations O Brahma, may you be auspicious!
You are Brahma O Air God, to you salutation!
I have called you Brahma, the manifest Person!
As the purport of scriptures I have described,
Also as the embodiment of truth ascribed.
You have also myself accordingly protected.
And my teacher as well who myself instructed,
As me and my teacher indeed you did gaurd,
From three-fold afflictions you also safeguard!

Brahmānanda Vallī

The chapter on Supreme Bliss.

Peace Invocation

May God us together protect and sustain!
May we together dining, all strength attain!
The knowledge we acquire may all illuminate!
All distrust and malice in us eliminate!

ब्रह्मानन्द वल्ली

शान्ति पाठ

ॐ सह नाववतु। सह नौ भुनक्तु। सह वीर्यं करवावहै। तेजस्वि नावधीतमस्तु। मा विद्विषावहै। ॐ शान्तिः शान्तिः शान्तिः

प्रथम अनुवाक

ब्रह्मविदाप्नोति परम्। तदेषाभ्युक्ता। सत्यं ज्ञानमनन्तं ब्रह्म। यो वेद निहितं गुहायां परमे व्योमन्। सोऽश्नुते सर्वान् कामान् सह ब्रह्मणा विपश्चितेति। तस्माद्वा एतस्मादात्मन आकाशः सम्भूतः। आकाशाद्वायुः। वायोरग्निः। अग्नेरापः। अद्भ्यः पृथिवी। पृथिव्या ओषधयः।

ब्रह्मानन्द वल्ली

शान्ति पाठ

ॐ सहरक्षा, बल वृद्धि साथ, सह भोजन औ सहपोषण हो।
अध्ययन जन्य हों तेजस्वी, निर्मल विद्वेष रहित मन हो!
ॐ त्रिविध तापों की शान्ति हो।

प्रथम अनुवाक

परब्रह्म ब्रह्मवेत्ता पाते, श्रुति का ऐसा ही रहे कथन।
यह ब्रह्म ज्ञान सत् औ अनन्त, है ऐसा ही यह ऋचा वचन।
जो जाने हिय की गुहा मध्य, इस परम व्योम में ब्रह्म निहित।
वह प्राप्त सकल कामना करे, विज्ञान रूप उस ब्रह्म सहित।

[Taittirīya

Section-1

Through Brahma's knowledge Beatitude is attained,
In this context here, the hymn thus maintained.
Brahma is as the Truth and knowledge realized,
Infinite and Omnipresent He is visualized.
He who in the pure space pervading abided,
In the cave of this heart concealed too resided.
One who knows Him thus, all desires he gained,
And the knowledge-embodiment Brahma attained.
Verily the Supreme Self this space created,
From the sky was air, which fire originated.
From fire was water, and from water earth came,
Herbs from the earth and from herbs food became.

ओषधीभ्योऽन्नम्। अन्नात्पुरुषः। स वा एष पुरुषोऽन्नरसमयः।
तस्येंदमेव शिरः। अयं दक्षिण पक्षः। अयमुत्तरः पक्षः। अयमात्मा।
इदं पुच्छं प्रतिष्ठा। तदप्येष श्लोको भवति।

द्वितीय अनुवाक

अनाद्वै प्रजाः प्रजायन्ते। याः काश्च पृथिवींश्रिताः। अथो अन्नेनैव जीवन्ति। अथैनदपि यन्त्यन्ततः। अन्नं हि भूतानां ज्येष्ठम्। तस्मात्सर्वौषधमुच्यते। सर्वंवै तेऽन्नमाप्नुवन्ति येऽन्नं ब्रह्मोपासते। अन्नं हि भूतानां ज्येष्ठम्। तस्मात्सर्वौषधमुच्यते। अन्नाद्भूतानि जायन्ते। जातान्यन्नेन वर्धन्ते। अद्यतेऽत्ति च भूतानि। तस्मादन्नं तदुच्यत इति।

वह यही ब्रह्म है परमात्मा, जिससे नभ सर्वप्रथम निःसृत।
नभ करे वायु औ वायु अग्नि, पावक करता है जल प्रगटित।
जल से पृथ्वी, भू से औषधि, औषधियों से यह अन्न सृजित।
अन्नों से पुरुष अन्न रसमय, परमात्मा द्वारा सभी रचित।
यह पुरुष स्थूल, सिर ऊपर यह, दायें-बायें ये बाहु युगल।
यह मध्य भाग आत्मा स्वरूप, हो पुच्छ-प्रतिष्ठा अधः, सकल।

द्वितीय अनुवाक

अन्नों से भू पर प्रजा जन्म, अन्नों से ही जग में जीवित।
सब भूतों में यह अन्न ज्येष्ठ, हों लीन अन्ततः अन्न निहित।

Thus all food and sap, the Person was formed,
As the head of the body, its own head conformed.
The right and left hands are right and left sides,
The Self in the middle and the tail below besides.

Brahmā, Section-2

In all living beings, food-matter always features,
Food-elements produce all earth-based creatures
On food also later on they are sustained,
And absorbed in food-elements death attained!
In elements the food is superior described,
Among all herbs it is penacea prescribed.
Adoring food-Brahma one food and all attained,
Best in elements, all herbs it contained.

तस्माद्वा एतस्मादन्नरसमयादन्योऽन्तर आत्माप्राणमयः। तेनैष पूर्णः। स वा एष पुरुषविध एव। तस्य पुरुषविधतामन्वयं पुरुषविधः। तस्य प्राण एव शिरः। व्यानो दक्षिणः पक्षः। अपान उत्तरः पक्षः। आकाश आत्मा। पृथिवी पुच्छं प्रतिष्ठा। तदप्येष श्लोको भवति।

पाते सब कुछ औ अन्न सभी, जो अन्न ब्रह्म माने भजते।
इसलिये भूत में अन्न ज्येष्ठ, सर्वौषध भी इसको कहते।
अन्नों से प्राणी का उद्भव, वह वृद्धि अन्न से ही पाता।
प्राणी खाते हैं अन्न, किन्तु, यह अन्न उन्हें खा भी जाता!
इस पिण्ड अन्न रसमय अन्तर, है व्याप्त प्राणमय देह भिन्न।
यह अन्नकोश परिपूर्ण करे, पुरुषाकृति यह होता अभिन्न।
ज्यों अन्नकोश पुरुषाकृति हो, यह प्राण कोश भी पुरुष रूप।
है मुख्य प्राण ही सिर इसका, यह व्यान पक्ष-दक्षिण स्वरूप।
उत्तर-बायाँ रहता अपान, धड़-मध्य भाग आकाश रहे।
हो पुच्छ-प्रतिष्ठा पृथ्वी ही, यह श्लोक यहाँ इस भाँति कहे।

From food all arise and by food grow in features,
As the food is eaten, food consumes also creatures!
Being thus the great eater and also consumed,
There fore called Anna, the food all assumed.
This body that food, sap and elements contained,
Has another body inside that Prāṇas pertained.
This inner body of the Prāṇas is supplemental,
With this is completed that body elemental.
This Prāṇa Body to that Physical one conformed,
Thus the Vital Airs Body is also human-formed.
The head of this body is body's Chief Prāṇa,
The right side is Vyāna and the left one Apāṇa.
The middle or the heart of this body is space,
As its tail and the base, this earth is in place.
Thus the five vital air's body is related,
The following verse also about it thus stated.

ब्रह्मा० तृतीय अनुवाक

प्राणं देवा अनु प्राणन्ति। मनुष्याः पशवश्च ये। प्राणो हि भूतानामायुः। तस्मात्सर्वायुषमुच्यते। सर्वमेव त आयुर्यन्ति ये प्राणं ब्रह्मोपासते। प्राणो हि भूतानामायुः। तस्मात्सर्वायुषमुच्यत इति। तस्यैषएव शारीर आत्मा यः पूर्वस्य। तस्माद्वा एतस्मात्प्राणमयादन्योऽन्तर आत्मा मनोमयः। तेनैष पूर्णः। स वा एष पुरुषविध एव। तस्य पुरुष विधता मन्वयं पुरुषविधः। तस्य यजुरेव शिरः। ऋग्दक्षिणः पक्षः। सामोत्तरः पक्षः। आदेश आत्मा। अथर्वाङ्गिरसः पुच्छं प्रतिष्ठा। तदप्येष श्लोको भवति।

ब्रह्मा० तृतीय अनुवाक

यह प्राण प्राणियों का जीवन, पशु मनुज सभी इससे प्राणित।
सर्वायुष कहते अतः इसे, हों देव प्राण से अनुप्राणित।
जो ब्रह्म मानकर प्राण भजें, वे पूर्ण आयु निश्चय वरते।
जो प्राण आयु सब भूतों की, सर्वायु अतः इसको कहते।
जो पूर्व अन्नमय कोश निहित, परमात्मा हो आत्मा स्वरुप।
इस कोश प्राणमय में भी स्थित, अन्तर्यामी हो आत्म-रूप।
इस प्राण कोश के अन्तर भी, है व्याप्त मनोमय कोश अन्य।
परिपूर्ण प्राणमय को करता, पुरुषाकृति यह भी हो अनन्य।

Section-3

Following the Life Principle, all beings activated,
The gods, human beings and animals respirated.
The Prāṇa is the life of all beings and creatures.
Thus Prāṇa as All Life Fromed One features.
Meditating it who as Para Brahma regarded,
Certainly the person is a long life awarded.
The Prāṇa is the life of all beings stated,
Therefore it is All Longevity related.
The Life is the Self of the body-elemental,
It is supplemented by another body mental.
This mental body also is human in form,
To the body of the Prāṇas it does conform.
The head of this mental body is the Yajurveda,
The Ṛg right side and the left Sāmaveda.
The middle or the Self is scriptural injunction,
Aṅgirā and Atharvā hymns the tail-foundation.

चतुर्थ अनुवाक

यतो वाचो निवर्तन्ते। अप्राप्य मनसा सह। आनन्दं ब्रह्मणो विद्वान्। न बिभेति कदाचनेति। तस्यैष एव शारीर आत्मा यः पूर्वस्य। तस्माद्वा एतस्मान्मनोमयादन्योऽन्तर आत्मा विज्ञान-मयस्तेनैष पूर्णः। स वा एष पुरुषविध एव। तस्य पुरुषविधता-मन्वयं पुरुषविधः। तस्य श्रद्धैव शिरः। ऋतं दक्षिणः पक्षः। सत्यमुत्तरः पक्षः। योग आत्मा। महः पुच्छं प्रतिष्ठा। तदप्येष श्लोको भवति।

तृतीय अनुवाक

हो प्राणकोश सदृश मनमय, पुरुषाकृति यह, यजु सिर स्वरूप।
दक्षिण ऋक्, साम रहे उत्तर, आत्मा का ले 'आदेश' रूप।
अंगिरा-अथर्वा मन्त्र पुच्छ, ये रहें प्रतिष्ठा रूप वहाँ।
इसलिये कहा है श्लोक रूप, आगे जो वर्णित रहे यहाँ।

चतुर्थ अनुवाक

पा नहीं जिसे वापस लौटें, इन्द्रियाँ वाक्, मन सहित सभी।
आनन्द रूप यह ब्रह्म जान, भय नहीं करे फिर मनुज कभी।
जो अन्न-प्राणमय का आत्मा, है वही मनोमय कोश निहित।
इस मनमय अन्तर पुनः एक, विज्ञान कोश है अन्य विहित।

[Taittirīya

Brahmā, Section-4

The mind speech and senses whom not attain,
Not getting it whereform they come back again.
Knowing that Blissful Brahma one has no fear,
In this context this is the verse that we hear.
In this mental body the Indwelling Self resides,
As also in the physical and the Prāṇa one abides.
But inside the mental another one is there,
It is called the Wisdom or Cognitive body here.
The mental is completed by the body of cognition,
This body like the mental is human in person.
The faith head and virtues right side presented,
The left of the body the Truth represented.

ब्रह्मा० पञ्चम अनुवाक

विज्ञानं यज्ञं तनुते। कर्माणि तनुतेऽपि च। विज्ञानं देवाः सर्वे। ब्रह्मज्येष्ठमुपासते। विज्ञानं ब्रह्म चेद्वेद। तस्माच्चेन्न प्रमाद्यति। शरीरे पाप्मनो हित्वा। सर्वान्कामान्समश्नुत इति। तस्यैष एव शारीर आत्मा यः पूर्वस्य। तस्माद्वा एतस्माद्विज्ञान मयादन्योऽन्तर आत्माऽऽनन्दमयः। तेनैष पूर्णः। स वा एष पुरुषविध एव। तस्य पुरुषविधतामन्वयं पुरुषविधः। तस्य प्रियमेव शिरः। मोदो दक्षिणः पक्षः। प्रमोद उत्तरः पक्षः। आनन्द आत्मा। ब्रह्म पुच्छं प्रतिष्ठा। तदप्येष श्लोको भवति।

(चतुर्थ अनुवाक)

यह पुरुषाकृति विज्ञान कोश, परिपूर्ण मनोमय को करता।
यह अन्न-प्राण-मन अनुगत हो, वैसा ही पुरुषाकृति रहता।
सिर श्रद्धा, ऋत दक्षिणी पक्ष, उत्तर सत्, धड़ है योग रूप।
हो पुच्छ-प्रतिष्ठा महत्तत्त्व, यह श्लोक कहे ऐसा स्वरूप।

पंचम अनुवाक

विज्ञान करे यज्ञादि कार्य, विज्ञान कर्म-विस्तार करें।
विज्ञान-ब्रह्म ही ज्येष्ठ-श्रेष्ठ, इसकी उपासना देव वरें।
विज्ञान ब्रह्म है इसे जान, इससे प्रमाद जो करें नहीं।
तन के पापों को वे तजते, हों सकल कामना प्राप्त यहीं।

The Yoga is the Self or the middle of the person,
And the Supreme Substance presents base portion.
The Supreme Self is thus the actual foundation,
The following verse here accordingly does mention.

Brahmā, Section-5

This wisdom all Yajñas and actions motivated,
All gods the greatest Wisdom-Brahma venerated.
Knowing this unilluded who wisdom eulogised,
He leaving bodily sins, all desires realised.
The wisdom is the Self of this body of mind,
But inside Wisdom Body there is another kind.
It is the Blissful Self inside us spreading
Which does complete the Wisdom one pervading.
To this wisdom body, the Bliss one conformed,
'Beloved' head and 'delight' the right side formed.
'Joy' being the left, 'bliss' middle part related,
'Brahma' is tail and base, as this verse stated.

षष्ठ अनुवाक

असन्नेव स भवति। असद् ब्रह्मेति वेद चेत्। अस्ति ब्रह्मेति चेद्वेद। सन्तमेनं ततो विदुरिति। तस्यैष एव शारीर आत्मा यः पूर्वस्य। अथातोऽनुप्रश्नाः। उताविद्वानमुं लोकं प्रेत्य कश्चन गच्छती ३। आहो विद्वानमुं लोकं प्रेत्य कश्चित्समश्नुता ३ उ।

पंचम अनुवाक

विज्ञानपूर्ण जो कोश रहे, वह रहे मनोमय का आत्मा।
सब अन्न-प्राण-मन कोशों का, आत्मा होता वह परमात्मा।
विज्ञानात्मा के अन्तर भी, है एक अन्य आनन्दात्मा।
आनन्दकोश भी पुरुषाकृति, यह पूर्ण करे विज्ञानात्मा।
'प्रिय' सिर, दक्षिण हैं' मोद' यहाँ, रहता प्रमोद उत्तर स्वरूप।
'आनन्द' मध्य में आत्मा हो, वह ब्रह्म प्रतिष्ठा-पुच्छ रूप।

षष्ठ अनुवाक

जो कहे नास्ति, है ब्रह्म असत्, वह हो जाता है स्वयँ असत्।
जो अस्ति मान जाने वह है, ज्ञानी उसको ही कहते सत्।
आनन्द कोश जो पूर्व कथित, उसका आत्मा वह परमात्मा।
जो अन्न-प्राण-मनकोश और विज्ञान कोश का भी आत्मा।

Section-6

Negating Brahma's existence oneself one negated,
And knowing that He is, one is virtuous related.
The Supreme Self as the Self in Bliss-Body resided,
As in the Cognitive and other bodies abided.
It may now be asked, if an unwise God attains,
Whether on death not knowing too one gains!
And one who has Brahma's knowledge obtained,
Whether after death His State he attained!
God willed that He may as many procreate,
In austerity brooding He all this did create.
Creating all, He entered into all His creation,
With form and formless was the manifestation.
He became describable undescribable and sentient,
Abode, non-abode, manifest and insentient.
Being Truth and untruth, He became all there,
All this here is truth as the verse says here.

सोऽकामयत। बहु स्यां प्रजायेयेति। स तपोऽतप्यत। स तपस्तप्त्वा
इदं सर्वमसृजत यदिदंकिं च। तत्सृष्ट्वा तदेवानुप्राविशत्।
तदनुप्रविष्यसच्चत्यच्चाभवत्। निरुक्तं चानिरुक्तं च। निलयनं
चानिलयनं च। विज्ञानंचाविज्ञानं च। सत्यं चानृतं च सत्यमभवत्।
चदिदं किं च। तत्सत्यमित्याचक्षते। तदप्येष श्लोको भवति।

अब प्रश्न यहाँ क्या अविद्वान, मरकर परमात्मा प्राप्त करें?
अथवा जो ज्ञानी वे भी क्या, मरने पर निश्चय उसे वरें?
परमात्मा ने यह इच्छा की, होऊँ अनेक होकर प्रजनित।
तप किया और इच्छा तप से, यह सब जो कुछ है किया सृजित।
रचना कर जगत् स्वयं वह भी, अपनी रचना में हो प्रविष्ट।
सत्-मूर्त बने औ त्यत्-अमूर्त, यों होकर सबमें समाविष्ट।
वह आश्रय और अनाश्रय हो, बनता निरुक्त भी वर्णनीय।
जड़-चेतन बनता वही युगल, सत् अनृत और अनिवर्चनीय।
यह सब होकर वह सत्य बने, यह जो कुछ है सब सत् स्वरूप।
ज्ञानी जन ऐसा ही कहते, यह श्लोक कह रहा इसी रूप।

Brahma, Section-7

Before Creation there was unmanifest Non-Being.
From that manifesting all come into being.
Out of Himself creating and self-born related,
That Uncreated self is the Sweet Sap stated.
With this sap and essence, blissful one becomes,
This yoy in the heart from the Inner Self comes.
Without this inner bliss who would like to exist?
In breathing and living one would not persist.
When one without fear is in Formless established,
And the Invisible, free and undefinable cherised.
One then His fearless Supreme State attained,
From birth and death-fear one freedom obtained.
Keeping the slightest distance one has dread,
Even the most wise and learned are afraid.
For those knowing difference, Brahma is fear,
The following verse in this context we hear.

सप्तम अनुवाक

असद्वा इदमग्र आसीत्। ततो वै सदजायत। तदात्मानं स्वयमकुरुत। तस्मात्तत्सुकृतमुच्यत इति। यद्वै तत्सुकृतं रसो वै सः। रसं ह्येवायं लब्ध्वाऽऽनन्दी भवति। को ह्येवान्यात्कः प्राण्याद् यदेष आकाश आनन्दो न स्यात्। एष ह्येवानन्दयाति। यदा ह्येवैष एतस्मिन्नदृश्येऽनात्म्येऽनिरुक्तेऽनिलयनेऽभयं प्रतिष्ठां विन्दते। अथ सोऽभयं गतो भवति। यदा ह्येवैष एतस्मिन्नुदरमन्तरं कुरुते। अथ तस्य भयं भवति। तत्त्वेव भयं विदुषो मन्वानस्य। तदप्येष श्लोको भवति।

सप्तम अनुवाक

अव्यक्त-असत् जग सृष्टि-पूर्व, उससे ही यह सत् जग निःसृत।
अव्यक्त ब्रह्म से व्यक्त सत्य, सब नाम रूप मय जगत् सृजित।
इस भाँति स्वयँ अपने को ही, अव्यक्त ब्रह्म करता प्रगटित।
इसलिये इसे सुकृत कहे, ऐसी सत्ता जो स्वयँ उदित।
यह जो प्रसिद्ध सत्ता सुकृत, रस ही रस, वह हो रस स्वरूप।
इससे ही इस रस को पाकर, हों मनुज सभी आनन्द रूप।
यदि हिय-नभ हो आनन्द रहित, जीवन जीना फिर कौन वरे?
आनन्द जन्य ही प्राण-क्रिया, अन्यथा इसे फिर कौन करे?
अशरीर, अगोचर, निराधार, वह ब्रह्म जीव भयहीन वरे।
जब अनिर्वाच्य में स्थिति पाता, निश्चय निर्भय पद प्राप्त करे।
जब तक किंचित भी भेद रखे, हो जन्म-मृत्यु का उसको भय।
हो भेद-दृष्टि में भय स्वरूप, ऐसे ज्ञानी भी नहीं अभय।

[Taittirīya

Section -8

Fearing Him the wind blows and the sun comes out,
The Fire God and God of Rains Indra move about!
The fifth also, the Death god Yama runs in fear,
Now follows a narration about happiness here.
If a person is strong, learned, virtuous and youthful,
Firm ruler, Lord of wealth-filled earth and hopeful,
The happiness which having all these there comes,
One unit of happiness of a man that becomes!

ब्रह्मा० अष्टम अनुवाक

भीषास्माद्वातः पवते। भीषोदेति सूर्यः। भीषास्मादग्निश्चेन्द्रश्च।
मृत्युर्धावति पञ्चम इति। सैषाऽऽनन्दस्य मीमांसा भवति। युवा
स्यात्साधुयुवाध्यायक आशिष्ठो द्रढिष्ठो बलिष्ठस्तस्येयं पृथिवी
सर्वा वित्तस्य पूर्णा स्यात्। स एको मानुष आनन्दः। ते ये शतं
मानुषा आनन्दाः। स एको मनुष्यगन्धर्वाणामानन्दः। श्रोत्रियस्य
चाकामहतस्य। ते ये शतं मनुष्यगन्धर्वाणामानन्दः। श्रोत्रियस्य
चाकामहतस्य। ते ये शतं मनुष्यगन्धर्वाणामानन्दाः। स एको
देवगन्धर्वाणामानन्दः। श्रोत्रियस्य चाकामहतस्य।

ब्रह्मा० अष्टम अनुवाक

बहती है वायु उसी के भय, उगता उससे ही डर दिनकर।
हैं अग्नि-इन्द्र डर क्रियाशील, पाँचवी मृत्यु भागे डरकर।
दृढ़, आशा, बलायुत, साधु, युवा, विद्वान कुशल शासक मानें।
धन-धान्य पूर्ण पूरी पृथ्वी, केवल उसकी यदि हो, जानें।
ऐसे में जो आनन्द उसे, हो 'एक मनुज-आनन्द' वही।
आनन्द-तत्त्व की मीमांसा, इस भाँति करें, दृष्टान्त यही।
आनन्द 'मनुज-गन्धर्व एक' हो सौ 'मानुष-आनन्द' योग।
कामना रहित जो श्रोत्रिय हों, उनको भी यह आनन्द भोग।
शत मनुज और गन्धर्व मिलें, हो एक देव-गन्धर्व रूप।
विद्वान रहें जो अनासक्त, आनन्द प्राप्त हो इस स्वरूप।

The total of such one hundred joys' pleasure,
Is one human-demigod's happiness in measure'.
This greater happiness an enlightened acquires,
Who is never troubled and tainted by desires.
A hundred 'man-demigod's joys' total pleasure,
Is one God-demigod's happiness' in measure.
Versed in the Vedas a wise this obtains.
Not tainted by desires, he all this attains.
The joy one hundred god-demigods attained,
In the manes' world eternal to one joy pertained.
Again a knowing wise this greater joy gains,
Unattached to pleasures he naturally attains.
One hundred manes' happiness total once again,
The joy one in 'Yajña's one godhood does gain.
But the learned wise all this joy attained,
Unattached to desires, without trying obtained,

ते ये शतं देवगन्धर्वाणामानन्दाः। स एकः पितृणां चिरलोक-लोकानामानन्दः। श्रोत्रियस्य चाकामहतस्य। ते ये शतं पितृणां चिरलोकलोकानामानन्दाः। स एक आजानजानां देवानामानन्दः। श्रोत्रियस्य चाकामहतस्य। ते ये शतमाजानजानां देवानामानन्दाः। स एकः कर्मदेवानां देवानामानन्दः। ये कर्मणा देवान पियन्ति। श्रोत्रियस्य चाकामहतस्य। ते ये शतं कर्म देवानां देवानामानन्दाः। स एको देवानामानन्दः। श्रोत्रियस्य चाकामहतस्य। ते ये शतं देवानामानन्दाः। स एक इन्द्रस्यानन्दः। श्रोत्रियस्य चाकामहतस्य।

गन्धर्व-देव के शतानन्द, हों एक पितर चिरलोकी का।
कामना रहित श्रोत्रिय-ज्ञानी, आनन्द यही होता उनका।
पितरों के सौ आनन्द पुनः, हों एक अजानज-देव जन्य।
कामना रहित जो श्रोत्रिय हों, आनन्द यही उनको अनन्य।
हो कर्मदेव आनन्द एक, सौ देव-अजानज मिलें सभी।
ये कर्मदेव हों कर्मों से, आनन्द यही श्रोत्रिय को भी।
सौ कर्मदेव आनन्द पुनः, आनन्द एक हो देवों को।
जो अनासक्त श्रोत्रिय-ज्ञानी, आनन्द यही मिलता उनको।
सौ देवों के आनन्द मिलें, हो एक इन्द्र-आनन्द रूप।
कामना रहित जो ज्ञानी हों, आनन्द उन्हें हो इस स्वरूप।

[Taittirīya

The Yajña Gods' hundred joys like-wise measure,
Equal to the one Karma God-hood in pleasure.
The learned in the Vedas this joy do attain,
Unattached to desires this they naturally gain.
The joy that one hundred Karma-Gods gained,
Equals the happiness a true God attained.
The wise Veda knower this great joy acquires,
He this joy attains unattached to desires.
One hundred happiness of true gods again,
God Indra as one unit happiness does gain.
But this greater joy an enlightened attains,
Not tainted by desires he naturally obtains.
One hundred joys of Indra also measure,
Equal to Bṛhaspati's one unit of pleasure.
But again the Veda knower this joy attained,
Unattached to desires, he all that obtained.

ते ये शतमिन्द्रस्यानन्दाः। स एको बृहस्पतेरानन्दः। श्रोत्रियस्य चाकामहतस्य। ते ये शतं बृहस्पतेरानन्दाः। स एकः प्रजापतेरानन्दः। श्रोत्रियस्य चाकामहतस्य। ते ये शतं प्रजापतेरानन्दाः। स एको ब्रह्मण आनन्दः। श्रोत्रियस्य चाकामहतस्य। स यश्चायं पुरुषे यश्चावादित्ये स एकः। स य एवं विदस्माल्लोकात्प्रेत्य। एतमन्नमयमात्मानमुपसंक्रामति। एतं प्राणमय मात्मानमुपसंक्रामति। एतं मनोमय मात्मानमुपसंक्रामति। एतं विज्ञानमयमात्मान-मुपसंक्रामति। एतमानन्दमयमात्मानमुपसंक्रामति। तदप्येष श्लोको भवति।

सौ इन्द्रों का आनन्द मिले, होता आनन्द बृहस्पति का।
आनन्द यही श्रोत्रिय को हो, कामना रहित हो मन जिसका।
आनन्द बृहस्पति का भी सौ, आनन्द प्रजापति का कहते।
हो ज्ञानी को आनन्द यही, जो नहीं कामना-वश रहते।
आनन्द प्रजापति का भी सौ, मिलकर हो ब्रह्मानन्द वही।
जो अनासक्त श्रोत्रिय होते, आनन्द उन्हें हो प्राप्त यही।
जो पुरुष और आदित्य मध्य, वह युगल एक, यह ज्ञान वरे।
वह प्राप्त अन्नमय आत्मा को, जब मनुज लोक यह त्याग करे।
वह कोश प्राणमय भी पाये, फिर प्राप्त मनोमय को करता।
विज्ञान कोश संक्रमण करे, आनन्द कोश भी वह तरता।

Upaniṣad]

Bṛhaspati's one hundred happiness again,
Equal to the one joy Prajāpati does gain.
The wise knower however this joy attained.
Untainted by desires he all that obtained!
And finally Prajāpati's hundred joys measure,
The Effected Brahmā's one unit in pleasure.
But even this happiness the wise knower gains,
Giving up all desires naturally this attains!
Verily He is one who in persons abided,
And also in that sun yonder who resided.
Knowing this who departed and death attained,
That food-elemental Self obtained.
The Self consisting of Prāṇas he gained,
The Self consisting of mind too attained.
Then the Cognitive Self of Wisdom acquired,
And finally that Blissful Self as desired!

नवम अनुवाक

यतो वाचो निवर्तन्ते अप्राप्य मनसा सह। आनन्दं ब्रह्मणो विद्वान्
न बिभेति कुतश्चनेति। एतं ह वाव न तपति। किमहं साधु नाकरवम्।
किमहं पापमकरवमिति। स य एवं विद्वानेते आत्मानं स्पृणुते।
उभे ह्येवैष एते आत्मानं स्पृणुते। य एवं वेद इत्युपनिषत्।

भृगु वल्ली-प्रथम अनुवाक

भृगुर्वै वारुणिः, वरुणं पितरमुपससार अधीहि भगवो ब्रह्मेति।
तस्मा एतत्प्रोवाच। अन्नं प्राणं चक्षुः श्रोत्रं मनो वाचमिति।

ब्रह्मानन्द वल्ली-नवम अनुवाक

पा नहीं जिसे वापस लौटें, मन वाक् और इन्द्रियाँ सभी।
आनन्द-ब्रह्म वह जो जाने, भय नहीं किसी से उसे कभी।
सन्ताप नहीं, शुभ नहीं किया, अथवा क्यों मैंने पाप वरे?
ये पुण्य-पाप ही ताप हेतु, यह जाने आत्मा सबल करे।
इस भाँति शुभाशुभ कर्मों को, सन्ताप-हेतु जिसने जाना।
निश्चय आत्मा हो मुदित-सबल, उपनिषत् यही जाता माना।

भृगु वल्ली-प्रथम अनुवाक

भृगु, वरुण-पुत्र, जा पिता निकट, बोले, उपदेश करें भगवन!
वह ब्रह्म कौन, यह बतलायें, भृगु को फिर कहते पिता वचन।
[Taittirīya

Section -9

Whom the mind speech and senses do not attain,
Never getting that Blissful, they come back again!
Knowing that Brahma the wise have no fear,
They are beyond remorse and sorrows here.
Having not done good deed, not distressing indeed!
Nor becoming aggrieved, why did an evil deed!
Both as sources of sorrows the wiseman rejected,
Knowing it and the Blissful, he is not dejected.

Bhṛgu Vallī-Section-1
(Preachings to Bhṛgu)

Approaching father Varuṇa, Bhṛgu thus addressed,
Sire, teach me Para Brahma, politely he pressed.
The matter, life, sight, hearing, mind and speech,
All these are the sources, Varuṇa does preach.

तं होवाच। यतो वा इमानि भूतानि जायन्ते येन जातानि। जीवन्ति। यत्प्रयन्त्यभिसंविशन्ति। तद्विजिज्ञासस्व। तद् ब्रह्मेति। स तपोऽतप्यत। स तपस्तप्त्वा।

भृगुवल्ली- द्वितीय अनुवाक

अन्नं ब्रह्मेति व्यजानात्। अन्नाद्ध्येव खल्विमानि भूतानि जायन्ते। अन्नेन जातानि जीवन्ति। अन्नं प्रयन्त्यभिसंविशन्तीति। तद्विज्ञाय पुनरेव वरुणं पितरमुपससार। अधीहि भगवो ब्रह्मेति। तं होवाच। तपसा ब्रह्म विजिज्ञासस्व। तपो ब्रह्मेति। स तपोऽतप्यत। स तपस्तप्त्वा।

अन्नादि, प्राण, मन, वाक्, चक्षु, औ श्रोत्र, ब्रह्म के द्वार रूप।
उत्पन्न भूत सब इनसे ही, ये जन्म बाद आश्रय स्वरूप।
इनमें प्रवेश लें जब प्रयाण, इनको ही ब्रह्म स्वरूप जान।
जिज्ञासा कर, भृगु तप करते, तप बाद उन्हें यह हुआ ज्ञान।

भृगुवल्ली-द्वितीय अनुवाक

उसने जाना यह अन्न ब्रह्म, उत्पन्न अन्न से सभी भूत।
अन्नों से जीयें जन्म बाद, मिल अन्न मिलें वे पंचभूत।
भृगु पिता वरुण के पास पुनः, यह जान गये बोले, भगवन।
दें ब्रह्मज्ञान, तप से जानो, था पिता वरुण का पुनः कथन।
तप ही है ब्रह्म, वरुण कहते, तप ही साधन जाता माना।
भृगु ने इसपर तप किया तथा, तप बाद यही उसने जाना।

Upanișad]

From these all are born and by these are sustained,
And when they depart, by these are contained!
Seek and know, they are Brahma, Varuṇa thus stated,
Performing austerities Bhrigu contemplated.

Bhṛgu Vallī-Section-2

He food and matter now as Brahma understood,
That, beings originate from elements and food!
On being born it is food-elements that sustained,
And after they die the elements all contained!
Knowing this some doubts in Bhṛgu did remain.
To his father he stated, Sire teach me again!
Know through penance, Varuṇa then stated,
Bhṛgu doing austerities again contemplated!

तृतीय अनुवाक

प्राणो ब्रह्मेति व्यजानात्। प्राणाद्ध्येव खल्विमानि भूतानि जायन्ते। प्राणेन जातानि जीवन्ति। प्राणं प्रयन्त्यभिसंविशन्तीति। तद्विज्ञाय पुनरेव वरुणं पितरमुपससार। अधीहि भगवो ब्रह्मेति। तं होवाच। तपसा ब्रह्म विजिज्ञासस्व। तपो ब्रह्मेति। स तपोऽतप्यत। स तपस्तप्त्वा।

चतुर्थ अनुवाक

मनो ब्रह्मेति व्यजानात्। मनसो ह्येव खल्विमानि भूतानि जायन्ते। मनसा जातानि जीवन्ति। मनः प्रयन्त्यभिसंविशन्तीति।

तृतीय अनुवाक

उसने जाना यह प्राण ब्रह्म, उत्पन्न प्राण से भूत सभी।
जीयें प्राणों से जन्म बाद, मरकर हों प्राणों में लय भी।
भृगु पिता वरुण के पास पुनः, जाते यह जान, कहें भगवन!
दें ब्रह्मज्ञान, तप से जानो, था पिता वरुण का यही कथन।
तप ही है ब्रह्म, वरुण कहते, तप से ही सकते उसे जान।
भृगु ने इस पर तप किया और, तप से उसको यह हुआ ज्ञान।

चतुर्थ अनुवाक

उसने जाना मन ब्रह्म रूप, मन से भूतों का उद्भव भी।
उत्पत्ति बाद मन से पोषित, करते प्रयाण मन-लीन सभी।

[Taittirīya

Section-3

The Life is Brahma, he knew through austerity,
All beings originate form the Life in entirety.
On being born it is the Life that sustained,
Passing away, it is the life which contained
Knowing Bhṛgu came back as doubts did remain,
Sire teach me Para Brahma, he asked thus again.
The penance is the best, know by it, was stated,
Then Bhṛgu doing austerity again meditated.

Section-4

This mind is Brahma, his penance did show,
All beings originated from mind he did know.
After birth all beings are sustained by the mind,
And on death the mind contained the living kind.

तद्विज्ञाय पुनरेव वरुणं पितरमुपससार। अधीहि भगवो ब्रह्मेति।
तं होवाच। तपसा ब्रह्म विजिज्ञासस्व। तपो ब्रह्मेति। स तपोऽतप्यत।
स तपस्तप्त्वा।

पञ्चम अनुवाक

विज्ञानं ब्रह्मेति व्यजानात्। विज्ञानाद्ध्येव खल्विमानि भूतानि जायन्ते। विज्ञानेन जातानि जीवन्ति। विज्ञानं प्रयन्त्यभिसंविशन्तीति। तद्विज्ञाय पुनरेव वरुणं पितरमुपससार। अधीहि भगवो ब्रह्मेति। तं होवाच। तपसा ब्रह्म विजिज्ञासस्व। तपो ब्रह्मेति। स तपोऽतप्यत। स तपस्तप्त्वा।

भृगु पिता वरुण के पास पुनः, यह जान गये, बोले, भगवन!
दें ब्रह्मज्ञान, तप से जानो, था पुनः पिता का यही कथन।
तप ही है ब्रह्म, वरुण कहते, तप करके ही तू ब्रह्म जान।
भृगु ने इसपर तप किया पुनः, तप बाद उसे यह हुआ ज्ञान।

पंचम अनुवाक

उसे जाना विज्ञान ब्रह्म, विज्ञान जन्य ही जन्म सभी।
विज्ञान जन्य जीवन जीयें, विज्ञान मध्य सब जा लय भी।
भृगु पिता वरुण के पास पुनः, यह जान गया, बोला भगवन!
उपदेश पुनः दें, ब्रह्म कौन, वे बोले, तप से करो मनन।
जिज्ञासा कर, तप ही साधन, तप ब्रह्म रूप जाता माना।
भृगु ने इसपर तप किया पुनः, तप बाद यही उसने जाना।

He again went to father as doubts did remain,
Sire, teach me Para Brahma, he said so again.
Know through penance, his father again stated,
Bhṛgu once again doing austerity meditated.

Section-5

Understanding is Brahma, his penance did show.
All beings originate from wisdom, he did know.
When born, it is wisdom that beings sustained,
And passing away they are by cognition contained.
Approaching his father as doubts did remain,
Sire, teach me Para Brahma, Bhṛgu pressed again.
Seek through penance which is Brahma, he stated,
Bhṛgu then once again through penance meditated.

षष्ठ अनुवाक

आनन्दो ब्रह्मेति व्यजानात्। आनन्दाद्ध्येव खल्विमानि भूतानि जायन्ते। आनन्देन जातानि जीवन्ति। आनन्दं प्रयन्त्यभिसंविशन्तीति। सैषा भार्गवी वारुणी विद्या परमे व्योमन् प्रतिष्ठिता। स य एवं वेद प्रतितिष्ठति। अन्नवानन्नादो भवति। महान् भवति प्रजया पशुभिर्ब्रह्मवर्चसेन। महान् कीर्त्या।

सप्तम अनुवाक

अन्नं न निन्द्यात्। तद्व्रतम्। प्राणो वा अन्नम्। शरीरमन्नादम्। प्राणे शरीरं प्रतिष्ठितम्। शरीरे प्राणः प्रतिष्ठितः। तदेतदन्नमन्ने प्रतिष्ठितम्।

षष्ठ अनुवाक

भृगु ने जाना आनन्द ब्रह्म, उत्पन्न उसी से भूत-प्राण।
आनन्द जन्य जीवित रहते, आनन्द लीन करके प्रयाण।
भार्गवी-वारुणी यह विद्या, हृत-व्योम प्रतिष्ठित रहे यही।
जो जाने इसको इस प्रकार हो ब्रह्म प्रतिष्ठित स्वयं वही।
हो ब्रह्मतेज से महिमामय, भोक्ता बनता औ अन्नवान।
सम्पन्न प्रजा-पशु से होकर, वह कीर्ति जन्य होता महान।

सप्तम अनुवाक

अन्नों की निन्दा नहीं करें, ऐसा ही व्रत हो हम सबको।
यह प्राण हमारा अन्नरूप, भोक्ता कहते हम इस तन को।

[Taittirīya

Section-6

The Bliss is Para Brahma, he now realized.
He all beings born from the Bliss visualized.
On being born it was the Bliss that sustained,
And passing away all are in Bliss contained.
The Wisdom of Bhṛgu and Varuṇa thus stated,
Established in high heaven this is venerated.
One who knows this wisdom thus established,
He is established in that Bliss cherished.
With ample food grains, Enjoyer, he becomes,
To him the splendour of Brahma-wisdom comes.
In progenies and cattle he has a good name,
With all these glories he has a high fame.

स य एतदन्नमन्ने प्रतिष्ठितं वेद प्रतितिष्ठति। अन्नवानन्नादो भवति।
महान् भवति प्रजया पशुभिर्ब्रह्मवर्चसेन। महान् कीर्त्या।

अष्टम अनुवाक

अन्नं न परिचक्षीत। तद्व्रतम्। आपो वा अन्नम्। ज्योतिरन्नादम्। अप्सु ज्योतिःप्रतिष्ठितम्। ज्योतिष्यापः प्रतिष्ठिताः। तदेतदन्नमन्ने प्रतिष्ठितम्। स य एतदन्नमन्ने प्रतिष्ठितं वेद प्रतितिष्ठति। अन्नवानन्नादो भवति। महान् भवति प्रजया पशुभिर्ब्रह्मवर्चसेन। महान् कीर्त्या।

यह देह प्राण में स्थित रहता, यह प्राण रहे तन में ही स्थित।
इस भाँति परस्पर अन्न रूप, है अन्न प्रतिष्ठित अन्न-निहित।
हों अन्न-प्रतिष्ठित अन्नाश्रित, जो जानें, भोक्ता-अन्नवान।
पशु प्रजा कीर्ति सम्पन्न बनें, हों ब्रह्मतेज युत वे महान।

भृगु॰ अष्टम अनुवाक

अन्नों का नहीं अनादर हो, यह व्रत हो, जल है अन्न रूप।
जल में ही ज्योति प्रतिष्ठित है, यह तेज बना भोक्ता स्वरूप।
इस भाँति ज्योति में जल भी हो, यह अन्न अन्न में ही हो स्थित।
वे गूढ़ मर्म में प्रतितिष्ठित, जो अन्न जानते अन्नाश्रित।

Upaniṣad]

Section-7

The Life is food and the body the consumer,
The food is an austerity one should never humour.
By the Prāṇa this body is always sustained,
By this body the life is also maintained.
Thus both being food, neither is independent,
On the food itself the food is dependent.
Knowing this, as enjoyer one has food and fame,
With progenies, cattle, wisdom and good name.

Section-8

The food is an austerity one should not disdain,
Water and energy food and enjoyer pertain.
To the water-element energy is appended,
On energy and fire, water also depended.
Thus in food itself the food is established,
Knowing this one is established and cherished.
As an enjoyer one gets enough food and fame,
Also wisdom, progenies cattle and good name.

नवम अनुवाक

अन्नं बहु कुर्वीत। तद् व्रतम्। पृथिवी वा अन्नम्। आकाशोऽन्नादः। पृथिव्यामाकाशः प्रतिष्ठितः। आकाशे पृथिवी प्रतिष्ठिता। तदेतदन्नमन्ने प्रतिष्ठितम्। स य एतदन्नमन्ने प्रतिष्ठितं वेद प्रतितिष्ठति। अन्नवानन्नादो भवति। महान् भवति प्रजया पशुभिर्ब्रह्मवर्चसेन महान् कीर्त्या।

दशम अनुवाक

न कंचन वसतौ प्रत्याचक्षीत। तद् व्रतम्। तस्माद्यया कया च विधया बह्वन्नं प्राप्नुयात्। आराध्यस्म अन्नमित्या चक्षते।

वह ब्रह्मतेज महिमा युत हो, भोक्ता बनता औ अन्नवान।
सम्पन्न प्रजा-पशु से होकर, वह कीर्ति जन्य होता महान।

नवम अनुवाक

अन्नों की हम बहुवृद्धि करें, व्रत लें, पृथ्वी ही अन्न रूप।
आकाश मध्य पृथ्वी स्थित है, आकाश अन्न-भोक्ता स्वरूप।
पृथ्वी पर भी आकाश टिका, इस भाँति अन्न अन्नों में स्थित।
वे रहें प्रतिष्ठित जो जानें, यह अन्न रहे यों अन्नाश्रित।
वे ब्रह्मतेज-महिमायुत हों, बनते भोक्ता औ अन्नवान।
पशु-प्रजा कीर्ति सम्पन्न बनें, हों ब्रह्मतेजयुत वे महान।

[Taittirīya

Bhṛgu - Section-9

The food and its yield should be fully promoted.
It is an austerity and earth food denoted.
The sky is the enjoyer, on earth which depended,
The earth in the sky is like-wise suspended.
In the food itself thus food is established.
Knowing this one is established and cherished.
As an enjoyer one gets enough food and fame,
Also wisdom, progenies, cattle and good name.

Section-10

Coming to stay a guest should not be denied,
To stock enough food, all means be applied.
Serving a guest is an austerity one adhered,
One should say to a guest that food is prepared.

एतद्वै मुखतोऽन्नंराद्धम्। मुखतोऽस्मा अन्नंराध्यते। एतद्वै मध्यतोऽन्नं-
राद्धम्। मध्यतोऽस्मा अन्नंराध्यते। एतद्वा अन्ततोऽन्नंराद्धम्।
अन्ततोऽस्मा अन्नंराध्यते। य एवं वेद।१
क्षेम इति वाचि। योगक्षेम इति प्राणापानयोः। कर्मेति हस्तयोः।
गतिरितिपादयोः। विमुक्ति रिति पायौ। इति मानुषीः समाज्ञाः।
अथ दैवीः। तृप्तिरिति वृष्टौ। बलमिति विद्युति। यश इति पशुषु
ज्योतिरिति नक्षत्रेषु। प्रजातिरमृतमानन्द इत्युपस्थे। सर्वमित्याकाशे।२

भृगु॰ दशम अनुवाक

घर आये किसी अतिथि को हम, मत मना करें, व्रत यही वरें।
जिस-किस विधि हो इस हेतु अन्न, पर्याप्त सर्वदा प्राप्त करें।
वह कहे अतिथि से यही सदा, यह भोजन है तैयार पका।
उत्तम श्रद्धा से भोजन दे, उत्तम प्रतिफल पाता उसका।
मध्यम श्रद्धा से यदि देता, मध्यम प्रकार प्रतिफल पाये।
यदि अधम वृत्ति से भोजन दे, निकृष्ट भाँति वह भी खाये।
इस भाँति जानता जो कोई, वह उत्तम ही व्यवहार करे।
उत्तम श्रद्धा से भोजन दे, जो उत्तम फल हो वही वरे। १

If the food is served with respect and humility,
One receives it back with the same cordiality.
If the welcome accorded is medium in nature,
The host gets it back with a similar feature,
If the food is offered with very little respect,
The giver has for himself similar a prospect.
Thus a host a reciprocal return obtains,
A person who knows, always good fruit attains. 1
In speech abiding the Supreme Self preserves.
As the Prāṇāpāna breaths, He acquiring conserves.
In these hands He is the power of actions.
In feet as the power of movement He functions!
Through organs He is the power of excretion,
All these are the modes of the Human Meditation.
Then there are also the Godly contemplations,
As energy in lightning and rain's satisfactions.
He is the semen-seed and star's illumination,

तत्प्रतिष्ठेत्युपासीत। प्रतिष्ठावान् भवति। तन्मह इत्युपासीत। महान् भवति। तन्मन इत्युपासीत। मानवान् भवति। तन्नम इत्युपासीत। नम्यन्तेऽस्मै कामाः। तद् ब्रह्मेत्युपासीत। ब्रह्मवान् भवति। तद् ब्रह्मणः परिमर इत्युपासीत। पर्येणं म्रियन्ते द्विषन्तः सपत्नाः। परि येऽप्रिया, भ्रातृव्याः।३

हाथों में कर्म, पाँव में गति, वह ब्रह्म वाक् में बने क्षेम।
वह हो विमुक्ति इस पायु मध्य, प्राणापानों में योग क्षेम।
यह रहे मानुषी उपासना, अब दैवी का भी कहें रूप।
वह तृप्ति वृष्टि में, विद्युत्-बल, पशुओं में हो वह यश स्वरूप।
रहता उपस्थ में प्रजा-बीज, आनन्द, वीर्य वह अमृतमय।
नक्षत्रों में वह ज्योति रूप, वह सर्वरूप होता नभमय। २
जो ब्रह्म प्रतिष्ठा रूप भजे, वह पूर्ण प्रतिष्ठा को वरता।
वह हो महान यदि उपासना, वह महः तेज माने करता।
वह मन है यह माने भजता, वह हो जाता है मानवान।
सब काम्य नमन कर हों अधीन, यदि नमः रूप हो ध्यानवान।
यदि ब्रह्म रूप से ध्यान करे, वह हो जाता है ब्रह्मलीन।
परिमर भजने से अरि-द्वेषी, अप्रिय सम्बन्धी प्राणहीन। ३

[Taittirīya

The divine ecstasy in love and procreation.
Prosperity in cattle is a godly possession,
In sky it is All Formed One Contemplation. 2
One who as the Foundation of All meditated,
Becoming great alike he is greatman stated.
Considering Him as Mind who does meditation,
He acquires the power of full contemplation.
Who Brahma again Venerable designated,
All desires and pleasures to him subordinated.
One who the Supreme as Brahma venerated,
He becomes fully with Brahma saturated.
And as All Destroyer who does contemplations,
Dead are his enemies and wicked relations. 3

स यश्चायं पुरुषे यश्चासावादित्ये स एकः। स य एवं वित्।
अस्माल्लोकात्प्रेत्य। एतमन्नमयमात्मानमुपसंक्रम्य। एतं प्राणमय-
मात्मानमुपसंक्रम्य। एतं मनोमयमात्मानमुपसंक्रम्य। एतं विज्ञानमय-
मात्मानमुपसंक्रम्य। एतमानन्दमयमात्मानमुपसंक्रम्य। इमांल्लोकान्का-
मान्नीकामरूप्यनुसंचरन्। एतत्साम गायन्नास्ते।४

जो पुरुष और आदित्य मध्य, है एक वही, यह ज्ञान वरे।
करता प्रयाण जब मृत्यु बाद, संक्रमण अन्नमय कोश करे।
संक्रमण प्राणमय को करता, वह प्राप्त करे मनमय आत्मा।
विज्ञानात्मा उपक्रमण करे, हो प्राप्त उसे आनन्दात्मा।
इन लोकों में वह यथाकाम, इच्छारूपी होकर विचरे।
आनन्दमग्न हो सामगान, करता वह ऐसा कहा करे।४
हा, अहा, वाह, आश्चर्य अहो, मैं अन्न, अन्न ही अन्न रहूँ।
आनन्द, भोग करने वाला, आनन्द-अन्नभोक्ता मैं हूँ।
दोनों का मैं संघात करूँ, संयोग-हेतु यौगिक स्वरूप।
इस सत्यासत्य जगत्-पहले, उत्पन्न हिरण्य-गर्भ रूप।

Upaniṣad]

That who is in man and yonder in the sun,
Verily He is that Supreme Self, Only One!
One who knowing this when dying ascended,
The various bodies in the process transcended.
To the Self consisting of Food-matter succeeded,
To those of the Life and Mind he proceeded.
Further to the plane of Cognition he ascended,
And finally to the Blissful Self transcended.
Transcending all thus he moved about as desired.
Enjoying all pleasures he ever had required,
He assumed any form whatever he required.
And sang Sāma songs all having thus acquired. 4
Oh, wonderful, amazing and strange, I presume!
I am food, all food and food only, I assume!
At the same time as the enjoyer I consume!
The role of the eater and destroyer I resume!

हा ३ वु हा ३ वु हा ३ वु। अहमन्नमहमन्नमहमन्नम्। अहमन्नादो-
३ऽ हमन्नादो ३ ऽ हमन्नादः। अहं श्लोककृदहं श्लोक
कृदहंश्लोककृत्। अहमस्मि प्रथमजा ऋता ३ स्य। पूर्वं
देवेभ्योऽमृतस्य ना ३ भायि। यो मा ददाति स इदेव मा ३ वाः।
अहमन्नमन्न मदन्तमा ३ द्मि। अहं विश्वं भुवनमभ्यभवा ३म्।
सुवर्ण ज्योतीः। य एवं वेद। इत्युपनिषत्।५

हूँ देवों में प्रथमोत्पन्न, मैं ही विराट् हूँ पुरुष रूप।
अमृत का केन्द्र मुझे मानो, मैं नाभि रहूँ अमृत स्वरूप।
अन्नार्थी को जो करे दान, करता वह अन्नों का रक्षण।
जो स्वयँ अकेला खाय उसे, अन्नों-सा मैं करता भक्षण।
सम्पूर्ण भुवन मेरे अधीन, मैं नित्य ज्योति आदित्य रूप।
इस भाँति उपनिषद् जो जाने, वह ऐसा ही लेता स्वरूप। ५

तैत्तिरीयोपनिषद् समाप्त

[Taittirīya

I am also the link between food and the eater,
I relate the enjoyer with the food and matter.
Primordial and prior to Creation in reality,
Prior to gods I am the centre of immortality.
One who gives this food to one who deserved,
By this, as it were the food he preserved.
Instead, one who food for oneself reserved,
For him this food as the Great Eater served.
Being the eater now, I defy the Creation!
My splendour shines like the great sun!
One becomes like-wise having this intelligence,
It is the Upaniṣad, the wisdom in essence! 5

Taittirīya Upaniṣad Ends

श्वेताश्वतरोपनिषद्

शान्ति पाठ

ॐ सह नाववतु। सह नौ भुनक्तु। सह वीर्यं करवावहै।
तेजस्वि नावधीतमस्तु। माविद्विषावहै।
ॐ शान्तिः शान्तिः शान्तिः

प्रथम अध्याय

हरिः ॐ ब्रह्मवादिनो वदन्ति-
किं कारणं ब्रह्म कुतः स्म जाता जीवाम केन क्व च सम्प्रतिष्ठाः।
अधिष्ठिताः केन सुखेतरेषु वर्तामहे ब्रह्मविदो व्यवस्थाम्॥१

शान्ति पाठ

ॐ सहरक्षा, बल वृद्धि साथ, सह भोजन औ सह पोषण हो!
अध्ययन जन्य हों तेजस्वी, विद्वेष रहित निर्मल मन हो!
ॐ त्रिविध तापों की शान्ति हो।

प्रथम अध्याय

हरि ओम्, ब्रह्मवादी कहते, यह ब्रह्म कौन, क्या वह कारण?
किससे जन्में सब, किसमें स्थित, किससे जीवन करते धारण?
किसके अधीन, प्रेरित किससे, सुख-दुख में बरते इस स्वरूप?
वह कौन, करे जो सब नियमन, हम चलें व्यवस्था-नियम रूप? १

Śvetāśvatara Upaniṣad

Peace Invocation

May God us together protect and sustain!
May we together dining all strength attain!
The knowledge we acquire may all illuminate!
All distrust and malice in us eliminate!
God, may the three-fold afflictions be resolved!

Chapter-1

Discoursing on Brahma, some wise contemplated,
What is the Prime Cause and who all created?
Is it Para Brahma who all this manifested?
And how it is that beings lived and subsisted?

कालः स्वभावो नियतिर्यदृच्छा भूतानि योनिः पुरुष इति चिन्त्या।
संयोग एषां न त्वात्मभावादात्माप्यनीशः सुख दुःख हेतोः॥ २
तेध्यानयोगानुगता अपश्यन् देवात्मशक्तिं स्वगुणैर्निगूढाम्।
यः कारणानि निखिलानि तानि कालात्मयुक्तान्यधितिष्ठत्येकः॥ ३
तमेकनेमिं त्रिवृतं षोडशान्तं शतार्धारं विंशतिप्रत्यराभिः।
अष्टकैः षड्भिर्विश्वरूपैकपाशं त्रिमार्ग भेदं द्विनिमत्तैकमोहम्॥ ४

क्या काल, स्वभाव, नियति अथवा आकस्मिक घटना हेतु रूप?
क्या पंचभूत ही कारण हों, या जीवात्मा कारण स्वरूप?
इन सबका योग नहीं कारण, ये जड़, चेतन-आत्मा अधीन।
सुख-दुःख, शुभाशुभ कर्म बँधा, विज्ञानात्मा भी पराधीन। २
आत्मा कालादि हेतुओं का, जो ईश अकेला परमात्मा।
वे ध्यान योग में स्थित देखें, निज गुण वेष्टित वह ब्रह्मात्मा। ३
वे ब्रह्मचक्र देखें जिसमें, यह प्रकृति नेमि हो गोल रूप।
रज तम और सत्त्व त्रिवृत्त चढ़े, यह परिधि रूप लेता स्वरूप।
सोलह विकार इन्द्रियाँ-भूत, ये ही रहते हैं सिरे सभी।
हों अरे अर्धशत बुद्धि-भेद, प्रत्यरे बीस विषयेन्द्रिय भी।

[Śvetāśvatara-1

O wisemen, in whom we are all established?
Perfectly balanced and sustained as cherished!
Depending on whom and by whom so directed,
In all joys and sorrows suitably reacted? 1
The Time and Nature are worth consideration,
With Destiny or Karma and chance evolution.
The elements and womb as cause represented,
The Living Self and the Person also presented.
The sentient Self-ruled and not potent for creation,
Ruled out is also these cause's combination.
Having joy and sorrow from good and bad Karma,
Not free is the Living Self for Creation-Dharma. 2
They after concentrated meditation realized,
Hidden in His qualities His powers visualized.
Each of these causes in Himself resided,
From Time to the Soul over all He presided. 3

पञ्चस्रोतोऽम्बुं पञ्चयोन्युग्रवक्रां पञ्चप्राणोर्मिं पञ्चबुद्ध्यादिमूलाम्।
पञ्चावर्त्तां पञ्चदुःखौघवेगां पञ्चाशद्भेदां पञ्चपर्वामधीमः।। ५
सर्वाजीवे सर्वसंस्थे बृहन्ते अस्मिन् हंसो भ्राम्यते ब्रह्मचक्रे।
पृथगात्मानं प्रेरितारं च मत्वा जुष्टस्ततस्तेनामृतत्वमेति।।६

छः अष्टक से यह हो निर्मित, हो पाश एक जो विश्वरूप।
उत्पत्ति, प्रतिष्ठा, प्रलय, तीन, इस ब्रह्मचक्र के पथ स्वरूप।
शुभ-अशुभ कार्य या पाप-पुण्य, ये दो निमित्त करते चालित।
हो एक नाभि जो मोह रूप, करता सचमुच यह संचालित। ४
इस भव-सरिता में पाँच स्रोत, जिसमें बहता ज्ञानेन्द्रिय-जल।
हो उग्र-वक्र इसका स्वरूप, हैं पंचभूत ही उद्गम स्थल।
मन पंच ज्ञान का हेतु-मूल, हैं पंचप्राण ऊर्मियाँ रूप।
ज्ञानेन्द्रिय के जो विषय पाँच, वे ही भँवरों का लें स्वरूप।
जर, व्याधि, मृत्यु-भय, गर्भ, जन्म, ये पाँच दुखों के वेग रहें।
अज्ञान, अस्मिता, राग, द्वेष, औ मृत्यु पर्व या गाँठ कहें।
चित में पचास वृत्तियाँ रहें, सरिता-प्रभेद इतने मानें।
भव-सरिता का हो यह स्वरूप, हम निश्चय ही इसको जानें। ५

With three hoops of qualities is the Tyre of Nature,
The senses and elements as Sixteen Ends feature.
The wheel-spokes represent intellects fifty,
The sub-spokes senses and objects twenty.
With the six Eight-Somes that Wheel is there,
One cosmic cord-bound, to the path did adhere.
They saw it traversing the three paths of action,
The Creation, Sustenance and final Dissolution.
The good and the evil the motive forces proved,
They are two purposes for which the wheel moved.
The wisemen saw the infatuation as the nave,
This cosmic Brahma wheel thus does behave. 4
The five knowledge organs are brooks in action,
The sense objects as water fill the river-person.
Originating at five points, turbulent and curved,
The five life-breaths as the five waves served.

उद्गीतमेतत् परमं तु ब्रह्म तस्मिंस्त्रयं सुप्रतिष्ठाक्षरं च।
अत्रान्तरं ब्रह्मविदो विदित्वा लीना ब्रह्मणि तत्परा योनिमुक्ताः।।७
संयुक्तमेतत् क्षरमक्षरं च व्यक्ताव्यक्तं भरते विश्वमीशः।
अनीशश्चात्मा बध्यते भोक्तृभावाज्ज्ञात्वा देवं मुच्यते सर्वपाशैः।।८

आश्रय-निर्वाहक परमात्मा, जो सभी भूत करता प्रेरित।
जबतक जाने पृथकत्व जीव, उस ब्रह्मचक्र में रहे भ्रमित।
जब पुनः जानता परमात्मा, जब जुड़े और एकत्व वरे।
जब वह बन जाता है अभिन्न, वह तभी अमरता प्राप्त करे। ६
है श्रेष्ठ प्रतिष्ठा परम ब्रह्म, उसमें त्रिलोक, वह वेद विहित।
यह जान ब्रह्मविद् वह हिय में, हों लीन, परायण, जन्म रहित। ७
संयुक्त जहाँ क्षर-अविनाशी, जड़-नश्वर औ अक्षर-आत्मा।
यह व्यक्त और अव्यक्त जगत्, पोषण करता है परमात्मा।
विषयी-भोगी बन जीव बँधे, असमर्थ, प्रकृति-माया अधीन।
वह सब पाशों से मुक्त रहे, जब परम देव को जान लीन। ८

[Śvetāśvatara-1

The source is the mind with five perceptions,
With the five eddies of sense-informations.
Five currents of sorrows as well there flow,
The five-bend and fifty mode river we know! 5
In the cosmic Brahma Wheel all are sustained,
The Jīva is deluded if it difference maintained.
When the wisdom of unity with the Mover he gained,
Blessed by Him he immortality attained. 6
Sung by the Vedas is Para Brahma knowable,
Holding the three worlds, Highest Imperishable!
Knowing and meditating wise entry attain,
And freedom from birth they merging obtain. 7
The Self Imperishable with perishables interacted,
And universe manifest and unmanifest is enacted,
It is the Supreme Self which all that maintained,
The foundation and support that all this sustained.

ज्ञाज्ञौ द्वावजावीशनीशावजा ह्येका भोक्तृभोग्यार्थयुक्ता।
अनन्तश्चात्मा विश्वरूपो ह्यकर्ता त्रयं यदा विन्दते ब्रह्ममेतत्॥९
क्षरं प्रधानममृताक्षरं हरः क्षरात्मानावीशते देव एकः।
तस्या-भिध्यानाद् योजनात् तत्त्वभावाद् भूयश्चान्ते विश्व-
मायानिवृत्तिः॥१०
ज्ञात्वा देवं सर्वपाशापहानिः क्षीणैः क्लेशै र्जन्ममृत्यु प्रहाणिः।
तस्याभिध्यानात् तृतीयं देहभेदे विश्वैश्वर्यं केवल आप्तकामः॥११

सर्वज्ञ-अज्ञ दो अज आत्मा, क्रमशः समर्थ-असमर्थ रूप।
भोक्ता के सब भोग्यार्थ युक्त, यह प्रकृति अजा का ले स्वरूप।
ये ईश जीव औ प्रकृति तीन, वह ब्रह्म अकर्ता, विश्व-रूप।
हो जीव मुक्त जाने अनन्त, ये तीन ब्रह्म के ही स्वरूप। ९
क्षर प्रकृति, अमर यह जीवाक्षर, आत्मा चेतन, जड़ प्रकृति सकल।
वह एक देव परमात्मा ही, नियमित कर शासन करे युगल।
जो हो जाता उसमें तन्मय, कर ध्यान ईश में जो रमता।
भव माया से होता निवृत्त, अन्ततः मिले पाता समता। १०

The Living Self is not the Lord and Creator,
Bound as an enjoyer, it is never any greater.
When Jīva the knowledge of Supreme Self gains,
It free from shakles, emancipation attains. 8
The Lord is all wisdom and all omnipotent,
And the Living Self ignorant and also not potent.
Unborn are the two as well as the Nature,
The Nature has also a specialized feature.
To the Jīva the Nature enjoyments provided,
But without doership the Supreme Self abided.
A person the Infinite and Supreme visualizes,
When the Lord, Soul and Nature as Brahma realizes. 9
The Living Self is eternal and matter perishable,
Over Nature and Soul rules the Imperishable.
Constantly meditating and merging one attains,
And at last from this world of delusion abstains. 10

एतज् ज्ञेयं नित्यमेवात्मसंस्थं नातः परं वेदितव्यं हि किंचित्।
भोक्ता भोग्यं प्रेरितारं च मत्वा सर्वं प्रोक्तं त्रिविधं ब्रह्ममेतत्॥१२
वह्नेर्यथा योनिगतस्य मूर्तिर्न दृश्यते नैव च लिङ्गनाशः।
स भूय एवेन्धनयोनिगृह्यस्तद्वोभयं वै प्रणवेन देहे॥१३
स्वदेहमरणिं कृत्वा प्रणवं चोत्तरारणिम्।
ध्याननिर्मथनाभ्यासाद् देवं पश्येन्निगूढवत्॥१४

भव पाश नष्ट यदि ज्ञान-ध्यान, वह जन्म-मृत्यु सब क्लेश तरे।
वह मृत्यु बाद हो आप्तकाम, विश्वैश्वर्य कैवल्य वरे। ११
ज्ञातव्य नहीं कुछ परे अन्य, आत्मस्थ सर्वदा ब्रह्म जान।
जो त्रिविध भोग्य, भोक्ता, प्रेरक, जग जीव ईश ही ब्रह्म मान। १२
जब अग्नि अरणि-आश्रय में स्थित, उसका दिखता है रूप नहीं।
अस्तित्व किन्तु उसका न नष्ट, अति सूक्ष्म रूप वह निहित वहीं।
वह हो सकता है पुनः प्राप्त, यदि ईंधन पुनः बने कारण।
साधन कर प्रणव करें वैसे, आत्मा-द्वय को तन में धारण। १३
तन को नीचे की अरणि करें, यह प्रणव-अरणि कर लें ऊपर।
फिर गूढ़ अग्नि-सा परमात्मा, देखें ध्यानों से मन्थन कर। १४

[Śvetāśvatara-1

All fetters fall off when constantly meditated,
Birth and death cease and sorrows mitigated.
On death one opulence and heaven acquired,
And self-satisfied, nothing more one desired. 11
This inner and eternal Brahma should be known.
Beyond Him nothing is knowable of renown.
Knowing objects, enjoyer and the Ruler stated,
Is knowing the three-fold Brahma venerated. 12
When latent in wood, fire is not perceived,
But not gone, it can by kindling be received.
Like this the Supreme and the Self are shown,
In body these can be by the Oṁ Syllable known. 13
The Oṁ syllable being the upper tinder there,
Making this body as the under stick adhere!
Thus practising the drill of constant meditation,
Light the spark-latent of God- realization! 14

तिलेषु तैलं दधनीव सर्पिराप: स्त्रोत:स्वरणीषु चाग्नि:।
एवमात्माऽऽत्मनि गृह्यतेऽसौ सत्येनैनं तपसा योऽनुपश्यति॥१५
सर्वव्यापिन मात्मानां क्षीरे सर्पिरिवार्पितम्।
आत्मविद्यातपोमूलं तद् ब्रह्योपनिषत् परम॥
तद् ब्रह्योपनिषत् परम्॥१६

द्वितीय अध्याय

युञ्जान: प्रथमं मनस्तत्त्वाय सविता धिय:।
अग्नेर्ज्योतिर्निचाय्य पृथिव्या अध्याभरत॥ १

तिल में हो तेल, दही में घृत, स्रोतों में जैसे जल बहता।
ज्यों अग्नि अरणि में निहित रहे, आत्मा में परमात्मा रहता।
परमात्मा रहता जीव निहित, आत्मा में ही हम करें ग्रहण।
जो सत्य-तपों से करे ध्यान, उसको आत्मा में हो दर्शन। १५
ज्यों दुग्ध मध्य घृत कण-कण में, सर्वत्र व्याप्त हो परमात्मा।
तप-आत्मज्ञान से ज्ञेय परम, उपनिषद् कहे वह ब्रह्ममात्मा। १६

द्वितीय अध्याय

मन-बुद्धि स्वयँ में कर सविता, इन्द्रिय-देवों का भी नियमन।
पार्थिव तत्त्वों से उन्हें उठा, इन्द्रिय में कर दे संस्थापन। १

As oil is in seasamum and butter in the cream,
As fire is in wood-sticks, and water in the stream,
The Supreme Self is in one's Self conceived,
Through austerity and truth if one preceived. 15
Like butter in the milk, completely spreading,
By knowledge and penance know Him all pervading.
That is Para Brahma as the Upaniṣads stated,
Verily that is the Supreme Self related. 16

Chapter- 2

O Savitā, the Prime Cause, first be to us kind!
To realize Thee fix our intellect and mind!
The power with which fire lights an object,
Removing from them to our senses project! 1

युक्तेन मनसा वयं देवस्य सवितुः सवे। सुवर्गेयाय शक्त्या॥२
युक्त्वाय मनसादेवान् सुवर्यतो धिया दिवम्।
बृहज्ज्योतिः करिष्यतः सविता प्रसुवाति तान्॥३
युञ्जते मन उत युञ्जते धियो विप्रा विप्रस्य बृहतो विपश्चितः।
वि होत्रा दधे वयुनाविदेक इन्मही देवस्य सवितुः परिष्टुतिः॥४
युजे वां ब्रह्म पूर्व्यं नमोभिर्वि श्लोक एतु पथ्येव सूरेः।
श्रृण्वन्तु विश्वे अमृतस्य पुत्रा आ ये धामानि दिव्यानि तस्थुः॥५
अग्निर्यत्राभिमथ्यते वायुर्यत्राधिरुध्यते।
सोमो यत्रातिरिच्यते तत्र संजायते मनः॥६

सविता-स्रष्टा प्रेरणा जन्य, तद्गत मन से हम ध्यान धरें।
पाने सुख ब्रह्मानन्द जनित, हम पूर्ण शक्ति से यत्न करें। २
द्यौ-ब्रह्मलीन जो बृहत् दीप्त, इन्द्रिय पति वे इन्द्रियां वरें।
हो ब्रह्मयुक्त मन-बुद्धि सभी, सविता प्रदान सामर्थ्य करें। ३
सर्वज्ञ सर्वविद् महत् विप्र, शुभ कर्म करे सविता विधान।
सद्विप्र बुद्धि-मन योग करें, हो निश्चय उसकी स्तुति महान। ४
मन बुद्धि-ईश से युक्त बनूँ, है आदि ब्रह्म को नमस्कार।
विद्वान-श्रेष्ठ की कीर्ति भाँति, मेरी इस स्तुति का हो प्रसार।
अक्षर-परमात्मा पुत्र सकल, करते निवास जो दिव्य धाम।
वे विश्वदेव, तुम सब सुन लो, है परम ब्रह्म को यह प्रणाम। ५

[Śvetāśvatara-2

The Lord Creator willing, we may meditate!
Fixing fully our mind on Him, contemplate!
Making all efforts with concentrated mind,
We attain Him and Bliss of the heavenly kind! 2
May Lord Creator prompt deities of the sensess,
To illumine us with the knowledge in essences,
Moving high in heaven the deities illuminating,
May make our mind and intellect ruminating! 3
The all-knowing Creator who virtues effected,
To whom the wise mind and intellect directed,
The greatest and pervading who all created,
Verily that Supreme Self is highly venerated. 4
To the lord of mind and intellect I prostrate!
That Prime and Primordial Brahma venerate!
By repeated adorations and due salutations,
I unite with Him through my invocations.

सवित्रा प्रसवेन जुषेत ब्रह्म पूर्व्यम्।
तत्र योनिं कृणवसे न हि ते पूर्वमक्षिपत्॥७
त्रिरुन्नतं स्थाप्य समं शरीरं हृदीन्द्रियाणि मनसासंनिवेश्य।
ब्रह्मोडुपेन प्रतरेत विद्वान् स्त्रोतांसि सर्वाणि भयावहानि॥८

ब्रह्माग्नि जहाँ चिन्तन-मन्थन, हो प्राण-वायु विधिवत नियमन।
आनन्द-सोमरस प्रचुर प्राप्त, हो शुद्ध प्रवृत्त वहाँ यह मन! ६
जग स्रष्टा सविता-प्रेरित हो, उस आदि ब्रह्म का कर चिन्तन!
कर आश्रय-निष्ठा उसमें ही, जिससे न कर्म का हो बन्धन। ७
सिर ग्रीवा, छाती, तन उन्नत, मन से इन्द्रिय हिय निहित करें।
विद्वान ओम् नौका द्वारा, भयपूर्ण पाप के स्रोत तरें। ८

Upaniṣad]

As the fame of a learned spreads here and there,
This invocation of mine may go every where!
All the gods in worlds-divine please hear,
And also all sons of the Immortal there! 5
Where the sacred fire is churned in meditation,
The Prāṇa breath is restrained in contemplation,
Where Bliss like Soma sap appears in abundance,
My mind may be purified in such Attendance! 6
The Prime Cause Brahma is to be meditated,
By His own grace the Creator contemplated.
In the Supreme Self alone refuge you will find.
Your actions would not then hold you and bind! 7
Three upper limbs high and body straight behind,
Subduing in his heart all his senses by mind,
By Brahma's boat of Oṁ a wise is initiated.
All fearful streams and currents negotiated. 8
A wise controlling his food and recreations,
By yoga practices restraining respirations,

प्राणान् प्रपीड्येह संयुक्तचेष्टः क्षीणे प्राणे नासिकयोच्छ्वसीत।
दुष्टाश्व युक्तमिव वाहमेनं विद्वान् मनो धारयेताप्रमत्तः॥९
समे शुचौ शर्करावह्निवालुका विवर्जिते शब्दजलाश्रयादिभिः।
मनोऽनुकूले न तु चक्षुपीडने गुहानिवाताश्रयणेप्रयोजयेत्॥१०
नीहारधूमार्कानिलानलानां खद्योतविद्युत्स्फटिक शशीनाम्।
एतानि रूपाणि पुरः सराणि ब्रह्मण्यभिव्यक्तिकराणि योगे॥११
पृथव्यप्तेजोऽनिलखे समुत्थिते पञ्चात्मकेयोगगुणे प्रवृत्ते।
न तस्य रोगो न जरा न मृत्युः प्राप्तस्य योगाग्निमयं शरीरम्॥१२

समुचित आहार-विहार शील, वह विधिवत प्राणायाम वरे।
जब प्राण क्षीण होने को हों, नासिका मार्ग उच्छ्वास करे।
ज्यों सावधान सारथि करता, दुष्टाश्वयुक्त रथ का नियमन।
विद्वान करें अप्रमत्त भाव, वश में अपना यह चंचल मन। ९
कर योग जहाँ अनुकूल गुफा, ध्वनि शून्य उचित आश्रय औ जल।
कंकड़ बालू औ अग्नि रहित, निर्वात, शुद्ध, सम, सुन्दर स्थल। १०
कुहरा, धूआं, रवि, वायु, अग्नि, खद्योत, तड़ित, मणि, शशि दिखते।
क्रमशः ये देखें योग मध्य, अभिव्यक्त ब्रह्म ये सब करते॥ ११
पृथ्वी जल पावक वायु गगन, हो इनका सम्यक् समुत्थान।
जो पाँच योगगुण पंचभूत विषयक, उनका हो पूर्ण ज्ञान।
योगाग्नि दीप्त हो देह प्राप्त, जो सभी व्याधि से हो विहीन।
असमय न काल कलवित होता, उसका तन होता जरा हीन। १२

[Śvetāśvatara-2

Exhaling through his nose he trains his mind.
As a chariot is guided having horses bad kind. 9
A place clean and level for Yoga is preferable,
Free from pebbles, fire dust and favourable,
Without wind or rains and pleasing to perceive,
In a cave without people meditate and conceive! 10
When thus the Yoga is being performed,
At first fog, smoke the sun and wind formed.
Then fire, fire-fly, and lightnings illumine,
As glimpses of Brahma, crystal and moon shine. 11
The earth, water, fire, air and sky he attained,
And the, five Yoga merits related obtained.
A body full of Yoga-fire the Yogi does gain,
No old age, sickness and untimely death again. 12

लघुत्वमारोग्यमलोलुप्त्वं वर्णप्रसादं स्वरसौष्ठवं च।
गन्धः शुभो मूत्रपुरीषमल्पं योगप्रवृत्तिं प्रथमां वदन्ति॥१३
यथैव बिम्बं मृदयोपलिप्तं तेजोमयं भ्राजते तत् सुधान्तम्।
तद्वाऽऽत्मतत्त्वं प्रसमीक्ष्य देही एकः कृतार्थो भवते वीतशोकः॥१४
यदाऽऽत्मतत्त्वेन तु ब्रह्मतत्त्वं दीपोपमेनेह युक्तः प्रपश्येत्।
अजं ध्रुवं सर्वतत्त्वैर्विशुद्धं ज्ञात्वादेवं मुच्यते सर्वपाशैः॥१५
एष ह देवः प्रदिषोऽनु सर्वाः पूर्वो ह जातः स उ गर्भे अन्तः।
स एव जातः स जनिष्यमाणः प्रत्यङ्जनांस्तिष्ठति सर्वतोमुखः॥१६

नीरोग, सुगन्धित तन हलका, स्वर मधुर, मूत्र-मल न्यून रहें
लोलुपता लुप्त, सुकान्ति प्राप्त, योगी की पहली सिद्धि कहें। १३
मृत्तिका-मलिन हो रत्न एक, धोकर तेजोमय बने वही।
हो वीतशोक, कृत-कृत्य, एक, वह आत्मतत्त्व पाकर देही। १४
इस आत्मतत्त्व से, दीपक-सा, देखे योगी जब ब्रह्म तत्त्व।
सब पाश मुक्त जाने अज-ध्रुव, वह देव, सभी से शुद्ध सत्त्व। १५
सब जीवान्तर, सब दिशा व्याप्त, गर्भों में वह, ले जन्म-रूप।
प्रथमोत्पन्न, भावी उद्भव, वह देव सर्वतोमुख स्वरूप। १६

With a light body, good health and all lust gone,
Sweet smell, fair looks and pleasant voice-tone.
The Yogī very little secretions excreted,
All these are Yoga's first fruitions stated. 13
As a soiled jewel shines when it is cleaned,
So does this Jīva when the Self is weaned.
He attains his end when he Self visualizes,
Free from all sorrows, he oneness realizes. 14
When a Yogī through his Self the Supreme realizes,
Like one by a lamp some object visualizes,
He is free from all fetters knowing the venerable
The purest of elements, unborn, immutable! 15
He is the first-born, prevading all Creation,
Inside the womb, and the Indweller Person!
He is all who are born and will be born there,
In all quaters present with faces everywhere! 16

यो देवो अग्नौ यो अप्सु यो विश्वं भुवनमाविवेश।
य ओषधीषु यो वनस्पतिषु तस्मै देवाय नमो नमः॥१७

तृतीय अध्याय

य एको जालवानीशत ईशनीभिः सर्वां लोकानीशत ईशनीभिः।
य एवैक उद्भवे सम्भवे च य एतद्विदुरमृतास्ते भवन्ति॥१
एको हि रुद्रो न द्वितीयाय तस्थुर्य इमाँल्लोकानीशत ईशनीभिः।
प्रत्यङ्जनांस्तिष्ठति संचुकोचान्तकाले संसृज्य विश्वा भुवनानि गोपाः॥२
विश्वश्चक्षुरुत विश्वतोमुखो विश्वतो बाहुरुत विश्वतस्पात्।
तं बाहुभ्यां धमति सम्पतत्रैर्द्यावाभूमी जनयन् देव एकः॥३

जो देव अग्नि में, जो जल में, जो व्याप्त करे सम्पूर्ण भुवन।
जो ओषधि और वनस्पति में, उस देव जन्य हम करें नमन। १७

तृतीय अध्याय

प्रभुता से मायाजाल-ईश, जो सकल विश्व शासन करता।
वह एक सृष्टि-विस्तार करे, जो जाने वह अमृत वरता। १
वह एक रुद्र, अन्यान्य नहीं, प्रभुता से लोक करे शासन।
अन्तर स्थित हो करता रक्षण, अन्ततः समेटे पूर्ण भुवन। २
सर्वत्र चक्षु मुख हाथ पाँव, वह एक देव द्यौ-भू रचता।
दो बाहु मनुज को औ खग को, पंखों से युक्त वही करता। ३

[Śvetāśvatara-2

The Supreme Lord who in the fire did reside,
In water, herbs and plants who also did abide,
Who has entered into the entire Creation,
To that God we bow down and give salutation! 17

Chapter-3

The one great conjurer with the net of universe,
Rules all worlds with his super powers diverse.
He alone creates and extends this creation,
Knowing Him one becomes an immortal person. 1
There is one Rudra ruling the whole creation,
The wise do not look for a different causation.
With divine powers ruling, in all he unfolded,
Creating all, protected and at the end folded. 2
The one God has eyes and faces everywhere,
Innumerable arms and feet He has there!
Creating the earth, heavens and all beings,
He provided them all with arms feet and wings. 3

यो देवानां प्रभवश्चोद्भवश्च विश्वाधिपो रुद्रो महर्षिः।
हिरण्यगर्भं जनयामास पूर्वं स नो बुद्ध्या शुभया संयुनक्तु॥४
या ते रुद्र शिवा तनूरघोरापापकाशिनी।
तया नस्तनुवा शन्तमया गिरिशन्ताभिचाकशीहि॥५
यामिषुं गिरिशन्त हस्ते बिभर्ष्यस्तवे।
शिवां गिरित्र तां कुरु मा हिंसीः पुरुषं जगत्॥६
ततः परं ब्रह्मपरं बृहन्तं यथानिकायं सर्वभूतेषु गूढम्।
विश्वस्यैकं परिवेष्टितारमीशं तं ज्ञात्वामृता भवन्ति॥७

जो रुद्र जगत् स्वामी ज्ञानी, रच देवों को विस्तार करें।
जो हिरण्यगर्भ रचें पहले, हममें वे शुभमय बुद्धि भरें। ४
जो पुण्य-प्रकाशित मंगलमय, हे रुद्र तुम्हारा सौम्य वदन।
गिरि सुख दाता, कर हमें उसी, आनन्द रूप से अवलोकन! ५
जो शर कर में लेकर प्रस्तुत, गिरिशन्त, उसे कर दो शुभवत्।
गिरिरक्षक, तुम कल्याण करो, कर नष्ट नहीं यह जीव जगत्। ६
जग औ ब्रह्मा से श्रेष्ठ परे, वह यथाकाय सब भूतान्तर।
वह गूढ़ एक, जग-परिवेष्टा, जाने उसको हो जीव अमर। ७

The Great Seer Rudra, the Lord of the universe,
Who created and extended these gods diverse,
The Primordial universe by Him was created,
May we Lord in virtues be initiated! 4
On mountain residing, for welfare of creatures,
Illumined by virtues, show asupicious features!
O Rudra perceive us by that look divine,
Without any fierceness, serene and benign! 5
O mountain dwelling Rudra, pray be propitious!
The arrow you aim, now make it auspicious!
O God you care for mountain's preservation,
Destroy not these creatures, nor the Creation! 6
Greater than the universe and Brahmā Effected,
In like-bodies lie in all beings undetected!
Knowing Him enveloping the universe pervading,
One becomes immortal at once death evading. 7

वेदाहमतं पुरुषं महान्तम् आदित्यवर्णं तमसः परस्तात्।
तमेव विदित्वाति मृत्युमेति नान्यः पन्था विद्यतेऽयनाय॥८
यस्मात् परं नापरमस्ति किंचिद् यस्मान्नाणीयो न ज्यायोऽस्ति कश्चित्।
वृक्ष इव स्तब्धो दिवि तिष्ठत्येकस्तेनेदं पूर्णं पुरुषेण सर्वम्॥९
ततो यदुत्तरतरं तदरूपमनामयम्।
य एतद्विदुरमृतास्ते भवन्त्यथेतरे दुःख मेवापियन्ति॥१०
सर्वाननशिरोग्रीवः सर्वभूतगुहाशयः।
सर्वव्यापी स भगवांस्तस्मात् सर्वगतः शिवः॥११

वह महत् पुरुष आदित्यवर्ण, मैं जानूं, तम-अज्ञान परे।
पथ नहीं अन्य पद-परम हेतु, उसको जाने ही मृत्यु तरे। ८
जिससे उत्कृष्ट नहीं कोई, जिससे न अधिक कुछ सूक्ष्म-बृहत्।
द्यौ में तरु एक अचल स्थित वह, जो व्याप्त करे सम्पूर्ण जगत्। ९
वह हिरण्यगर्भ-ब्रह्मा से भी, अति परे अनामय रूप रहित।
जो जानें, होते अमर वही, अन्यान्य दुःख-सन्ताप सहित। १०
सर्वत्र रहे मुख सिर ग्रीवा, सब भूतों के हिय रहे निहित।
सब ओर व्याप्त वह शिव स्वरूप, वह अतः सर्वगत, सर्व सहित। ११

[Śvetāśvatara-3

I know the Great Person beyond dark nescience!
Sun-like luminous and Supreme, above ignorance!
Knowing Him the death is transcended by the wise,
And there is no way for emancipation otherwise! 8
Verily there is nothing beyond Him and better!
There is also nothing else subtler or greater!
As a tall tree fixed firm in the heavens, standing,
He fills the whole universe, all this pervading! 9
Beyond the Primordial World Person and formless,
Without any sorrows, Para Brahma is faultless!
Knowing Him thus one is indeed Immortal
And one not knowing is a miserable mortal! 10
He has His heads necks and faces everywhere!
But He dwells in the heart of all beings here!
Pervading all He is at all places present,
The Lord Beneficent is thus omnipresent! 11

महान् प्रभुर्वै पुरुषः सत्त्वस्यैष प्रवर्तकः।
सुनिर्मलामिमां प्राप्तिमीशानो ज्योतिरव्ययः॥१२
अंगुष्ठमात्रः पुरुषोऽन्तरात्मा सदा जनानां हृदये संनिविष्टः।
हृदा मन्वीशो मनसाभिक्लृप्तो य एतद्विदुरमृतास्ते भवन्ति॥१३
सहस्रशीर्षा पुरुषः सहस्राक्षः सहस्रपात्।
स भूमिं विश्वतो वृत्वात्यतिष्ठद्दशाङ्गुलम्॥१४
पुरुष एवेदं सर्वं यद्भूतं यच्च भव्यम्।
उतामृतत्वस्येशानो यदन्नेनातिरोहति॥१५

निश्चय वह अविनाशी महान, प्रभु, सबका शासक, ज्योति रूप।
वह अन्तःकरण करे प्रेरित, पाने सुन्दर निर्मल स्वरूप। १२
हिय निहित सदा, मन का स्वामी, अंगुष्ठमात्र अन्तर-आत्मा।
हों अमर जान हिय-मन द्वारा, वह ध्यानगम्य है ब्रह्मात्मा। १३
वह पुरुष सहस्र सिरों से युत, आँखें औ चरण सहस्र सहित।
वह अखिल विश्व को घेर व्याप्त, दस अंगुल हिय में किन्तु निहित। १४
जो कुछ भी भूत-भविष्यत् में, जो वर्तमान हैं, ब्रह्म सभी।
अन्नाश्रित जीवों का स्वामी, वह मुक्ति-अमरता का पति भी। १५

Upaniṣad]

Verily that Person is the mightly Lord able,
The Light illuminating and the Imperishable!
For gaining the pure state of that Indweller,
The Supreme Ruler Himself is mind's impeller 12
Of the measure of thumb is the Person Indweller,
In the heart of beings dwells that Inner Ruler!
By heart and mind, in the heart visualized,
And those who know, immortality realized! 13
That Person has thousands of eyes and heads!
With thousands of feet the Supreme Self treads!
Pervading the universe, covering on all sides,
A span above navel, in the heart He resides! 14
All past and all that will be in the future,
And all food-sustained creatures in Nature,
Know all that to be the Supreme Immortal Person!
The Lord of Immortality and emancipation! 15

सर्वतः पाणिपादं तत् सर्वतोऽक्षिशिरोमुखम्।
सर्वतः श्रुतिमल्लोके सर्वमावृत्य तिष्ठति॥१६
सर्वेन्द्रिय गुणाभासं सर्वेन्द्रिय विवर्जितम्।
सर्वस्य प्रभुमीशानं सर्वस्य शरणं बृहत्॥१७
नवद्वारे पुरे देही हंसो लेलायते बहिः।
वशी सर्वस्य लोकस्य स्थावरस्य चरस्य च॥१८
अपाणिपादो जवनो ग्रहीता पश्यत्यचक्षुः स श्रृणोत्यकर्णः।
स वेत्ति वेद्यं न च तस्यारित वेत्ता तमाहुरग्र्यं पुरुषं महान्तम्॥१९

सब ओर उसे हैं पाणि-पाद, सर्वत्र नेत्र सिर मुखों सहित।
सब जगह श्रोत्र-इन्द्रिय उसको, लोकों में सब आवृत कर स्थित। १६
सब इन्द्रिय-गुण आभास उसे, लेकिन सब इन्द्रिय रहित वही।
सबका प्रभु हो, सबका शासक, आश्रय महान वह सबका ही। १७
स्थावर, जंगम, जगदीश, वशी, नवद्वार पुरी में ब्रह्मात्मा।
देही बन बाह्य जगत् भोगे, लीला करता है परमात्मा। १८
बिन हाथ-पाँव पकड़े-दौड़े, देखे-सुनता बिन आँख-कान।
सब वेद्य जान अज्ञात स्वयँ, वह पूर्ण आदि औ अति महान। १९

[Śvetāśvatara-3

The Supreme has His hands and feet everywhere!
His eyes, heads and faces at all places there!
He has his ears at all places hearing!
He stands all this in the universe covering! 16
Reflecting the qualities of all these senses,
Devoid though of all these senses' essences.
The Lord and Ruler of all these creatures.
The Great Refuge He is of all He features. 17
Ruling the animate and inanimate world-wide,
That luminous Spirit as Indweller does reside.
In the city of Nine Gates, embodied in persons,
He also in the outside world fully functions. 18
Grasping all without hands, unfooted all clears!
He sees without eyes and hears without ears!
Knowing all to be known, Him no one does know!
Him wise as the Primal Supreme Person show! 19

अणोरणीयान् महतो महीयानात्मा गुहायां निहितोऽस्य जन्तोः।
तमक्रतुं पश्यति वीतशोको धातुः प्रसादान्महिमान मीशम्॥२०
वेदाहमेतमजरं पुराणं सर्वात्मानं सर्वगतं विभुत्वात्।
जन्मनिरोधं प्रवदन्ति यस्य ब्रह्मवादिनो हि प्रवदन्ति नित्यम्॥२१

चतुर्थ अध्याय

य एकोऽवर्णो बहुधा शक्तियोगाद् वर्णाननेकान् निहितार्थो दधाति।
वि चैति चान्ते विश्वमादौ स देवः स नो बुद्ध्या शुभया संयुनक्तु॥१

अणु से लघु, महा महत्तम से, इस जीव-हृदय की गुहा निहित।
स्रष्टा-प्रसाद से अक्रतु की महिमा देखे हो शोक रहित। २०
अज नित्य ब्रह्मविद् जिसे कहें, जो रहे सर्वगत विभुता से।
सबका आत्मा वह अजर-अमर, मैं जानूं पुरुष-पुराण उसे। २१

चतुर्थ अध्याय

रहता अवर्ण जो एक ब्रह्म, वह आदि काल बनता कारण।
निहितार्थ जन्य बहु शक्ति योग, वह विविध वर्ण करता धारण।
सम्पूर्ण विश्व यह अन्तकाल, जिसमें हो जाता है विलीन।
वह परम देव है अद्वितीय, वह करे बुद्धि शुभ-पुण्य लीन। १

In heart's cave subtler than the subtle He resides,
Also greater than the great in the Jīva abides.
By the grace of desireless Creator one conceives,
One is free from sorrows as His glory preceives. 20
Those versed in the Vedas as Unborn describe,
The Supreme Self they as Eternal ascribe.
I know that pervading Primaeval Omnipresent,
Beyond age and death, in all beings present! 21

Chapter -4

At the Beginning the Supreme Formless was there!
He alone then in various forms did appear.
Employing His diverse powers He created,
For purposes not known all this originated.
The universe that from Him has thus evolved,
At the end also it in His Self devolved.
One without a second, us He may illumine!
He may us with virtues and wisdom combine! 1

तदेवाग्निस्तदादित्यस्तद्वायुस्तदु चन्द्रमाः।
तदेव शुक्रं तद्ब्रह्म तदापस्तत् प्रजापतिः॥२
त्वं स्त्री त्वं पुमानसि त्वं कुमार उत वा कुमारी।
त्वं जीर्णो दण्डेन वञ्चसि त्वं जातो भवसि विश्वतोमुखः॥३
नीलः पतङ्गो हरितो लोहिताक्षस्तडिद्गर्भ ऋतवः समुद्राः।
अनादिमत्त्वं विभुत्वेन वर्तसे यतो जातानि भुवनानि विश्वा॥४
अजामेकां लोहित शुक्लकृष्णां बह्वीः प्रजाः सृजमानां सरूपाः।
अजो ह्येको जुषमाणोऽनुशेते जहात्येनां भुक्तभोगामजोऽन्यः॥५

है वही अग्नि, आदित्य, वायु, चन्द्रमा वही, वह जल स्वरूप।
वह शुक्र, दीप्त नक्षत्र अन्य, है वही प्रजापति, ब्रह्म रूप। २
तुम नर नारी कन्या कुमार, तुम जीर्ण, दण्ड लेकर चलते।
होते विभिन्न तुम ही प्रपंच, जन्मे विराट् बहुमुख बनते। ३
शुक रक्तनेत्र तुम हरित वर्ण, तुम नील भ्रमर, विभु, मेघ रूप।
हो व्याप्त विश्व-स्रष्टा अनादि, तुम सप्त सिन्धु औ ऋतु स्वरूप। ४
जो शुक्ल कृष्ण लोहित वर्णा, उत्पन्न प्रजा वह करे अजा।
आसक्त एक अज भोग करे, जन्मे अनेक अनुरूप प्रजा।
है सत् रज तम यह प्रकृति अजा, आसक्त भोगता जीवात्मा।
जो अजा मुक्तभोगा उसको, दे छोड़ अन्य अज परमात्मा। ५

[Śvetāśvatara-4

Indeed He is the fire, the sun and the air!
The moon and the starry firmament there!
Water also He is and Prajāpati maintainer!
Verily He is the Para Brahma sustainer! 2
Thou art an woman as well as a man,
A male youth you are and also a maiden!
Becoming old you with a walking stick moved,
Facing everywhere, manifesting great proved! 3
As a blue bee and red-eyed green parrot appear,
As the cloud with lightning in it you are there.
The seasons and seas, the Beginningless Being,
The Creator of cosmos, you are all pervading! 4
The red white and black hued she-goat Nature,
Breeds many progenies identical in feature.
Its colours fire, water and matter denoted,
Also the three qualities of Nature connoted. 5

द्वा सुपर्णा सयुजा सखायासमानं वृक्षं परिषस्वजाते।
तयोरन्यः पिप्पलं स्वाद्वत्त्यनश्नन्नन्यो अभिचाकशीति।।६
समाने वृक्षे पुरुषो निमग्नोऽनीशया शोचति मुह्यमानः।
जुष्टं यदा पश्यत्यन्यमीशमस्य महिमानमिति वीतशोकः।।७
ऋचो अक्षरे परमे व्योमन् यस्मिन् देवा अधि विश्वे निषेदुः।
यस्तं न वेद किमृचा करिष्यति य इत् तद्विदुस्त इमे समासते।।८
छन्दांसि यज्ञाः क्रतवो व्रतानि भूतं भव्यं यच्च वेदा वदन्ति।
यस्मान्मायी सृजते विश्वमेतत् तस्मिंश्चान्यो मायया संनिरुद्धः।।९

तन-तरु सुपर्ण बसते सहचर, ये जीव-ब्रह्म दो सखा विहग।
खग-जीव कर्म-पिप्पल भोगे, मत खा देखे वह साक्षी खग। ६
उस तरु पर भोगी मोह-मग्न, असमर्थ जीव-खग शोक करे।
खग-ईश देख स्तुति-महिमा युत, दीनता त्याग वह शोक परे। ७
जिस परम व्योम में देव सभी, जो व्योमाक्षर सब वेद सहित।
उसको न जान वेदों से क्या, जाने कृतार्थ हों ब्रह्म निहित। ८
ये वेद यज्ञ क्रतु भूत भव्य, व्रत, वेद विहित जो कुछ अन्यत्।
मायावी ईश सभी रचता, माया बन्धन में जीव-जगत्। ९

Two fine feathered friend birds together abide.
In the same body-tree the companions reside.
The Jīva-bird eats the Karma-fruits relishing.
The god-bird just witnesses not cherishing. 6
The Living Self attached and miserable is deluded,
It grieving on the tree its helplessness alluded
When it the revered God-bird's glory visualized.
The Jīva then freed from sorrows realized. 7
In the high heaven in which the gods do reside,
In that Imperishable the Vedas too abide.
Of what use are the Vedas who do not realize?
They alone are immortal who knowing visualize. 8
From Him are the Vedas and Yajña's actions,
What the Vedas enjoin, rites, rituals and functions.
All present, past, future and universe He created,
By which the Jiva bound is infatuated. 9

मायां तु प्रकृतिं विद्यान्मायिनं तु महेश्वरम्।
तस्यावयवभूतैस्तु व्याप्तं सर्वमिदं जगत्॥ १०
यो योनिं योनिमधितिष्ठत्येको यस्मिन्निदं स च वि चैति सर्वम्।
तमीशानं वरदं देवमीड्यं निचाय्येमां शान्तिमत्यन्तमेति॥११
यो देवानां प्रभवश्चोद्भवश्च विश्वाधिपो रुद्रो महर्षिः।
हिरण्यगर्भं पश्यत जायमानं स नो बुद्ध्या शुभया संयुनक्तु॥१२
यो दवानामधिपो यस्मिंल्लोका अधिश्रिताः। य ईशे अस्य
द्विपदश्चतुष्पदः कस्मै देवाय हविषा विधेम॥१३

मायावी वही महेश्वर है, माया निश्चय ही प्रकृति जान।
उसके ही अवयव कार्य-हेतु, जग पूर्ण उन्हीं से व्याप्त मान। १०
वह सभी योनि का अधिष्ठान, हों लीन सभी, पुनि विद्यमान।
वह सर्व नियन्ता वरद देव, हो परम शान्ति वह स्तुत्य जान।। ११
जो रुद्र महर्षि जगत्-स्वामी, रच देव करें ऐश्वर्यवान।
जो हिरण्यगर्भ प्रथम देखें, वे करें हमें शुभ-बुद्धिवान। १२
देवों के अधिपति, सुख स्वरूप, सब लोक रहें आश्रित जिसपर।
जो द्विपद-चतुष्पद ईश उसे, हम पूजें हविषा अर्पित कर। १३

[Śvetāśvatara-4

The Nature as the Māyā Delusion is known,
As the wielder of Māyā the Great Lord is shown.
His own limbs the causes and effects generated,
Pervading the universe all this saturated. 10
Who alone as the source of sources does remain,
In whom all devolving manifest once again,
The Lord of all and bestower adorable,
Knowing one attains the Supreme Peace durable. 11
Rudra the Lord of universe and Great Seer!
Creating all the gods, He supported them there.
The Primordial World Soul He did visualize,
By His grace we may good thoughts realize! 12
The Lord of the gods and on whom worlds rest
All creatures of the universe are at whose behest,
The Bliss ruling men and the animal kingdom,
We offer oblations to that Supreme Wisdom! 13

सूक्ष्मातिसूक्ष्मं कलिलस्य मध्ये विश्वस्य स्त्रष्टारमनेकरूपं।
विश्वस्यैकं परिवेष्टितारं ज्ञात्वा शिवं शान्तिमत्यन्तमेति॥१४
स एव काले भुवनस्यगोप्ता विश्वाधिपः सर्वभूतेषु गूढः।
यस्मिन् युक्ता ब्रह्मर्षयो देवताश्च तमेवं ज्ञात्वा मृत्युपाशांश्छिनत्ति॥१५
घृतात् परं मण्डमिवातिसूक्ष्मं ज्ञात्वा शिवं सर्वभूतेषु गूढम्।
विश्वस्यैकं परिवेष्टितारं ज्ञात्वा देवं मुच्यते सर्वपाशैः॥१६
एष देवो विश्वकर्मा महात्मा सदा जनानां हृदये संनिविष्टः।
हृदा मनीषा मनसाभिक्लृप्तो य एतद् विदुरमृतास्ते भवन्ति॥१७

सूक्ष्मातिसूक्ष्म, जग-तम में स्थित, जग रचे, रूप लेता अनेक।
हो परम शान्ति को प्राप्त जीव, शिव जग-परिवेष्टा जान एक। १४
भूतों में गूढ़ जगत्पति जो, वह यथा समय जग करे त्राण।
ब्रह्मर्षि-देव हों ध्यान लीन, सब कटें मृत्यु के पाश जान। १५
घृत-मार सदृश अति सूक्ष्म, एक, सब भूत छिपा, जग-परिवेष्टा।
सब पाश मुक्त शिव रूप जान, वह देव, भोग का जो स्रष्टा। १६
जन-जन के हिय में सदा निहित, यह देव विश्वकर्मा महान।
मन बुद्धि हृदय से ज्ञान गम्य, हों अमर, महात्मा लिया जान। १७

Upaniṣad]

Subtler than the subtle, in nescience concealed,
The Creator of universe and as Many revealed.
Knowing Him heart-hidden one eternal peace gains,
And auspicious and pervading Lord one attains. 14
The Lord of universe and its guardian since yore,
In Him unite seers and gods ever more.
Concealed in creatures the Lord when one finds,
Knowing one cuts the death-trap that binds. 15
Very fine as the film over butter when melted,
Hidden in all is the Propitious exalted.
Who alone the whole of Universe does surround,
Knowing Him one is not by any fetter bound. 16
The creator of universe, the Great Self and God,
In the heart of all people abides the Great Lord.
By the heart, understanding and mind visualized,
Knowing this a person immortality realized. 17

यदा तमस्तन्न दिवा न रात्रिर्न सन्न चासञ्छिव एव केवलः।
तदक्षरं तत्सवितुर्वरेण्यं प्रज्ञा च तस्मात् प्रसृता पुराणी॥१८
नैनमूर्ध्वं न तिर्यञ्चं न मध्ये परिजग्रभत्।
न तस्य प्रतिमा अस्ति यस्य नाम महद्यशः॥१९
न संदृशे तिष्ठति रूपमस्य न चक्षुषा पश्यति कश्चनैनम्।
हृदा हृदिस्थं मनसा य एनमेवं विदुरमृतास्ते भवन्ति॥२०
अजात इत्येवं कश्चिद् भीरुः प्रपद्यते।
रुद्र यत्ते दक्षिणं मुखं तेन मां पाहि नित्यम्॥२१

सत्-असत् तथा दिन-रात्रि नहीं, अज्ञान-तमस् का लोप जभी।
शिव, केवल अक्षर, सूर्य स्तुत्य, उससे ही ज्ञान पुरातन भी। १८
उसको न पकड़ सकता कोई, ऊपर, पार्श्वों से, या धड़ से।
उसका ही नाम महद्यश है, उपमा न रहे तुलना जिससे। १९
नेत्रों से सकते देख नहीं, टिकता नयनों में नहीं रूप।
हिय स्थित मन-हिय से जो जानें, वे ही होते अमृत स्वरूप। २०
संहारक अज तुम हो इससे, हम भीरु तुम्हारी शरण वरें।
अपने दक्षिण शिव-मुख द्वारा, हे रुद्र सर्वदा त्राण करें। २१

[Śvetāśvatara-4

Day and night lights wane when nescience is gone,
There is sun-adorned blessed Śiva form alone!
Not Existence nor Non-Existence any more,
From the Imperishable is the wisdom of yore. 18
From above or sides He can not be apprehended,
By the middle also He can not be comprehended.
Great Glory is the name by which He is known,
Any equal or parallel is absolutely unknown! 19
No eyes His images could ever conceive,
No one with these eyes could ever perceive.
By the mind and heart the Indweller who gain,
Devoted and pure they immortality attain. 20
O Rudra, Great God, thou art the Unborn!
So one approaches you when fear is born.
By your right face which is gracious and noble,
Protect me always from the fears ignoble! 21

मा नस्तोके तनये मा न आयुषि मा नो गोषु मा नो अश्वेषु रीरिषः।
वीरान्मा नो रुद्र भामितो वधीर्हविष्मन्तः सदमित्त्वा हवामहे॥२२

पञ्चम अध्याय

द्वे अक्षरे ब्रह्मपरे त्वनन्ते विद्याविद्ये निहिते यत्र गूढे।
क्षरं त्वविद्या ह्यमृतं तु विद्या विद्याविद्ये ईशते यस्तु सोऽन्यः॥१
यो योनिं योनिमधितिष्ठत्येको विश्वानि रूपाणि योनीश्च सर्वाः।
ऋषिं प्रसूतं कपिलं यस्तमग्रे ज्ञानैर्बिभर्ति जायमानं च पश्येत्॥२

ये पुत्र-पौत्र गौ अश्व आयु, हे रुद्र कुपित हो मत कर क्षय।
ले हवि करते नित आवाहन, हों वीर हमारे भी अक्षय। २२

पञ्चम अध्याय

जो जड़-क्षर, रहें अविद्या वे, विद्या अविनाशी जीव कहें।
ब्रह्मा से जो है श्रेष्ठ-गूढ़, उसमें ये दोनों निहित रहें।
जिसके शासन में दोनों ही, क्षर जड़ औ अक्षर जीवात्मा।
इन दोनों से वह रहे भिन्न अक्षर अनन्त वह परमात्मा। १
सब रूप योनि औ कारण का, जो स्वयँ अकेला अधिष्ठान।
प्रथमज ऋषि कपिल वही देखे, फिर करे उसे वह ज्ञानवान। २

O Rudra, in anger destroy not our sons,
Nor logevity, cows, horses and grandsons!
Kill not the brave persons, we offer oblations,
We always approach you with invocations! 22

Chaper-5

In the Infinite and Imperishable Brahma concealed,
Both knowledge and nescience at times revealed.
The knowledge is immortal and ignorance mortal,
Controlling both these is a different Immortal. 1
Who being One Only, rules over every form,
All sources and causes to whom do conform,
He saw the first-born World Soul emanating,
And bestowed all wisdom to it illuminating. 2

एकैकं जालं बहुधा विकुर्वन्नस्मिन् क्षेत्रे संहरत्येष देवः।
भूयः सृष्ट्वा पतयस्तथेशः सर्वाधिपत्यं कुरुते महात्मा।।३
सर्वा दिश ऊर्ध्वमधश्च तिर्यक् प्रकाशयन् भ्राजते यद्वनड्वान्।
एवं स देवो भगवान् वरेण्यो योनिस्वभावानधितिष्ठत्येकः।।४
यच्च स्वभावं पचति विश्वयोनिः पाच्यांश्च सर्वान् परिणामयेद् यः।
सर्वमेतद् विश्वमधितिष्ठत्येको गुणांश्च सर्वान् विनियोजयेद् यः।।५
तद् वेदगुह्योपनिषत्सु गूढं तद् ब्रह्मा वेदते ब्रह्मयोनिम्।
ये पूर्वं देवा ऋषयश्च तद्विदुस्ते तन्मया अमृता वै बभूवुः।।६

जग-जाल विविध बहुरूप करे, संहार करे वह अन्तकाल।
वह देव-महात्मा फिर वैसे, करता शासन रच लोकपाल। ३
नीचे ऊपर तिरछे सब दिक्, ज्यों सूर्य प्रकाशित करे भुवन।
सब कारण-भूत शक्तियों का, वह स्तुत्य एक करता नियमन। ४
वह सब स्वभावगत पाक करे, परिणाम रूप करता पाचन।
विनियोग करे गुण, विश्वयोनि, वह एक, विश्व करता शासन। ५
वेदों के जो उपनिषद् गुह्य, उनमें वह कारण गूढ़ निहित।
ऋषि देव पूर्व औ ब्रह्मा भी, तन्मय हो जानें हों अमृत। ६

[Śvetāśvatara-5

This God spreads various nets in Creation,
He divides and destorys all during Dissolution.
The Great Self creates the World Guards again,
And rules over them who all this maintain. 3
As the lone sun above and downward shines,
And lighting across all regions illumines,
So does the God adorable ruling all creatures,
He alone controls universe's all features. 4
He fashions all beings according to natures.
Transforms and matures all latent features.
That World Cause creates adding qualities diverse,
And thus He governs this entire universe. 5
Hidden in the Vedas' mystic Upaniṣadas,
And Himself the source of all these Vedas.
The Brahmā God knew and the seers visualized,
Knowing they and the gods immortality realized. 6

गुणान्वयो यः फलकर्मकर्ता कृतस्य तस्यैव स चोपभोक्ता।
स विश्वरूपस्त्रिगुणस्त्रिवर्त्मा प्राणाधिपः संचरति स्वकर्मभिः॥७
अंगुष्ठमात्रो रवितुल्यरूपः संकल्पाहंकार समन्वितो यः।
बुद्धेर्गुणेनात्मगुणेन चैव आराग्रमात्रो ह्यपरोऽपि दृष्टः॥८
वालाग्रशतभागस्य शतधा कल्पितस्य च।
भागो जीवः स विज्ञेयः स चानन्त्याय कल्पते॥९
नैव स्त्री न पुमानेष न चैवायं नपुंसकः।
यद् यच्छरीर मादत्ते तेन तेन स युज्यते॥१०

गुण बद्ध त्रिगुण जो जीवात्मा, फल हेतु कर्म कर भोग करे।
प्राणाधिप, जिसके तीन मार्ग, बहुरूप कर्म-कारण विचरे। ७
अंगुष्ठमात्र, रवि ज्योति तुल्य, संकल्प-अहं युत यह आत्मा।
यह बुद्धि-आत्मगुण के कारण, सूच्याग्र दृष्ट हो जीवात्मा। ८
यदि बाल अग्र शत भाग किये, फिर उसको भी शत भाग करे।
विज्ञेय जीव है तुल्य किन्तु, वह रूप-भाव अनगिनत वरे। ९
हो नारी अथवा पुरुष नहीं, हो क्लीव नहीं यह जीवात्मा।
जिस-जिस तन को धारण करता, वह-वह बनता विज्ञानात्मा। १०

With the three qualites the Living Self is bound,
It does those deeds in fruits which abound.
It transmigrated assuming various forms,
And as per Karma to three paths conforms. 7
Of the size of a thumb but dazzling like the sun,
It is with a free will and conscious resolution.
Seen with the qualities of intellect and mind,
As the point of a needle, the Jīva is subtle kind. 8
The hundredth part of hair, hundred-fold divided,
To living Soul a suitable parallel provided,
To such a subtle form the Jīva conforms,
But potentially can assume infinite forms! 9
In gender the living Self is not a female,
Likewise the Jiva is also not a male.
A neuter gender also it can not be presumed,
It is bracketed with the bodies it assumed. 10

संकल्पनस्पर्शनदृष्टिमोहैर्ग्रासाम्बुवृष्ट्या चात्मविवृद्धिजन्म।
कर्मानुगान्यनुक्रमेण देही स्थानेषु रूपाण्यभिसम्प्रपद्यते॥११
स्थूलानि सूक्ष्माणि बहूनि चैव रूपाणि देही स्वगुणैर्वृणोति।
क्रियागुणैरात्मगुणैश्च तेषां संयोग हेतुरपरोऽपि दृष्टः॥१२
अनाद्यनन्तं कलिलस्य मध्ये विश्वस्य स्त्रष्टारमनेकरूपम्।
विश्वस्यैकं परिवेष्टितारं ज्ञात्वा देवं मुच्यते सर्वपाशैः॥१३
भावग्राह्यमनीडाख्यं भावाभावकरं शिवम्।
कला सर्गकरं देवं ये विदुस्ते जहुस्तनुम्॥१४

तन–मन बढ़ता संकल्प, स्पर्श औ दृष्टि मोह जल अन्न जन्य।
ले जीव कर्म से विविध देह, हों क्रमिक लोक भी अन्य–अन्य। ११
संस्कार–आत्मगुण युक्त जीव, निज गुण से ही बहुरूप वरे।
कर्मों से ही तन स्थूल–सूक्ष्म, तन–हेतु अन्य भी दिखे परे। १२
जग पूर्ण रचे जो बहु स्वरूप, दुर्गम तम में आद्यन्त हीन।
जो एक विश्व को घेर व्याप्त, सब पाश मुक्त उस देव लीन। १३
वह भाव–ग्राह्य शिव बिना नीड़, सब भाव–अभाव वही करता।
सब कला–सृष्टि वह देव रचे, जो जाने वह तन को तजता। १४

[Śvetāśvatara-5

By thoughts, touch, sight and infatuation,
Born the embodied Soul grows in creation.
The food, drink and rain its body maintain,
By Karma it worlds and species does attain. 11
Many gross and subtle forms the Living Self attained,
According to own qualities it bodies obtained.
Good or bad deeds, body-qualities and mind,
And one other thing its birth determined. 12
Abiding in the complex Creation He created,
With innumerable forms but Only one rated,
Beginningless, He surrounds the entire universe,
Knowing the Infinite cuts fetters diverse. 13
Attainable only through faith and resolution,
Abodeless, who creates and does dissolution,
Knowing the auspicious Creator of world-parts,
One's body and bondage one leaves as departs. 14

षष्ठ अध्याय

स्वभावमेके कवयो वदन्ति कालं तथान्ये परिमुह्यमानाः।
देवस्यैष महिमा तु लोके येनेदं भ्राम्यते ब्रह्मचक्रम्॥१
येनावृतं नित्यमिदं हि सर्वं ज्ञः कालकालो गुणी सर्वविद्यः।
तेनेशितं कर्म विवर्तते ह पृथ्व्यप्तेजोऽनिलखानि चिन्त्यम्॥२
तत्कर्म कृत्वा विनिवर्त्य भूयस्तत्त्वस्य तत्त्वेन समेत्य योगम्।
एकेन द्वाभ्यां त्रिभिरष्टभिर्वा कालेन चैवात्मगुणैश्च सूक्ष्मैः॥३

षष्ठ अध्याय

विद्वान भ्रमित कहते 'स्वभाव', कुछ करें 'काल' ही निर्धारण।
जिससे चालित यह ब्रह्मचक्र, भगवत् महिमा ही वह कारण। १
जो गुणी सर्वविद् महाकाल, जिससे सब आवृत यहाँ नित्य।
शासित जिससे भू जल पावक, नभ पवन कर्मरत, वही चिन्त्य। २
जड़ रचकर कर्म निरीक्षण कर, संयोग करे जो तत्त्व परे।
वह एक अविद्या तथा युगल, इन पाप-पुण्य का योग करे।
गुण तीन, अहं मन बुद्धि तथा, जो पंचभूत, ये आठ वरे।
आत्मा कालादि सूक्ष्म गुण से, जड़-चेतन का संयोग करे। ३

Chapter-6

Innate nature as the cause profess some wise,
The Time is the cause, point others like-wise.
Deluded are both, from the truth far removed,
Due to Gods glory here, the Brahma Wheel moved! 1
All this is enveloped by the All Knowing Knower,
Virtuous, with wisdom and Time's Great Mover!
By the Knowable ruled, Karma moves into action,
Earth, water, fire, air and ether all function. 2
Creating and inspecting the elements insentient,
He also added now the element sentient.
Adding nescience and both virtues and the evil,
Three qualities of Nature He put on the anvil!
Five elements with intellect, ego and mind,
To the Jīva He added thus these eight kind.
Also with the Time He enriched the compound,
Making Jīva in subtle Self-qualities abound. 3

आरभ्य कर्माणि गुणान्वितानि भावांश्च सर्वान् विनियोजयेद् यः।
तेषामभावे कृतकर्मनाशः कर्मक्षये याति स तत्त्वतोऽन्यः।।४
आदिः स संयोगनिमित्तहेतुः परस्त्रिकालादकलोऽपि दृष्टः।
तं विश्वरूपं भवभूतमीड्यं देवं स्वचित्तस्थमुपास्य पूर्वम्।।५
स वृक्षकालाकृतिभिः परोऽन्यो यस्मात् प्रपञ्चः परिवर्ततेऽयम्।
धर्मावहं पापनुदं भगेशं ज्ञात्वात्मस्थममृतं विश्वधाम।।६
तमीश्वराणां परमं महेश्वरं तं देवतानां परमं च दैवतम्।
पतिं पतीनां परमं परस्ताद् विदाम देवं भुवनेशमीड्यम्।।७

आरम्भ कर्म गुणयुत कर जो, करता, देवार्पण-भाव सहित।
कृत कर्म पूर्व के सभी नष्ट, जब कर्म-भाव उसको अर्पित।
सब कर्मों का जब क्षय होता, साधक पाता है परमात्मा।
चेतन होने से वही वरे, जड़-भिन्न तत्त्व हो जीवात्मा। ४
जड़-जीव योग कारण का भी, वह हेतु, त्रिकालातीत अकल।
भज सर्वरूप, जग-रूप, देव, वह स्तुत्य, पुरातन, आदि सकल। ५
जग-वृक्ष, काल औ रूप परे, ऐश्वर्य-ईश, जग-धाम मान।
हों अमर आत्म स्थित धर्मप्राण, स्त्रष्टा-प्रपंच पापाघ्न जान। ६
ईशों में परम महेश्वर वह, हो परम देव वह देवों में।
पतियों का पति, भुवनेश स्तुत्य, पर-परे देव वह ज्ञात हमें। ७

[Śvetāśvatara-6

One who surrenders doing a qualified deed.
The bondage of deed is non-existent indeed!
With will are destroyed the actions done before,
Essentially different, one attains therefore! 4
The Prime God beyond past present and future,
The Cause of causes joining Jīva and the Nature.
That All in One, Partless as universe emanated,
The Primal God venerable is to be meditated. 5
Different from the World Tree, Time and Persons,
By that All Abode ruled World Body functions.
Knowing the evil-destroyer and virtue's portal,
One gains the Lord Opulent Inner-Immortal! 6
The master of masters and Lord of all lords,
Likewise the Supreme God in various gods,
We know that Supreme Self Brahma adorable,
The Lord of the universe, beyond all, knowable! 7

न तस्य कार्यं करणं च विद्यते न तत्समश्चाभ्यधिकश्च दृश्यते।
परास्य शक्तिर्विविधैव श्रूयते स्वाभाविका ज्ञानबलक्रिया च॥८
न तस्य कश्चित् पतिरस्ति लोके न चेशिता नैव च तस्य लिङ्गम्।
स कारणं करणाधिपाधिपो न चास्य कश्चिज्जनिता न चाधिपः॥९
यस्तन्तुनाभ इव तन्तुभिः प्रधानजैः स्वभावतो देव एकः स्वमावृणोत्।
स नो दधाद्ब्रह्माप्ययम्॥१०
एको देवः सर्वभूतेषु गूढः सर्वव्यापी सर्वभूतान्तरात्मा।
कर्माध्यक्षः सर्वभूताधिवासः साक्षी चेता केवलो निर्गुणश्च॥११

तन-कार्य, करण-इन्द्रिय विहीन, कोई न श्रेष्ठ हो या समान।
हम दिव्य शक्तियाँ विविध सुनें, हों स्वाभाविक बल क्रिया ज्ञान। ८
कोई न लोक में पति, शासक, कोई न चिह्न, कारण सबका।
करणाधिप का भी वही अधिप, कोई न जनक-स्वामी उसका। ९
निज शक्ति जनित जो कार्य-तन्तु, मकड़ी सा उससे हो आवृत।
ऐसा स्वभावतः जो करता, कर दे हमको वह ब्रह्म निहित। १०
वह एक देव सबभूत निहित, सब भूतात्मा, हो व्याप्त सकल।
कर्माध्यक्ष, सबका निवास, साक्षी, चेता, निर्गुण, केवल! ११

Upaniṣad]

He neither has a body nor sense organs there,
Not seen is His peer or an equal anywhere.
Revealed are His many divine powers different,
His work, strength and wisdom to Him are inherent. 8
He has no master nor a ruler in Creation,
He has not even any sign or indication.
The Cause and Lord of deities ruling organs,
He has no lord nor any parent persons. 9
As a spider is naturally by threads enveloped,
He has the world-cover, divine will developed.
That one Supreme Brahma may we perceive,
May God ourselves unto His-Self receive! 10
The one God hidden in the heart of creatures,
The Self of all, pure and pervading all features,
The abode of all and ordainer of every deed,
Without qualities, the knower and witness indeed! 11

एको वशी निष्क्रियाणां बहूनामेकं बीजं बहुधा यः करोति।
तमात्मस्थं येऽनुपश्यन्ति धीरास्तेषां सुखं शाश्वतं नेतरेषाम्॥१२
नित्योनित्यानां चेतनश्चेतनानामेको बहूनां यो विदधाति कामान्।
तत् कारणं सांख्ययोगाधिगम्यं ज्ञात्वा देवं मुच्यते सर्वपाशैः॥१३
न तत्र सूर्यो भाति न चन्द्रतारकं नेमा विद्युतो भान्ति कुतोऽयमग्निः।
तमेव भान्तमनुभाति सर्वं तस्य भासा सर्वमिदं विभाति॥१४
एको हंसो भुवनस्यास्य मध्ये स एवाग्निः सलिले संनिविष्टः।
तमेव विदित्वाति मृत्युमेति नान्यः पन्था विद्यतेऽयनाय॥१५

बहुतों निष्क्रिय का वह शासक, जो एक बीज बहुरूप करे।
सुख-नित्य धीर को हिय में पा, अन्यान्य कभी भी नहीं वरे। १२
जो एक हेतु-चेतन, करता, बहु चेतन के फल का विधान।
जो सांख्य योग से प्राप्य नित्य, सब पाश मुक्त वह देव जान। १३
दें सूर्य चन्द्र तारे विद्युत्, उसको न ज्योति, फिर अग्नि कहाँ?
उससे ही ये सब दें प्रकाश, उससे ही ज्योतित सभी यहाँ। १४
इस भुवन-सरोवर मध्य एक, वह हंस-अग्नि तन-जल विचरे।
हो नहीं मुक्ति का मार्ग अन्य, उसको ही जाने मृत्यु तरे। १५

[Śvetāśvatara-6

He alone is the controller of every inactive,
Making one seed-Nature manifold effective.
The wise who abiding in ownself perceive,
They and not others, Bliss Eternal receive. 12
The one great sentient as causation abided,
To sentients many all fruits He provided.
The Eternal of eternals, by Sāṁkhya Yoga gained,
From all fetters freedom one knowing attained. 13
The sun moon and stars do not shine there,
What to speak of fire the lightnings not glare!
When He himself shines, all these radiated,
Only His illumination all this illuminated. 14
In the midst of universe one Self-swan is there!
To this body-water it as fire does adhere.
Knowing that single swan one immortality gains,
By no other path one His state attains. 15

स विश्वकृद् विश्वविदात्मयोनिर्ज्ञः कालकालो गुणी सर्वविद् यः।
प्रधानक्षेत्रज्ञ पतिर्गुणेशः संसार मोक्ष स्थिति बन्ध हेतुः॥१६
स तन्मयो ह्यमृत ईशसंस्थो ज्ञः सर्वगो भुवनस्यास्य गोप्ता।
य ईशे अस्य जगतो नित्यमेव नान्यो हेतुर्विद्यत ईशनाय॥१७
यो ब्रह्माणं विदधाति पूर्वं यो वै वेदांश्च प्रहिणोति तस्मै।
तं ह देवमात्मबुद्धिप्रकाशं मुमुक्षुर्वै शरणमहं प्रपद्ये॥१८
निष्कलं निष्क्रियं शान्तं निरवद्यं निरञ्जनम्।
अमृतस्य परं सेतुं दग्धेन्धनमिवानलम्॥१९

सर्वज्ञ, विश्वकृत्, स्वयंयोनि, वह गुणी, सर्वविद्, ज्ञान-रूप।
वह जीव-प्रकृति पति, काल-काल, गुण-ईश, बंध-स्थिति-गति स्वरूप। १६
वह तन्मय, अमृत, ईश-संस्थ, सर्वज्ञ, सर्वगत, जग-रक्षक।
शासन करता जग पूर्ण नित्य, हो अन्य नहीं कोई शासक। १७
जो देव प्रथम रचता ब्रह्मा, फिर वेद-ज्ञान उनको देता।
वह आत्म-बुद्धि करता प्रकाश, यह मैं मुमुक्षु आश्रय लेता। १७
वह क्रिया हीन, सब दोष रहित, सर्वथा शान्त, निर्मल निष्कल।
अमृत का वह हो परम सेतु, वह पूर्ण ज्वलित निर्धूम अनल। १९

The all-Knower and the maker of World-Kingdom,
The mover of Time, own cause and All Wisdom!
The Nature with qualities and Jīva He governed,
He binds, controls and liberates all concerned. 16
The All-Absorbed knower is Immortal Intelligence.
As the Lord Established He has omnipresence!
Protecting He always governed the Creation,
For such a rule there is no other Causation. 17
Creating Brahmā-god, in the beginning of Creation.
He bestowed on him the Veda's illumination.
That Supreme God Self-knowledge does infuse,
Desiring my salvation I seek in Him refuge. 18
Without parts and serence, no work He performed,
Purest, without blemishes, to faultless conformed.
With fuel fully fired, a smokeless bright fire!
That Bridge to Immortality I do desire! 19

यदा चर्मवदाकाशं वेष्टयिष्यन्ति मानवाः।
तदा देवमविज्ञाय दुःखस्यान्तो भविष्यति॥२०
तपः प्रभावाद् देवप्रसादाच्च ब्रह्म ह श्वेताश्वतरोऽथ विद्वान्।
अत्याश्रमिभ्यः परमं पवित्रं प्रोवाच सम्यगृषिसङ्घजुष्टम्॥२१
वेदान्ते परमं गुह्यं पुराकल्पे प्रचोदितम्।
नाप्रशान्ताय दातव्यं नापुत्रायाशिष्याय वा पुनः॥२२
यस्य देवे पराभक्तिर्यथा देवे तथा गुरौ।
तस्यैते कथिता ह्यर्थाः प्रकाशन्ते महात्मनः। प्रकाशन्ते महात्मनः॥२३

उसको न जान दुख तभी अन्त, यदि गगन चर्मवत लें लपेट।
दुख नहीं दूर हो बिन जाने, नभ व्यापक क्योंकर लें समेट?२०
तप के प्रभाव, हरि कृपा जन्य, हो फलीभूत यह ब्रह्म ज्ञान।
उस परम ब्रह्म को जो प्रसिद्ध, ऋषि श्वेतअश्वतर सके जान।
उसने यह परम पवित्र तत्त्व जो ऋषि संघों द्वारा सेवित।
उपदेश दिया सम्यक् उनको, जो आश्रम के अभिमान रहित। २१
है पुरा कल्प वेदान्त कथित, जो परम गुह्य यह ब्रह्म ज्ञान।
जो शान्त नहीं, सुत-शिष्य नहीं, उनको न कभी करते प्रदान। २२
ये मर्म प्रकाशित हों उसको, कथितार्थ महात्मा वह जाने।
जो करे देव में परा भक्ति, ईश्वर-सा ही गुरु को माने। २३

श्वेताश्वतरोपनिषद् समाप्त

Only when this sky is rolled up like a hide,
Not knowing God, men can sorrowlessly abide!
Men never, like hide, could roll up this space!
Not knowing, men must have sorrows to face! 20
Śvetāśvatara by penance and God's grace gained,
The knowledge of Brahma he thus attained.
The hightest and holy by sage-groups acclaimed,
To the pupils not vain this he duly proclaimed. 21
This most mystic Vedānta wisdom of yore,
Is not meant for those not tranquil any more.
Impart not to those not disciples nor sons,
To such it is given who subdues his passions. 22
The high-souled who God devoutly meditated,
Who also his teachers God-like venerated
In only such a soul this wisdom illumined,
The true mystic meanings he alone divined! 23

Svetāśvatara Upaniṣad Ends

छान्दोग्योपनिषद्

प्रथम प्रपाठक-प्रथम खण्ड

ओमित्येतदक्षर मुद्गीथमुपासीत, ओमिति ह्युद्गायति तस्योपव्याख्यानम्।१
एषां भूतानां पृथिवी रसः पृथिव्या आपो रसोऽपामोषधयोरस ओषधीनां पुरुषो
रसः पुरुषस्य वाग्रसो वाच ऋग्रस ऋचः साम रसः साम्न उद्गीथो रसः।।२
स एष रसानां रसतमः परमः पराध्योऽष्टमो यदुद्गीथः।३

छान्दोग्योपनिषद् (साम गीत)

प्रथम प्रपाठक-प्रथम खण्ड (ओंकार उपासना)

अविनाशी है यह ओमाक्षर, यह उच्च स्वरों में करें गान।
उद्गीथ रूप यह ओम् भजें, इसका ही यह व्याख्यान जान। १
पाँचों भूतों का रस पृथ्वी, पृथ्वी का जल, ओषधि जल का।
ओषधियों का रस पुरुष रूप, यह वाणी रहती रस जन का।
वाणी का रस ऋग्वेद रहे, भगवत् उपासना रूप वही।
ऋक् का भी रस हो साम रूप, उद्गीथ साम-रस, ओम् यही। २
है यही ओम्, सब रस का रस, है यही परम रस सबसे पर।
रस क्रम जो आठ यहाँ वर्णित, उद्गीथ आठवाँ सब-ऊपर। ३

Chāndogya Upaniṣad

(The Sāma Songs)

Part One-Section One (Oṁkāra Meditation)

Verily Oṁkāra is the Imperishable stated.
The Udgītha is to be as Oṁkāra Meditated.
It is Oṁ that a hymn singer loudly recited,
The Oṁ syllable's various aspects are now cited. 1
The earth is the essence of elements there,
The water of the earth and of water herbs here.
The man is the essence of plants that nourish,
The speech as the essence of man does flourish.
The Ṛgveda as the essence of speech emanated,
The Sāma Veda from the Ṛgveda originated.
Sung aloud and therefore Udgītha related,
The Oṁ as the essence of the Sama percolated. 2
The Oṁkāra is the greatest of all and the best,
In all the essences the supreme and highest.
In the series of the said saps finally fulminated,
The eighth of the essences, Udgītha culminated! 3

कतमा कतमक्कर्तमत्कतमत्साम कतमः कतम उद्गीथ इति विमृष्टं भवति।।४
वागेवर्क प्राणः सामोमित्येतदक्षरमुद्गीथः।
तद्वा एतन्मिथुनं यद्वाक् च प्राणश्चर्क् च साम च।।५
तदेतन्मिथुन मोमित्येतस्मिन्नक्षरे संसृज्यते यदा वै मिथुनौ
समागच्छत आपयतो वै तावन्योन्यस्य कामम्।।६
आपयिता ह वै कामानां भवति य एतदेवं विद्वानक्षरमुद्गीथमुपास्ते।।७

क्या सब ऋक् है क्या साम रहे, उद्गीथ रहे क्या-क्या, इसका।
अब आगे इसे विचार करें, कैसा स्वरूप हो इन सबका। ४
वाणी ही ऋक् है, प्राण साम, उद्गीथ ओम् अक्षर स्वरूप।
अथवा वाणी औ प्राण एक, ऋक्-साम दूसरा मिथुन रूप। ५
उत्पन्न ओम् इन जोड़ों से, ज्यों मिथुन जन्य हो जन्म सभी।
प्राणों से वाणी ओम् कहे, हो साम-गान में ऋक्-स्तुति भी।
मिलते हैं दो जब आपस में, कामना परस्पर पूर्ण करें।
ऋक्-साम वाक् औ प्राण मिलें, प्रभु-नाम रूप ओंकार वरें। ६
करता उपासना ऐसे जो, ऐसा यदि अक्षर को जाने।
होता निश्चय वह आप्तकाम, उद्गीथ ओम् को जो माने। ७

[Chāndogya-1-1

What are the things that denote the Ṛgveda?
And what other entities connote the Sāmaveda?
Now let us contemplate and discuss these here,
That how to the Ṛg and the Sāma they adhere. 4
The speech is the Ṛg and the Prāṇa Sāma known.
The Oṁkāra syllable as the Udgītha is shown.
The speech and the Life one pair constituted,
The Ṛg and the Sāma another pair instituted. 5
As a couple through union offsprings procreated,
These two pairs also Oṁ syllable created.
As two when in union, fulfil each other,
In these pairs both supplement one another. 6
One who really knows this Oṁ Imperishable,
And who accordingly meditates the Oṁ syllable,
Verily he transcends all his desires,
And a complete Self-satisfaction acquires. 7

तद्वा एतदनुज्ञाक्षरं यद्धि किंचानुजानात्योमित्येव तदाहैषो एव
समृद्धिर्यदनुज्ञा समर्धयिता ह वै कामानां भवति य एतदेवं
विद्वानक्षरमुद्गीथ मुपास्ते॥८
तेनेयं त्रयी विद्या वर्तत ओमित्याश्रावयत्योमिति
शंसत्योमित्युद्गायत्येतस्यैवाक्षरस्यापचित्यै महिम्ना रसेन॥९
तेनोभौ कुरुतो यश्चैतदेवं वेद यश्च न वेद। नाना तु विद्या
चाविद्या च। यदेव विद्यया करोतिश्रद्धयोपनिषदा तदेव वीर्यवत्तरं
भवतीति। खल्वेतस्यैवाक्षरस्योपव्याख्यानं भवति॥१०

खण्ड - २

देवासुरा ह वै यत्र संयेतिर उभये प्राजापत्यास्तद्ध देवा उद्गीथ-
माजह्रु रनेनैनानभिभविष्याम इति॥१

कह ओम् अनुज्ञा वे देते, समृद्ध रहें जो आप्तकाम।
ऐसा जाने उद्गीथ भजे, होता निश्चय वह पूर्णकाम। ८
कह ओम् त्रयी विद्या पढ़ते, उद्गाता-होता ओम् वरें।
अध्वर्यु सोम-यज्ञों में भी, कह ओम् यज्ञ प्रारम्भ करें।
अक्षर-उपासना हेतु सभी, अक्षर-महिमा से सभी कर्म।
अक्षर-रस से ही सब प्लावित, अक्षर ही जग का धर्म-मर्म। ९
जो जानें इसे, नहीं जानें, दोनों के चलते कार्य सकल।
हैं भिन्न अविद्या-विद्या दो, करते सब कुछ सम्पन्न युगल।
उपनिषत् ज्ञान औ श्रद्धा से, करते, विद्या से करें वही।
वह कार्य वीर्यशाली होता, है अक्षर का व्याख्यान यही। १०

Upaniṣad]

Giving and allowing, one utters the Oṁ syllable,
Only he allows and grants who is great and noble.
One who knows this and Oṁkāra meditated,
He fulfils all desires that he contemplated. 8
From Oṁ syllable the three-fold wisdom proceeds,
One begins, sings aloud and reciting succeeds.
In Oṁ syllable's honour proceed worldly functions,
Its essence and glories surround all actions. 9
Who knows it and who does not, both do a deed,
But knowledge and nescience are different indeed.
More potent are knowledge, faith and meditation,
Thus is Imperishable syllable's explanation. 10

ते ह नासिक्यं प्राणमुद्गीथमुपासांचक्रिरे तं हासुराः पाप्मना विविधु-
स्तस्मात्तेनोभयं जिघ्रति सुरभि चदुर्गन्धि च पाप्मना ह्येष विद्धः।२
अथ ह वाचमुद्गीथमुपासांचक्रिरे तां हासुराः पाप्मना विविधुस्त-
स्मात्तयोभयं वदति सत्यं चानृतं च पाप्मना ह्येषा विद्धा।३
अथ ह चक्षु रुद्गीथ मुपासां चक्रिरे तद्धासुराः पाप्मना
विविधुस्तस्मात्तेनोभयं पश्यति दर्शनीयं चादर्शनीयं च पाप्मना ह्येतद्विद्धम्।४

प्रथम प्रपाठक-खण्ड-२ (पिण्ड में प्राण ओंकार)

सन्तान प्रजापति के दोनों, स्पर्धारत देव-असुर भिड़ते।
असुरों को मार भगाने को, उद्गीथ वरण कर सुर लड़ते। १
वे देव भजें उद्गीथ मान, नासिका मध्य जो श्वास प्राण।
सोचा जीतें, पर असुरों ने, पापों से बींधा तभी घ्राण।
सूंघे सुगन्धि-दुर्गन्धि सकल, इस हेतु नासिका मध्य प्राण।
सब मनुज सूंघते गन्ध युगल, है विद्ध पाप से क्योंकि घ्राण। २
अब करें देवगण उपासना, वाणी की ही, उद्गीथ मान।
पर असुरों ने वाणी को भी, पापों से बींधा इसे जान।
इस कारण बोले यह वाणी, सत् औ मिथ्या जो वचन सकल।
पापों से विद्ध रहे वाणी, ये मनुज कहें सच-झूठ युगल। ३
अब देव विजय के हेतु भजें, ये चक्षु, इन्हें उद्गीथ मान।
लेकिन फिर भी उन असुरों ने, पापों से बींधा चक्षु, जान।
इसलिये देखते दर्शनीय, औ दर्शनीय जो नहीं, सकल।
पापों से बिंधी रही आँखें, ये मनुज देखते दृश्य युगल। ४

[Chāndogya

Part 1- Sec. 2

(Prāṇa as Oṁ in Body)

The Gods and demons with one another contended,
Both of whom had from Prajāpati descended.
The Gods then elected Udgītha and thought,
We shall now defeat the demons if they fought. 1
They Udgītha as breath in nose meditated,
But the demons with evil the nose penetrated.
The nose-breath was pierced with evil thus before,
One smells both the sweet and foul therefore! 2
Then Gods the Udgītha as speech meditated,
The demons with evil speech also penetrated.
As the speech was pierced with evil before,
One speaks both truth and untruth therefore! 3

अथ ह श्रोत्रमुद्गीथमुपासांचक्रिरे तद्धासुराः पाप्मना विविधुस्त-
स्मात्तेनोभयं श्रृणोति श्रवणीयं चाश्रवणीयं च पाप्मना
ह्येतद्विद्धम्।।५
अथ ह मन उद्गीथमुपासांचक्रिरे तद्धासुराः पाप्मना विविधुस्तस्मा-
त्तेनोभयं संकल्पयते संकल्पनीयं चासंकल्पनीयं च पाप्मना
ह्येतद्विद्धम्।।६
अथ ह य एवायं मुख्यः प्राणस्तमुद्गीथमुपासांचक्रिरे तं हासुरा
ऋत्वा विदध्वंसुर्यथाऽश्मानमाखणमृत्वा विध्वंसेत।७
एवं यथाऽश्मानमाखणमृत्वा विध्वंसत एवं हैव स विध्वंसते य
एवं विदि पापं कामयते यश्चैनमभिदासति स एषोऽश्माखणः।।९

फिर करें देवगण उपासना, वे श्रोत्र भजें उद्गीथ मान।
लेकिन असुरों ने पापों से, श्रोत्रों को बींधा इसे जान।
इस कारण सब श्रवणीय और जो अश्रवणीय, श्रोत्र सुनते।
सब मनुज युगल सुनते, कारण, पापों से विद्ध श्रोत्र रहते। ५
देवों ने मन उद्गीथ मान, अब भजा विजय के हेतु उसे।
असुरों ने मानी नहीं हार, मन को भी बींधा पापों से।
संकल्पनीय-अविचारणीय, इसलिये सोचते मनुज सकल।
बिंध पापों से बेचारा मन, इस जन्य करे संकल्प युगल। ६
मुख मध्य प्राण उद्गीथ मान, फिर देव भजें, जय हो ऐसे।
बींधने पहुँच हों असुर नष्ट, पत्थर टकरा ढेला जैसे। ७

Then the eye as Udgītha the gods meditated,
But the demons with evil eye also penetrated.
As the eye was pierced with evil in the yore,
One sees both sightly and unsightly therefore! 4
Now gods this ear as Udgītha meditated,
But the demons with evil ear also lacerated.
Since the ear was pierced as others before,
One hears both good and bad therefore! 5
The gods then mind as Udgītha meditated,
But demons with evil mind contaminated.
Since the mind was pierced as others during yore,
One resolves both good and bad therefore! 6
Now gods the Chief Vital Air meditated,
They Prāṇa in mouth Udgītha contemplated.
As a clod is shattered against a wall of stone,
The demons were similarly destroyed and gone! 7

नैवैतेन सुरभि न दुर्गन्धि विजानात्यपहतपाप्मा ह्येष तेन यदश्नाति यत्पिबति तेनेतरान् प्राणानवति। एतमु एवान्ततोऽविदित्त्वोत्क्रामति व्याददात्येवान्तत इति।९

तं हांगिरा उद्गीथमुपासांचक्र एतमु एवांगिरसं मन्यन्तेऽङ्गानां यद्रसः।१०

तेन तं ह बृहस्पति रुद्गीथ मुपासांचक्र एतमु एव बृहस्पतिं मन्यन्ते वाग्धि बृहती तस्या एष पतिः।।११

ओंकार उपासक शिलाखण्ड, उसका जो चाहे अहित, नष्ट।
आक्रामक भी उससे टकरा, पत्थर से ढेला सा विनष्ट। ८
यह प्राण सुरभि- दुर्गन्धि परे, मुख-स्थित यह रहता पाप रहित।
खा-पीकर पाले सब इन्द्रिय, मुख-सा यह हो परमार्थ सहित।।
जब अन्त समय है आ जाता, यह नहीं रहे, सब चल देवें।
मुख फाड़े रहें मृतक, मानो, चाहें उसको लौटा लेवें। ९
मुख-स्थित को भजा अँगिरस ने, उद्गीथ प्राण को ही जाना।
अंगों का जो रस रूप रहे, आंगिरस प्राण जाता माना। १०
मुख-मध्य प्राण उद्गीथ मान, आचार्य बृहस्पति भी भजते।
'बृहती' वाणी, 'पति' प्राण रहे, यह प्राण 'बृहस्पति' भी कहते।। ११

[Chāndogya-1-2

Wishing evil of the person who knew and meditated,
And doing harm to one who thus contemplated,
Like the clod a fool is destroyed and gone,
A devotee of Oṁ is a solid wall of stone! 8
Free from all evils in the mouth Prāṇa dwells,
It does not discern the sweet or foul smells.
Eating and drinking it sustains all parts,
And when it is gone, opening mouth one departs. 9
The Chief Prāṇa in mouth Udgītha symbolized,
Aṅgirasa thus meditated and he realized.
The essence of the senses and all limbs related,
The Chief Prāṇa accordingly is Āṅgirasa stated. 10
Sage Bṛhaspati also Chief Prāṇa meditated,
He thus attained all when Udgītha contemplated.
Great-Bṛhat is speech and Prāṇa Pati or Lord,
Therefore the Chief Prāṇa is Bṛhaspati God. 11

तेन तं हायास्य उद्गीथमुपासांचक्र एतमु एवायास्यं मन्यन्त
आस्याद्यदयते॥१२
तेन तं ह बको दाल्भ्यो विदांचकार। स ह नैमिषीया नामुद्गाता
बभूव स ह स्मैभ्यः कामाना गायति।१३
आगाता ह वै कामानां भवति य एतदेवं विद्वानक्षरमुद्गीथमुपास्त
इत्यध्यात्मम्॥१४

प्रथम प्रपाठक-खण्ड ३

अथाधिदैवतम्। य एवासौ तपति तमुद्गीथमुपासीतोद्यन्वा एष
प्रजाभ्य उद्गायति उद्यंस्तमोभयमपहन्त्यपहन्ता ह वै भयस्य तमसो
भवति य एवं वेद।१

उद्गीथ-ओम् मुख-मध्य मान, भजते अयास्य भी प्राण वही।
'अय' जाना है, मुख रहे आस्य, कहते अयास्य भी प्राण यही। १२
इस भाँति दल्भ्य-सुत बक ने भी, यह प्राण भजा उद्गीथ मान।
नैमिषारण्य वालों का वह, वाँछित करता कर साम गान। १३
जो जान इसे उद्गीथ भजे, अध्यात्म रूप है कहा यही।
ओंकार नाद से पूर्ण करे, कामना सभी कुछ मनुज वही। १४

प्रथम प्रपाठक-खण्ड३
(ब्रह्माण्ड में सूर्य ओंकार)

ब्रह्माण्ड मध्य अधिदैव रूप, ओंकार ध्यान आरम्भ करें।
तपते रवि की कर उपासना, उद्गीथ रूप में उसे वरें।

Sage Ayāsya similarly Udgītha visualized,
He gained all as he Chief Prāṇa realized.
The Āsya meant mouth, Aya egress connoted.
Ayāsya in this way the Chief Prāṇa denoted. 12
Also Baka, son of Dalvya, similarly meditated,
He Chief Prāṇa as Udgītha contemplated.
He as Naimiṣāraṇya's Oṁ knower of fame,
For their wish-fulfilment hymn-singer became. 13
One who knowing Oṁ, Udgītha meditated,
He fulfilled all desires if loudly venerated.
In the context of body and senses described,
The Oṁkāra as Adhyātma is thus prescribed. 14

Part One-Section 3 (The sun as Oṁ in Cosmos)

The Oṁkāra is now cosmologically described,
The radiating sun is the Udgītha prescribed.
Killing fear and gloom, welfare-singer sun appears,
Knowing this one destroys all darkness and fears. 1

समान उ एवायं चासौ चोष्णोऽयमुष्णोऽसौ स्वर इतीममाचक्षते स्वर
इति प्रत्यास्वर इत्यमुम्। तस्माद्वा एतमिममं चोद्गीथमुपासीत।२
अथ खलुव्यानमेवोद्गीथमुपासीत। यद्वै प्राणिति स प्राणो यदपानिति
सोऽपानः। अथ यः प्राणापानयोः सन्धिः स व्यानो यो व्यानः सा
वाक्। तस्मादप्राणन्नपानन्वाचमभिव्याहरति।३
या वाक्सा ऋक्। तस्मादप्राणन्ननपानन्नृचमभिव्याहरति या ऋक्
तत्साम। तस्मादप्राणन्ननपानन्साम गायति। यत्साम स
उद्गीथस्तस्मादप्राणन्ननपानन्नुद्गायति।।४

उगता दिनकर बन उद्गाता, कल्याण प्रजाओं का करता।
जो जाने तम-भय नहीं उसे, उगते ही तम-भय सब हरता। १
ये प्राण सूर्य दोनों समान, हैं उष्ण युगल, उष्मा देते।
जानेवाला 'स्वर' प्राण रहे, रवि जब जाता स्वर हैं कहते।
लौटता पुनः हो सूर्य अस्त, इससे 'प्रत्यास्वर' भी कहते।
इसलिये प्राण उद्गीथ सूर्य, सब एक मान तीनों भजते। २
अन्दर खीचें हम सांस-प्राण, उच्छ्वास करें वह है अपान।
थमना है प्राणापान सन्धि, है इसी सन्धि का नाम व्यान।
जब सांस नहीं खींचें-फेकें, वाणी का हम व्यवहार करें।
इसलिये व्यान यह वाक् रूप, उद्गीथ मानकर व्यान वरें। ३
लें-फेकें प्राणापान नहीं, ये ऋचा गान हम करें तभी।
यह वाणी ही ऋक् रूप रहे, जो ऋचा वही हो साम सभी।
इसलिये साम गायन में हम, लें-फेकें प्राणापान नहीं।
उद्गीथ साम ही है मानो, है साम जहाँ उद्गीथ वहीं। ४

[Chāndogya-1-3

Leaving, Prāṇa and the sun sound notes or Svara
And returning both these resound Pratyāsvara.
Both Prāṇa and the sun being similar radiated,
Hence both should be as Udgītha meditated. 2
The inhaled breath is Prāṇa, exhaled is Apāna,
The pause between the two or meeting is Vyāna.
This Vyāna which is speech, as Udgītha meditate!
One speaks when the Prāṇāpāna not activate. 3
The speech is the Ṛg when Prāṇāpāna not function,
We speak when these breaths are not is action.
The Ṛg is Sāma and Udgītha is the pause,
The Vyāna and speech are the source and cause. 4

अतो यान्यन्यानि वीर्यवन्ति कर्माणि यथाऽग्नेर्मन्थन माजेः सरणं
दृढस्यधनुष आयमनमप्राणन्ननपानंस्तानि करोत्येतस्य हेतोर्व्या-
नमेवोद्गीथमुपासीत।५
अथ खलूद्गीथाक्षराण्युपासीतोद्गीथ इति। प्राण एवोत्प्राणे ह्यु
त्तिष्ठति। वाग्गीर्वाचो ह गिर इत्याचक्षतेऽन्नं थमन्ने हीदं सर्वं
स्थितम्।।६
द्यौरेवोदन्तरिक्षं गीः पृथिवी थमादित्य एवोद्वायुर्गीरग्निस्थम्। सामवेद
एवोद्यजुर्वेदो गीर्ऋग्वेदस्थं दुग्धेऽस्मै वाग्दोहं योवाचो दोहोऽन्नवा-
नन्नादो भवति य एतान्येवं विद्वानुदगीथाक्षराण्युपास्त उद्गीथ इति।।७

श्रम-साध्य कार्य, पावक-मंथन, रण-दौड़, खींचना दृढ़ धनु भी।
जब प्राणापान नहीं चलते, जब रोकें, करते इन्हें तभी।
यह व्यान जन्य ही संभव हो, ऐसी ही स्थिति को कहें व्यान।
है यही व्यान उद्गीथ रूप, हम भजें व्यान ओंकार मान। ५
यह प्राण रहे 'उत्', तन उठता, यह वाक् गिरा या 'गीर्' रूप।
'थम्' अन्न, सभी स्थित अन्नों में, उत्-गी-थ शब्द लेता स्वरूप। ६
द्यौ उत् है अन्तरिक्ष 'गी' है, पृथ्वी थम् जिसपर रहें सभी।
रवि उत्, गी वायु, अग्नि थम् या, उत् साम, गीर यजु, ऋक् थम् भी।
मानो वाणी का दुग्ध यही, अक्षर-आशय जो यह जाने।
वह अन्नवान औ भोक्ता जो उद्गीथ अक्षरों को माने। ७

Upaniṣad]

Also hard works like tinder wood churning,
Drawing strong bows and doing battle running,
One does by Vyāna, holding Prāṇa and Apāna,
Thus one should meditate Udgītha as Vyāna. 5
Now here is Udgītha's syllable-wise meditation,
This Prāṇa is 'Ut' meaning raising a person.
The 'Gīr' or 'Girā' syllable to this speech pertain,
And the food-matters are 'Tha' which all contain. 6
The sky is 'Ut' and the space 'Gīr' denoted,
Cosmologically earth the 'Tha' base connoted.
The sun 'Ut' air 'Gīr' and fire 'Tha' ascribed.
The Sāma Ut, Yaju Gīr and Ṛg Tha prescribed.
Who knowing these syllables in Udgītha abided,
The speech-cow the Udgītha-milk-sap provided.
One who realizing Udgītha contemplated,
Affluent in food, as enjoyer he elated. 7

अथ खल्वाशीः समृद्धिरूपसरणानीत्युपासीत येन साम्ना स्तोष्यन्स्यात्तत्सामोपधावेत्॥८
यस्यामृचि तामृचं यदार्षेयं तमृषिं यां देवतामभिष्टोष्यन्स्यात्तां देवतामुपधावेत्।९
येन च्छन्दसास्तोष्यन्स्यात्तच्छन्द उपधावेद्येन स्तोमेन स्तोष्यमाणः स्यात्तं स्तोममुपधावेत्॥१०
यां दिशमभिष्टोष्यन्स्यात्तां दिशमुपधावेत्॥११

जिस साम गान से प्रभु कीर्तन, उस पर ही मन को दौड़ाता।
समृद्धि और आशीष हेतु, 'उपसरण' भजे जो उद्गाता। ८
प्रभु की स्तुति जिससे करनी हो, वह ऋचा ध्यान में ले आयें।
जो ऋषि औ देव अभीष्ट रहें, सब ध्यान उधर ही दौड़ायें। ९
स्तुति गायन के जो उचित छन्द, जा पहुँचे उनपर तुरत ध्यान।
प्रभु की स्तुति का जो स्तोत्र रहे, उसका ही कर ले तुरत गान। १०
स्तुति का प्रवाह भी इसी भाँति, जिस ओर बहाना हो अभीष्ट।
वह दिशा तुरत ही ध्यान मध्य, आ जाये जाना जिधर इष्ट। ११

[Chāndogya-1-3

To gain the grace of God and prosperity,
One shoud practise the 'Upasaraṇa' austerity,
Racing mind to the goal the Upasaraṇa teaches,
And running to the Sāma, the Supreme one reaches. 8
Bring that hymn to mind by which to meditate,
Remember the Seer who hymn did contemplate,
Concentrate on the God whom you venerated,
Drive quickly your mind to these goals narrated. 9
Find the metre and music you are to utilise,
Before singing that hymn these fully realise.
Select passeges and chants to be contemplated,
See that these Stotras God's glories related. 10
Fix the manner of worship you have to perform,
The flow of your worship should also conform.
Set the direction in which the invocations proceed,
Thus quickly contemplate all this to succeed. 11

आत्मानमन्तत उपसृत्य स्तुवीत कामं ध्यायन्नप्रमत्तोऽभ्याशो ह
यदस्मै स कामः समृद्ध्येत यत्कामः स्तुवीतेति यत्कामः
स्तुवीतेति॥१२

प्रथम प्रपाठक-खण्ड ४

ओमित्येतदक्षरमुद्गीथमुपासीतोमिति ह्युद्गायति तस्योपव्याख्यानम्।१
देवा वै मृत्योर्बिभ्यतस्त्रयीं विद्यां प्राविशंस्ते छन्दोभिरच्छादयन्।
यदेभिराच्छादयंस्तच्छन्दसां छन्दस्त्वम्।२ तानु तत्र मृत्युर्यथा
मत्स्यमुदके परिपश्येदेवं पर्यपश्यदृचि साम्नि यजुषि।
तेनु वित्त्वोर्ध्वा ऋचः साम्नो यजुषः स्वरमेव प्राविशन्।३

इस भाँति अन्त में अप्रमत्त, वह ब्रह्म निकट जा यथाकाम।
स्तुति करे प्राप्त समृद्धि करे, होता वह निश्चय आप्तकाम। १२

प्रथम प्रपाठक-खण्ड४-(ओंकार का मर्म)

उद्गीथ ओम् यह अक्षर है, यह उच्च स्वरों में करें गान।
इसका ही है व्याख्यान यहाँ, इसकी उपासना करें जान। १
छन्दों से, विद्या-त्रयी मध्य, तन ढांप मृत्यु-भय देव रहें।
छन्दों से आवृत छिपे देव, आच्छादन कारण छन्द कहें। २
ऋक् यजु औ साम छिपे देखा, मछली दिखती जल में जैसे।
यह जान पुनः छिप गये देव, जा वेद-परे स्वर में वैसे। ३

Upaniṣad]

Thus approaching the Great Self be undeluded!
Meditate and worship as your mind alluded.
Resolving and praying your object you gain,
And as per your desire all you will attain! 12

Part One-Secton-4 (Meaning of Oṁ)

Verily this Oṁkāra is Udgītha Imperishable.
One should meditate Oṁ syllable venerable.
The hymn singer sings aloud this very syllable,
Here is an explanation of Oṁ adorable. 1
At one time the gods for fear of death hided,
Covered by the three-fold wisdom they abided,
As the gods for cover used hymns or Chandas
Metred verses are called Chanda in the Vedas. 2
The gods in the Ṛg Sāma and Yaju concealed,
Like fishes in water to death were revealed.
The gods then above the Vedas transcended,
To the Oṁ syllable Svara or high note ascended. 3

यदा वा ऋचमाप्नोत्योमित्येवातिस्वरत्येवं सामैवं यजुरेष उ स्वरो
यदेतदक्षरमेतदमृतमभयं तत्प्रविश्यदेवा अमृता अभया अभवन्॥४
स य एतदेवं विद्वानक्षरं प्रणौत्येतदेवाक्षरं स्वरममृतमभयं
प्रविशति तत्प्रविश्य यदमृता देवास्तमृतो भवति।५

प्रथम प्रपाठक- खण्ड ५

अथ खलु य उद्गीथः स प्रणवो यः प्रणवः स उद्गीथ इत्यसौ
वा आदित्य उद्गीथ एष प्रणव ओमिति ह्येष स्वरन्नेति।१
एतमु एवाहमभ्यगासिषं तस्मान्मम त्वमेकोऽसीति ह कौषीतकिः
पुत्रमुवाच रश्मींस्त्वं पर्यावर्तयाद् बहवो वै ते भविष्यन्तीत्यधिदैवतम्।२

हम दीर्घ स्वरों में कहें ओम्, यह मर्म ऋचाओं का जानें
दीर्घोच्चारण ही करें ओम्, यजु साम मर्म भी यह मानें।
है अभय यही ओंकार रूप, है यही ओम् अमृतमय स्वर।
हैं देव अभय औ अमृत भी, करके प्रवेश इस ओमाक्षर। ४
अक्षर ध्वनि में जो लीन रहे, अक्षर स्तुति करता इसे जान।
अक्षर स्वर अभय प्रविष्ट लीन, देवों सा अमृत अभय मान। ५

प्रथम प्रपाठक-खण्ड ५ (उद्गीथ और प्रणव एक)

उद्गीथ प्रणव है, प्रणव ओम्, रवि ओम्, प्रणव, उद्गीथ वही।
होता है उदित घोष करता, रवि उच्च स्वरों में ओम् यही। १
गाकर ओंकार तुझे पाया, कौषीतकि सुत को कहें वचन।
रवि रश्मियुक्त बहुपुत्र बनो, अधिदैव रूप यह रहे कथन। २

[Chāndogya-1-2

Knowing the Ṛg one Oṁ loudly meditated,
Knowing Sāma and Yaju one similarly contemplated.
The high note is the Fearless and Imperishable here,
Gaining it the gods are immortal without fear. 4
One who knowing this the Imperishable adored,
The Immortal and Fearless Supreme one scored.
Entering into it one is immortal in union,
As those gods had become on communion. 5

Part One Section-5 (Udgītha & Praṇava)

What is Udgītha is also Praṇava named,
And what is Praṇava is Udgītha also famed.
The Sun is the Udgītha, Praṇava and the syllable,
Rising it lauds aloud the Oṁ Imperishable. 1

अथाध्यात्मम्। च एवायं मुख्यः प्राणस्तमुद्गीथ मुपासीतो मिति ह्येष स्वरन्नेति।३
एतमुएवाहमभ्यगासिषं तस्मान्ममत्वमेकोऽसीति ह कोषीतकिः पुत्रमुवाच
प्राणास्त्वं भूमानमभिगायताद् बहवो वै मे भविष्यन्तीति।४
अथ खलु य उद्गीथः स प्रणवो यः प्रणवः स उद्गीथ इति
होतृषदनाद्धैवापि दुरुद्गीतमनुसमाहरतीत्यनुसमाहरतीति।५

प्रथम प्रपाठक-खण्ड ६

इयमेवर्गग्निः साम तदेतदेतस्यामृच्यध्यूढं साम तस्मादृच्यध्यूढं साम
गीयत इयमेव साऽग्निरमस्तत्साम।१

मुख स्थित जो रहता जीव मध्य, वह प्राण भजें उद्गीथ मान।
ओंकार नाद सस्वर करता, यह प्राण चले, अध्यात्म जान। ३
कौषीतकि सुत को कहें, ओम् गाकर पाया है तुझे एक।
भूमा भगवन भज, प्राण ओम्, तुझसे मुझको होवें अनेक। ४
जो प्रणव वही उद्गीथ करे, उद्गीथ प्रणव हैं एक युगल।
जो हवन करे, यह जान करे, प्रणवोच्चारण त्रुटि दूर सकल। ५

खण्ड-६ (ऋक्-साम एकता, ब्रह्माण्ड-पिण्ड में उद्गीथ)

पृथ्वी ऋक्, पावक साम रूप, पावक भू, गान ऋचा आश्रित।
पृथ्वी 'सा' पावक 'अम' स्वरूप, यह साम बना जो ऋक् पर स्थित। १

Upaniṣad]

Singing Oṁ, said Kauśītaki, I got you as my son!
Be surrounded by the rays of the Oṁkāra Sun!
You will have many sons and disciples there,
Sun-based, cosmologically it is stated here. 2
The Chief Prāṇa in mouth as Udgītha meditate!
The Prāṇa as the Oṁkāra loudly contemplate!
This is called the Physical or Bolily exposition.
In this body and person the Oṁ meditation. 3
I got you as my son when I Oṁ contemplated!
Sing of the God Bhūmā, Kauśītaki related.
Consider this Prāṇa as the Oṁkāra venerable,
Many sons you will have and disciples able. 4
The Sāma's Udgītha is the Praṇava in Ṛgveda,
The Praṇava of the Ṛg is Udgītha in Sāmaveda!
Knowing the oblator doing Praṇava enunciation,
Removes the defects in Oṁkāra pronunciation. 5

अन्तरिक्षमेवर्ग्वायुः साम तदेतदेतस्यामृच्यध्यूढं साम तस्मादृच्य-
ध्यूढं साम गीयतेऽन्तरिक्षमेव सा वायुरमस्तत्साम।२
द्यौरेवर्गादित्यः साम तदेतदेतस्यामृच्यध्यूढं साम तस्मादृच्यध्यूढं
सामगीयते द्यौरेव सादित्योऽमस्तत्साम।३
नक्षत्राण्येकवर्क् चन्द्रमाः साम तदेतदेतस्यामृच्यध्यूढं साम
तस्मादृच्यध्यूढं साम गीयते नक्षणाण्येव सा चन्द्रमा अमस्तत्साम।४।
अथ यदेतदात्यिस्य शुक्लं भाः सैवर्गथ यन्नीलं परः कृष्णं
तत्साम तदेतदेतस्यामृच्यध्यूढं सामतस्मादृच्यध्यूढं साम गीयते।५

यह अन्तरिक्ष ऋक्, वायु साम, इस अन्तरिक्ष में टिका पवन।
यह साम गान ऋक् का करता, 'अम' वायु रहे 'सा' यही गगन। २
द्यौ ऋक् है, रवि हो सामवेद, रवि द्यौ पर, गान ऋचा आश्रित।
द्यौ 'सा' है, रवि ही 'अम' रहता, यह साम बना जो ऋक् पर स्थित। ३
नक्षत्र ऋचा औ चन्द्र साम, नक्षत्र-लोक चन्द्रमा यही।
नक्षत्र रहे 'सा' शशि 'अम' है, यह साम टिका है ऋक् पर ही। ४
ऋग्वेद रहे रवि श्वेत रश्मि, रवि कृष्ण रश्मि हो साम रूप।
है श्वेत रश्मि से कृष्ण रश्मि, ऋक् जन्य साम लेता स्वरूप।
ऋक् साम युगल होते अभिन्न, ऋक् से ही करते साम-गान।
'सा' शुक्ल रश्मि, 'अम' कृष्ण रश्मि, मिलने से बनता साम जान। ५

Part-I, Sec. 6 [Ṛg-Sāma Unity] [Chāndogya

The earth denoted Ṛg and fire the Sāmaveda,
The fire depends on earth and Sāma on Ṛgveda.
By the non-different Sāma Ṛg hymns are recited,
The earth Sā and fire Ama in Sāma united. 1
The space denotes Ṛg and the air Sāmaveda,
Air bases on the space and Sāma on Ṛgveda.
By Ṛg hymns the Sāma non-different is recited,
The space Sā and air 'Ama' in Sāma united. 2
The sky is the Ṛg and the sun Sāmaveda,
The sun dwells in sky and Sāma in Ṛgveda.
By Ṛg chant the non-different Sāma is recited,
The sky 'Sā' and the sun 'Ama' in Sāma united. 3
The stars are the Ṛg and the moon Sāmaveda,
The moon is among stars and Sāma in Ṛgveda.
By the Ṛg hymns the Sāma similar is recited,
The stars 'Sā' and moon 'Ama' in Sāma united. 4.

अथ यदेवैतदादित्यस्य शुक्लं भाः सैव साऽथ यन्नीलं परः कृष्णं
तदमस्तत्सामऽथ य एषोऽन्तरादित्ये हिरण्मयः पुरुषो दृश्यते
हिरण्यश्मश्रुर्हिण्य केश आप्रण खात्सर्वं एव सुवर्णः।६
तस्य यथा कप्यासं पुण्डरीक मेवमक्षिणी तस्योदिति नाम। स एष
सर्वेभ्यः पापमभ्य उदितः। उदेति ह वै सर्वेभ्यः पाप्मभ्यो च एवं वेद।७
तस्यर्क च साम च गेष्णौ तस्मादुद्गीथस्तस्मात्त्वेवोद्गातैतस्य हि गाता
स एष ये चामुष्मात्परांचो लोकास्तेषां चेष्टे देवकामानां चेत्यधिदैवतम्॥८

आदित्य मध्य वह स्वर्ण-पुरुष, दीखती मूँछ-दाढ़ी सुवर्ण।
स्वर्णिम है उसकी केश राशि, नख तक सब कुछ हो स्वर्ण वर्ण। ६
हैं नेत्र कमल-से लाल-लाल, 'उत्' कहलाता आदित्य यही।
सब पापों से वह है ऊपर, जाने पापों से परे वही। ७
ऋक्-साम सूर्य-महिमा गाते, इससे रवि यह उद्गीथ रूप।
उद्गाता यह महिमा गाकर, कहलाता उद्गाता स्वरूप।
उन लोकों का जो लोक-परे, स्वामी वह पुरुष हिरण्मय ही।
सब दिव्य कामना का स्वामी, अध्यात्म परे अधिदैव यही। ८

Upaniṣad]

Sun's white rays are Ṛg and the blue Sāmaveda,
As the blue is from white, Sāma is from Ṛgveda.
By Ṛg hymns Sāma non-different is recited,
The white 'Sā' and blue 'Ama' in Sāma united. 5
What is perceived there yonder in the sun,
That appears to be some golden hued person!
His beards, whiskers and hairs are of gold,
To the tip of the nails one golden does hehold. 6
Red-eyed like lotus, that Person is 'Ut' stated,
Being 'Ut' or above sin, he is so related.
One who knows the Ut and the sun's golden form,
Beyond all sins one to virtues does conform. 7
The Sun Person's glories the Ṛg and Sāma stated,
Cosmologically the sun is Udgītha related.
One is called a hymn singer singing of the Person,
The lord of divine wills and worlds in Creation! 8

प्रथम प्रपाठक- खण्ड ७

अथाध्यात्मम्। वागेवर्क् प्राणः साम। तदेतदेतस्यामृच्यध्यूढं साम।
तस्मादृच्यध्यूढं साम गीयते। वागेव सा प्राणोऽमस्तत्साम।१
चक्षुरेवर्गात्मा साम। तदेतवेतस्यामृच्यध्यूढं साम।
तस्मादृच्यध्यूढं साम गीयते। चक्षुरेव साऽऽत्माऽमस्तत्साम।२
श्रोत्रमेव ऋक् मनः साम। तदेतदेत स्यामृच्यध्यूढं साम।
तस्मादृच्यध्यूढं साम गीयते। श्रोत्रमेव सा मनोऽमस्तत्साम।३

प्रथम प्रपाठक-खण्ड ७

वाणी ऋक् है औ प्राण साम, यह प्राण वाक् से कह पाये।
ऋक् पर ही प्राण रहे आश्रित, यह साम ऋचा से ही गाये।
जिनके मिलने से साम बने, वाणी है 'सा' 'अम' प्राण वही।
ऋक् साम युगल होते अभिन्न, अध्यात्म रूप व्याख्यान यही। १
ऋक् नेत्र, साम हो रूप दृश्य, यह रूप नेत्र पर है आश्रित।
वैसे ही ऋक् पर साम टिका, यह साम ऋचाओं पर ही स्थित।
ऋक् साम रहें दोनों समान, 'सा' माना जाता नेत्र रूप।
छाया अम है, दोनों मिलते, यह साम शब्द लेता स्वरूप। २
ऋग्वेद श्रोत्र, मन सामवेद, मन श्रोत्र सहारे ही सुनता।
'सा' श्रोत्र मिले जब यह मन 'अम', ऋक्-आश्रित साम तभी बनता। ३

[Chāndogya

Part One-Section-7

Bodily the speech is Ṛg and Prāṇa Sāmaveda,
Through speech speaks Prāṇa and Sāma by Ṛgveda.
By Ṛg hymns the non-different Sāma is recited,
The 'Sā' of speech and Prāṇa's 'Ama' in Sāma united. 1
The eye is the Ṛg and the image Sāmaveda,
On eye the image bases and Sāma on Ṛgveda.
By Ṛg hymns the Sāma non-different is recited,
The eye's 'Sā' and vision's 'Ama' in Sāma united. 2
The ear is the Ṛg and the mind Sāmaveda,
The mind depends on ear and Sāma on Ṛgveda.
By the Ṛg hymns non-different Sāma is recited,
The ear's 'Sā' and mind's 'Ama' in Sāma united. 3

अथयदेतदक्षणः शुक्लं भाः सैवर्गथ यन्नीलं परः कृष्णं तत्साम।
तदेतदेतस्यामृच्यध्यूढं साम। तस्मादृच्यध्यूढं साम गीयते। अथ
यदेवैतदक्षणः शुक्लं भाः सैव साऽथ यन्नीलं परः कृष्णं तदमस्तत्साम।४
अथ य एषोऽन्तरक्षिणि पुरुषो दृश्यते सैवर्क्तत्साम तदुक्थ तद्यजुस्तद्ब्रह्म।
तस्यैतस्यतदेव रूपं यदमुष्य रूपं यावमुष्य गेष्णौ तौ गेष्णौ यन्नाम तन्नाम।५
स एष ये चैतस्मादर्वाञ्चो लोकास्तेषां चेष्टे मनुष्य कामानां चेति
तद्य इमे वीणायां गायन्त्येतं ते गायन्ति, तस्मात्ते धनसनयः।६
अथ य एतदेवं विद्वान्साम गायत्युभौ स गायति, सोऽमुनैव स एष
ये चामुष्मात्परांचो लोकास्तां श्चाप्नोति देवकामांश्च।७

ऋक् शुक्ल ज्योति है नेत्रों की, जो कृष्ण ज्योति वह साम रूप।
यह कृष्ण ज्योति है शुक्ल जन्य, ऋक् जन्य साम भी ले स्वरूप।
जो शुक्ल ज्योति वह 'सा' रहती, इस कृष्ण ज्योति से हों अम' भी।
यह साम ऋचा से ही गाते, यह साम शब्द भी बने तभी। ४
जो पुरुष दीखता चक्षु मध्य, ऋक् साम उक्थ यजु ब्रह्म वही।
आदित्य-पुरुष सा नाम रूप, महिमा गायें ऋक्-साम यही। ५
शासक नीचे लोकों का भी, यह मनुज-कामना पूर्ति करे।
महिमा उसकी वीणा पर गा, जो भक्त वित्त-सम्पत्ति वरे। ६
यह जान करे जो सामगान, वह युगल पुरुष महिमा गाये।
वह जाता रवि से परे लोक, कामना देव की वह पाये। ७

Upaniṣad]

The eye's white is Ṛg and the blue Sāmaveda,
The blue is from white and Sāma from Ṛgveda.
By Ṛg hymns the Sāma non-different is recited
The white 'Sā' and blue 'Ama' in Sāma united. 4
Verily the 'Person in the eye' is Sāmaveda.
He is Brahma Uktha, the Yaju and Ṛgveda.
The Eye Person as Golden Sun Person vivified,
Called Uktha, it the Ṛg and the Sāma glorified. 5
The ruler of the worlds that below extended,
The lord of desires that the Person superintended,
Meditators on lyre His glories described,
And thereby wealth and prosperity derived. 6
Knowing it who sang the Sāma and meditated,
And the Sun Person with Eye Person venerated,
The worlds beyond the sun so singing he gains,
And also all desires divine he attains. 7

अथानेनैव ये चैतस्मादर्वाञ्चोलोकास्तां श्चाप्नोति
मनुष्यकामांश्च तस्मादु हैवं विदुद्गाता ब्रूयात्।८
कं ते काममागायानीति। एष ह्येव कामागान स्येष्टे।
य एवं विद्वान्साम गायति साम गायति॥९

प्रथम प्रपाठक-खण्ड ८

त्रयो होद्गीथे कुशला बभूवुः शिलकः शालावत्यश्चैकितायनो
दाल्भ्यः प्रवाहणोजैवलिरिति, ते होचुरुद्गीथे वै कुशला
स्मो हन्तोद्गीथे कथां वदा इति।१

जो मनुज लोक से अधः लोक, औ मनुज कामना वह पाये।
यजमानों से यों कह सकता, उद्गाता जो ऐसा गाये। ८
यजमान कामना क्या गाऊँ, गाकर ही वह सब कुछ वरता।
जाने जो, गाता वही साम, वस्तुतः वही गायन करता। ९

खण्ड-८ (ऋषियों में उद्गीथ चर्चा)

था दाल्भ्य, पुत्र-चिकितायन औ दूसरा प्रवाहण, सुत-जीवल।
थे शालावान पिता जिसके, वह शिलक, तीन उद्गीथ-कुशल।
कहते तीनों यह आपस में, आओ बैठें हम यहाँ सकल।
चर्चा कर लें उद्गीथ-ओम्, हम तीनों ही उद्गीथ-कुशल। १

[Chāndogya-1-7

All the worlds below this one he acquires,
And fulfils all wishes that a person desires.
A hymn singer who knows this, he can thus claim,
To the doer host he can certainly proclaim. 8
O dear, now tell me what it is you desire?
For what do I sing and for what you aspire?
By singing Sāma hymns, he obtains all things,
One who knowingly sings, only he really sings! 9

Section-8 (Three sages and Oṁ)

Once Śilaka, Dālbhya and Pravāhaṇa conversed,
The sages thought they were in Udgītha well versed.
Śālāvāna's, cikitāyana's and Jīvala's sons of yore,
They decided to discuss the Udgītha once more. 1

तथेति ह समुपविविशुः, स ह प्रवाहणो जैवलिरुवाच,
भगवन्तावग्रे वदतां ब्राह्मणयोर्वदतोर्वाचं श्रोष्यामीति।२
स ह शिलकः शालावत्यश्चैकितायनं दाल्भ्यमुवाच
हन्त त्वा पृच्छानीति, पृच्छेति होवाच।३
का साम्नो गतिरिति, स्वर इति होवाच, स्वरस्य का गतिरिति,
प्राण इति होवाच, प्राणस्यका गतिरित्यन्नमिति होवाचान्नस्य
का गतिरित्याप इति होवाच।४
अपां का गतिरित्यसौ लोक इति होवाचामुष्यलोकस्य का गतिरिति
न स्वर्गं लोकमतिनयेदिति होवाच, स्वर्गं वयं लोकं
सामाभिसंस्थापयामः, स्वर्गसंस्तावं हि सामेति।५

अब करें आप दोनों चर्चा, मैं सुनूं आपकी बात प्रथम।
यों कहें प्रवाहण, जीवल-सुत, सब गये बैठ जब कह उत्तम। २
चर्चा प्रारम्भ हुई इस पर, अब शिलक-दाल्भ्य में चर्चा हो।
पूछते शिलक, क्या मैं पूछूँ, बोलते दाल्भ्य, हाँ जो चाहो! ३
यह साम गान कैसे, स्वर से, स्वर की गति, वह हो प्राण जनित!
गति प्राण कहाँ, वह अन्नों से, ये अन्न कहाँ से, जल विरचित! ४
जल स्रोत कहाँ, वह स्वर्ग मध्य, यह स्वर्गलोक है किस पर स्थित?
इस स्वर्गलोक के आगे अब, हो प्रश्न नहीं किस पर आश्रित?
हम सामगान द्वारा करते, यह स्वर्गलोक केवल स्थापित।
इससे आगे अतिक्रमण नहीं, यह साम करे वैकुण्ठ विहित। ५

Upaniṣad]

Agreeing they sat down for discussion and debate,
Jīvala's son Pravāhaṇa then thus did state.
First the two of you discuss this meditation,
While I will be listening and doing deliberation. 2
Now Śilaka and Dālbhya started the discussion,
Asked Śilaka if he could begin by his question?
Dālbhya's reply came in the affirmative,
Now the questions and answers form this narrative. 3
How the Sāma is sung, it is sung by the note!
Where from the notes come, the Prāṇas denote!
How the Prāṇas persist , on the food they subsisted!
How the food grows here, due to water it existed! 4
Asked from where comes water, the heaven was stated.
Asked what supports heaven, said , answer not merited!
Not going beyond, Dālbhya said, we heaven establish,
It is heaven that Sāma hymns praise and cherish! 5

तं ह शिलकः शालावत्यश्चैकितायनं दाल्भ्यमुवाचाप्रतिष्ठितं वै
किल ते दाल्भ्य साम। यस्त्वेतर्हि ब्रूयान्मूर्धा ते विपतिष्यतीति
मूर्धा ते विपतेदिति।६
हन्ताहमेतद्भगवतो वेदानीति, विद्धीति होवाच। अमुष्य लोकस्य
का गतिरित्ययं लोक इति होवाच। अस्य लोकस्य का गतिरिति
न प्रतिष्ठां लोकमतिनयेदिति होवाच। प्रतिष्ठां वयं लोकं
सामाभिसंस्थापयामः प्रतिष्ठासंस्तावं हि सामेति।७
तं ह प्रवाहणोजैवलिरुवाच। अन्तवद्वै किल ते शालावत्य साम।
यस्त्वेतर्हिब्रूयान्मूर्धा ते विपतिष्यतीति मूर्धा ते विपतेदिति। हन्ताहमेतद्
भगवतोवेदानीति, विद्धीति होवाच।८

हे दाल्भ्य साम गायन द्वारा, तुम स्वर्ग मात्र करते स्थापित।
बोलते शिलक, यदि धिक्कारें, लज्जा से सिर हो विस्थापित। ६
भगवन क्या देंगे मुझे ज्ञान, बोलते दाल्भ्य तब यों इसपर।
हाँ, बोले शिलक, दाल्भ्य पूछे, बतलायें स्वर्ग टिका किसपर?
पृथ्वी पर, फिर पृथ्वी किस पर, हो प्रश्न नहीं कुछ अन्य परे।
पृथ्वी-स्तुति गाये सामगान, पृथ्वी की ही स्थापना करे। ७
तब कहे प्रवाहण जैवलि भी, हे शिलक साम तेरा निष्फल।
धिक्कारें यदि यह अल्पज्ञान, लज्जानत हो सिर, ज्ञान विफल।
बोलते शिलक तब हे भगवन, क्या दे सकते हैं मुझे ज्ञान?
जैवलि बोले, हे शिलक सुनो, निश्चय सकते हो इसे जान। ८

[Chāndogya-1-8

O Dālbhya, your Sāma will be discredited,
Not going beyond heaven, your wisdom is limited.
You will be put to shame Śilaka thus stated,
Your head will fall off if so repudiated! 6
Will you answer, Dālbhya asked, and Śilaka yes stated.
Dālbhya asked, what then this heaven instated?
Śilaka said the earth, which everything contained,
Dālbhya asked again, how this earth is sustained?
Śilaka said, going beyond the earth not cherish!
By the Sāma hymns we this earth establish!
The earth all creatures sustained and supported,
Glorifying earth is all that the Sāma purported. 7
Such Sāma wisdom is vain, Pravāhaṇa stated,
Your head will fall off if one repudiated.
Śilaka asked, O Reverend, may I from you know?
Pravāhaṇa then said, certainly I can show! 8

प्रथम प्रपाठक-खण्ड ९

अस्य लोकस्य का गतिरित्याकाश इति होवाच। सर्वाणि ह वा इमानि भूतान्याकाशादेव समुत्पद्यन्त आकाशं प्रत्यस्तं यन्त्याकाशो ह्येवैभ्योज्यायानाकाशः परायणम्।१

स एष परोवरीयानुद्गीथः स एषोऽनन्तः परोवरीयोहास्य भवति परोवरीयसो ह लोकाञ्जयति य एतदेवं विद्वान्परोवरीयां समुद्गीथमुपास्ते।२

तं हैतमतिधन्वा शौनक उदरशाण्डिल्यायोक्त्वोवाच। यावत्त एनं प्रजायामुद्गीथं वेदिष्यन्ते परोवरीयो हैभ्यस्तावदस्मिंल्लोके जीवनं भविष्यति।३

तथा मुष्मिंल्लोके लोक इति। स य एतदेवं विद्वानुपास्ते परोवरीय एव हास्यास्मिंल्लोके जीवनं भवति तथा मुष्मिंल्लोके लोक इति लोके लोक इति।४

प्रथम प्रपाठक-खण्ड ९

भूलोक कहाँ, नभ गति इसकी, नभ मध्य जन्म लें सभी भूत।
आकाश मध्य ही सभी अस्त, नभ परमधाम औ महाभूत। १
उद्‌गीथ यही, है यह अनन्त, यह ब्रह्म, अन्य से यह गरीय।
सबसे वरीय उद्‌गीथ भजे, वह श्रेष्ठ लोक ले, हो वरीय। २
अतिधन्वा शौनक कहें इसे, निज शिष्य उदर शाण्डिल्य जन्य।
जब तक उद्‌गीथ तुम्हारे कुल, होगा वरीय उनसे न अन्य। ३
सम्मान उन्हें पर लोक मध्य, उद्‌गीथ भजें, जानें ऐसा।
इस लोक मध्य वे हों वरीय, परलोक गमन पर भी वैसा। ४

Part One-Section-9

Now Śilaka asked, how this earth is sustained?
By the sky said Pravāhaṇa, which all contained.
From the sky all arise and the sky all retained,
It Supreme Abode and great element pertained. 1
The symbol of Brahma, in all things greater,
The sky is Udgītha, infinite and better!
Knowing it as greater who sky meditated,
Winning great worlds he is greater related. 2
This discourse Atidhanvā Śaunaka narrated,
He to his disciple Udara Śāṇdilya related.
He said, all your progeny's life will be better,
So long as they have Udgītha-wisdom greater! 3
One who knowing this Udgītha meditated,
In the yonder world also he will be venerated.
In this world his life is always the best,
In the yonder world also he is the greatest. 4

प्रथम प्रपाठक- खण्ड १०

मटचीहतेषु कुरुष्वाटिक्या सह जाययोषस्तिर्ह चाक्रायण
इभ्यग्रामे प्रदाणक उवास।१
स हेभ्यं कुल्माषान्खादन्तं बिभिक्षे। तं होवाच।
नेतोऽन्ये विद्यन्ते यच्च ये म इम उपनिहिता इति।२
एतेषां मे देहीति होवाच, तानस्मै प्रददौ,
हन्तानुपानमित्युच्छिष्टं वै मे पीतं स्यादिति होवाच।३
न स्विदेतेऽप्युच्छिष्टा इति, न वा अजीविष्यमिमान-
खादन्निति होवाच, कामो म उदपानमिति।४

प्रथम प्रपाठक-खण्ड १० (उषस्ति चाक्रायण)

ऋषि चाक्रायण धनहीन एक, वे कुरु में ओले पड़ने पर।
हाथी वालों के ग्राम बसे, आटिकी नाम पत्नी लेकर। १
खा रहे गले औ सड़े उड़द, हाथी वाले से ही माँगा।
वह बोला, ये जो सड़े उड़द, इनसे न अन्य कुछ जो दूंगा। २
इनमें से ही दो, दिया भीख , जल भी लो, बोले, नहीं कभी!
यदि इस जल का मैं पान करूँ, मैं पीऊँगा उच्छिष्ट तभी। ३
ये उड़द नहीं है क्या जूठे, खाऊँ ये नहीं, नहीं जीऊँ।
जल चाहे जहाँ वहीं मिलता, जितना पानी चाहूँ पीऊँ। ४

[Chāndogya

Part One -Section-10

Once the land of Kurus was by hailstorms decayed,
There at that time Uṣasti Cākrāyaṇa stayed.
In a village where elephant-men resided,
With his wife Ātikī the poor sage abided. 1
Seeing an elephant man eating beans looking bad,
He begged for alms as great hunger he had.
The man said, the only beans are those laid before,
To give you I do not have fresh beans any more! 2
Give out of these beans, the hungry sage suggested,
The man gave him some as he was requested.
He offered also water but the sage intercepted,
He said, drinking leftovers can not be accepted. 3
The man asked, were not the beans too defiled?
The sage said, for life's sake he had reconciled.
He would not survive if he did not eat these,
But there was water everywhere to appease. 4

स ह खादित्वातिशेषाञ्जायायाआजहार साग्र एव सुभिक्षा बभूव,
तान्प्रतिगृह्य निदधौ।५
स ह प्रातः संजिहान उवाच, यद्बतान्नस्य लभेमहि लभेमहि
धनमात्राम्, राजासौ यक्ष्यते, स मा सर्वैर्त्विज्यैर्वृणीतेति।६
तं जायोवाच, हन्त पत इम एव कुल्माषाइति,तान्खादित्वाऽमुं यज्ञं
विततमेयाय।७
तत्रोद्गातृनास्तावे स्तोष्यमाणानुपोपविवेश, स ह प्रस्तोतारमुवाच।८
प्रस्तोतर्या देवता प्रस्तावमन्वायत्ता तां चेदविद्वान्प्रस्तोष्यसि मूर्धा ते
विपतिष्यतीति।९

खाकर पत्नी के लिये शेष लाया, पत्नी ने रखा उसे।
भिक्षा पहले ही लाई थी, भोजन प्रबन्ध था ही उससे। ५
प्रातः जगने पर वह बोला, धन प्राप्त करूँ यदि अन्न मिले।
यह राजा यज्ञ करेगा, वह, सब ऋत्विज में मुझको चुन ले। ६
पतिदेव लीजिये रखे वही, भार्या ने कहा उड़द लाकर।
उस महायज्ञ में ऋषि जायें, तब जूठे उड़द वही खाकर। ७
उन उद्गाताओं के स्थल में, कर रहे वहाँ जो स्तोत्र पठन।
जाकर ऋषि बैठा निकट पहुँच, प्रस्तोता से यों कहे वचन। ८
प्रस्तावों से जो देव इष्ट, यदि उसका होगा नहीं ज्ञान।
प्रस्तोता यदि प्रस्ताव करे, सिर नीचे होगा यही जान! ९

Upaniṣad]

The sage ate some of the decayed beans there,
And brought the remaining for wife he did care.
But his wife had also procured alms before,
She kept aside those rotten beans therefore. 5
The sage said when in the morning he did wake,
If he had some food, some money he could make.
The king was performing a sacrifice here,
He may be selected among priests present there. 6
On this his wife came forward and said,
Here have these dear and those beans she laid.
The rotten beans again for the sage did suffice
And he went to attend the great sacrifice. 7
The sage came to that Yajña place celebrated,
He sat near the place where priests meditated.
Among the hymn singers who Stotras recited,
To the Prastotā priest the sage thus cited. 8

एवमेवोद्गातारमुवाचोद्गातर्या देवतोद्गीथमन्वायत्ता तां चेदविद्वानुद्गास्यसि मूर्धा ते विपतिष्यतीति।१०

एवमेव प्रतिहर्तारमुवाच, प्रतिहर्तर्या देवता प्रतिहारमन्वायत्ता तां चेदविद्वान्प्रतिहरिष्यसि मूर्धातेविपतिष्यतीति, ते ह समारतास्तूष्णी-मासांचक्रिरें।।११

प्रथम प्रपाठक-खण्ड ११

अथ हैनं यजमान उवाच, भगवन्तं वा अहं विविदिषाणीत्युषस्तिरस्मि चाक्रायण इति होवाच।१

उद्गीथ-ओम् जो देव रहे सम्बद्ध उसे यदि नहीं जान।
उद्गाता गाये ओम् अगर, सिर गिर जायेगा यही मान! १०
यदि नहीं जानता इष्टदेव, प्रतिहारों से सम्बद्ध कौन।
प्रतिहर्ता यदि प्रतिहार करे, सिर नीचे हो, वे रहे मौन! ११

प्रथम प्रपाठक-खण्ड ११

यजमान कहें चाक्रायण को, जानना आपको मैं चाहूँ।
यह सुनकर ऋषि परिचय देते, मैं ही उषस्ति चाक्रायण हूँ। १

[Chāndogya-1-10

Not knowing the Deity with the Prastāva related,
O Proposer if now you Prastāva contemplated,
If thus without knowledge you here meditated,
Your head would indeed fall off repudiated! 9
Without knowing the Deity with Udgītha related,
O hymn singer, if you Udgītha contemplated,
To the Udgītha Hymn Singer he now thus stated,
Also your head would fall off repudiated! 10
Not knowing the Deity with Pratihāra related,
O Pratihartā, if you Pratihāra contemplated,
The sage said, your head would fall off repudiated,
All the three now stopped and sat humiliated. 11

Part One-Section-11

The Doer king knowing to the sage so stated,
Tell me who are you thus fully initiated?
O Reverend, I want to know you really well,
Usasti Cākrāyaṇa I am, now the recluse did tell. 1

स होवाच, भगवन्तं वा अहमेभिः सर्वैरार्त्विज्यैः
पर्यैषिषं भगवतो वा अहमवित्त्याऽन्यानवृषि।२
भगवांस्त्वेव मे सर्वैरार्त्विज्यैरिति। तथेत्यथ तर्ह्येत एव समतिसृष्टाः
स्तुवतां यावत्त्वेभ्यो धनं दद्यास्तावन्मम दद्या इति, तथेति ह यजमान उवाच।३
अथ हैनं प्रस्तोतोपससाद प्रस्तोतर्या देवता प्रस्तावमन्वायत्ता तां
चेदविद्वान्प्रस्तोष्यसि मूर्धा ते विपतिष्यतीति, मा भगवान वोचत्कतमा सा देवतेति। ४
प्राण इति होवाच, सर्वाणि ह वा इमानि भूतानि प्राणमेवाभिसंविशन्ति,
प्राणमभ्युज्जिहते,सैषा देवता प्रस्तावमन्वायत्ता, तां चेदविद्वान्प्रास्तोष्यो
मूर्धा ते व्यपतिष्यत्तथोक्तस्य मयेति।५

राजा बोले, सब ऋत्विज से, ढुँढ़वाया भगवन, मिले नहीं।
ऋत्विज ये अन्य चुने मैंने, मिल सके नहीं जब आप कहीं। २
अब ऋत्विज मुख्य बनें, कर दें, यह यज्ञ आप ऋत्विजों सहित।
है ठीक, रहूँगा मैं, लेकिन, सुख से करने दें इन्हें विहित।
दक्षिणा रूप इनको जो दें, मुझको भी दें धन उतना ही।
मैं उनसे अधिक नहीं चाहूँ, राजा बोले हो, ऐसा ही। ३
कहता प्रस्तोता, नहीं जान, प्रस्ताव-देव को, जो कहते।
प्रस्ताव करे तो सिर नीचा, वह देव कौन भगवन रहते?४
वह प्राण, उसीमें भूत लीन, उत्पन्न प्राण से विद्यमान।
प्रस्ताव-देव है वही, कहा, सिर नीचे हो यह नहीं जान। ५

Upaniṣad]

The king said, I had looked for you Reverend!
I had sent these priests on this search errand.
When I learnt you were not anywhere around,
I selected other priests that here I found. 2
As the chief priest with others now Yajña perform!
The sage agreed, they too to me would conform.
I will guide them and you pay me only as much,
As you pay them and the king agreed as such. 3
Now the Proposer came to the sage and stated,
O Reverend which is that Deity so related?
You said, If I sang the Prastāva not knowing,
My head would fall off in humiliation so doing! 4
It is Prāṇa, the seer said, that all originated.
All beings at the end the Prāṇa assimilated.
Proposing a pious deed Prāṇa is propitiated,
Head falling off not knowing this I had related. 5

अथहैनमुद्गातोपससादोद्गातर्या देवतोद्गीथमन्वायत्ता तां चेदविद्वानुद्गास्यसि
मूर्धा ते विपतिष्यतीति, मा भगवान वोचत्कतमा सा देवतेति।६
आदित्य इति होवाच, सर्वाणि ह वा इमानि भूतान्यादित्यमुच्चैः सन्तं
गायन्ति, सैषादेवतोद्गीथ मन्वायत्ता तां चेदविद्वानुदगास्यो मूर्धा ते
व्यपतिष्यत्तथोक्तस्य मयेति।७
अथ हैनं प्रतिहर्तोपससाद, प्रतिहर्तर्या देवता प्रतिहारमन्वायत्ता तां चेदविद्वान्-
प्रतिहरिष्यसि मूर्धा ते विपतिष्यतीति, मा भगवानवोचत्कतमा सा देवतेति।८
अन्नमिति होवाच, सर्वाणि ह वा इमानि भूतान्यन्नमेव प्रतिहरमाणानि
जीवन्ति, सैषा देवता प्रतिहारमन्वायत्ता तां चेदविद्वान्प्रत्यहरिष्यो मूर्धा ते
व्यपतिष्यत्तथोक्तस्य मयेति तथोक्तस्य मयेति।९

कहता उद्गाता, जो कहते, उद्गीथ-देव को नहीं जान।
उद्गीथ गान से सिर नीचा, भगवन उसका दे हमें ज्ञान। ६
वह सूर्य, भूत महिमा गायें, हो उदित चढ़े जब वह ऊँचे।
उद्गीथ-देव है वही कहा, यह नहीं जान सिर हो नीचे। ७
कहता प्रतिहर्ता नहीं जान, प्रतिहार देव है कौन यहाँ।
उद्गीथ गान से सिर नीचा, जो कहें, बतायें देव कहाँ? ८
[illegible] अन्न, भूत प्रतिहरण करे, कर अन्न ग्रहण जीवित रहता।
प्रतिहार-देव है अन्न कहा, यह नहीं जान सिर गिर पड़ता। ९

[Chāndogya-1-11

The Udgītha singer came forward and stated,
O Reverend, which is that deity you related?
You said, if I sang Udgītha not knowing,
My head would fall off in humiliation so doing! 6
It is the sun, the sage said, that beings eulogised,
They sing of it risig that Udgītha symbolised.
With the Udgītha singing the sun is related,
Head falling off not knowing this I had stated. 7
Now Pratihartā priest came and he also stated,
O Reverend, which is that deity you related?
You said, if I sang Pratihāra not knowing,
My head would fall off in humiliation so doing! 8
It is food the sage said, which beings sustained,
To this food-deity the Pratihāra pertained.
Taking food by beings is Pratihāra work stated,
Head falling off not knowing this I had related. 9

प्रथम प्रपाठक -खण्ड १२

अथातः शौव उद्गीथस्तद्ध बको दाल्भ्यो ग्लावो वा मैत्रेयः स्वाध्यायमुद्वव्राज।१
तस्मै श्वा श्वेतः प्रादुर्बभूव, तमन्ये श्वान उपसमेत्योचुरन्नं नो भगवानागायत्वशनायाम वा इति। २
तान्होवाचेहैव मा प्रातरुपसमीयातेति, तद्ध बको दाल्भ्यो ग्लावो वा मैत्रेयः प्रतिपालयांचकार।३
ते ह यथैवेदं बहिष्पवमानेन स्तोष्यमाणाः संरब्धाः सर्पन्तीत्येव माससृपुस्ते ह समुपविश्य हिंचक्रुः।४

प्रथम प्रपाठक-खण्ड १२ (श्वान का उद्गीथ गान)

स्वाध्याय हेतु बक-दाल्भ्य गया, एकदा एक एकान्त स्थान।
अथवा था ग्लाव, कथा ऐसी, उद्गीथ गान ही करे श्वान! १
आया समक्ष में श्वेत श्वान, आकर कहते कुछ अन्य श्वान।
जिससे हमको हो प्राप्त अन्न, भगवन गाओ तुम वही गान! २
वह श्वेत श्वान इस पर बोला, आना कल प्रातः काल यहाँ।
बक-दाल्भ्य या कि मैत्रेय-ग्लाव, भी पहुँचा प्रातः काल वहाँ। ३
जैसे उद्गाता साथ चलें, स्तुतिगान बहिष्पवमान करें।
वे श्वान बैठ हिंकार करें, गायन से वे उद्गीथ वरें। ४

Upaniṣad]

Part One-Section-12

Dog's Oṁkāra Meditation

There is a story about Udgītha adoration,
Even dogs as it were, did Oṁkāra contemplation.
Once Baka-Dālbhya went for solitary meditation,
Or it was Maitreya Glāva as some mention. 1
There he saw that a white dog did appear,
Then some other dogs also appeared there.
We are hungry O Reverend pray sing for food!
Requesting the white dog the others stood. 2
Come tomorrow in the morning, the white dog stated.
Baka-Dālbhya or Maitreya Glāva watched as related.
The next morning also there he awaited,
When all the dogs would assemble as narrated. 3
Now there he saw that the dogs did appear,
And all did Hiṁkāra sitting there together!
As several hymn singers Sāma hymns recited,
The dogs sang, as it were, the Udgītha united! 4

ॐ ३ मदा ३ मों ३ पिबा ३ मों ३ देवो वरुणः प्रजापतिः
सविता ३ न्नमिहा २ ऽऽहरदन्नपते ३ न्नमिहा २ ऽऽ हरा २ हरो ३ मिति॥५

प्रथम प्रापाठक- खण्ड १३

अयं वाव लोको हाउकारो, वायुर्हाइ कारश्चन्द्रमा
अथकार आत्मेहकारोऽग्निरीकारः।१
आदित्य ऊकारो निहव एकारो विश्वेदेवा औहोइकारः
प्रजापतिर्हिंकारः प्राणः स्वरोऽन्नं या वाग्विराट्।२
अनिरुक्तस्त्रयोदशः स्तोभः संचरो हुंकारः।३

दें अन्न ओम्, अन्नों के पति, हम ओम् जनित पीयें-खायें।
वे कहें, प्रजापति औ सविता, सब देव, वरुण, भोजन लायें! ५

प्रथम प्रपाठक-खण्ड १३

पृथ्वी महिमा है 'हाउ' शब्द, ध्वनि 'हाइ' वायु की होती स्तुति।
'अथ' चन्द्र भजे, 'इह' आत्मा को, ध्वनि 'ई' पावक की हो संस्तुति। १
'ऊ' कहकर हो आदित्य ध्यान, 'ए' से होता आह्वान मान।
'ओहोइ' से पूजें विश्वदेव, 'हिं' ध्यान प्रजापति करे जान!
'स्वर' से प्राणों की पूजा हो, करते 'विराट्' से अन्न स्मरण।
वाणी की भी स्तुति यही रहे, करते 'विराट्' जो उच्चारण। २

[Chāndogya-1-12

We eat and drink by the grace of Oṁkāra,
The dogs were unitedly voicing Hiṁkāra.
Gods Varuṇa, Prajāpati and Savitā abide!
May Oṁ the Lord of food all provide! 5

Part One-Section-13

While singing the Sāma some syllables are cited,
By these various glories of God are recited.
Hāu Glory of earth and 'Hai' air's stated,
'Atha' moon "Iha' soul and 'E' fire meditated. 1
'Ū' the sun and 'A' invocation connoted,
'Ohoi' Viśvadeva 'Hiṁ' Prajāpati denoted.
The 'Svara' syllable vital air Prāṇa meditated,
'Virāt' both food and tne speech contemplated. 2
The thirteenth syllable is the eternal 'Huṁkāra'.
It is immortal indcscribable Oṁkāra.
This note Omnipresent Supreme Self denoted,
The Huṁkāra Para Brahma pervading connoted. 3

दुग्धेऽस्मैवाग्दोहं यो वाचो दोहोऽन्नवानन्नादो भवति य एतामेवं साम्नामुपनिषदं वेदोपनिषदं वेद इति।४

द्वितीय प्रपाठक- प्रथम खण्ड

ॐ समस्तस्य खलु साम्न उपासनं साधु। यत्खलुसाधु तत्सामेत्याचक्षते यदसाधु तदसामेति।१
तदुताप्याहुः। साम्नैन मुपागादिति, साधुनैनमुपागादित्येव तदाहुः, असाम्नैनमुपागादित्यसाधुनैन मुपागादित्येव तदाहुः।२

जो तेरहवाँ 'हुंकार' रहे, अनिवर्चनीय का वह है स्वर।
परब्रह्म सर्व संचारी का, यह स्मरण कराता है सस्वर। ३
वाणी का जो जाने रहस्य, यह वाक् स्वयं दे दुग्ध दान।
यह साम गान उपनिषद् जान, भोक्ता बनता औ अन्न वान। ४

द्वितीय प्रपाठक-खण्ड१ (साधु-असाधु)

पंचविध सामोपासना (खण्ड १ से खण्ड ७)

सम्पूर्ण साम की उपासना, है साधु, श्रेष्ठ है कार्य यही।
जो है असाधु वह है असाम, जो साधु कर्म है साम वही। १
ऋक् गान साम यदि हुआ कहें, गायन था साधु प्रकार वही।
यदि कहें गान था यह असाम, वह हो असाधु, तात्पर्य यही। २

Upaniṣad]

Knowing this Upaniṣad of Sāma recitations,
With ample food one has an Enjoyer's citations.
One who understands this speech in essence,
He gets the milk-essence from the speech sense. 4

Part Two-Section-1

(Sāma-Virtuous & Non-Sāma-Non virtuous deeds)

It is very good that Udgītha is meditaed,
But entire virtuous Sāma is to be contemplated.
All the virtues and the virtuous are Sāma related,
The evils and non-virtuous are non-Sāma stated. 1
When stated that hymns are in Sāma-way cited,
It is meant that they are properly recited.
But when the Sāma singing is non-Sāma stated,
It is vitiated and improperly done related. 2
When some thing or deed is virtuous stated,
Verily the thing or deed is Sāma related.
And whenever a wicked or evil thing is done,
It is said that the thing is non-Sāma one. 3

अथोताप्याहु:। साम नो बतेति यत्साधु भवति साधु बतेत्येव
तदाहुरसाम नो बतेति यदसाधु भवत्यसाधु बतेत्येव तदाहु:।३
स य एतदेवं विद्वान्साधु सामेत्युपास्तेऽभ्याशो ह यदेनं साधवो
धर्मा आ च गच्छेयुरुप च नमेयु:।४

द्वितीय प्रपाठक-खण्ड २

लोकेषु पञ्चविधं सामोपासीत। पृथिवी हिंकारोऽग्नि:
प्रस्तावोऽन्तरिक्षमुद्गीथ आदित्य: प्रतिहारो द्यौर्निधनमित्यूर्ध्वेषु।१
अथावृत्तेषु। द्यौर्हिंकार आदित्य: प्रस्तावोऽन्तरिक्षमुद्गीथोऽग्नि:
प्रतिहार: पृथिवी निधनम्।२

यदि होता कोई कार्य साधु, ऐसा कहते हैं हुआ साम।
यदि होता कार्य असाधु, कहें, यह कार्य सर्वथा था असाम। ३
जो करे साम की उपासना, जाने महिमा औ साधु मान।
जग करता झुककर उपासना, सब साधु-भाव हों प्राप्त, जान! ४

द्वितीय प्रपाठक-खण्ड २

पृथ्वी 'हिंकार' रहे इसमें, पावक मानो 'प्रस्ताव' रूप।
यह अन्तरिक्ष 'उद्गीथ' रहे 'प्रतिहार' ले रहा रवि स्वरूप।
यह ऊर्ध्वमुखी है उपासना, द्यौ रहे समापन 'निधन' बना।
ये पंचलोक क्रम से ऊपर, है यही पंचविध उपासना। १
द्यौ मानो है हिंकार यहाँ, आदित्य यहाँ प्रस्ताव रूप।
यह अन्तरिक्ष उद्गीथ बना, प्रतिहार अग्नि का ले स्वरूप।
यह अधोमुखी है उपासना, भू जिसमें रहता निधन बना।
ये पंचलोक क्रम से नीचे, है यही पंचविध उपासना। २

[Chāndogya-2-1

One who knows this Sāma and thus meditates,
And knowing as good and virtuous contemplates,
All good and virtuous in the world does attain,
And bowed to him this world does remain. 4

Part Two-Section 2 (Five-fold Sāma)

The earth Himkāra and fire Prastāva contemplated,
The space 'Udgītha' and the sun Pratihāra related.
With the Sky-Nidhana the Sāma upwards venerated,
Thus the cosmos 'Five-fold Sāma' meditated. 1
The sun as Prastāva and the sky as Himkāra,
The space as Udgītha and the fire Pratihāra.
The earth as the Nidhana or ending is stated,
This five-fold Sāma downwards meditated. 2

कल्पन्ते हास्मै लोका ऊर्ध्वाश्चावृत्ताश्च य एतदेवं विद्वांल्लोकेषु पञ्चविधं सामोपास्ते।३

द्वितीय प्रपाठक-खण्ड ३

वृष्टौ पञ्चविधं सामोपासीत। पुरोवातो हिंकारो मेघो जायते
स प्रस्तावो वर्षति स उद्गीथो विद्योतते स्तनयति स प्रतिहारः।।१
उद्गृह्णाति तन्निधनं वर्षति हास्मै वर्षयति ह य एतदेवं विद्वान्वृष्टौ
पञ्चविधं सामोपास्ते।२

द्वितीय प्रपाठक-खण्ड ४

सर्वास्वप्सु पञ्चविधं सामोपासीत। मेघो यत्संप्लवते स हिंकारो यद्वर्षति
स प्रस्तानो याः प्राच्यः स्यन्दते स उद्गीथो याः प्रतीच्यः स प्रतिहारः समुद्रो निधनम्।१

जो करे पंचविध उपासना, इस भांति लोकमय साम मान।
ये ऊर्ध्व-अधः सब लोक उसे, देते हैं सब उपभोग जान! ३

द्वितीय प्रपाठक-खण्ड ३

हिंकार वृष्टि से पूर्व पवन, जब मेघ बने प्रस्ताव कहें।
उद्गीथ गान हो वृष्टि रूप, विद्युत्-गर्जन प्रतिहार रहें। १
जब वृष्टि बन्द हो वही निधन, यह रहे पंचविध सामगान।
सब ओर करे आनन्द वृष्टि, जो करे अर्चना इसे जान। २

द्वितीय प्रपाठक-खण्ड ४

यह मेघ घटा हिंकार रूप, प्रस्ताव रहे वर्षा स्वरूप
जल पूर्व बहे उद्गीथ वही, पश्चिम बहना प्रतिहार रूप।
जल-साम रूप यह उपासना, जिसमें सागर-जल निधन बना।
जल-देख सभी ऐसा जानें, यह साम-पंचविध उपासना। १

Upaniṣad]

One who knowing this the Sāma meditated,
And pervading all worlds five-fold contemplated,
Both the upward and downward worlds he attains,
And all things and pleasures in these obtains. 3

Part Two- Section-3

Meditate as the rains five-fold contemplated,
The breeze before the rains Himkāra related.
The clouds Prastāva and Udgītha rains meditated,
The lightning and thunder as Pratihāra stated. 1
The stopping of the rains is Nidhana related,
The rains are thus as the Sāma contemplated.
Bliss abounds like rains if one so meditated,
For others, one a rain of joy thus created. 2

न हाप्सु प्रैत्यप्सुमान्भवति य एतदेवं विद्वान्सर्वास्वप्सु पञ्चविधं सामोपास्ते।२

द्वितीय प्रपाठक - खण्ड ५

ऋतुषु पञ्चविधं सामोपासीत। वसन्तो हिंकारो गीष्म: प्रस्तावो वर्षा उद्‌गीथ: शरत्प्रतिहारो हेमन्तो निधनम्।१

कल्पन्ते हास्माऋतव ऋतुमान्भवति य एतदेवं विद्वानृतुषु पञ्चविधं सामोपास्ते।२

द्वितीय प्रपाठक-खण्ड ६

पशुषु पञ्चविधं सामोपासीताजा हिंकारोऽवय: प्रस्तावो गाव उद्‌गीथो ऽश्वा: प्रतिहार: पुरुषो निधनम्।१

जो सामगान जल का जाने, जो उसे पंचविध यों भजता।
वह विजय जलों पर प्राप्त करे, जल उसका अहित नहीं करता। २

द्वितीय प्रपाठक-खण्ड ५

हिंकार रहे यह ऋतु बसन्त, यह ग्रीष्म रहे प्रस्ताव रूप।
वर्षा ऋतु है उद्‌गीथ बनी, प्रतिहार शरत का ही स्वरूप।
हेमन्त बना है निधन यहाँ, इस भाँति पंचविध इसे जान।
प्रभु कीर्तन में वे लीन सदा, ऋतुएँ यों करतीं साम गान। १
ऋतुओं को देखे साम लीन, जो करे पंचविध उपासना।
ऋतुओं के भोग मिलें उसको, वह मनुज रहे ऋतुमान बना। २

[Chāndogya

Part Two-Section 4

This water also five-fold Sāma contemplated,
The clouds Hiṁkāra and rains Prastāva related.
The streams flowing eastward Udgītha venerated,
Flowing west Pratihāra and sea Nidhana stated. 1
One who knows that the waters Sāma meditated,
And in water who five-fold Sāma contemplated,
He acquires the lordship over all the waters,
Such a person the water not harms nor deters. 2

Part Two-Section 5

Meditate summer as Prastāva and spring as Hiṁkāra,
The rains as Udgītha and autumn as Pratihāra.
The winter season as Sāma's Nidhana related,
In seasons one five-fold Sāma meditated! 1
One who knows that the seasons Sāma contemplated,
And thus who five-fold Sāma meditated,
Becoming lord of the seasons in them he abided,
The seasons him things and pleasures provided. 2

भवन्नि हास्य पशवः पशुमान्भवति य एतदेवं विद्वान्पशुषु पञ्चविधं सामोपास्ते।२

द्वितीय प्रपाठक-खण्ड ७

प्राणेषु पञ्चविधं परोवरीयः सामोपासीत। प्राणो हिंकारो वाक्प्रस्तावश्चक्षुरुद्गीथः श्रोत्रं प्रतिहारो मनो निधनं परोवरीयां सि वैतानि।१
परोवरीयो हास्य भवति परोवरीयसो ह लोकाञ्जयति य एतदेवं विद्वान्प्राणेषु पञ्चविधं परोवरीयः सामोपास्त इति तु पञ्चविधस्य।२

द्वितीय प्रापठक-खण्ड ८

अथ सप्तविधस्य। वाचि सप्तविधं सामोपासीत। यत्किंच वाचो हुमिति स हिंकारो यत्प्रेति स प्रस्तावो यदेति स आदिः।१

द्वितीय प्रपाठक-खण्ड-६

हिंकार रूप ये अजा रहें, प्रस्ताव रूप भेड़ें मानो।
गौवें ही हों उद्गीथ रूप, प्रतिहार अश्व को ही जानो।
यह पुरुष बना है निधन रूप, पशुओं में भी यह साम जान।
प्रभुका ही नाम भजन करते, पशु करें पंचविध साम गान! १
पशुओं को देखे साम मगन, जो करे पंचविध उपासना।
पशु उसको सुखकर ही होवें, वह मनुज रहे पशुमान बना। २

द्वितीय प्रपाठक-खण्ड-७

हिंकार रूप है प्राण यही, वाणी ही है प्रस्ताव रूप।
उद्गीथ चक्षु को ही जानो, प्रतिहार श्रोत्र का ले स्वरूप।
मन ही इसमें है निधन बना, प्रत्येक अन्य से श्रेष्ठ जान।
हम भजें पंचविध प्राण-साम, जैसे करते ये साम गान। १
देखें प्राणों को साम लीन, जो करें पंचविध उपासना।
वे जीतें सारे श्रेष्ठ लोक, जो श्रेष्ठ-श्रेष्ठतम सब अपना। २

The ram is Prastāva and she-goat Hiṁkāra,
The cow is Udgītha and the horse Pratihāra.
The person or man Sāma's Nidhana relate,
Thus animals as five-fold Sāma meditate! 1
Knowing that the animals Sāma meditated,
Who animals as five-fold Sāma contemplated,
As animals' lord they have them in good measure,
Animals also give their lord every pleasure. 2

Part Two Section-7

This speech is Prastāva and the Prāṇa Hiṁkāra,
The eye is Udgītha and the ear Pratihāra.
Each greater than the other, mind Nidhana related,
The senses also five-fold Sāma contemplated. 1

यदुदिति स उद्गीथो यत्प्रतीति स प्रतिहारो यदुपेति स उपद्रवो यन्नीति तन्निधनम्।२

दुग्धेऽस्मै वाग्दोहं यो वाचो दोहोऽन्नवानन्नादो भवति, य एतदेवं विद्वान्वाचि सप्तविधं सामोपास्ते।३

द्वितीय प्रपाठक-खण्ड ९

अथ खल्वमुमादित्यं सप्तविधं सामोपासीत। सर्वदा समस्तेन साम मां प्रति मां प्रतीति सर्वेण समस्तेन साम।१

द्वितीय प्रपाठक-खण्ड ८ (सप्तविध सामोपासना)

अब कहें सप्तविध उपासना, यह वाणी करती साम गान।
वाणी की कर लें उपासना, प्रभु की ही यह अर्चना जान!
वाङ्मय में 'हुं' हिंकार रूप, 'प्र' जहाँ रहे प्रस्ताव मान।
'आ' जब आये वह 'आदि' रूप, वाणी करती यों साम गान। १
'उत्' जब आये उद्गीथ कहें, 'प्रति' वाङ्मय में प्रतिहार रूप।
'उप' रहे उपद्रव का प्रतीक, है निधन 'नि' से लेता स्वरूप। २
वाणी का मर्म समझ ले जो, यह वाक् स्वयं दे दुग्ध दान।
जो भजे सप्तविध वाक्-साम, भोक्ता बनता औ अन्नवान। ३

द्वितीय प्रपाठक-खण्ड-९

आदित्य सप्तविध साम भजें, है सूर्य साममय, मूर्त गान।
सब कहें सूर्य मेरा, मेरा, यह पूर्ण सामसंगीत जान! १

[Chāndogya-2-7

Knowing that the senses Sāma contemplated,
Who senses as five-fold Sāma meditated,
Greater than the great personality he gained,
All greater than great worlds too he attained. 2

Part-two-Section 8 (Seven fold Sāma)

Now the seven-fold Sāma is here thus related,
In it the speech seven-fold Sāma contemplated.
The 'Pra' syllable Prastāva and 'Hum' is Himkāra,
The 'Ut' denotes Udgītha and 'Prati' Pratihāra. 1
Where ' Ā' comes it 'Ādi' or beginning denoted,
'Upa' prefix 'Upadrava', running away connoted,
'Ni' in speech 'Nidhana' or ending related,
The speech thus seven-fold Sāma contemplated. 2
One who thus understands the speech in essence,
The speech gives him the milk as intelligence,
Becoming enjoyer by the seven-fold assumptions,
He has ample food for all his consumptions. 3

तस्मिन्निमानि सर्वाणि भूतान्यन्वायत्तानीति विद्यात्तस्य यत्पुरोदयात्स
हिंकारस्तदस्य पशवोऽन्वायत्तास्तस्मात्ते हिंकुर्वन्ति हिंकारभाजिनो
ह्येतस्य साम्नः।२
अथ यत्प्रथमोदिते स प्रस्तावस्तदस्य मनुष्या अन्वायत्तास्तस्मात्ते
प्रस्तुतिकामाः प्रशंसाकामाः प्रस्ताव भाजिनो ह्येतस्य साम्नः।३
अथ यत्संगववेलायां स आदिस्तदस्यवयांस्यन्वायत्तानि
तस्मात्तान्यन्तरिक्षेऽनारम्भणान्यादायात्मानं परिपतन्त्यादिभाजीनि
ह्येतस्य साम्नः।४
अथ यत्संप्रति मध्यन्दिने स उद्गीथस्तदस्य देवा अन्वायत्तास्तस्मात्ते
सत्तमाः प्राजापत्यानामुद्गीथ भाजिनो ह्येतस्य साम्नः।५

सब भूत सूर्य पर ही आश्रित, रवि उदय-पूर्व हिंकार मान।
पशु हों निर्भर, हिंकार करें, यह उदय-पूर्व का साम गान। २
रवि प्रथम उदित प्रस्ताव बने, मानव निर्भर इस साम गान।
प्रभु स्तुति की हो कामना उसे, सूर्योदय का यह साम जान! ३
पक्षी निर्भर 'संगव' वेला, जब रश्मि फूटती, 'आदि' गान।
उड़ते नभ में वे बिन सीखे, वे करें आदि-स्वर गान जान। ४
मध्याह्न सूर्य उद्गीथ रूप, निर्भर रह गाते देव जान।
वे श्रेष्ठ प्रजापति सन्तति में, मध्याह्न करें वे साम गान। ५

Upaniṣad]

Part Two-Section-9

As a Sāma song devotional the sun meditate!
The sun as the seven-food Sāma contemplate.
The sun is Sāma music in its various forms,
Each one feels that to himself it conforms! 1
Know that the sun all creatures sustains!
It is Himkāra before rising that animal maintains.
The animals before the sun-rise Himkāra perform,
To Himkāra of the sun's Sāma song they conform. 2
The sun after rising Prastāva chants related,
Depending on it men praising contemplated.
They want thus to join the sun in meditation,
They sing Sāma hymns with the sun in unison. 3
Then at the 'Saṁgava' moment rays radiated,
This is 'Ādi' or beginning which birds initiated.
Without previous practice they fly dedicated,
And joining Ādi Sāma note they meditated. 4

अथ यदूर्ध्वं मध्यंदिनात्प्रागपराह्णात्स प्रतिहारस्तदस्य गर्भा अन्वायत्तास्तस्मात्ते प्रतिहृता नावपद्यन्ते प्रतिहार भाजिनो ह्येतस्य साम्नः।६

अथ यदूर्ध्वमपराह्णात्प्रागस्तमयात्स उपद्रवस्तदस्यारण्या अन्वायत्तास्तस्मात्ते पुरुषं दृष्ट्वा कक्षं श्वभ्रमित्युपद्रवन्त्युपद्रव-भाजिनो ह्येतस्य साम्नः।७

अथ यत्प्रथमास्तमिते तन्निधनं तदस्य पितरोऽन्वायत्तास्तस्मात्तान्निधति निधनभाजिनो ह्येतस्य साम्न एवं खल्वमुमादित्यं सप्तविधं सामोपास्ते।८

मध्याह्न बाद अपराह्न पूर्व, रवि करता है प्रतिहार गान।
निर्भर उसपर ही गर्भ रहे, गर्भस्थ करे यह गान जान। ६
अपराह्न बाद, सूर्यास्त पूर्व, रवि साम-'उपद्रव' रूप वरें।
आरण्यक पशु निर्भर इस पर, वे मनुज देख उपद्रवण करें।। ७
प्रथमास्त सूर्य है निधन रूप, निर्भर इस पर ही पितर सभी।
रवि दिन भर करके गान अस्त, हो साम गान का निधन तभी।
फिर पितर विदा को हों प्रस्तुत, प्रभु स्तुति में गाकर निधन गान।
सब भजें सप्तविध यही साम, इस भाँति सूर्य उद्गीथ मान। ८

[Chāndogya-2-9

At mid-day the sun Udgītha symbolized.
Depending on it gods Sāma vocalized.
As gods with the noon-sun Sāma meditated,
In Prajapāti's sons they are greater stated. 5
The sun after noontime Pratihāra related,
The foetus in the womb this form contemplated.
Joining sun's Pratihāra they Sāma meditated,
Thus in womb the foetus is safely instated. 6
The afternoon sun is Upadrava regarded,
This form the fleeting animals safe guarded.
With this sun the animals Sāma meditated,
Joining sun's Upadrava, concealed contemplated. 7
Just before sunset sun Nidhana symbolised,
The manes depending this form eulogised.
Sāma singing and retreating they sun imitated,
And thus with the sun they Sāma meditated. 8

द्वितीय प्रपाठक-खण्ड १०

अथ खल्वात्मसंमितमतिमृत्यु सप्तविधं सामोपासीत।
हिंकार इति त्र्यक्षरं प्रस्ताव इति त्र्यक्षरं तत्समम्।१
आदिरिति द्व्यक्षरं प्रतिहार इति चतुरक्षरं तत इहैकं तत्समम्।२
उद्गीथ इति त्र्यक्षर मुपद्रव इति चतुरक्षरं त्रिभिस्त्रिभिः
समं भवत्यक्षर मति शिष्यते त्र्यक्षरं तत्समम्।३
निधनमिति त्र्यक्षरं तत्सममेव भवति तानि ह वा एतानि
द्वाविंशतिरक्षराणि।४

द्वितीय प्रपाठक-खण्ड १०

आत्मा-अभीष्ट, अति-मृत्यु रूप, यह साम भजें सपतांगों में।
प्रस्ताव और हिंकार एक, हैं तीन-तीन अक्षर इनमें। १
दो अक्षर रहते 'आदि' शब्द, प्रतिहार चार अक्षर होते।
यदि एक अधिक दें 'आदि' जोड़, ये दोनों भी सम हो जाते। २
उद्गीथ मध्य हैं तीन अक्षर, ये चार उपद्रव में रहते।
ये तीन बराबर, एक शेष, इस भाँति युगल ये सम कहते। ३
इस भाँति हुए सातो समान, अक्षर हैं तीन निधन में भी।
इक्कीस और जो एक शेष, बाइस अक्षर ये हुए सभी। ४

Part-Two-Section-10

Very dear to the Self which death negotiated.
The Seven-fold Sāma be thus contemplated.
The seven limbs twenty one letters contained,
The Hiṁkāra and Prastāva three each pertained. 1
'Ādi' syllable in it two letters contained,
The Pratihāra however four letters pertained.
Adding one to Ādi from Pratihāra substracting
The two with three each are equal in rating. 2
Similarly the Udgītha three letters contained,
Whereas Upadrava four letters pertained.
Three and three are equal if one is excepted,
Thus also these two are as similar accepted. 3
Nidhana with three letters is similar stated,
All seven have thus twenty one as related.
It the one left out from Upadrava is added,
The total becomes twenty-two so upgraded. 4

एकविंशत्यादित्य माप्नोत्येकविंशो वा इतोऽसावादित्यो द्वाविंशेन
परमादित्याज्जयति तन्नाकं तद्विशोकम्।५
आप्नोति हादित्यस्य जयं परो हास्यादित्यजयाज्जयो भवति य एतदेवं
विद्वानात्मसंमिततिमृत्यु सत्तविधं सामोपास्ते सामोपास्ते।६

द्वितीय प्रपाठक- खण्ड ११

मनो हिंकारो वाक् प्रस्तावः चक्षुरुद्गीथः श्रोत्रं प्रतिहारः।
प्राणो निधनमेतद् गायत्रं प्राणेषु प्रोतम्।१
स य एवमेतद्गायत्रं प्राणेषु प्रोतं वेद प्राणी भवति सर्वमायुरेति ज्योग्जीवति
महान्प्रजया पशुभिर्भवति महान्कीर्त्या महामनाः स्यात्तद्व्रतम्।२

इक्कीस अक्षरों में पायें, रवि का जो इक्कीसवाँ लोक।
बाइसवें से आदित्य परे, लें जीत लोक जो हो अशोक। ५
आत्मा-हितकर, अति-मृत्यु रूप, यह साम सप्तविध भजे जान।
जीते जीवन में सूर्यलोक, जय सूर्यलोक से भी महान। ६

द्वितीय-प्रपाठक-खण्ड-११ (विभिन्न साम गान)

गायत्र साम

गायत्र-साम में मन हिंकार, प्रस्ताव वाक्, उद्गीथ नयन।
प्राणों में यह है ओत-प्रोत, प्रतिहार श्रोत्र, यह प्राण निधन। १
प्राणों में प्रोत इसे जाने, पूर्णायु वही, हो सबल प्राण।
पशु प्रजा कीर्ति से महामना, उज्ज्वल जीवन, निश्चय महान। २

[Chāndogya-2-10

By twenty one letters the sun-worlds are gained,
The twenty-first sun-world is also attained.
The twenty-second letter Supreme Light pertained,
Beyond the sun that sorrowless world is obtained. 5
Dear to the Self and beyond death related,
Who knowing this seven-fold Sāma venerated,
While here, certainly, the sun-world he gains,
Greater and higher than the sun-world attains. 6

Section-11 (Different Sāma Songs)

Gāyatra Sāma

In Gāyatra Sāma mind symbolises Himkāra,
The speech is Prastāva and the ear Pratihāra.
The eye Udgītha and Prāṇa Nidhana related,
Pervaded by Prāṇa these Sāma contemplated. 1

द्वितीय प्रपाठक- खण्ड १२

अभिमन्थति स हिंकारो धूमो जायते स प्रस्तावो ज्वलति स उद्गीथोऽङ्गारा भवन्ति स प्रतिहार उपशाम्यति तन्निधनं संशाम्यति तन्निधनमेतद्रथन्तरमग्नौ प्रोतम्।१

स य एवमेतद्रथन्तरमग्नौ प्रोतं वेद ब्रह्मवर्चस्यन्नादो भवति सर्वमायुरेति ज्योग्जीवति महान्प्रजया पशुभिर्भवति महान्कीर्त्या न प्रत्यङ्ङग्निमाचामेन्न निष्ठीवेत्तद्व्रतम्।२

द्वितीय प्रपाठक-खण्ड १३

उपमन्त्रयते स हिंकारो ज्ञपयते स प्रस्तावः स्त्रिया सह शेते स उद्गीथः प्रति स्त्रीं सह शेते स प्रतिहारः कालं गच्छति तन्निधनमेतद्वामदेव्यं मिथुने प्रोतम्।१

द्वितीय प्रपाठक-खण्ड १२ (रथन्तर साम)

हिंकार अरणि मन्थन होता, प्रस्ताव धूम्र का ही स्वरूप।
प्रज्ज्वलित अग्नि उद्गीथ बने, अंगार बने प्रतिहार रूप।
उपशम हो अग्नि, निधन होता, यह रहे रथन्तर-साम रूप।
यह साम-रथन्तर अग्नि प्रोत, ज्यों अग्नि पंचविध ले स्वरूप। १
जो अग्नि-प्रोत जाने इसको, है वही ब्रह्म वर्चस्वी जन।
वह भोक्ता हो, वह नहीं भोग्य, जीता है वह उज्ज्वल जीवन।
पशु प्रजा कीर्ति से हो महान, पाता है पूरी आयु वही।
आचमन-थूकना नहीं करें, हम अग्नि मध्य, व्रत धरें यही। २

Upaniṣad]

One who knows Gāyatra Sāma as Prāṇa pervaded,
With long life and Prāṇa he death evaded.
With glorious life and progenies he preceded,
With cattle, great gloried and great souled, succeeded. 2

Part Two-Section-12 (Rathantara Sāma)

In Sāma-Rathantara, fire-churning is Hiṁkāra,
The smoke is Prastāva and embers Pratihāra.
The fire raging Udgītha and dying Nidhana stated,
Pervaded by fire Rathantara Sāma is meditated. 1
Knowing Sāma Rathantara as fire- pervaded,
With a bright long life one surely death evaded.
As an enjoyer in cattle and progenies he preceded,
Vowing not to spit in fire, with glories succeeded. 2

Section-13 (Vāmadevya Sāma)

In Vāmadevya Sāma, the courting is Hiṁkāra,
Proposing is Prastāva and loving Pratihāra.
Mating Udgītha and thus living Nidhana related,
Conjugal life pervaded this Sāma is meditated. 1

स य एवमेतद्वामदेव्यं मिथुने प्रोतं वेद मिथुनी भवति मिथुनान्मिथुनात्प्रजायते सर्वमायुरेति ज्योग्जीवति महान्प्रजया पशुभिर्भवति महान्कीर्त्या न कांचन परिहरेत्तद् व्रतम्।२

द्वितीय प्रपाठक-खण्ड १४

उद्यन्हिंकार उदितः प्रस्तावो मध्यन्दिन उद्गीथोऽपराह्णः प्रतिहारोऽस्तं यन्निधनमेतद्बृहदादित्ये प्रोतम्।१

स य एवमेतद्बृहदादित्ये प्रोतं वेद, तेजस्व्यन्नादो भवति सर्वमायुरेति ज्योग्जीवति महान्प्रजया पशुभिर्भवति महान्कीर्त्या तपन्तं न निन्देत्तद्व्रतम्।२

द्वितीय प्रपाठक-खण्ड १५

अभ्राणि संप्लवन्ते स हिंकारो मेघो जायते स प्रस्तावो वर्षति स उद्गीथो विद्योतते स्तनयति स प्रतिहार उद्गृह्णाति तन्निधनमेतद्वैरूपं पर्जन्ये प्रोतम्।१

द्वितीय प्रपाठक-खण्ड १३ (वामदेव्य साम)

हिंकार निमन्त्रण देना है, प्रस्ताव प्रतिज्ञा रूप रहें।
सहवास बने उद्गीथ रूप, प्रतिहार प्रेम व्यवहार कहें।
यों समय बीतना निधन रहे, नर-नारी के ये पाँच रूप।
ये ओत-प्रोत हैं मिथुन मध्य, यह वामदेव्य यों ले स्वरूप। १
जो वामदेव्य को युग्म मध्य, जाने वह एक नहीं रहता।
साथी दे साथी जन्म सदा, जीवन उसका उज्ज्वल होता।
पशु प्रजा कीर्ति से वह महान, पाता है पूरी आयु वही ।
व्यभिचार किसी से करें नहीं, निश्चय ही व्रत लें सभी यही। २

खण्ड-१४ (बृहत् साम)

रवि उदय-पूर्व हिंकार करे, हो उदित सूर्य प्रस्ताव रूप।
प्रतिहार-निधन, अपराह्ण-अस्त, यह बृहत्साम हो रवि स्वरूप। १

[Chāndogya

Knowing Vāmadevya Sāma thus couple pervaded,
Having new pairs from pair one solitude evaded.
With cattle and progenies and a bright full life,
One is great in glory vowing chastity to wife. 2

Part Two-Section 14 (Bṛhat Sāma)

While rising this sun symbolises Hiṁkāra,
Risen is Prastāva and in afternoon Pratihāra.
Udgītha at noon and setting Nidhana stated,
In Bṛhat Sāma the sun thus Sāma meditated. 1
One who Bṛhat Sāma sun-pervaded believed,
Illustrious and enjoyer, bright-long life lived.
In progenies, cattle and glories he does gain,
Vow, never one burning in penance disdain! 2

स य एवमेतद्वैरूपं पर्जन्ये प्रोतं वेद विरूपांश्च सुरूपांश्च पशूनवरुन्धे सर्वमायुरेति
ज्योग्जीवति महान्प्रजया पशुभिर्भवति महान्कीर्त्या वर्षन्तं नो निन्देत्तद्व्रतम्।२

द्वितीय प्रपाठक-खण्ड १६

वसन्तो हिंकारो ग्रीष्मः प्रस्तावो वर्षा उद्गीथः
शरत्प्रतिहारो हेमन्तो निधनमेतद्वैराजमृतुषु प्रोतत्।१
स य एवमेतद्वैराजमृतुषु, प्रोतं वेद विराजति प्रजया पशुभिर्ब्रह्मवर्चसेन
सर्वमायुरेति ज्योग्जीवति महान्प्रजया पशुभिर्भवति महान्कीर्त्यर्तून्न
निन्देत्तद्व्रतम्।२

जो बृहत् साम आदित्य-प्रोत जाने, वह तेजस्वी भोक्ता।
पशु प्रजा कीर्ति से वह महान, उज्जवल जीवन वह है जीता।
यह जान मनुज पूर्णायु बने, आदित्य रहे प्रति क्षण तपता।
निन्दा उसकी हम करें नहीं, यह व्रत लेलें, जो तप करता। २

द्वितीय प्रपाठक-खण्ड १५ (वैरूप साम)

हिंकार धुंध, प्रस्ताव मेघ, उद्गीथ रहे वर्षा स्वरूप।
विद्युत् प्रतिहार, निधन थमना, पर्जन्य प्रोत 'वैरूप' रूप। १
सुन्दर-साधारण पशु पाये, यह मेघ-प्रोत वैरूप जान।
भोगता वही है पूर्ण आयु, पशु प्रजा कीर्ति से वह महान।
जाने जो यह वैरूप साम, उज्ज्वल जीवन वह मनुज वरे।
यह व्रत ले ले, जो बरस रहा उसकी निन्दा वह नहीं करे। २

Section-15 (Vairūpa Sāma)

In Vairūpa Sāma five- fold the fog is Himkāra,
The clouds Prastāva, thunder-lightning Pratihāra.
Rains Udgītha and stopping it Nidhana stated,
Pervading the clouds this Sāma is meditated. 1
Pervading the clouds this Sāma who conceived,
Bright full life and cattle good and bad he received.
Progenies, cattle and glories he does gain,
Vow never to disdain when clouds thus rain. 2

Section-16 (Vairāja Sāma)

In Vairāja Sāma the spring symbolises Himkāra,
The summer is Prastāva and autumn Pratihāra.
The rains Udgītha and winter Nidhana related,
Pervading the seasons this Sāma is meditated. 1
This Sāma pervading the seasons who believes,
Being a Brahma knower bright - full life lives.

द्वितीय प्रपाठक-खण्ड १७

पृथिवी हिंकारोऽन्तरिक्षं प्रस्तावो द्यौ रुद्गीथो दिशः प्रतिहारः समुद्रो निधनमेताः शक्वर्यो लोकेषु प्रोताः।१

स य एवमेताः शक्वर्यो लोकेषु प्रोता वेद लोकी भवति सर्वमायुरेति ज्योग्जीवति महान्प्रजया पशुभिर्भवति महान्कीर्त्या लोकान्न निन्देत्तद्व्रतम्।२

द्वितीय प्रपाठक-खण्ड १८

अजा हिंकारोऽवयः प्रस्तावो गाव उद्गीथोऽश्वाः प्रतिहारः पुरुषो निधनमेता रेवत्यः पशुषु प्रोताः।१

द्वितीय प्रपाठक, खण्ड-१६ (वैराज साम)

यह ऋतु बसन्त हिंकार रहे, ऋतु ग्रीष्म बनी प्रस्ताव रूप।
वर्षा ऋतु है उद्गीथ बनी, प्रतिहार शरत् का ही स्वरूप।
हेमन्त समापन-निधन बना, ऋतु-प्रोत रहे वैराज साम।
जो पांच रूप ऋतुएँ होतीं, वे ही लेतीं वैराज नाम। १
ऋतुओं में प्रोत इसे जाने, वह ब्रह्मतेज से हो शोभित।
जीता है वह उज्ज्वल जीवन पूर्णायु प्रजापशु सभी सहित।
पशु प्रजा कीर्ति से हो महान, वैराज साम ऋतु-प्रोत जान।
ऋतुओं की निन्दा नहीं करें, व्रत यही हमारा हो महान। २

द्वितीय प्रपाठक, खण्ड-१७ (शक्वरी साम)

पृथ्वी ही है हिंकार बनी, यह अन्तरिक्ष प्रस्ताव रूप।
द्यौ है उद्गीथ बना इसमें, प्रतिहार दिशाओं का स्वरूप।

[Chāndogya

In progenies, cattle and glories he preceded,
Disdain not the seasons, thus vowing succeeded. 2

Part Two-Section-17 (Śakvarī Sāma)

In the Śakvarī Sāma this earth is Hiṁkāra,
The space is Prastāva and quarters Pratihāra.
The sky Udgītha and Oceans Nidhana stated,
The worlds thus five-fold Sāma meditated. 1
This Sāma pervading the worlds who believed,
Becoming world's lord, full bright life lived.
In progenies, cattle and glory he preceded,
Disdain not the world, thus vowing succeeded. 2

स य एतमेता रेवत्यः पशुषु प्रोता वेद पशुमान्भवति सर्वमायुरेति
ज्योग्जीवतिमहान्प्रजया पशुभिर्भवति महान्कीर्त्या पशून्न निन्देत्तद्व्रतम्।२

द्वितीय प्रपाठक-खण्ड १९

लोम हिंकारस्त्वक्प्रस्तावो मांसमुंद्गीथोऽस्थि प्रतिहारो मज्जा
निधनमेतद्यज्ञायज्ञीयमङ्गेषु प्रोतम्।१

है बना निधन इसमें समुद्र, शक्वरी साम का रूप यही।
ये लोक पंचविध साम रूप, लोकों में रहता प्रोत वही। १
शक्वरी साम को लोक-प्रेत, जाने जो, लोकों का अधिपति।
भोगता वही है पूर्ण आयु, उज्ज्वल जीवन का भी वह पति।
पशु प्रजा कीर्तियुत हो महान, यह लोक-प्रेत शक्वरी जान।
लोकों की निन्दा नहीं करें, व्रत यही हमारा हो महान। २

द्वितीय प्रपाठक, खण्ड-१८ (रेवती साम)

हिंकार अजा, प्रस्ताव भेंड़, उद्गीथ गाय है, यही कथन।
रेवती साम पशु-प्रोत यही, प्रतिहार अश्व, यह पुरुष निधन। १
रेवती साम पशु-प्रोत जान, पशुओं का स्वामी वह बनता।
भोगता वही है पूर्ण आयु, उज्ज्वल जीवन उसका रहता।
पशु प्रजा कीर्ति से हो महान, पशु-प्रोत इसे यदि लिया जान।
पशुओं की निन्दा नहीं करें, व्रत यही हमारा हो महान। २

खण्ड-१९ (यज्ञायज्ञीय साम)

हिंकार लोम, प्रस्ताव त्वचा, यज्ञायज्ञीय स्वरूप कहें।
उद्गीथ मांस, प्रतिहार अस्थि, औ मज्जा इसमें निधन रहें। १

Part Two-Section-18 (Revati Sama)

In the Revatī Sāma she-goat is Hiṁkāra.
The rams are Prastāva and horses Pratihāra.
The cow Udgītha and men the Nidhana related,
Pervading all beings the Sāma is contemplated. 1
The Sāma pervading the animals who believed,
As the lord of animals full bright life lived.
In progenies, cattle and glory he preceded,
Disdain not the animals, thus vowing succeeded. 2

Section-19 (Yajñāyajñīya Sāma)

In Yajñāyajñīya Sāma the hairs are Hiṁkāra,
The skin is Prastāva and the bones Pratihāra.
Flesh Udgītha and bone-morrow Nidhana related,
Pervading the limbs the Sāma is contemplated. 1

स य एवमेत द्यज्ञायज्ञीयमङ्गेषु प्रोतं वेदाऽङ्गी भवति नाङ्गेन विहूर्च्छति
सर्वमायुरेति ज्योग्जीवति महान्प्रजया पशुभिर्भवति महान्कीर्त्या
संवत्सरं मज्जो नाश्नीयात्तद्व्रतं मज्जो नाश्नीयादिति वा।२

द्वितीय प्रपाठक, खण्ड २०

अग्निर्हिंकारो वायुः प्रस्ताव आदित्य उद्गीथो नक्षत्राणि
प्रतिहारश्चन्द्रमा निधनमेतद्राजनं देवतासु प्रोतम्।१
स य एवमेतद्राजनं देवतासु प्रोतं वेदैतासामेव देवतानां सलोकतां
सार्ष्टितां सायुज्यं गच्छति सर्वमायुरेति ज्योग्जीवति महान्प्रजया
पशुभिर्भवति महान्कीर्त्या ब्राह्मणान्न निन्देत्तद्व्रतम्।२

यज्ञायज्ञिय को जाने जो, माने अंगों में प्रोत इसे।
अंगों से हीन नहीं होता, दृढ़ अंग, आयु हो पूर्ण उसे।
पशु प्रजा कीर्ति से वह महान, उज्ज्वल जीवन होता उसका।
वह रहे निरामिष एक वर्ष, अथवा व्रत ले जीवन भर का। २

द्वितीय प्रपाठक, खण्ड-२० (राजन साम)

यह अग्नि बने हिंकार रूप, प्रस्ताव वायु का ही स्वरूप।
आदित्य यही उद्गीथ रहे, नक्षत्र सभी प्रतिहार रूप।
कहते हैं राजन साम इसे, चन्द्रमा निधन का ले स्वरूप।
देवता मध्य यह ओत-प्रोत यह साम पंचविध देव रूप। १
हो उसे देव की सलोकता, देवता-प्रोत यह साम जान।
सायुज्य प्राप्त उसको होता, वह होता देवों के समान।
पूर्णायु बने, उज्ज्वल जीवन, पशु प्रजा कीर्ति से हो महान।
ब्राह्मण की निन्दा नहीं करें, व्रत यही वरें हम इसे जान। २

[Chāndogya

The Sāma pervading the limbs who believed,
Strong limbed a full and bright life lived.
In progenies, cattle and glory he is greater,
Never short of limbs, he leads a life better.
A meat eater should first for an year abstain,
And on confidence a total abstinence gain.
Taking such a vow in his life he preceded,
Meditating this Sāma he always succeeded. 2

Part Two- Section-20 (Rājana Sāma)

In Rājana Sāma the fire symbolised Himkāra,
The air is Prastāva and the stars Pratihāra.
The sun Udgītha and the moon Nidhana related,
Pervading the deities the Sāma is contemplated. 1

द्वितीय प्रपाठक, खण्ड २१

त्रयी विद्या हिंकारस्त्रय इमे लोकाः स प्रस्तावोऽग्निर्वायुरादित्यः स उद्‌गीथो
नक्षत्राणि वयां सि मरीचयः स प्रतिहारः सर्पा गन्धर्वाः पितरस्तन्निधनमेतत्साम।
सर्वस्मिन्प्रोतम्।१
स य एवमेतत्साम सर्वस्मिन्प्रोतं वेद सर्वं ह भवति।२
तदेष श्लोकः। यानि पञ्चधा त्रीणि त्रीणि तेभ्यो न ज्यायः परमन्यदस्ति।३
यस्तद्वेद स वेद सर्वं सर्वा दिशो बलिमस्मै हरन्ति सर्वमस्मीत्युपासीत
तद्व्रतं तद्व्रतम्।४

खण्ड-२१ (पांच त्रिक)

हिंकार साम, यजु औ ऋक् है, उद्‌गीथ अग्नि, आदित्य पवन।
प्रस्ताव मही, द्यौ, अन्तरिक्ष, प्रतिहार विहग, नक्षत्र, किरण!
गन्धर्व, पितर औ नाग निधन, यह विश्व साम से व्याप्त जान।
हैं ओत-प्रोत सब कुछ इससे, सम्पूर्ण विश्व ही साम गान! १
इस भाँति साम को सब कुछ में, जो प्रोत और व्यापक पाता।
जाने ऐसा, अनुभव भी हो, वह स्वयँ सभी कुछ हो जाता। २
त्रिक पाँच उक्त जो हैं वर्णित, इसलिये कहा है ऐसा ही।
इनसे न बड़ा कुछ अन्य रहे, हैं सबसे बढ़कर पाँच यही। ३
जो यह जाने सब कुछ जाने, उपहार सभी दिक् से उसको।
मैं सब कुछ हूँ, मैं साम गान, व्रत यही, ध्यान यह हो सबको। ४

By knowing godly Sāma one god-like becomes,
With the nearness of gods, full bright life comes.
In progenies, cattle and glories he precedes,
Disdain not Brāhmaṇs, this vowing suceeds. 2

Part Two, Section-21 (The Five Triads)

The Ṛg, Sāma and Yaju Hiṁkāra symbolised,
The earth, space and sky as Prastāva realised.
The fire, air and the sun Udgītha denoted,
The stars, birds and rays Pratihāra connoted.
The serpents, demi-gods and manes all there,
As the Nidhana or ending of song they are here.
All parts of the universe are Sāma permeated,
As a Sāma Song, as it were, the cosmos is created. 1
A person who Sāma in this way conceived,
Pervading and woven in all this perceived,
One who this Sāma universal visualized,
Becoming all that person all realized. 2

द्वितीय प्रपाठक, खण्ड-२२

विनर्दि साम्नो वृणे पशव्यमित्यग्नेरुद्गीथोऽनिरुक्तः प्रजापतेर्निरुक्तः
सोमस्य मृदुश्लक्ष्णं, वायोः श्लक्ष्णं, बलवदिन्द्रस्य क्रौञ्चं
बृहस्पतेरपध्वान्त वरुणस्य तान्सर्वानेवोपसेवेत वारुणं त्वेव वर्जयेत्।१
अमृतत्वं देवेभ्य आगायानीत्यागायेत्स्वधां पितृभ्य आशां
मनुष्येभ्यस्तृणोदकं पशुभ्यः स्वर्गं लोकं यजमानायान्नमात्मन
आगायानीति। एतानि मनसा ध्यायन्नप्रमत्तः स्तुवीत।२

द्वितीय प्रपाठक खण्ड-२२ (साम गान में नाद)

'उद्गीथ'-साम गाते पावक, 'अनिरुक्त', प्रजापति साम गान।
'मृदु-कोमल' हो ऋषि वायु गान, गाते 'निरुक्त' ऋषि सोम जान!
'बलवान और कोमल' मघवन, हो 'क्रौंच' बृहस्पति साम गान।
'अपध्वान्त' वरुण का, यह छोड़ें, पशु-नाद गान ही उचित मान। १
गायें, दिव्यात्मा अमर रहें, कल्याण विश्व का कर पायें!
जो वीर, धीर-दृढ़ रक्षक हों, पितरों के हेतु स्वधा गायें।
मनुजों की आशा भी गायें, पशु हेतु गान हो तृण-जल भी।
कामना मात्र कुछ अन्न करें, यदि साम गान निज हेतु कभी।
याज्ञिक को होवे स्वर्ग लोक, उद्गाता ऐसा गान करें।
अप्रमत्त लीन हों प्रभु-स्तुति में, मन में ऐसा ही ध्यान धरें। २

[Chāndogya-2-21

Some one has thus very rightly related,
Nothing is better than the Sāma as stated.
These five triads that have been narrated,
Greater than these nothingelse is rated. 3
One who knows this all else he conceives,
Gifts from all four quarters he receives.
All this is myself thus realizing contemplate!
I am Sāma like the worlds, so vowing meditate! 4

Part Two Section-22 (Note in Sāma)

The Fire God's loud Sāma is Udgītha stated,
Prajāpati's Anirukta is incomparable rated.
Heard clear, Nirukta' is Soma's Sāma named,
The Air God's Mṛdu or soft-toned is, famed.
Indra's strong-soft and Bṛhaspati's, heron call,
Varuṇa's like broken bronze utensil's fall!
Only animal-call like loud Sāma formulate,
Varuṇa's like broken bronze never emulate! 1

सर्वे स्वरा इन्द्रस्यात्मानः सर्व ऊष्माणः प्रजापतेरात्मानः सर्वे
स्पर्शा मृत्योरात्मानः। तं यदि स्वरेषूपालभेतेन्द्रं शरणं प्रपन्नोऽभूवं
स त्वा प्रति वक्ष्यतीत्येनं ब्रूयात्।३
अथ यद्येनमूष्मसूपालभेत प्रजापतिं शरणं प्रपन्नोऽभूवं स त्वा
प्रति पेक्ष्यतीत्येनं ब्रूयादथ यद्येनं स्पर्शेषूपालभेत भृत्युं शरणं
प्रपन्नोऽभूवं स त्वा प्रति धक्ष्यतीत्येनं ब्रूयात्।४

हो 'ऊष्म' प्रजापति का आत्मा, 'स्वर' सभी इन्द्र-आत्मा स्वरूप।
सब 'स्पर्श' मृत्यु का ही आत्मा, वे मृत्यु जन्य ही स्पर्श रूप।
हो त्रुटि स्वर में उद्गाता को, कह दे, मैं था स्वर देव लीन।
उत्तर देंगे देवेन्द्र स्वयं, मैं भाव लीन था शब्द हीन। ३
था शरण प्रजापति के, कह दें, हो ऊष्माओं में भूल जहाँ।
उत्तर देंगे वे ऊष्म देव, मैं भावलीन था अभी यहाँ।
यदि स्पर्श मध्य हो त्रुटि कह दें, था स्पर्श देवमय, मृत्यु लीन।
वे मृत्युदेव मद भस्म करें, मैं भावलीन था शब्द हीन। ४

A Sāma Singer sings that the virtuous be immortal,
With a life divine in the service of the mortal!
Mane's oblations and warrior's fortitude be wished,
For people in general all hopes be cherised!
For animals for fodder and water he should sing,
And for the doer-host for heaven play string!
When he sings for himself, this much be desired,
Just a handful of food that his body required!
Having good resolves and remaining undeluded,
His thoughts the good of the whole world included!
The Hymn Singer thus sang and contemplated,
By his Sāma Songs, God's glories related! 2
From 'A' to 'Au' Svaras are Indra's soul stated,
The śṣs, and 'Ha' 'Ūṣma' Prajāpati's related.
The 'Ka' to 'Ma' 'Sprasa' the Death-Soul denoted,
In singing Sāma songs these are so connoted!
If some one points error in Svara's pronunciation,
Tell him here I was in Indra's contemplation!
Instead of words I was immersed in devotion,
So Indra God himself will answer your question! 3

सर्वे स्वरा घोषवन्तो बलवन्तो वक्तव्या इन्द्रे बलं ददानीति। सर्व ऊष्माणोऽग्रस्ता अनिरस्ता विवृता वक्तव्याः प्रजापतेरात्मानं परिददानीति। सर्वे स्पर्शा लेशेनानभिनिहिता वक्तव्या मृत्योरात्मानं परिहराणीति।५

द्वितीय प्रपाठक, खण्ड २३

त्रयोधर्मस्कन्धा यज्ञोऽध्ययनं दानमिति। प्रथमस्तप एव द्वितीयो ब्रह्मचार्याचार्य कुलवासी तृतीयोऽत्यन्तमात्मानमाचार्यकुलेऽवसादयन्। सर्व एते पुण्यलोका भवन्ति ब्रह्मसंस्थोऽमृतत्वमेति।१

सब स्वर बल-घोष सहित बोलें, देवेन्द्र इसी से बल पाता।
अग्रस्त, स्पष्ट हों ऊष्म, खुले, तब देव प्रजापति मिल जाता।
वे लेश मात्र भी मिलें नहीं, उच्चारण ऐसा स्पर्श करें।
इस मृत्युदेव के कोपों से, इस कारण बचते, नहीं मरें। ५

द्वितीय प्रपाठक, खण्ड-२३ (गृहस्थ-वानप्रस्थ-ब्रह्मचारी)

इस धर्मवृक्ष में तीन स्कन्ध, है प्रथम अध्ययन-यज्ञ-दान।
शाखा द्वितीय तप रूप रहे, यह ब्रह्मचर्य तीसरी मान।

[Chāndogya-2-2

If some one points error in 'Ūṣma' pronunciation,
Tell him I was deep in Prajāpati's contemplation!
Not in words only, I was immersed in devotion,
So Prajāpati himself will answer your question!
And if one points error in 'Sparśa enunciation,
Tell him I was deep in Death God's contemplation.
Not merely in words, I was deep in devotion,
So Death God will himself answer your question! 4
Loudly with strength be the Svaras enunciated,
Giving strength to Indra who these initiated.
The Ūṣma be pure, open and clearly pronounced,
To Prajāpati the singer his Self thus announced!
The sparśa like-wise be clearly stated,
Spoken so that they are not contaminated.
The hymn singer thus the death God propitiated,
Him the fear of death not at all vitiated. 5

Part Two Section-23 (Dharma Tree)

In the Dharma Tree the three branches are described,
One is the Yajña, study and charity prescribed.
The second penance and third celibacy related,
At teacher's the celibates are austerity-emaciated.

प्रजापतिर्लोकानभ्यतपत्तेभ्योऽभितप्तेभ्यस्त्रयी विद्या संप्रास्रवत्।
तामभ्यतपत्तस्या अभितप्ताया एतान्यक्षराणि संप्रास्रवन्त भू र्भुवः स्वरिति।२
तान्यभ्यतपत्तेभ्योऽभितप्तेभ्य ॐकारः संप्रास्रवत्तद्यथा शङ्कुना सर्वाणि पर्णानि
संतृण्णान्येवमोंकारेण सर्वावाक् संतृण्णोंकार एवेदं सर्वमोंकार एवेदं सर्वम्।३

द्वितीय प्रपाठक-खण्ड २४

ब्रह्मवादिनो वदन्ति यद्वसूनां प्रातःसवनं रुद्राणां माध्यन्दिनं सवनमादित्यानां
च विश्वेषां च देवानां तृतीय सवनम्।१

पहला गृहस्थ का धर्म रहे, दूसरा वानप्रस्थी करते।
तप से तृतीय कर गात क्षीण, गुरु निकट ब्रह्मचारी रहते।
ये सभी पुण्यमय लोक, किन्तु, है, ब्रह्म-संस्थ जो अन्य लोक।
जिसमें पाते हैं अमृतत्त्व, संन्यासी जाकर हों अशोक। १
ये लोक प्रजापति तप्त करें, चू पड़ी त्रयी विद्या उनसे।
ये तीन तप्त हों फिर निकलें, भूः भुवः और यह स्वः इनसे। २
व्याहृतियाँ तप ओंकार बनी, ओंकार मध्य सब वाक् निहित।
पत्ते जेसे हों नाल जुड़े, यह सब कुछ है ओंकार जनित। ३

द्वितीय प्रपाठक-खण्ड २४ (याज्ञिक का लक्ष्य)

जीवन प्रभात में ब्रह्मचर्य, पालन करते जो, वसु कहते।
जो मध्य काल तक तप करते, वे रुद्र ब्रह्मचारी रहते।
जो ब्रह्मचर्य व्रत जीवन के, तीसरे काल तक हैं करते।
आदित्य वही या विश्वदेव, इस भाँति ब्रह्मवादी कहते। १

Upaniṣad]

All these are virtuous and pious acts stated.
But there is a fourth, a renouncer related.
Abiding in Brahma, he Brahma's state gained,
Verily a renouncer Immortality attained. 1
The worldly rituals and wisdoms were grilled,
Thus Prajāpati the three-fold knowledge distilled.
When the three-fold wisdom He heated again,
The mystic words Bhūḥ, Bhuvaḥ and Svaḥ did gain.
The Bhūḥ 'Being' and Bhuvaḥ 'Becoming' related,
The Svaḥ being Bliss' all same thing stated.
Verily all virtues are three-fold in form,
And all these three to the same thing conform. 2
The mystic words heated again germinated
Like fibres in leaves, they speech permeated.
As filaments hold leaves, they Oṁkāra sustained,
And it is the Oṁkāra that all this contained. 3

क्व तर्हि यजमानस्य लोकइति। स यस्तं न विद्यात्कथं
कुर्यादथ विद्वान्कुर्यात्।२
पुरा प्रातरनुवाकस्योपाकरणाज्जघनेन गार्हपत्यस्योदङ्मुख उपविश्य
स वासवं सामाभिगायति।३
लो ३ कद्वारमपा वा ३ र्णू ३३ पश्येम त्वा वयं रा ३३३३३ हुं
३ आ ३३ ज्या ३ यो ३ आ ३ २ १ १ १ इति ।४
अथ जुहोति। नमोऽग्नये पृथिवीक्षिते लोकक्षिते लोकं मे यजमानाय
विन्दैष वै यजमानस्य लोक एतास्मि।५

प्रारम्भ यज्ञ-जीवन करके, फिर कौन लोक यजमान वरे?
जो जाने नहीं, करे वह क्या, जानता इसे जो, यत्न करे। २
वह बैठ गार्हपत्याग्नि पृष्ठ, जीवन ले गायन-साम मान।
प्रातरनुवाक् के गान पूर्व, उत्तर मुख वसु-सा करे गान। ३
भू लोक ब्रह्मचारी वसु का, दो खोल द्वार, वह यही कहे।
पृथ्वी पर मैं भी राज्य करूँ, मुझको न कभी भी कमी रहे। ४
पृथ्वी पर बसते, नमस्कार, वह कहे, अग्नि में दे आहुति।
हे अग्नि तुझे है नमस्कार, हैं अग्नि-कृपा से वसु भूपति।
संकल्प किया है मैंने यह, बन जाय यज्ञ यह जीवन ही।
यजमान हेतु भू लोक रहे, हो आधिपत्य भी मेरा ही। ५

[Chāndogya

Part Two-Sec. 24
(The Life Yajña)

The life is Yajña, Brahma knowers so related,
When young and celibate, one is Vasu God stated.
Taking it to the middle age one is Rudra named,
In the third stage one is Sun-Viśvadeva famed. 1
One should also know what the doer does gain,
What worlds are there for him to attain?
One who knows this only he can so strive,
One who knows not, he has no such drive. 2
Before saying Prātarnuvāka one contemplated,
Like Vasu facing north, Sāma hymns meditated.
The doer behind sacred fire Sāma emulated,
A life of Yajña and austerity formulated. 3
Open the door of the earth a devotee should state,
Where the Vasus always rule, myself instate!
So that I may all prosperity attain,
And like the Vasus earth's kingdom obtain! 4

अत्र यजमानः परस्तादायुषः स्वाहाऽपजहि परिघमित्युक्त्वोत्तिष्ठति
तस्मै वसवः प्रातः सवनं संप्रयच्छन्ति। ६
पुरा माध्यन्दिनस्य सवनस्योपाकरणाज्जघनेनाग्नीध्रीयस्योदङ्मुख
उपविश्य स रौद्रं सामाभिगायति।७
लो ३ कद्वारमपा वा ३ र्णू ३३ पश्येम त्वा वयं वैरा ३३३३३
हूं ३ आ ३३ ज्या ३ यो ३ आ ३ २ १ १ १ इति। ८
अथ जुहोति। नमो वायवेऽन्तरिक्षक्षिते लोकक्षिते लोकं
मे यजमानाय विन्दैष वै यजमानस्य लोक एतास्मि।९

दूसरे जन्म में भी होवे, यह यज्ञ–रूप मेरा जीवन।
स्वाहा कह वह फिर से बोले, जो विघ्न, दूर कर दो भगवन!
देते वसु आशीर्वाद उसे, यजमान खड़ा फिर हो जाये।
जीवन–प्रभात को यज्ञ–रूप, करने का वसु से वर पाये। ६
माध्यन्दिन गाने से पहले, उत्तर मुख रुद्र बने गा ले।
वह दक्षिणाग्नि के पृष्ठ बैठ, जीवन को साम बना डाले। ७
है अन्तरिक्ष यह रुद्र लोक, दो खोल द्वार, वह कहे यही।
मैं अन्तरिक्ष पर राज्य करूँ, इन रुद्र ब्रह्मचारी सा ही। ८
हे अन्तरिक्ष स्थित वायु नमः, वह आहुति देकर यही कहे।
हैं अन्तरिक्ष पति रुद्र बने, यह वायु तुम्हारी कृपा रहे।

Upaniṣad]

In sacred fire then he should offer oblation,
Saying, earth-abiding fire, have my salutation!
Like Vasu, the lordship of earth I may gain,
This is the Doer-world that I may attain! 5
In my next birth also, Yajña-life I may lead!
Remove the hindrances, oblating he should plead.
Then standing, from Vasu he blessings obtains,
All celibacy-Yajña fruits in youth he attains. 6
Before singing the Mādhyandina he should meditate,
Like Rudra, facing north, Sāma hymns contemplate.
Before the south sacred fire, doer Rudra emulated,
Vowing a middle Yajña-life, austerities formulated. 7
Open the space-world door, the devotee should state,
Where the Rudra Gods rule, myself instate!
So that I may also that space state attain,
And like those Rudras its lordship obtain! 8

अत्र यजमानः परस्तायुषः स्वाहाऽपजहि परिघमित्युक्त्वोत्तिष्ठति
तस्मै रुद्रा माध्यन्दिनं सवनं संप्रयच्छन्ति।१०
पुरा तृतीय सवन स्योपाकरणाज्जघनेना हवनीयस्यो दङ्मुख
उपविश्य स आदित्यं स वैश्वदेवं सामाभिगायति॥११
लो ३ कद्वारमपा वा ३ र्णू ३३ पश्येम त्वा वयं स्वारा ३३३३३
हुं ३ आ ३३ ज्या ३ यो ३ आ ३२१११ इति।१२
आदित्यमथ वैश्वदेवं लो ३ कद्वारमपावा ३ र्णू ३३ पश्येम त्वा
वयं साम्रा ३३३३३ हूं ३ आ ३३ ज्या३ यो ३ आ ३२१११
इति।१३

संकल्प किया है, मेरा यह, जीवन ही यज्ञ बने, दो वर।
यजमान हेतु यह अन्तरिक्ष, हो आधिपत्य मेरा इसपर। ९
दूसरे जन्म में रुद्र बनूं, हो यज्ञ रूप मेरा जीवन।
स्वाहा कह वह फिर से बोले, सब विघ्न दूर कर दो भगवन!
दें रुद्र देव आशीष उसे, यजमान खड़ा फिर हो जाये।
वह मध्य आयु के यज्ञ हेतु, फिर रुद्र देव से वर पाये। १०
वह आहवनीय पृष्ठ बैठे, जीवन को रवि-सा साम मान।
अपराह्न मंत्र के पाठ पूर्व, उत्तर मुख कर ले साम गान। ११
जो लोक आपका है उसका,दो खोल द्वार, मैं भी आऊँ।
जैसे करते उपभोग आप, मैं भी स्वराज्य उसमें पाऊँ! १२

[Chāndogya-2-24

In the Southern Fire he should offer oblation,
Saying,Space-borne Air, have my salutation!
The kingdom of space like Rudras I may gain,
That is the Doer-world that I may attain! 9
In my next birth also Yajña-life I may lead,
Destroy the obstacles, oblating he should plead.
Then standing from the Rudras blessings obtains,
All mid-life Yajña-fruits he thus attains. 10
Before Third stage Stotras, he again meditated,
Facing north as the sun Sāma hymns contemplated.
Behind Āhavanīya Fire doer sun emulated,
A Third Stage of austere Yajña-life formulated. 11
Open the Sun-World's door, he should then state,
Where the Ādityas govern there myself instate.
So that soverign self-rule I may obtain,
And like the Ādityas its lordship attain. 12

अथ जुहोति। नम आदित्येभ्यश्च विश्वेभ्यश्च देवेभ्यो दिविक्षिद्भ्यो
लोकक्षिद्भ्यो लोकं मे यजमानाय विन्दत।१४
एष वै यजमानस्य लोक एताऽस्म्यत्र यजमानः परस्तादायुषः
स्वाहाऽपहत परिघमित्युक्त्वोत्तिष्ठति।१५
तस्मा आदित्याश्च विश्वे च देवास्तृतीयं सवनं संप्रयच्छन्त्येष ह
वै यज्ञस्य मात्रां वेद य एवं वेद य एवं वेद।१६

जो विश्वदेव-आदित्य लोक, दें खोल द्वार, कर लूं दर्शन।
देखूं तेरा साम्राज्य तथा, उपभोग करूं उसका भगवन! १३
हे विश्वदेव, हे सूर्य नमः, फिर आहुति दे यजमान कहे।
आदित्य-ब्रह्मचारी सा ही, मुझमें द्युलोक का तेज रहे। १४
दूसरे जन्म आदित्य बनूं, यजमानों का रवि-लोक वरूँ।
हों विघ्न दूर, स्वाहा भगवन, उठ कहे, लोक वह प्राप्त करूँ। १५
यह विश्वदेव आदित्य मान, आदर्श, उसी को जो वरता।
आदित्य कृपा-आशीष उसे, जीवन में जो तप है करता।
जो ब्रह्मचर्य व्रत जीवन के, तीसरे काल तक ले जाता।
आदित्यों से तीसरे काल, का यज्ञ लाभ फल वह पाता। १६

Upaniṣad]

O Lord, open the door, he should state again,
So that sun-Viśvadevas' worlds I may gain!
Your glorious form now I want to behold,
And enjoy the bliss your kingdom does hold! 13
Now he should pray again and offer oblations,
Saying to Ādityas and Viśvadevas salutations.
As the splendours of heaven the Ādityas gain,
That glory and ardour I also may attain,
In my next birth also Yajña life I may lead,
Remove the blocks Svāhā, oblating he does plead.
That is the Doer-world, I may now obtain,
And a Yajña-life as Āditya celibates attain! 15
One who knowing this celibacy observed,
Emulating the Ādityas their grace deserved.
From Ādityas all blessings and bequests he gains,
Verily, the third stage Yajña fruits attains. 16

तृतीय प्रपाठक, खण्ड-१

ॐ असौवा आदित्यो देवमधु। तस्यद्यौरेव तिरश्चीनवंशोऽन्तरिक्षमपूपो मरीचयः पुत्राः।१
तस्य ये प्राञ्चो रश्मयस्ता एवास्य प्राच्यो मधुनाड्यः।
ऋच एव मधुकृत ऋग्वेद एव पुष्पं, ता अमृता आपस्ता वा एता ऋचः।२
एतमृग्वेदमभ्यतपंस्तस्याभितप्तस्य यशस्तेज इन्द्रियं वीर्यमन्नाद्यं रसोऽजायत।३
तद्व्यक्षरत्तदादित्यमभितोऽश्रयत्तद्वा एतद्यदेतदादित्यस्य रोहितं रूपम्।४

तृतीय प्रपाठक, खण्ड-१ (आदित्य देव-मधु)

यह अन्तरिक्ष मधु-छत्ता है, तिरछे द्यौ-बांस टँगा मानो।
किरणें मधु मक्खी के बच्चे, आदित्य देव-मधु है जानो। १
मधु की वे हैं नाड़ियाँ पूर्व, जो पूर्व दिशा में किरण रहें।
इनमें जो मधुमक्खियाँ सभी, उनको वेदों की ऋचा कहें।
जो पुष्प चूसती मधुमक्खी, ऋग्वेद पुष्प ही हैं मानो।
अमृत स्वरूप जो रस चूसें, वे रहें ऋचा के रस जानो। २
ज्यों पुष्प तपाकर इत्र बने, ऋग्वेद ऋचा द्वारा तपकर।
ऐश्वर्य, शक्ति, उपभोग्य वस्तु, यश तेज निकलते रस चूकर। ३
रस झरे, मिले आदित्य मध्य, आश्रय आदित्य बना रस का।
जो लाल-लाल दिनकर दिखता, वह रस से रोहित तन उसका।४

Part Three Section-1 (Sun as God-Honey)

On a slanting sky-pole, the Space-Hive is there!
The sun as the God-Honey in it does inhere.
The rays from the sun on all sides radiated,
They are, as it were, young bees procreated. 1
The eastern sun-rays are east honey-veins stated,
The hymns bees and the Ṛgveda flowers related.
The essence of the flowers by the bees thus drawn,
Verily as the nectar of the hymns are known. 2
As the essence comes out when flowers are grilled,
Heated by the hymns the Ṛgveda was distilled.
All glories, splendours, valour and opulence,
With objects of consumption came out as essence. 3
The essences coming out united into one,
The nectarian sap then went to the sun.
The sun's red radiating form visualized,
Represents this essence thus realized. 4

तृतीय प्रपाठक, खण्ड २

अथ येऽस्य दक्षिणारश्मयस्ता एवास्य दक्षिणा मधुनाड्यो यजूंष्येव मधुकृतो यजुर्वेद एव पुष्पं ता अमृता आपः।१

तानि वा एतानि यजूंष्येतं यजुर्वेद मभ्यतपंस्तस्याभितप्तस्य यशस्तेज इन्द्रियं वीर्य मन्नाद्यं रसोऽजायत।२

तद्व्यक्षरत्तदादित्य मभितोऽश्रयत्तद्वा एतद्यदेतदादित्यस्य शुक्लंरूपम्।३

खण्ड-३

अथ येऽस्य प्रत्यञ्चो रश्मयस्ता एवास्य प्रतीच्यो मधुनाड्यः सामान्येव मधुकृतः सामवेद एव पुष्पं ता अमृता आपः।१

तृतीय प्रपाठक, खण्ड-२

दक्षिण में जो रवि किरण रहें, मधु की दक्षिण नाड़ियां वही।
इनमें जो मधुमक्खियाँ रहें, वे यजुर्वेद के मन्त्र यही।
जो पुष्प चूसती मधुमक्खी, वह यजुर्वेद ही पुष्प खिला
अमृत स्वरूप जो रस चूसें, वह रस यजु मंत्रों से निकला। १
ज्यों पुष्प तपाकर इत्र बने, यह यजु स्तोत्रों से त्यों तपकर,
ऐश्वर्य, शक्ति, उपभोग्य वस्तु, यश तेज निकलते रस चूकर। २
रस झरे, मिले आदित्य मध्य, आश्रय आदित्य बना रस का।
जो श्वेत-धवल यह सूर्य दिखे, वह शुक्ल रूप रस से इसका। ३

तृतीय प्रपाठक, खण्ड-३

पश्चिम में जो रवि किरण रहें, मधु की पश्चिम नाड़ियाँ वही।
इनमें जो मधुमक्खियाँ रहें, वे सामवेद के मन्त्र यही।

Part Three, Section-2

The southern rays are south honey veins stated.
The bees Yaju hymns and Yaju flowers related.
The essence of flowers by the bees here drawn,
As the nectar of Yaju hymns that has been known. 1
As essence comes out when flowers are grilled,
Heated by the Stotras Yaju was distilled.
With glories, splendours, valour and opulence,
The objects of enjoyment came out as essence. 2
The essences coming out united into one.
The nectarian sap then went to the sun.
The sun's white radiating form visualized,
Represents this essence thus realized. 3

तानि वा एतानि सामान्येतं सामवेदमभ्यतपंस्तस्याभितप्तस्य यशस्तेज
इन्द्रियं वीर्यमन्नाद्यं रसोऽजायत।२
तद्व्यक्षरत्तदादित्यमभितोऽश्रयत्तद्वा एतद्यदेतदादित्यस्य परं कृष्णं
रूपम्।३

तृतीय प्रपाठक, खण्ड-४

अथ येऽस्योदञ्चो रश्मयस्ता एवास्योदीच्यो मधुनाड्योऽथर्वाङ्गिरस
एव मधुकृत इतिहास पुराणं पुष्पं ता अमृता आपः।१
ते वा एतेऽथर्वाङ्गिरस एतदितिहासपुराणमभ्यतपंस्तस्याभितप्तस्य
यशस्तेज इन्द्रियं वीर्यमन्नाद्यं रसोऽजायत।२

जो पुष्प चूसती मधुमक्खी, वह सामवेद ही पुष्प खिला।
अमृत स्वरूप जो रस चूसें, वह साम गीत से रस निकला। १
ज्यों पुष्प तपाकर इत्र बने, यह साम ऋचा से त्यों तपकर।
ऐश्वर्य, शक्ति, उपभोग्य वस्तु, यश तेज निकलते रस चूकर। २
रस झरे, मिले आदित्य मध्य, आश्रय आदित्य बने रस का।
जो श्याम रश्मियुत सूर्य दिखे, वह कृष्ण रूप रस से उसका। ३

तृतीय प्रपाठक, खण्ड-४

उत्तर दिक् में जो सूर्य रश्मि, मधु की उत्तर नाड़ियाँ वही।
इनमें जो मधुमक्खियाँ रहें, वे हैं अथर्व के मन्त्र यही।

[Chāndogya

Part Three-Sec. 3

The western rays are west honey-veins stated.
The Sāma hymns bees and Sāma flowers related.
The essence of flowers by the bees thus drawn,
Verily as the nectar of the Sāma is known. 1
As essence comes out when flowers are grilled,
By Sama hymns heated Sāmaveda was distilled.
With glories, splendours, valour and opulence,
The food and enjoyments came out as essence. 2
These essences coming out united into one,
This nectarian sap then went to the sun.
The black radiating sun thus visualized,
Represented this essence so realized. 3

Section-4

The northern sun-rays are north honey-veins stated.
The Atharva hymns bees and chronicles flower rated.
The essence of flowers by the bees so drawn,
As the Purāṇa-chronicles' nectar is known. 1

तद्व्यक्षरत्तदादित्यमभितोऽश्रयत्तद्वाएतद्यदेतदादित्यस्यपरं कृष्णं रूपम्।३

तृतीय प्रपाठक, खण्ड-५

अथ येऽस्योर्ध्वा रश्मयस्ता एवास्योर्ध्वा मधुनाड्यो गुह्या एवादेशा मधुकृतो
ब्रह्मैव पुष्पं ता अमृता आपः।१
ते वा एते गुह्या आदेशा एतद्ब्रह्माभ्यतपंस्तस्याभितप्तस्य यशस्तेज इन्द्रियं
वीर्यमन्नाद्यं रसोऽजायत।२
तद्व्यक्षरत्तदादित्यमभितोऽश्रयत्तद्वा एतद्यदेतदादित्यस्य मध्ये क्षोभत इव।३

इसमें इतिहास-पुराण रूप, मधुपूर्ण रहें ये पुष्प खिले।
जो अमृतमय रस वे चूसें, वे रस इनसे ही हैं निकले। १
ये ही इतिहास-पुराण सभी, द्वारा अथर्व के ही तप कर।
ऐश्वर्य शक्ति, उपभोग्य वस्तु, यश तेज निकलते रस चू कर। २
रस झरे, मिले आदित्य मध्य, आश्रय आदित्य बने रस का।
जो परम कृष्ण आदित्य रहे, वह रूप इसी रस से उसका। ३

तृतीय प्रपाठक, खण्ड-५

ऊपर की मधु नाड़ियां वही, जो ऊर्ध्वमुखी रवि किरण रहें।
गुरु के जो हों 'आदेश' गुह्य, उनको ही मधुमक्खियाँ कहें।

As the essence comes out when flowers are grilled,
From Atharva the Purāṇa-chronicles are distilled.
With glories, splendours, valour and opulence,
The food and enjoyments came out as essence. 2
The essences coming out united into one,
This nectarian sap then went to the sun.
The extreme black rays that the sun radiated,
They surely this form and essence indicated. 3

Part Three-Section-5

The sun's upward rays up honey-veins stated,
Secret instructions of teachers bee related.
Para Brahma is the flower from which sap is drawn,
And the nectar-essence is Brahmajñāna known! 1
As essence comes out when flowers are grilled,
Para Brahma was by these Directions distilled.
With glories, splendours, valour and opulence,
The food and enjoyments came out as essence! 2

ते वा एते रसानां रसा वेदा हि रसास्तेषामेते रसास्तानि वा
एतान्यमृतानाममृतानि, वेदा ह्यमृतास्तेषामेतान्यमृतानि।४

तृतीय प्रपाठक, खण्ड ६

तद्यत्प्रथममृतं तद्वसव उपजीवन्त्यग्निना मुखेन न वै देवा अश्नन्ति
न पिबन्त्येतदेवामृतं दृष्ट्वा तृप्यन्ति।१
स एतदेव रूपमभिसंविशन्त्येतस्माद्रूपादुद्यन्ति।२

जो पुष्प चूसती मधुमक्खी, वह ब्रह्म पुरुष ही पुष्प खिला।
अमृत स्वरूप जो रस चूसें, वह ब्रह्मज्ञान से रस निकला। १
ज्यों पुष्प तपाकर इत्र बने, वह ब्रह्म तपा 'आदेशों' से।
ऐश्वर्य, शक्ति उपभोग्य वस्तु, यश तेज निकलते रस उससे। २
रस झरे, मिले आदित्य मध्य, आश्रय आदित्य बना रस का।
आदित्य मध्य जो तेज-चक्र, वह चक्र बने रस से उसका। ३
यश, तेज, शक्ति, ऐश्वर्य, अन्न , ये वेदों के रस औ अमृत।
सब वेद स्वयँ रस-अमृत हैं, ये रस के रस औ परमामृत! ४

तृतीय प्रपाठक, खण्ड-६ (ब्रह्मोपनिषद्)

प्रथमामृत 'यश' का करें पान, वसु बनें 'अग्निमुख' यों जीयें।
वे तृप्त देख ब्रह्मामृत को, ये देव न कुछ खायें-पीयें! १

[Chāndogya

The essences coming out united into one,
This nectarian sap then went to the sun.
The dazzling discus in the sun visualized,
Represents this essence thus realized. 3
These five as the Vedas' essences originated,
These virtues are the essence of essences stated.
The Vedas as the essence and nectar emanated,
Thus the five are the nectar of nectars related! 4

Part Three, Section-6

The Vasu celibates are fire-mouthed related,
By the first nectar Glory they are satiated.
By the nectar of Brahma-realization gratified,
Only eating and drinking not them satisfied. 1
The Vasu celibates in this form abided,
Which the nectar of Self-realization provided.
They ascended upwards when thus meditated,
And attaining realization they get emancipated. 2

स य एतदेवममृतं वेद वसूनामेवैको भूत्वाऽग्निनैव मुखेनैतदेवामृतं
दृष्ट्वा तृप्यति स य एतदेव रूपमभिसंविशत्येतस्माद्रूपादुदेति।३
स यावदादित्यः पुरस्तादुदेता पश्चादस्तमेता वसूनामेव तावदाधिपत्यं
स्वाराज्यं पर्येता।४

तृतीय प्रपाठक, खण्ड ७

अथ यद्द्वितीयममृतं तद्रुद्रा उपजीवन्तीन्द्रेण मुखेन न वै देवा
अश्नन्ति न पिबन्त्ये तदेवामृतं दृष्ट्वा तृप्यन्ति।१
त एतदेव रूपमभिसंविशन्त्येतस्माद्रूपादुद्यन्ति।२

वे बसें उसी अमृतमय में, जो ऊर्ध्वमुखी गति श्रेष्ठ चरम।
वे पाते वह गति इसी भाँति, उस ब्रह्मामृत में लीन परम। २
जो जाने वह अमृत स्वरूप, वसु से मिल हो देदीप्यमान।
अमृत दर्शन से तृप्त वही, इस रूप बने वह ऊर्ध्वमान। ३
जब तक रवि होता पूर्व उदित, जब तक पश्चिम में अस्त करे।
हो वसुओं का ही आधिपत्य, रहता है वह स्वाराज्य वरे। ४

तृतीय प्रपाठक, खण्ड-७

वे रुद्र 'इन्द्रमुख' जो द्वितीय, तेजामृत ही पीकर जीयें।
हों तृप्त देख ब्रह्मामृत को, ये देव न कुछ खायें-पीयें। १

Upaniṣad]

One who knowing this the nectarian contemplated,
Illumined he is with the Vasus assimilated.
Fire-mouthed and only visualizing gratified,
He through the nectar for beatitude qualified. 3
So long as this sun arises eastwards,
And again in the evening it sets westwards,
Such a person will always with the Vasus abide.
In freedom and virtuous self-rule reside. 4

Part Three Section-7

The second nectar Splendour the Rudras cherished,
And as Indra-mouthed they are established.
By the nectar of Brahma's knowledge gratified,
Food or drinks not these virtuous satisfied. 1
The Rudra celibates in this form abided,
In the nectarian Brahma-realization resided.
They progress upwards when so meditated,
By this illumination they get emancipated. 2

स य एतदेवममृतं वेद रुद्राणामेवैको भूत्वेन्द्रेणैव मुखेनैतदेवामृतं
दृष्ट्वा तृप्यति स एतदेव रूपमभिसंविशत्येतस्माद्रूपादुदेति।३
स यावदादित्यः पुरस्तादुदेता पश्चादस्तमेता द्विस्तावद्दक्षिणत
उदेतोत्तरतोऽस्तमेता रुद्राणामेव तावदाधिपत्यं स्वाराज्यं पर्येता।४

तृतीय प्रपाठक, खण्ड ८

अथ यत्तृतीयममृतं तदादित्या उपजीवन्ति वरुणेन मुखेन न वै
देवा अश्नन्ति न पिबन्त्येतदेवामृतं दृष्ट्वा तृप्यन्ति।१
त एतदेव रूपमभिसंविशन्त्येतस्माद्रूपादुद्यन्ति।२

वे बसें उसी अमृतमय में, जो ऊर्ध्वमुखी गति श्रेष्ठ चरम।
वे पाते वह गति इसी भाँति, उस ब्रह्मामृत में लीन परम। २
जाने यह अमृत रुद्र बने, मघवन सा हो ऐश्वर्यमान
अमृत दर्शन से तृप्त वही, इस रूप बसे वह ऊर्ध्वमान। ३
पूर्वोदय पश्चिम अस्त द्विगुण, दक्षिण उग उत्तर अस्त करे!
उतने ही दिन हो आधिपत्य, रुद्रों-सा वह स्वाराज्य वरे। ४

तृतीय प्रपाठक, खण्ड-८

आदित्य 'वरुण-मुख' हों तृतीय, पी शक्ति-रूप अमृत जीयें।
वे तृप्त देख ब्रह्मामृत हों, ये देव न कुछ खायें-पीयें! १
वे बसें उसी अमृतमय में, हो ऊर्ध्वमुखी गति जहाँ चरम।
वे पाते वह गति इसी भाँति, उस ब्रह्मामृत में लीन परम। २

[Chāndogya

One who knew the nectarian of (from) dignified,
He abiding in the nectar with Rudras unified.
Indra-mouthed, glorious and seeing satisfied,
For beatitude he by this nectar qualified. 3
As rising in the east the sun sets westwards,
If doubling rises south and sets northwards,
Till that with the Rudras such person will abide,
In freedom and virtuous self-rule reside. 4

Part Three, Section-8

The third nectar Opulence Ādityas appeased,
Who are Varuṇa-mouthed, handsome and pleased.
By the nectar of Brahma-realization gratified,
No food or drink these virtuous satisfied. 1
The Āditya celibates in this form resided.
In the nectarian Brahma-realization abided.
They ascend upwards when so contemplated,
By nectar meditation they are emancipated. 2

स य एतदेवममृतं वेदादित्यानामेवै को भूत्वा वरुणेनैव मुखेनैतदेवामृतं
दृष्ट्वा तृप्यति स एतदेव रूपमभिसंविशत्येतस्माद्रूपादुदेति।३
स यावदादित्यो दक्षिणत उदेतोत्तरतोऽस्तमेता द्विस्तावत्पश्चादुदेता
पुरस्तादस्तमेताऽऽदित्यानामेव तावदाधिपत्यं स्वाराज्यं पर्येता।४

तृतीय प्रपाठक, खण्ड ९

अथ यच्चतुर्थममृतं तन्मरुत उपजीवन्ति सोमेन मुखेन
न वै देवा अश्नन्ति न पिबन्त्येतदेवामृतं दृष्ट्वा तृप्यन्ति।१
त एतदेव रूपममभिसंविशन्त्येतस्माद्रूपादुद्यन्ति।२

जाने अमृत आदित्य बने, हो वरुण देव सा कान्तिमान।
अमृत दर्शन से तृप्त वही, इस रूप बने वह ऊर्ध्वमान। ३
दक्षिण उग उत्तर अस्त द्विगुण, पश्चिम उग यदि पूर्वास्त करे!
उतने ही दिन हो आधिपत्य, आदित्यों-सा स्वाराज्य वरे। ४

तृतीय प्रपाठक, खण्ड-९

हो मरुत 'सोम मुख' जो पीकर, ऐश्वर्य रूप अमृत जीयें।
वे तृप्त देख ब्रह्मामृत हों, ये अन्य न कुछ खायें-पीयें। १
वे बसें उसी अमृतमय में, हो ऊर्ध्वमुखी गति जिसे चरम।
वे पाते वह गति इसी भाँति, उस ब्रह्मामृत में लीन परम। २

Upaniṣad]

One who knowing this the nectarian cherished,
He abiding in nectar with Ādityas established.
Fair, Varuṇa-mouthed and seeing satisfied.
Through the nectar he goes upwards unified. 3
As rising in the east the sun sets westwards,
And doubling rising south if to north it retards,
If again double rising west sets eastsides,
Till that with Adityas in self-rule he abides. 4

Part Three, Section-9

The fourth nectar Valour the Marutas sustained,
Who noble, Soma-mouthed, life-celibacy maintained.
Just seeing nectar-Brahma, they are gratified,
Any food or drink not these virtuous satisfied. 1
The Maruta celibates this form contemplated,
For the nectarian Brahma-realization meditated.
They ascended upwards when they thus abided,
And venerating nectarian in beatitude resided. 2

स य एतदेवममृतं वेद मरुतामेवैको भूत्वा सोमेनैव मुखेनैतदेवामृतं
दृष्ट्वा तृप्यति स एतदेव रूपमभिसंविशत्येतस्माद्रूपादुदेति।३
स यावदात्यिः पश्चादुदेता पुरस्तादस्त मेता द्विस्ताव दुत्तरत
उदेता दक्षिणतोऽस्तमेता मरुतामेव तावदाधिपत्यं स्वाराज्यं पर्येता।४

तृतीय प्रपाठक, खण्ड-१०

अथ यत्पञ्चममममृतं तत्साध्या उपजीवन्ति ब्रह्मणा मुखेन न वै
देवाअश्नन्ति न पिबन्त्येतदेवामृतं दृष्ट्वा तृप्यन्ति।१
त एतदेव रूपमभिसंविशत्येतस्माद्रूपादुद्यन्ति।२

हो सौम्यमूर्ति वह सोम रूप, वह मरुत बने यह रूप जान।
अमृत दर्शन से तृप्त वही, इस भाँति बने वह ऊर्ध्वमान। ३
पश्चिम उग यदि पूर्वास्त द्विगुण, उत्तर उग दक्षिण अस्त करे।
उतने ही दिन हो आधिपत्य, मरुतों-सा वह स्वाराज्य वरे। ४

तृतीय प्रपाठक, खण्ड-१०

हों साध्य ब्रह्ममुख, भोग्य रूप, पंचम अमृत पीकर जीयें।
वे तृप्त देख ब्रह्मामृत हों वे अन्य न कुछ खायें-पीयें! १
वे बसें उसी अमृतमय में, जो ऊर्ध्वमुखी गति श्रेष्ठ चरम।
वे पाते यह गति इसी भाँति, उस ब्रह्मामृत में लीन परम। २

[Chāndogya

One who knew this and the nectarian meditated,
Abiding in the nectar with Marutas assimilated.
Noble, Soma-mouthed and seeing it satisfied,
Through the nectar he ascends upwards unified. 3
If rising in the west the sun sets eastwards,
And double that rising north sets southwards,
Till that with Marutas such person will abide,
And in freedom and virtuous self-rule reside. 4

Part Three-Section-10

The fifth nectar, food-matter, the Sādhyas served,
Great, Brahma-mouthed, they respect deserved.
Only seeing nectar-Brahma, they are gratified,
Any eating or drinking not them satisfied. 1
The Sādhyas this nectarian contemplated,
For Brahma-realization they meditated
They ascend upwards when they thus abided,
Meditating the nectar in beatitude resided. 2

स य एतदेवममृतं वेद साध्यानामेवैको भूत्वा ब्रह्मणैव मुखेनैतदेवामृतं
दृष्ट्वा तृप्यति स एतदेव रूपमभिसंविशत्येतस्माद्रूपादुदेति।३
स यावदादित्य उत्तरत उदेता दक्षिणतोऽस्तमेता द्विस्तावदूर्ध्व
उदेताऽर्वाङ्स्तमेता साध्यानामेव तावदाधिपत्यं स्वाराज्यं पर्येता।४

तृतीय प्रपाठक, खण्ड ११

अथ तत ऊर्ध्व उदेत्य नैवोदेता नास्तमेतैकल एव मध्ये स्थाता तदेष श्लोकः।१
न वै तत्र न निम्लोच नोदियाय कदाचन।
देवास्तेनाहं सत्येन मा विराधिषि ब्रह्मणेति।२

जाने अमृत वह साध्य बने, हो ब्रह्ममूर्ति, बनता महान।
अमृत दर्शन से तृप्त वही, इस भाँति बने वह ऊर्ध्वमान। ३
उत्तर उग दक्षिण अस्त द्विगुण, ऊपर उग नीचे अस्त करे।
उतने दिन हो जग-आधिपत्य, साध्यों-सा वह स्वाराज्य वरे। ४

तृतीय प्रपाठक, खण्ड-११

वसु रुद्र सूर्य औ मरुत साध्य, इनसे भी जो ऊपर उठता।
उदयास्त परे हो लोक प्राप्त, अप्रतिम अकेला ही दिखता। १
है यही अवस्था 'सत्य-ब्रह्म', होता न उदय औ अस्त वहाँ।
कर दूर नहीं वह सत्य-ब्रह्म, हे देवो, यह है श्लोक यहाँ। २

One who knowing this the nectarian meditated,
Abiding in nectar with Sādhyas assimilated.
Great, Brahma-mouthed seeing nectar satiated,
Through the nectar going up he is emancipated. 3
If rising in the north the sun sets southwards,
And doubling that rising up sets downwards,
Till that with the Sādhyas such person will abide,
And in freedom and virtuous self-rule reside. 4

Part Three, Section-11

Going beyond Vasus, Rudras and Ādityas,
Transcending also the Marutas and Sādhyas,
Going where rises or sets not this sun,
As follows, one stands there second to none! 1
The sun neither rises nor sets down where,
That is the state of the Truth-Brahma there.
Pray Gods, may I not be differentiated,
And from that Truth-Brahma not alienated! 2

न ह वा अस्मा उदेति न निम्लोचति सकृद्दिवा
हैवास्मै भवति य एतामेवं ब्रह्मोपनिषदं वेद।३
तद्धैतद्ब्रह्मा प्रजापतय उवाच प्रजापतिर्मनवे मनुः प्रजाभ्य-
स्तद्धैतदुद्दालकायारुणये ज्येष्ठाय पुत्राय पिता ब्रह्म प्रोवाच।४
इदं वाव तज्ज्येष्ठाय पुत्राय पिता ब्रह्म प्रब्रूयात्प्रणाय्याय वाऽन्तेवासिने।५
नान्यस्मै कस्मैचन यद्यप्यस्मा इमामद्भिः परिगृहीतां धनस्य पूर्णां
दद्यादेतदेव ततो भूय इत्येतदेव ततो भूय इति।६

उपनिषदों का यह सत्य-ब्रह्म, जाने जो वह दिन रात्रि तरे।
केवल प्रकाश ही हो प्रकाश, सब उदय-अस्त से रहे परे। ३
ब्रह्मा से जानें यह रहस्य, फिर कहें प्रजापति यह मनु को।
मनु ने मनुजों को बतलाया, फिर अरुण ज्येष्ठ सुत आरुणि को। ४
निज ज्येष्ठ पुत्र को बतलायें, प्रत्येक पिता यह ब्रह्म-ज्ञान।
जो प्रणति-पूर्ण हो भक्त-शिष्य, उसको ही विद्या करें दान। ५
पूरी पृथ्वी यह जलधि घिरी, धन से भर कोई करे दान।
उसको रहस्य यह मत दे दें, है अधिक मूल्य का ब्रह्मज्ञान। ६

[Chāndogya-3-11

A person who knows and Truth-Brahma contemplated,
He realizes the Truth God, the Upaniṣads related.
There is no sun-rise and sun-set for the person,
For him there exists a constant illumination. 3
God Brahmā this wisdom to Prajāpati related,
Then Prajāpati to Manu, who others educated.
Thus versed in this wisdom sage Aruṇa became,
And from him to his elder son Uddālaka it came. 4
All fathers this secret should similarly preach.
They should this wisdom to the eldest son teach.
Or they should their beloved disciple educate,
They should only such a person initiate. 5
Giving ocean-lined earth filled with riches, if sought,
Even to such a giver it should not be taught.
This wisdom is dearer and much more valuable,
Verily much greater is this secret knowable! 6

तृतीय प्रपाठक, खण्ड १२

गायत्री वा इदं सर्वं भूतं यदिदं किंच वाग्वै
गायत्री वाग्वा इदं सर्वं भूतं गायतिच त्रायते च।१
चा वै सा गायत्रीयं वाव सा येयं पृथिव्यस्यां
हीदं सर्वं भूतं प्रतिष्ठितमेतामेव नातिशीयते।२
या वै सा पृथिवीयं वाव सा यदिदमस्मिन्पुरुषे शरीर-
मस्मिन्हीमे प्राणाः प्रतिष्ठिता एतदेव नातिशीयन्ते।३
यद्वै तत्पुरुषे शरीरमिदं वाव तद्यदिदमस्मिन्नन्तः पुरुषे
हृदयमस्मिन्हीमे प्राणाः प्रतिष्ठिता एतदेव नातिशीयन्ते।४

तृतीय प्रपाठक, खण्ड-१२ (गायत्री महिमा)

यह जो कुछ भी सब गायत्री, यह उच्चारित हो वाणी से।
यह वाणी गाये सभी जन्य सबकी होती रक्षा इससे। १
सब भूत प्रतिष्ठित ज्यों भू पर, रक्षित अलंघ्य पृथ्वी करती।
सब गायत्री में स्थित रक्षित, यह गायत्री मानो धरती। २
हो पिण्ड मध्य तन गायत्री, ब्रह्माण्ड मध्य पृथ्वी जैसे।
तन में ज्यों प्राण करे रक्षा, गायत्री त्राण करे वैसे। ३
ज्यों देह मध्य यह गायत्री, अन्तः में यह हो हृदय रूप।
यह प्राण हृदय में स्थित रक्षक, गायत्री हिय-रक्षक स्वरूप। ४

Part Three Section-12 (Gāyatrī)

All this is Gāyatrī as the cosmos it contained,
Pronounced by speech, to speech it pertained.
The speech by singing guarded and meditated.
Reciting Gāyatrī one Supreme contemplated. 1
Verily this earth is Gāyatrī, as it were!
In Gāyatrī all abide, as to earth all adhere.
It protected like earth and none goes beyond,
All beings and bodies to Gāyatrī correspond! 2
Like earth in universe, a person is presented,
Both earth and this body Gāyatrī represented.
As in this body here the Prāṇa always tended,
Protecting all, Gāyatrī can not be transcended. 3
As this body in persons is Gāyatrī stated,
The heart within the body is Gāyatrī related.
Transcending not Prāṇa this heart sustains,
Similarly Gāyatrī protects and maintains. 4

सैषा चतुष्पदा षड्विधा गायत्री तदेतदृचाभ्यनूक्तम्।५
तावानस्य महिमा ततो ज्यायांश्च पूरुषः।
पादोऽस्य सर्वाभूतानि त्रिपादस्यामृतं दिवीति।६
यद्वै तद् ब्रह्मेतीदं वाव तद्योऽयं बहिर्धा पुरुषादाकाशो
यो वै स बहिर्धा पुरुषादाकाशः।७
अयं वाव स योऽयमन्तः पुरुष आकाशो योवै सोऽन्तः पुरुष आकाशः।८

गायत्री होती चतुष्पदा, प्रति पद में छः अक्षर रहते।
सब मिल अक्षर चौबीस रहें, इसलिये ऋचा में यह कहते। ५
ये चरण चार महिमा गायें, पर पुरुष न हो पाये वर्णित।
सब भूत उसीका एक पाद, हों तीन चरण द्यौ लोक निहित। ६
करती प्रतिपादन गायत्री, आकाश बाह्य जो, ब्रह्म वही।
जो तन से बाहर रहे परे, है ब्रह्म रूप आकाश यही। ७
जो बाह्य ब्रह्म-आकाश रहे, बनता वह हृदयाकाश दीप्त।
गायत्री-स्तुत वह ब्रह्म ज्योति, पुरुषों के हिय-नभ में प्रदीप्त। ८

[Chāndogya-3-12

Four Padas, legs or lines Gāyatrī contained.
And each of the Padas six syllables pertained.
Thus there are twenty-four syllables stated,
In this hymn therefore it is thus related. 5
Gāyatrī's four parts eulogize Supreme Person,
But He is much greater than all they mention!
All beings and things His fourth part presented,
The rest three immortal heavens represented! 6
This space outside is Brahma venerated.
This is what the Gāyatrī verse has narrated,
There is no space without Him it related,
Brahma pervades the universe, it is stated. 7
As the sky does pervade everywhere outside,
In the heart of a person a sky does abide,
There singing of Brahma, Gāyatrī fulminated,
So the sky of heart is Brahma illuminated. 8

अयं वाव स योऽयमन्तर्हृदय आकाशस्तदेतत्पूर्णमप्रवर्ति
पूर्णमप्रवर्तिनीं श्रियं लभते य एवं वेद।९

तृतीय प्रपाठक, खण्ड १३

तस्य ह वा एतस्य हृदयस्य पञ्च देवसुषयः स योऽस्य प्राङ्सुषिः
स प्राणस्तच्चक्षुः स आदित्यस्तदेतत्तेजोऽन्नाद्य मित्युपासीत
तेजस्व्यन्नादो भवति य एवं वेद।१
अथ योऽस्यदक्षिणः सुषिः स व्यानस्तच्छ्रोत्रं स चन्द्रमास्तदेतच्छ्रीश्च
यशश्चेत्युपासीत श्रीमान्यशस्वी भवति य एवं वेद।२

है बाह्य सदृश यह हृदय-गगन, हो ब्रह्म-पूर्ण यह, शून्य-रहित।
गायत्री-स्तुत वह जान बने, क्षयहीन, पूर्ण, श्री-ब्रह्म सहित। ९

तृतीय प्रपाठक, खण्ड-१३ (शरीर में ब्रह्म दर्शन)

हों पाँच जहाँ ये देव-द्वार, उस हिय-मन्दिर में ब्रह्म निहित।
ये प्राण-चक्षु हैं पूर्व-द्वार, ब्रह्माण्ड पूर्व रविद्वार सहित।
ये चक्षु देह में ब्रह्म शक्ति, ब्रह्माण्ड मध्य रवि भी ऐसा।
जो 'भोक्ता' 'तेज' स्वरूप भजे, भोक्ता-तेजस्वी हो वैसा। १
ये व्यान-श्रोत्र दक्षिणी द्वार, ब्रह्माण्ड मध्य चन्द्रमा यही।
हिय-मन्दिर में हो श्रोत्र ब्रह्म, इस विश्व मध्य चन्द्रमा वही।
कर ले उपासना इसी भाँति, यह ब्रह्म-शक्ति श्री-यश माने।
श्रीमान वही, यशमान वही, जो भजे ब्रह्म श्री यश जाने। २

This sky outside also inside spreaded,
Both are thus full as Para Brahma pervaded.
The heart-sky Gāyatrī-praised Brahma contains,
Knowing one fullness and lasting glory gains. 9

Part Three-Section-13

(Para Brahma in a Person)

In the five-door heart-temple Prāṇa-Eye abided.
Like the sun in cosmos, they east-door provided.
One becomes glorious, enjoyer and venerated,
If Para Brahma as glorious and enjoyer meditated. 1
The southern door Vyāna is the ear also stated,
In cosmos this moon is corresponding related.
Meditating Para-Brahma as Opulent-Celebrated,
Knowing one is opulent, famous and venerated. 2

अथ योऽस्य प्रत्यङ्सुषिः सोऽपानः सा वाक् सोऽग्निस्तदेतद्ब्रह्म-
वर्चसमन्नाद्य मित्युपासीत ब्रह्मवर्चस्यन्नादो भवति य एवं वेद।३
अथयोऽस्योदङ्सुषिः स समानस्तन्मनः स पर्जन्यस्तदेतत्कीर्तिश्च
व्युष्टिश्चेत्युपासीत कीर्तिमान्व्युष्टिमान्भवति य एवं वेद।४
अथ योऽस्योर्ध्वः सुषिः स उदानः स वायुः स आकाशस्तदेतदोजश्च
महश्चेत्युपासीत ओजस्वी महस्वान्भवति य एवं वेद।५

वाणी-अपान पश्चिमी द्वार, ब्रह्माण्ड मध्य यह अग्नि रूप।
है हिय-मन्दिर में वाक् ब्रह्म, ब्रह्माण्ड मध्य पावक स्वरूप।
वह 'भोक्तृ' 'ब्रह्मवर्चस्' भी है, कर ले उपासना ब्रह्म शक्ति।
अन्नाद ब्रह्मवर्चस्वी वह, जो जाने ऐसा करे भक्ति। ३
हो मन-समान उत्तरी द्वार, ब्रह्माण्ड मध्य पर्जन्य जान!
मन ही हिय में है ब्रह्म शक्ति, ब्रह्माण्ड मध्य ये मेघ मान।
कर ले उपासना ब्रह्म शक्ति, भज 'कान्ति-कीर्ति का रूप जान।
जो ऐसा जान भजे उसको, वह कीर्तिमान औ कान्तिवान।४
रहता उदान औ पवन ऊर्ध्व, ब्रह्माण्ड मध्य नभ द्वार मान।
यह वायु हृदय में ब्रह्म शक्ति, ब्रह्माण्ड मध्य नभ उसे जान।
कर ले उपासना ब्रह्म शक्ति, वह महः रूप, वह ओज मान।
जो जाने ऐसा, भजे उसे, ओजस्वी होता, हो महान। ५

[Chāndogya-3-13

The western door Apāna is speech also stated,
In cosmos this fire is corresponding related.
One is a Brahma knower and enjoyer venerated,
Who knowing as knower and enjoyer meditated. 3
The northern door Samāna and mind indicated.
In cosmos the cloud is corresponding related.
Knowing one is famous and handsome venerated,
Who Brahma as Famous and Beauty meditated. 4
The upper door Udāna is air also stated,
In cosmos the sky is corresponding related.
Knowing one is great, vigorous and celebrated,
Who Brahma as Greatness and vitality meditated. 5

ते वा एते पञ्च ब्रह्मपुरुषाः स्वर्गस्य लोकस्य द्वारपाः स य एतानेवं पञ्च
ब्रह्मपुरुषान्स्वर्गस्य लोकस्य द्वारपान्वेदास्य कुले वीरो जायते प्रतिपद्यते
स्वर्गं लोकं य एतानेवं पञ्च ब्रह्मपुरुषान्स्वर्गस्य लोकस्य द्वारपान्वेद।६
अथ यदतः परो दिवोज्योतिर्दीप्यते विश्वतः पृष्ठेषु सर्वतः
पृष्ठेष्वनुत्तमेषुत्तमेषूत्तमेषु लोकेष्विदं वाव तद्यदिदमस्मिन्नन्तः पुरुषे
ज्योतिस्तस्यैषा दृष्टिः।७
यत्रैतदस्मिञ्छरीरे संस्पर्शेनोष्णिमानं विजानाति तस्यैषा
श्रुतिर्यत्रैतत्कर्णावपिगृह्य निनदमिव नदथुरिवाग्नेरिव ज्वलत
उपश्रृणोति तदेतद्दृष्टं च श्रुतं चेत्युपसीत चक्षुष्यः श्रुतो भवति
य एवं वेद य एवं वेद।८

ये पाँच स्वर्ग के द्वारपाल, ब्रह्माण्ड-पिण्ड में ब्रह्म जान।
जो जाने, होता स्वर्ग प्राप्त, कुल में जन्में अति वीर्यवान। ६
सब ओर पूर्ण जग में चमके, जो ब्रह्म ज्योति अति दीप्त परे।
अति ऊर्ध्व लोक औ तम अन्तर, देखो यह हिय-आकाश भरे। ७
यह ब्रह्म ज्योति तन मध्य देख, छूकर जीवन-उष्णता जान!
सुनना चाहो वह ब्रह्म नाद, सुन लो उसको कर बन्द कान।
जो मेघ वृषभ या अग्निनाद, ऐसा लगता, वह वही जान।
हो दर्शनीय, यश जाय सुना, जो भजे दृष्ट-श्रुत उसे मान। ८

Upaniṣad]

In the body and universe these five are there,
They are the door-keepers of heaven as it were.
One who Brahma Person's knowledge attains,
He very brave progenies and paradise gains. 6
Beyond body and cosmos all this transcending,
The illumination of Brahma is all pervading.
That same light a person's heart illumined.
One should thus see the Supreme determined. 7
If you want to perceive in your body, visualize!
That warmth of life just touching realize!
If you want to listen, covering ears you hear!
As thunder, bull-roar and crackling fire clear!
That is He who is seen and heard as stated.
Knowing it the Supreme should be meditated.
One who really knows and thus realized,
He becomes worth seeing with fame eulogized. 8

तृतीय प्रपाठक, खण्ड-१४

सर्वं खल्विदं ब्रह्म तज्जलानिति शान्त उपासीत। अथ खलु क्रतुमयः पुरुषो यथाक्रतुरस्मिंल्लोके पुरुषो भवति तथेतः प्रेत्य भवति स क्रतुं कुर्वीत।१

मनोमयः प्राणशरीरो भारूपः सत्य संकल्प आकाशात्मा सर्वकर्मा सर्वकामः सर्वगन्धः सर्वरसः सर्वमिदमभ्यात्तोऽवाक्यनादरः।२

एष म आत्माऽन्तर्हृदयेऽणीयान्व्रीहेर्वा यवाद्वा सर्षपाद्वा श्यामाकाद्वा श्यामाकतण्डुलाद्वा एष म आत्माऽन्तर्हृदये ज्यायान्पृथिव्या ज्यायानन्तरिक्षाज्ज्यायान्दिवो ज्यायानेभ्यो लोकेभ्यः।३

तृतीय प्रपाठक, खण्ड-१४ (शाण्डिल्य विद्या)

यह सब कुछ ब्रह्म रहे केवल, सब उससे हों, उसमें विलीन।
अनुप्राणित सब कुछ उससे ही, यह मान भजें, हों सभी लीन।
जैसा करता वह कर्म यहाँ, हो मृत्यु बाद वह वही वहाँ।
वह कर्म सदा करता निश्चय, यह जान कर्ममय पुरुष यहाँ। १
यह प्राण ब्रह्म-मनमय का तन, यह ज्योति रहे उसका स्वरूप।
संकल्प सत्य, सामर्थ्य सभी, आत्मा उसका आकाश रूप।
वह पूर्णकाम, वह सर्वगन्ध, सब रस, सब उसकी ज्योति सहित।
मानापमान का भाव नहीं, वाणी से भी सर्वथा रहित। २

[Chāndogya

Part Three, Section-14

(Śāṇḍilya Wisdom)

Verily all this is Para Brahma who created!
Creating with Prāṇas he beings initiated.
Born from Him all in Him assimilated,
Brahma in three forms is thus contemplated.
But one while here surely action performs,
To one's deeds here after death too conforms.
Being what he does, man consists of actions,
Therefore one must perform one's functions. 1
All smell, sap and all fulfilment contained,
Whatever there is all to His light pertained!
Consisting of mind, life, light, without speech!
Him neither any praise nor disdain can reach! 2

सर्वकर्मा सर्वकामः सर्वगन्धः सर्वरसः सर्वमिदमभ्यात्तोऽवाक्य-
नादर एष म आत्माऽन्तर्हृदय एतद्ब्रह्मैतमितः प्रेत्याभिसंभविता-
स्मीति। यस्य स्यादद्धा न विचिकित्साऽस्तीति ह स्माह शाण्डिल्यः
शाण्डिल्यः।४

तृतीय प्रपाठक, खण्ड-१५

अन्तरिक्षोदरः कोशो भूमिबुध्नो न जीर्यति दिशो ह्यस्य स्रक्तयोद्यौ-
रस्योत्तरं बिलं स एष कोशो वसुधानस्तस्मिन्विश्वमिदं श्रितम्।१

जौ सरसो सामा तण्डुल से, अन्नों से छोटा, अणु स्वरूप।
है वही ज्योति मेरा आत्मा, मेरे अन्तर में सूक्ष्म रूप!
मेरे अन्तर में वही ज्योति, भू, अन्तरिक्ष द्यौ से महान।
चेतन आत्मा की एक किरण, इन जड़ लोकों से बृहत् जान! ३
यह सर्वकाम औ सर्वगन्ध, है वही सर्वकर्मा आत्मा।
सब रस, पहुँचे सर्वत्र वही, है वाक् रहित वह परमात्मा।
मानापमान से दूर वही, है वही ब्रह्म मेरे अन्तर।
मैं मृत्यु बाद वह प्राप्त करूँ, विश्वात्मा, आत्मा सर्वान्तर।
पहुँचे उस तक सन्देह नहीं, ऐसी श्रद्धा हो जिसे वही।
शाण्डिल्य कहें, ऐसा ही है, ब्रह्मात्मा मिलता उसे सही।४

Finer than barley, linseed and the rices,
Smaller than food-grains, yet that suffices!
That Light is my Soul, the Self Indwelling,
Subtler than the subtle, in heart's core dwelling!
Yet greater than the earth is my Self illumined!
Greater than worlds of every different kind!
Bigger than the sky and space so spreading,
That light whole cosmos illumines pervading! 3
All able, beyond speech, above praise and all willing!
Beyond disdain, omnipresent and all smelling!
That World Soul here in my heart does remain!
Departing I may that Supreme Self attain!
One who this World Soul thus contemplated,
With full faith who the Indweller meditated,
There is no doubt that the Self he does gain,
Śāṇḍilya says, verily That he shall atttain! 4

तस्य प्राची दिग्जुहूर्नाम सहमाना नाम दक्षिणा राज्ञी नाम प्रतीची
सुभूता नामोदीची तासां वायुर्वत्सः स य एतमेवं वायुं दिशां
वत्सं वेद न पुत्ररोदं रोदिति। सोऽहमेतमेवं वायुं दिशां वत्सं वेद
मा पुत्ररोदं रुदम्।२
अरिष्टं कोशं प्रपद्येऽमुनाऽमुनाऽमुना। प्राणं प्रपद्येऽमुनाऽमुनाऽमुना।
भूः प्रपद्येऽमुनाऽमुनाऽमुना। भुवः प्रपद्येऽमुनाऽमुनाऽमुना। स्वः प्रपद्ये-
ऽमुनाऽमुनाऽमुना।३

तृतीय प्रपाठक, खण्ड-१५ (अक्षय कोश)

है एक कोश अक्षय जिसका, यह अन्तरिक्ष है उदर रूप।
यह भूमि पाद, दिक् हैं कोनें, ऊपरी छिद्र है द्यौ स्वरूप।
यह कोश जीर्ण-क्षय हो न कभी, जो कुछ भी धन है सब इसमें।
सम्पूर्ण चराचर विश्व रहे, श्री रूप पड़ा धन ही उसमें। १
ये 'यज्ञ-कर्म' हैं पूर्व दिशा, दक्षिण में 'द्वन्द्वों' को सहते।
हैं 'राज्य-पराक्रम' पश्चिम में, उत्तर में 'सुन्दरता' कहते।
यह वायु दिशाओं का सुत है, हो वायु कोश-निधि प्राण रूप।
प्राणों का संयम सर्वोत्तम, यह है निधियों की निधि स्वरुप।
इस वायु-प्राण को जो जाने , हो सुत वियोग में नहीं शोक।
यह जान दिशा-सुत प्राण-वायु, मैं सुत वियोग में भी अशोक। २
यह कोश प्राप्त होवे अक्षय, इन उन औ सब यत्नों से भी।
मैं भूः भुवः स्वः प्राण वरूँ, जिन-जिन साधन से मिलें सभी! ३

[Chāndogya

Part Three, Section-15 (Treasure Chest Eternal)

The space-bowel likens a Treasure Chest there.
Eternally full, with earth-legs as it were!
Quarters corners and sky as top-hole behold
The chest as the treasure the universe does hold! 1
East Yajñas and in south Opposites are there,
West valour, north beauty and life-son do adhere!
Knowing Prāṇa-air as the son of quarters here,
One grieves not for son, nor do I shed tear! 2
That Eternal Treasure I must now attain!
By this that and all means one must obtain.
By all efforts Prāṇa and Bhūḥ I should gain!
By all means Bhuvaḥ nad Svaḥ too attain! 3

स यदवोचं प्राणं प्रपद्य इति, प्राणो वा इदं
सर्वं भूतं, यदिदं किंच तमेव तत्प्रापत्सि।४
अथ यदवोचं भूः प्रपद्ये इति, पृथिवीं प्रपद्य-
ऽन्तरिक्षं प्रपद्ये दिवं प्रपद्य इत्येव तदवोचम्।५
अथ यदवोचं भुवः प्रपद्य इत्यग्निं प्रपद्ये वायुं
प्रपद्य आदित्यं प्रपद्य इत्येव तदवोचम्।६
अथ यदवोचं स्वः प्रपद्य इति। ऋग्वेदं प्रपद्ये यजुर्वेदं
प्रपद्ये सामवेदं प्रपद्य इत्येव तदवोचं तदवोचम्।७

ये सभी भूत हैं प्राण रूप, इसलिये कहा, मैं प्राण वरूँ।
जो कुछ भी अक्षय कोश मध्य, वह सब कुछ ही मैं प्राप्त करूँ।४
श्री रूप पड़े जो कोश मध्य, द्यौ अन्तरिक्ष औ सकल मही।
इसलिये कहा हो भूः प्राप्त, मिल जायें मुझको तीन यही। ५
श्री रूप पड़े जो कोश मध्य, आदित्य पवन औ पावक भी।
इसलिये कहा हो भुवः प्राप्त, हों प्राप्त मुझे ये देव सभी। ६
श्री रूप पड़े जो कोश मध्य, ऋग्वेद साम औ यजुर्वेद।
इसलिये कहा स्वः मिले मुझे, हों प्राप्त मुझे ये तीन वेद। ७

तृतीय प्रपाठक, खण्ड-१६ (जीवन यज्ञ और ब्रह्मचर्य)

वे होते 'प्रातः सवन' रूप, चौबीस वर्ष जो प्रथम रहें।
जीवन ही मानो एक यज्ञ, गायत्री प्रातः सवन कहें।

As all these beings this Prāṇa does sustain,
I said here that I should Prāṇa attain.
This Prāṇa is all that universe does contain,
So all in the Treasure-Chest I should obtain. 4
This Bhūḥ earth, space and heavens denoted,
All treasures in the chest it therefore connoted.
I have said here, I should this Bhūḥ obtain,
All treasures in the chest I therefore attain. 5
The fire air and the sun Bhuvaḥ does denote,
All treasures in the chest these three connote.
I have said here I should Bhuvaḥ attain,
All in the Treasure chest therefore I gain. 6
The Svaḥ Ṛg Yaju and Sāmaveda denoted,
All in the Treasure chest it thus connoted.
I have said here I should this Svaḥ attain,
These Vedas in the chest I therefore obtain. 7

तृतीय प्रपाठक, खण्ड-१६

पुरुषो वाव यज्ञस्तस्य यानि चतर्विंशति वर्षाणि तत्प्रातः सवनं
चतुर्विंशत्यक्षरा गायत्री गायत्रं प्रात:सवनं तदस्य वसवोऽन्वा-
यत्ताः प्राणा वाव वसव एते हीदं सर्वं वासयन्ति।१
तं चेदेतस्मिन्वयसि किंचिदुपतपेत्स ब्रूयात्प्राणा वसव इदं
मे प्रातः सवनं माध्यन्दिनं सवनमनुसंतनुतेति माऽहं प्राणानां
वसूनां मध्ये यज्ञो विलोप्सीयेत्युद्धैव तत एत्यगदो ह भवति।२

चौबीस वर्ण गायत्री में, गायत्री का वसु देव रूप।
इस ब्रह्मचर्य का देव वही, वह प्राण रहे जो वसु स्वरूप।
वसु ब्रह्मचर्य में प्राण भजें, इसमें प्राणों का हो नियमन।
प्राणों के कारण जीव बसें, वसु को इससे ही प्राण कथन। १
चौबीस वर्ष का ब्रह्मचर्य, यदि इसमें कुछ हो विघ्न रूप।
यह केवल प्रात: सवन, कहें, हे प्राण, तुम्हीं हो वसु स्वरूप।
'माध्यन्दिन' तक यह व्रत होवे, हे देव शक्ति दो मुझे तुम्हीं।
वसु ब्रह्मचर्य तक ही जीवन का यज्ञ न होवे लोप कहीं!
संकल्पों का विस्तार करूँ, मैं रुद्र ब्रह्मचारी बनकर।
धारणा करे वह, उन्नत हो, मानसिक विकारों से बचकर। २

[Chāndogya-1-1

Part Three, Section-16
(Life Yajña & Celibacy)

The life of a person is a Yajña contemplation,
Its twenty four years the morning meditation.
The twenty four letter Gāyatrī is then recited.
The Vasu or the Prāṇa is Gāyatrī's God cited.
For twenty four years one celibacy observed,
Vasu being its deity this Yajña preserved.
Vasu celibates the Prāṇas control and contain,
And the Prāṇas all various beings sustain. 1
If observing celibacy any obstacle is there,
O Vasu, O Prāṇa, he should pray and declare.
It is only early life and morning contemplation,
Enable me to extend it to the midday meditation!
The Life-Yajña of mine must not end here!
To the middle-age Rudra-Celibacy I adhere!
Thus contemplating he ascended upwards,
And doing Life-Yajña is purified inwards. 2

अथ यानि चतुश्चत्वारिंशद्वर्षाणि तन्माध्यन्दिनं सवनं
चतुश्चत्वारिंशदक्षरा त्रिष्टुप् त्रैष्टुभं माध्यन्दिनं सवनं तदस्य
रुद्रा अन्वायत्ताः प्राणा वाव रुद्रा एते हीदं सर्वं रोदयन्ति।३
तं चेदेतस्मिन्वयसि किंचिदुपतपेत्स ब्रूयात्प्राणा रुद्रा इदं मे
माध्यन्दिनं सवनं तृतीयसवनमनुसंतनुतेति माऽहं प्राणानां रुद्राणां
मध्ये यज्ञो विलोप्सीयेत्युद्धैव तत एत्यगदो ह भवति।४

जीवन के चौआलीस वर्ष, ' माध्यन्दिन सवन' स्वरूप रहें।
त्रिष्टुप् में चौआलीस वर्ण, इस जीवन को ही यज्ञ कहें।
त्रिष्टुप् का जो देवता रहे, वह रुद्र देव है प्राण यही।
माध्यन्दिन का जो ब्रह्मचर्य, इसका भी रहता देव वही।
ये रुद्र-ब्रह्मचारी करते, प्राणों को वश, दें रुला उसे।
दें हमें रुला जब ये निकलें, प्राणों को रुद्र कहें इससे। ३
जीवन के चौआलीस वर्ष, यदि आये कुछ भी विघ्न रूप।
हे प्राण, कहे वह, हे रुद्रो, यह केवल माध्यन्दिन स्वरूप!
यह व्रत तृतीय भी सवन चले, हे देव शक्ति दो मुझे तुम्हीं!
बन रुद्र-ब्रह्मचारी केवल, यह यज्ञ न होवे लोप कहीं!
संकल्पों का विस्तार करूँ, आदित्य ब्रह्मचारी बनकर।
धारणा जन्य ऊपर जाये, मानसिक विकारों से बचकर।४

Upaniṣad]

Next forty four years are mid day meditation,
The forty four letter Triṣtupa helps contemplation.
The Rudra or Prāṇa is Triṣtupa's deity cited,
So the Rudra celibates Triṣtupa verse recited.
The Rudra celibates the Prāṇa breaths trained,
The Prāṇas start weeping when so restrained.
So the Prāṇas are Rudras when at last they part,
They make us all weep when they do depart. 3
If during celibacy any hindrance is there,
O Rudra, O Prāṇa, he should praying declare.
This is only mid-day and mid-life meditation,
Extend it to my third stage contemplation!
My Life Yajña as Rudra may not end here,
To the third stage Āditya celibacy I adhere!
By Such resolution, he ascends upwards,
And doing Life Yajña is purified inwards. 4

अथ यान्यष्टाचत्वारिं शद्वर्षाणि तत्तृतीय सवनमष्टाचत्वारिंशदक्षरा जगती जागतं तृतीय सवनं तदस्यादित्या अन्वायत्ताःप्राणा वावाऽऽदित्या एतेहीदं सर्वमाददते।५
तं चेदेतस्मिन्वयसि किंचिदुपतपेत्स ब्रूयात्प्राणा आदित्या इदं मे तृतीयसवनमायुरनुसंतनुतेति माऽहंप्राणानामादित्यानां मध्ये यज्ञो विलोप्सीयेत्युद्धैव तत एत्यगदो हैव भवति।६

आगे के अड़तालीस वर्ष, होते तृतीय वे यज्ञ-सवन।
जगती में अड़तालीस वर्ण, यह यज्ञ रूप मानव जीवन।
जगती का जो आराध्य रहे, आदित्य देव वह प्राण यही।
तीसरे काल जो ब्रह्मचर्य, उसका भी रहता देव वही।
आश्रित सब कुछ आदित्य रहे, यह प्राण करे सब कुछ धारण।
ये इन्द्रिय आश्रित प्राणों पर, आदित्य प्राण है इस कारण। ५
आये इन अड़तालीस वर्ष, इस व्रत में बाधाएँ कुछ भी।
हे आदित्यो, हे प्राण कहे, यह था तृतीय ही सवन अभी।
सम्पूर्ण आयु यह व्रत होवे, हे देव शक्ति दो मुझे तुम्हीं!
आदित्य ब्रह्मचारी तक ही, यह यज्ञ न होवे लोप कहीं!
संकल्पों का विस्तार करूँ, आमरण ब्रहमचारी बनकर।
धारणा जन्य वह उन्नत हो, मानसिक विकारों को तजकर। ६

[Chāndogya

The next forty eight years the third stage related,
As forty eight letter Jagatī verse meditated.
The Āditya as Prāṇa is Jagatī's deity cited,
The Āditya celibates Jagatī verse recited.
The Āditya or Prāṇa the whole world sustained,
Similarly the Prāṇas all senses maintained.
Thus Āditya is also as Prāṇa designated,
And Āditya celibates the Prāṇa meditated. 5
If during the third stage obstacles presented,
O Prāṇas, O Ādityas, he thus represented.
This is only third stage afternoon meditation,
Enable me to extend it to life-contemplation!
As Āditya my life-Yajna must not end here!
To a whole life celibacy Yajña I adhere!
By such a resolution he ascends upwards,
And doing life-Yajña is purified inwards. 6

एतद्धस्मवैतद्विद्वानाह महिदास ऐतरेयः स किं म एतदुपतपसि योऽहमनेन न
प्रेष्यामीति। स ह षोडशं वर्षशतमजीवत्प्रहषोडशं वर्षशतं जीवति य एवं
वेद॥७

तृतीय प्रपाठक, खण्ड १७

स यदशिशिषति यत्पिपासति यन्न रमते ता अस्य दीक्षाः॥१
अथ यदश्नाति यत्पिबति यद्रमते तदुपसदैरेति।२
अथ यद्धसति यज्जक्षति यन्मैथुनं चरति स्तुतशस्त्रैरेव तदेति॥३

इतरा के सुत थे महीदास, यह कहा उन्होंने इसे जान।
क्यों विघ्न सताते हो मुझको, मैं नहीं डिगूँगा, इसे मान!
कहते हैं जीये महीदास, सौ वर्ष और सोलह इससे।
सौ वर्ष और सोलह ऊपर, जो जाने, इतनी आयु उसे। ७

तृतीय प्रपाठक, खण्ड-१७ (दीक्षा-उपसद-स्तुतशस्त्र-दक्षिणा)

जो भोग करे जीवन हित में, जो प्राण जन्य खाये-पीये।
लेकिन भोगों में रमे नहीं, वह 'दीक्षा' का जीवन जीये। १
जो भोग भोग के लिये करे, जो स्वाद जन्य खाये-पीये।
जो भोगों में ही रम जाता, 'उपसद' का जीवन वह जीये। २
जो हंसी खेल में मग्न रहे प्रिय जिसको व्यंजन औ भोजन।
जो काम-कौतुकों में डूबा, 'स्तुतशस्त्र' उसीका है जीवन। ३

The story goes, Itara's son Mahīdāsa observed,
Obstacles, I will fail not, why you so disturbed?
As a celibate hundred and sixteen years he lived,
Knowing it one lives as much, they believed. 7

Part Three, section-17

One Who takes food and drink for body's maintenance,
For not any enjoyment, but for sustenance,
His life so to say, is a life of consecration,
Verily it is one of sacrifice and initiation. 1
But who takes food and drink not for sustenance,
For taste and enjoyment, not for maintenance
His life is called Upasada or gluttony in reality,
He is always hoarding and living on charity. 2
Who laughs much and relishes food much indeed,
And for pleasures a sexual life does lead,
His life is Stutaśastra', dependent and vain,
By false praise and flattery he tries to gain. 3

अथ यत्तपो दानमार्जवमहिंसा सत्य वचनमिति ता अस्य दक्षिणाः।४
तस्मादाहुः सोष्यत्यसोष्टेति पुनरुत्पादनमेवास्य तन्मरणमेवास्यामभृथः।५
तद्धैतद् घोर आंगिरसः कृष्णाय देवकी पुत्रायोक्त्वोवाचापिपास
एव स बभूव सोऽन्तवेलाया मेतत्त्रयं प्रतिपद्येताक्षितमस्यच्युतमसि
प्राणसंशितमसीति। तत्रैते द्वे ऋचौ भवतः।६
आदित्प्रत्नस्य रेतस उद्वयं तमसस्परि ज्योतिः पश्यन्त उत्तरं स्वः पश्यन्त
उत्तरं देवं देवत्रा सूर्यमगन्म ज्योतिरुत्तममिति ज्योतिरुत्तममिति।७

तप-दान करे, हो सरल-नम्र, जो करे अहिंसा का पालन।
जो सत्य वचन सर्वदा कहे, है वही 'दक्षिणा' का जीवन।४
यह जन्म मनुज का दुर्लभ है, जैसे चूता हो सोम यही।
'सोष्यति-असोष्ट' है पुनर्जन्म, अवभृथ' कहलाता मरना ही। ५
आंगिरस-घोर से सुनें कृष्ण, देवकीपुत्र, यह यज्ञ कर्म।
जिज्ञासा उनकी मिटी सभी, ऋषि घोर कहें इस भाँति मर्म।
'अविनाशी हो''अच्युत तुम हो', 'प्राणों से तीक्ष्ण' तृतीय वचन।
दो ऋचा इन्हीं विषयों पर हैं, अन्तिम वेला हो यही कथन। ६
अति पुरा वस्तु का भी कारण, द्यौ परे ज्योति जो दिवा-दीप्त।
उसकी उपासना करें भक्त, जो है अखण्ड औ चिर प्रदीप्त।

[Chāndogya

Sincere and straight who charities donated,
Non-violent and austere, truth only related,
His life a divine gift for welfare presented
A life of Dakṣiṇā and reward represented. 4
Grilling Soma is 'Soṣyati' and 'Asoṣtha' the sap drawn.
Thus a rare birth as man is also 'Soṣyati' known.
Similarly after birth one is ' Asoṣṭha' related,
And when one dies it is 'Avabhṛta' stated. 5
This secret of Life Yajña Ghora Āṅgirasa stated,
To Devakī's son Kṛṣṇa the wisdom he related.
All doubts resolved, when Kṛṣṇa was satisfied,
To Kṛṣṇa then Āṅgirasa thus further specified.
When departing one should these three pronounce,
Imperishable you are God, first thus announce.
Your are subtler than Prāṇa, he should then relate,
Immutable you are, thus these three state. 6

तृतीय प्रपाठक, खण्ड १८

मनो ब्रह्मेत्युपासीतेत्यध्यात्मथाधिदैवतमाकाशो
ब्रह्मेत्युभयमादिष्टं मवत्यध्यात्मं चाधिदैवतं च।१
तदेतच्चतुष्पाद्‌ब्रह्म। वाक्पादः प्राणः पादश्चक्षुः पादः श्रोत्रं पाद
इत्यध्यात्ममथाधिदैवतमग्निः पादो वायुः पाद आदित्यः पादो
दिशः पाद इत्युभयमेवादिष्टं भवत्यध्यात्मं चैवाधिदैवतं च।२

देवाधिदेव रवि देख उठें, उस ज्योति श्रेष्ठ को भजें-वरें।
तम परे ज्योति की ज्योति देख, हम ब्रह्म ज्योति को प्राप्त करें। ७

तृतीय प्रपाठक, खण्ड-१८ (ब्रह्म के चार चरण)

मन ब्रह्म मानकर उसे भजें, अध्यात्म रूप ऐसा भजना।
तन-पिण्ड मध्य जो ब्रह्म भजे, 'आदेश' यही, यह उपासना।
आकाश ब्रह्म माने भजते, अधिदैव रूप यह उपासना।
ब्रह्माण्ड-ब्रह्म को जो जाने, ऋषि कहते, यह भी है भजना। १
है ब्रह्म चार चरणों का यह, ये वाक् प्राण औ चक्षु श्रवण।
अध्यात्म रूप कहते ऐसा, मन रूप ब्रह्म के चार चरण।
आकाश-ब्रह्म के अग्नि सूर्य, दिक् पवन, यहीं हैं चार चरण।
अधिदैव रूप ब्रह्माण्ड मध्य, ऋषियों का ऐसा रहे कथन। २

The Prime Cause of all since yore He is stated,
Beyond heavens and the Primal Light venerated.
Shining forever as the day-light illuminating,
Devotees perceive Him constantly meditating.
Seeing the light that darkness does transcend,
Progressing upwards, we should now ascend.
The great god sun's joyful light we may gain,
Then that Supreme Light Para Brahma attain! 7

Part Three, Section-18 (Four Aspects of Brahma)

In the body the mind is as Brahma meditated,
And the sky as Brahma in cosmos contemplated.
The seers have these two meditations related,
Adhyātma and Adhidaiva these two are stated. 1
This Mind-Brahma four-fold is Adhyātma stated,
The speech, Prāṇa, eye and the ear related.
The Sky-Brahma four-fold Adhidaiva connoted,
They fire, air, sun and the quarters denoted. 2

वागेव ब्रह्मणश्चतुर्थः पादः सोऽग्निना ज्योतिषा भाति च तपति
च भाति च तपति च कीर्त्या यज्ञसा ब्रह्मवर्चसेन य एवं वेद।३
प्राण एव ब्रह्मणश्चतुर्थः पादः स वायुनाज्योतिषा भाति च तपति
च भाति च तपति च कीर्त्या यशसा ब्रह्मवर्चसेन य एवं वेद।४
चक्षुरेव ब्रह्मणश्चतुर्थः पादः स आदित्येन ज्योतिषा भाति च
तपति च भाति च तपति च कीर्त्या यशसा ब्रह्मवर्चसेन य एवं वेद।५
श्रोत्र मेव ब्रह्मणश्चतुर्थः पादः स दिग्भिर्ज्योतिषा भाति च तपति
च भाति च तपतिच कीर्त्या यशसा ब्रह्मवर्चसेन य एवं वेद य एवं वेद।६

है वाक्, ब्रह्म का एक पाद, वह अग्नि–प्रकाशित तथा दीप्त।
हो ब्रह्मतेज यश कीर्ति जान, वह हो प्रकाशयुत औ प्रदीप्त। ३
यह प्राण ब्रह्म का एक चरण, वह वायु–ज्योति से रहे दीप्त।
हो ब्रह्मतेज यश कीर्ति जान, वह हो प्रकाशयुत औ प्रदीप्त। ४
हो चक्षु चार में एक चरण, आदित्य ज्योति से रहे दीप्त।
हो ब्रह्मतेज यश कीर्ति जान, वह हो प्रकाशयुत औ प्रदीप्त। ५
मन–ब्रह्म–चरण हो श्रोत्र पुनः, दिक्–ज्योति तप्त वह रहे दीप्त।
हो ब्रह्मतेज यश कीर्ति जान, यह हो प्रकाशयुत औ प्रदीप्त। ६

[Chāndogya

The speech is the one leg of Mind Brahma stated,
It is by the fire of Sky-Brahma illuminated.
One is a Brahma knower who thus divined,
Knowing it with fame and glory illumined. 3
The Prāṇa is Mind-Brahma's another leg stated,
The air of Sky-Brahma this Prāṇa illuminated.
One is a Brahma knower who knowing meditated,
He has fame and glory who thus contemplated. 4
The eye another leg of Mind-Brahma is stated,
The sun of Sky-Brahma eye illuminated.
One becomes a Brahma knower who so divined,
With great fame and glory he is illumined. 5
The ear is the fourth leg of Mind Brahma is stated,
The quarters of Sky-Brahma ear illuminated.
He becomes a Brahma knower who so ascertained,
A great fame and glory he thereby attained. 6

तृतीय प्रपाठक, खण्ड-१९

आदित्यो ब्रह्मेत्यादेशस्तस्योपव्याख्यानमसदेवेदमग्र आसीत्।
तत्सदासीत्तत्समभवत्तदाण्डं निरवर्तत तत्संवत्सरस्य मात्रामशयत
तन्निरभिद्यत ते आण्डकपाले रजतं च सुवर्णं चाभवताम्।१
तद्यद्रजतं सेयं पृथिवी यत्सुवर्णं सा द्यौर्यज्जरायु ते पर्वता यदुल्बं
स मेघो नीहारो या धमनयस्ता नद्यो यद्वास्तेयमुदकं स समुद्रः।२
अथ यत्तदजायत सोऽसावादित्यस्तं जायमानं घोषा उलूलवोऽनू-
दतिष्ठन्त्सर्वाणि च भूतानि च सर्वे च कामास्तस्मात्तस्योदयं प्रति प्रत्यायनं
प्रति घोषा उलूलवोऽनूत्तिष्ठन्ति सर्वाणि च भूतानि सर्वे चैव कामाः।३

तृतीय प्रपाठक, खण्ड-१९ (आदित्य ब्रह्म)

आदेश' यही, आदित्य ब्रह्म, पस्तुत व्याख्या है यहाँ यही।
पहले जग था अव्यक्त-असत्, जो ब्रह्म, मात्र सत्-व्यक्त वही।
वह ब्रह्म अण्ड हो बढ़ा स्वयं, सेया संवत्सर तक उसको।
दो वर्णों में जो रजत-स्वर्ण, दो टुकड़ों में बाँटा निज को। १
भू रजत, स्वर्ण है यह द्युलोक, धमनियाँ नदी, झिल्ली बादल।
अण्डे का जेर पहाड़ बने, सागर बनता मूत्राशय जल। २
इस अण्डे से लें सूर्य जन्म, उस समय वहाँ हो घोष प्रबल।
सब जीव जागकर उठ बैठें, हों जन्म तभी कामना सकल।
इस कारण जब हो उदय-अस्त, विहगों की आवाजें आतीं।
सब प्राणी जागें-उठें, एवं कामना सकल हैं जग जातीं। ३

Part Three- Section-19 (Sun Brahma)

The sun is Brahma, great seers have shown,
Here is an explanation that is to be known.
In the beginning the universe was unmanifest,
Only Brahma existed as the Truth-manifest.
He egg-like Primordial Nature originated,
For ages Para Brahma that egg incubated.
In two parts or spheres ultimately it divided,
One silver and the other golden hue provided. 1
The silver piece was earth and the gold one space,
The membranes of the egg as mountains had place.
The skin as clouds and nebulas there came,
Veins rivers and urine-water ocean became. 2

स य एतमेवं विद्वानादित्यं ब्रह्मेत्यु पास्तेऽभ्याशो ह यदेनं साधवो घोषा आ च गच्छेयुरुप च निम्रेडेरन्निम्रेडेरन्।४

चतुर्थ प्रपाठक

प्रथम खण्ड

ॐ जानश्रुतिर्ह पौत्रायणः श्रद्धादेयो बहुदायी बहुपाक्य आस। स ह सर्वत आवसथान्मापयांचक्रे सर्वत एव मेऽत्स्यन्तीति।१

फिर शीघ्र पहुँचते साधु-घोष, आदित्य-ब्रह्म को जो मानें।
ये करते अति हर्षित उनको, आदित्य-ब्रह्म को जो जानें।१

चतुर्थ प्रपाठक

खण्ड-१ (जानश्रुति पौत्रायण)

बहु श्रद्धा, दानी, बहुपाकी, था नाम जानश्रुति पौत्रायण।
विश्रामागार बहुत जिनमें, करते थे अतिथि सदा भोजन।१

[Chāndogya-3-19

The Being born now, was the sun that is there!
When being born a great roar arose everywhere.
All awoke when the loud roar reverberated.
All desires in creatures also originated.
When the sun rises and when it sets there,
Animals and birds always cry everywhere.
All awake once again and are activated,
The desires arising all beings motivated. 3
One who in the manner the sun meditated,
Regarding it the symbol of Brahma contemplated,
The Ghoṣa sages at once come from everywhere,
And venerating him make him very happy there. 4

Part Four

Section 1 (Jānaśruti Pautrāyaṇa)

Once Jānaśruti Pautrāyaṇa was a king of fame,
In charities and feeding he had a great name.
He built rest houses where food was provided.
Guests from every where came and resided. 1
Once some virtuous men came there to stay,
O gentle-eyed, listen, one of them did say.
Contend not Jānaśruti's sky-spreading fame,
Or else he will burn you to ashes like a flame! 2

अथ ह हंसा निशायामति पेतुस्तद्धैहं हंसो हंसमभ्युवाद हो होऽयि
भल्लाक्ष भ्ल्लाक्ष जानश्रुतेः पौत्रायणस्य समं दिवा ज्योतिराततं तन्मा
प्रसाङ्क्षीस्तत्त्वा मा प्रधाक्षीरिति।२
तमु ह परः प्रत्युवाच कम्बर एनमेतत्सन्तं सचुग्वानमिव रैक्वमात्थेति। यो
नु कथं सयुग्वा रैक्व इति।३
यथा कृताय विजितायाधरेयाः संयन्त्येवमेनं सर्वं तदमिसमैति
यत्किंच प्रजाः साधुकुर्वन्ति। यस्तद्वेद यत्स वेद। स मयैत दुक्त इति।४
तदु ह जानश्रुतिः पौत्रायण उपशुश्राव। स ह संजिहान एव क्षत्तारमुवाच
अङ्गारे ह सयुग्वानमिव रैक्वमात्थेति। यो नु कथं सयुग्वा रैक्व इति।५

कुछ संत रात्रि में आ ठहरे, बोलता एक, हे भद्र नयन!
टक्कर मत लो, वह भस्म करे, फैले द्युलोक यश-पौत्रायण। २
ऐसा कहते क्यों जैसे वह, गाड़ी वाला ऋषि रैक्व रहे!
उत्तर देता, फिर हुआ प्रश्न, वह कौन, जिसे वह रैक्व कहे?३
'कृत' पासा के आ पड़ने से, नीचे के 'अय' पासे उसके।
फल मिलें रैक्व ऋषि को ही सब, हों साधु कार्य जो भी सबके।
ऋषि रैक्व जानता जो रहस्य, मैं कहता, जो जाने उसको।
जानता वही जन कुछ भी है, ऐसा ही मैं कहता सबको।४
यह सुना जानश्रुति ने चुपके, उठ प्रातः पूछा सारथि से।
हे प्रिय तुम भी क्या ऐसा ही, मेरा यश गाते हो सबसे?
क्या यश मेरा है इसी योग्य, क्या तुल्य रैक्व ऋषि है मुझसे?
वह कौन रैक्व गाड़ीवाला, सारथि ने फिर पूछा उनसे। ५

Upaniṣad]

Another one replied, why do you so state?
Why him like the cartman Raikva seer rate?
On this the fomer asked him this question,
Who is this cartman Raikva you mention? 3
As the chief dice minor dices supercedes,
That seer gets the fruits of others' good deeds!
The latter said, he is like the chief dice stated,
Only he knows who knows this, I have so related. 4
Janaśruti who came to know what was stated,
Awaking in the morning to his charioteer related.
Am I praised by you as the cartman Raikva named?
The charioteer then asked, who is Raikva so famed? 5

यथा कृताय विजितायाधरेयाः संयन्त्येवमेनं सर्वं तदभिसमैति
यत्किंच प्रजाः साधु कुर्वन्ति। यस्तद्वेद यत्स वेद। स मयैतदुक्त इति।६
स ह क्षत्ताऽन्विष्य नाविदमिति प्रत्येयाय
तं होवाच यत्रारे ब्राह्मणस्यान्वेषणा तदेनमर्च्छेति।७
सोऽधस्ताच्छकटस्य पामानं कषमाणमुपोपविवेश तं हाभ्युवाद त्वं नु
भगवः सयुग्वा रैक्व इत्यहं ह्यरा ३ इति ह प्रतिजज्ञे। स हक्षत्ताऽविदमिति
प्रत्येयाय।८

चतुर्थ प्रापठक, खण्ड-२

तदु ह जानश्रुतिः पौत्रायणः षट् शतानि गवां
निष्कमश्वतरीरथं तदादाय प्रतिचक्रमे। तं हाभ्युवाद।१

अन्यों के जो भी भले कार्य, ऋषि रैक्व सभी फल करें प्राप्त।
'कृत' को जेसे 'अय' मिलें सभी, यह सुना, करो तुम पता ज्ञात। ६
सारथि ने ढूंढ़ा, लौटा वह, बोला राजा से, नहीं मिले।
जो बसें ब्रह्मविद् कुटियों में, ढूंढों उनमें, राजा बोले। ७
ढूंढ़ा फिर, देखा सारथि ने, बैठा गाड़ी-छाया नीचे।
खुजलाता कोई व्यक्ति दाद, वह भी जा बैठा कुछ सोचे।
पूछा, भगवन क्या रैक्व आप, मैं ही हूँ, उसने कहा यही।
सारथि ने राजा को जाकर, यह कहा मिल गया पता सही। ८

[Chāndogya-4-1

The king said, during the night I have heard,
When talking together two hermits declared.
As the chief dice always minor dices supercedes,
This Raikva gets fruits of others' good deeds!
Only he knows who has that wisdom, they stated,
To others also, they said, they had so related.
O Dear, so find now this man Raikva named!
Who is this cartman and seer so famed? 6
Having searched the charioteer came back and stated,
That seer is nowhere, Sir, I have investigated!
The king said, look in huts where sages may abide!
Search where Brahma knowers may really reside! 7
A man scratching itches beneath a cart he found,
Sitting there he asked about the seer renowned.
He was indeed Raikva, that cartman stated,
I have found, the charioteer to the king related. 8

रैक्वेमानि षट् शतानि गवामयं निष्कोऽयमश्वतरीथो नु
म एतां भगवो देवतां शाधि यां देवतामुपास्स इति।२
तमु ह परःप्रत्युवाचाह हारे त्वा शूद्र तवैव सह गोभिरस्त्विति। तदु ह पुनरेव
जानश्रुतिः पौत्रायणः सहस्त्रं गवां निष्कमश्वतरीरथं दुहितरं तदादाय प्रतिचक्रमे।३
तं हाभ्युवाद रैक्वेदं सहस्त्रं गवामयं निष्कोऽयमश्वतरीरथ इयं जायाऽयं
ग्रामो यस्मिन्नास्सेऽन्वेव मा भगवः शाधीति।४
तस्या ह मुखमुपोद्गृह्णन्नुवाच। आजहारेमाः शूद्रनेनैव मुखेनालापयिष्यथा
इति। ते हैते रैक्वपर्णा नाम महावृषेषु यत्रास्माउवास तस्मै होवाच।५

चतुर्थ प्रपाठक, खण्ड-२

फिर भूप जानश्रुति पौत्रायण, आये खच्चर का रथ लेकर।
ऋषि से कहते वे, रत्नहार औ छः सौ गौवें भी देकर। १
यह रत्नमाल, छः सौ गौवें, रथ खच्चर का, सब ग्रहण करें।
वह देव रैक्व उपदेश करें, भजते जिसको औ जिसे वरें। २
फिर ऋषि बोले, रे शूद्र रखो, गौ हार करूँ मैं नहीं ग्रहण।
गौवें सहस्र, रथ, रत्नमाल, कन्या ले आये पौत्रायण! ३
गौवें सहस्र, रथ, रत्नमाल, ले लें मेरी यह कन्या भी।
उपदेश करें, सब कुछ ले लें, लें ग्राम जहाँ हैं आप अभी। ४
ऋषि कन्या का मुख उठा कहें, रे शूद्र वित्त से कहूँ नहीं!
इस कन्या के सम्मान हेतु, अब कहना होगा किन्तु यहीं।

Part Four, Section-2

A pony-car fine and a jewel-garland precious,
With six hundred cows, all healthy and gracious,
Jānaśruti Pautrāyaṇa to the seer presented,
And then to the seer he thus represented. 1
O Raikva, jewel garland and pony car are here!
Also have six hundred good cows over there!
O Reverend, now teach me what you meditate?
Tell me about the deity that you venerate! 2
Keep your garland and cows, thus chided the seer,
O Lowly born fool, these are not wanted here!
Jānaśruti brought a thousand cows once again,
Adding also his daughter to that bargain! 3
O Raikva, he stated, have these gifts here!
Jewel garland, the pony-car and cows all there!
I will give you my daughter as well in bargain!
Teach me and this village also you gain! 4

चतुर्थ प्रापाठक, खण्ड-३

वायुर्वाव संवर्गो यदा वा अग्निरुद्वायति वायुमेवाप्येति
यदा सूर्योऽस्तमेति वायुमेवाप्येति यदा चन्द्रो ऽस्तममेति वायुमेवाप्येति।१
यदाप उच्छुष्यन्ति वायुमेवापियन्ति वायुर्ह्येवैतान्सर्वान्संवृङ्क्त इत्यधिदैवतम्।२
अथाध्यात्मम्। प्राणो वाव संवर्गः स यदा स्वपिति प्राणमेव वागप्येति
प्राणं चक्षुः प्राणं श्रोत्रं प्राणं मनः प्राणो ह्येवैतान्सर्वान्संवृङ्क्त इति।३
तौ वा एतौ द्वौ संवर्गौ वायुरेव देवेषु प्राणः प्राणेषु।४

वह रैक्वपर्ण विख्यात रहे, ऋषि ने जिस स्थल पर वास किया।
वह स्थान महावृष उपवन में, ऋषि ने फिर यह उपदेश दिया। ५

चतुर्थ प्रपाठक, खण्ड-३ (संवर्ग विद्या)

पावक लौटे बुझ वायु मध्य, अधिदैवत में 'संवर्ग' पवन।
हों अस्त चन्द्र-रवि वायु मध्य, अंततः वायु में सभी गमन। १
यह वायु सभी कुछ को ढाँपे, जल सूखे, पीता उसे पवन।
अधिदैव रूप संवर्ग वायु, ब्रह्माण्ड दृष्टि से यह वर्णन। २
अध्यात्म रूप संवर्ग प्राण, सोयें जब, वाणी प्राण निहित।
हो पिण्ड-दृष्टि संवर्ग प्राण, सब प्राणलीन इन्द्रियाँ सहित।
ये चक्षु प्राण में ही लौटें, हों प्राण मध्य ही श्रोत्र लीन।
यह प्राण सभी संवरण करे, हो प्राण मध्य ही मन विलीन। ३

[Chāndogya

O Śūdra, lifting the girl's mouth Raikva stated,
Listen what to you I would not have related!
In Mahāvṛṣa gardens it was Raikva Parṇa named!
There the king received this wisdom so famed. 5

Part Four, Section-3 (The Cadre Wisdom)

The air is cosmically the carde contemplated,
This ' Saṁvarga' or cadre all here assimilated.
The sun and moon setting in the air abided,
The fire dying out also in it resided. 1
When water dries out in the air it remains,
It is indeed the air that all these contains.
Thus the air is the Cadre which cosmos sustains,
Macrocosmically air all here maintains. 2
The Prāṇa is the Saṁvarga or cadre related,
Microcosmically Prāṇa all this assimilated.
In sleep Prāṇa envelops the mind and senses,
It covers the speech, eye and ear in essences. 3

अथ ह शौनकं च कापेयमभिप्रतारिणं च काक्षसेनिं
परिविष्यमाणौ ब्रह्मचारी बिभिक्षे तस्मा उ ह न ददतुः।५
स होवाच। महात्मनश्चतुरोदेव एकः कः स जगार भुवनस्य
गोपास्तं कापेय नाभिपश्यन्ति मर्त्या अभिप्रतारिन्बहुधा
वसन्तं यस्मै वा एतदन्नं तस्मा एतन्न दत्तमिति।६

इस भाँति रहें संवर्ग युगल, हों विलय जन्य दो ही निधान।
ब्रह्माण्ड-दृष्टि से वायु रहे, हो पिण्ड-दृष्टि से वही प्राण।४
थे अभिप्रतारि शौनक दोनों, खाने को परसा खाद्य कहीं।
याचना ब्रह्मचारी ने की, भिक्षा लेकिन दी गई नहीं। ५
बोलता ब्रह्मचारी फिर यों, हैं सूर्य चन्द्र जल अग्नि चार।
मन चक्षु श्रोत्र औ वाणी भी, हैं चार महात्मा, कर विचार।
इनके समक्ष है देव एक, ब्रह्माण्ड-वायु औ पिण्ड-प्राण।
वह ऐसा जो खाये चारों, फिर भी वह करता भुवन त्राण।
वह बसे अनेकों रूपों में, फिर भी हम देखें नहीं कहीं।
यह अन्न उसी के जन्य जिसे, भिक्षा में तुमने दिया नहीं। ६

Thus only these two kinds of cadres are there,
Two spheres to which all in cosmos adhere!
Cosmically it is as the thin air divined,
And bodily it is as the Prāṇa determined. 4
To Śaunaka and Abhipratāri once food was served,
A celibate came there, Raikva further observed.
He asked for alms but they silence maintained,
Not caring, the guest they not entertained. 5
One Air God or the Prāṇa all here assumed,
Fire, sun, moon and water are by air consumed.
Eye, ear speech and mind Prāṇa contained,
O Kāpeya and Abhipratāri, they all sustained,
It has many forms but we do not perceive!
The food I begged was for Prāṇa, it conceive!
You gave not for whom it had been intended!
So it was Prāṇa-Brahma that you contended! 6

तदु ह शौनकः कापेयः प्रतिमन्वानः प्रत्येयायाऽऽत्मा देवानां जनिता प्रजानां हिरण्यदंष्ट्रो बभसोऽनसूरिर्महान्तमस्य महिमानमाहुरनद्यमानो यदनन्नमत्तीति वै वयं ब्रह्मचारिन्नेदमुपास्महे दत्तास्मै भिक्षामिति।७
तस्मा उ ह ददुस्ते वा एते पंचान्ये पंचान्ये दश संतस्तत्कृतं तस्मात्सर्वासु दिक्ष्वन्नमेव दशकृतं सैषा विराडन्नादी तयेदं सर्वं दृष्टं सर्वमस्येदं दृष्टं भवत्यन्नादो भवति च एवं वेद य एवं वेद।८

अब बोलें, निश्चय ही ऐसा, करके शौनक कापेय मनन।
यह प्राण पिण्ड में आत्मा है, ब्रह्माण्ड मध्य वह रहे पवन।
ये युगल चार हैं, प्रजा रूप, ये प्राण-वायु के रहें शरण।
ये वायु-प्राण हैं 'स्वर्ण-दंष्ट्र', सब खाते, करते सभी ग्रहण।
इनकी महिमा है अति महान, खाया न जा सके जो, खायें।
खा सके नहीं कोई इनको, इनकी महिमा हम भी गायें।
हम भी भजते हैं जान युगल, ये वायु-प्राण के ब्रह्म-धर्म।
दो भीख ब्रह्मचारी को अब, कह दिया उन्होंने जान मर्म। ७
ये अग्नि सूर्य जल चन्द्र वायु, ब्रह्माण्ड-देव हों पाँच यही।
ये चक्षु श्रोत्र मन वाक् प्राण, हों पिण्ड-देव भी पाँच सही।
ये दस जग-जूआ के पासे, पर वायु-प्राण खा लें इनको।
वैसे विराट् वह विश्व शक्ति, अन्नों-सा खा लेती सबको।

[Chāndogya-4-3

Then they considered what the celibate submitted,
The air is the Soul of the deities, they admitted.
Also Prāṇa is the Soul of the senses as stated,
The two have four progenies each as related.
Eating all they have gold-teeth as it were!
Not being eaten, they eat whatever is there:
Which can not be eaten, they also consumed.
They are really great and glorious assumed.
O celibate, said Kāpeya, we indeed meditate,
Cosmically we also Air-Brahma contemplate,
In the body-microcosm we Prāṇa regarded,
He said to the cook, now alms be awarded. 7
Fire, sun, moon, water and air thus stated,
Speech, ear, eye mind and Prana related,
These are the ten chief dice 'Kṛta' by name
Seer Raikva now said, they play the World-Game.

चतुंर्थ प्रपाठक, खण्ड-४

सत्यकामो ह जाबालो जबालां मातरमामन्त्रयांचक्रे
ब्रह्मचर्यं भवति विवत्स्यामि किंगोत्रोन्वहमस्मीति।१
सा हैनमुवाच नाहमेतद्वेद तात यद्गोत्रस्त्वमसि। बह्वहं चरन्ती
परिचारिणी यौवने त्वामलभे। साऽहमेतन्न वेद यद्गोत्रस्त्वमसि।
जबाला तु नामाहमस्मि सत्यकामो नाम त्वमसि। स सत्यकाम
एव जाबालो ब्रुवीथा इति।२

है द्रष्टा औ अन्नाद वही, पासे सा खेले वह सबको।
जो जाने वह द्रष्टा होता, अन्नाद बना भोगे जग को। ८

चतुर्थ प्रपाठक, खण्ड-४ (ब्रह्मज्ञानी सत्यकाम)

सुत सत्यकाम माँ से पूछे, पूछना जबाला यही तुझे।
मैं ब्रह्मचर्य-दीक्षा उत्सुक, बतलाओ मेरा गोत्र मुझे! १
यौवन में बहुतों की सेवा करती थी, पाया तभी तुझे।
मैं नहीं जानती पिता कौन, मालूम नहीं है गोत्र मुझे।
है नाम जबाला मेरा, सुत, कहते तुझको हैं सत्यकाम।
पूछें गुरु तो बतला देना, है सत्यकाम-जाबाल नाम। २

Upaniṣad]

By these ten a great world-game is enacted,
All acting accordingly with these reacted.
These ten as the Chief dice ' Kṛita' are assumed,
But Virāt, the Colossus World Soul all consumed!
That Supreme Self is the great eater there,
That is also the greatest Enjoyer and Seer.
The person who knows it enjoys everywhere,
Truly perceiving he is also a seer here. 8

Part Four, Section-4 (Brahma Knower Satyakāma)

Once Satyakāma to mother Jabālā thus stated,
Mother, I want to be in celibacy initiated.
So tell me now what is my lineage and clan,
I want my education accordingly to plan. 1
Mother said, I really do not know that my son!
As to what is your clan or the father-person!
When young I got you while several I served,
From whom I got you, I had not observed!
I know only that I am Jabālā your mother,
And you are my son, Satyakāma, my dear!
When your teacher asks you to truly relate,
You are simply Satyakāma-Jabālā, thus state! 2

स ह हारिद्रुमतं गौतममेत्योवाच ब्रह्मचर्यं भगवति वत्स्याम्युपेयां भगवन्तमिति।३
तं होवाच किं गोत्रो नु सोम्यासीति। स होवाच नाहमेतद्वेद भो
यद्गोत्रोऽहमस्म्यपृच्छं मातरं सा मा प्रत्यब्रवीद्बह्वहं चरन्ती परिचारिणी
यौवने त्वाम लभे। साऽहमेतन्न वेद यद्गोत्रस्त्वमसि जबाला तु नामाहमस्मि
सत्यकामो नाम त्वमसीति। सोऽहं सत्यकामो जाबालोऽस्मि भो इति।४
तं होवाच नैतदब्राह्मणो विवक्तुमर्हति। समिधं सोम्याऽऽहरोप त्वा नेष्ये।
न सत्यदगा इति। तमुपनीय कृशानामबलानां चतुःशता गा
निराकृत्योवाचेमाः सोम्यानुसंव्रजेति। ता अभिप्रस्थापयन्नुवाच
नासहस्त्रेणावर्तेयेति। स ह वर्षगणं प्रोवास। ता यदा सहस्त्रं संपेदुः।५

गौतम-हारिद्रु निकट जाकर, फिर सत्यकाम बोला, भगवन्!
मैं ब्रह्मचर्य रह वास करूँ, चरणों में आया, करूँ नमन! ३
हे सोम्य, गोत्र क्या, मुनि पूछें, वह ज्ञात नहीं मुझको, कहता।
माँ से भी पूछा था मैंने, माँ बोली थीं, यह नहीं पता।
यौवन में बहुतों की सेवा, करती थी, पाया तभी तुझे।
मैं नहीं जानती पिता कौन, मालूम नहीं है गोत्र मुझे।
है नाम जबाला मेरा सुत, कहते तुझको हैं सत्यकाम।
माँ इतना ही बोली भगवन, है सत्यकाम-जाबाल नाम। ४
कह सकता नहीं अब्राह्मण यह, हे सोम्य सत्य से डिगे नहीं।
उपनयन करूँ, समिधा ले आ, दीक्षा दी मुनि ने उसे वहीं।

[Chāndogya-4-4

To Hāridrumata Gautama, Satyakāma did state,
As a resident O Reverend, I wish to meditate!
Studying here to celibacy I Shall adhere
Therefore O Sire, I present myself here! 3
The sage asked him his lineage to narrate,
He replied, he knew not and so could not state!
My mother whom I asked could not indicate,
She said, she knew not and thus did relate.
When young I got you while several I served.
But from whom I got, that I had not observed.
I am Jabālā and you are Satyakāma by name!
So Reverend, as Satyakāma Jābāla I came! 4
The seer said, a non-Brāhmaṇa can not so state
Bring wood dear, in sacred-thread I will initiate!
In saying truth you have not at all hesitated!
The teacher so saying Satyakāma initiated.

चतुर्थ प्रपाठक, खण्ड ५

अथ हैनमृषभोऽभ्युवाद, सत्यकाम ३ इति, भगव इति ह प्रतिशुश्राव।
प्राप्ताः सोम्य सहस्त्रं स्मः प्रापय न आचार्यकुलम्।१
ब्रह्मणश्च ते पादं ब्रवाणीति। ब्रतीतु मे भगवानिति। तस्मै होवाच।
प्राची दिक्कला प्रतीची दिक्कला दक्षिणा दिक्कलोदीची
दिक्कलैष वै सोम्यचतुष्कलः पादो ब्रह्मणः प्रकाशवान्नाम।२

उपनयन बाद चतुशत देकर, निर्बल गौवें जो कृश तन की।
मुनि बोले, जा इनके पीछे, हे सोम्य करो सेवा इनकी।
गौवें ले जाते वह बोला, लौटूँ गौ-वृद्धि सहस्र जभी।
वर्षों प्रवास यह रहा दीर्घ, गौवें हों एक सहस्र सभी। ५

चतुर्थ प्रपाठक, खण्ड-५

सुन कहता वह, आज्ञा भगवन, जब वृषभ पुकारे लिये नाम।
अब हैं सहस्र हम, वृषभ कहे, गुरुकुल ले चल अब सत्यकाम! १
उस ब्रह्म-पुरुष का एक पाद, मैं तुझे बताता निर्विवाद।
बतलायें भगवन, वह बोले, फिर वृषभ कहे वह चार पाद।
वह है 'प्रकाशयुत' चरण एक, यह चरण चतुष्कल पुनः जान!
प्राची दिक् और प्रतीची दिक्, दक्षिण-उत्तर 'दिक्कला मान! २

Four hundred cows emaciated and neglected.
For Satyakāma the teacher purposely selected,
Giving these to Satyakāma he thus stated,
Go tend these and Satyakāma not hesitated.
Satyakāma said, I return not O Reverend!
Until these cows multiply to a thousand.
He was out tending for years together,
And eventually he had a thousand cows there! 5

Part Four, Saction-5

One of the bulls addressed, Satyakāma dear!
Satyakāma responded, what was the order there?
We now number one thousand as you specified,
Take us to your teacher's and be satisfied! 1
Know the one Pāda or part of Brahma as I state!
Satyakāma replied, O Reverend do relate!
Four Pādas or parts of Para Brahma are narrated,
The ox said, one part is named Illuminated.

स य एतमेवं विद्वांश्चतुष्कलं पादं ब्रह्मणः प्रकाशवानित्युपास्ते
प्रकाशवानस्मिंल्लोके भवति प्रकाशवतो ह लोकाञ्जयति य
एतमेवं विद्वांश्चतुष्कलं पादं ब्रह्मणः प्रकाशवानित्युपास्ते।३

चतुर्थ प्रपाठक, खण्ड ६

अग्निष्टे पादं वक्तेति। स ह श्वोभूते गा अभिप्रस्थापयांचकार।
ता यत्राभिसायं बभूवुस्तत्राग्निमुपसमाधाय, गा उपरुध्य समिध
-माधाय, पश्चादग्नेः प्राङुपोपविवेश।१
तमग्निरभ्युवाद, सत्यकाम ३ इति, भगव इति ह प्रतिशुश्राव।२

जो है प्रकाशयुत ब्रह्म चरण, वह जान चतुष्कल जो भजता।
होता प्रकाशयुत इसी लोक, ज्योतिर्लोकों को जय करता। ३

चतुर्थ प्रपाठक, खण्ड-६

फिर वृषभ कहे, दूसरा चरण, अब अग्नि बताये वह तुझको।
गौवें लेकर प्रस्थान किया, फिर सत्यकाम ने गुरुकुल को।
गौ रोक जलाया अग्नि वहीं, सन्ध्या का हो आगमन जहाँ।
समिधा आधान किया, बैठा, मुख पूर्व, सामने अग्नि वहाँ। १
हों अग्नि देव सामने प्रकट, वे उसे पुकारें लिये नाम।
सुनकर, क्या आज्ञा है भगवन, उत्तर में कहता सत्यकाम। २

The Illuminated part four aspects contained,
One is the East Aspect, the Ox explained
The Western Quarter aspect is another stated,
The North and the South are remaining related. 2
Knowing this who the Illuminated meditated,
In the world he himself becomes illuminated.
And who knowing all four parts contemplated,
He other illuminated worlds subjugated. 3

Part Four, Section-6

The next day for the teacher's place he did start.
The ox said, the fire will tell you the next part.
He stopping at sun set by fire-side did abide,
Adding fuel wood to fire, facing the east side. 1
Satyakāma thus sitting the fire meditated.
Before him the fire-deity there emanated.
It addressed Satyakāma who thus contemplated,
Satyakāma responded, give orders Venerated! 2

ब्रह्मणः सोम्य ते पादं ब्रवाणीति। ब्रवीतु मे भगवानिति। तस्मै होवाच। पृथिवी कलाऽन्तरिक्षंकलाद्यौःकला समुद्रःकलैष वै सोम्यचतुष्कलः पादो ब्रह्मणोऽनन्तवान्नाम।३

स य एतमेवं विद्वां श्चतुष्कलं पादं ब्रह्मणोऽनन्तवानित्यु पास्तेऽनन्तवानस्मिंल्लोके भवत्यनन्तवतो ह लोकाञ्जयति य एतमेवं विद्वांश्चतुष्कलं पादं ब्रह्मणोऽनन्तवानित्युपास्ते।४

चतुर्थ प्रपाठक-खण्ड ७

हंसस्ते पादं वक्तेति। स ह श्वोभूते गा अभिप्रस्थापयां चकार। ता यत्राभिसायं बभूवुस्तत्राग्निमुपसमाधाय गा उपरुध्य, समिध -माधाय पश्चादग्नेः प्राङुपोपविवेश।१

अब सुनो दूसरा चरण सोम्य, वह कहे पुनः, बोलें भगवन।
सब उसे 'अनन्त वान' कहते, दूसरा चतुष्कल यही चरण।
है एक कला पृथ्वी इसकी, यह अन्तरिक्ष दूसरी जान।
द्यौ कला तीसरी है इसकी, चौथी समुद्र की कला मान। ३
यह जान चतुष्कल जो भजता, यह चरण भजे जिसका न अन्त।
होता अनन्त वह इसी लोक, जीतता लोक जो हों अनन्त। ४

चतुर्थ प्रपाठक, खण्ड ७

फिर अग्नि कहे, तीसरा चरण, अब सूर्य बतायेगा तुझको।
गौवें लेकर प्रस्थान किया, फिर सत्यकाम ने गुरुकुल को।
गौ रोक जलाया अग्नि वहीं, हो सन्ध्या का आगमन जहाँ।
समिधा आधान किया, बैठा, मुख पूर्व, सामने अग्नि वहाँ। १

Upaniṣad]

The Fire Deity said, now the second part know!
Satyakāma said, O Reverend please show!
The Infinite is one of the four parts stated,
Earth, space, sky and sea aspects related. 3
Knowing this who the Infinite contemplated,
Verily in this world he is infinite related.
And who knowing four parts so meditated,
Infinite other worlds he also subjugated. 4

Part Four Section-7

The Fire said, the sun will teach the next part.
The next day for the teacher's place he did start,
He stopping at sunset lighting fire did abide ,
Adding fuel wood to fire, facing the east side. 1

तं हंस उपनिपत्याभ्युवाद सत्यकाम ३ इति, भगव इति ह प्रतिशुश्राव।२
ब्रह्मणःसोम्य ते पादं ब्रवाणीति। ब्रवीतु मे भगवानिति। तस्मै होवाचाग्निः
कला सूर्यः कला चन्द्रः कला विद्युत्कलैष वै सोम्य चतुष्कलः पादो
ब्रह्मणो ज्योतिष्मान्नाम।३
स य एतमेवं विद्वांश्चतुष्कलं पादं ब्रह्मणो ज्योतिष्मानित्युपास्ते
ज्योतिष्मानस्मिंल्लोके भवति ज्योतिष्मतो ह लोकाञ्जयति
य एतमेवं विद्वांश्चतुष्कलं पादं ब्रह्मणो ज्योतिष्मानित्युपास्ते।४

चतुर्थ प्रपाठक, खण्ड ८

मद्गुष्टेपादं वक्तेति। स ह श्वोभूते गा अभिप्रस्थापयां चकार। ता यत्राभिसायं बभूवुस्तत्राग्निमुपसमाधाय, गा उपरुध्य, समिधमाधाय पश्चादग्नेः प्राङुपोपविवेश।१

हों सूर्यदेव सामने प्रगट, वे उसे पुकारें लिये नाम।
सुनकर क्या आज्ञा है भगवन, उत्तर में कहता सत्यकाम। २
अब सुनो तीसरा चरण सोम्य, वह कहे पुनः, बोलें भगवन।
वह 'ज्योतिष्मान्', कहें रवि फिर, तीसरा चतुष्कल यही चरण।
यह अग्नि उसीकी एक कला, आदित्य दूसरी कला रूप।
यह चन्द्र तीसरी कला रहे, चौथी विद्युत् का ले स्वरूप। ३
जाने जो ज्योतिष्मान् चरण, यह जान चतुष्कल जो भजता।
वह ज्योतिष्मान् यहीं होता, जय ज्योतिष्मान् लोक करता। ४

[Chāndogya

Satyakāma sitting there the sun contemplated.
Before him there now the sun emanated.
It addressed Satyakāma who thus meditated,
Satyakāma replied, give orders Venerated! 2
The sun said, now the third part you know!
Satyakāma requested, O Reverend, do show!
The 'Luminous' is one of the four parts stated.
Fire, sun, moon and lightning 'aspects' related. 3
Knowing this who the Luminous meditated.
Verily in this world as luminous illuminated
Who knowing the four parts Brahma contemplated,
He also other luminous worlds subjugated. 4

Part Four, Section-8

The sun said, the air will teach the next part.
The next day for teacher's place he did start.
He stopping at sunset lighting fire did abide,

तं मद्गुरुपनिपत्याभ्युवाद, सत्यकाम ३ इति, भगव इति ह प्रतिशुश्राव।२
ब्रह्मणः सोम्य ते पादं ब्रवाणीति। ब्रवीतु में भगवानिति। तस्मै होवाच।
प्राणः कला चक्षुः कला श्रोत्रं कला मनः कलैष वै सोम्य चतुष्कलः
पादो ब्रह्मण आयतनवान्नाम।३
स य एतमेवं विद्वांश्चतुष्कलं पादं ब्रह्मण आयतनवानित्युपास्त
आयतनवानस्मिंल्लोके भवत्यायतनवतो ह लोकाञ्जयति य एतमेवं
विद्वांश्चतुष्कलं पादं ब्रह्मणः आयतनवानित्युपास्ते।४

चतुर्थ प्रपाठक, खण्ड-९

प्राप हाऽऽचार्यकुलम् तमाचार्योभ्युवाद सत्यकाम ३ इति। भगव इति ह
प्रतिशुश्राव।१

चतुर्थ प्रपाठक, खण्ड-८

रवि कहता, चौथा पाद-चरण अब पवन बातायेगा तुझको।
गौवें लेकर प्रस्थान किया, फिर सत्यकाम ने गुरुकुल को।
गौ रोक जलाया अग्नि वहीं, सन्ध्या का हो आगमन जहाँ।
समिधा आधान किया, बैठा, मुख पूर्व, सामने अगिन वहाँ। १
हों वायुदेव सामने प्रगट, वे उसे पुकारें लिये नाम।
यह सुनकर उत्तर में कहता, क्या आज्ञा भगवन, सत्यकाम। २
हे सोम्य चरण चौथा कह दूँ, वह कहे पुनः, बोलें भगवन!
है वही 'आयतनवान' पाद, वह रहे चतुष्कल, कहे पवन।
यह प्राण उसी की एक कला, हो चक्षु दूसरी कला रूप।
ये क्षोत्र तीसरी कला रहें, मन भी चौथी का ले स्वरूप। ३

चतुर्थ प्रपाठक, खण्ड-९

गुरुकुल में लौटा सत्यकाम, हो गया उसे था ब्रह्मज्ञान।
आचार्य पुकारें सत्यकाम, आज्ञा दें भगवन, कहे जान। १

Adding fuel wood to fire, facing the east side. 1
Satyakāma sitting there the air contemplated,
Before him now the Air Deity emanated.
It addressed Satyakāma who thus meditated,
Satyakāma said, give orders O venerated! 2
The air said, now the fourth part you know!
Satyakāma requested, O Reverend please show!
Containing and Extending is this part stated,
Prāṇa, mind, eye and ear ' aspects' related! 3
Onr who knowing 'Containing' it so meditated,
Verily in this world he is similarly related.
And who knowing four parts Brahma venerated,
He also other extending worlds subjugated. 4

ब्रह्मविदिव वै सोम्य भासि, को नु त्वाऽनुशशासेत्यन्ये मनुष्येभ्य इति ह प्रतिजज्ञे, भगवांस्त्वेव मे कामे ब्रूयात्।२

श्रुतं ह्येव मे भगवद्दृशेभ्यं आचार्याद्धैव विद्या विदिता साधिष्ठं प्रापय-तीति तस्मै हैतदेवोवाचात्र ह न किंचन वीयायेति वीयायेति।३

चतुर्थ प्रपाठक, खण्ड-१०

उपकोसलो ह वै कामलायनः सत्यकामे जाबाले ब्रह्मचर्यमुवास। तस्य ह द्वादशवर्षाण्यग्नीन्परिचचार। स ह स्माऽन्यानन्तेवासिनः समावर्तयंस्तं ह स्मैव न समावर्तयति।१

गुरु कहें, ब्रह्मज्ञानी लगते, उपदेश दिया किसने तुझको?
यह ज्ञान मनुज से नहीं प्राप्त, गुरु आप ज्ञान दें अब मुझको। २
मैं आप सदृश गुरु से सुनता, गुरु से सीखी विद्या उत्तम।
आचार्य कहें, कुछ शेष नहीं, जो जान लिया वह सर्वोत्तम। ३

चतुर्थ प्रपाठक, खण्ड-१०

गुरु सत्यकाम के आश्रम में, था शिष्य कमल-कुल उपकोसल।
बारह वर्षों तक ब्रह्मचर्य, रत सेवा करता रहा अनल।
आचार्य समावर्तन करते, अन्यान्य शिष्य घर थे जाते।
उपकोशल यों ही वास करें, वे नहीं समावर्तन पाते। १

Part Four-Section 9

Thus taught a wise Brahma knower he became.
To his teacher's campus Satyakāma now came.
Welcoming him back the teacher was glad,
Satyakāma asked, now what orders he had? 1
The teacher said, you look like a Brahma knower!
Who has taught you, as now very wise you appear!
Satyakāma said, not any human teacher Sire!
O my teacher learning from you I desire! 2
I have heard from teachers like you who had stated,
That wisdom is best which is teacher-educated,
The teacher said, nothing is left there dear!
You have learnt all that is worth knowing there! 3

Part Four, Section-10

Coming for studying from the clan of Kamala,
At Satyakāma's hermitage resided Upkosala.
For twelve years tending fires he did adhere,
Others were graduated but he was still there. 1

तं जायोवाच तप्तो ब्रह्मचारी कुशलमग्नीन्परिचचारीन्मा त्वाऽग्नयः
परिप्रवोचन्प्रब्रूह्यस्मा इति। तस्मै हाप्रोच्यैव प्रतासांचक्रे।२
स ह व्याधिनाऽनशितुं दध्रे। तमाचार्यजायोवाच ब्रह्मचारिन्नशान किं नु
नाश्नासीति। स होवाच बहव इमेऽस्मिन्पुरुषे कामा नानात्यया व्याधिभिः
प्रतिपूर्णोस्मि नाशिष्यामीति।३
अथ हाग्नयः समूदिरे। तप्तो ब्रह्मचारी कुशलं नः
पर्यचारीद्धन्तास्मै प्रब्रवामेति। तस्मै होचुः।४

गृह-अग्नि बहुत सेवा की है, पत्नी बोली, तप बहुत किये।
दें अग्नि शाप, कर दें दीक्षित, गुरु सुन प्रवास पर चले गये। २
उपकोसल दुख से खाद्य तजें, गुरु-पत्नी कहतीं, कर भोजन!
क्यों खाते नहीं ब्रह्मचारी, वह कहे, कर सकूँ नहीं ग्रहण।
ये विविध कामनाएँ भटकें, मुझ पुरुष मध्य चपला स्वरूप।
भोजन कैसे मैं करूँ भवति, हूँ भरा कष्ट से विविध रूप। ३
पर्याप्त तपस्या की इसने, गृह-अग्नि परस्पर कहें यही।
परिचर्या बहुत हमारी की, शिक्षा दे दें हम इसे सही। ४
है ब्रह्म प्राण कं खं तीनों, वह कहे, नहीं क़ं खं जाने।
गृह-अग्नि कहे जब वह कहता, वह प्राण-ब्रह्म केवल माने।
कं जो है खं भी रहे वही, खं ही रहता है कं स्वरूप।
कं प्राण-ब्रह्म, तन में सुख है, खं-ब्रह्म रहे आकाश रूप। ५

The teacher's wife said, he did austerities here.
Tending well the holy fires he did adhere.
Initiate him or else the fire will imprecate,
But the teacher went out and did not initiate. 2
As he fasted in grief, teacher's wife did state,
Why are you so fasting, take food celibate!
Many fickle desires in me circulated,
I can not eat grieved mother, pupil related. 3
The fires heard and discussed it together.
The celibate has performed austerities, we gather.
He has also tended us always very well,
Hence all the wisdoms we ourselves should tell. 4
The Prāṇa is Brahma, the fires now related.
'Kaṁ' is Brahma and 'Khaṁ' also is so stated.
The celibate said, he knew the Prāṇa-Brahma there,
But 'Kaṁ' and 'Khaṁ' he knew not, make that clear!

प्राणो ब्रह्म। कं ब्रह्म। खं ब्रह्मेति। स होवाच। विजानाम्यहं यत्प्राणो ब्रह्म
कं च तु खं च न विजानामीति। ते होचुर्यद्वाव कं तदेव खं यदेव खं
तदेव कमिति। प्राणं च हास्मै तदाकाशं चोचुः॥५

चतुर्थ प्रपाठक, खण्ड-११

अथ हैनं गार्हपत्योऽनुशशास। पृथिव्यग्निरन्नमादित्य इति। य एष आदित्ये
पुरुषो दृश्यते सोऽहमस्मि स एवाहमस्मीति॥१
स य एतमेवं विद्वानुपास्तेऽपहते पापकृत्यां लोकी भवति सर्वमायुरेति
ज्योग्जीवति नास्यावरपुरुषाः क्षीयन्त उप वयं तं भुञ्जामोऽस्मिंश्च
लोकेऽमुष्मिंश्च य एतमेवं विद्वानुपास्ते॥२

चतुर्थ प्रपाठक, खण्ड-११

फिर कहे गार्हपत्याग्नि उसे, भू अग्नि अन्न रवि एक सभी।
आदित्य मध्य जो पुरुष दिखे, वह मैं हूँ, ब्रह्म रहूँ मैं भी। १
यह जान भजे लोकी होता, ज्योतिर्मय जीवन, पाप हीन।
सब लोकों में रक्षित हमसे, पूर्णायु, वंशधर नहीं क्षीण। २

चतुर्थ प्रपाठक, खण्ड-१२

अब अन्वाहार्यपचन बोले, नक्षत्र चन्द्र जल दिशा सभी।
ये एक, पुरुष जो चन्द्र मध्य, वह मैं हूँ, ब्रह्म रहूँ मैं भी। १
यह जान भजे लोकी होता, ज्योतिर्मय जीवन, पाप हीन।
सब लोकों में रक्षित हमसे, पूर्णायु, वंशधर नहीं क्षीण। २

[Chāndogya

Kaṁ is Khaṁ and Khaṁ is Kaṁ, both same stated.
The fires replied, both Para-Brahma related.
Kaṁ subjective, happiness and quality denoted,
Khaṁ objective sky and quantity connoted. 5

Part Four, Section-11

Now the House-hold fire separately educated,
It earth fire food and sun all one related.
That Person in the sun yonder visualized,
Verily that is myself as Brahma realized! 1
One who knows and the Sun Person meditated,
Destroying all sin the Lord of Worlds is stated.
A long glorious life and a full clan is there,
We fires protect him in other worlds and here. 2

चतुर्थ प्रपाठक, खण्ड-१२

अथ हैनमन्वाहार्यपचनोऽनुशशासापो दिशो नक्षत्राणि चन्द्रमा
इति। य एष चन्द्रमसि पुरुषो दृश्यते सोऽहमस्मि स एवाहमस्मीति।१
स य एतमेवं विद्वानुपास्तेऽपहते पापकृत्यां लोकी भवति सर्वमायुरेति
ज्योग्जीवति नास्यावरपुरुषाः क्षीयन्त उप वयं तं भुञ्जामोऽस्मिंश्च
लोकेऽमुष्मिंश्च य एतमेवं विद्वानुपास्ते।२

चतुर्थ प्रपाठक, खण्ड-१३

अथ हैनमाहवनीयोऽनुशशास। प्राण आकाशो द्यौर्विद्युदिति। य
एष विद्युति पुरुषो दृश्यते सोऽहमस्यि स एवाहमस्मीति।१
स य एतमेवं विद्वानुपास्तेऽपहते पापकृत्यां लोकी भवति सर्वमायुरेति
ज्योग्जीवति नास्यावरपुरुषाः क्षीयन्त उप वयं तं भुञ्जामोऽस्मिंश्च
लोकेऽमुष्मिंश्च य एतमेवं विद्वानुपास्ते।२

चतुर्थ प्रपाठक, खण्ड-१३

अब आहवनीय कहे, विद्युत्, आकाश प्राण द्यौ एक सभी।
जो दिखे पुरुष विद्युत् में भी वह मैं हूँ, ब्रह्म वही मैं भी। १
यह जान भजे जो, लोकी हो, ज्योतिर्मय जीवन, पाप हीन।
सब लोकों में रक्षित हमसे, पूर्णायु, वंशधर नहीं क्षीण। २

Part, Four, Section-12

Then the Cooking Fire independently educated,
It water, quarters, stars and moon one related.
The Person in the moon that is yonder vilsualized,
Verily that is myself as Brahma realized. 1
One who knowing this Moon Person contemplated,
Destroying all sin Lord of Worlds is related.
With a long glorious life, a full clan is there,
We fires protect him in other worlds and here. 2

Part Four, Section-13

Now the holy Yajña Fire separately educated,
It Prāṇa, sky, space and lightning one related.
The Person who is in the lightning visualized,
Verily that is myself as Para Brahma realized. 1
One who knowing Lightning Person contemplated,
Destroying all sin Lord of worlds is related.
With a long glorious life a full clan is there,
We fires protect him in other worlds and here. 2

चतुर्थ प्रपाठक, खण्ड-१४

ते होचुरुपकोसलैषा सोम्य तेऽस्मद्विद्यात्मविद्या चाचार्यस्तु ते गतिं
वक्तेतयाजगाम हास्याचार्यस्तमाचार्योऽभ्युवादोपकोसल ३ इति।१
भगत इति ह प्रतिशुश्राव। ब्रह्मविद इव सोम्य ते मुखं भाति को
नुत्वाऽनुशशासेति। को नु माऽनुशिष्यादभो इतीहापेव निह्नु इमे नूनमीदृशा
अन्यादृशा इतीहाग्नीनभ्युदे। किं नु सोम्य किल तेऽवोचन्निति।२
इदमिति ह प्रतिजज्ञे। लोकान्वाव किल सोम्य तेऽवोचन्नहं तु ते तद्वक्ष्यामि
यथा पुष्करपलाश आपो न श्लिष्यन्त एवमेवंविदि पापं कर्म न श्लिष्यत
इति। ब्रवीतु मे भगवानिति। तस्मै होवाच।३

चतुर्थ प्रपाठक, खण्ड-१४

यह आत्म और पावक विद्या, उपकोसल, गति गुरु बतलायें।
इस भाँति कहें पावक तीनों, गुरु भी पुकारते आ जायें। १
वह कहता, क्या आज्ञा भगवन, गुरु कहें ब्रह्मज्ञानी लगते।
उपदेश दिया किसने तुझको, गुरु कौन भला शिक्षा देते!
फिर कहा अग्नि को इंगित कर, उपदेष्टा थे पावक समान।
बिल्कुल इन जैसे नहीं किन्तु, गुरु पूछें, क्या कुछ दिया ज्ञान? २
गुरु को बतलाया, वे बोले, यह लोक ज्ञान था यही जान!
जो विविध लोक में तत्त्वरूप, है वही ब्रह्म, था यही ज्ञान।
ज्यों कमलपत्र जल में अलिप्त, दूँगा तुझको वह ज्ञान जान।
जिससे हों पापों में न लिप्त, दें भगवन मुझको वही ज्ञान। ३

[Chāndogya

Part Four, Section-14

Then all the three fires together thus stated,
This Fire Wisdom and Self-Knowledge related.
Your teacher will make their purport very clear,
Just then returning the teacher called there. 1
Upakosala asked, what are the orders there?
The seer said, you shine as a Brahma-knower!
He further asked, who about Brahma educated?
Pointing to the fire Upakosala thus stated.
Who else could instruct me, O venerable Sire!
Though it appeared that they were like fire.
But not really fire, they were deities who stated,
The teacher asked, what they really educated? 2

चतुर्थ प्रपाठक, खण्ड-१५

य एषोऽक्षिणि पुरुषोदृश्यत एष आत्मेति होवाचैतदमृतमभयमेतद्ब्रह्मेति।
तद्यद्यप्यस्मिन्सर्पिर्वोदकं वा सिञ्चति वर्त्मनी एव गच्छति।१
एतं संयद्वाम इत्याचक्षत एतं हि सर्वाणि वामान्यभिसंयन्ति।
सर्वाण्येनं वामान्यभिसंयन्ति य एवं वेद।२
एष उ एव भामनीरेष हि सर्वाणि वामानि नयति। सर्वाणि वामानि नयति य एवंवेद।३
एष उ एव भामनीरेष हि सर्वेषु लोकेषु भाति। सर्वेषु लोकेषु भाति य एवंवेद।४

चतुर्थ प्रपाठक, खण्ड-१५

(आत्मा का ज्योतिर्मय स्वरूप)

आँखों में आत्मा पुरुष रूप, घी-जल सा नेत्रों से छलके।
यह आत्मा ब्रह्म अभय अमृत, यह आत्मा बाहर भी झलके। १
आत्मा को 'संयद्वाम' कहें, सौन्दर्य-वाम संयत इसमें।
ऐसे आत्मा को जो जाने, सौन्दर्य सभी संयत उसमें। २
नेता सब शोभा का आत्मा, अतएव इसे वामनी कहें।
ऐसा जो आत्मा को जानें, सब शोभा में अग्रणी रहें। ३
आभा-प्रदीप्त सब लोकों में, भामनी कहें, यह दीप्तिवान।
आत्मा को ऐसा जो जानें, सब लोकों में हों ज्योतिवान। ४

Upakosala described what the fires had related.
It was about worlds only, the teacher stated.
The unity of the Self with elements they described,
In this body and worlds Brahma Person prescribed.
As lotus leaves in water remains unaffected,
The wisdom I will tell from all sin protected.
Do give me that knowledge Upakosala stated.
The teacher now thus to Upakosala related. 3

Part four, section-15 (The Illumined Soul)

The teacher said, a Person in the eye is perceived.
That Fearless and Immortal is Brahma conceived.
As water or butter poured in eye is drained,
This Eye-Self always not in the eye remained. 1
The Eye-Self is Beauty Incarnate designated.
All beauties in this Eye-Self culminated.
There is nothing more glorious and illuminated,
Knowing this one all beauties subordinated. 2

अथ यदुचैवास्मिञ्छव्यं कुर्वन्ति यदि च नार्चिषमेवाभिसंभवन्त्यर्चिषोऽहरह्न
आपूर्यमाणपक्षमापूर्यमाणपक्षाद्यान्षडुदङ्ङेतिमासांस्तान्मासेभ्यः संवत्सरं
संवत्सरादादित्यमादित्याच्चन्द्रमसं चन्द्रमसो विद्युतं तत्पुरुषोऽमानवः।५
स एनान्ब्रह्म गमयत्येष देवपथो ब्रह्मपथ एतेन प्रतिपद्यमाना इमं मानवमावर्तं
नावर्तन्ते नावर्तन्ते।६

वह बिना श्राद्ध-संस्कारों के, मरने पर पावक-ज्योति वरे।
ज्यों मृत्यु बाद संस्कार जन्य, वह अग्नि-ज्योति को प्राप्त करे।
पहले वह लेता किरण रूप, फिर दिवा-ज्योति सा बने दीप्त।
हो शुक्ल पक्ष में जो प्रकाश, उससे फिर वह होता प्रदीप्त।
छः मासों, संवत्सर सा फिर, आदित्य सदृश पुनि रश्मिवान।
आदित्य ज्योति से चन्द्र ज्योति, विद्युत्-सा फिर हो ज्योतिवान।
क्रमशः विकसित इस ज्योति सहित, वह पुरुष प्रकट हो ज्योति रूप।
मानव से ऊपर उठकर यह, अतिमानव हो उसका स्वरूप। ५
दे यही अमानव ब्रह्मज्ञान, देता है पथ-निर्देश यही।
जाकर जिससे लौटें न यहाँ, है वही ब्रह्मपथ, ब्रह्म वही! ६

[Chāndogya

As the leader of beauties it is 'Vāmanī' related.
The Self-knower is the most handsome stated.
One who knows it as Beauty and so idolized,
He is as the leader of beauties realized. 3
This Eye Person is 'Bhāmanī' too related,
By own illumination it worlds illuminated.
One who knows it thus and so contemplated,
In all worlds he is illuminating stated. 4
Such a person on death divine light attained,
Whether or not funeral rites are maintained.
He first like rays, then day-like illuminated,
Becoming fair-fortnight to six-month initiated.
Throughout the year he now illuminated,
Dazzling as the sun his splendours radiated.
Brighter and brighter his form illumined,
His glory and splendour all else undermined.

चतुर्थ प्रपाठक, खण्ड-१६

एष ह वै यज्ञो योऽयं पवत एष ह यन्निदं सर्वं पुनाति। यदेष
यन्निदं सर्वं पुनाति तस्मादेष एव यज्ञस्तस्य मनश्च वाक्च वर्तनी।१
तयोरन्यतरां मनसा संस्करोति ब्रह्मा। वाचा
होताऽध्वर्युरुद्गाताऽन्यतरांस यत्रोपाकृते प्रातरनुवाके पुरा
परिधानीयाया ब्रह्मा व्यववदति।२

चतुर्थ प्रपाठक, खण्ड-१६ (सृष्टि यज्ञ)

जो कुछ पावन है यज्ञ सभी, गति से पुनीत सब कार्य यहाँ।
गति सृष्टि सकल पावन करती, गति-यज्ञ सभी जो यहाँ-वहाँ।
दो मार्ग यज्ञ के हैं होते, जिनसे होता है यज्ञ सफल।
गति के पुनीत पथ भी दो हैं, पावन करते मन-वाक् सकल। १
दो यज्ञ-मार्ग इस भाँति रहें, ब्रह्मा संस्कार करे मन से।
होता-उद्गाता वाणी से, अध्वर्यु ऋचा-उच्चारण से।
प्रातरनुवाक प्रारम्भ बाद, औ यज्ञ अन्त से पूर्व कहीं।
यदि बोल उठे ब्रह्मा हठात्, दे मार्ग उचित निज छोड़ वहीं। २

Upaniṣad]

From sun-light to moon-light he now graduated,
Then like the lightning light radiated.
Progressing thus a non-human form he attains,
Becoming a super human everything he gains. 5
This super-human guided, those who meditated,
The path that he shows is divine path stated.
Those persons who towards this path turned,
To this cyclic world they never returned. 6

Part Four, Section-16 (The Creation Yajña)

Like Yajñas are the good deeds in creation,
They are performed by movements and action.
The Yajña's two paths, speech and mind specified,
Like Yajñas the movements and actions purified. 1
In Yajñas the Brahmā-Priest by mind meditated,
The hymn singer and oblator by speech contemplated.
Also by speech all chantings are enacted,
In movement-Yajña the speech and mind acted. 2

अन्यतरामेव वर्तनीं संस्करोति हीयतेऽन्यतरा। स यथैकपाद्व्रजन्रथो
वैकेन चक्रेण वर्तमानो रिष्यत्येवमस्य यज्ञो रिष्यति। यज्ञं रिष्यन्तं
यजमानोऽनुरिष्यति। स इष्ट्वा पापीयान्भवति।३
अथ यत्रोपाकृते प्रातरनुवाके न पुरा परिधानीयाया ब्रह्मा
व्यववदत्युभे एव वर्तनी संस्कुर्वन्ति न हीयतेऽन्यतरा।४
स यथोभयपाद्व्रजन्रथो वोभाभ्यां चक्राभ्यां वर्तमानः
प्रतितिष्ठत्येवमस्य यज्ञः प्रतितिष्ठति। यज्ञं प्रतितिष्ठन्तं यजमानो
ऽनुप्रतितिष्ठिति। स इष्ट्वा श्रेयान्भवति।५

वह बोल जाय दूसरे मार्ग, ज्यों एक पाँव से मनुज चले।
अथवा रथ में हो एक चक्र, ऐसा करने से हानि मिले।
हो जाय नष्ट वह यज्ञ तभी, यजमान नष्ट हो यज्ञ सहित।
विधि पूर्वक यदि हो नहीं यज्ञ, वह पापपूर्ण हो करे अहित।
इस सृष्टि मध्य गति रूप यज्ञ, ऐसा ही हो यह अनुष्ठान।
मन-ज्ञान मार्ग ज्ञानी चलते, वाणी का अपना अलग स्थान। ३
प्रारम्भ बाद औ अन्त-पूर्व, ब्रह्मा चुप रहते मनन शील।
अध्वर्यु आदि सब पाठ करें, तब युगल मार्ग हों कार्य शील। ४
चलते जैसे हम युगल पाँव, संतुलित यज्ञ हो वैसा ही।
रथ घूमे दोनों पहियों पर, हो यज्ञ हमारा ऐसा ही।
करता सब यज्ञ प्रतिष्ठित यह, मन और वाक् सम्यक् प्रयोग।
यजमान श्रेष्ठतर बनें यही, मन-वाक सृष्टि गति-यज्ञ योग। ५

[Chāndogya

If the Brahmā priest speaks out, he is vitiated,
As a one legged man or one wheel cart is rated!
Such a Yajña with the doer with it is finished,
That Yajña only vices and evils furnished. 3
Where Brahmā speaks not till Yajña is concluded,
His contemplation mental duties included.
By speech others sing, oblate and recited,
Thus mind and speech work harmlessly united. 4
As a man on two legs and two wheeled cart moved,
Both mind and speech used, Yajñas stable proved.
The doer becomes great and duly respected,
The Action-Yajña succeeds if the two so acted. 5

चतुर्थ प्रपाठक, खण्ड-१७

प्रजापतिर्लोकानभ्यतपत्तेषां तप्यमानानां रसान्प्रावृहदग्निं पृथिव्या
वायुमन्तरिक्षादादित्यं दिवः।१
स एतास्तिस्रो देवता अभ्यतपत्तासां तप्यमानानां रसान्प्रावृहदग्नेर्ऋचो
वायोर्यजूंषि सामान्यादित्यात्।२
स एतां त्रयीं विद्यामभ्यतपत्तस्यास्तप्यमानाया रसान्प्रावृहद्
भूरित्यृग्भ्यो भुवरिति यजुर्भ्यः स्वरिति सामभ्यः।३
तद्यद्यृक्तो रिष्येद्भूः स्वाहेति गार्हपत्ये जुहुयादृचामेव तद्रसेनर्चां
वीर्येणर्चां यज्ञस्य विरिष्टं संदधाति।४

चतुर्थ प्रपाठक, खण्ड-१७

जब लोक प्रजापति तप्त करें, भू तपकर निकले अग्नि देव।
फिर अन्तरिक्ष से वायुदेव, द्यौ से निकलें आदित्य देव। १
फिर गये तपाये ये तीनों, पावक पिघला तब ऋक् निकला।
यजु वायुदेव के रस से हो, यह सामवेद जब रवि पिघला। २
जब विद्या-त्रयी बहे तपकर, ऋक् से निकला यह भूःरूप।
यजु तपकर निकले भुवः यही, हो सामवेद से स्वः स्वरूप। ३
यदि ऋचा पाठ में त्रुटि होती, कह भूः करें आहुति स्वाहा।
गृह-अग्नि हवन त्रुटि दूर करे, ऋक् का ही रस है भूः बहा।
इस भाँति ऋचा का रस स्वरूप, यह भूः कहें हो शुद्धि तभी।
है ऋचा-वीर्य यह भूः रूप, यह पूर्ति करे ऋक्-घाव सभी। ४

Part Four, Section-17

The Sustainer the earth, sky and heaven all grilled.
Saps and essences from each were distilled.
Fire from the earth and from sky the air came,
The essence of the heavens this sun became. 1
Then these three deities were heated and grilled,
Saps and essences from each were distilled.
The Ṛg from the fire and from air Yaju came,
The essence of the sun the Sāmaveda became. 2
Now these three Vedas' wisdoms were grilled,
Again saps and essences from each were distilled.
Bhūḥ from the Ṛg and from Yaju Bhuvaḥ came,
The Sāma-sap mystic word Svaḥ then became. 3

अथ यदि यजुष्टो रिष्येद् भुवः स्वाहेति दक्षिणाग्नौ जुहुयाद्यजुषामेव तद्रसेन यजुषां वीर्येण यजुषां यज्ञस्य विरिष्टं संदधाति।५

अथ यदि सामतो रिष्येत्स्वः स्वोहत्या हवनीये जुहुयात्साम्नामेव तद्रसेन साम्नां वीर्येण साम्नां यज्ञस्य विरष्टिं संदधाति।६

तद्यथा लवणेन सुवर्णं संदध्यात्सुवर्णेन रजतं रजतेन त्रपु त्रपुणा सीसं सीसेन लोहं लोहेन दारु दारु चर्मणा।७

एवमेषां लोकानामासां देवतानामस्यास्त्रय्या विद्याया वीर्येण यज्ञस्य विरिष्टं संदधाति। भेषजकृतो ह वा एष यज्ञो यत्रैवंविद् ब्रह्मा भवति।८

वह दक्षिणाग्नि में आहुति दे, कह भुवः कहे वह फिर स्वाहा।
अध्वर्यु पाठ में भूल करे, यजु का ही रस है भुवः बहा।
है यजुर्वेद का रस स्वरूप, यह भुवः कहें हो शुद्धि तभी।
यह यजुर्वेद का वीर्य रूप, यह करे पूर्ति यजु-घाव सभी। ५
स्वः स्वाहा आहवनीय अग्नि, आहुति दें यदि हो साम भूल।
सब त्रुटियों की हो शुद्धि तभी , स्वः का होता है साम मूल।
है सामवेद का रस स्वरूप, यह स्वः कहते, हो शुद्धि तभी।
यह सामवेद का वीर्य रूप, हो साम घाव की पूर्ति सभी। ६
जोड़े सुवर्ण चाँदी लोहा, यह लवण जोड़ता धातु सभी।
शीशा कलई भी लवणों से, यह काष्ठ जोड़ता, चमड़ा भी। ७
ये यज्ञ-घाव भी हों पूरे, वेदों के रस व्याहृतियों से।
ये वेद रहें देवों के रस, ये देव लोकमय कृतियों से।
जाने जो ऐसा यज्ञ-कर्म, जिस यज्ञ मध्य ब्रह्मा वैसा।
उस यज्ञ मध्य यज्ञौषधियाँ, पहले से हों, वह हो ऐसा। ८

[Chāndogya-4-17

If an oblator errs when he hymns does relate,
In Gārhapatya fire saying Bhūḥ, should oblate.
Being the Ṛg essence,Bhūḥ mistakes amended,
The Ṛg-semen, so to say, the Ṛg-wounds mended. 4
If the Reciter erred while Yaju he recited,
Oblating in the Cooking Fire he Bhuvaḥ cited.
Being Yaju-essence, Bhuvaḥ mistakes amended,
The Yaju-semen similarly Yaju wounds mended. 5

एष ह वा उदक्प्रवणो यज्ञो यत्रैवंविद्ब्रह्मा भवत्येवंविदं ह वा
एषा ब्रह्माणमनुगाथा यतो यत आवर्तते तत्तद्गच्छति।९
मानवो ब्रह्मैवैक ऋत्विक्कुरूनश्वाभिरक्षत्येवंविद्ध वै ब्रह्मा यज्ञं
यजमानं सर्वांश्चर्त्विजोऽभिरक्षति। तस्मादेवंविदमेव ब्रह्माणं। कुर्वीत
नानेवंविदं नानेवंविदम्।१०

वह यज्ञ उत्तरोत्तर फल-प्रद, जिसका ब्रह्मा जाने यह सब।
कहते सर्वत्र पहुँचता वह, कोई निराश यज्ञों में जब। ९
वह करे अकेला वीर त्राण, कुरु लोगों की अश्वों से ज्यों।
जो मननशील ब्रह्मा ऋत्विक्, रक्षा वह करे अकेला त्यों।
वह त्राण करे यजमान-यज्ञ, सब ऋत्विक् का वह त्राण करे।
जो नहीं जानता उसे नहीं, जाने जो, ब्रह्मा उसे वरे। १०

Upaniṣad]

If the Hymn Singer erred in singing Sāma there,
Oblating in Yajña one to Svaḥ does adhere.
Being the Sāma- essence, Svaḥ mistakes amended,
This Sāma-semen, so to say, Sāma-wounds mended. 6
As gold to gold and silver to silver is bonded,
By chemicals and salts tins and leads are mended,
As irons are soldered and hide-wood appended,
These mystic words those mistakes amended. 7
The deities are the worlds' essences related,
From deities three wisdoms of the Vedas are stated.
Bhūḥ, Bhuvaḥ and Svaḥ from the Vedas emanated,
The priests thus correcting the Yajñas culminated.
If a Brahmā priest knows how mistakes are mended,
How Bhūḥ, Bhuvaḥ and Svaḥ these suitably amended,
All the herbs for Yajña themselves originated,
And in proper manner the Yajña culminated. 8
Where the Brahmā priest all this fully knows,
Then ever more fruitful the Yajña there shows.
Such a Brahmā appears to help, it is pointed,
Whenever one returns from a Yajña disappointed. 9

पंचम प्रपाठक, खण्ड-१

ॐ। यो ह वै ज्येष्ठं च श्रेष्ठं च वेद ज्येष्ठश्च ह वै श्रेष्ठश्च भवति। प्राणो वाव ज्येष्ठश्च श्रेष्ठश्च।१

यो ह वै वसिष्ठ वेद वसिष्ठो ह स्वानां भवति वाग्वाव वसिष्ठः।२ यो ह वै प्रतिष्ठां वेदं प्रति ह तिष्ठत्यस्मिंश्च लोकेऽमुष्मिंश्च चक्षुर्वाव प्रतिष्ठा।३

पंचम प्रपाठक, खण्ड-१ (प्राण तथा इन्द्रियों का विवाद)

सब इन्द्रिय में यह प्राण ज्येष्ठ, सब में रहता है यही श्रेष्ठ।
जो जाने इसको ज्येष्ठ-श्रेष्ठ, सबमें हो जाता श्रेष्ठ-ज्येष्ठ। १
जो वाक्-चंतुर वह सब ढँकता, वाणी 'वसिष्ठ' है, ढके सभी।
वाणी वसिष्ठ को जो जाने, होता वसिष्ठ अपनों में भी। २
हम देख कहीं भी स्थित होते, ये चक्षु प्रतिष्ठा रूप कहें।
जो चक्षु-प्रतिष्ठा को जानें, सब लोक प्रतिष्ठित बने रहें। ३

[Chāndogya-4-17

As one lone warrior has bravely so behaved,
Who from the wild horses the Kuru people saved.
An elert minded Brahmā the Yajña perfected..
Alone at his post, he all else protected.
The doer and all other priests he guarded,
The fruitful completion of Yajña safeguarded.
Only such an able Brahmā priest be elected,
One who knows not is not to be selected. 10

Part Five , Section-1(Prāṇa Vrs. Senses)

The Prāṇa is verily the eldest in all senses,
It is the greatest and the best in essences.
One who knows the Prāṇa as the greatest,
He becomes himself the greatest and the best. 1
The speech is 'Vasiṣtha' that all enveloped,
One covered all errors who speech developed,
One who knows the speech, covering in actions,
Among his people as Vasiṣtha-cover functions. 2
This eye is 'Pratiṣṭhā' the all foundation,
One firmly functions by its seeing action.
One who knows that the eye stability furnished,
In this and the other worlds he is established. 3

यो ह वै संपदं वेद संहास्मै कामाः पद्यन्ते दैवाश्च मानुषश्च
श्रोत्रं वाव संपत्।४
यो ह वै आयतनं वेदायतनं ह स्वानां भवति। मनो ह वा
आयतनम्।५
अथ ह प्राणा अहं श्रेयसि व्यूदिरेऽहं श्रेयानस्म्यहं श्रेयानस्मीति।६
ते ह प्राणाः प्रजापतिं पितरमेत्योचुर्भगवन्को नः श्रेष्ठ इति। तान्होवाच
यस्मिन्व उत्क्रान्ते शरीरं पापिष्ठतरमिव दृश्येत स वः श्रेष्ठ इति।७

विद्या-निधि सुनकर ही होती, ये श्रोत्र रहें 'सम्पद्' स्वरूप।
कामना सभी लौकिक-दैवी, सम्पद् जानें हों पूर्ण रूप। ४
इन्द्रियाँ सभी मन में ठहरें, 'आयतन' कहें इस मन को ही।
जो जाने मन आयतन रूप, अपनों का हो आयतन वही। ५
इन्दियों-प्राण में हो विवाद, वह कौन श्रेष्ठतम जो उनमें?
प्रत्येक कहे मैं श्रेष्ठ रहूँ, मैं ज्येष्ठ-श्रेष्ठ हूँ तुम सबमें! ६
फिर पिता प्रजापति पास पहुँच, पूछें वे, हममें कौन ज्येष्ठ?
वे बोले, जिसके जाने पर, तन हेय दिखे है वही श्रेष्ठ। ७

Upaniṣad]

The ear is 'Sampad' that hearing all treasures,
Hearing one learns and takes all measures.
One who knows this Sampad and so meditated,
His human and heavenly desires sublimated. 4
As this mind also these senses contained.
It is Āyatana-repository that all retained.
One who knows this Container and so meditated,
He among his people is 'container' related. 5
Once Prāṇa and the senses contending demanded,
Who is the greatest and who all commanded?
Each of them precedence and greatness pretended,
I am the best and the greatest, each contended. 6
They approached and asked the Lord of Creation,
Reverend, who is the most superior in function?
Prajāpati replied, he is the best and preferable,
On whose exit the body appears detestable! 7
The speech left and returned after an year,
It asked other senses, how did they fare here?
They said as the dumb by the Prāṇa respirated,
And as without speaking by mind contemplated!

सा ह वागुच्चक्राम। सा संवत्सरं प्रोष्य पर्येत्योवाच कथमशकतर्ते
मज्जीवितुमिति। यथा कला अवदन्तः प्राणन्तः प्राणेन पश्चन्तश्च-
क्षुषा श्रृण्तन्तः श्रोत्रेण ध्यायन्तो मनसैवमिति। प्रविवेश ह वाक्।८
चक्षुर्होच्चक्राम। तत्संत्वसरं प्रोष्य पर्येत्योवाच कथमशकतर्ते
मज्जीवितुमिति। यथाऽन्धाः अपश्यन्तः प्राणन्तः प्राणेन वदन्तो
वाचा श्रृण्वन्तः श्रोत्रेण ध्यायन्तो मनसैवमिति। प्रविवेश ह चक्षुः।९
श्रोत्रं होच्चक्राम। तत्संवत्सरं प्रोष्य पर्येत्योवाच कथमशकतर्ते
मज्जीवितुमिति। यथा बधिरा अश्रृण्वन्तः प्राणन्तः प्राणेन वन्दतो

वाणी इसपर तन से निकली, आ वर्ष बाद पूछा, बतला!
तुम मेरे बिना रहीं कैसे, यह जीवन कैसे कहो चला?
वे बोलीं प्राणित प्राणों से, आँखों देखें, कानों सुनते।
मन से विचार करते हम थे, बिन बोले ज्यों गूंगे रहते!
अपनी यथार्थता को समझा, वाणी ने ऐसे उत्तर से।
वह नहीं श्रेष्ठतम उन सबमें, जा बसी देह में वह फिर से। ८
फिर चक्षु देह से बाहर हो, आ वर्ष बाद पूछा, कैसे?
यह जीवन था मुझ चक्षु बिना, अन्धे न देख रहते जैसे!
वाणी से बोलें, श्रोत्र सुनें, करते विचार भी थे मन में।
प्राणित करता था प्राण हमें, सुन चक्षु बसा जाकर तन में। ९

[Chāndogya-5-1

Like a dumb by the eyes we also visualized,
By the ear we heard and all realized.
Thus we lived without speech, the senses stated,
Realizing now the speech in body reinstated. 8
The eye now left and returned past an year,
It asked other senses, how really they did bear?
They said like a blind they by Prāṇa respirated,
And without seeing by mind contemplated.
They like a blind by the ear all did hear,
Speaking by speech, to the body did adhere.
They lived without eyes, other senses stated,
Realizing, the eye in the body reinstated. 9
Then the ear left returning after an year,
It asked other senses how really they did fare?
They said, as a deaf they by Prāṇa respirated,
And also not hearing by mind contemplated.

वाचा पश्यन्तश्चक्षुषा ध्यायन्तो मनसैवमिति। प्रविवेश ह श्रोत्रम्।१०
मनो होच्चक्राम। तत्संवत्सरं प्रोष्य पर्येत्योवाच कथमशकतर्ते
मज्जीवितुमिति। यथा बाला अमनसः प्राणन्तः प्राणेन वदन्तो
वाचा पश्यन्तश्चक्षुषा श्रृण्वन्तः श्रोत्रेणैवमिति। प्रविवेश ह मनः।११
अथ ह प्राण उच्चिक्रमिषन्स यथा सुहयः पड्वीश-
शङ्कून्संखिदेदेवमितरान्प्राणान्समखिदत्तं हाभिसमेत्योचुर्भगवन्नेधि
त्वं नः श्रेष्ठोऽसि मोत्क्रमीरिति।१२

अब श्रोत्र निकल जाये तन से, फिर वर्ष बाद पूछे वह भी।
यह जीवन कैसे चला कहो, ज्यों बधिर रहें बिन सुनते भी।
यह प्राण उन्हें करता प्राणित, मन से सोचें भी बधिर सभी।
आँखों देखें, वाणी बोलें, सुन श्रोत्र देह में गये तभी। १०
फिर मन भी बाहर जा निकला, पूछता वर्ष जब फिर बीता।
जीवित कैसे मुझ बिना रहे, शिशु बिन सोचे भी ज्यों जीता!
शिशु में प्राणों से प्राण चले, श्रोत्रों से सुन वाणी बोले।
देखे नेत्रों से बिन सोचे, सुन मन वापस तन में हो ले। ११
जब प्राण गमन को हो उद्यत, निर्मूल इन्द्रियाँ हुईं तभी।
दे अश्व श्रेष्ठ खूँटा उखाड़, इन्द्रियाँ उखड़ने लगीं सभी।
वे प्राण निकट आकर बोलीं, भगवन समृद्धि तुम्हीं पाओ!
हो तुम्हीं श्रेष्ठतम हम सबमें, अब छोड़ यहाँ से मत जाओ! १२

Upaniṣad]

We like a deaf person by the eye visualized,
And speaking by speech all in body realized.
Thus we lived without ear, other senses stated,
Realizing now the ear in body reintated. 10
The mind also left and returned past an year.
It also asked senses how really did they bear.
As an infant without thinking by Prāṇa respirated,
And hearing with ears by speech all related!
Like an infant by the eye we also visualized,
And thus without thinking we all realized.
We abided without mind, other senses stated
Realizing it the mind in body reinstated. 11

अथ हैनं वागुवाच यदहं वसिष्ठोऽस्मि त्वं तद्वसिष्ठोऽसीत्यथ।
हैनं चक्षुरुवाच यदहं प्रतिष्ठास्मि त्वं तत्प्रतिष्ठाऽसीति।१३
अथ हैनं श्रोत्रमुवाच यदहं संपदस्मि त्वं तत्संपदसीत्यथ हैनं मन
उवाच यदहमायतनस्मि त्वं तदायतनमसीति।१४
न वै वाचो चक्षूंषि न श्रोत्राणि न मनां सीत्याचक्षते। प्राणा
इत्येवाचक्षते। प्राणो ह्येवैतानि सर्वाणि भवति।१५

वाणी बोली, मैं क्या वसिष्ठ, सब ढंक वसिष्ठ हो प्राण तुम्हीं!
हो तुम्हीं प्रतिष्ठा, चक्षु कहे, मैं कभी प्रतिष्ठा रूप नहीं। १३
बोलता श्रोत्र, मैं क्या सम्पद्, हो तुम्हीं प्राण सम्पद् स्वरूप!
मन बोला, मैं आयतन नहीं, सबके तुम हो आयतन रूप। १४
ये चक्षु श्रोत्र मन वाक् नहीं, हम प्राण कहें इन्द्रिय को भी।
यह प्राण श्रेष्ठ, सम्पदा, ज्येष्ठ, है यह वसिष्ठ, आयतन, सभी। १५

[Chāndogya

When the Prāṇa from the body prepared to part,
Like steeds snapping pegs the senses did depart.
They prayed, O Reverend, be blessed, do adhere!
Verily, you are the greatest of all here! 12
You are the 'cover' Prāṇa, that us all protected!
I am not Vasiṣṭha-cover, speech interjected.
The eye said, I am not Pratiṣṭhā-foundation,
As the foundation of all, you yourself function! 13
The ear said, I am not the 'Sampad' or treasure,
Treasuring all you are Sampad in full measure!
The mind stated, not I as 'Āyatana' contain,
The repository of all you all these retain! 14
Thus all these senses are Prāṇas related,
And not speech, eye, ear or mind stated.
The Prāṇa is the best and greatest described,
The Cover, the Treasure and Container ascribed. 15

पंचम प्रपाठक, खण्ड-२

स होवाच किं मेऽन्नं भविष्यतीति। यत्किंचिदिदमाश्वभ्य
आशकुनिभ्य इति होचुस्तद्वा एतदनस्यान्नमनो ह वै नाम प्रत्यक्षं,
न ह वा एवंविदि किंचनानन्नं भवतीति।१
स होवाच किं मे वासो भविष्यतीत्याप इति होचुस्तस्माद्वा
एतदशिष्यन्तः पुरस्ताच्चोपरिष्टाच्चाद्भिः परिदधति। लम्भुको ह
वासो भवत्यनग्नो ह भवति।२
तद्धैतत्सत्यकामो जाबालो गोश्रुतये वैयाघ्रपद्यायोक्त्वोवाच
यद्यप्येनच्छुष्काय स्थाणवे ब्रूयाज्जायेरन्नेवास्मिञ्छाखाः प्ररोहेयुः
पलाशानीति।३

पंचम प्रपाठक, खण्ड-२ (मन्थ रहस्य)

अब प्राण पूछता, क्या खाऊँ, कैसे होगा मेरा पोषण?
श्वानों से खग तक जो सबका, वे कहें, वही तेरा भोजन।
यह प्राण कहाता है अन् ही, अन् ही लेता है अन्न रूप।
यह जान प्राणमय जीवन हो, सब कुछ उसका भोजन स्वरूप। १
फिर प्राण पूछता, क्या पहनूँ, ओढूं क्या, कोई मुझे कहे!
इन्द्रिय कहतीं, वह जल होगा, जलपान प्राण का वस्त्र रहे।
भोजन से पहले तथा बाद, जल पान करें सब लोग तभी।
ऐसा करने से वस्त्र लाभ, वे वस्त्र हीन भी हों न कभी। २
गोश्रुति जो व्याघ्र पदी उसको, यह सत्यकाम जाबाल कथन।
यदि शुष्क वृक्ष भी यह सुन ले, शाखा-कोपल फूटें तत्क्षण। ३

Part Five, Section-2 (The Maṁtha Mix)

Now Prāṇa asked senses, what food do I take?
They replied, the same dogs and birds all partake?
Derived from 'An' 'Anna' Prāṇa denoted,
To one who knows this, all food-like connoted. 1
The Prāṇa then asked, what clothes will I wear?
The senses said, water, that one drinks here!
One dresses the Prāṇa drinking water while eating,
Never without clothes, which one is always getting. 2
Sage Satyakāma Jābāla this wisdom propagated,
He to Gośruti of Vyaghrapada clan thus stated.
Say, if to a dead tree this wisdom is taught,
From it new branches and leaves would sprout! 3

अथ यदि महज्जिगमिषेदमावास्यायां दीक्षित्वा पौर्णमास्यां
रात्रौ सर्वौषधस्य मन्थं दधिमधुनोरुपमथ्य ज्येष्ठाय
श्रेष्ठायस्वा- हेत्यग्नावाज्यस्य हुत्वा मन्थे संपातमवनयेत्।४
वसिष्ठाय स्वाहेत्यग्नावाज्यस्य हुत्वा मन्थे संपातमवनयेत्प्रतिष्ठायै
स्वाहेत्यग्नावाज्यस्य हुत्वा मन्थे संपातमवनयेत्संपदे
स्वाहेत्यग्नावाज्यस्य हुत्वा मन्थे संपातमवनयेत् आयतनाय
स्वाहेत्यग्नावाज्यस्य हुत्वा मन्थे संपातमवनयेत्।५
अथ प्रतिसृप्याञ्जलौ मन्थमाधाय जपत्यमो नामास्यमा हि ते
सर्वमिदं स हि ज्येष्ठः श्रेष्ठो राजाऽधिपतिः स मा ज्यैष्ठ्यं
श्रैष्ठ्यं राज्यमाधिपत्यं गमयत्वहमेवेदं सर्वमसानीति।६

हो यदि महत्त्व की आकाँक्षा, निशि अमा मध्य दीक्षा-व्रत ले।
वह पूर्ण चन्द्र की रात्रि पुनः, सर्वौषधि दधि औ मधु मथ ले।
फिर आज्य अग्नि में आहुति दे, ज्येष्ठाय और श्रेष्ठाय बोल।
चू रहा स्रुवा-घृत टपका दे, स्वाहा कहकर वह मन्थ-घोल। ४
फिर 'वसिष्ठाय' स्वाहा कहकर, वह मन्थ मध्य घृत टपकाये।
पुनि कहे 'प्रतिष्ठायै स्वाहा', घृत पुनः मन्थ में त्यों जाये।
वह 'स्वाहा आयतनाय कहे, वह कहे 'सम्पदे स्वाहा' भी।
ये प्राण श्रेष्ठता स्तुति स्वरूप, घृत पुनः पुनः दे मन्थ तभी। ५
फिर अग्नि निकट मन्थान्जलि ले, जप करे कहे वह, प्राण श्रेष्ठ!
तुम अम, अमाप, जग अमा-शक्ति, हो तुम्हीं सभी में प्राण ज्येष्ठ।
हे प्राण तुम्हीं राजा-अधिपति, दो आधिपत्य औ राज्य मुझे!
श्रेष्ठता और ज्येष्ठता मिले, हो प्राप्त सभी, प्रार्थना तुझे! ६

[Chāndogya-5-2

If one desired some achievements to gain,
He should in a new moon night initiation obtain.
Now preparing herb saps when full moon is there,
With curd and honey to churning does adhere.
On the churned 'Maṁtha' Sap he should meditate,
Saying Jyeṣṭhāya Śresṭhāya Svāhā oblate.
Touching Maṁtha with the ladle after the oblation,
He lets melted butter-drops fall in the potion. 4
He 'Vasiṣṭhāya Svāhā' meaning 'Cover' should relate,
Then 'Pratiṣṭhāya Svāha' for 'foundation' oblate.
Again 'Sampade Svāhā' for 'treasure' he stated,
And ' Ayatanāya Svāhā' for 'container' libated. 5

अथ खल्वेतयर्चा पच्छ आचामति तत्सवितुर्वृणीमह इत्याचामति
वयं देवस्य भोजनमित्याचामति श्रेष्ठं सर्वधातममित्याचामति तुरं
भगस्य धीमहीति सर्वं पिबति।७
निर्णिज्य कंसं चमसं वा पश्चादग्नेः संविशति चर्मणि वा स्थण्डिले
वा वाचंयमोऽप्रसाहः स यदि स्त्रियं पश्येत्समृद्धं कर्मेति विद्यात्।८
तदेष श्लोकः। यदा कर्मसु काम्येषु स्त्रियं स्वप्नेषु पश्यति। समृद्धिं
तत्र जानीयात्तस्मिन्स्वप्ननिदर्शने तस्मिन्स्वप्ननिदर्शन इति।९

अब मन्थ-आचमन वह कर ले, 'तत्सवितुर्वृणीमहे' कहकर।
हो पुनः आचमन मन्थ, 'वयं देवस्य भोजनम्' यह जपकर।
'श्रेष्ठं औ सर्वधातमम्' कह, वह पुनः करे आचमन-ध्यान।
फिर कहकर 'तुरं भगस्य धीमहि' मन्थ सकल वह करे पान। ७
धो कांस्य पात्र औ चमस, अग्नि सम्मुख, मृगछाला या भू पर।
बैठे वाणी संयमित किये, वह काम-क्रोध सबको वश कर।
सो जाय पुनः वह शान्तचित्त, देखे यदि नारी स्वप्नों में।
यह नारी ही है मातृ शक्ति, समझे कृतार्थ वह कर्मों में। ८
यदि काम्य कर्म के क्रम दिखती, स्वप्नों में नारी, श्लोक कहे।
उस मातृ शक्ति से सिद्धि मिले, समृद्धि और सुख प्राप्त रहे। ९

Upaniṣad]

Joining palms full of Maṁtha facing fire he stated,
O Prāṇa, you are 'Ama' the unfathomable related.
The best and greatest, you are the king and the Lord
Make me also great, best, king and overlord! 6
Sipping Maṁtha 'Tatsaviturvṛṇīmahe' does mention,
'We imbibe the qualities of Prāṇa like the sun.'
Then sipping Vayaṁ Devasya Bhojanam one stated,
'We accept the food of the Prāṇa God' thus related.'
Saying Śreṣṭhaṁ Sarvadhātamam one sips again.
'A virtuous and sustaining resolution we gain!'
Says Turaṁ Bhagasya Dhīmahi, we illumined meditate!
Saying thus he should all that Maṁtha partake. 7
After washing bronze pots he near fire meditated.
On the deer-skin or earth seated contemplated.
Sleeping fully subduing speech anger and desire,
If he dreams of woman, he success does acquire. 8

पंचम प्रापठक, खण्ड-३

श्वेतकेतुर्हारुणेयः पञ्चालानां समितिमेयाय। तं ह प्रवाहणो जैबलिरुवाच,
कुमारानु त्वाऽशिषत्पितेत्यनु हि भगव इति।१ वेत्थ यदितोऽधि प्रजाः
प्रयन्तीति। न भगव इति। वेत्थ यथा पुनरावर्तन्त ३ इति। न भगव इति।
वेत्थ पथोर्देवयानस्य पितृयाणस्य च व्यावर्तना ३ इति। न भगव इति।२
वेत्थ यथासौ लोको न संपूर्यत ३ इति। न भगव इति। वेत्थ यथा
पञ्चम्यामाहुतावापः पुरुषवचसो भवन्तीति। नैव भगव इति।३

पंचम प्रपाठक, खण्ड-३ (जैबलि प्रवाहण के पाँच प्रश्न)

पांचाल समिति में श्वेतकेतु, आरुणि-सुत, आये एक बार।
पूछते प्रवाहण जैबलि यह, बतला मुझको तुम हे कुमार!
पा चुके पिता से शिक्षा क्या, फिर श्वेतकेतु यों कहे वचन।
दे चुके पिता मुझको शिक्षा, पा चुका ज्ञान उनसे भगवन! १
पूछा, जाती यह प्रजा कहाँ, मरणोपरान्त, जानते इसे?
है नहीं ज्ञान भगवन, पूछा, जानते इसे, लौटे कैसे?
वह कहे, नहीं जानूं, पूछें, पथ पितृयाण औ देवयान।
ये अलग कहाँ हों यही बता, कहता, भगवन यह नहीं ज्ञान! २
परलोक नहीं क्यों भरे बता, वह कहे, मुझे है नहीं ज्ञान!
पंचम आहुति में पुरुष बना, जल कैसे बोले, नहीं भान! ३
[Chāndogya

There is a verse, when one success desired,
And sees in his dream a woman inspired,
There is prosperity having so visualized,
That woman is Supreme Mother Power realized. 9

Part Five Section-3 (Pravāhaṇa's Five Questions)

Once Aruṇi's son Śvetaketu to Pañcāla Court came.
He was questioned by king Pravāhaṇa of fame.
Young man, have you by your father been inducted?
He replied, O venerable, yes, he has instructed. 1
He asked, do you know where they go dying here?
The young man replied, I know not Sire where!
And how one returns back again, do you know?
Again he replied, this my father did not show!
Two divine pathways for the dead are related,
The king said, as Devayāna and Pitṛyāna stated.
Do you know where the two pathways parted?
He said, he knew not by which who departed! 2

अथानु किमनुशिष्टोऽवोचथा, यो हीमानि न विद्यात्कथं सोऽनुशिष्टो
ब्रुवीतेति। स हाऽऽयस्तः पितुरर्धमेयाय तं होवाचाऽननुशिष्य वाव
किल मा भगवान ब्रवीदनु त्वाऽशिषमिति।४
पञ्च मा राजन्य बन्धुः प्रश्नान प्राक्षीत्तेषां नैकंचनाशकं
विवक्तुमिति। स होवाच यथा मा त्वं तदेतानवदो यथाऽहमेषां
नैकंचन वेद। यद्यहमिमानवेदिष्यं कथं ते नावक्ष्यमिति।५
स ह गौतमो राज्ञोऽर्धमेयाय। तस्मै ह प्राप्तायार्हांचकार। स ह
प्रातः सभाग उदेयाय। तं होवाच मानुषस्य भगवन्गौतम वित्तस्य
वरं वृणीथा इति। स होवाच तवैव राजन्मानुषं वित्तम्। यामेव

राजा बोले, कहते कैसे, पा ली शिक्षा, हो गया ज्ञान?
कह सकता है कोई कैसे, पा ली शिक्षा ये नहीं जान?
लौटा परास्त हो पिता निकट, बोला, शिक्षा देकर अपूर्ण।
बोले मुझको यह क्यों भगवन, तेरी शिक्षा हो गई पूर्ण? ४
राजन्य बन्धु के पाँच प्रश्न, उत्तर न एक का दे पाया!
पूछते पिता, वे प्रश्न कौन, जिनका न तुझे उत्तर आया?
सुनकर बोले, जो प्रश्न सुने, इनमें न ज्ञात है एक मुझे।
जानता अगर इनके उत्तर, बतलाता क्यों फिर नहीं तुझे? ५
गौतम राजा के पास गये, राजा ने पूजा की उनकी।
प्रातः बोले वे सभा मध्य, इच्छा कर लें लौकिक धन की!

Upaniṣad]

The king asked, why the other world is unfilled?
He replied, I know not why it is not filled!
How water as a person speaks in Fifth oblation?
He said, I know not, how to answer the question! 3
How then did you say, you have had initiation?
Not knowing these one has no proper education.
Defeated he returned to his father and stated,
Without fully teaching you called me educated! 4
The five questions that the king had mentioned,
I could not answer even one when questioned.
Father asked, what they were and knowing stated,
I know not and if I knew I would have related! 5
Gautama then went to the king contemplating.
The king received him with respect venerating.
In the morning when the king went to his court,
Gautama also, as asked, himself did report.

कुमारस्यान्ते वाचमभाषथास्तामेव मे ब्रूहीति। स ह कृच्छ्री बभूव।६
तं ह चिरं वसेत्याज्ञापयांचकार। तं होवाच। यथा मा त्वं गौतमावदो
यथेयं न प्राक् त्वत्तः पुरा विद्या ब्राह्मणानगच्छति। तस्मादु सर्वेषु
लोकेषु क्षत्रस्यैव प्रशासनमभूदिति। तस्मै होवाच।७

पंचम प्रपाठक, खण्ड-४

असौ वाव लोको गौतमाग्निस्तस्यादित्य एव समिदश्मयो
धूमोऽहरर्चिश्चन्द्रमा अङ्गारा नक्षत्राणि विस्फुलिंगाः।१
तस्मिन्नेतस्मिन्नग्नौ देवाः श्रद्धां जुह्वति तस्या आहुतेः सोमो
राजा संभवति।२

मानुषी वित्त अपने रख लें, राजन उत्तर दे दें मुझको!
मेरे कुमार से जो पूछा, असमंजस होता राजा को। ६
कुछ सोच कहा, कुछ काल रुकें, गौतम इसका भी रखें ध्यान!
इसके पहले यह किसी अन्य, ब्राह्मण ने पाया नहीं ज्ञान।
शासन सब देशों में करते, इस कारण केवल क्षत्रिय ही।
यह कह राजा उपदेश करें, गौतम को, अब वे कहें यही। ७

पंचम प्रपाठक, खण्ड-४ (प्रथम आहुति)

द्यौ यज्ञ-अग्नि, रवि समिधा है, ये धूम्र रहें किरणें स्वरूप।
अंगारे चन्द्र, दिवा ज्वाला, चिनगारी है नक्षत्र रूप। १
देते श्रद्धा-जल की आहुति, द्यौ रूप अग्नि में देव सभी।
आहुति से राजा सोम-वाष्प, यह जल आहुति हो प्रथम तभी। २
[Chāndogya

The king said, ask for wealth men desire!
Gautama replied, keep them yourself O Sire!
Answers to the questions only I require,
Which you from Śvetaketu, my son did enquire! 6
The king now hesitated and considering stated,
Please stay for some time and then thus related.
You ask, but no Brāhmaṇa before you did know!
So Kṣatriya always rule and thus he did show. 7

Part Five Section-4 (The First Oblation)

Gautama, the sky is the Yajña-fire yonder!
The rays are smoke and the sun fuel-tinder.
The day is the blaze and moon ember stated,
The planets and stars are sparks designated! 1

पंचम प्रपाठक, खण्ड-५

पर्जन्यो वाव गौतमाग्निस्तस्य वायुरेव समिदभ्रं
धूमो विद्युदर्चिरशनिरङ्गारा ह्रादनयो विस्फुलिंगाः।१
तस्मिन्नेतस्मिन्नग्नौ देवाः सोमं राजानं जुह्वति तस्या
आहुतेर्वर्षं संभवति।२

पंचम प्रपाठक, खण्ड-६

पृथिवी वाव गौतमाग्निस्तस्याः संवत्सर एव समिदाकाशो धूमो
रात्रिरर्चिर्दिशोऽङ्गारा अवान्तरदिशो विस्फुलिंगाः।१
तस्मिन्नेतस्मिन्नग्नौ देवा वर्षं जुह्वति तस्या आहुते रन्नं संभवति।२

पंचम प्रपाठक, खण्ड-५ (द्वितीय आहुति)

पर्जन्य दूसरी यज्ञ-अग्नि, समिधा जिसमें हो पवन रूप।
यह अभ्र धूम्र होता उसमें, विद्युत् ज्याला का ले स्वरूप।
इस यज्ञ-अग्नि में हे गौतम, अंगारे लेते वज्र रूप।
गर्जन चिनगारी रूप रहे, पर्जन्य-यज्ञ का यह स्वरूप। १
दें देव सोम राजा आहुति, पर्जन्य-यज्ञ में करें हवन।
इस सोम-वाष्प से वर्षा हो, आहुति द्वितीय यह, यही कथन। २

पंचम प्रपाठक, खण्ड-६ (तृतीय आहुति)

पृथ्वी तृतीय यज्ञाग्नि रहे, संवत्सर है समिधा जिसमें।
आकाश बना है धूम्र रूप, यह रात्रि बनी ज्वाला इसमें।
इस यज्ञ-अग्नि में हे गौतम, ये दिक् हों अंगारे स्वरूप।
सब दिशा-अवान्तर चिनगारी, भू-यज्ञ-अग्नि का यही रूप। १

Upaniṣad]

The gods in this Sky Yajña-fire oblated,
The offering is 'faith' that 'water' too related.
King Soma or vapour from that originated,
And it is this water's First Oblation stated. 2

Part Five, Section-5 (Second Oblation)

Another Yajña-fire is the cloud over there!
The sky is the smoke and the fuel is the air.
The lightning is blaze and thunder bolt ember,
The sparks are denoted by the roar and thunder. 1
In the Cloud Yajña-fire the Soma king oblated,
The offerings given is the water-vapour stated.
By this very oblation the rains originated
It is this water's Second Oblation related. 2

पंचम प्रपाठक, खण्ड-७

पुरुषो वाव गौतमाग्निस्तस्य वागेव समित्प्राणो धूमो
जिह्वाऽर्चिश्चक्षुरङ्गारा श्रोत्रं विस्फुलिंगाः।१
तस्मिन्नेतस्मिन्नग्नौ देवा अन्नं जुह्वति तस्या आहुते रेतः संभवति।२

वर्षा की देते हैं आहुति, भू यज्ञ-अग्नि में देव सभी।
अन्नों का उद्‌भव हो इससे, आहुति तृतीय हो पूर्ण तभी। २

पंचम प्रपाठक, खण्ड-७ (चतुर्थ जल-आहुति)

यज्ञाग्नि 'पुरुष' ही है चतुर्थ, समिधा उसकी वाणी स्वरूप।
यह प्राण पुरुष का धूम्र बना, ज्वाला जिह्वा का लिये रूप।
इस पुरुष यज्ञ में हे गौतम, अंगारे हों आँखें स्वरूप।
ये श्रोत्र बने चिनगारी हैं, यज्ञाग्नि-पुरुष का यही रूप। १
इस पुरुष रूप यज्ञाग्नि मध्य, अन्नाहुति देते देव सभी।
इस आहुति से हो वीर्य-सृष्टि, आहुति चतुर्थ जल की यह भी। २

[Chāndogya

Part Five, Section-6 (The Third Oblation)

Now the third Yajña-fire is this earth here.
The Yajña-fuel is the 'Saṁvatsara or the Year!
The sky is smoke and the night blaze marks,
The quarters are embers and intermediaries sparks! 1
In this Earth Yajña-fire the gods oblated,
The offering they give is rain-water related.
Through this oblation food-crops originated,
And it is this water's Third Oblation stated. 2

Part Five Section-7(The Fourth Oblation)

The fourth Yajña-fire is the male human person,
The sacrificial fuel is his own speech function.
The tongue blaze and Prāṇas smoke symbolized,
The eyes embers and ears as sparks realized. 1
In this Person Yajña-fire the gods oblated,
The offerings they give are food-matter related.
From this very libation the semen originated,
This then is water's Fourth oblation stated. 2

पंचम प्रपाठक, खण्ड-८

योषा वाव गौतमाग्निस्तस्या उपस्थ एव समिद्यदुपमन्त्रयते स
धूमो योनिरर्चिर्यदन्तः करोति तेऽङ्गारा अभिनन्दा विस्फुलिंगाः।१
तस्मिन्नेतस्मिन्नग्नौ देवा रेतो जुह्वति तस्या आहुतेर्गर्भः संभवति।२

पंचम प्रपाठक, खण्ड-९

इति तु पञ्चम्यामाहुतावापः पुरुषवचसो भवन्तीति स उल्बावृतो
गर्भो दश वा नव वा मासानन्तः शयित्वा यावद्वाथ जायते।१
स जातो यावदायुषं जीवति तं प्रेतं दिष्टमितोऽग्नय एव हरन्ति
यत एवेतो यतः संभूतो भवति।२

पंचम प्रपाठक, खण्ड-८ (पंचम जल-आहुति)

यज्ञाग्नि पाँचवीं नारी है, समिधा उपस्थ का ले स्वरूप!
है धूम्र प्रणय का आमंत्रण, ज्वाला उसकी हो योनि रूप!
नारी रूपा यज्ञाग्नि मध्य, अंगारे हों आलिंगन ही!
चिनगारी हो आनन्द रूप, नारी रूपा यज्ञाग्नि यही! १
नारी रूपा यज्ञाग्नि मध्य, ये देव वीर्य की दें आहुति।
उस आहुति से हो गर्भ-सृष्टि, जल की यह पंचम पूर्णाहुति! २

पंचम प्रपाठक, खण्ड-९

सोये माता में उल्ब घिरा नौ-दस मासों में ले स्वरूप।
इस भाँति पाँचवीं आहुति में, जल बोले होकर पुरुष रूप! १
ले जन्म आयु भर वह जीये, जब मरे अग्नि ही ले जाती।
वह जाय जहाँ, जैसे लौटे, ले जाती अग्नि, वही लाती। २

Part Five, Scetion-8 (The Fifth Oblation)

Gautama, woman Fifth Yajña-Fire symbolized,
Her middle part fuel, courting smoke realized!
The genitals blaze, embrace embers denoted,
The ecstasy of love as sparks are connoted! 1
In the Woman Yajña Fire the gods give oblation.
The semen-seed offered is for procreation.
From this libation the foetus is originated,
And it is water's Fifth oblation related! 2

Part Five, Section-9

In womb the foetus to membrane does adhere,
For nine or ten months it abides in there.
Born sooner or later it attains speech-function,
In fifth oblation thus water speaks as a person! 1

पंचम प्रपाठक, खण्ड-१०

तद्य इत्थंविदु:। ये चेमेऽरण्ये श्रद्धा तप इत्युपासते
तेऽर्चिषमभिसंभवन्त्यर्चिषोऽहरह्न आपूर्यमाणपक्षमापूर्यमाण-
पक्षाद्यान्षडुदङ्ङेति मासां स्तान्।१
मासेभ्यः संवत्सरं संवत्सरादादित्यमादित्याच्चन्द्रमसं चन्द्रमसो विद्युतं
तत्पुरुषोऽमानवः स एनान्ब्रह्म गमयत्येष देवयानः पन्था इति।२

पंचम प्रपाठक, खण्ड-१० (मृत्यु बाद आत्मा की गति)

जानो यह, तप श्रद्धापूर्वक, गौतम, उपासना जो वरता।
वह मृत्यु बाद ज्योतिर्मय हो, श्रृङ्खला यही जाया करता।
पहले वह लेता किरण रूप, फिर दिवाज्योति से हो प्रदीप्त।
पुनि एक पक्ष की ज्योति मिले, छः मास ज्योति से पुनः दीप्त। १
छः मास उत्तरायण बढ़कर, संवत्सर, फिर आदित्य-दीप्त।
आदित्य ज्योति से चन्द्र ज्योति, विद्युत्-सा फिर वह हो प्रदीप्त।
क्रमशः विकसित इस ज्योति सहित, वह ज्योति पुरुष हो नवमानव।
मानव से ऊपर उठकर वह, ज्योतिर्मय होता अतिमानव।
दे वही अमानव ब्रह्मज्ञान, देता है पथ-निर्देश वही।
जो पथ दिखलाता अतिमानव, वह देवयान पथ रहे यही। २

[Chāndogya

Part Five, Section -10 (Soul's journey on death)

Those who knowing this in forest meditated,
And who with faith and austerity contemplated,
On death such persons like rays illuminated,
And later like a day they brighter radiated,
Gradually they more and more brighter illumined,
Like light of a bright fortnight determined.
Then still more dazzling they illuminated,
Like six month's north going sun radiated. 1
In brightness they reach from six months to year,
Then equal to the sun in illumination appear.
From sun light to moon-light they now transcend,
Then to the lightning's light they ascend.
Progressing from light to further illumination,
From human to non-human is manifestation.
The Super-human leads on the Brahma-Path stated,
That Divine Path is Devayāna Patha related. 2

अथ य इमे ग्राम इष्टापूर्ते दत्तमित्युपासते ते धूममभिसंभवन्ति धूमाद्रात्रिं रात्रेरपरपक्षमपरपक्षाद्यान्षड्दक्षिणैति मासां स्तान्नैते संवत्सरमभिप्राप्नुवन्ति।३

मासेभ्यः पितृलोकं पितृलोकादाकाश माकाशाच्चन्द्रमसमेष सोमो राजा तद्देवानामन्नं तं देवा भक्षयन्ति।४

तस्मिन्यावत्संपातमुषित्वाऽथैतमेवाध्वानं पुनर्निवर्तन्ते। यथेतमा-काशमाकाशाद्वायुं वायुर्भूत्वा धूमो भवति धूमो भूत्वाऽभ्रं भवति।५

फल हेतु यज्ञ औ दान रूप, भगवत् उपासना जो करता।
वह मृत्यु बाद इस मन्द ज्योति की क्रमिक श्रृङ्खला ही वरता।
पहले वह लेता धूम्र रूप, फिर होती उसकी रात्रि-ज्योति।
वह अमा निशा में ज्योतिहीन, छः मास दक्षिणायन हो गति।
ज्योतिर्विहीन छः मास रहे, है जो सकामकर्मी गौतम!
उससे बढ़कर संवत्सर जो, वह नहीं प्राप्त करता वह तम। ३
क्रमशः जाये वह पितृलोक, आकाश, पुनः वह चन्द्रलोक।
हैं जो सकामकर्मी, भोगें, कर्मों के फल वे सोमलोक। ४
जब तक फल होते क्षीण नहीं, वे रहें तभीतक चन्द्रलोक।
फिर उसी मार्ग से वे लौटें, वापस आयें आकाशलोक।
आकाश दशा से वायु दशा, फिर वायु दशा से वे आयें।
वे करें धूम्र-सी दशा प्राप्त, फिर अभ्र-सदृश में आ जायें। ५

But persons who are by desires motivated,
Doing good deeds giving charities meditated,
Passing on death to lower lights they adhere,
At first like smoke such persons appear.
Increasing from smoke like night they become,
Then to the lightless New Moon they come.
To the South sun's six month dim light transcend,
But not to the lightless Year they ascend. 3
These with-motive doers the mane's world gain,
From there the sky and Moon-World attain.
The moon's Soma world for them fruit treasures,
Doing deeds for fruits they enjoy all pleasures. 4
Till the fruits last they in moon's world sojourn,
When these are exhausted they all do return.
They come by the same path by which ascended,
To sky, air, smoke and mist they descended. 5

अभ्रं भूत्वा मेघो भवति मेघो भूत्वा प्रवर्षति। त इह व्रीहियवा
ओषधिवनस्पतयस्तिलमाषा इति जायन्तेऽतो वै खलु दुर्निष्प्रपतरं
यो यो ह्यन्नमत्ति यो रेतः सिञ्चति तद्भूय एव भवति।६
तद्य इह रमणीयचरणा अभ्याशो ह यत्ते रमणीयां योनिमापद्येरन्
ब्राह्मण योनिं वा क्षत्रिययोनिं वा वैश्ययोनिं वाथ य इह कपूयचरणा
अभ्याशो ह यत्ते कपूयां योनिमापद्येरन् श्वयोनिं वा सूकरयोनिं
वा चण्डाल योनिं वा।७
अथैतयोः पथोर्न कतरेण च न तानीमानि क्षुद्राण्यसकृदावर्तीनि
भूतानि भवन्ति जायस्व म्रियस्वेत्येतत्तृतीयं स्थानं तेनासौ लोको
न संपूर्यते तस्माज्जुगुप्सेत तदेष श्लोकः।८

हो अभ्र दशा से मेघ दशा, फिर बनकर मेघ बरस पड़ते।
औषधि, जौ, धान्य, वनस्पति, तिल, या माष रूप पैदा लेते।
खा अन्न वीर्य करते सिंचित, समरूप बढ़ें सन्तानों से।
पशु से पशु, मानव से मानव, अब कठिन निकलना अन्नों से! ६
पहले जिनके आचरण श्रेष्ठ, वे लौट योनि अच्छी पाते।
वे ब्राह्मण क्षत्रिय वैश्य आदि की श्रेष्ठ योनियों में आते।
वे शीघ्र पहुँचते बुरी योनि, जिनके आचरण बुरे रहते।
वे पाते हैं चाण्डाल योनि, या श्वान बनें, शूकर बनते। ७
जो देवयान औ पितृयाण, दो में कोई पथ धरें नहीं।
यह जन्म-मृत्यु का पथ तृतीय, वे क्षुद्र जीव ही वरें यहीं।
आवागमनों का चक्र चले, परलोक इसीसे नहीं भरे।
पापों से बचकर सभी चलें. यह श्लोक इसे यों स्पष्ट करे। ८

[Chāndogya-5-10

Descending from sky as the clouds they rained,
Rice, herb, plant, barley, sesamun or bean gained.
Now freedom from these is difficult to attain.
The food creates semen which similar breeds again! 6
Whose conduct had been good, they noble birth attain,
They Brāhmaṇa or Kṣatriya or Vaiśya clan gain.
Those not virtuous here, to lowly births come,
They are dogs or pigs or pariah they become. 7
Those who the Devayāna and Pitṛyāṇa not gain,
These lowly beings only birth and death attain.
This birth-death cycle is the third path related,
So the other world' is unfilled as the verse stated. 8

स्तेनो हिरण्यस्य सुरां पिबंश्च गुरोस्तल्पमावसन्ब्रह्महा च। एते
पतन्ति चत्वारः पञ्चमश्चाचरं स्तैरिति।९
अथ ह य एतानेवं पञ्चाग्नीन्वेद न स ह तैरप्याचरन्पाप्मना
लिप्यते शुद्धः पूतः पुण्यलोको भवति य एवं वेद य एवं वेद।१०

पंचम प्रपाठक, खण्ड-११

प्राचीनशाल औपमन्यवः सत्ययज्ञः पौलुषिरिन्द्रद्युम्नो भाल्लवेयो
जनः शार्कराक्ष्यो बुडिल आश्वतराश्विस्ते हैते महाशाला
महाश्रोत्रियाः समेत्य मीमांसां चक्रुः को नु आत्मा किं ब्रह्मेति।१

जो स्वर्ण चुराता, मद्य पिये, गुरु-तल्प गमन जो शिष्य करे।
ब्राह्मण घाती, ये पतित चार, पंचम वह भी जो साथ धरे! ९
यज्ञाग्नि पाँच जो ये जाने, इनका सम्पर्क न लिप्त करे।
वह शुद्ध पूत निष्पाप रहे, सब पुण्य लोक भी वही वरे। १०

पंचम प्रपाठक, खण्ड-११ (वैश्वानर ब्रह्म)

थे पुलुष वंश के सत्ययज्ञ, प्राचीन शाल उपमन्यु कुलज।
जन शर्कराक्ष्य कुल के, भल्लव कुल इन्द्रद्युम्न भी थे वंशज।
पाँचवें अश्वतराश्व वंश के वुडिता, रहें, सब ज्ञानवान।
वेदज्ञ सुधी महलों वाले, ये पाँचो ही थे मानवान।
एकत्र एकदा हो पाँचो, करते विचार क्या हो आत्मा?
जिज्ञासा करते मिल पांचो,क्या ब्रहम, क्या रहे परमात्मा? १

One who steals gold and another a wine user,
A Brahma knower slayer and teacher's wife-abuser,
These four fall lower and a fifth similar stated,
Who with the four above one self associated. 9
These five Yajña fires who knowing meditated,
Even mixing with the five is not contaminated.
Devoid of all sin, pure and sacred he remains,
All the virtuous worlds such a person attains. 10

Part Five, Section-11 (Vaiśvānara-World Soul)

Prācīnaśāla of Upamanyu clan and Puluṣa's Satya Yajña,
Śarkarākṣya's Jana and Bhallava's Indradyumna.
With Budila of Aśvatarāśva, were seers of fame,
With wealth and palaces, each had a great name.

ते ह संपादयांचक्रुरुद्दालको वै भगवन्तोऽयमारुणिः संप्रतीममात्मानं
वैश्वानरमध्येति तं हन्ताभ्यागच्छामेति तं हाभ्याजग्मुः।२
स ह संपादयांचकार प्रक्ष्यन्ति मामिमे महाशाला महाश्रोत्रियास्तेभ्यो
न सर्वमिव प्रतिपत्स्ये हन्ताहमन्यमभ्यनुशासानीति।३
तान्होवाचाश्वपतिर्वै भगवन्तोऽयं कैकेयः संप्रतीममात्मानं
वैश्वानरमध्येति तं हन्ताभ्यागच्छामेति तं हाभ्याजग्मुः।४
तेभ्यो ह प्राप्तेभ्यः पृथगर्हाणि कारयांचकार। स ह प्रातः संजिहान
उवाच न मे स्तेनो जनपदे न कदर्यो न मद्यपो नानाहिताग्निर्नाविद्वान्

वैश्वानर आत्मा अध्येता, आरुणि-उद्यालक हैं, सोचें।
हम चलकर उनसे ही पूछें, यह सोच वहाँ वे जा पहुँचें। २
सोचें उद्यालक उन्हें देख, ये महाशाल श्रोत्रिय महान।
सब उत्तर इनको दे न सकूँ, गुरु अन्य बताऊँ जिन्हें ज्ञान। ३
फिर उन्हें कहें, कैकेय देश के भूप अश्वपति पास चलें!
वैश्वानर आत्मा अन्वेषी वे ही, उनसे इस हेतु मिलें! ४
राजा ने आज्ञा दी ऐसी, जब आये उनके निकट सभी।
हो पृथक्-पृथक् सेवा इनकी, कहते प्रातः वे उन्हें तभी।
मेरे जनपद में चोर नहीं, कोई मद्यप या कृपण नहीं।
व्यभिचारी अनाहिताग्नि नहीं, हो अविद्वान, कुलटा न कहीं!
करने वाला हूँ एक यज्ञ, ठहरें मैं धन दूँगा भगवन!
जितना-जितना प्रति ऋत्विक को, सबको उतना-उतना दूँ धन! ५

[Chāndogya-5-11

In the Vedas also very learned they were,
Once for discussions they assembled there.
What is this Self that they all meditated?
What is Supreme Brahma they contemplated? 1
Aruṇa clan's Uddālaka, they so contemplated,
The World Soul Vaiśvānara Self, meditated.
Deciding to ask him they went to the seer,
For knowing the Supreme and World Soul there. 2
In mansions and wisdom, great and respected,
They will ask about Prahma, Uddālaka reflected.
By me these querries may not be answerable,
So I should take them to another teacher able. 3

न स्वैरी स्वैरिणी कुतो यक्ष्यमाणो वै भगवन्तोऽहमस्मि
यावदेकैकस्मा ऋत्विजे धनं दास्यामि तावद्भगवद्भ्यो दास्यामि
वसन्तु भगवन्त इति॥५

ते होचुर्येन हैवार्थेन पुरुषश्चरेत्तं हैव वदेदात्मानमेवेमं वैश्वानरं
संप्रत्यध्येषि तमेव नो ब्रूहीति॥६

तान्होवाच प्रातर्वः प्रतिवक्तास्मीति। ते ह समित्पाणयः पूर्वाह्णे
प्रति चक्रमिरे। तान्हानुपनीयैवैतदुवाच॥७

वे कहें, मनुज जिस हेतु जाय, जो रहे प्रयोजन, कहे वही।
वैश्वानर आत्मा अध्येता हैं आप, बताये हमें यही! ६
प्रातः बतलाऊँगा बोले, वे प्रातः आये समिध लिये।
राजा होकर सन्तुष्ट करें उपदेश बिना उपनयन किये। ७

Upaniṣad]

O great-souled, to them Uddālaka thus stated,
Kaikeya-king Aśvapati Vaiśvānara meditated.
The knowledge of the World Soul he can impart,
And for Aśvapati's place together they did start. 4
Arriving there they were individually venerated,
In the morning the king to them thus stated.
My kingdom has no thief nor a miser O Sires!
No drunkard and none there without Yajña fires.
Of ignorants and adulterers, there are none,
Of adulteress then there, how could be one?
O Reverend, please stay, I will do a Yajña here,
You all will get what I give to priests there. 5
They said one does ask for what one is searching,
We hear, you have been Vaiśvānara researching
So about the Almighty World Soul please teach!
The Vaiśvānara Self or the World Soul preach! 6
I will tell tomorrow morning, the king thus stated,
Next morning they went fuel-handed as related.
Pleased, the king dispensed with initiation,
Without sacred-thread rites began education. 7

पंचम प्रपाठक, खण्ड-१२

औपमन्यव कं त्वमात्मानमुपास्स इति। दिवमेव भगवो राजन्निति
होवाच। एष वै सुतेजा आत्मा वैश्वानरो यं त्वमात्मानमुपास्से।
तस्मात्तव सुतं प्रसुतमासुतं कुले दृश्यते।१
अत्स्यन्नं पश्यसि प्रियमत्त्यन्नं पश्यति प्रियं भवत्यस्य ब्रह्मवर्चसं
कुले य एतमेवमात्मानं वैश्वानरमुपास्ते। मूर्धा त्वेष आत्मन इति
होवाच। मूर्धा ते व्यपतिष्यद्यन्मां नागमिष्य इति।२

पंचम प्रपाठक, खण्ड-१२

प्राचीन शाल से पूछें वे, किसको भजते तुम आत्मा वर?
मैं यह द्युलोक आत्मा मानूं, हाँ यही 'सुतेजा' वैश्वानर!
जो रूप तेजमय तुम भजते, सम्पूर्ण रूप वह नहीं रहे।
तुझको सुत आसुत प्रसुत सभी, घर सोम रसों की धार बहे। १
इससे खाओ, प्रिय देखो भी, खाता वह, देखे प्रिय स्वरूप।
उसके कुल में हो ब्रह्मतेज, वैश्वानर भजता तेज रूप!
है तेज रूप जो यह द्युलोक, वैश्वानर आत्मा का यह सिर।
आते यदि यह जानने नहीं, तेरा यह मूर्धा जाता गिर! २

[Chāndogya-1-1

Part Five, Section-12

To Prācīnaśāla the king his question stated,
Considering as the Self what you meditated?
He replied, I worship the sky illuminated.
The king said, you only a part venerated!
Among several forms that the Self does show,
The Illuminated or Sutejā only you know.
So in progenies and prosperity you abound,
And joy as the Soma sap flows all around! 1
You have food and pleasing things to perceive,
Meditating thus one all food does receive.
Adoring Illumined one good things visualized,
One's progenies and clan Para Brahma realized.
The head of that Self is the sky illuminated.
It is a part of the World Soul designated.
Your head would have fallen off, the king mentioned,
Had you not come here and thus questioned! 2

पंचम प्रपाठक, खण्ड-१३

अथ होवाच सत्ययज्ञं पौलुषिं प्राचीनयोग्य कं त्वमात्मानमुपास्स
इति। आदित्यमेव भगवो राजन्निति होवाच। एष वै विश्वरूप
आत्मा वैश्वानरो यं त्वमात्मानमुपास्ते। तस्मात्तव बहु विश्वरूपं
कुले दृश्यते।१
प्रवृत्तेऽश्वतरीरथो दासी निष्कोऽत्स्यन्नं पश्यसि प्रियमत्त्यन्नं पश्यति
प्रियं भवत्यस्य ब्रह्मवर्चसं कुले य एतमेवमात्मानं वैश्वानर मुपास्ते।
चक्षुष्ट्वेतदात्मन इति होवाचान्धोऽभविष्यो यन्मां नागमिष्य इति।२

पंचम प्रपाठक, खण्ड-१३

फिर सत्ययज्ञ से पूछें वे, प्राचीन योग्य, भजते किसको?
आदित्य मानता मैं आत्मा, वैश्वानर कह भजता उसको!
वह विश्वरूप वैश्वानर है, वह पूर्ण नहीं जो तुम भजते!
बहु विश्वरूप तेरे कुल में, तेरी उपासना से दिखते। १
रथ चलें, दासियाँ-हार मिलें, भोजन तुझको, प्रिय दृश्य सभी।
जो भजता कुल में ब्रह्मतेज, प्रिय दृश्य उसे, हों भोजन भी।
वैश्वानर-आत्मा चक्षु रूप, जो विश्वरूप आदित्य वहाँ।
आते यदि पाने ज्ञान नहीं, रहते न तुझे ये चक्षु यहाँ। २

Part Five, Section-13

To Satyayajña the king now his question stated,
What as the Universal Self you meditated?
He replied, O King, this sun I contemplate,
The king said, you only another part venerate!
Among many parts of the Self that are shown,
The manifold-Viśvarūpa only you have known.
Since the form manifesting-many you conceived,
Your clan is manifold and universal perceived. 1
In chariots, maidens and ornaments you abound,
Ample food and pleasing scenes also are found.
This manifold World Soul who does conceive,
Meditating enough food and things does receive.
Such a person also pleasing scenes visualized,
His progenies and clan Para Brahma realized.
This is the eye of the Self you are seeking to find,
Not coming to me, you would have become blind! 2

पंचम प्रपाठक, खण्ड-१४

अथ होवाचेन्द्रद्युम्नं भाल्लवेयं वैयाघ्रपद्य कं त्वमात्मानमुपास्स
इति। वायुमेव भगवो राजन्निति होवाचैष वै पृथग्वर्त्माऽऽत्मा
वैश्वानरो यं त्वमात्मानमुपास्से। तस्मात्त्वां पृथग्बलय आयन्ति
पृथग्रथश्रेणयोऽनुयन्ति।१
अत्स्यन्नं पश्यसि प्रियमत्त्यन्नं पश्यति प्रियं भवत्यस्य ब्रह्मवर्चसं
कुले य एतमेवमात्मानं वैश्वानरमुपास्ते। प्राणस्त्वेष आत्मन इति
होवाच। प्राणस्त उदक्रमिष्यद्यन्मां नागमिष्य इति।२

पंचम प्रपाठक, खण्ड-१४

फिर इन्द्रद्युम्न को यों पूछें, आत्मा माने भजते किसको?
वह कहे, वायु को मैं भजता, वैश्वानर मैं मानूं उसको!
यह वायु 'पृथक् वर्त्मा' इससे, उपहार विविध तुझको मिलते।
उस आत्मा का यह अंग अतः, रथ भी अनेक पीछे चलते। १
इससे खाते, प्रिय देखो भी, खाता वह, देखे प्रिय स्वरूप।
उसके कुल में हो ब्रह्मतेज, वैश्वानर भजता वायु रूप।
जो पृथक्-पृथक् पथ सदा बहे, वैश्वानर का वह प्राण पवन।
आते यदि यह जानने नहीं, कर जाता तेरा प्राण गमन। २

Part Five, Section-14

To Indradyumna the king his question stated,
What he as the Universal Self meditated?
He replied, O king, I air contemplate,
The king said, you only a part venerate!
Among many forms that this Self does show,
This form of Varied Courses only you know.
One who the varied courses form contemplated,
He presents and chariots varied accumulated. 1
You eat by its grace and dear ones perceive,
Meditating thus one ample food does receive.
Adoring the air one good things visualized.
One's progenies and clan Para Brahma realized.
It is a part of the Great Self which you sought,
This air as the Prāṇa of that Self is thought.
If you had not come for being instructed,
Your Prāṇa departing would have you destructed! 2

पंचम प्रपाठक, खण्ड-१५

अथ होवाच जनं शार्कराक्ष्य कं त्वमात्मा नमुपास्स इत्याकाशमेव
भगवो राजन्निति होवाचैष वै बहुल आत्मा वैश्वानरो यं त्वमात्मा
नमुपास्से तस्मात्त्वं बहुलोऽसि प्रजया च धनेन च।१
अत्स्यन्नं पश्यसि प्रियमत्त्यन्नं पश्यति प्रियं भवत्यस्य ब्रह्मवर्चसं
कुले य एवमेवमात्मानं वैश्वानरमुपास्ते। संदेहस्त्वेष आत्मन इति
होवाच। संदेहस्ते व्यशीर्यद्यन्मां नागमिष्य इति।२

पंचम प्रपाठक, खण्ड-१५

फिर जन को यह पूछें राजा, तुम किसको आत्मा कह भजते?
राजन, आकाश भजूं आत्मा, वह पूर्ण नहीं जो तुम कहते!
वैश्वानर के जो विविध अंग, उनमें से यह है 'बहुल' रूप।
इसको भजकर हो बहुल प्रजा, तुझको धन भी हो बहु स्वरूप। १
इससे खाते, प्रिय देख सको, खाता वह, देखे प्रिय स्वरूप।
उसके कुल में हो ब्रह्मतेज, भजता वैश्वानर 'बहुल' रूप।
वैश्वानर आत्मा धड़ स्वरूप, आकाश यही जो है अनन्त।
आते न यहाँ यदि ज्ञान हेतु, धड़ तेरा होता वहीं अन्त! २

Part Five, Section-5

To Jana now the king his question stated,
What as the World Self you meditated?
He replied O King, I space contemplated,
The king said, you also a part venerated!
Among many forms that the Self does possess,
Only the 'Bahul' or infinite you profess!
But since this infinite aspect you adore,
With innumerable subjects, wealth you store! 1
You eat by its grace and dear ones perceive,
Meditating one thus ample food does receive.
Adoring the infinite one good things visualized,
One's progenies and clan Para Brahma realized.
Of the Vaiśvānara which is Universal Self stated,
This is only the trunk or middle part related.
It you had not come to me for instruction,
Your trunk would have surely gone to destruction. 2

पंचम प्रपाठक, खण्ड-१६

अथ होवाच बुडिलमाश्वतराश्विं वैयाघ्रपद्य कं त्वमात्मानमुपास्स
इत्यप एव भगवो राजन्निति होवाचैष वै रयिरात्मा वैश्वानरो यं
त्वमात्मानमुपास्से तस्मात्त्वं रयिमान्पुष्टिमानसि।१
अत्यस्यन्नं पश्यसि प्रियमत्त्यन्नं पश्यति प्रियं भवत्यस्य ब्रह्मवर्चसं
कुले य एतमेवमात्मानं वैश्वानरमुपास्ते। बस्तिस्त्वेष आत्मन इति
होवाच। बस्तिस्ते व्यभेत्स्यद्यन्मां नागमिष्य इति।२

पंचम प्रपाठक, खण्ड-१६

अब राजा पूछें, बुडिल कहो, आत्मा कहकर भजते किसको?
राजन, करता जल-उपासना, वैश्वानर मैं मानूं जल को।
वैश्वानर के जो विविध रूप, ऐश्वर्य एक, जल-रयि स्वरूप।
इसको भजते इससे ही तुम, रयिमान बने, ऐश्वर्य रूप। १
खाते प्रभु-कृपा, देखते प्रिय, खाये वह, देखे प्रिय स्वरूप।
उसके कुल में हो ब्रह्मतेज, आत्मा भजता ऐश्वर्य रूप।
रयि-जल जो है ऐश्वर्य रूप, आत्मा का मूत्राशय स्वरूप।
होता तेरा यह अंग नष्ट, आते न अगर जानने रूप। २

Part Five, Section-16

Then to Budila the king his querry related,
What you as the Vaiśvānara Self meditated?
He replied, O king, I water contemplate!
The King said, you only a part venerate!
Among serveral forms that the Self does show,
You only the 'Rayi' or Opulent form know!
But as you prosperity or opulence meditated,
You are much prosperous and opulent stated. 1
You eat by its grace and dear ones perceive,
Meditating thus one ample food does receive.
Adoring the opulent one good things visualized,
One's progenies and clan Para Brahma realized.
Of the Vaiśvānara that is Universal Self stated,
This Opulence-water is the bladder related.
If you had not come to me for instruction,
Your bladder would have gone to destruction! 2

पंचम प्रपाठक, खण्ड-१७

अथ होवाचोद्दालकमारुणिं गौतम कं त्वमात्मानमुपास्स इति।
पृथिवीमेव भगवो राजन्निति होवाचैष वै प्रतिष्ठात्मा वैश्वानरो
यं त्वमात्मानमुपास्से। तस्मात्त्वं प्रतिष्ठितोऽसि प्रजया च पशुभिश्च।१
अत्स्यन्नं पश्यसि प्रिमत्त्यन्नं पश्यति प्रियं भवत्यस्य ब्रह्मवर्चसं
कुले य एतमेवमात्मानं वैश्वानरमुपास्ते। पादौ त्वेतावात्मन इति
होवाच। पादौ वे व्यम्लास्येतां यन्मां नागमिष्य इति।२

पंचम प्रपाठक, खण्ड-१७

फिर उद्यालक से पूछें वे, किसको आत्मा माने भजते?
पृथ्वी को मानूं वैश्वानर, वह पूर्ण नहीं जो तुम कहते!
यह मही प्रतिष्ठा रूप बनी, वैश्वानर का यह एक रूप।
पशु-प्रजा प्रतिष्ठित रहते तुम, पृथ्वी का भजकर यह स्वरूप। १
खाते उत्तम, प्रिय देखो भी, खाये, देखे भी प्रिय स्वरूप।
उसके कुल में हो ब्रह्मतेज, आत्मा भजता आधार रूप।
यह मही प्रतिष्ठा रूप रहे, वैश्वानर आत्मा पाद यही।
तेरे हो जाते पाद नष्ट, आते न जानने पाद मही! २

Part Five, Section-17

To Uddālaka the king now his question stated,
Gautama, what you as Vaiśvānara meditated?
He replied, O king, I earth contemplated,
The king said, you also a part venerated!
Among many forms that the Self does show,
You only the earth or the 'foundation' know!
But since you the earth-foundation meditated,
With progenies and cattle you are venerated! 1
You eat by its grace and dear ones perceive,
Meditating thus one ample food does receive.
Adoring as foundation one good visualized,
One's progenies and clan Para Brahma realized.
Of the Vaiśvānara which is the World Soul stated,
This earth-foundation is as the feet related.
If you had not come to me for instruction,
These feet of yours would have met destruction! 2

पंचम प्रपाठक, खण्ड-१८

तान्होवाच ते वै खलु यूयं पृथगिवेममात्मानं वैश्वानरं विद्वांसोऽन्नमत्थ। यस्त्वेतमेवं प्रादेशमात्रमभिविमानमात्मानं वैश्वानरमुपास्ते स सर्वेषु लोकेषु सर्वेषु भूतेषु सर्वेष्वात्मस्वन्नमत्ति।१
तस्य ह वा एतस्यात्मनो वैश्वानरस्य मूर्धैव सुतेजाश्चक्षुर्विश्वरूपः प्राणः पृथग्वर्त्मात्मा संदेहो बहुलोबस्तिरेव रयिः पृथिव्येव पादावुर एव वेदिर्लोमानि बर्हिर्हृदयं गार्हपत्यो मनोऽन्वाहार्यपचन आस्यमाहवनीयः।२

पंचम प्रपाठक, खण्ड-१८

वैश्वानर आत्मा भिन्न-भिन्न, जानते रहे थे आप सभी!
यह कहें अश्वपति उन सबको, खा अन्न मात्र थे तृप्त तभी!
अन्नों जैसी ही तृप्ति मिले, 'प्रादेश' मात्र यदि हम जानें।
सब लोक-भूत-आत्मा सुख हो, सर्वत्र व्याप्त यदि हम मानें। १
वैश्वानर आत्मा का विराट्, सर्वत्र प्रकट देखो स्वरूप!
द्यौ तेजोमय इसका मूर्धा, आदित्य चक्षु है विश्व रूप!
आमाशय-जल ऐश्वर्य बना, हो मध्य भाग इस नभ स्वरूप!
भू पाद, यज्ञवेदी छाती, कुश से लोमश उसका स्वरूप!
हो 'अन्वाहार्यपचन' ही मन, यह हृदय 'गार्हपत्याग्नि' रूप!
मुख इसका 'आहवनीय' अग्नि, यह विश्वरूप है नर स्वरूप!
वैश्वानर आत्मा नर विराट्, ब्रह्माण्ड-पिण्ड में यज्ञ-रूप! २

[Chāndogya

Part Five, Section-18

You all knew differently, king Aśvapati stated,
And Vaiśvānara Self only partly meditated.
As if eating food you satisfied remained,
Partly and regionally meditating not gained.
Knowing it as all worlds and beings spreading,
Existing everywhere in all Souls pervading,
One has, so to say, the universal food tasted,
And one thereby in eternal bliss rested! 1
The Universal and Eternal Vaiśvānara behold!
The Colossal World Soul that all this does hold!
Its head is the heaven yonder illuminated,
The 'manifold sun' as the eye radiated!

पंचम प्रपाठक, खण्ड-१९

तद्यद्भक्तं प्रथममागच्छेत्तद्धोमीयं स यां प्रथमामाहुतिं जुहुयात्तां जुहुयात्प्राणाय स्वाहेति प्राणस्तृप्यति।१
प्राणे तृप्यति चक्षुस्तृप्यति चक्षुषि तृप्यत्यादित्यस्तृप्यत्यादित्ये तृप्यति द्यौस्तृप्यति दिवि तृप्यन्त्यां यत्किंच द्यौश्चादित्यश्चाधितिष्ठतस्तत्तृप्यति। तस्यानु तृप्तिं तृप्यति प्रजया पशुभिरन्नाद्येन तेजसा ब्रह्मवर्चसेनेति।२

पंचम प्रपाठक, खण्ड-१९ (भोजन के पाँच ग्रास)

वह प्रथम यज्ञ-आहुति माने, जो प्रथम ग्रास मुख में डाले।
यह प्राण तृप्त इससे जाने, 'स्वाहा प्राणाय' कहे खा ले! १
इस प्राण-तृप्ति से चक्षु तृप्त, ये चक्षु सूर्य को तृप्त करें।
द्यौ सूर्य जन्य, द्यौ द्वारा पुनि, रवि-द्यौ आश्रित सब तृप्ति वरें।
इस भांति उपासक पिण्ड-तृप्ति, ब्रह्माण्ड-तृप्ति विस्तार करें।
पशु प्रजा तेज औ भोग्य प्राप्त, वे ब्रह्मतेजयुत तृप्ति वरें। २

The 'Varied Courses' Air its Prāṇa related,
The 'infinite space' its trunk part stated!
The 'opulent-water' to its bladder conformed,
This 'earth-foundation' as its feet formed!
As the sacrificial altar its chest is presented,
The Yajña's Kuśa grass the hairs represented!
The house-fire is heart and the cooking-fire mind,
Yajña's sacred fire as the mouth illumined! 2

Part Five, Section-19 (The Five Morsels)

The food first received is the Yajña-oblation!
The first morsel taken is also first libation!
Saying 'Prāṇāya Svāhā' one to Prāṇa oblated,
Thus in the body this Prāṇa is satiated. 1
This Prāṇa satiated, the eye is gratified,
The eye in the body cosmic sun satisfied.
The sun contented, the heavens are pleased,
All depending on the sun and heavens appeased!
The satiation pervaded and all are contented,
Progressing from the body to cosmos it extended!
The meditator gains cattle, progenies and pleasures,
And the Brahma knower, contentment treasures! 2

पंचम प्रपाठक, खण्ड-२०

अथ यां द्वितीयां जुहुयात्तां जुहुयाद्व्यानाय स्वाहेति व्यानस्तृप्यति।१
व्याने तृप्यति श्रोत्रं तृप्यति श्रोत्रे तृप्यति चन्द्रमास्तृप्यति चन्द्रमसि
तृप्यति दिशस्तृप्यन्ति दिक्षु तृप्यन्तीषु यत्किंच दिशश्च
चन्द्रमाश्चाधितिष्ठन्ति तत् तृप्यति तस्यानु तृप्तिं तृप्यति प्रजया
पशुभिरन्नाद्येन तेजसा ब्रह्मवर्चसेनेति।२

पंचम प्रपाठक, खण्ड-२१

अथ यां तृतीयां जुहुयात्तां जुहुयादपानाय स्वाहेत्यपानस्तृप्यति।१

पंचम प्रपाठक, खण्ड-२०

समझे यज्ञाहुति, वह द्वितीय, दूसरा ग्रास जो वह खाये।
'स्वाहा व्यानाय' कहे अब वह, यह व्यान तृप्ति इससे पाये। १
इस व्यान तृप्ति से श्रोत्र तृप्त, ये श्रोत्र चन्द्र को तृप्त करें।
चन्द्रमा करे दिक् तृप्त तथा, दिक्-चन्द्र टिके सब तृप्ति वरें।
इस भांति उपासक पिण्ड-तृप्ति, ब्रह्माण्ड मध्य विस्तार करें।
पशु प्रजा तेज औ भोग प्राप्त, वे ब्रह्मतेज युत तृप्ति वरें। २

पंचम प्रपाठक, खण्ड-२१

समझे यज्ञाहुति वह तृतीय, तीसरा ग्रास जो मुंह डालें।
इससे अपान को तृप्ति मिले, कह 'अपानाय स्वाहा' खा ले! १

Part Five, Section-20

The second morsal taken is the second libation,
Saying Vyānāya Svāhā' one offers this oblation.
The vital air Vyāna is thereby satisfied,
Throughout the body it pervades gratified. 1
The Vyāna satiated, the ear is satisfied,
The ear in the body cosmic moon gratified.
The moon contented, the quarters are pleased,
All depending on moon and quarters appeased.
The satiation pervaded and all are contented,
Progressing from body to the cosmos it extended.
The meditator gains cattle, progenies and pleasures,
With ardour and wisdom, contentment treasures. 2

Part Five, Section-21

The third morsel like-wise is the third libation.
Saying Apānāya Svāhā one offers this oblation.
Thereby one's Apāna is fully satisfied,
This vital air thus functions gratified. 1

अपाने तृप्यति वाक्तृप्यति वाचि तृप्यन्त्यामग्निस्तृप्यत्यग्नौ तृप्यति पृथिवी तृप्यति पृथिव्यां तृप्यन्त्यां यत्किंच पृथिवी चाग्निश्चाधितिष्ठतस्तत्तृप्यति तस्यानु तृप्तिं तृप्यति प्रजया पशुभिरन्नाद्येन तेजसा ब्रह्मवर्चसेनेति।२

पंचम प्रपाठक, खण्ड-२२

अथ यां चतुर्थीं जुहुयात्तां जुहुयात्समानाय स्वाहेति समानस्तृप्यति।१

करता अपान फिर वाक् तृप्त, हो वाक् तृप्ति से पावक भी।
फिर अग्नि तृप्ति से पृथ्वी औ, पावक-भू आश्रित तृप्त सभी।
इस भाँति उपासक पिण्ड तृप्ति, ब्रह्माण्ड अखिल विस्तार करे।
पशु प्रजा तेज औ भोग्य प्राप्त, वह ब्रह्मतेज युत तृप्ति वरे। २

पंचम प्रपाठक, खण्ड-२२

समझे यज्ञाहुति वह चतुर्थ, मुंह में जो चौथा ग्रास रखे।
कह 'समानाय स्वाहा' खाये, इससे 'समान' यह तृप्ति चखे। १

Upaniṣad]

The Apāna contented, the speech is satisfied,
This speech in body cosmic fire gratified.
The fire thus contented the earth is pleased,
All depending on fire and earth are appeased.
The satisfaction pervaded and all are contented,
Progressing from body to the cosmos it extended.
The meditator gains cattle, progenies and pleasures,
With ardour and wisdom contentment treasures. 2

Part Five, Section-22

The fourth mouthful is the fourth such libation,
Saying Samānāya Svāhā one offers the oblation.
By doing this the Samāna is fully satisfied,
Thus the vital air Samāna functions gratified. 1
The Samāna being pleased the mind is satisfied.
The mind of this body cosmic cloud gratified.
The clouds being contented lightning is pleased,
All depending on clouds and lightning appeased.
The satisfaction pervaded and all are contented.
Progressing from body to the cosmos it extended.
The devotee gains cattle, progenies and pleasures,
With ardour and wisdom, contentment treasures. 2

समाने तृप्यति मनस्तृप्यति मनसि तृप्यति पर्जन्यस्तृप्यति पर्जन्ये
तृप्यति विद्युत्तृप्यति विद्युति तृप्यन्त्यां यत्किंच विद्युच्च
पर्जन्यश्चाधितिष्ठतस्तत्तृप्यति तस्यानु तृप्तिं प्रजया पशुभिरन्नाद्येन
तेजसा ब्रह्मवर्चसेनेति।२

पंचम प्रपाठक, खण्ड-२३

अथ यां पञ्चमीं जुहुयात्तां जुहुयादुदानाय स्वाहेत्युदानस्तृप्यति।१
उदाने तृप्यति त्वक् तृप्यति त्वचि तृप्यन्त्यां वायुस्तृप्यति वायौ
तृप्यत्याकाशस्तृप्यत्याकाशे तृप्यति यत्किंच वायुश्चाकाशश्चा-
धितिष्ठतस्तत्तृप्यति तस्यानु तृप्तिं तृप्यति प्रजया पशुभिरन्नाद्येन
तेजसा ब्रह्मवर्चसेनेति।२

करता 'समान' मन तृप्त पुनः, पर्जन्य मनस् से तृप्ति वरे।
फिर मेघ तृप्ति से तड़ित् तृप्त, सब तड़ित्-मेघ स्थित तृप्त करे।
इस भांति उपासक पिण्ड-तृप्ति, ब्रह्माण्ड सकल विस्तार करे।
पशु प्रजा तेज अन्नादि भोग, औ ब्रह्मतेजयुत तृप्ति वरे। २

पंचम प्रपाठक, खण्ड-२३

समझे यज्ञाहुति वह पंचम, पांचवां ग्रास मुख रखे जभी।
वह 'उदानाय स्वाहा' कह दे, इससे उदान हो तृप्त तभी। १
होती उदान से त्वचा तृप्त, यह त्वचा पवन को तृप्त करे।
जब वायु तृप्त, आकाश तुष्ट, सब तृप्त पवन-नभ टिके परे।
नर-पिण्ड तृप्ति को जो ऐसे, वैश्वानर औ ब्रह्माण्ड करे।
पशु प्रजा तेज अन्नादि भोग, औ ब्रह्मतेजयुत तृप्ति वरे। २

[Chāndogya

Part Five, Section-23

The fifth morsel is the Fifth Yajña oblation,
Saying Udānāya Svāhā' one offers this libation!
Thereby this Udāna is fully satisfied,
This vital air thus functions gratified. 1
The Udāna satiated the skin is satistied,
This skin of the body cosmic air gratified.
When the air is contented, the sky is pleased,
All depending on air and sky are appeased.
The satisfaction pervading, all are contented,
Spreading from body to universe it extended.
The person gains cattle, progenies and pleasures,
With ardour and wisdom, contentment treasures! 2

पंचम प्रपाठक, खण्ड-२४

स य इदमविद्वानग्निहोत्रं जुहोति यथाङ्गारानपोह्य भस्मनि जुहुयात्तादृक्तत्स्यात्।१
अथ य एतदेवं विद्वानग्नि होत्रं जुहोति तस्य सर्वेषु लोकेषु सर्वेषु भूतेषु
सर्वेष्वात्मसु हुतं भवति।२
तद्यथेषीकातूलमग्नौ प्रोतं प्रदूयेतैवं हास्य सर्वेपाप्मानः प्रदूयन्ते य एतदेवं
विद्वानग्निहोत्रं जुहोति।३
तस्मादु हैवं विद्यद्यपि चण्डालयोच्छिष्टं प्रयच्छेदात्मनि।
हैवास्य तद्वैश्वानरे हुतं स्यादिति। तदेष श्लोकः।४
यथेह क्षुधिता बाला मातरं पर्युपासते। एवं सर्वाणि
भूतान्यग्निहोत्रमुपासत इत्यग्निहोत्रमुपासत इति।५

पंचम प्रपाठक, खण्ड-२४

इसको न जानकर जो करता, यदि अग्निहोत्र में हवन-नमन।
वह हवन रहे ऐसा मानो, अंगार हँटा हो भस्म हवन! १
यदि मर्म जानकर इस प्रकार, वह अग्निहोत्र में करे हवन।
सब लोक भूत सर्वात्मा में, उसका होता यह सत्य सवन। २
सरकंडे पर की रुई तुरत, जल जाती आग पड़े जैसे।
यह जान करे जो अग्निहोत्र, सब पाप जलें उसके वैसे। ३
चाण्डाल जन्य उच्छिष्ट खाद्य, वह वैश्वानर-हुत ही माने।
यह जाने, भोजन यज्ञ-रूप, यह श्लोक कहा जो वह जाने। ४
भूखे बालक माँ को घेरें, त्यों अग्निहोत्र को घेर सकल।
करते उपासना भूत सतत, जीवन को करते यज्ञ सफल। ५

Part Five, section-24

Not knowing this, one who offers the oblation,
Removing the embers in ashes gives libation.
And who knowing this his oblation proffered,
To all worlds, beings and souls he offered. 1-2
One who knowing this Agnihotra performed,
And oblations to these above norms conformed,
All his sins are completely burned,
As the reed-furs in fire into the ashes turned. 3
The leftovers, defiled and the uncharitable,
Such food given also to a pariah-untouchable,
For a knower it is Vaiśvānara-Self libation,
On this a verse thus gives this citation. 4
As driven by hunger children flock together,
Clamouring for food they come to their mother,
All persons perform Sacred Fire meditation,
This life they view as a Yajña and oblation. 5

षष्ठ प्रपाठक, प्रथम खण्ड

ॐ श्वेतकेतुर्हाऽऽरुणेय आस। तं ह पितोवाच श्वेतकेतो वस
ब्रह्मचर्यम्। न वै सोम्यास्मत्कुलीनोऽननूच्य ब्रह्मबन्धुरिव भवतीति।१
स ह द्वादश वर्ष उपेत्य चतुर्विंशंतिवर्षः सर्वान्वेदानधीत्य महामना
अनूचानमानी स्तब्ध एयाय। तं ह पितोवाच श्वेतकेतो यन्नु
सोम्येदं महामना अनूचानमानी स्तब्धोऽस्युत तमादेशमप्राक्ष्यः।२

षष्ठ प्रपाठक, खण्ड-१ ('आदेश')

थे अरुण-वंशधर एक कभी, प्राचीन काल में श्वेतकेतु।
आश्रम जाओ यह कहें पिता, लो ब्रह्मचर्य तुम वास हेतु!
हे सोम्य मात्र जो ब्रह्म-बन्धु, कुल में न कभी भी हुआ कहीं।
जो ब्राह्मण का हो मात्र बन्धु, अध्ययन वेद का स्वयँ नहीं! १
चौबीस वर्ष का हो लौटा, बारह में वह गुरुकुल जाये।
सब वेद पढ़े, वेदज्ञ-सुधी, निज को माने, गर्वित आये!
फिर कहें पिता, हे श्वेतकेतु, तू महामना, वेदज्ञ सभी!
यह गर्व तुझे, तू यह बतला, गुरु से जाना 'आदेश' कभी? २

[Chāndogya

Part VI

Section-1 (Sacred Instruction)

In Aruṇa's clan a boy Śvetaketu was there,
His father said, son, now to celibacy adhere!
Going to a hermitage, as a celibate reside,
Acquiring full knowledge of Para Brahma abide!
So far in our clan none has been so stated,
Who is just a friend of the Brāhmaṇs related.
Without knowing Brahma or being educated! 1
And who has not been in the Vedas initiated,
At twelve years of age to his teacher he came,
Returning back when twenty four he became.
Having read all the Vedas and greatly conceited,
In arrogance himself very learned he treated.
His father said dear, you seem to be conceited,
Arrogantly you yourself very well read treated!
But have you enquired about 'Ādeśa' my son?
Did you from the teacher seek the secret Instruction?2

येनाश्रुतं श्रुतंभवत्यमतं मतमविज्ञातं विज्ञातमिति। कथं नु भगवः स आदेशो भवतीति।३

यथा सोम्यैकेन मृत्पिण्डेन सर्वं मृन्मयं विज्ञातं स्याद्वाचारम्भणं विकारो नामधेयं मृत्तिकेत्येव सत्यम्।४

यथा सोम्यैकेन लोहमणिना सर्वं लोहमयं विज्ञातं स्याद्वाचारम्भणं विकारो नामधेयं लोहमित्येव सत्यम्।५

यथा सोम्यैकेन नखनिकृन्तनेन सर्वं कार्ष्णायसं विज्ञातं स्याद्वाचारम्भणं विकारो नामधेयं कृष्णायसमित्येव सत्यमेवं सोम्य स आदेशो भवतीति।६

अश्रुत जिससे श्रुत हो जाता, जो 'अमत', बने वह 'मत' इससे।
'आदेश ' बता वह, अविज्ञात, विज्ञात रूप बनता जिससे!
भगवन जाना आदेश नहीं, तब श्वेतकेतु इस भाँति कहे।
अब आप मुझे यह बतलायें, कैसा यह गुरु-'आदेश' रहे! ३
मिट्टी का ढेला एक जान, मिट्टी निर्मित सब हम जानें।
सब नामधेय, मिट्टी-विकार, मृत्तिका सत्य केवल, मानें! ४
हम स्वर्णाभूषण एक जान, स्वर्णों से निर्मित सब जानें।
सब नामधेय, सोना-विकार, है स्वर्ण सत्य केवल, मानें! ५
हे सोम्य नहरनी एक जान, लोहा निर्मित सब कुछ जानें।
सब अलग-अलग हैं नाममात्र, लोहा विकार ही सत् मानें!
जैसे स्वरूप औ नाम छोड़, जो तत्त्व, मात्र वह सत्य रहे।
जिसमें विकार का नहीं स्थान, वैसा सत् यह 'आदेश' कहे। ६

Upaniṣad]

By this Instruction the unheard we can hear,
We conceive all that is unconceived here.
Also the unknown as the known we can know,
The son said, how is that, O Reverend do show! 3
Just as a clod made of clay has been shown,
Everything else odear, made of clay are known.
Being namesake different all are clay evolutes,
Only clay is the truth that all constitutes! 4
If an ornament crafted from gold is known,
O dear all that are made of gold too are shown.
Different only in names all are gold transformed,
Only gold is the truth that all these formed. 5
Knowing a nail-cutter all iron made are known,
Bearing different names, all of iron are shown.
Only the iron is true that all these created,
O dear, like that is the 'Instruction' I stated. 6

न वै नूनं भगवन्तस्त एतदवेदिषुर्यद्ध्येतदवेदिष्यन् कथं में नावक्ष्यन्निति।
भगवां स्त्वेव मे तद्ब्रवीत्विति। तथा सोम्येति होवाच।७

षष्ठ प्रपाठक, खण्ड-२

सदेव सोम्येदमग्र आसीदेकमेवाद्वितीयम्। तद्धैक आहुरसदेवेदमग्र
आसीदेकमेवाद्वितीयं तस्मादसतः सज्जायत।१
कुतस्तु खलु सोम्यैवं स्यादिति होवाच। कथमसतः सज्जायेतेति।
सत्त्वेव सोम्येदमग्र आसीदेक मेवाद्वितीयम्।२

अब श्वेतकेतु कहता, भगवन, गुरु जानें यह आदेश नहीं!
जानते अगर वे होते यह, क्यों नहीं बताते मुझे वहीं?
अतएव आप ही बतला दें, 'आदेश' गुह्य लूं आज जान।
फिर पिता कहें, ऐसा ही हो, बतलाता तुझको वही ज्ञान! ७

षष्ठ प्रपाठक, खण्ड-२ (सदेवेदमग्र आसीत् उपदेश)

पहले था केवल सत्-स्वरूप, हे सोम्य, एक वह, अद्वितीय!
कुछ कहें, असत् ही था पहले, था वही, नहीं कोई द्वितीय!
जब सृष्टि हुई प्रारम्भ सोम्य, यदि रहता केवल एक असत्।
फिर यही मानना पड़े हमें, वह असत् बाद में होता सत्! १
हे सोम्य, किन्तु यह हो कैसे, वह असत् भला हो सत् कैसे?
इसलिये एक वह अद्वितीय, सत् ही पहले, कहता जैसे! २

[Chāndogya

Śvetaketu said, the teacher might not have known,
Otherwise to me why he would not have shown?
O Reverend, you tell me what is that Instruction?
On this the father said, so be it my son! 7

Part IV, Section-2 (Truth or Existence alone)

In the Beginning, there was the Existence alone!
Without a second, it was Truth or Being, only one!
It was Non-Existence or Non Being, some stated,
One, without a second, which Truth-Being created! 1
But how indeed it could be possible my dear?
From Non-existence how Existence could appear!
Thus verily first there was the Existence alone,
Without a second, the Truth and the Being, Only One! 2

तदैक्षत बहु स्यां प्रजायेयेति। तत्तेजोऽसृजत। तत्तेज ऐक्षत बहु स्यां प्रजायेयेति।
तदपोऽसृजत। तस्माद्यत्र क्व च शोचति स्वेदते वा पुरुषस्तेजस एव तदध्यापोजायन्ते।३
ता आप ऐक्षन्त बह्व्यः स्याम प्रजायेमहीति। ता अन्नमसृजन्त। तस्माद्यत्र क्व च
वर्षति तदेव भूयिष्ठमन्नं भवत्यद्भ्य एव तदध्यन्नाद्यं जायते।४

षष्ठ प्रपाठक, खण्ड-३

तेषां खल्वेषां भूतानां त्रीण्येव बीजानि भवन्त्यण्डजं जीवजमुद्भिज्जमिति।१
सेयं देवतैक्षत हन्ताहमिमास्तिस्रो देवता अनेन जीवेनात्मनानुप्रविश्य नामरूपे
व्याकरवाणीति।२

उस सत्-चेतन ने इच्छा की, प्रज्जनन करूँ, होऊँ अनेक!
फिर तेज रचा जिसने सोचा, होने अनेक मैं रचूँ एक!
रचना जल की फिर तेज करे, हो तेज जन्य ही जल संभव।
इसलिये उष्ण होने पर ही, जल-स्वेद बून्द का हो उद्भव! ३
जल ने बहु प्रजनन इच्छा की, फिर वह रचता खाद्यान्न यही।
हो अन्न जहाँ वर्षा होती, उत्पन्न अन्न हो जल से ही। ४

षष्ठ प्रपाठक, खण्ड-३

ये भूत, तेज जल अन्न करें, इन तीन बीज का ही प्रसार।
इस भाँति बनें ये जीव तीन, अण्डज, जीवज उद्भिज प्रकार। १
इन तीन जीव-बीजों में मैं, जीवात्मा संग प्रवेश किये।
सत्-चेतन सोचे, विश्व रचूँ, विस्तार नाम औ रूप लिये। २

Upaniṣad]

The Sentient-Truth thought, I may be manifold!
It created fire and became many to behold.
From fire was water as in heat one perspired,
Thus the creation of water was fire inspired. 3
The water also thought, I may many manifest!
And it created the food at the Being's behest,
So when there are rains food-grains are grown,
Thus the food is produced by water, it is known. 4

Part VI, Section-3

The father then the three further elaborated,
Fire, water and food now three seeds created.
Two of them are egg-born and embryo-born stated,
The third is the flora or plant-life related. 1
I will enter into these the Being thus thought,
With the Living Self abiding in these He sought.
Thus all in the universe he would envelop,
And various names and forms could develop! 2

२..सां त्रिवृतं त्रिवृतमेकैकां करवाणीति। सेयं देवतेमास्तिस्रो देवता अनेनैव जीवेनात्मनानुप्रविश्य नामरूपे व्याकरोत्।३

तासां त्रिवृत त्रिवृतमेवैकैकामकरोद्यथा नु खलु सोम्येमास्तिस्रो देवतास्त्रिवृत्त्रिवृदेकैका भवति तन्मे विजानीहीति।४

षष्ठ प्रपाठक, खण्ड-४

यदग्ने रोहितं रूपं तेजसस्तद्रूपं यच्छुक्लं तदपां यत्कृष्णं तदन्नस्य। अपागादग्नेरग्नित्वं वाचारम्भणं विकारो नामधेयं त्रीणि रूपाणीत्येव सत्यम्।१

जल तेज अन्न देवों से ही, हों जीवज अण्डज उद्भिज भी।
सब तीन अंक से मण्डित हों, तीनों से आवृत करूँ सभी!
फिर सत्-चेतन ने तीनों में, जीवात्मा संग प्रवेश किया।
इस नाम रूप मय जगती को, यह पूर्ण रूप विस्तार दिया। ३
आवृत सब कुछ हों तीन बार, जल तेज अन्न औ वस्तु सभी।
कैसे आवृत ये तीन बार, तू जान सोम्य मुझसे यह भी! ४

षष्ठ प्रपाठक, खण्ड-४

जो लाल अग्नि में, तेज वही, है शुक्ल वर्ण, जल रूप वहाँ।
जो कृष्ण रूप वह अन्न यही, ये छोड़ अग्नि यह रहे कहाँ?
हम अग्नि नाम लेते जिसका, वह स्वयं नहीं हो वस्तु-तथ्य।
वह तेज अन्न जल का विकार, हैं वही तीन ही वस्तु सत्य। १

[Chāndogya

He thought to make all this three-fold here,
As fire, water and food and the three seeds there.
Entering life-forms with the Living Self appended,
A universe of names and forms He extended. 3
Manifesting the universe, he thrice enveloped,
The fire, water and food-elements developed.
With the three deities the life forms related,
I will tell you how these He thrice co-related. 4

Part VI, Section-4

The red in the fire as the fire-element know!
The white is water and black food-matters show.
Only name-sake is fire if the three are removed,
These three and not the evolute true proved! 1

यदादित्यस्य रोहितं रूपं तेजस्तद्रूपं यच्छकुलं तदपां यत्कृष्णं तदन्नस्य।
अपागादादित्यादादित्यत्वं वाचारम्भणं विकारो नामधेयं त्रीणि रूपाणीत्येव
सत्यम्।२
यच्चन्द्रमसो रोहितं रूपं तेजसस्तद्रूपं यच्छुक्लं तदपां यत्कृष्णं तदन्नस्य।
अपागाच्चन्द्राच्चन्द्रत्वं वाचारम्भणं विकारो नामधेयं त्रीणि रूपाणीत्येव
सत्यम्।३
यद्विद्युतो राहितं रूपं तेजसस्तद्रूपं यच्छुक्लं तदपां यत्कृष्णं तदन्नस्य।
अपागाद्विद्युतो विद्युत्त्वं वाचारम्भणं विकारो नामधेयं त्रीणि रूपाणीत्येव
सत्यम्।४
एतद्ध स्म वै तद्विद्वांस आहुः पूर्वे महाशाला महाश्रोत्रिया न नोऽद्य
कश्चनाश्रुतममतमविज्ञातमुदाहरिष्यतीति। ह्येभ्यो विदांचक्रुः।५

जो लाल सूर्य में, तेज वही, है शुक्ल रश्मि जल तत्त्व वहाँ।
जो कृष्ण रूप वह अन्न तत्त्व, ये छोड़ सूर्य यह रहे कहाँ?
हम सूर्य नाम लेते जिसका, वह स्वयं नहीं हो वस्तु-तथ्य।
वह तेज अन्न जल का विकार, हैं वही तीन ही वस्तु सत्य। २
है चन्द्र मध्य भी रक्त तेज, जल शुक्ल, कृष्ण हो अन्न वहाँ।
आवरण तीन ये अलग करें, फिर चन्द्र रूप यह रहे कहाँ?
हम चन्द्र नाम कहते जिसका, वह स्वयं नहीं हो वस्तु-तथ्य।
वह तेज अन्न जल का विकार, हैं वही तीन ही वस्तु सत्य। ३
विद्युत् में लाली तेज रूप, है शुक्ल ज्योति जल का स्वरूप।
जो कृष्ण रश्मि वह अन्न रूप, आवरण बिना क्या रहे रूप?
जिसका विद्युत् हम नाम कहें, वह स्वयँ नहीं हो वस्तु-तथ्य।
वह तेज अन्न जल का विकार, हों मात्र तीन ये वस्तु सत्य। ४

Upaniṣad]

The red in the sun as the fire-element know,
The white rays water and back ones food show!
The sun is name-sake if the three are removed,
It being evolute, the three only true proved.
The red in the moon as the fire-substance know!
The white is water, black food-matters show.
Name-sake is the moon if the three are removed,
The moon being evolute, these three true proved! 3
Again red in lightning, as fire-element know,
The white water and black all food-matters show!
The lightning is name-sake, if these are removed,
Lightning just results, the three true proved. 4

यदु रोहितमिवाभूदिति तेजसस्तद्रूपमिति तद्विदांचक्रुर्यदु शुक्लमिवा भूदित्यणां
रूपमिति तद्विदांचक्रुर्यदु कृष्णमिवाभूदित्यन्नस्य रूप मिति तद्विदांचक्रुः।६
यद्वविज्ञातमिवाभूदित्येतासामेव देवतानां समास इति तद्विदां चक्रुर्यथा नु
खलु सोम्येमास्तिस्रो देवताः पुरुषं प्राप्य त्रिवृत्त्रिवृदेकैका भवति तन्मे
विजानीहीति।७

षष्ठ प्रपाठक, खण्ड-५

अन्नमशितं त्रेधा विधीयते तस्य यः स्थविष्ठो धातुस्तत्पुरीषं भवति यो मध्यमस्तन्मांसं योऽणिष्ठस्तन्मनः।१

जो महाशाल श्रोत्रिय महान, वे पुरा काल में यह मानें।
वे कहें, आज से कोई भी, मत कहे, नहीं हम यह जानें!
कुछ भी अश्रुत या अमत नहीं, हो नहीं हमें कुछ अविज्ञात।
सब बने इन्हीं तीनों से ही, ये तीन जान सब हमें ज्ञात! ५
जो लाल दिखे, ले तेज जान, जो शुक्ल दीखता, जल जाने।
जो कुछ है दिखता कृष्ण वर्ण, वह अन्न-वस्तु उसको माने। ६
इन तीनों का समझे समास, जो अविज्ञात-सा लगे उसे।
इस पिण्ड-पुरुष में तीनों से, कैसे सब बनता सुनो इसे। ७

षष्ठ प्रपाठक, खण्ड-५ (त्रिविध रूपान्तर)

खाकर बँटता है त्रिविध अन्न, जो स्थूल तत्त्व वह बनता मल।
मध्यम जो हो वह मांस बने, जो सूक्ष्म तत्त्व, मन बने विमल। १

[Chāndogya-6-4

Great house-holders and wise of yore did relate,
A thing is unknown this none should now state!
Nor say, it is unheard or else unperceived,
By knowing these three one all else conceived! 5
They knew what was red, was of the form of fire,
Whatever was white, that in water it did attire.
If something was black, it was food-matter shown,
To them all objects were similarly known. 6
If anything totally unknown was shown,
As a combination of the three it was known!
Cosmically it was said, now know as I state,
How these three deities in bodies relate! 7

आपः पीतास्त्रेधा विधीयन्ते तासां यः स्थविष्ठो धातुस्तन्मूत्रं भवति यो मध्यमस्तल्लोहितं योऽणिष्ठः स प्राणः।२

तेजोऽशितं त्रेधा विधीयते तस्य यः स्थविष्ठो धातुस्तदस्थि भवति यो मध्यमः स मज्जा योऽणिष्ठः सा वाक्।३

अन्नमयं हि सोम्य मन आपोमयः प्राणस्तेजोमयी वागिति भूय एव मा भगवान्विज्ञापयत्विति तथा सोम्येति होवाच।४

षष्ठ प्रपाठक, खण्ड-६

दध्नः सोम्य मथ्यमानस्य योऽणिमा स ऊर्ध्वः समुदीषति तत्सर्पिर्भवति।१

जल भी पीकर हो तीन भाग, जो स्थूल तत्त्व हो मूत्र वही।
मध्यम लेता है रुधिर रूप, जो सूक्ष्म तत्त्व वह प्राण यही। २
तैजस-घी मक्खन तीन रूप, जो स्थूल तत्त्व वह अस्थि रूप।
मध्यम बन जाती है मज्जा, हो सूक्ष्म तत्त्व वाणी स्वरूप। ३
अन्नों से मन, यह तेज वाक्, जल प्राण बने तन में बहता।
फिर कहें, बोलता श्वेतकेतु, ऐसा ही हो, फिर यों कहता। ४

षष्ठ प्रपाठक, खण्ड-६

हे सोम्य, दही को जब मथते, जो सूक्ष्म अंश उसका छनता।
वह आ जाता सबसे ऊपर, है अंश वहीं मक्खन बनता। १

Part-VI, Section-5

The food when eaten is in three parts divided,
As the faeces the body gross portion avoided.
The middle elements in flesh transformed,
And from the subtle elements the mind is formed. 1
The water when taken is in three distributed,
The gross portion to this urine contributed.
The middle part is into blood transformed,
From the subtle portions the Prāṇa is formed. 2.
Butter and the like are three-fold digested,
Their gross portions as bone manifested.
The middle part as the bone-marrow transformed,
From the subtle portions the speech is formed. 3
Of food-matter dear, the mind thus consisted.
Water Prāṇa and fire as speech manifested.
Śvetaketu requested, father further explain!
His father replied, dear know it again! 4

एवमेव खलु सोम्यान्नस्याश्यमानस्य योऽणिमा
स ऊर्ध्वः समुदीषति तन्मनो भवति।२
अपां सोम्य पीयमानानां योऽणिमा स ऊर्ध्वः समुदीषति स प्राणो भवति।३
तेजसः सोम्याश्यमानस्य योऽणिमा स ऊर्ध्वः समुदीषति सा वाग्भवति।४
अन्नमयं हि सोम्य मन आपोमयः प्राणस्तेजोमयी वागिति भूय एव मा
भगवान्विज्ञापयत्विति तथा सोम्येति होवाच।५

इस भाँति अन्न भी जब खायें, जो सूक्ष्म अंश निकले उसका।
वह उठ जाये सबसे ऊपर, वह अंश रूप ले इस मन का। २
ऐसे ही जल भी जब पीयें, उसका जो होता सूक्ष्म रूप।
वह उठ जाये सबसे ऊपर, लेता वह प्राणों का स्वरूप। ३
घृत-मक्खन भी वैसा ही हो, जो सूक्ष्म अंश इनसे निःसृत।
खाने पर सबसे ऊपर आ, वाणी बनकर होता प्रगटित। ४
आपोमय प्राण, अन्न मय मन, यह वाणी तेजोमयी मान!
समझायें फिर इसको भगवन, फिर सुनो सोम्य, लो इसे जान! ५

[Chāndogya

Part-VI, Section-6

When in the curd a churning is performed,
A portion of it the upper layer formed.
That portion is subtle in this way obtained,
That is the butter-essence ascertained. 1
In the same way dear, this body performed.
The food when eaten a subtle part formed.
The subtle elements then upwards come,
And they eventually the mind become. 2
Similar is the case with water my dear!
To it also subtle elements do adhere.
When water is taken these upward ascended,
The subtle elements as Prāṇa transcended. 3
The butter and the like are alike my dear!
To these also subtle elements do adhere.
When taken these subtle parts upwards come,
And the subtle elements this speech become! 4
O dear, this mind consists of food-matter,
The speech is from fire and Prāṇa from the water.
Śvetaketu requested father further explain!
His father replied, dear know it again! 5

षष्ठ प्रपाठक, खण्ड-७

षोडशकलः सोम्य पुरुषः पञ्चदशाहानि माऽशीः काममपः पिबापोमयः प्राणो न पिबतो विच्छेत्स्यत इति।१

स ह पञ्चदशाहानि नाऽऽशाथ हैनमुपससाद। किं ब्रवीमि भो इत्यृचः सोम्य यजूंषि सामानीति स होवाच। न वै मा प्रतिभांति भो इति।२

तं होवाच यथा सोम्य महतोऽभ्याहितस्यैकोऽङ्गारः खद्योतमात्रः परिशिष्टः स्योत्तेन ततोऽपि न बहु दहेदेवं सोम्य ते षोडशानां कलानामेका कलाऽतिशिष्टा स्यात्तयैतर्हि वेदान्नानुभवस्यशान।३

षष्ठ प्रपाठक, खण्ड-७

यह पुरुष कला-षोड़श युत है, जलमय यह प्राण सभी सहता।
पन्द्रह दिन भोजन नहीं करें, जल पर ही प्राण टिका रहता। १
फिर श्वेतकेतु उपवास करे, पन्द्रह दिन रहा नहीं खाकर।
बतलायें अब क्या करूँ और, वह बोला पिता निकट आकर।
हे सोम्य, सुनाओ ऋक् यजु के, औ साम मन्त्र जो स्मरण तुझे!
वे स्मरण नहीं पड़ते मुझको, हे पिता, सूझते नहीं मुझे! २
हे सोम्य प्रज्ज्वलित अग्नि बाद, यदि बचे एक अंगार कहीं।
खद्योत मात्र चिनगारी वह, सुलगा सकती है ढेर नहीं!
हे सोम्य षोडशो में से अब, है बची एक ही कला तुझे!
इसलिये वेद हैं नहीं स्मरण, अब खा आओ फिर कहो मुझे! ३

Part VI, Section-7

The man consisted of sixteen parts my dear!
This Prāṇa consisting of water does adhere.
If you drinking water for fifteen days fasted,
Not dying due to water the Prāna still lasted. 1
Having so fasted Śvetaketu thus related,
What else should I do and his father then stated.
Recite now the Rg, Yaju and Sāma hymns dear!
He said, Sire, I do not recollect them clear! 2
After fire if there is a fire-fly like amber,
Just that can not kindle a great heap of timber!
With one part in sixteen, you memory not regain,
Now go take some food and come to me again! 3

अथ मे विज्ञास्यसीति स हाशाथ हैनमुपससाद।
तं ह यत्किंच पप्रच्छ सर्वं ह प्रतिपेदे।४
तं होवाच यथा सोम्य महतोऽभ्याहितस्यैकमंगारं खद्योतमात्रं
परिशिष्टं तं तृणैरुपसमाधाय प्राज्वलयेत्तेन ततोऽपि बहु दहेत्।५
एवं सोम्य ते षोडशानां कलानामेका कलाऽतिशिष्टाभूत्साऽन्नेनोप समाहिता
प्रज्वालीत्तयैतर्हि वेदाननुभवस्यन्नमयं हि सोम्य मन आपोमयः प्राणस्तेजोमयी
वागिति तद्धास्य विजज्ञाविति विजज्ञाविति।६

खाकर आया वह पिता निकट, बोलें, समझोगे अब मुझको!
फिर जो कुछ करते पिता प्रश्न, वह उत्तर सबके दे उनको। ४
अवशिष्ट प्रज्ज्वलित अग्नि बाद, खद्योत मात्र चिनगारी ही।
तृण से कर लें प्रज्ज्वलित अगर, सुलगा सकती है ढेर वही! ५
हे सोम्य षोड़शों में से जो, वच रही कला थी एक तुझे।
अन्नों से हो प्रज्ज्वलित वही, हों स्मरण वेद जो कहा मुझे।
आपोमय प्राण, अन्नमय मन, यह वाणी तेजोमयी मान!
इस भाँति इसे सुन श्वेतकेतु, यह समझ गया, सब गया जान। ६

[Chāndogya-6-7

Śvetaketu taking food to his father reported,
Father said, now you know what I had purported!
Whatever now the father enquired from his son,
He answered all to father's full satisfaction! 4
After a great fire had burnt out some where,
Leaving just an amber like a fire-fly there,
And if it is kindled with twigs in its turn,
A great heap of timber it surely can burn! 5
Of sixteen parts dear that you had maintained,
Only one in your person had then remained.
Kindled by food again that part ignited,
And recollecting the Vedas, hymns you recited!
Thus dear, the mind consisted of food-matter,
This Prāṇa like-wise consisted of water.
The speech in the same way, is full of fire,
Śvetaketu said hearing, I know now my Sire! 6

षष्ठ प्रपाठक, खण्ड-८

उद्दालको हाऽऽरुणिः श्वेतकेतुं पुत्रमुवाच स्वप्नान्तं मे सोम्य विजानीहीति। यत्रैतत्पुरुषः स्वपिति नाम सता सोम्य तदा संपन्नो भवति स्वमपीतो भवति तस्मादेनं स्वपितीत्याचक्षते स्वं ह्यपीतो भवति।१

स यथा शकुनिः सूत्रेण प्रबद्धो दिशं दिशं पतित्वान्यत्रायतनमलब्ध्वा बन्धनमेवोपश्रयत एवमेव खलु सोम्य तन्मनो दिशं दिशं पतित्वान्यत्रायतनमलब्ध्वा प्राणमेवोपश्रयते प्राणबन्धनं हि सोम्य मन इति।२

अशनापिपासे मे सोम्य विजानीहीति। यत्रैतत्पुरुषोऽशिशिषति नामाप एव तदशितं नयन्ते। तद्यथागोनायोऽश्वनायः पुरुषनाय इत्येवं तदप

षष्ठ प्रपाठक, खण्ड-८ (तत्त्वमसि, खण्ड ८ से १६)

फिर श्वेतकेतु को कहें पिता, उद्दालक-आरुणि, सोम्य जान!
स्वप्नान्त जिसे कहते सुषुप्ति, सत्-ब्रह्म मिले, वह स्वपिति मान!
अपने 'स्व'-रूप को जा पहुँचे, उसका यथार्थ जो रहे रूप।
अपनेपन में हो, स्वपिति कहें, ऐसा सुषुप्ति का हो स्वरूप। १
चहुँ दिश उड़-उड़कर डोर बंधी, चिड़िया लौटे पा ठौर नहीं।
आकर पाती है ठौर वही, जिस सूत्र बंधी हो पुनः वहीं।
यह मन भी वैसे ही दिक्-दिक्, उड़ता पर पाये ठौर नहीं।
यह प्राण डोर जब हो सुषुप्ति, मन बंधा प्राण से रहे यहीं। २

Part VI Section-8 (That Thou Art, Sec. 8-16)

Śvetaketu, now know the true nature of sleep!
What do we mean saying one is sleeping deep?
He has gone to his own self, to Truth and Being!
And is one with the pure Self for the time being! 1
As a string-tied bird first flies all around,
And finding no place rests where it is bound,
So also this mind strays here and there,
And finding no place to the Prāṇa does adhere!
In deep sleep the Prāṇa is the peg of this mind,
The tent pin or stake which the Jīva does bind.
When the embodied Self a deep sleep attained,
To its ownself gone, its true Self obtained. 2

आचक्षतेऽशनायेति। तत्रैतच्छुङ्गमुत्पतितं सोम्य विजानीहि नेदममूलं भविष्यतीति॥३

तस्य क्व मूलं स्यादन्यत्रान्नादेवमेव खलु सोम्यान्नेन शुङ्गेनापो मूलमन्विच्छाद्भिः सोम्य शुङ्गेन तेजो मूलमन्विच्छ। तेजसा सोम्य शुङ्गेन सन्मूलमन्विच्छ। सन्मूलाः सोम्येमाः सर्वाः प्रजाः सदायतनाः सत्प्रतिष्ठाः॥४

अथ यत्रैतत्पुरुषः पिपासति नाम तेज एव तत्पीतं नयते। तद्यथा गोनायोऽश्वनायः पुरुषनाय इत्येवं तत्तेज आचष्ट उदन्येति। तत्रैतदेव शुङ्गमुत्पतितं सोम्य विजानीहि नेदममूलं भवष्यितीति॥५

अब भूख-प्यास का तत्त्व जान, जब कहें, पुरुष भूखा है यह।
जल ले जा रहा यही समझो, जो कुछ खाया, तब भूखा वह।
'अश' भोजन, जल 'अशनाय' कहें, ले जाने वाला रहे 'नाय'।
जैसे ग्वाले 'गोनाय' रहें, ज्यों 'अश्वनाय' औ पुरुषनाय'।
जल पहुँचाता तन मध्य अन्न, तन-अंकुर हो उत्पन्न तभी।
हे सोम्य, करें अब यह विचार, अंकुर क्या बिना मूल के भी? ३
यह अन्न छोड़ तन-मूल कौन, जल मूल अन्न-अंकुर वैसे।
हो तेज मूल जल-अंकुर का, सत् मूल तेज-अंकुर जैसे।

[Chāndogya-6-8

What one has eaten, water leads away all there,
And hungry is one, know hunger and thirst dear!
As cattle, horses and men all have a leader,
The water leading food is the body's feeder!
When required, water the food-matters brought.
Know that this body then springs as a sprout.
Does not this body-sprout have a base dear?
Surely it can not be without a root there! 3
And what else other than the food can be root?
As the water is the root the food is the shoot.
The water shoot also from the fire did sprout,
And fire-energy also its own root sought.
The Truth fosters strength to the fire, root being,
All beings O dear, have roots in the the Being!
The Truth and Existence is Abode of Creation,
And the Supreme Being is All Foundation! 4
When water which is taken is led away by fire,
We say one is thirsty and water does require.

तस्य क्व मूलं स्यादन्यत्राद्भ्योऽद्भिः सोम्य शुङ्गेन तेजो मूलमन्विच्छ। तेजसा सोम्य शुङ्गेन सन्मूलमन्विच्छ। सन्मूलाः सोम्येमाः सर्वाः प्रजाः सदायतनाः सत्प्रतिष्ठाः। यथा नु खलु सोम्येमास्तिस्रो देवताः पुरुषं प्राप्य त्रिवृत्त्रिवृदेकैका भवति तदुक्तं पुरस्तादव। भवत्यस्य सोम्य पुरुषस्य प्रयतो वाङ्मनसि संपद्यते मनः प्राणे प्राणस्तेजसि तेजः परस्यां देवतायाम्।६

यह प्राणि जगत् सम्पूर्ण सोम्य, अंकुर है सत् ही मूल रूप!
सत् जगत्-'प्रतिष्ठा' रूप रहे, 'आयतन' जगत् का सत् स्वरूप! ४
ले जाये तेज, पिया जो कुछ, जब कहें पुरुष कोई प्यासा।
यह अग्नि सुखाती है जल को, इसलिये मनुज होता ऐसा।
जल 'उदक' तेज हो उद्क-नाय, ले जाने वाला रहे नाय।
जैसे ग्वाले गोनाय रहें, ज्यों अश्वनाय औ पुरुष नाय।
दे तेज सुखा, फिर जल पीयें, तन-अंकुर हो उत्पन्न तभी।
हे सोम्य, करें फिर यह विचार, अंकुर क्या बिना मूल के भी?५
जल छोड़ देह का मूल कौन, हो तेज मूल जल-अंकुर का।
तेजांकुर का सत् मूल रहे, हे सोम्य मूल सत् ही सबका!
यह प्राणि-जगत् सम्पूर्ण सोम्य, अंकुर है, सत् ही मूल रूप।
सत् जगत्-'प्रतिष्ठा' रूप रहे, 'आयतन' जगत् का सत्-स्वरूप।
ये तीन देव ही पुरुष रचें, जल, अन्न, तेज सत् से विकसित।
जैसा पहले भी बतलाया, सब कुछ इन तीनों से निःसृत।
विपरीत किन्तु क्रम मृत्यु काल, वाणी मन में, मन प्राणलीन।
यह प्राण तेज में, तेज पुनः उस परम देव सत् में विलीन! ६

Upaniṣad]

Leading water the fire is water-leader stated,
As cattle, horse and men leaders have names related.
When fire has led away the water it had brought,
One drinks more of it for this body to sprout.
Now, does not this body-sprout have a root dear?
Verily it can not be without a base there! 5
And what else other than the water can be root?
As the fire is the root the water is off-shoot.
Now fire-energy also it own root needed,
And by the Truth and Being the fire was seeded!
Thus the fire and energy have Truth as the force.
All creatures O dear have that root and source!
The Truth and Existence is the Abode of creation,
And the Supreme Being is All Foundation!

स य एषोऽणिमैतदात्म्यमिदं सर्वं तत्सत्यं स आत्मा तत्त्वमसि श्वेतकेतो
इति। भूय एव मा भगवान् विज्ञापयत्विति। तथा सोम्येति होवाच॥७

षष्ठ प्रपाठक, खण्ड-९

यथा सोम्य मधु मधुकृतो निस्तिष्ठन्ति नानात्ययानां वृक्षाणां
रसान्समबहारमेकतां रसं गमयन्ति॥१

अणु-सूक्ष्म तत्त्व, वह सत् आत्मा, यह सब उसका तन, सत्य वही।
तू सत्य तत्त्व, तू ही वह है, हे सोम्य 'तत्त्वमसि', तथ्य यही!
हे श्वेतकेतु तुम सत् स्वरूप, आत्मा ही वह सत् तत्त्व रहे।
भगवन इसको फिर समझायें, फिर पिता उसे इस भाँति कहे। ७

षष्ठ प्रपाठक, खण्ड-९

नाना फल-वृक्षों के रस ले, हे सोम्य, भ्रमर समरूप करें।
इन विविध रसों को एक रूप, वे छत्ते में मधु रूप भरें। १

[Chāndogya

O dear, as I have thus already related
Food water and fire from the Truth emanated.
In creating the beings these deities take part
But the process is reversed when beings depart.
The speech of a person merges in his mind,
Merging in the Prāṇa mind follows behind.
The Prāṇa itself to the mettle migrated,
Merging in the Truth the ardour emigrated. 6
That which is subtle, pervades all here.
That is the Truth and the Great Soul there.
That element you are and That Thou, Art!
You are the Self, Truth and Being's part!
Your Soul is the Truth, not body or the senses,
Śvetaketu, you are that Self in essences!
Śvetaketu requested, Sire make it more clear!
His father then replied, So be it my dear! 7

Part-VI, Section-9

My dear, this honey is produced by the bees.
They collect the juices of various fruit-trees.
They all those sweet saps to one form reduce,
Thus it is the honey-essence they produce. 1

ते यथा तत्र न विवेकं लभन्तेऽमुष्याहं वृक्षस्य रसोऽस्म्यमुष्याहं
वृक्षस्य रसोऽस्मीत्येवमेव खलु सोम्येमाः सर्वाः प्रजाः सति संपद्य
न विदुः सति संपद्यामह इति।२
त इह व्याघ्रो वा सिंहो वा वृको वा वराहो वा कीटो वा पतङ्गो
वा दंशो वा मशको वा यद्यद्भवन्ति तदा भवन्ति।३
स य एषोऽणिमैतदात्म्यमिदं सर्वं तत्सत्यं स आत्मा तत्त्वमसि
श्वेतकेतो इति। भूय एव मा भगवान् विज्ञापयत्विति। तथा
सोम्येति होवाच।४

रस इसी वृक्ष का हूँ अथवा, उस अमुक वृक्ष का ही रस हूँ!
छत्ते में जा इसका विवेक, रस नहीं करें, मैं यही कहूँ!
हे सोम्य सभी प्राणी लेकिन, सत् में वे जा पहुँचें जब भी।
सत् में सचमुच हम आ पहुंचे, हे हन्त, जानते नहीं कभी! २
वे व्याघ्र सिंह भेड़िया कीट, भालू पतंग या मशक दंश!
जो यहाँ वही वे वहाँ, हाय, रस-सा खोयें वे नहीं वंश! ३
वह सत् अणिमा, सर्वत्र व्याप्त, आत्मा है वह, है सत्-स्वरूप!
वह सत्त्व तुम्हीं, तू सत्य तत्त्व, हे सोम्य 'तत्त्वमसि' सत्य-रूप!
हे श्वेतकेतु, आत्मा सत् है, तुम सत्-स्वरूप, तुम तत्त्व वही!
भगवन यह फिर से बतलायें, फिर कहें पिता मैं कहूँ यही! ४

Upaniṣad]

The saps can not say after honey they become,
Whether from this or that tree they come!
But united with the Being the beings are unaware,
That the Truth they attained or where they were! 2
The beings, what they were, become that again.
A tiger, a lion or an wolf form they gain.
Or again they become a bear, worm or fly,
Or else as the gnat or mosquito multiply!
Alas like the saps in the honey they thought!
And merging with the Truth unity they sought!
Realizing they one with the Being become!
And never return from where they come! 3
That Truth is very subtle, but pervades all here!
The Ultimate Reality and the World Soul there!
You are that element and That you are!
You are that Self and Existence on a par!

षष्ठ प्रपाठक, खण्ड-१०

इमाः सोम्य नद्यः पुरस्तात्प्राच्यः स्यन्दते पश्चात्प्रतीच्यस्ताः
समुद्रात्समुद्रमेवापियन्ति, समुद्र एव भवन्ति ता यथा तत्र न
विदुरियमहमस्मीयमहमस्मीति।१
एवमेव खलु सोम्येमाः सर्वाः प्रजाः सत आगम्य न विदुः सत आगच्छामह
इति। त इह व्याघ्रो वा सिंहो वा वृको वा वराहो वा कीटो वा पतङ्गो
वा दंशो वा मशको वा यद्यद्भवन्ति तदा भवन्ति।२
स य एषोऽणिमैतदात्म्यमिदं सर्वं तत्सत्यं स आत्मा तत्त्वमसि श्वेतकेतो
इति। भूय एव मा भगवान् विज्ञापयत्विति। तथा सोम्येति होवाच।३

जो नदी पूर्व की, पूर्व बहे, पश्चिम की पश्चिम में बहतीं।
सागर-जल ही सागर जाये, नदियाँ सागर बनकर रहतीं!
सागर में मिलकर उन्हें सोम्य, अपना रहता कुछ नहीं भान।
मैं अमुक नदी हूँ, अमुक नदी, इसका रहता कुछ नहीं ज्ञान! १
हे सोम्य, सभी प्राणी लेकिन, सत् से ही उद्भव हो जिनका।
वे नहीं जानते कभी हन्त, सत् से ही उद्गम हो उनका!
वे व्याघ्र सिंह भेड़िया कीट, भालू पतंग या मशक दंश।
जो रहें यहाँ वे वही वहाँ, सरिता-सा भूलें नहीं वंश। २
सर्वत्र व्याप्त सत्-तत्त्व वही, वह अणु-प्रमाण है विश्वात्मा।
तुम सत्-स्वरूप, तुम तत्त्व वही, हे सोम्य तत्त्वमसि, तुम आत्मा!
हे श्वेतकेतु, वह तुम ही हो, तुम सत्, आत्मा ही तत्त्व रहे।
भगवन यह फिर से समझायें, फिर पिता उसे इस भाँति कहे। ३

[Chāndogya

You are that Śvetaketu, theSelf and Intelligence!
You are not a body but the Truth and essence!
Śvetaketu requested, Sire make it more clear!
His father replied, so be it my dear! 4

Part-VI, Secion-10

The east rivers east and western west surged,
From sea to sea going, in the sea itself merged.
Then, I am this river or that, they not know,
United with the ocean they one only show! 1
All these beings from the Truth originated,
But they know not that they from it emanated!
Alas like rivers they also had thought,
And merging with the Being unity had sought!
What they were before, they become that again
As a tiger, a lion or an wolf they remain.
Or once again they are a bear, worm or fly,
Or again as a gnat or mosquito multiply! 2

षष्ठ प्रपाठक, खण्ड-११

अस्य सोम्य महतो वृक्षस्य यो मूलेऽभ्याहन्याज्जीवन् स्रवेद्यो मध्येऽभ्याहन्याज्जीवन्स्रवेद्योऽग्रेऽभ्याहन्याज्जीवन्स्रवेत्स एष जीवेनात्मनानुप्रभूतः पेपीयमानो मोदमानस्तिष्ठति।१

अस्य यदेकां शाखां जीवो जहात्यथ सा शुष्यति, द्वितीयां जहात्यथ सा शुष्यति, तृतीयां जहात्यथ सा शुष्यति, सर्वं जहाति सर्वः शुष्यत्येवमेव खलु सोम्य विद्धीति होवाच।२

षष्ठ प्रपाठक, खण्ड-११

जड़ में प्रहार हो, रस बहता, पर बृहत् वृक्ष जीवित रहता।
होता प्रहार यदि मध्य भाग, रस बहे, वृक्ष फिर भी सहता।
चोटी पर करते चोट अगर, वह जीये, यद्यपि रस बहता।
जीवन रस हो पर्याप्त व्याप्त, रस पीये, हरा-भरा रहता। १
जब प्राण एक शाखा छोड़े, वह डाली जाये सूख तभी।
दूसरी तजे, वह जाय सूख, सूखती तीसरी शाखा भी।
जब जीव सभी शाखा छोड़े, सम्पूर्ण वृक्ष निष्प्राण जान!
हे श्वेतकेतु तू इसी भाँति, मानव शरीर का मर्म मान! २

That which is subtle, fills all that is here!
That is the Truth and the World Soul there!
You are that element and That Thou Art!
You belong to that Self and are Being's part!
Your Self is that Truth, not the body or senses,
Śvetaketu, you are that Self in essences!
Śvetaketu requested, Sire make it more clear!
His father then replied, so be it my dear! 3

Part VI, Section-11

Root-striken and bleeding, a big tree survives.
Striken at the middle, though bleeding, it revives.
It also lives dear, when top-striken and bleeding,
Its own Self sustains it through the sap-feeding. 1
Its one branch withers, if from it the Self parted.
The second and third dries, if from them it departed.
The whole tree dies when the Living Self deserted,
Even so in humans the Self so asserted! 2

जीवापेतं वाव किलेदं म्रियते न जीवो म्रियत इति। स य
एषोऽणिमैतदात्म्यमिदं सर्वं तत्सत्यं स आत्मा तत्त्वमसि श्वेतकेतो इति।
भूय एव मा भगवान् विज्ञापयत्विति। तथा सोम्येति होवाच।३

षष्ठ प्रपाठक, खण्ड-१२

न्यग्रोधफलमत आहरेतीदं भगव इति। भिन्धीति। भिन्नं भगव इति।
किमत्र पश्यसीत्यण्व्य इवेमाधाना भगव इत्यासामङ्गैकां भिन्दद्धीति। भिन्ना
भगव इति। किमत्र पश्यसीति। न किंचन भगव इति।१
तं होवाच यं वै सोम्यैतमणिमानं न निभालयस एतस्य वै सोम्यैषोऽणिम्न
एवं महान् न्यग्रोधस्तिष्ठिति। श्रद्धत्स्व सोम्येति।२

तन तजकर मरता जीव नहीं, मरता है केवल यह तन ही।
वह सूक्ष्म, जगत् उसका शरीर, वह आत्मा, तू है तत्त्व वही।
वह सत्य, 'तत्त्वमसि', वह तुम हो, तेरा आत्मा सत्-तत्त्व यही।
हे पिता, पुनः यह समझायें, फिर कहें पिता, हो ऐसा ही! ३

षष्ठ प्रपाठक, खण्ड-१२

फिर कहें पिता, बट फल लाओ, लाया, तोड़ो, तोड़ा इसको!
इसमें क्या दिखते हैं तुझको, छोटे दाने दिखते मुझको!
इन दानों में से एक तोड़, भगवन मैंने तोड़ा इसको!
इसमें क्या तुझको दीख रहा, कुछ नहीं दिखे इसमें मुझको! १
दीखता नहीं अणु-रूप सोम्य, जो अणु, कहते 'कुछ नहीं' वही!
होता महान बट वृक्ष सोम्य, श्रद्धा कर इसपर, सत्य यही। २

[Chāndogya

This body only dies not the Self as one died,
Departing the Self with the World Soul tied.
That subtle Self pervading is theTruth and Existence,
You are that element and that Self in essence!
Know Śvetaketu the Self that really you are!
Your Self is the Truth with that Self on a par!
Śvetaketu requested, father further explain!
His father replied, dear know it again! 3

Part-VI, Section-12

Son bring a Banyan fruit and break it apart!
Asked by his father Śvetaketu did the part!
What do you see son, small grains I perceive!
Now break one and see, there is nothing I believe! 1

स य एषोऽणिमैतदात्म्यमिदं सर्वं तत्सत्यं स आत्मा तत्त्वमसि श्वेतकेतो
इति। भूय एव मा विज्ञापयत्विति। तथा सोम्येति होवाच।३

षष्ठ प्रपाठक, खण्ड-१३

लवणमेतदुदकेऽवधायाथ मा प्रातरुपसीदथा इति। स ह तथा चकार। तं
होवाच यद्दोषा लवणमुदकेऽवाधा अङ्ग तदाहरेति। तद्धावमृश्य न विवेद।१
यथा विलीन मेवाङ्गास्यान्तादाचामेति। कथमिति। लवणमिति।
मध्यादाचामेति। कथमिति। लवणमित्यन्तादाचामेति। कथमिति।

वह सूक्ष्म, जगत् उसका शरीर, आत्मा है वह, है सत्-स्वरूप।
हे सोम्य 'तत्त्वमसि' वह तुम हो, तुम सत्, तुम आत्मा, तत्त्व रूप!
हे श्वेतकेतु आत्मा सत् है, तू आत्म-तत्त्व, तू सत्य वही!
भगवन, फिर से यह समझायें, फिर पिता कहें, हो ऐसा ही! ३

षष्ठ प्रपाठक, खण्ड-१३

यह जल ले आना तुम प्रातः, यह लवण-खण्ड दे मिला यहीं।
लाया, लाओ जो रखा लवण, खोजा, जल में वह मिला नहीं! १
वह लवण उदक में लीन सोम्य, ऊपर आचमन करो, कैसा?
यह लवण, आचमन मध्य करो, कैसा, लगता लवणों जैसा!

The father said, you say you nothing visualize!
Only seeing not the subtle you do not realize!
By that subtle essence the big tree does stand!
Have faith on it dear and truth understand! 2
All this is the body of that Being and Existence,
Which is the Great Self though subtle and essence!
That surely is the Truth as verily you are,
You are that element with the self on a par!
Your own Self is the Truth and That Thou Art!
You belong to the Being and remain its part.
Śvetaketu repeated, Sire make it more clear!
His father said, well, so be it my dear! 3

Part VI Section-13

Put this salt-piece in water and come tomorrow!
Śvetaketu doing so reported on the morrow.
His father now asked, bring that salt-piece here!
Śvetaketu looked vainly, the salt was not there! 1

लवणमित्यभिप्रास्यैतदथ मोपसीदथा इति। तद्ध तथा चकार। तच्छ-
श्वत्संवर्तते। तं होवाचात्र वाव किल सत्सोम्य न निभालयसेऽत्रैव किलेति।२
स य एषोऽणिमैतदात्म्यमिदं सर्वं तत्सत्यं स आत्मा तत्त्वमसि श्वेतकेतो
इति। भूय एव मा भगवान् विज्ञापयत्विति। तथा सोम्येति होवाच।३

षष्ठ प्रपाठक, खण्ड-१४

यथा सोम्य पुरुषं गन्धारेभ्योऽभिनद्धाक्षमानीय तं ततोऽतिजने विसृजेत्स
यथा तत्र प्राङ्वोदङ्वाऽधराङ्वा प्रत्यङ्वा प्रध्मायीताभिनद्धाक्ष
आनीतोऽभिनद्धाक्षो विसृष्टः।१

नीचे से भी आचमन करो, कैसा है यह, लवणों जैसा!
अब चखकर देखो सभी, चखे, कहता, सब लवण रहे वैसा!
अब कहें पिता, वैसा ही सत्, जिससे निकली है पूर्ण सृष्टि।
वह यहीं रहे, निश्चय वह है, यद्यपि जाती है नहीं दृष्टि! २
अणु-सूक्ष्म वही जो विश्व व्याप्त, वह सत्य तथा आत्मा स्वरूप!
हे सोम्य 'तत्त्वमसि' वह तुम हो, तुम वही तत्त्व हो सत्य रूप!
तन नहीं, तत्त्व आत्मा ही है, हे श्वेतकेतु तू तत्त्व वही!
यह समझायें फिर से भगवन, वे कहें सोम्य मैं कहूँ यही! ३

षष्ठ प्रपाठक, खण्ड-१४

गांधार देश का कोई हो, निर्जन स्थल में उसको लाकर।
आँखें बाँधे दें छोड़ सोम्य, वह दिशा गुंजाये चिल्लाकर।

[Chāndogya-6-13

Dissolved in the water the salt does not show,
Only after tasting it a person can know.
Tasting from the top, middle and bottom now tell!
Sire, everwhere there is the salt mixed well!
His father now stated, it is so with Creation!
The Truth that created, is present there son!
Though that Pure Self you can not preceive,
Verily it is there as one can conceive! 2
That which is very subtle pervades all here!
That is the Truth and the World Soul there.
You are that element and That you are!
That Self and your own Self are both on a par!
Your Self is the Truth, not the body or the senses,
You are That Śvetaketu in all essences!
Śvetaketu requested, sire make it more clear!
His father replied, so be it surely dear! 3

तस्य यथाभिनहनं प्रमुच्य प्रब्रूयादेतां दिशं गन्धारा एतां दिशं व्रजेति। स
ग्रामाद्ग्रामं पृच्छन् पण्डितो मेधावी गन्धारानेवोपसंपद्येतैवमेवेहाचार्यवान्
पुरुषो वेद। तस्य तावदेव चिरं यावन्न विमोक्ष्येऽथ संपत्स्य इति।२
स य एषोऽणिमैतदात्म्यमिदं सर्वं तत्सत्यं स आत्मा तत्त्वमसि श्वेतकेतो
इति। भूय एव मा भगवान् विज्ञापयत्विति। तथा सोम्येति होवाच।३

चिल्लाये, मेरे नेत्र बाँध, लाये हैं मुझको यहाँ पकड़।
निर्जन स्थल में आँखें बाँधे, यों छोड़ दिया है मुझे जकड़! १
उसके बन्धन को खोल कहें, जा उधर रहे गांधार देश!
वह बुद्धिमान फिर ग्राम-ग्राम, पूछता पहुँचता है स्वदेश!
जो भटक रहा हो मनुज सोम्य, गुरु पाकर सत् की ओर चले।
उसका भव बन्धन तब तक ही, ऐसा गुरु जबतक नहीं मिले। २
अणु-सूक्ष्म वही है विश्व रूप, वह आत्मा ही है सत्-स्वरूप।
हे सोम्य 'तत्त्वमसि' वह तुम हो, तुम भी वैसे ही तत्त्व रूप!
है तत्त्व तुम्हारा आत्मा ही, हे श्वेतकेतु, सत्-रूप वही।
भगवन फिर से यह समझायें, फिर कहें पिता, हो ऐसा ही! ३

Part, VI, Sec. 14

If abducting a person from Gāndhāra blind-fold,
At a solitary spot one as prisoner does hold,
He shouts thus is every direction there,
With eyes bandaged they have left me here! 1
Now if some one all his bandages released..
And says in that direction go pleased.
From village to village asking for direction,
Surely he reaches his Gāndhāra destination.
Similarly a person true knowledge attained,
When he has a suitable teacher obtained.
Bound only so long as his bondage remained,
Salvation and Truth subsequently he gained. 2
That which is subtle is also all this here!
It is the Great Self and the World Soul there!
That is the Truth as you yourself are!
You are that element and with it on a par!

षष्ठ प्रपाठक, खण्ड-१५

पुरुषं सोम्योपतापिनं ज्ञातयः पर्युपासते जानासि मां जानासि मामिति। तस्य यावन्न वाङ् मनसि संपद्यते मनः प्राणे प्राणस्तेजसि तेजः परस्यां देवतायां तावज्जानाति।१

अथ यदास्य वाङ् मनसि संपद्यते मनः प्राणे प्राणस्तेजसि तेजः परस्यां देवतायामथ न जानाति।२

स य एषोऽणिमैतदात्म्यमिदं सर्वं तत्सत्यं स आत्मा तत्त्वमसि श्वेतकेतो इति। भूय एव मा भगवान् विज्ञापयत्विति। तथा सोम्येति होवाच।३

षष्ठ प्रपाठक, खण्ड-१५

हे सोम्य रुग्ण को घेर बन्धु, पूछें क्या पहचानो मुझको?
मैं कौन, कौन मैं, सब पूछें, वह रोगी पहचाने सबको।
उसकी वाणी जबतक मन में, मन उसका प्राणों में जब तक।
यह प्राण तेज औ तेज सत्य में लीन न हो जाने तबतक! १
जब वाक् लीन होता मन में, मन लीन प्राण में हो उसको।
यह प्राण तेज औ तेज सत्य में मिलें, नहीं जाने उनको। २
वह सत् आत्मा है सूक्ष्म रूप, यह सब कुछ उसका तन स्वरूप!
हे सोम्य 'तत्त्वमसि' वह तुम हो, तुम सत्-आत्मा हो तत्त्व-रूप!
तुम आत्म रूप, तुम वही तत्त्व, हे श्वेतकेतु तुम सत्य वही!
फिर से समझायें, पुत्र कहे, फिर पिता कहें, हो सोम्य यही! ३

[Chāndogya

Your Self is that Truth, not the body or senses,
You are That Śvetaketu in all essences!
Śvetaketu said, Sire, again make it clear!
The father again said, so be it son dear! 3

Part-VI, Section-15

The relations gathering ask a sick this to show,
Who they are and he only so long does know,
Till speech not to mind nor mind to Prāṇa surged,
Nor Prāṇa in mettle and in Truth mettle merged. 1
But when one's speech has to one's mind surged,
The mind in Prāṇa and Prāṇa in mettle merged,
And when the fire-ardour to the Truth is gone,
He is unified with it knowing none! 2
That subtle Self has all this as its body here,
It is the Truth and also the World Soul there.
You are that element, verily That you are!
Your Self is the Truth with that Self on a par!
Śvetaketu your own Self is that Truth in essence

षष्ठ प्रपाठक, खण्ड-१६

पुरुषं सोम्योत हस्तगृहीतमानयन्त्यपहार्षीत्स्तेयमकार्षीत्परशुमस्मै तपतेति। स यदि तस्य कर्ता भवति तत एवानृतमात्मानं कुरुते। सोऽनृताभिसन्धोऽनृतेनात्मानमन्तर्धाय परशुं तप्तं प्रतिगृह्णाति स दह्यतेऽथ हन्यते।१

अथ यदि तस्याकर्ता भवति तत एव सत्यमात्मानं कुरुते। स सत्याभिसन्धः। सत्येनात्मानमन्तर्धाय परशुं तप्तं प्रतिगृह्णाति स न दह्यतेऽथ मुच्यते।२

षष्ठ प्रपाठक, खण्ड-१६

चोरी का दोष लगा पकड़ें, फिर चोर जन्य हो परशु तप्त।
यह सुनकर ही यदि चोर सही, उसका मुख मिथ्या जन्य त्रस्त!
यदि मिथ्या का कर अवलम्बन, वह तप्त परशु को करे ग्रहण।
वह जल जाता है तत्क्षण ही, मरता है मिथ्या के कारण। १
यदि सच में वह हो चोर नहीं, फिर सत्य झलकता मुख से ही।
वह तप्त परशु ले नहीं जले, सत् से छूटे इस भांति वही! २
वह सत् अणिमा, जग तन उसका, वह सत्य, वही आत्मा स्वरूप।
हे सोम्य 'तत्त्वमसि' वह तुम हो, सत्-आत्मा का तू तत्त्व-रूप!
है वही तत्त्व तेरा आत्मा, हे श्वेतकेतु तू यही मान!
आत्मा सत् है सुन श्वेतकेतु, सब समझ गया, सब गया जान। ३

Your Self, not your body, is that sole Existence.
Śvetaketu again said, Sire make it more clear!
His father said, certainly so be it my dear! 3

Part VI- Section-16

Say, seized by the hand one is caught for theft,
And they order a heated hatchet to be kept.
If the person has done it his face lie revealed,
Taking the axe in lie he is burnt and killed. 1
If he had not stolen, he would have been saved,
His face and manners must have so braved.
Covered with truth taking hot axe he is bold
He is freed not burning when the axe he does hold. 2
That Truth is the Self as your own Self is here!
That subtle Self has all this as its body there!
Your own Self is the essence and truth, visualize!
Thus Śvetaketu knew it and did realize! 3

स यथा तत्र नादाह्येतैतदात्म्यमिदं सर्वं तत्सत्यं स आत्मा तत्त्वमसि
श्वेतकेतो इति। तद्धास्य विजज्ञाविति विजज्ञाविति।३

सप्तम प्रपाठक खण्ड-१

ॐ। अधीहि भगव इति होपससाद सनत्कुमारं नारदस्तं होवाच यद्वेत्थ
तेन मोपसीद ततस्त ऊर्ध्वं वक्ष्यामीति स होवाच।१
ऋग्वेदं भगवोऽध्येमि यजुर्वेदं सामवेदमाथर्वणं चतुर्थमितिहासपुराणं
पञ्चमं वेदानां वेदं पित्र्यं राशिं दैवं निधिं वाकोवाक्यमेकायनं देवविद्यां
ब्रह्मविद्यां भूतविद्यां क्षत्रविद्यां नक्षत्रविद्यां सर्पदेवजनविद्यामे-
तद्भगवोऽध्येमि।२

सप्तम प्रपाठक, खण्ड-१ (सनत्कुमार तथा नारद)

[नाम]

ऋषि सनत्कुमार निकट जाकर, नारद कहते, दें ज्ञान मुझे!
वे कहें, प्रथम कह जो जानो तब मैं आगे दूँ ज्ञान तुझे। १
ऋक् पढ़ यजु साम अथर्व पढ़ा, सब वेद पढ़े मैंने भगवन!
वेदों के वेद, पुराण पढ़े, इतिहास गणित का किया पठन।
औषधि, सुश्रूषा-ज्ञान पढ़ा, निधिशास्त्र ज्ञान भी प्राप्त किया।
उत्पात-दैव विद्या सीखी, फिर तर्क शास्त्र भी जान लिया।
पढ़ नीतिशास्त्र औ ज्योतिष भी, इस ब्रह्मज्ञान का किया मनन।
भौतिकी रसायन प्राणिशास्त्र, पढ़कर निरुक्त का किया पठन!
विषज्ञान धनुर्विद्या सीखी, फिर ललित कला का ज्ञान लिया।
इन विविध कला-विज्ञानों का, भगवन मैंने अध्ययन किया! २

[Chāndogya

Part-Seven

(Sage Nārada & Seer Sanat Kumāra)

Section-1 (Name)

Nārada approached Sanatkumāra and stated,
May I O reverend by you be educated!
The seer said, first tell me what already you know.
Then I will instruct you further and show! 1
Nārada replied, I have read the Ṛgveda,
I studied the Sāma, Yaju and Atharvaveda.
In history, grammar and chronicles educated,
In mathematics and medicines I am initiated.
Known the numbers, economics, logic and ethics,
The Self, the gods, portents and politics.

सोऽहं भगवो मन्त्रविदेवास्मि नात्मविच्छ्रुतं ह्येव मे भगवद्दृशेभ्यस्तरति
शोकमात्मविदिति। सोऽहं भगवः शोचामि तं मा भगवाञ्छोकस्य पारं
तारयत्विति। तं होवाच यद्वै किंचैतदध्यगीष्ठा नामैवैतत्।३
नाम वा ऋग्वेदो यजर्वेदः सामवेद आथर्वणश्चतुर्थ इतिहास पुराणः
पञ्चमो वेदानां वेदः पित्र्यो राशिर्दैवो निधिर्वाकोवाक्यमेकायनं देवविद्या
ब्रह्मविद्या भूतविद्या क्षत्रविद्या नक्षत्रविद्या सर्पदेवजनविद्या
नामैवैतन्नामोपास्स्वेति।४
स यो नाम ब्रह्मेत्युपारते यावन्नाम्नो गतं तत्रास्य यथाकामचारो भवति
यो नाम ब्रह्मेत्युपास्तेऽस्ति भगवो नाम्नो भूय इति नाम्नो वाव भूयोऽस्तीति
तन्मे भगवान्ब्रवीत्विति।५

मैं नहीं आत्मविद् हूँ भगवन, मैं मात्र मन्त्रविद् इन्हें जान!
मैं आप-सदृश से यह सुनता, दुख तरे आत्मविद्-आत्मज्ञान!
इसलिये दुखी हूँ हे भगवन, दुख-सागर पार तरें मुझको!
ऋषि सनत्कुमार कहें, अबतक है नाम मात्र शिक्षा तुझको! ३
ये ऋक् यजु साम अथर्व आदि, जो पढ़ा, सभी कुछ नाम जान!
प्रारम्भ नाम-शब्दों से हो, लेकिन आगे कर प्राप्त ज्ञान! ४
गति नाम जहाँ तक, जाय वहीं, जो भजे ब्रह्म को नाम जान।
है बड़ा नाम से कुछ, हाँ है, भगवन उसका दें मुझे ज्ञान! ५

The matter, time, stars and fine arts have been shown,
The weapons, nursing and poisons I have known! 2
But knowing all these I have only book-learning.
I know not the Self for which I am yearning!
Immersed in sorrows, I now want a guide,
Now help me to cross over to the other side! 3
Sanatkumāra said, only names you have known!
The wisdom of words as the first step is shown.
One starts with words and names meditated,
The Vedas and all just names contemplated. 4
Considering them as Brahma who names meditated,
He goes upto there where names negotiated.
Nārada asked Reverend, is there anything greater?
Yes, there is, then Sire, describe what is better! 5

सप्तम प्रपाठक, खण्ड-२

वाग्वाव नाम्नो भूयसी वाग्वा ऋग्वेदं विज्ञापयति यजुर्वेदं सामवेदमाथर्वणं
चतुर्थमितिहासपुराणं पञ्चमं वेदानां वेदं पित्र्यं राशिं दैवं निधिं वाकोवाक्यमेकायनं
देवविद्यां ब्रह्मविद्यां भूतविद्यां क्षत्रविद्यां नक्षत्रविद्यां सर्पदेवजनविद्यां दिवं च
पृथिवीं च वायुं चाकाशं चापश्च तेजश्च देवांश्च मनुष्यांश्च पशूंश्च वयांसि
च तृणवनस्पतीञ्छ्वापदान्याकीट पतङ्गपिपीलकं धर्मं चाधर्मं च सत्यं चानृतं च
साधु चासाधु च हृदयज्ञं चाहृदयज्ञं च। यद्वै वाङ्नाभविष्यन्न धर्मो नाधर्मो
व्यज्ञापयिष्यन्न सत्यं नानृतं न साधु नासाधु न हृदयज्ञो नाहृदयज्ञो वागेवैतत्सर्वं
विज्ञापयति वाचमुपास्स्वेति।१

सप्तम प्रपाठक, खण्ड-२ (वाणी)

ऋक् यजु औ साम अथर्व आदि, जो सब विद्या आये पढ़कर।
वाणी ही उनको बतलाती, वाणी नामों से है बढ़कर।
जल पवन तेज पशु मनुज देव, वाणी से जानें द्यौ नभ भी।
भू खग तृण कीट वनस्पतियाँ, चीटी औ हिंसक जन्तु सभी।
जो धर्म-अधर्म अनृत-सत् हो, जो साधु-असाधु रहे, वह भी।
वाणी ही बतलाती सब कुछ, हृदयानुकूल-प्रतिकूल सभी।
यदि वाणी होती नहीं सोम्य, हो धर्माधर्म प्रबोध कहाँ?
हम साधु-असाधु नहीं जानें, हो नहीं असत्-सत् बोध यहाँ!
हृदयानुकूल-प्रतिकूल बोध, यह भी वाणी से स्वतः वरें।
वाणी नामों से है बढ़कर, वाणी-उपासना अतः करें। १

[Chāndogya

Part-VII, Section-2 (Speech)

The Vedas and all else that you indicated,
All those wisdoms this speech related!
The speech thus is greater than name, he stated,.
Which about earth, air and heavens educated.
The sky, water, fire, man and all fierce creatures,
Birds, plants, grass and animals speech features.
The speech worms, insects and ants all stated,
Good and bad, truth and untruth all related!
The speech false, evil and unkind indicated,
It also truth, virtuous and kind vindicated.
Favourable, unfavourable, good and bad it stated,
This speech all persons about all educated!
The speech thus is greater than name as stated.
Name teaches only oneself speech others educated.
O Nārada there fore this speech contemplate!
Thus greater than the name, the speech meditate! 1

स यो वाचं ब्रह्मेत्युपास्ते यावद्वाचो गतं तत्रास्य यथाकामचारो
भवति यो वाचं ब्रह्मेत्युपास्तेऽस्ति भगवो वाचो भूय इति वाचो
वाव भूयोऽस्तीति तन्मे भगवान्ब्रवीत्विति।२

सप्तम प्रपाठक, खण्ड-३

मनो वाव वाचो भूयो यथा वै द्वे वा कोले द्वौ वाऽक्षौ
मुष्टिरनुभवत्येवं वाचं च नाम च मनोऽनुभवति। स यदा मनसा
मनस्यति मन्त्रानधीयीयेत्यथाधीते कर्माणि कुर्वीयेत्यथ कुरुते पुत्रांश्च
पशूंश्चेच्छेयेत्यथेच्छत इमं च लोकममुं चेच्छेयेत्यथेच्छते मनो
ह्यात्मा मनो हि लोको मनो हि ब्रह्म मन उपास्स्वेति।१

गति वाक् जहाँ तक, जाय वहीं, जो भजे वाक् को ब्रह्म मान।
है बड़ा वाक् से कुछ, हाँ है, भगवन उसका दें मुझें ज्ञान! २

सप्तम प्रपाठक, खण्ड-३ (मन)

आँवले-बहेड़े बेर युग्म, अनुभव ज्यों हों मुठ्ठी में भी।
मन बड़ा नाम-वाणी से हो, मन जाने वाणी-नाम सभी!
यह मन्त्र पढ़ूँ, यह कर्म करूँ, करते हम मन जब ध्यान धरे।
पशु-पुत्रेच्छा भी मन करता, फिर मनुज उन्हें भी प्राप्त करे।
यह लोक और परलोक सभी, मन से इच्छा कर प्राप्त करें।
मन लोक, ब्रह्म, आत्मा स्वरूप, इस मन का ही हम ध्यान धरें। १

Upaniṣad]

Considering it as Brahma who speech meditated,
He goes only so far as the speech negotiated.
Nārada asked, Reverend, is there anyting better?
Yes there is, then Sire, tell me what is greater! 2

Part VII, Section-3 (Mind)

As two fruits even in a closed fist are felt,
Two plums or two myrobalams are spelt,
All names and speech this mind does know!
The mind is greater than speech, it does show.
Wishing son or cattle, later these one obtains.
This and the other world willing one attains.
This mind is the Self and the world as it were.
This mind so to say is Para Brahma here!
Reading hymns or working one decides in mind.
And then only one does a thing of that kind.
Inspired by mind, the speech names related,
Nārada it is better that mind is venerated! 1

स यो मनो ब्रह्मेत्युपास्ते यावन्मनसो गतं तत्रास्य यथाकामचारो भवति यो मनो ब्रह्मेत्युपास्तेऽस्ति भगवो मनसो भूय इति मनसो वाव भूयोऽस्तीति तन्मे भगवान्ब्रवीत्विति।२

सप्तम प्रपाठक खण्ड-४

संकल्पो वाव मनसो भूयान्यदा वै संकल्पयतेऽथ मनस्यत्यथ वाचमीरयति। तामु नाम्नीरयति। नाम्नि मन्त्रा एकं भवन्ति मन्त्रेषु कर्माणि।१ तानि ह वा एतानि संकल्पैकायनानि संकल्पात्मकानि संकल्पे प्रतिष्ठितानि। समक्लृपतां द्यावापृथिवी समकल्पेतां वायुश्चाकाशं च समकल्पन्तापश्च

मन की गति तक ही पहुँच उसे, जो मन भजता है ब्रह्म मान।
भगवन बतलायें मुझे वही, जो रहे मनस् से भी महान! २

सप्तम प्रपाठक, खण्ड-४ (संकल्प)

संकल्प करें, मन मनन करे, फिर वाणी प्रेरित हो इससे।
वाणी उच्चारण करे नाम, संकल्प बड़ा होता मन से!
हों कर्म-यज्ञ मन्त्रों से ही, ये मन्त्र समाते नामों में!
ये नाम शब्द-श्रृङ्खला मात्र, सब वाक्-नाम संकल्पों में। १
संकल्प नाम वाणी मन का, आत्मा को हम आधार कहें।
ब्रह्माण्ड-पिण्ड का जो आत्मा, संकल्प-प्रतिष्ठित सभी रहें।

[Chāndogya

But who as Brahma this mind meditated,
He goes only so far as mind contemplated.
Nārada asked, Sire, is anything still better?
Yes there is, then tell me what is still greater! 2

Part-VII, Section-4 (Willing)

Greater than the mind, Resolution is related.
After will and resolve, the mind contemplated.
Contemplating the mind this speech inspired,
The speech then pronounced all names ane desired.
The name as the primary unit is realized,
A group of these names the hymns symbolized.
The names and speech all these chants formed,
By the hymns and chants Yajñas are performed, 1
From 'name' to the 'mind' in 'resolve' all resided,
The 'resolve' is the Self and in it all abided.
The earth and heavens are full of resolution,
By resolve water fire sky and air all function.

तेजश्च। तेषां संक्लृप्त्यै वर्षं संकल्पते वर्षस्य संक्लृप्त्या अन्नं संकल्पतेऽन्नस्य संक्लृप्त्यै प्राणाः संकल्पन्ते प्राणानां संक्लृप्त्यै मन्त्राः संकल्पन्ते मन्त्राणां संक्लृप्त्यै कर्माणि संकल्पन्ते कर्मणां संक्लृप्त्यै लोकः संक्ल्पते लोकस्य संक्लृप्त्यै सर्वं संकल्पते। स एष संकल्पः संकल्प मुपासस्वेति। २
स यः संकल्पं ब्रह्मेत्युपास्ते क्लृप्तान्वै स लोकान् ध्रुवान् ध्रुवः प्रतिष्ठितान् प्रतिष्ठितोऽव्यथमानानव्यथमानोऽभिसिद्ध्यति यावत्संकल्पस्य गतं तत्रास्य यथाकामचारो भवति यः संकल्पं ब्रह्मेत्युपास्तेऽस्ति भगवः संकल्पाद्भूय इति संकल्पाद्वाव भूयोऽस्तीति तन्मे भगवान्ब्रवीत्विति।३

द्यौ-पृथ्वी में संकल्प-सूत्र, जल-तेज रहें संकल्प सहित।
संकल्प वायु-आकाश मध्य, वर्षा होती संकल्प जनित।
ये अन्न मेघ-संकल्पों से, यह प्राण अन्न-संकल्प रचित।
ये मन्त्र प्राण-संकल्पों से, हों कर्म मन्त्र-संकल्प निहित।
सब लोक कर्म-संकल्पों से, सब कुछ चलता लोकों से ही।
संकल्प रहे नारद महान, इसलिये भजो संकल्प यही। २
संकल्प भजे जो ब्रह्म मान, वह सुखी यशस्वी ध्रुव स्वरूप।
संकल्पों के ध्रुव लोक सिद्ध, दुखहीन प्रतिष्ठित अचल रूप।
संकल्प-ब्रह्म को जो भजता, संकल्पों तक ही गति उसको।
इससे महान कुछ है, हाँ है, भगवन बतलायें वह मुझको। ३

By that resolution the rains are there,
And by rains' resolve food grows everywhere.
The foods too resolving the Prāṇas sustain,
Through Prāṇa's resolve one hymns does attain.
By the hymns and chants all actions are there,
By the actions' resolve all worlds do adhere.
The worlds also willing all here are regulated,
So it is the resolve that should be meditated. 2
In will's world firm, sorrowless and cherished,
One becomes firm, sorrowless and established.
But who this Resolve as Brahma meditated.
He reaches only so far as the will initiated!
Nārada again asked, O Reverend please state,
If anything is greater than will, that relate!
The seer said, Nārada, there is one better!
Then teach me O Reverend, what is that greater! 3

सप्तम प्रपाठक, खण्ड-५

चित्तं वाव संकल्पाद्भूयो यदा वै चेतयतेऽथ संकल्पयतेऽथ मनस्यत्यथ
वाचमीरयति तामु नाम्नीरयति नाम्नि मन्त्रा एकं भवन्ति मन्त्रेषु कर्माणि।१
तानि ह वा एतानि चित्तैकायनानि चित्तात्मानि चित्ते प्रतिष्ठितानि
तस्माद्यद्यपि बहुविदचित्तो भवति नायमस्तीत्येवैन माहुर्यदयं वेद यद्वा
अयं विद्वान्नेत्थमचित्तः स्यादित्यथ यद्यल्पविच्चित्तवान्भवति तस्मा एवोत
शुश्रुषन्ते। चित्तं ह्येवैषामेकायनं चित्तमात्मा चित्तं प्रतिष्ठा चित्तमुपास्स्वेति।२

सप्तम प्रपाठक, खण्ड-५ (चित्त)

संकल्पों से भी चित्त बड़ा, संकल्प उठे चेतना जन्य।
संकल्प बाद मन वाक् नाम, सब मन्त्र कर्म औ सभी अन्य। १
मन वाणी औ संकल्पों का, अनुभूति-चित्त आधार रूप।
ये सभी प्रतिष्ठित चित्त मध्य, इनका आत्मा भी चित् स्वरूप।
यदि चित्त रहित बहुविद् भी हो, वह हो ही नहीं, यही माने।
हो क्यों अचित्त जो कुछ जाने, वह हो ही नहीं, नहीं जाने।
यदि रहे अल्पविद् चित्तवान, कुछ कहे, सुनें सब उसको भी।
आत्मा आधार-प्रतिष्ठा चित्, नारद चित् को ही भजें सभी। २

[Chāndogya

Part-VII, Section-5 (Feeling)

The 'feeling' is greater than resolution stated,
When something is felt a resolution is created.
Then that resolution activities initiated,
And mind, speech, name, hymns and, acts activated. 1
Of all said before, from the 'name' to the 'willing',
The foundation, the Self, and abode is the 'feeling'.
Thus if a learned without 'feeling' became
Not quite existent, he is not worth the name'!
For if he knew something, why 'feeling' he lacked ?
And if he knew nothing, he is better sacked!
But with a little wisdom, who has this 'feeling',
When he says something, all heed to him willing.
Thus will, mind and all have feeling's foundation,
It is the Self, base and abode of an action.
O Nārada therefore you 'feeling' contemplate!
Better than the resolution, the feeling meditate! 2

स यश्चित्तं ब्रह्मेत्युपास्ते चित्तान्वै स लोकान् ध्रुवान् ध्रुवः प्रतिष्ठितान्
प्रतिष्ठितोऽव्यथमानानव्यथमानोऽभिसिद्धयति। यावच्चित्तस्य गतं तत्रास्य
यथाकामचारो भवति यश्चित्तं ब्रह्मेत्युपास्तेऽस्ति भगवश्चित्ताद्भूय इति
चित्ताद्वाव भूयोऽस्तीति तन्मे भगवान्ब्रवीत्विति।३

सप्तम प्रपाठक, खण्ड-६

ध्यानं वाव चित्ताद्भूयो ध्यायतीव पृथिवी ध्यायतीवान्तरिक्षं ध्यायतीव
द्यौर्ध्यायन्तीवापो ध्यायन्तीव पर्वताध्यायन्तीव देवमनुष्यास्तस्माद्य इह
मनुष्याणां महत्तां प्राप्नुवन्ति ध्यानापादांशा इवैव ते भवन्त्यथ येऽल्पाः
कलहिनः पिशुना उपवादिनस्तेऽथ ये प्रभवो ध्यानापादांशा इवैव ते
भवन्ति ध्यानमुपास्स्वेति।१

यह चित्त भजें जो ब्रह्म मान, वह सुखी यशस्वी ध्रुव स्वरूप।
वह चित्तलोक ध्रुव सिद्ध करे, दुखहीन प्रतिष्ठित अचल रूप।
गति चित्त जहाँ तक, जाय वहीं, जो भजे चित्त यह ब्रह्म मान।
है बड़ा चित्त से कुछ, हाँ है, भगवन उसका दें मुझे ज्ञान! ३

सप्तम प्रपाठक, खण्ड-६ (ध्यान)

यह ध्यान चित्त से भी बढ़कर, है ध्यानलीन पृथ्वी जानो।
द्यौ अन्तरिक्ष भी ध्यान मग्न, जल-पर्वत ध्यानों में मानो।
जो अल्प-तुच्छ हैं मनुज मूढ़, चुगली-कलहों में ध्यान धरें।
जो हैं महान, अपनी प्रभुता, इस ध्यान-अंश से प्राप्त करें।
है ध्यान-अंश ही हेतु बना, मनुजों में जो होते महान।
ये देव-मनुज सब ध्यानों में, इसलिये भजो तुम यही ध्यान। १

Upaniṣad]

Who the feeling-world firm and sorrowless cherished,
He becomes all stable, happy and established.
But who this 'feeling' as Brahma contemplated,
He goes only so far as feeling negotiated!
Nārada again said, Reverend, kindly relate,
If anything is greater please so educate!
Yes Nārada, said the seer, one thing is greater.
O reverend then teach me what is still better! 3

Part-VIII, Section-6 (Concentration)

Concentration is greater than feeling, they hold,
Concentration is one and the feeling manifold!
The earth is in full concentration as it were,
The space, heavens, mountains and water too adhere!

स यो ध्यानं ब्रह्मेत्युपास्ते यावद्ध्यानस्य गतं तत्रास्य यथाकामचारो
भवति यो ध्यानं बह्मेत्युपास्तेऽस्ति भगवोध्यानाद्भूय इति ध्यानाद्वाव
भूयोऽस्तीति तन्मे भगवान्ब्रवीत्विति।२

सप्तम प्रपाठक, खण्ड-७

विज्ञानं वाव ध्यानाद्भूयो विज्ञानेन वा ऋग्वेदं विजानाति यजुर्वेदं
सामवेदमाथर्वणं चतुर्थमितिहासपुराणं पञ्चमं वेदानां वेदं पित्र्यं राशिं

गति-ध्यान जहाँ तक, जाय वहीं, जो भजे ध्यान को ब्रह्म मान।
है बड़ा ध्यान से कुछ, हाँ है, भगवन उसका दें मुझे ज्ञान! २

सप्तम प्रपाठक, खण्ड-७ (विज्ञान)

यह ध्यान बुरे का भी होता, विज्ञान ध्यान से है बढ़कर।
विज्ञान सहारे श्रेष्ठ ध्यान, विज्ञान ध्यान से भी हितकर।
ऋटक् यजु औ साम अथर्व आदि जो सब विद्या आये पढ़कर।
विज्ञान जन्य ही वे जानो, विज्ञान ध्यान से उत्तम तर।
जल पवन तेज पशु मनुज देव, द्यौ नभ भू सब विज्ञानों से।
खग तृण भी, कीट-वनस्पतियाँ, सब हिंस्र जन्तु, चीटी उससे।
जो धर्म-अधर्म, अनृत-सत् हो, जो साधु-असाधु रहे, वह भी।
विज्ञान बताता है सब कुछ, हृदयानुकूल-प्रतिकूल सभी।

[Chāndogya

The gods and men who concentration gained,
By a small part of it they greatness attained.
The wicked hate and quarrel and meditators gain.
So Nārada, meditating concentration retain! 1
But who concentration as Brahma meditated,
He goes only so far as concentration initiated.
Nārada asked, Sire, is there anything better.
Yes there is , then tell me what is that greater! 2

Part-VII, Section-7 (Understanding)

The understanding is better than concentration,
As concentration can be in a good or bad action.
By understanding we know the Ṛg and Yajurveda,
We also understand the Sāma and Atharva Veda.
We history, chronicles and grammar understand,
Mathematics, medicines and portents comprehend.

दैवं निधिं वाकोवाक्यमेकायनं देवविद्यां ब्रह्मविद्यां भूतविद्यां क्षत्र विद्यां
नक्षत्र विद्यांसर्पदेवजनविद्यां दिवं च पृथिवीं च वायुं चाकाशं चापश्च
तेजश्च देवांश्च मनुष्यांश्च पशूंश्च वयांसि च तृणवनस्प-
तीञ्छ्वापदान्याकीटपतङ्गपिपीलकं धर्मं चाधर्मं च सत्यं चानृतं च साधु
चासाधु च हृदयज्ञं चाहृदयज्ञं चान्नं च रसं चेमं च लोकममुं च
विज्ञानेनैव विजानाति विज्ञानमुपास्स्वेति।१

जो अन्न रसों के मर्म आदि, इहलोक और परलोक ज्ञान।
विज्ञान सहारे ही जानें, नारद तू यह विज्ञान जान! १
विज्ञान ब्रह्म माने भजता, विज्ञान लोक मिलता इससे।
वह ज्ञान लोक भी प्राप्त करे, विज्ञान-ज्ञान की सिद्धि उसे।
विज्ञान जहाँ तक जाय वहीं, विज्ञान भजे जो ब्रह्म मान।
कुछ और बड़ा है क्या, हाँ है, भगवन उसका दें मुझे ज्ञान! २

Upaniṣad]

The numbers, economics and the logic we know,
Time, ethics, politics and elements it does show.
It weapons, nursing and poison-wisdom shows,
About manes, gods and the Self also one knows.
The stars, heavens and fine arts all it stated,
The earth, air, sky and water too related.
About fire, deities, men and animals educated,
The birds, grass, plants and insects elaborated.
The worms, ants and wisdoms all it described,
Virtues, vices, truth and untruth prescribed.
It good, bad, kind and unkind all shows,
By understanding all foods and saps one knows.
This and the other worlds it does relate.
Nārada understanding or wisdom contemplate! 1
One who this wisdom as Brahma meditated,
He the understanding-world inhabitated.
Perfection in wisdom and understanding he gained,
But so far as wisdom goes only that attained.
Nārada said again, O Reverend educate!
If anything is greater, that now relate!
Yes Narada, said the seer, one thing is better!
Then tell me O Reverend, what is yet greater! 2

स यो विज्ञानं ब्रह्मेत्युपास्ते विज्ञानवतो वै स लोकाञ्ज्ञानवतोऽभिसिध्यति यावद्विज्ञानस्य गतं तत्रास्य यथाकामचारो भवति यो विज्ञानं ब्रह्मेत्युपास्तेऽस्ति भगवो विज्ञानाद्भूय इति विज्ञानाद्वाव भूयोऽस्तीति तन्मे भगवान्ब्रवीत्विति।२

सप्तम प्रपाठक, खण्ड-८

बलं वाब विज्ञानाद्भूयोऽपि ह शतं विज्ञानवतामेको बलवानाकम्पयते स यदा बली भवत्यथोत्थाता भवत्युत्तिष्ठन्परिचरिता भवति परिचरन्नुपसत्ता भवत्युपसीदन्द्रष्टा भवति श्रोता भवति मन्ता भवति बोद्धा भवति कर्ता भवति। विज्ञाता भवति!

सप्तम प्रपाठक, खण्ड-८ (बल)

जो तन-मन का, आत्मिक भी हो, विज्ञान अपेक्षा बल महान।
जब एक रहे बलवान कहीं, कम्पित हों सौ विज्ञान वान।
विज्ञान वान को यदि बल हो, कुछ करने को वह उठे तभी।
उठ गुरु सेवा में प्रस्तुत हो, बन जाता वह गुरु का प्रिय भी।
गुरु का प्रसाद भी मिले उसे, वह तत्त्व ज्ञान द्रष्टा बनता।
श्रोता, बोद्धा विज्ञाता हो, बनता वह कर्ता औ मन्ता। १
नम द्यौ पर्वत बल से ही स्थित, बल से स्थित है यह पृथ्वी भी।
बल से तृण और वनस्पतियाँ पशु पक्षी देव मनुष्य सभी।
चीटी पतंग कीड़े श्वापद, ये लोक सभी ठहरे बल से।
सब मर्यादा में विधि पूर्वक, बल की उपासना कर इससे। २

[Chāndogya

Part-VII, Section-8 (Strength)

The strength is greater than wisdom, it is stated,
It is physical, mental and spiritual related.
From a strong person a hundred wise fear,
When a wise has strength he truly does adhere.
Then going to a teacher, the wise serves there
By devoted services he becomes much dear.
By the grace of teacher, he is a hearer and seer
A contemplator he is, a knower and doer! 1
By the strength this earth thus stable remained.
Sky, heavens and mountains balance maintained,
The gods, men, animals and birds are sustained,
The ants, grass, plants, worms and insects retained.
By this strength runs the entire Creation
All these worlds with this strength function.
Verily this strength all this does regulate
Therefore Närada this strength contemplate! 2

बलेन वै पृथिवी तिष्ठति बलेनान्तरिक्षं बलेन द्यौर्बलेन पर्वता बलेन
देवमनुष्या बलेन पशवश्च वयांसि च तृणवनस्पतयः
श्वापदान्याकीटपतङ्गपिपीलकं बलेन लोकस्तिष्ठति बलमुपास्स्वेति। २
स यो बलं ब्रह्मेत्युपास्ते यावद् बलस्य गतं तत्रास्य यथाकामचारो भवति
यो बलं ब्रह्मेत्युपास्तेऽस्ति भगवो बलाद् भूय इति बलाद् वाव भूयोऽस्तीति
तन्मे भगवान्ब्रवीत्विति। ३

सप्तम प्रपाठक, खण्ड-९

अन्नं वाव बलाद्भूयस्तस्माद्यद्यपि दशरात्रीर्नाश्नीयाद्यद्यु ह जीवेदथवाऽ

बल जाय जहाँ तक, जाय वहीं, जो बल भजता है ब्रह्म मान।
कुछ अन्य बड़ा क्या है बल से, हाँ है, उसका दें मुझे ज्ञान! ३

सप्तम प्रपाठक, खण्ड-९ (अन्न)

दस रात्रि नहीं खा यदि जीयें, हम नहीं सुनें देखें जानें।
मन्ता बोद्धा कर्ता न रहें, यह अन्न बड़ा बल से मानें।
फिर हो द्रष्टा बोद्धा श्रोता, जब पुनः प्राप्त हो अन्न उसे।
मन्ता कर्ता विज्ञाता भी, यह अन्न भजो नारद इससे। १
जो ब्रह्म मानकर अन्न भजे, वह हो जाता है अन्नवान।
ऐसे हों उसको लोक सिद्ध, पर्याप्त जहाँ हों अन्न-पान।

But who this strength as Brahma meditated,
He goes only so far as strength negotiated.
Nārada asked, Sire, is there anything greater!
Yes there is, said the seer, tell me what is better! 3

Part-VII, Section-9 (Food-Matter)

Greater than strength is the food-matter here!
Fasting for ten nights one becomes a non-seer!
Not hearing nor thinking and without intellect,
One becomes a non-knower and non-doer in effect.
And again taking food, one becomes a knower,
Again one is seer, a hearer and a doer!
He thinks, considers and understands all there,
Nārada, therefore, to the food-matter adhere! 1
One who as Brahma food-matter meditated,
All food and drink-worlds he inhabitated.
Over all food and drinks he lordship attained,
But so far as food goes, that only he gained.

द्रष्टाऽश्रोताऽमन्ताऽबोद्धाऽकर्ताऽविज्ञाता भवत्यथान्नस्याऽऽये द्रष्टा भवति
श्रोता भवति मन्ता भवति बोद्धा भवति कर्ता भवति विज्ञाता
भवत्यन्नमुपास्स्वेति।१
स योऽन्नं ब्रह्मेत्युपास्तेऽन्नवतो वै स लोका यानवतोऽभिसिध्यति यावदन्नस्य
गतं तत्रास्य यथाकामचारो भवति योऽन्नं ब्रह्मेत्युपास्तेऽस्ति भगवोऽन्नाद्भूय
इत्यान्नाद्वाव भूयोऽस्तीति तन्मे भगवान्ब्रवीत्विति।२

सप्तम प्रपाठक, खण्ड-१०

आपो वावान्नाद्भूयस्तस्माद्यदा सुवृष्टिर्न भवति व्याधीयन्ते प्राणा अन्नं कनीयो भविष्यतीत्यथ यदा सुवृष्टिर्भवत्यानन्दिनः प्राणा भवन्त्यन्नं बहु भविष्यतीत्याप एवेमा मूर्ता येयं पृथिवी यदन्तरिक्षं यद् द्यौर्यत्पर्वता

जो ब्रह्म मानकर अन्न भजे, अन्नों की गति तक गति उसको।
इससे महान कुछ है, हाँ है, भगवन बतलायें वह मुझको। २

सप्तम प्रपाठक, खण्ड-१० (जल)

जब होती नहीं सुवृष्टि, अन्न, उपजेगा कम, हो प्राण दुखी।
होवे सुवृष्टि, अब उपजेगा, भरपूर अन्न, हो प्राण सुखी।
अन्नों से भी है जल बढ़कर, द्यौ भू नभ पर्वत आप-रूप।
पशु पक्षी देव मनुज तृण भी, ये श्वापद चीटी जल स्वरूप।
ये कीट पतंग वनस्पतियाँ, जल के स्वरूप ही सब मानो।
जल की उपासना करो तात, सब मूर्त रूप जल के जानो। १

[Chāndogya

Narada then stated, O Reverend, very well,
If anything is greater than food, please tell!
Nārada, said the seer, one thing is yet greater!
Then tell me O Reverend, what is that better! 2

Part-VII, Section-10 (water)

The water is greater than food, it is stressed,
During bad rains for food Prāṇa is distressed.
When there are good rains the Prāṇa is pleased,
There being ample food, all will be appeased.
The sky, heavens, gods and mountains all there,
The earth, men, animals and insects, ants here,
Bird, grass and plants from water originate,
Nārada, therefore this water contemplate! 1
Meditating it as Brahma, desires satiated,
But one goes only so far as water initiated.

यद्देवमनुष्या यत्पशवश्च वयांसि च तृणवनस्पतयः श्वापदान्याकीट-
पतङ्गपिपीलकमाप एवेमा मूर्ता अप उपास्स्वेति।१
स योऽपो ब्रह्मेत्युपास्त आप्नोति सर्वान्कामां स्तृप्तिमान्भवति यावदपां
गतं तत्रास्य यथाकामचारो भवति योऽपो ब्रह्मेत्युपास्तेऽस्ति भगवोऽद्भ्यो
भूय इत्यद्भ्यो वाव भूयोऽस्तीति तन्मे भगवान्ब्रवीत्विति।२

सप्तम प्रपाठक, खण्ड-११

तेजो वावाद्भ्यो भूयस्तद्वा एतद्वायुमागृह्याकाशमभितपति तदाहुर्निशोचति
नितपति वर्षिष्यति वा इति तेज एव तत्पूर्वं दर्शयित्वाऽथापः सृजते तदे-

जल को ऐसा ही जो जाने, जो भजता है जल ब्रह्म मान।
कामना सभी वह प्राप्त करे, वह हो जाता है तृप्तिमान।
जल की गति तक ही गति उसको, जो भजता है जल ब्रह्म जान।
कुछ और बड़ा जल से है क्या, हाँ, भगवन दें अब वही ज्ञान। २

सप्तम प्रपाठक, खण्ड-११ (तेज)

जो पवन सहित नभ तप्त करे, वह तेज बड़ा होता जल से।
सब कह उठते, तप रहा खूब, वर्षा अवश्य होगी इससे।
अपने कौशल को दिखा प्रथम, जल की करता है तेज सृष्टि।
आड़ी तिरछी विद्युत् रेखा, ले गर्जन करता, करे वृष्टि।
सब देख कहें, चमके-गरजे, अब फिर बरसेगा मेघ वही।
यह तेज प्रकट हो जल बनता, नारद भज लो तुम तेज यही। १

If anything is greater, O Reverend do state!
Yes there is, said the seer, sire that relate! 2

Part-VII, Section-11 [Fire Energy]

When the heat the sky and air both heated,
This great heat is the sign of rain treated,
Roaring the heat moved and lightning created,
Thus this heat-energy water originated.
Seeing lightning and thunder one says, rain comes.
As transforming itself the heat rain becomes.
Thus it is this heat that water does create,
Nārada, therefore, heat-energy meditate! 1
One who as Brahma heat-energy meditated,
Full of heat-energy, he is illuminated.
Gaining the lighted worlds, perfection he gained,
But so far as the heat goes only that attained.

तदूर्ध्वाभिश्च तिरश्चीभिश्च विद्युद्भिरा ह्लादाश्चरन्तिः। तस्मादाहुर्विद्योतते
स्तनयति वर्षिष्यति वा इति। तेज एव तत्पूर्वं दर्शयित्वाऽथापः सृजते तेज उपास्स्वेति।१
स यस्तेजो ब्रह्मेत्युपास्ते तेजस्वी वै स तेजस्वतो लोकान्भा-
स्वतोऽपहततमस्कानभिसिद्ध्यति यावत्तेजसो गतं तत्रास्य
यथाकामचारो भवति यस्तेजो ब्रह्मेत्युपास्तेऽस्ति भगवस्तेजसो
भूय इति तेजसो वाव भूयोऽस्तीति तन्मे भगवान्ब्रवीत्विति। २

सप्तम प्रपाठक, खण्ड-१२

आकाशो वाव तेजसो भूयानाकाशे वै सूर्याचन्द्रमसावुभौ
विद्युन्नक्षत्राण्यग्निराकाशेनाह्वयत्याकाशेन श्रृणोत्याकाशेन

जो ब्रह्म मानकर तेज भजें, वे हों तेजस्वी-ओजवान।
उनको होते हैं सिद्ध लोक, तमहीन दीप्त औ तेजवान।
गति तेज जहाँ तक, जाय वहीं, जो भजे तेज को ब्रह्म मान।
कुछ बड़ा तेज से है, हाँ है, भगवन उसका दें मुझे ज्ञान! २

सप्तम प्रपाठक, खण्ड-१२ (आकाश)

ये सूर्य चन्द्र आकाश मध्य, विद्युत् नक्षत्र अनल उसमें।
आकाश तेज से है महान, हम सुनते-बोलें, सब नभ में।
आकाश मध्य ही रमण करें, यदि नहीं भ्रमण, तब भी नभ में।
भज इसे, इसीमें जन्म ग्रहण, अंकुर फूटे, वह भी इसमें। १
[Chāndogya

Nārada again said, O Reverend, please tell!
If something is greater than ardour, do spell!
The seer said, Nārada, one thing is still better!
O Reverend, said Nārada, tell me what is greater! 2

Part-VII, Section-12 (Sky)

The sky is greater than heat-energy stated,
As sky is the abode where heat radiated.
The sun, moon, stars and fire abide here,
In it one speaks, hears and calls back clear.
One moves about or stays, all in this space,
One is born in it and the sprouts sky face,
All that are in action in space activate,
Nārada therefore this space meditate! 1
One who as Brahma the space meditated,
He spacious and lighted worlds inhabitated.
The Lordship over all great worlds he attained,

प्रतिश्रृणोत्याकाशे रमत आकाशे न रमत आकाशे जायत
आकाशमभिजायत आकाशमुपास्स्वेति।१
स य आकाशं ब्रह्मेत्युपास्त आकाशवतो वै स लोकान्प्रकाशव-
तोऽसंबाधानुरुगायवतोऽभिसिद्ध्यति। यावदाकाशस्य गतं तत्रास्य यथा
कामचारो भवति य आकाशं ब्रह्मेत्युपास्तेऽस्ति भगव आकाशाद्भूय
इत्याकाशाद्वाव भूयोऽस्तीति तन्मे भगवान्ब्रवीत्विति।२

सप्तम प्रपाठक, खण्ड-१३

स्मरो वावाकाशाद्भूयस्यस्माद्यद्यपि बह्व आसीरन्नस्मरन्तो नैव ते कंचन
श्रृणुयुर्न मन्वीरन्न विजानीरन्। यदा वाव ते स्मरेयुरथ श्रृणुयुरथ मन्वीरन्नथ
विजानीरन्। स्मरेण वै पुत्रान्विजानाति स्मरेण पशून् स्मरमुपास्स्वेति।१

नभवान लोक जो हों विशाल, निर्बाध-दीप्त, उनको वरता।
जो ब्रह्म मान आकाश भजे, वह सिद्धि प्राप्त नभ की करता।
आकाश जहाँ तक, जाय वहीं, आकाश भजे जो ब्रह्म मान।
नभ से बढ़कर कुछ है, हाँ है, भगवन उसका दें मुझे ज्ञान। २

सप्तम प्रपाठक, खण्ड-१३ (स्मृति)

कुछ व्यक्ति साथ भी हों बैठे, यदि स्मृति-विहीन वे हो जायें।
रह निकट न जानें नहीं सुनें, स्मृति हीन रहें, न समझ पायें।
यदि स्मरण शक्ति उनकी लौटे, सुन जान समझ लें औ मानें।
यह स्मृति नभ से भी बड़ी, भजो, पशु-पुत्र सभी इससे जानें। १

Upaniṣad]

But so far as sky goes that only obtained.
Nārada said, Reverend, is there anything greater!
The seer said, indeed, there is one thing better!
Nārada requested, then Sire that teach!
What is so greater about that now preach! 2

Part-VII, Section-13 (Memory)

Greater than the space, memory all sustained,
In sky speech is lost but memory it retained.
If some without memory talk sitting together,
They do not hear, understand or know each other!
They hear, know and understand all once again,
If all of them fully their memory regain.
Sons, animals and all by memory one knows,
Meditate it Nārada which thus greater shows! 1
But one who this Memory Brahma meditated,
He goes only so far as memory negotiated.
Nārada again asked, is there anything better!
Yes there is, said the seer, Sire say what is greater! 2

स यः स्मरं ब्रह्मेत्युपास्ते यावत्स्मरस्य गतं तत्रास्य यथाकामचारो भवति यः स्मरं ब्रह्मेत्युपास्तेऽस्ति भगवः स्मराद्भूय इति स्मराद्वाव भूयोऽस्तीति तन्मे भगवान्ब्रवीत्विति। २

सप्तम प्रपाठक, खण्ड-१४

आशा वाव स्मराद्भूयस्याशेद्धो वै स्मरो मन्त्रानधीते कर्माणि कुरुते पुत्रांश्च पशूंश्चेच्छत इमं च लोक ममुं चेच्छत आशामुपास्स्वेति। १ स य आशां ब्रह्मेत्युपास्त आशयाऽस्य सर्वे कामाः स्मृद्धयन्त्यमोघा हास्याशिषो भवन्ति। यावदाशाया गतं तत्रास्य यथाकामचारो भवति य आशां ब्रह्मेत्युपास्तेऽस्ति भगव आशाया भूय इत्याशाया वाव भूयोऽस्तीति तन्मे भगवान्ब्रवीत्विति।२

जो ब्रह्म मान यह स्मृति भजता, स्मृति की गति तक ही गति उसको।
इससे महान कुछ है क्या, हाँ, भगवन बतलायें वह मुझको! २

सप्तम प्रपाठक, खण्ड-१४ (आशा)

यह स्मृति आशा से हो प्रदीप्त, मन्त्रों को करती स्मरण तभी।
आशा से ही हों कर्म सकल, आशा से पशु-पुत्रेच्छा भी।
आशा से हम इच्छा करते, इहलोक और परलोक सभी।
आशा उपासना करें क्योंकि, आशा है बढ़कर स्मृति से भी। १
कामना पूर्ण होती उनकी, आशा से अधिक सफलता हो।
जो ब्रह्म मान आशा भजते, आशीष सर्वदा फलता हो।
आशा की गति तक गति उसको, जो आशा भजते ब्रह्म मान।
आशा से बढ़कर भी कुछ क्या, हाँ, उसका ही दें तात ज्ञान! २

[Chāndogya

Part-VII, Section (Hope)

The hope is even greater than memory stated,
Memory links the past, hope future related.
In hope this memory hymns contemplated,
With hope and expectations one meditated.
In hope one strives and does all actions
In hope one for this and that world functions.
With hope one for son, cattle and all does desire,
Nārada therefore for this hope you aspire! 1
One who as Brahma this hope meditated,
All his desires, more than hoped for, satiated.
The blessings he bestowed full fruition attained,

सप्तम प्रपाठक, खण्ड-१५

प्राणो वा आशाया भूयान्यथा वा अरा नाभौ समर्पिता एवमस्मिन्
प्राणेसर्वं समर्पितं प्राणः प्राणेन याति प्राणः प्राणं ददाति प्राणाय
ददाति प्राणो ह पिता प्राणो माता प्राणो भ्राता प्राणः स्वसा
प्राण आचार्यः प्राणो ब्राह्मणः।१

स यदि पितरं वा मातरं वा भ्रातरं वा स्वसारं वाचार्यं वा
ब्राह्मणं वा किंचिद्भृशमिव प्रत्याह धिक्त्वाऽस्त्वित्येवैनमाहुः
पितृहा वै त्वमसि मातृहा वै त्वमसि भ्रातृहा वै त्वमसि स्वसृहा
वै त्वमस्याचार्यहा वै त्वमसि ब्राह्मणहा वै त्वमसीति। २

सप्तम प्रपाठक, खण्ड-१५ (प्राण)

नामों से आशा तक सब कुछ, इस प्राण-चक्र की नाभि जुड़ा।
ज्यों अरे समर्पित चक्र-नाभि, आशा से है यह प्राण बड़ा।
सब हेतु लक्ष्य यह प्राण बना, सब प्राण सहारे ही चलता।
प्राणों के लिये सभी करते, यह जीव प्राण से ही पलता।
यह प्राण पिता, माता भी यह, है भ्राता-भगिनी सभी प्राण।
ब्राह्मण आचार्य सभी यह है, सबका करता है यही त्राण। १
यदि जीवित माता, पिता बहन, भाई, ब्राह्मण आचार्य रहें।
कुछ अनुचित सा कह दे उनको, सब लोग उसे धिक्कार कहें।
पितृहा मातृहा कहें उसे, भ्रातृहा स्वसृहा कहें सभी।
ब्राह्मण घाती भी कहें उसे, कह दें उसको गुरु हन्ता भी। २

Upaniṣad]

But as far as the hope goes, only that gained!
Nārada asked, Reverend, is there any thing better?
The seer said, yes, there is indeed greater!
Nārada requested, O Reverend that teach!
What is still greater, O Sire now preach! 2

Part-VII, Section-15 (Prāṇa)

The Prāṇa is greater than hope, seer stated.
As hope also primarily the Prāṇa related.
As the spokes remain to a wheel-nave appended,
From name to hope all on the Prāṇa depended.
Due to and for Prāṇa, all these here feature,
Prāṇa is Brāhmaṇa, father, mother and teacher.
It is also a brother and sister in relation,
For and by the Prāṇa all run in Creation. 1
If one abuses father, sister or mother,
Or calls names to Brāhmaṇa, teacher or brother,
One is father mother or sister-killer stated,
Brāhmaṇa's, teachers' or brother-slayer related. 2

अथ यद्यप्येनानुत्क्रान्तप्राणान् शूलेन समासं व्यतिषंदहेन्नैवैनं ब्रूयुः पितृहाऽसीति न मातृहाऽसीति न भ्रातृहाऽसीति न स्वसृहाऽसीति नाचार्यहाऽसीति न ब्राह्मणहाऽसीति।३

प्राणो ह्येवैतानि सर्वाणि भवति। स वा एष एवं पश्यन्नेवं मन्वान एवं विजानन्नतिवादी भवति तं चेद्ब्रूयुरतिवाद्यसीत्यतिवाद्यस्मीतिब्रूयान्नापह्नुवीत।४

सप्तम प्रपाठक, खण्ड-१६

एष तु वा अतिवदति यः सत्येनातिवदति। सोऽहं भगवः सत्येनातिवदानीति। सत्यं त्वेव विजिज्ञासितव्यमिति। सत्यं भगवो विजिज्ञास इति। १

जब प्राण निकल जाये तन से, दे जला, शूल से उलटाये।
पितृहा मातृहा आदि नहीं, भ्रातृहा नहीं वह कहलाये। ३
यह प्राण सभी कुछ रहे सोम्य, ऐसा देखे समझे माने।
अतिवादी उसको हैं कहते, सर्वदा मार्ग आगे जाने।
यदि कोई कहे, बहुत कहते, एवं कह दे यदि बकवादी।
उत्तर दें, आगे बढ़ना है, इससे हूँ ऐसा अतिवादी। ४

सप्तम प्रपाठक, खण्ड-१६ (सत्य)

ऐसा 'अतिवादी' जब बढ़ता, हो रूप 'आतिवादी' उसका।
वह 'सत्य-आतिवादी' बनता, बढ़ना न कदापि रुके जिसका।
सत् जान बनूं मैं अतिवादी, ऐसा ही भगवन बतलायें।
ऋषि कहें, उचित सत्-जिज्ञासा, तब सत् ही मुझको सिखलायें। १

[Chāndogya-7-15

But after death one burns them on the pyre
And pokes the remains with spears in fire.
No body then says he is father-mother flayer
Nor a brother, sister, Brāhmaṇa or teacher's slayer. 3
This Prāṇa is all what so ever is there
Knowing this one as an Ativādī does adhere.
An Ativādī not stopping, talks always ahead,
Transcending from names to Prāṇa he does head.
If some one says you are garrulous or verbose,
Tell him you go ahead and not at all pose!
I am not voluble and I never hesitate,
The truth I cogently and eloquently state! 4

सप्तम प्रपाठक, खण्ड-१७

यदा वै विजानात्यथ सत्यं वदति। नाविजानन् सत्यं वदति। विजानन्नेव सत्यं वदति। विज्ञानं त्वेव विजिज्ञासितव्यमिति। विज्ञानं भगवो विज्ञिास इति। १

सप्तम प्रपाठक, खण्ड-१८

यदा वै मनुतेऽथ विजानाति। नामत्वा विजानाति मत्वैव विजानाति। मतिस्त्वेव विजिज्ञासितव्येति। मतिं भगवो विजिज्ञास इति।१

सप्तम प्रपाठक, खण्ड-१७ (ज्ञान-विज्ञान)

बोलता सत्य हो ज्ञान जिसे, ऋषि नारद से अब कहें यही।
अज्ञानी कहता नहीं सत्य, विज्ञान-ज्ञान से कहें सही।
ऋषि नारद को उपदेश करें, जानना ज्ञान-विज्ञान तुझे।
नारद कहते, तो दें भगवन, विज्ञान-ज्ञान उपदेश मुझे! १

सप्तम प्रपाठक, खण्ड-१८ (मति)

यदि मनन नहीं तो बोध नहीं, विज्ञान उसे हो मनन जिसे।
ऋषि नारद को कहते ऐसा, जो मनन करे हो ज्ञान उसे।
ऋषि सनत्कुमार कहें ऐसा, चाहिये ज्ञान मति का तुझको।
नारद कहते, तो अब भगवन, उपदेश करें मति का मुझको! १

Upaniṣad]

Part-VII, Section-16 (Truth)

Truly vocal, said the seer, only the truth related,
Sire, make me such a vocal, Nārada now stated.
The seer said Nārada, the Truth you should seek,
Nārada said, Reverend, about Truth now speak. 1

Part-VIII, Section-17 (Wisdom & Knowledge)

Only through knowledge a person truth stated.
One who has no wisdom, the truth not related.
Therefore Nārada, give wisdom your attention.
Nārada said, Sire, about wisdom now mention! 1

Part VII, Section-18 (Sense & Intellect)

Only he has wisdom who reasoning contemplated,
He never understands who not co-related.
Thus Nārada, you sense and intellect meditate!
Nārada said, Sire, about the intellect educate! 1

सप्तम प्रपाठक, खण्ड-१९

यदा वै श्रद्दधात्यथ मनुते। नाश्रद्दधन्मनुते। श्रद्दधदेव मनुते। श्रद्धा त्वेव विजिज्ञासितव्येति श्रद्धां भगवो विजिज्ञास इति।१

सप्तम प्रपाठक, खण्ड-२०

यदा वै निस्तिष्ठत्यथ श्रद्दधाति। नानिस्तिष्ठञ्श्रद्दधाति। निस्तिष्ठन्नेव स श्रद्दधाति। निष्ठा त्वेव विजिज्ञासितव्येति। निष्ठां भगवो विजिज्ञास इति।१

सप्तम प्रपाठक, खण्ड-२१

यदा वै करोत्यथ निस्तिष्ठति। नाकृत्वा निस्तिष्ठति। कृत्वैव निस्तिष्ठति। कृतिस्त्वेव विजिज्ञासितव्येति। कृतिं भगवो विजिज्ञास इति। १

सप्तम प्रपाठक, खण्ड-१९ (श्रद्धा)

यदि श्रद्धा नहीं, मनन कैसे, जो श्रद्धा रखता मति उसको।
जो मननशील, श्रद्धालु वही, ऋषि कहते ऐसा नारद को।
श्रद्धा की जिज्ञासा वाँछित, नारद तुम श्रद्धा भजो यही।
कहते नारद, तो फिर भगवन, उपदेश करें श्रद्धा का ही! १

सप्तम प्रपाठक, खण्ड-२० (निष्ठा)

श्रद्धा निष्ठावालों को हो, ऋषि नारद से फिर कहें यही।
श्रद्धा निष्ठा से ही उपजे, यदि निष्ठा नहीं, अश्रद्धा ही।
ऋषि सनत्कुमार कहें ऐसा, है ज्ञान उचित निष्ठा का ही।
कहते नारद, तब फिर भगवन, उपदेश करें अब आप वही। १

सप्तम प्रपाठक, खण्ड-२१ (कृति)

कर्मण्य रहे उसको निष्ठा, ऋषि कहते नारद को ऐसे।
'कृति' भाव उपजती है निष्ठा, कर्मण्य नहीं, निष्ठा कैसे?
कृति-ज्ञान प्राप्ति की हो इच्छा, ऋषि कहते, तुझको उचित यही।
कहते नारद, तब फिर भगवन, उपदेश करें इस कृति का ही! १

[Chāndogya

Part-VII, Section-19 (Faith)

Only he has the sense who the faith acquired,
Contemplation necessarily full faith required.
Nārada, this faith and devotion now know!
O Reverend, said Nārada, that faith now show! 1

Part-VII, Section-20 (Fidelity & Belief)

Only he has faith who is honest with belief.
There can not be faith if one has disbelief.
This belief and fidelity Nārada now seek!
Nārada said, Sire, about the belief now speak! 1

सप्तम प्रपाठक, खण्ड-२२

यदा वै सुखं लभथेऽथ करोति। नासुखं लब्ध्वा करोति। सुखमेव लब्ध्वा करोति। सुखं त्वेव विजिज्ञासितव्यमिति। सुखं भगवो विजिज्ञास इति। १

सप्तम प्रपाठक, खण्ड-२३

यो वै भूमा तत्सुखं नाल्पे सुखमस्ति। भूमैव सुखं भूमा त्वेव विजिज्ञासितव्य इति भूमानं भगवो विजिज्ञास इति। १

सप्तम प्रपाठक, खण्ड-२२ (सुख)

'कृति' में 'सुख' ही प्रेरणा बने, सुख से प्रेरित हों कर्मों में।
सुख बिना लोग कुछ करें नहीं, सुख पा जुटते निज धर्मों में।
सुख-ज्ञान प्राप्ति की हो इच्छा, ऋषि कहते, तुझको उचित यही।
कहते नारद, तब फिर भगवन, उपदेश करें इस सुख का ही! १

सप्तम प्रपाठक, खण्ड-२३ (भूमा भगवन)

'यो वै भूमा तत्सुखम्' कहें, सुख-रूप अपरिमित औ असीम।
भूमा महान, ऋषि यही कहें, जो नहीं अल्प, परिमित-ससीम।
जो क्षुद्र-अल्प, सुख नहीं वहाँ, भूमा ही है सुख का स्वरूप।
भूमा ही जानो तुम नारद, भगवन भूमा का कहें रूप। १

Part-VII, Section-21 (Action)

Only he has the fidelity who duties performed,
Fidelity and belief to the actions conformed.
Nārada know actions that belief originate,
Nārada said, Reverend, about action educate! 1

Part-VII, Section-22 (Happiness)

Where there is happiness one action performed,
Without being pleased one to no act conformed.
Nārada, know the happiness that does motivate
Nārada said Sire, about happiness educate! 1

Part-VII, Section-23

(Bhūmā-The Bliss Infinite)

Infinite and Great, Bhūmā Bliss symbolized.
In small and finite Bliss is never realized.
Seek Bhūmā Infinite, that Bliss does bestow!
Nārada said, Sire, that Infinite Bliss show! 1

सप्तम प्रपाठक, खण्ड-२४

यत्र नान्यत्पश्यति नान्यच्छृणोति नान्यद्विजानाति स भूमाऽथ यत्रान्यत्पश्यत्यन्यच्छृणोत्यन्यद्विजानाति तदल्पम्। यो वै भूमा तदमृतमथ यदल्पं तन्मर्त्यं स भगवः कस्मिन्प्रतिष्ठित इति स्वे महिम्नि यदि वा न महिम्नीति।१

गोअश्वमिह महिमेत्याचक्षते हस्तिहिरण्यं दासभार्यं क्षेत्राण्यायतनानीति। नाहमेवं ब्रवीमि। ब्रवीमीति होवाचान्यो ह्यन्यस्मिन्प्रतिष्ठित इति।२

सप्तम प्रपाठक, खण्ड-२४ (भूमा महान)

कुछ अन्य न देखे, नहीं सुने, जिस परम शुद्ध स्थिति में आत्मा।
आत्मा जब जाने अन्य नहीं, है भूमा वही विशुद्धात्मा।
अन्यान्य वस्तु भी जब देखे, जब अन्य शब्द सुनता आत्मा।
है 'अल्प' अवस्था वही, 'क्षुद्र', जानता अन्य जब जीवात्मा।
भूमा अमृत है 'अल्प' मर्त्य, ऋषि समाधान ऐसा करते।
है कहाँ प्रतिष्ठित यह भूमा, पूछें नारद, फिर ऋषि कहते।
अपनी ही महिमा से मंडित, यह रहे प्रतिष्ठित महिमा में।
अथवा इसको यों कहें पुनः, यह नहीं प्रतिष्ठित गरिमा में! १
गौ, अश्व, स्वर्ण, हस्ती, पत्नी, गृह, भूमि और ये दास सभी।
महिमा जाते हैं कहे, किन्तु, महिमा कहता मैं नहीं कभी।
ऋषि कहते, मैं तो यह कहता, ये सभी प्रतिष्ठित अन्य कहीं।
वह क्या महिमा जो अन्यों पर, जो रहे प्रतिष्ठित स्वयँ नहीं?२

[Chāndogya

Part-VII, Section-24 (Bhūmā-The Beatitude)

When this Self not hears nor anything perceives,
If it knows nothing else and nothing conceives,
Such a sublime state is 'Bhūmā' related,
It is Infinite, Bliss and Beatitude stated!
When the Self all heard and all this perceived,
If it knew other things and reasoning conceived,
Such a state is lower, small and mortal related.
The sublime state of Bhūmā is immortal stated.
Nārada asked, sire, where Bhūmā is established?
The seer said, it in its glory flourished.
But in truth, no worldly glories it desired,
For glory and existence nothing it required! 1
One cows, horses , elephants, servants and gold,
Also wife, land and houses as glories does hold.
But these always are to others appended,
What is that glory which on others depended? 2

सप्तम प्रपाठक, खण्ड-२५

स एवाधस्तात्स उपरिष्टात्स पश्चात्स पुरस्तात्स दक्षिणतः स उत्तरतः स एवेदं सर्वमित्यथातोऽहङ्कारादेश एवाहमेवाधस्तादहमुपरिष्टादहं पश्चादहं पुरस्तादहं दक्षिणतोऽहमुत्तरतोऽहमेवेदं सर्वमिति।१

अथात आत्मादेश एवात्मैवाधस्तादात्मो परिष्टादात्मा पश्चादात्मा पुरस्तादात्मा दक्षिणत आत्मोत्तरत आत्मैवेदं सर्वमिति। स वा एष एवं पश्यन्नेवं मन्वान एवं विजानन्नात्मरतिरात्मक्रीड आत्ममिथुन आत्मानन्दः स स्वराड् भवति तस्य सर्वेषु लोकेषु कामचारो भवति। अथ येऽन्यथाऽतो विदुरन्य राजानस्ते क्षय्यलोका भवन्ति तेषां सर्वेषु लोकेष्वकामचारो भवति ।२

सप्तम, प्रपाठक, खण्ड-२५ (अहंकारादेश-आत्मादेश)

वह नहीं प्रतिष्ठित अन्यों पर, वह नीचे पीछे ऊपर भी।
सामने और दायें बायें, यह जो कुछ भी, वह स्वयँ सभी।
है वही 'स एवेदं सर्वं सब कुछ है वही, यही जाने।
'अहमे वेदं सर्वं', सब मैं, आदेश अहं का यह माने।
मैं ही यह सब कुछ हूँ महान, मैं रहूँ सामने पीछे भी।
दायें-बायें सब मैं रहता, ऊपर हूँ मैं औ नीचे भी। १
मैं तू वह का फिर भेद मिटे, आत्मा ऊपर आगे पीछे।
'आत्मा-आदेश' रहे ऐसा, आत्मा दायें बायें नीचे।
'आत्मैवेदं सर्वं' देखो, आत्मा में रत देखो माने।
आत्मा में क्रीड़ा हो उसकी, आत्मा से जुड़ता यह जाने।

Part-VII, Section-25 (Injunctions for the Self)

Depending on none it is above and below,
Right, left, in front and behind it does show.
All this is Bhūmā Bliss, the Self visualized,
The 'Principle of the Self' is thus realized.
By this rule one finds the Self everywhere.
Below, above, behind and in front it is there!
I am all this, left and right, one perceived,
Oneself not small but the greatest conceived. 1
When the difference between I and He is not there,
The Rule of the Self everywhere does adhere.
It is above, below, in front and also behind
The Self is 'all this', right and left, all kind!

सप्तम प्रपाठक, खण्ड-२६

तस्य ह वा एतस्यैवं पश्यत एवं मन्वानस्यैवं विजानत आत्मतः
प्राण आत्मत आशाऽऽत्मतः स्मर आत्मत आकाश आत्मतस्तेज
आत्मत आप आत्मत आविर्भावतिरोभावात्मतोऽन्नमात्मतो
बलमात्मतो विज्ञानमात्मतो ध्यानमात्मतश्चित्तमात्मतः संकल्प
आत्मतो मन आत्मतो वागात्मतो नामाऽऽत्मतो मन्त्रा आत्मतः
कर्मण्यात्मत एवेदं सर्वमिति।१
तदेष श्लोको न पश्यो मृत्युं पश्यति न रोगं नोत दुःखतां सर्वं ह

बनता वह आत्मानन्द रूप, होती प्रदीप्त भीतरी ज्योति।
सब लोकों में निर्बाध जाय, उसकी ऐसी ही होती गति।
यदि भिन्न मार्ग जाता कोई, निर्बाध नहीं लोकों में गति।
कर पाये नहीं समन्वय जो, नश्वर लोकों में हो दुर्गति। २

सप्तम प्रपाठक, खण्ड-२६

भूमा को आत्मा में देखे, इस भाँति उसे जाने-माने।
आत्मा से 'प्राणों' का विकास, आत्मा से 'आशा' वह जाने।
'स्मृति' का प्रकाश भी आत्मा से, आत्मा 'बल-अन्न' विकास करे।
'जल-तेज' युगल हों आत्मा से, आत्मा से यह 'आकाश' भरे।
ये 'जन्म-मृत्यु' भी आत्मा से, आत्मा से हों विज्ञान-ज्ञान।
मन वाक्, नाम सब आत्मा से, इससे ही चित् संकल्प ध्यान।
सब 'कर्म' उदय हों आत्मा से, 'मन्त्रों' का आत्मा से उद्भव।
उसको प्रत्यक्ष यही होता, सब कुछ आत्मा से ही संभव। १

[Chāndogya

One thus this Self everywhere perceived,
Attached to the Self in it all conceived.
Abiding in the Self he playfully cherished.
United with it in the Bliss established.
By his own inner light he is illuminated,
All worlds are within his easy reach related.
Realizing not, one only mortal worlds gained,
Easy access to all other worlds not attained. 2

Part-VII, Section-26

One who thus thinks, knows and also realizes,
The Prāṇa, hope and space from the Self visualizes.
Fire, water and existence from the Self perceives,

तंचेद्ब्रूयुरशिंम श्चेदिदं ब्रह्पुरे सर्वं समाहितं सर्वाणि च भूतानि सर्वे च
कामा यदैनज्जरा वाप्नोति प्रध्वंसते वा किं ततोऽतिशिष्यत इति।४

स ब्रूयान्नास्य जरयैतज्जीर्यति न वधेनास्य हन्यत एतत्सत्यं ब्रह्मपुरमस्मिन्कामाः
समाहिता एष आत्माऽपहतपाप्मा विजरो विमृत्युर्विशोको विजिघत्सोऽपिपासः
सत्यकामः सत्य संकल्पो यथा ह्येवेह प्रजा अन्वाविशन्ति यथानुशासनं यं
यमन्तमभिकामा भवन्ति यं जनपदं यं क्षेत्रभागं तं तमेवोपजीवन्ति।५

ये भूत और कामना सभी, तन-ब्रह्मपुरी में ही यदि सब।
तन जरा-जीर्ण हो या विनष्ट, इनका क्या बचता, पूछें तब। ४
कह दें न जरा से जीर्ण वहाँ, वध से न मृत्यु होती उसमें।
यह ब्रह्मपुरी है सत्य रूप, कामना पूर्ण होती इसमें।
इस हिय नभ का वासी आत्मा, निष्पाप जरा औ मृत्यु तरे।
संकल्प-सत्य औ सत्यकाम, वह शोक भूख औ प्यास परे।
ऐसे हिय-नभ आत्मा का जो, आदेश मानकर है करता।
उसपर आत्मा की कृपा रहे, वह आप्तकाम जीवन वरता। ५

Upaniṣad]

Fire, air and what is and what not, retained! 3
If asked, if really it all this contained,
To all beings and desires if it pertained,
Then what will remain if at last it did wither!
Or when at the end it perished altogether? 4
One should say, the Self withers not when old,
And dies not with body, it too should be told.
All desires this Brahma's true city contained,
Sinless, one to hunger and thirst not pertained.
One old age, sorrows and death not attained,
With true desires and true purposes remained.
As serving the king one awards obtained
By the grace of the Self one fulfilment attained. 5
As perishes the worlds acquired by actions,
So also those won by the virtuous functions.
And dying without seeking the Self's true desires.
Easy access to all worlds one not acquires.

तद्यथेह कर्मजितो लोकःक्षीयत एवमेवामुत्र पुण्यजितो लोकः क्षीयते
तद्य इहात्मानमननुविद्य व्रजन्त्येतांश्च सत्यान् कामांस्तेषां सर्वेषु
लोकेष्वकामचारो भवत्यथ य इहात्मानमनुविद्य व्रजन्त्येतांश्च सत्यान्
कामांस्तेषां सर्वेषु लोकेषु कामचारो भवति। ६

अष्टम प्रपाठक, खण्ड-२

स यदि पितृलोककामो भवति संकल्पादेवास्य पितरः
समुत्तिष्ठन्ति तेन पितृलोकेन संपन्नो महीयते। १
अथ यदि मातृलोककामो भवति संकल्पादेवास्य मातरः
समुत्तिष्ठन्ति तेन मातृलोकेन संपन्नो महीयते। २

कर्मों से प्राप्त किये जो भी, हों शेष 'कर्मजित्' लोक यहाँ।
पुण्यों से जो भी हैं जीते, हों शेष 'पुण्यजित्' लोक वहाँ।
आत्मा औ सत्-कामना बिना, जाने जो तन परित्याग करें।
निर्बांध नहीं गति लोकों में, यों ही ऐसे वे मनुज मरें।
आत्मा की सत् कामना तथा, आत्मा जो मनुज यहाँ वरते।
सब लोकों में निर्बांध जाँय, परलोक गमन जब वे करते। ६

अष्टम प्रपाठक, खण्ड-२

चहुँ ओर पितर संकल्पों से, यदि पितृलोक कामना उसे।
वह पितृलोक सम्पन्न बने, महिमामय हो संकल्पों से। १
यदि मातृलोक की इच्छा हो, दिखती माता सर्वत्र उसे।
वह मातृलोक को करे प्राप्त, महिमाशाली संकल्पों से। २

[Chāndogya

On the other hand one who the Self does attain,
And who true desires also does maintain,
When he after death departed from here,
He has free access to all the worlds there. 6

Part-VIII, Section-2

Realizing this Self one all realized,
By willing alone all desired visualized.
If it is the mane's world that he desired
Surrounded by manes he glories acquired. 1
If it is the world of mothers he willed,
Merely willing it, his wish is fulfilled.
With mothers everywhere, he is gratified,
Gaining the mother-world he is glorified. 2

अथ यदि भ्रातृलोककामो भवति संकल्पादेवास्य भ्रातरः
समुत्तिष्ठन्ति तेन भ्रातृलोकेन संपन्नो महीयते।३
अथ यदि स्वसृलोककामो भवति संकल्पादेवास्य स्वसारः
समुत्तिष्ठन्ति तेन स्वसृलोकेन सम्पन्नो महीयते।४
अथ यदि सखिलोककामो भवति संकल्पादेवास्य सखायः
समुत्तिष्ठन्ति तेन सखिलोकेन संपन्नो महीयते।५
अथ यदि गन्धमाल्यलोककामो भवति संकल्पोदेवास्य गन्धमाल्ये
समुत्तिष्ठतस्तेन गन्धमाल्यलोकेन सम्पन्नो महीयते।६

यदि भ्रातृलोक ही वह चाहे, भ्राता ही भ्राता चहुँदिश हो।
वह भ्रातृलोक ही पा जाये, संकल्पों से महिमामय हो। ३
यदि बहन लोक कामना रहे, बहनें दिखतीं सब ओर उसे।
वह स्वसृलोक सम्पन्न बने, महिमामय हो संकल्पों से। ४
सखिलोक कामना यदि रहती, सर्वत्र सखा पाया करता।
सखिलोक मिले, सम्पन्न बने, संकल्पों से महिमा वरता। ५
यदि गन्धमाल्य लोकेच्छा हो, वह हो सुगन्ध औ हार सहित।
वह गन्ध माल्य लोकों से युत, महिमामय हो संकल्प जनित। ६

If it is the world of brothers he desired,
Merely resolving that world he acquired.
Seeing brothers everywhere he is gratified,
Attaining the brother-world he is glorified. 3
If it is the world of sisters he cherished,
By willing he has his wish accomplished.
Everywhere then he sisters perceived,
Gaining the Sister-world glories he received. 4
If it is the world of friends he aspired,
Merely thinking he obtains the desired.
Finding friends everywhere he is gratified
Attaining the Friend-world he is glorified. 5
If the world of perfumes and garlands he desired,
Merely by his willing that world he acquired.
Always with perfumes and garlands gratified,
Gaining such a world he feels glorified. 6

अथ यद्यन्नपानलोककामो भवति संकल्पादेवास्यान्नपाने
समुत्तिष्ठतस्तेनान्नपानलोकेन संपन्नो महीयते।७
अथ यदि गीतवादित्रलोककामो भवति संकल्पादेवास्य गीतवादित्रे
समुत्तिष्ठस्तेन गीतवादित्रलोकेन संपन्नो महीयते।८
अथ यदि स्त्रीलोककामो भवति संकल्पादेवास्य स्त्रियः समुत्तिष्ठन्ति तेन
स्त्रीलोकेन संपन्नो महीयते।९
यं यमन्तमभिकामो भवति यं कामं कामयते सोऽस्य संकल्पादेव समुत्तिष्ठति
तेन संपन्नो महीयते। १०

यदि अन्नपान के लोक वरे, सब खान-पान संकल्प-सृजित।
वह अन्नपान लोकों से युत, महिमा उसको संकल्प जनित। ७
जो गीत-वाद्य के लोक वरे, सब गीत-वाद्य संकल्पों से।
सम्पन्न गीत-वादित्र लोक, महिमा मंडित वह हो इससे। ८
नारी-लोकों की यदि इच्छा, नारियाँ प्रगट संकल्प जनित।
नारी लोकों से ही युत हो, महिमामय हो संकल्प सहित। ९
जो-जो चाहे सब सहज प्राप्त, जिस-जिसकी वह कामना करे।
संकल्प मात्र से ही पाये, महिमामय सम्पन्नता वरे। १०

[Chāndogya-8-2

If one a world full of food and drinks willed,
By one's mere willing the wish is fulfilled.
Food and drinks abounding, one is satisfied,
And attaining that world one is glorified. 7
If the world of song and music he required,
Merely by willing such a world he acquired.
Song and music galore, he feels gratified,
And gaining such a world he is glorified. 8
And if it is an women-world that he desired,
Merely by wishing such a world he acquired.
With women everywhere he feels satisfied,
And in the women-world he is glorified. 9
Thus whatever he desires, all that his becomes.
And what he does want, to him that comes.
Thus merely by willing he all obtained,
And thus furnished all glories attained. 10

अष्टम प्रपाठक, खण्ड-३

त इमे सत्याः कामा अनृतापिधानास्तेषां सत्यानां सतामनृतमपिधानं यो यो ह्यस्येतः प्रैति न तमिह दर्शनाय लभते।१

अथ ये चास्येह जीवा ये च प्रेता यच्चान्यदिच्छन्न लभते सर्वं तदत्र गत्वा विन्दतेऽत्र ह्यस्यैते सत्याः कामा अनृतापिधानास्तद्यथापि हिरण्यनिधिं निहितमक्षेत्रज्ञा उपर्युपरि संचरन्तो न विन्देयुरेवमेवेमाः सर्वाः प्रजा अहरहर्गच्छन्त्य एतं ब्रह्लोकं न विन्दन्त्यनृतेन हि प्रत्यूढाः। २

स वा एष आत्मा हृदि तस्यैतदेव निरुक्तं हृद्ययमिति तस्माद्धृदयमहरहर्वा एवंवित्स्वर्गं लोकमेति।३

अष्टम प्रपाठक, खण्ड-३

ये अनृत कामनाएँ ढँकती, जो सत्य कामनाएँ, सबको।
ये गन्ध-माल्य कामना ढँकें, सत्-ब्रह्मज्ञान की जो, उनको।
जो मृत्यु बाद हैं चले गये, कैसे कोई देखे उनको?
ऐसी इच्छा हो सत्य नहीं, है अनृत यहाँ ढँककर सत् को। १
जीवित या मृत जिसको चाहे, या अन्य वस्तु जो मिले नहीं।
हिय-मन्दिर में जा ब्रह्म निकट, सब कुछ पा लेता मनुज यहीं।
सब सत्य कामनाएँ हिय में, हो तृष्णा अनृत ढँके ऊपर।
पृथ्वी में दबा सुवर्ण कोष, ज्यों ज्ञात नहीं चलते भू पर।
उस ब्रह्मलोक में दिन-प्रतिदिन, जायें सुषुप्ति में प्रजा सभी।
आत्मा की निधि अप्राप्त किन्तु, चेतना अनृत से रहे दबी। २

Part-VIII, Section-3

But false desires to the true ones adhere
Thus one who is dead, how he can be seen here ?
Though desires are true, the covering is false there
False wishes have covered true wisdom everywhere. 1
A living, a dead or a desired not attained,
Uniting to the Indweller one all obtained.
In the temple of the heart, true desires abide,
But attachment to objects a cover provide.
While walking on earth people treasures not know.
The gold hidden underneath not does show.
In deep sleep daily one Brahma's world gained,
But due to false covering they Him not attained! 2

अथ य एष संप्रसादोऽस्माच्छरीरात्समुत्थाय परं ज्योतिरुपसंपद्य
स्वेन रूपेणाभिनिष्पद्यत एष आत्मेति होवाचैतदमृतमभयमेतद्ब्रह्मेति
तस्य ह वा एतस्य ब्रह्मणो नाम सत्यमिति।४
तानि ह वा एतानि त्रीण्यक्षराणि सत्तियमिति तद्यत्सत्तदमृतमथ
यत्ति तन्मर्त्यमथ यद्यं तेनोभे यच्छति यदनेनोभे यच्छति
तस्माद्यमहरहर्वा एवंवित्स्वर्गं लोकमेति। ५

वह आत्मा इस हिय में ही है, 'हृदि-अयम्' बना है हृदय यही।
'वह इस हिय में' जो नित जाने, पा लेता मानो स्वर्ग वही। ३
निर्मल हो ज्योति परम पाकर, ऊपर उठता जो इस तन से।
हो शुद्ध रूप में स्वयँ प्रकट, आत्मा स्वरूप ही कहें उसे।
है आत्मा वही अभय सत्ता, वह आत्मा ही अमृत-स्वरूप।
हो ब्रह्म पुनः वह आत्मा ही, यह परम ब्रह्म ही सत्य रूप। ४
ये तीन स-ति-य हैं सत्य मध्य, सत् ब्रह्मामृत का है द्योतक।
होता 'ति' वर्ण से मर्त्य जगत् 'यम्' इन दोनों का है बन्धक।
यह मर्त्यामृत औ जगत्- ब्रह्म, जो करे समन्वय यह जाने।
पा लेता है वह स्वर्गलोक, जो मर्म नित्य ऐसा माने। ५

[Chāndogya-8-3

That Supreme Self within the heart abided,
As this etymological explanation provided.
'Hṛdi' and 'Ayam' form 'Hṛdaya' or heart,
'He is in this heart' they meaning impart.
One who this meaning of the heart realized,
Instead of outside he inward visualized.
Day by day the temple of heart he attended,
And to those heavenly worlds thus ascended. 3
When the Jīva purified not to body adhered,
And attaining Supreme Light in own form appeared,
It is Brahma, the Fearless and Immortal stated.
Like-wise the Self and Truth too related. 4
The Truth or 'Satya' 'sat', 'ti' and 'yam' contained,
The 'Sat' syllable to Immortal Brahma pertained.
The 'ti' mortal world and 'yam' joining stated,
Holding Brahma and world together 'Yam' related.

अष्टम प्रपाठक, खण्ड-४

अथ य आत्मा स सेतुर्विधृतिरेषां लोकानामसंभेदाय। नैतं सेतुमहोरात्रे
तरतो न जरा न मृत्युर्न शोको न सुकृतं न दुष्कृतं सर्वे पाप्मानोऽतो
निवर्तन्तेऽपहतपाप्मा ह्येष ब्रह्मलोकः।१
तस्माद्वा एतं सेतुं तीर्त्वाऽन्धः सन्ननन्धो भवति विद्धः सन्नविद्धो
भवत्युपतापी सन्ननुपतापी भवति तस्माद्वा एवं सेतुं तीर्त्वापि
नक्तमहरेवाभिनिष्पद्यते सकृद्विभातो ह्येवैष ब्रह्मलोकः।२

अष्टम प्रपाठक, खण्ड-४

है सेतु मर्त्य-अमृत का यह, आत्मा ही युगल करे धारण।
दिन-रात्रि, जरा औ मृत्यु आदि, उस पार न जायें इस कारण।
सुकृत-दुष्कृत भी पार न हों, सब यहीं रहें इस मर्त्यलोक।
सब पाप अलग होकर लौटें, उस पार न जायें ब्रह्मलोक। १
अन्धा कर पार सुनेत्र बने, रोगी बनता नीरोग वहाँ।
होता अविद्ध जो विद्ध रहे, आत्मा बनता जो जीव यहाँ।
जो रात्रि, बने वह दिन समान, सब अन्धकार हो दूर वहाँ।
वह ब्रह्मलोक उस पार रहे, रहता प्रकाश सर्वत्र जहाँ। २

One who this meaning of the Truth realized,
The Immortal with mortals united visualized.
By universe he Him and by Him all perceived,
And daily in heaven his abode he achieved. 5

Part-VIII, Section-4

The Self is a bridge or bank that did bind,
The mortal and immortal worlds it joined.
As a boundary also it separating sustained,
And both these worlds balancing maintained.
Day-night and good or bad deeds stop there.
Old age, sorrows, and death also not dare,
Evils not reaching across thus perished,
In that world beyond the sin is vanquished. 1
A blind crossing it is no longer a blind,
An wounded leaves all his wounds behind.
The ailing is cured and night day became,
As one in the eternally lighted world came. 2

तद्य एवैतं ब्रह्मलोकं ब्रह्मचर्येणानुविन्दन्ति तेषामेवैष ब्रह्मलोकस्तेषां
सर्वेषु लोकेषु कामचारो भवति। ३

अष्टम प्रपाठक, खण्ड-५

अथ यद्यज्ञ इत्याचक्षते ब्रह्मचर्यमेव तद् ब्रह्मचर्येण ह्येव यो ज्ञाता
तं विन्दतेऽथ यदिष्टमित्याचक्षते ब्रह्मचर्यमेव तद् ब्रह्मचर्येण
ह्येवेष्ट्वात्मानमनुविन्दते।१
अथ यत्सत्त्रायणमित्याचक्षते ब्रह्मचर्यमेव तद् ब्रह्मचर्येण ह्येव
सत आत्मनस्त्राणं विन्दतेऽथ यन्मौनमित्याचक्षते ब्रह्मचर्यमेव तद्
ब्रह्मचर्येण ह्येवात्मानमनुविद्य मनुते। २

जो ब्रह्मचर्य पूर्वक रहकर, यह ब्रह्मलोक साधन करते।
सब लोकों में निर्बाध पहुँच, यह ब्रह्मलोक भी वे वरते। ३

अष्टम प्रपाठक खण्ड-५

जो कर्मकांड में 'यज्ञ' कहें, हम ब्रह्मचर्य उसको मानें।
इस ब्रह्मचर्य से ब्रह्म रूप, ज्ञाता को हम निश्चय जानें।
जो कर्मकांड में 'इष्ट कहें, वह ब्रह्मचर्य ही नर मानो।
इससे साधन कर इष्ट-ब्रह्म, उस बह्मात्मा को तुम जानो। १
जो यज्ञ कहाता सत्त्रायण, कर ब्रह्मचर्य ही है वरता।
इस सत्-स्वरूप आत्मा की भी, यह ब्रह्मचर्य रक्षा करता।
जो कर्मकांड में 'मौन' कहें, हो ब्रह्मचर्य आशय इससे।
आत्मा इससे ही प्राप्त करें, मन से यह मौन, मनन जिससे। २

[Chāndogya

But only such persons that Brahma's world gain,
By an austere celibacy who seek to attain.
They have a freedom of movement everywhere,
And they have an access to all the worlds there. 3

Part-VIII, Section-5

It is celibacy which as Yajña is known,
Through it the Knower Para Brahma is shown.
It is celibacy the 'adored' and the 'wished',
By it one willing, got that Self cherished. 1
The 'Satrāyaṇa' Yajña to celibacy pertained,
Guarding this Truth-Self, celibacy sustained.
The silent contemplation is celibacy related,
The celibacy-shown Self is by mind meditated. 2

अथ यदनाशकायनमित्याचक्षते ब्रह्मचर्यमेव तदेष ह्यात्मा न नश्यति यं
ब्रह्मचर्येणानुविन्दतेऽथ यदरण्यायनमित्याचक्षते ब्रह्मचर्यमेव तत्। अरश्च
ह वै ण्यश्चार्णवौ ब्रह्मलोके। तृतीयस्यामितो दिवि तदैरंमदीयं सरस्तदश्वत्थः
सोमसवनस्तदपराजिता पूर्ब्रह्मणः प्रभुविमितं हिरण्मयम्।३
तद्य एवैतावरं च ण्यं चार्णवौ ब्रह्मलोके ब्रह्मचर्येणानुविन्दन्ति तेषामेवैष
ब्रह्मलोकस्तेषां सर्वेषु लोकेषु कामचारो भवति।४

अष्टम प्रपाठक, खण्ड-६

अथ या एता हृदयस्य नाड्यस्ताः पिङ्गलस्याणिम्नस्तिष्ठन्ति शुक्लस्य
नीलस्य पीतस्यलोहितस्येत्यसौ वा आदित्यः पिङ्गल एष शुक्ल एष नील
एष पीत एष लोहितः।१

जो 'अनाशकायन' यज्ञ कहें, वह ब्रह्मचर्य का ही स्वरूप।
जो ब्रह्मचर्य से प्राप्त रहे, हो नष्ट नहीं वह आत्म रूप।
हम कहें 'अरण्यायन' जिसको, जो ब्रह्म हेतु है वन जाना।
बनता अरण्य 'अर-ण्य' से है, वह ब्रह्मचर्य जाता माना।
'अर'-'ण्य' नामक हैं दो सागर, तीसरा रहे द्यौ-लोक जहाँ।
है ताल एक 'एरंमदीय' ये ब्रह्मलोक में रहें वहाँ।
अश्वत्थ नामका वृक्ष वहीं, जिससे टपके यह सोम वहाँ।
प्रभु निर्मित ब्रह्मपुरी भी है, सोने की अपराजिता जहाँ। ३
जो ब्रह्मचर्य से कर्म-ज्ञान, अर-ण्य जानें जा ब्रह्मलोक।
उनका ही होता ब्रह्मलोक, निर्बाध जाँय वे सभी लोक। ४

Upaniṣad]

The Anāśakāyana Yajña is celibacy realized.
The Imperishable Self is by it visualized.
Seeking Brahma in forest is celibacy related,
The word Araṇyāyana etymologically so stated.
In the heaven two seas 'Ar' and "Ṇya' are known,
There a divine pond Airaṁmadīya is shown.
From the holy fig there the Soma sap rained,
One golden Aparājitā and Brahmas world gained. 3
One who fully austere, celibacy maintained
The two divine seas 'Ar' and 'Ṇya' thus attained.
Such persons Brahma's golden world gained,
And freedom of movement in worlds obtained. 4

तद्यथा महापथ आतत उभौ ग्रामौ गच्छतीमं चामुं चैवमेवैता आदित्यस्य
रश्मय उभौ लोकौ गच्छन्तीमं चामुं चामुष्मादादित्यात्प्रतायन्ते। ता आसु
नाडीषु सृप्ता आभ्यो नाडीभ्यः प्रतायन्ते। तेऽमुष्मिन्नादित्ये सृप्ताः।२
तद्यत्रैतत्सुप्तः समस्तः संप्रसन्नः स्वप्नं न विजानात्यासु तदा नाडीषु सृप्तो
भवति। तं न कश्चन पाप्मा सपृशति तेजसा हि तदा संपन्नो भवति।३

अष्टम प्रपाठक, खण्ड-६

इस पिण्ड मध्य यह हृदय सूर्य, नाड़ियाँ सूक्ष्म रस से प्लावित।
ज्यों रश्मि विविध हों, शुक्ल नील, औ पीतवर्ण पिंगल लोहित।
ब्रह्माण्ड-जगत् में सूर्य हृदय, किरणें फैली हों रस-स्वरूप।
वे शुक्ल नील पिंगल लोहित, औ पीत वर्ण नाड़ियाँ-रूप। १
ज्यों जाय महापथ एक, ग्राम, निकटस्थ और दूरस्थ युगल।
रवि किरणें त्यों ही जा पहुँचें, ब्रह्माण्ड-पिण्ड में लोक सकल।
रवि रश्मि नाड़ियों में आती, नाड़ी से रवि में हो जाना।
ब्रह्माण्ड-पिण्ड, रवि-नाड़ी में, होता रहता जाना-आना। २
होवें 'समस्त' जब हो सुषुप्ति, गाढ़ी निद्रा में स्वप्न नहीं।
नाड़ी में पहुँच प्रसन्न रहें, ऐसी सुषुप्ति हो प्राप्त यहीं।
नाड़ी में जो रवि-रश्मि रहे, पा स्पर्श बने वह तेज रूप।
तब नहीं पाप का स्पर्श उसे, वह आ जाता अपने स्वरूप। ३

[Chāndogya

Part-VIII, Section-6

The heart in this body is the sun as it were!
From it the ray-capillaries go everywhere
White, brown, blue, yellow and red in colour,
These veins carry the subtle saps of ardour.
The sun in the cosmos is the world's heart there.
From it rays radiate in the world everywhere.
White, brown, blue, yellow and scarlet in colour,
These rays are like the capillaries of ardour. 1
As a highway goes to a far village and near,
The rays reach the cosmos and the body here.
Coming from the sun in the veins they reside,
And leaving veins also in the sun they abide. 2
When one is in deep sleep, one is unified.
Seeing no dreams is in Bliss satisfied.
Basking in ardour the rays and veins provided,
One, sinless, in own form in these veins abided. 3

अथ यत्रैतदबलिमानं नीतो भवति तमभित आसीना आहुर्जानासि मां
जानासि मामिति। स यावदस्माच्छरीरादनुत्क्रान्तो भवति तावज्जानाति।४
अथ यत्रैदस्माच्छरीरादुत्क्रामत्यथैतैरेव रश्मिभिरूर्ध्वमाक्रमते। स ओमिति
वा होद्वामीयते। स यावत्क्षिप्येन्मनस्तावदादित्यं गच्छत्येतद्वै खलु लोकद्वारं
विदुषां प्रपदनं निरोधोऽविदुषाम्।५
तदेष श्लोकः। शतं चैका च हृदयस्यनाड्यस्तासां मूर्धानमभि निःसृतैका।
तयोर्ध्वमायन्नमृतत्वमेति। विष्वङ्ङन्या उत्क्रमणे भवन्त्युत्क्रमणे भवन्ति।६

तन निर्बल हो घेरें बान्धव, पूछें, क्या जाने-पहचाने?
जबतक न देह से वह निकले, उनको वह पहचाने-जाने। ४
इन एक किसी नाड़ी से ही, जब मृत्यु, करे तन से प्रयाण।
सामान्य मनुज जिस विषय लीन, उस नाड़ी से ही जाय प्राण।
जो ब्रह्म उपासक ओम् कहें, करते प्रयाण वे ऊर्ध्व तभी।
आदित्य लोक को जा पहुँचें, यह मनस्तत्त्व हो क्षीण जभी।
यह ब्रह्मलोक का रहे द्वार, इस द्वार निकलते जो ज्ञानी।
वे ब्रह्मलोक को प्राप्त करें, रुक जाते वे जो अज्ञानी। ५
सौ-एक नाड़ियाँ हैं हिय में, मूर्धा जाती वह एक रहे।
उस एक ब्रह्मविद् निकल अमर, गति पृथक् अन्य से श्लोक कहे। ६

When one looses strength, relatives surround.
Do you know me and me, ask sitting around,
Until the Living Self not departed from here,
One knows all and one's cognition is clear,4
Leaving this body the Self at last parted.
By the vein of the sense that bind, it departed.
Reciting Oṁ syllable who Brahma meditated,
Departing from here he upwards negotiated.
This body decaying, the Sun-world it attained.
That is the door of the Brahma-world it gained.
The Brahma-knowers crossing, that world obtained,
Those not initiated, stay there detained. 5
One hundred and one veins in the heart are stated
One vein goes upwards as this verse related.
Brahma knowers by that one immortality gained,
By other veins leaving one differently attained. 6

अष्टम प्रपाठक, खण्ड-७

य आत्माऽपहतपाप्मा विजरो विमृत्युर्विशोकोऽविजिघत्सोऽपिपासः सत्यकामः सत्य संकल्पः सोऽन्वेष्टव्यः स विजिज्ञासितव्यः। स सर्वांश्च लोकानाप्नोति सर्वांश्च कामान्यस्तमात्मानमनुविद्य विजानातीति ह प्रजापतिरुवाच। १

तद्धोभये देवासुरा अनुबुबुधिरे। ते होचुर्हन्त तमात्मानमन्विच्छामो यमात्मानमन्विष्य सर्वांश्च लोकानाप्नोति सर्वांश्च कामानिति। इन्द्रो हैव देवानामभिप्रवव्राज विरोचनोऽसुराणाम्। तौ हासंविदानावेव समित्पाणी प्रजापतिसकाशमाजग्मतुः। २

अष्टम प्रपाठक, खण्ड-७ (प्रजापति, इन्द्र औ विरोचन)

इस हिय नभ का वासी आत्मा, निष्पाप, जरा औ मृत्यु तरे।
संकल्प-सत्य औ सत्य-काम, वह शोक भूख औ प्यास परे।
यह कहें प्रजापति, वह आत्मा, ऐसा, उसको ढूँढे-जानें।
सब लोक कामना प्राप्त करें, जो ढूँढे-जाने, यह मानें। १
ये देव-असुर यह सुन सोचें, ऐसा आत्मा जिसको पाकर।
सब लोक, कामना सब पायें, खोजें जानें उसको जाकर।
देवों में इन्द्र, विरोचन भी, असुरों में, निकले यह ठाने।
वे मिलें प्रजापति समित्पाणि, प्रत्येक अन्य से अनजाने। २

[Chāndogya

Part-VIII, Section-7

(Prajāpati, Indra & Virocana)

From all sin, old age and death not bound,
Free from sorrows that Self should be found!
Without hunger and thirst and with True Desire,
For such a Self with True Will one should aspire!
One who sought it, Prajāpati thus announced,
And known it realizing also, he pronounced,
Such a person all these worlds obtained,
And all that he desires, also attained! 1
The gods and demons both heard and thought,
Which bestows all worlds and desires, be sought!
Thus Virocana among demons and also Indra god,
'Fuel-handed and seeking, came to Prajāpati Lord. 2

तौ ह द्वात्रिंशतं वर्षाणि ब्रह्मचर्यमूषततुस्तौ ह प्रजापतिरुवाच
किमिच्छन्तावववास्तमिति तौ हो चतुर्य आत्माऽपहतपाप्मा विजरो
विमृत्युर्विशोकोऽविजिघत्सोऽपिपासः सत्यकामः सत्यसंकल्पः
सोऽन्वेष्टव्यः स विजिज्ञासितव्यः स सर्वांश्च लोकानाप्नोति सर्वांश्च
कामान् यस्तमात्मानमनुविद्य विजानातीति भगवतो वचो वेदयन्ते
तमिच्छन्तावववास्तमिति।३
तौ ह प्रजापतिरुवाच य एषोऽक्षिणि पुरुषो दृश्यत एष आत्मेति
होवाचैतदमृतमभयमेतद्ब्रह्मेत्यथ योऽयं भगवोऽप्सु परिख्यायते
यश्चायमादर्शे कतम एष इत्येष उ एवैषु सर्वेष्वेतेषु परिख्यायत
इति होवाच।४

आश्रम में रह वे ब्रह्मचर्य, बत्तीस वर्ष तप करें वहाँ।
पूछते प्रजापति क्या इच्छा, तप करते क्यों हो बसे यहाँ?
हिय-नभ का वासी जो आत्मा, निष्पाप, जरा औ मृत्यु तरे।
संकल्प-सत्य जो सत्य-काम, हो शोक भूख औ प्यास परे।
सब लोक-कामना करे प्राप्त, ढूँढ़े जो, जाने जो उसको।
भगवन आश्रम रह इसी हेतु, उसकी ही लगन लगी हमको। ३
जो पुरुष आँख में है दिखता, यह कहें प्रजापति, वह आत्मा।
है वही अभय औ अमृत भी, है ब्रह्म रूप वह परमात्मा।
वे पूछें, जल में जो दिखता, दर्पण में जो, क्या वह वैसा?
फिर कहें प्रजापित, वैसा ही, आँखों में दिखता है जैसा। ४

For thirty-two years in celibacy they abided.
Then Prajāpati asked, for what they resided!?
It resounded everywhere as you declared
We are here for that Self we had heard! 3
That Self, said Prajāpati, in the eye is perceived,
As Para Brahma, Fearless and Immortal conceived.
They asked who in water or in mirror abided?
He replied, the same as Eye Person resided! 4

Part-VIII, Section-8

(The Demon-Upaniṣad)

If you, said Prajāpati, not know the Self well,
Then look at yourself in a water-pan and tell!
They looked and Prajāpati asked, what is there!
They said, to the hairs and nails we are here! 1

अष्टम प्रपाठक, खण्ड-८

उदशराव आत्मानमवेक्ष्य यदात्मनो न विजानीथस्तन्मे प्रब्रूतमिति तौ
होदशरावेऽवेक्षांचक्राते तौ ह प्रजापतिरुवाच किं पश्यथ इति तौ होचतुः
सर्वमेवेदमावां भगव आत्मानं पश्याव आ लोमभ्य आ नखेभ्यः
प्रतिरूपमिति।१
तौ ह प्रजापतिरुवाच साध्वलंकृतौ सुवसनौ परिष्कृतौ
भूत्वोदशरावेऽवेक्षेथामिति तौ ह साध्वलंकृतौ सुवसनौ परिष्कृतौ
भूत्वोदशरावेऽवेक्षांचक्राते तौ ह प्रजापतिरुवाच किं पश्यथ इति।२
तौ होचतुर्यथैवेदमावां भगवः साध्वलंकृतौ सुवसनौ परिष्कृतौ स्व एवमेवेमौ
भगवः साध्वलंकृतौ सुवसनौ परिष्कृतावित्येष आत्मेति होवाचैतदमृतम-
भयमेतद्ब्रह्मेति तौ ह शान्तहृदयौ प्रवव्रजतुः।३

अष्टम प्रपाठक, खण्ड-८ (असुरोपनिषत्)

अपने को जल के पात्र झांक, पूछो यदि सकते नहीं जान।
पूछते प्रजापति जब झांकें, क्या देखा, क्या हो गया ज्ञान?
वे कहें, शिखा से नख तक सब, दिखता हमको अपना स्वरूप।
भगवन, जो हम, वह सब देखें, दिखता अपना प्रतिरूप-रूप। १
आभूषण-सुन्दर वस्त्र पहन, देखो अब फिर होकर सज्जित।
जब वस्त्राभूषण में देखें, पूछते प्रजापति, क्या लक्षित?२
आभूषण-सुन्दर वस्त्रों में, जिस भाँति परिष्कृत रहें युगल।
आभूषण-सुन्दर वस्त्रों में वैसा ही दिखलाता यह जल।
जाग्रत में दिखता यही ब्रह्म, यह आत्मा, अमृत और अभय।
वे यह सुन मानें, समझ गये, वे चले गये हो शान्त हृदय। ३

[Chāndogya

Prajāpati said, be adorned and well dressed,
Look again in water tidied and refreshed!
They dressed and adorned and looked as required,
What now do you see, Prajāpati then enquired. 2
They said as adorned and dressed we are here,
Similar are the reflections in water Sire there!
That is the Self, the Immortal, Without Fear!
Both left satisfied with what they did hear. 3
Prajāpati thought when he leaving perceived,
Both are going now without having conceived!
Whoever of the two this doctrine true treats
Thinking body as the Self, he will face defeats.

तौ हान्वीक्ष्य प्रजापतिरुवाचानुपलभ्यात्मानमनुविद्य व्रजतो यतर एतदुपनिषदो भविष्यन्ति देवा वाऽसुरा वा ते पराभविष्यन्तीति स ह शान्तहृदय एव विरोचनोऽसुराञ्जगाम तेभ्यो हैतामुपनिषदं प्रोवाचात्मैवेह महय्य आत्मा परिचर्य आत्मानमेवेह महयन्नात्मानं परिचरन्नुभौ लोकाववाप्नोतीमं चामुंचेति।४

तस्मादप्यद्येहाददानमश्रद्दधानमयजमानमाहुरासुरो बतेत्य सुराणां ह्येषोपनिषत्प्रेतस्य शरीरं भिक्षया वसनेनालंकारेणेति संस्कुर्वन्त्येतेन ह्यमुं लोकं जेष्यन्तो मन्यन्ते। ५

आत्मा न जान ये हैं जाते, अब करें प्रजापति यह विचार।
मानें जो देव, असुर अथवा, तन आत्मा है, वे जाँय हार।
हो शान्त विरोचन असुरों में , लौटा, उपदेश दिया उनको।
यह तन ही है आत्मा स्वरूप, इसलिये सदा पूजो तन को।
परिचर्या इसकी करो, कहे, तन की सेवा से प्राप्त सकल।
इसकी पूजा से करें प्राप्त, इहलोक और परलोक युगल। ४
जो करें यज्ञ औ दान नहीं, श्रद्धा न जिन्हें, हैं, असुर वही।
वे दनुज देह आत्मा मानें, असुरों का है उपनिषत् यही।
वे वस्त्राभूषण सज्जित कर, मृत का भी यह संस्कार करें।
समझें वे असुर इसीसे हम, इहलोक और परलोक वरें। ५

Upaniṣad]

Satisfied, Virocana to the demons now came,
This body is the Self, this his sermon became.
The body alone should be served and meditated,
This world and the others one thus gains, he stated. 4
So the demons adorn and dress a dead person,
Showering perfumes and flowers in profusion.
They believe that adoring the dead body here,
They shall win this and the other worlds there. 5

Part-VIII, Section-9

When this body is dressed and adorned in form,
The reflected 'Self' also to it does conform.
When the body is blind or lame or is dead,
The reflections can not be different instead!

अष्टम प्रपाठक, खण्ड-९

अथ हेन्द्रोऽप्राप्यैव देवानेतद्भयं ददर्श यथैव खल्वयमस्मिञ्छरीरे साध्वलंकृते साध्वलंकृतो भवति सुवसने सुवसनः परिष्कृते परिष्कृत एवमेवायमस्मिन्नन्धेऽन्धो भवति स्रामे स्रामः परिवृक्णे परिवृक्णोऽस्यैव शरीरस्य नाशमन्वेष नश्यति नाहमत्र भोग्यं पश्यामीति।१

स समित्पाणिः पुनरेयाय तं ह प्रजापतिरुवाच मघवन्यच्छान्तहृदयः प्राव्राजीः सार्धं विरोचनेन किमिच्छन् पुनरागम इति स होवाच यथैव खल्वयं भगवोऽस्मिञ्छरीरे साध्वलंकृते साध्वलंकृतो भवति सुवसने सुवसनः परिष्कृते परिष्कृत एवमेवायमस्मिन्नन्धेऽन्धो भवति स्रामे स्रामः परिवृक्णे परिवृक्णोऽस्यैव शरीरस्य नाशमन्वेष नश्यति नाहमत्र भोग्यं पश्यामीति।२

अष्टम प्रपाठक, खण्ड-९

देवों में जायें नहीं इन्द्र, भय उपजा, पा न सके आत्मा,
वे सोचें यह सिद्धान्त असत्, तन-प्रतिछवि कैसे परमात्मा?
होते सुवस्त्र-भूषण से युत, प्रतिबिम्ब परिष्कृति हो वैसा।
प्रतिछवि वैसे ही वैसी हो, तन जैसे ही होता जैसा।
जब हो अन्धा काना लूला, अन्धी कानी लूली छाया।
होती विनष्ट यह भी छाया, यदि नाश प्राप्त होती काया। १
वे समित्पाणि फिर से लौटे, पूछते प्रजापति, क्यों अशान्त?
किस इच्छा से वापस लौटे, तुम गये विरोचन साथ शान्त!
भगवन, सुवस्त्र-भूषण युत हों, प्रतिबिम्ब परिष्कृत हो उनसे।
तन हो अन्धा काना लूला, प्रतिछवि वैसी होती तन से।
यदि नाश प्राप्त होता यह तन, प्रतिछवि भी कहीं नहीं बचती।
तन को कैसे आत्मा मानूँ, यह बात नहीं मुझको जँचती! २

[Chāndogya-8-9

The Self therefore, would be lame and blind,
And also like body would be perishing kind!
Before going to the gods now Indra had fear,
I do not understand seeing no good here! 1
With fuel in hand, to Prajāpati he did come,
Prajāpati enquired, now what has become?
With Virocana you had left fully contented,
Now what has made you so discontented!
Indra said, if body is dressed and maintained,
The reflected 'Self' also is similar obtained.
If a lame, blind or perishing body is here,
A lame, blind or decaying 'Self' would be there!

एवमेवैष मघवन्निति होवाचैतं त्वेव ते भूयोऽनुव्याख्यास्यामि वसापराणि द्वात्रिंशतं वर्षाणीति स हापराणि द्वात्रिंशतं वर्षाण्युवास तस्मै होवाच। ३

अष्टम प्रपाठक, खण्ड-१०

य एष स्वप्ने महीयमानश्चरत्येष आत्मेति होवाचैतदमृतमभयमेतद्ब्रह्मेति स ह शान्तहृदयः प्रवव्राज स हाप्राप्यैवदेवानेतद्भयं ददर्श तद्यद्यपीदं शरीरमन्धं भवत्यनन्धः स भवति यदि स्राममस्रामो नैवैषोऽस्य दोषेण दुष्यति।१

तब कहें प्रजापति, हे मघवन, जो तुमने समझा, सत्य सभी।
रह ब्रह्मचर्य बत्तीस वर्ष, फिर से दूंगा उपदेश तभी।
बत्तीस वर्ष तक ब्रह्मचर्य, धारण करते मघवन फिर से।
वे आश्रम में ही वास करें, फिर कहें प्रजापति यों उनसे। ३

अष्टम प्रपाठक, खण्ड-१०

महिमामय स्वप्नों में विचरे, वह ब्रह्मामृत है, वही अभय।
हे मघवन आत्मा-ब्रह्म वही, सुन, गये इन्द्र हो शान्त हृदय।
देवों में जाने से पहले, भय उपजे, सोचे वह मन में।
जो स्वप्नों में विचरे न ग्रस्त, यद्यपि हो दोष उसे तन में।
तन अन्धा या काना भी हो, सोचते इन्द्र, यद्यपि ऐसा।
स्वप्नावस्था में जो विचरे, अन्धा-काना न रहे वैसा। १

The reflected 'Self' thus would be blind or lame!
And also like body to the death it came!
Thus how can this body be the Self, I fear!
I do not understand and see no good here! 2
Prajāpati said, Indra, so it is indeed!
I will surely explain and further I will lead.
For thirty-two years more to celibacy adhere!
And he said after Indra abided thus there. 3

Part-VIII, Section-10

One who moves about in our dreams glorified,
He is as the Self and Immortal specified!
He is also the Fearless Brahma related,
Hearing this Indra now went away satiated.
This dream-Self may not be blind or lame,
If the body is defective, he may not be same,
Returning to the gods, Indra contemplated,
The Great Self indeed not the body emulated! 1

न वधेनास्य हन्यते नास्य स्राम्येण स्रामो घ्नन्ति त्वेवैनं विच्छादयन्तीवा-
प्रियवेत्तेव भवत्यपि रोदितीव नाहमत्र भोग्यं पश्यामीति।२
स समित्पाणिः पुनरेयाय तं ह प्रजापतिरुवाच मघवन्यच्छान्तहृदयः प्राव्राजीः
किमिच्छन् पुनरागम इति स होवाच तद्यद्यपीदं भगवः शरीरमन्धं भवत्यनन्धः
स भवति यदि स्राममस्रामो नैवैषोस्य दोषेण दुष्यति।३

काना न बने तन काना हो, तन के वध से वह मरे नहीं।
लेकिन पीछा करता कोई, मारे कोई, वह डरे वहीं।।
स्वप्नों में रोने भी लगते, उसमें अप्रिय भी हों अनुभव।
सोचें मघवन, यह ठीक नहीं, आत्मा में ये क्योंकर संभव?२
वे समित्पाणि फिर से लौटे, पूछते प्रजापति, क्यों अशान्त?
किस शंका से वापस आये, तुम चले गये थे तुष्ट-शान्त।
भगवन स्वप्नों में जो विचरे, वह अन्धा-काना भले नहीं।
दूषित तन-दोष नहीं करते, अन्धा-काना यदि देह कहीं। ३
काना न रहे यदि तन काना, तन के वध से वह मरे नहीं।
लेकिन भय होता है, मारे, पीछा भी कोई करे कहीं।
रोने भी लगते स्वप्नों में, होते हैं अप्रिय अनुभव भी।
भगवन,लगता यह ठीक नहीं, मन में न जँचे यह बात कभी।

[Chāndogya-8-10

When this body is slain or has some defect,
The dream-Self may not have that very effect.
But going to the gods, he again had a fear,
In this also he thought, no good is there!
The dream-Self feels that it is being slain!
It is being followed, this Self sees plain!
Conscious of the pains, it weeps also there!
There is really no sense in all these here! 2
With fuel in hand, he returned back there.
Prajāpati enquired, why again you are here?
You went away from here fully satisfied!
What has now made you so dissatisfied?
Indra said, the Self is indeed not the same.
The dream-Self may not be blind or lame.
The defect of body not made it defective,
And this Self seems independently active. 3
When this body is slain or it becomes lame
The dream-Self indeed may not become same.

न वधेनास्य हन्यते नास्य स्राम्येण स्रामो घ्नन्ति त्वेवैनं
विच्छादयन्तीवाप्रियवेत्तेव भवत्यपि रोदितीव नाहमत्र भोग्यं
पश्यामीत्येवमेवैष मघवन्निति होवाचैतं त्वेव ते भूयोऽनुव्याख्यास्यामि
वसापराणि द्वात्रिंशतं वर्षाणीति स हाऽपराणि द्वात्रिंशतं वर्षाण्युवास
तस्मै होवाच।४

अष्टम प्रपाठक, खण्ड-११

तद्यत्रैतत् सुप्तः समस्तः संप्रसन्नः स्वप्नं न विजानात्येष आत्मेति
होवाचैतदमृतमभयमेतद्ब्रह्मेति स ह शान्तहृदयः प्रवव्राज स हाप्राप्यैव

तब कहें प्रजापति, हे मघवन, तूने जो समझा, सत्य सभी।
रह ब्रह्मचर्य बत्तीस वर्ष, फिर से दूंगा उपदेश तभी।
बत्तीस वर्ष तक ब्रह्मचर्य, धारण करते मघवन फिर से।
वे आश्रम में ही वास करें, फिर कहें प्रजापित यों उनसे। ४

अष्टम प्रपाठक, खण्ड-११

होवें 'समस्त' केन्द्रित स्वरूप, सोने के बाद जहाँ जाकर।
जब स्वप्न नहीं देखें-जानें, होवें प्रसन्न जिसको पाकर।
ऐसी सुषुप्ति में जो झलके, वह अमृत है वह ब्रह्म-अभय।
आत्मा उसको ही जान इन्द्र, फिर गये इन्द्र हो शान्त हृदय।
देवों में जाने से पहले, सोचें, मन में भय हुआ वहीं।
हम जानें नहीं स्वयँ को भी, जब हो सुषुप्ति, कुछ ज्ञान नहीं।
मैं यह हूँ, यह भी नहीं ज्ञात, मानो हम रहते नाश लीन।
यह बात नहीं मन में जँचती, भूतादि-ज्ञान भी हों विलीन। १

But the Self does feel being chased or slain!
Conscious of pains it does weep so plain!
Reverend, this doctrine nowhere does lead!
Prajāpati replied, Indra, so it is indeed!
For thirty-two years be a celibate again!
When Indra abided, he again did explain. 4

Part-VIII, Section-11

When one is asleep and completely composed,
And sees no dreams thus perfectly reposed,
One meets that Self the Immortal stated,
Also The Fearless and Para Brahma, related!
Hearing this Indra went away satisfied,
But going to the gods again doubts occupied.

देवानेतद्भयं ददर्श नाह खल्वयमेवं संप्रत्यात्मानं जानात्ययमहमस्मीति नो
एवेमानि भूतानि विनाशमेवापीतो भवति नाहमत्र भोग्यं पश्यामीति।१
स समित्पाणिः पुनरेयाय तं ह प्रजापतिरुवाच मघवन्यच्छान्तहृदयः प्राव्राजीः
किमिच्छन्पुनरागम इति स होवाच नाह खल्वयं भगव एवं संप्रत्यात्मानं
जानात्ययमहमस्मीति नो एवेमानि भूतानि विनाशमेवापीतो भवति नाहमत्र
भोग्यं पश्यामीति।२
एवमेवैष मघवन्निति होवाचैतं त्वेव ते भूयोऽनुव्याख्यास्यामि नो
एवान्यत्रैतस्माद्वसापराणि पञ्च वर्षाणीति स हापराणि पञ्च वर्षाण्युवास

वह समित्पाणि फिर से लौटा, पूछते प्रजापति, क्यों आये?
तुम चले गये थे शान्त हृदय, शंका कैसी वापस लाये?
निज औ भूतों का ज्ञान नहीं, मानो सुषुप्ति में नाश-लीन।
यह बात नहीं मन में जँचती, रहते सुषुप्ति में ज्ञान-हीन। २
उपदेश पुनः दूँ हे मघवन, तूने जो समझा सत्य वही।
तू ब्रह्मचर्य रह पाँच वर्ष, मघवन ने फिर से किया यही।
आत्मा, सुषुप्ति में कुछ झलके, बस यही, और कुछ तथ्य नहीं।
इस भाँति इन्द्र सौ-एक वर्ष, तप करें प्रजापति पास वहीं।
इसलिये कथा यह है प्रसिद्ध, तप करें इन्द्र सौ-एक वर्ष।
जब पाँच वर्ष फिर से बीते, उपदेश प्रजापति दें सहर्ष। ३

[Chāndogya-8-11

Oneself knowing not and of 'I' not aware
In deep sleep one knows not a thing that is there!
Knowing nothing in sleep, gone is the instruction,
It appears as if one has gone to destruction!
Hence in deep sleep there is not the Self stated,
Therefore this doctrine is not well related
With fuel in hand he returned back there.
Prajāpati enquired, why again you are here?
You had gone away completely satisfied,
What has now made you again dissatisfied!
This Self knows not 'I am' Indra thus stated,
It knows neither itself nor others he related.
In deep sleep it is annihilated , as it were!
Thus I see no good in this doctrine here! 2
Prajāpati said, Indra it is as you state!
Explaining it further I will all relate.
The Self is nothing else besides this you know!
Reside for five years and I will further show!
For five more years Indra again resided.
For one hundred and one years thus he abided.
His austerity for such long is very well known,
And then by Prajāpati he was thus shown. 3

तान्येकशतं संपेदुरेतत्तद्यदाहुरेकशतं ह वै वर्षाणि मघवान्प्रजापतौ ब्रह्मचर्यमुवास तस्मै होवाच।३

अष्टम प्रपाठक, खण्ड-१२

मघवन्मर्त्यं वा इदं शरीरमात्तं मृत्युना तदस्यामृतस्याशरीरस्यात्म-
नोऽधिष्ठानमात्तो वै सशरीरः प्रियाप्रियाभ्यां न वै सशरीरस्य सतः
प्रियाप्रिययोरपहतिरस्त्यशरीरं वाव सन्तं न प्रियाप्रिये स्पृशतः।१
अशरीरो वायुरभ्रं विद्युत्स्तनयित्नुरशरीराण्येतानि तद्यथैतान्यमुष्मादा-
काशात्समुत्थाय परं ज्योतिरुपसंपद्य स्वेन रूपेणाभि निष्पद्यन्ते।२

अष्टम प्रपाठक, खण्ड-१२ (उत्तम पुरुष)

हे इन्द्र मरण-धर्मा शरीर, यह जीव-देह है मृत्यु-ग्रसित।
लेकिन अमृत-आत्मा का यह, है अधिष्ठान, जो देह-रहित।
जब तक तन से मिल एक रहे, प्रिय-अप्रिय सभी होते उसको।
सुख-दुख शरीर के धर्म रूप, सुख-दुख का भोग रहे सबको।
अपने स्वरूप में जब आता, आत्मा जब तजता है तन को।
प्रिय-अप्रिय सभी से वह छूटे, सुख-दुख का स्पर्श नहीं उसको।?
ये वायु अभ्र विद्युत् गर्जन, ये सब तनहीन रहें जैसे।
जब सूर्य इन्हें उष्मा देता, ये दृश्य रूप प्रकटें वैसे। २

Upaniṣad]

Part-VIII, Section-12 (The Highest Person)

Indra, this body is death-held and mortal,
The abode of the Self, bodiless and immortal.
While in the body, it feels pains and pleasures,
It can not be free from the worldly measures,
Attached to this body, it has all feelings,
It is affected by the bodily dealings.
When it is bodiless, no desires are there,
Pleasures not please nor pains can adhere. 1
Bodiless air, lightning, cloud and thunders,
Arising in sky reaching the sun do wonders!
They all then assume their own real forms,
Heated by the sun, each to its role conforms! 2

एवमेवैष संप्रसादोऽस्माच्छरीरात्समुत्थाय परं ज्योतिरुपसंपद्य स्वेन रूपेणाभिनिष्पद्यते स उत्तमपुरुषः स तत्र पर्येति जक्षत्क्रीडन्रममाणः स्त्रीभिर्वा यानैर्वा ज्ञातिभिर्वा नोपजनं स्मरन्निदं शरीरं स यथा प्रयोग्य आचरणे युक्त एवमेवायमस्मिञ्छरीरे प्राणो युक्तः।३
अथ यत्रैतदाकाशमनुविषण्णं चक्षुः स चाक्षुषः पुरुषो दर्शनाय चक्षुरथ यो वेदेदं जिघ्राणीति स आत्मा गन्धाय घ्राणमय यो वेदेदमभिव्याहराणीति स आत्मा ऽभिव्याहाराय वागथ यो वेदेदं श्रृणवानीति स आत्मा श्रवणाय श्रोत्रम्।४

आत्मा भी रहता देह-रहित, वह वास करे इस तन में ही।
जब परम ज्योति का स्पर्श उसे, धारण करता निज रूप वही।
जो ब्रह्म-स्पर्श से शुद्ध रूप, कहलाता 'उत्तम-पुरुष' वही।
खाये खेले या सैर करे, कुछ स्मरण नहीं हो, लगे यही।
वह मोद करे नारी से भी, सर्वत्र विचरता वह ऐसे।
अशरीरी सा आचरण करे, तन-बन्धु सभी विस्मृत जैसे।
तन भिन्न देख निजको जाने, यह प्राण देह से जा जुड़ता।
तन भिन्न रहे लेकिन आत्मा, इस तन-रथ में ही आ जुटता। ३
है आत्मा 'चाक्षुष-पुरुष' वही, नभ में आँखें हों जड़ीं जहाँ।
सब जगह झरोखों से देखे, ब्रह्माण्ड-जगत् को 'पुरुष, वहाँ।
जो देख रहा है वह आत्मा, ये चक्षु देखने के साधन।
है गन्ध ग्रहण करता आत्मा, नासिका घ्राण का है वाहन।
वाणी यह है व्यवहार हेतु, आत्मा वह जो व्यवहार करे।
सुनने के साधन श्रोत्र रहें, सुनता है आत्मा वही परे। ४

[Chāndogya-8-12

Even so the Serene Self from the body arises,
Contact with the Supreme Light bliss comprises.
The Self then appears in its true form,
Then to the 'Highest Person' it does conform.
Not remembering the body, relations and men,
It plays, laughs and moves rejoicing with women.
Seeing itself as a horse that is yoked to a cart,
It functions with the body, though never its part! 3
Now, whereever the eye is turned towards space,
The Seeing Eye-Person or the Self one does face.
The eye is only an instrument of perception,
Who really perceives is that Self Person!

अथ यो वेदेदं मन्वानीति स आत्मा मनोऽस्य दैवं चक्षुः स वा एष एतेन दैवेन चक्षुषा मनसैतान् कामान् पश्यन्रमते।५

य एते ब्रह्मलोके तं वा एतं देवा आत्मानमुपासते तस्मात्तेषां सर्वे च लोका आत्ताः सर्वे च कामाः स सर्वांश्च लोकानाप्नोति सर्वांश्च कामान्यस्तमात्मानमनुविद्य विजानातीति ह प्रजापतिरुवाच प्रजापतिरुवाच।६

मन आत्मा का है दिव्य चक्षु, कल्पना-लोक मन से विचरे।
यह भी आत्मा का साधन है, आत्मा ही मन से मनन करे। ५
जो ब्रह्मलोक में ही विचरें, वे देव यही आत्मा वरते।
सब लोक, कामनाएँ सारी, वे ही अपने वश में करते।
यह कहें प्रजापति मघवन से, इस आत्मा को ढूँढ़ें-जानें।
सब लोक, कामनाएँ सारी, हम प्राप्त करें, ऐसा मानें। ६

Upaniṣad]

This nose is the sense for smelling cognition,
Who really cognizes is that Self Person!
The speech is for uttering and one hears by ear,
But who utters and hears is the same Self here! 4
The Self has the mind's eye divine to perceive,
Pleasures divining, this mind does conceive.
But the mind also is an instrument related,
It is the Self that by mind contemplated. 5
The gods in Brahma's world thus contemplated,
Meditating this Self they the worlds subjugated.
All desires are theirs as others also gained.
Who seek thus and know, Prajāpati explained. 6

Part-VIII, Section-13

From the unknown dark I may pass on to light!
The visible checkered Self may myself delight!
And understanding all that there I perceive,
The truth in the darkness of the Self I conceive!
Shaking off evils, a perfect Soul I may prove!
As a horse shaking hairs the fleas does remove.
As the moon from Rāhu's mouth freedom does gain,
I may Para Brahma's eternal world attain! 1

अष्टम प्रपाठक, खण्ड-१३

श्यामाच्छबलं प्रपद्ये शबलाच्छ्यामं प्रपद्येऽश्व इव रोमाणि विधूय पापं चन्द्र इव राहोर्मुखात्प्रमुच्य धूत्वा शरीरमकृतं कृतात्मा ब्रह्मलोकमभिसंभवात्मीत्यभिसंभवामीति।१

अष्टम प्रपाठक, खण्ड-१४

आकाशो वै नाम नामरूपयोर्निर्वहिता ते यदन्तरा तद्ब्रह्म तदमृतं स आत्मा प्रजापतेः सभां वेश्म प्रपद्ये यशोऽहं भवामि ब्राह्मणानां यशो राज्ञां यशो विशां यशोऽहमनुप्रापत्सि स हाहं यशसां यशः श्येतमदत्कमदत्कं श्येतं लिन्दु माऽभिगां लिन्दु माऽभिगाम्।१

अष्टम प्रपाठक, खण्ड-१३

अज्ञात श्याम छवि आत्मा का, देखूं मैं आलोकित स्वरूप।
फिर इस उज्ज्वल छवि से ही मैं, जानूं कैसा वह श्याम रूप।
ज्यों अश्व बाल से तन झाड़े, ज्यों राहु-ग्रास छूटे शशि भी।
अपने को शुद्ध करूँ मैं भी, तन तज झाडूं मैं पाप सभी।
निवृत्त जगत् के कृत्यों से, मैं स्वयँ कृतात्मा वेष वरूँ।
जो अकृत रूप है ब्रह्मलोक, जा पहुँचूँ और प्रवेश करूँ! १

अष्टम प्रपाठक, खण्ड-१४

यह नाम रूप मय अखिल जगत्, यह नभ जिसका है अवस्थान।
उसके ही अन्तर में स्थित है, ब्रह्मात्मा, अमृत-अधिष्ठान।
मैं रहूँ प्रजापति सभा मध्य, उनके गृह में ही वास करूँ।
ब्राह्मण क्षत्रिय औ वैश्य आदि, सबमें ही उत्तम सुयश वरूँ।
यश को मैंने है प्राप्त किया, यश के भी यश मैंने पाये।
मैं योनि शयन अब नहीं करूँ, बिन दाँतों के भी जो खाये! १

[Chāndogya Part-VIII, Section-14

All this is an amalgam of names and forms,
And the space as their revealer performs.
But that in which all the three are contained,
To Brahma, Immortal and the Self that pertained!
May I the audiance of the Sustainer obtain!
Prajāpati's State and abode I attain!
In wisemen, princes and people dignified,
I may be very glorious among the glorified!
The glory of all glories I have obtained!
The vision of that Self I have attained!
May I never go to the white slippery womb,
Toothless, yet devouring, that acts as a tomb! 1

अष्टम प्रपाठक, खण्ड-१५

तद्धैतद्ब्रह्मा प्रजापतय उवाच प्रजापतिर्मनवे मनुः प्रजाभ्य आचार्य-कुलाद्वेदमधीत्य यथाविधानं गुरोः कर्मातिशेषेणाभिसमावृत्य कुटुम्बे शुचौ देशे स्वाध्यायमधीयामो धर्मिकान्विदधदात्मनि सर्वेन्द्रियाणि संप्रतिष्ठाप्याहिं सन्त्सर्वभूतान्यन्यत्र तीर्थेभ्यः स खल्वेवं वर्तयन्यावदायुषं ब्रह्मलोकमभिसंपद्यते न च पुनरावर्तते न च पुनरावर्तते। १

अष्टम प्रपाठक, खण्ड-१५

ब्रह्मा से देव प्रजापति ने, इस आत्म ज्ञान को प्राप्त किया।
फिर कहें प्रजापति यह मनु को, मनु ने सबको उपदेश दिया।
गुरु-सेवा वेदाध्ययन बाद, दीक्षा लेकर स्वाध्याय वरें।
शुचि स्थल पर ही सकुटुम्ब रहें, धार्मिक कृत्यों को पूर्ण करें।
केवल तीर्थों में नहीं, अपितु, सर्वत्र अहिंसामय विचरें।
आत्मा में इन्द्रिय निग्रह कर, सब भूतों में समभाव करें।
ऐसा विचरे जो पूर्ण आयु, वह विचरे जाकर ब्रह्मलोक।
तन त्याग नहीं वापस आये, लौटता नहीं वह मृत्युलोक! १

छान्दोग्योपनिषद् समाप्त

इति ओम्

Part-VIII, Section-15

Brahmā God in this wisdom Prajāpati initiated,
And taught by Prajāpati, Manu others educated.
One should in the campus of his teacher reside,
Serving him, the time left to the Vedas provide
After one's initiation, one fully graduated,
And settled in a home at a good place situated,
One doing religious rites and duties meditated,
One all one's senses to the Self subjugated.
With family and worthy sons that one deserved,
At holy and other places non-violence observed,
So doing life-long one Brahmaloka does gain,
Verily from where one returns not again! 1

The Chāndogya Upaniṣad Ends

बृहदारण्यकोपनिषद् (आरण्यक गीत)

प्रथम अध्याय-ब्राह्मण-१

ॐ उषा वा अश्वस्य मेध्यस्य शिरः सूर्यश्चक्षुर्वातः प्राणो व्यात्तमग्निर्वैश्वानरः संवत्सर आत्माऽश्वस्य मेध्यस्य। द्यौः पृष्ठमन्तरिक्षमुदरं पृथिवी पाजस्यं दिशः पार्श्वे अवान्तरदिशः पर्शव ऋतवोऽङ्गानि मासाश्चार्धमासाश्च पर्वाण्यहोरात्राणि प्रतिष्ठा नक्षत्राण्यस्थीनि नभो मांसानि। ऊवध्यं सिकताः सिन्धवो गुदा यकृच्च क्लोमानश्च पर्वता ओषधयश्च वनस्पतयश्च लोमान्युद्यन् पूर्वार्धो निम्लोचञ्जघनार्धो यद्विजृम्भते यद्विद्योतते यद्विधूनुते तत्स्तनयति यन्मेहति तद्वर्षति वागेवास्य वाक्।१

प्रथम अध्याय, ब्राह्मण-१ (सृष्टि का हय, बाजी, अर्वा तथा अश्वरूप)

यह सृष्टि बृहत् है मेध्य-अश्व, ब्रह्माण्ड रूप हो यज्ञ-हवन।
सिर बनी उषा, आदित्य चक्षु, है प्राण अश्व का यही पवन।
वैश्वानर अग्नि खुला मुख है, आत्मा संवत्सर के स्वरूप।
फैला द्युलोक बन अश्व-पृष्ठ, यह अन्तरिक्ष ही उदर रूप।
इसके खुर पृथ्वी-लोक बने, पासे हैं मानो दिशा रूप।
इसके ही अंग सभी ऋतु हैं, पसलियाँ अवान्तर-दिक् स्वरूप।
हैं जोड़-गांठ ही पक्ष-मास, दिन-रात्रि अश्व की स्थिति मानो।
नक्षत्र अस्थियाँ, मांस मेघ, अधपचा खाद्य रेतस् जानो।

Bṛhadāraṇyaka Upaniṣad

(The Mystical Melodies)

Chapter One, Section-1

(The Creation as the Yajña Horse)

The Creation is the Sacrificial Horse as it were!
With the dawn as head and the sun-eye there!
Air Prāṇa and Vaiśvānara Fire mouth related,
The body and the Self year and time stated!
The space is belly and back heavens illumined,
The earth hoof 'and quarters sides determined.
The inter-quarters ribs and seasons limbs there,
The months and fortnights as the joints adhere.
The feet day and night and bone stars show.
Flesh cloud and semen undigested food know.

अहर्वा अश्वं पुरस्तान्महिमाऽन्वजायत तस्य पूर्वे समुद्रे योनी रात्रिरेनं पश्चान्महिमाऽन्वजायत तस्यापरे समुद्रे योनिरेतौ वा अश्वं महिमानावभितः संबभूवतुः। हयो भूत्वा देवानवहद्वाजी गन्धर्वानर्वाऽसुरानश्वो मनुष्यान् समुद्र एवास्य बन्धुः समुद्रो योनिः। २

अतड़ियां बनी हैं सरिताएँ, हों जिगर-फेफड़े गिरि स्वरूप।
औषधियाँ और वनस्पतियाँ, इस हय के ही हैं लोम रूप।
पूर्वार्ध बना उगता दिनकर, है उत्तरार्ध रवि ढल करके।
जृम्भता, सृष्टि में यह चमके, तन झाड़े, विद्युत् जो कड़के।
उत्सर्ग मूत्र जो करे अश्व, ब्रह्माण्ड मध्य वर्षा मानो।
गरजता यहाँ जो सृष्टि मध्य, हिनहिना रहा वह हय जानो। १
आगे-पीछे घुँघरू सा ही दिन-रात्रि अश्व-महिमा गाते।
यह सृष्टि अश्व का रूप लिये, दिन-रात्रि घेर गरिमा पाते।
दिन उदित पूर्व सागर से हो, जो अपर सिन्धु वह निशा-द्वार।
हय, बाजी, अर्वा, अश्व कहें, इस मेध्य अश्व के नाम चार।
त्यागना इसे, सब हेय मान, भोगते देव 'हय' रूप सभी।
यह भोग्य, अन्नयुत या 'बाजी', गन्धर्व भोगते इसे तभी।
'अर्वा' है, वध का स्थान यही, यह मान असुर हिंसा करते।
यह सृष्टि 'अश्व' है, 'अश' भोजन, यह मनुज मान खा खुश रहते।
जैसे समुद्र हो बन्धु रूप, सब होते सागर में विलीन।
पर ब्रह्म-प्रकृति कारण सबका, उसमें होते हैं सभी लीन। २

Upaniṣad]

Its rectum is sea and intestine is the river,
Trees and herbs hairs and mountains are liver!
The rising sun there is the fore part stated,
The setting sun alike its hind part related.
The lightning is yawning and thunder the shaking,
Making water is raining and neighing is speaking! 1
Day and night its front and behind embellished,
The east and west seas days and nights furnished.
As a steed it carried gods and as stallion demigods
As a runner served demons and as horse men-lords.
The sea is the cause and the kin of all forms,
Which really to that Supreme Self conforms.
That is the birth place and creation's source,
To which ultimately all take recourse! 2

प्रथम अध्याय-ब्राह्मण-२

नैवेह किंचनाग्र आसीन्मृत्युनैवेदमावृतमासीत्। अशनाययाऽशनाया हि
मृत्युस्तन्मनोऽकुरुताऽऽत्मन्वी स्यामिति। सोऽर्चन्नचरत्तस्यार्चत
आपोऽजायन्तार्चते वै मे कमभूदिति तदेवार्कस्यार्कत्वं कं ह वा अस्मै
भवति य एवमेतदर्कस्यार्कत्वं वेद।१
आपो वा अर्कस्तद्यदपां शर आसीत्तत्समहन्यत। सा पृथिव्यभवत्तस्याम-
श्राम्यत्तस्य श्रान्तस्य तप्तस्य तेजोरसो निरवर्ततताग्निः।२

प्रथम अध्याय, ब्राह्मण-२ (मृत्यु और सृष्टि)

था सृष्टि-पूर्व कुछ नहीं कहीं, था क्षुधित मृत्यु-आवृत तम-घन।
सम्पूर्ण जगत् उदरस्थ-मृत्यु, उदरस्थ प्रकृति रूपी था तन।
फिर, तन हो, आत्मन्वी होऊँ, परमाणु-अर्चना मृत्यु करे।
द्रव प्रकृति 'आप' उद्भव इससे, इस भाँति मृत्यु पुनि देह धरे।
'कं' सुख की हो अनुभूति उसे, द्रव प्रकृति 'अर्क' का ही स्वरूप।
अर्चना-अर्च-अर 'कं' का 'क', मिलकर बनता है 'अर्क' रूप।
है यही प्रकृति रूपिणी अर्क, अर्कत्व अर्क का यह माने।
सुख निश्चय होता प्राप्त उसे, अर्कत्व अर्क का जो जाने। १
द्रव प्रकृति 'आप' है, वही अर्क, 'शर' हो पृथ्वी ऊपरी पटल।
फिर मृत्यु-ब्रह्म श्रम हैं करते, जल नीचे का हो भाग तरल।
रस उसके तेजों से निकले, श्रम करते जब वह तप्तवान।
है वही अग्नि यह तेज-सार, जल, भू, पावक यों विद्यमान। २

[Bṛhadāraṇyaka

Chapter One, Section-2 (Death & Creation)

Before the Creation not a thing was there.
The hungry death had enveloped all everywhere.
Death Brahma thought to manifest in Creation,
That will be the food for another Dissolution!
Meditating on atoms He elements activated.
Thereby this Nature as a fluid originated.
Meditating He had pleasure, so blissful is Nature,
A person becomes happy knowing this feature. 1
Above the pleasure-fluid a thick layer formed,
Becoming a solid crust to earth it conformed.
The lower fluid condensing in water culminated.
His ardour of austerity in fire fulminated! 2

स त्रेधात्मानं व्यकुरुतादित्यं तृतीयं वायुं तृतीयंस एष प्राणस्त्रेधा विहितः।
तस्य प्राची दिक्शिरोऽसौ चासौ चेर्मौ। अथास्य प्रतीची दिक्पुच्छमसौ
चासौ च सक्थ्यौ दक्षिणा चोदीची च पार्श्वे द्यौः पृष्ठमन्तरिक्षमुदरमियमुरः
स एषोऽप्सु प्रतिष्ठितो यत्र क्व चैति तदेव प्रतितिष्ठत्येवं विद्वान्।३
सोऽकामयत द्वितीयो म आत्मा जायेतेति स मनसा वाचं मिथुनं
समभवदशनाया मृत्युस्तद्यद्रेत आसीत्स संवत्सरोऽभवत्। न ह पुरा ततः
संवत्सर आस तमेतावन्तं कालमबिभः यावान्संवत्सरस्तमेतावतः कालस्य
परस्तादसृजत तं जातमभिव्याददात्स भाणकरोत्सैव वागभवत्।४

जड़-जगत् मध्य बँट त्रिविध गया, फिर मृत्यु-ब्रह्म का पावक-तन।
भू में पावक, द्यौ में रवि औ, इस अन्तरिक्ष में गया पवन।
पूर्वोत्तर-दक्षिणपूर्व बाहु, सिर पूर्व दिशा का ले स्वरूप।
उत्तरपश्चिम-दक्षिणपश्चिम, रानें, पश्चिम हो पुच्छ रूप।
पासे दोनों उत्तर-दक्षिण, द्यौ-अन्तरिक्ष ही पृष्ठ-उदर।
यह सृष्टि-अश्व ही मृत्यु-ब्रह्म, छाती फैली पृथ्वी बनकर।
द्रव प्रकृति 'आप' से यह निःसृत, द्रव प्रकृति-प्रतिष्ठित ही मानो।
यह मर्म जानता जो कोई, सर्वत्र प्रतिष्ठित वह जानो। ३
जड़ जग रच सोचे मृत्यु-ब्रह्म, चेतन आत्मा-संरचना की।
मन को वाणी से जोड़ दिया, अब भूख बढ़ी थी रचना की!

Upaniṣad]

The Death-Brahma Himself in three parts divided,
The fire came to earth and in heavens sun abided.
The air-form of Death-Brahma space attributed,
Thus was His Prāṇa three-fold distributed.
The east is the head of the World Body He created,
The north-east and south-east two arms related.
As the tail of the World Horse, west is appended,
The north-west and south-west as thighs extended.
The north and the south are body's two sides,
The heavens back and space the belly provides.
With the earth as breast in water it presided,
And any one who knows it, in glory abided. 3
With the gross world a body was originated.
He wanted a second sentient one created.
In a sentient body, the mind and speech function,
He was now tormented by the hunger of creation!

स ऐक्षत यदि वा इममभिमंस्ये कनीयोऽन्नं करिष्य इति स तया वाचा
तेनात्मनेदं सर्वमसृजत यदिदं किंचर्चो यजूंषि सामानिच्छन्दांसि यज्ञान्प्रजाः
पशून्। स यद्यदेवासृजत तत्तदत्तुमध्रियत सर्वं वा अत्तीति तददितेरदितित्वं
सर्वस्यैतस्यात्ता भवति सर्वमस्यान्नं भवति य एवमेतददितेरदितित्वं वेद।५
सोऽकामयत भूयसा यज्ञेन भूयो यजेयेति। सोऽश्राम्यत्स तपोऽतप्यत तस्य
श्रान्तस्य तप्तस्य यशो वीर्यमुदक्रामत्। प्राप्रा वै यशो वीर्यं तत्प्राणेषूत्क्रान्तेषु
शरीरं श्वयितुमध्रियत तस्य शरीर एव मन आसीत्। ६

संवत्सर-काल रचा उसने, जड़-जग में था इसका अभाव।
था नहीं पूर्व में काल-बोध, चेतन में अब हो काल-भाव।
लपका खाने संवत्सर को, था मृत्यु-ब्रह्म, अब भी भूखा!
प्रकटी वाणी संवत्सर जब, कह 'भाण-भाण' भय से चीखा। ४
फिर मृत्यु-ब्रह्म ऐसा सोचे, जब यह नन्हीं वाणी आये।
यह अन्न बनेगी कितना-सा, यदि इसको भी वह खा जाये?
अतएव रचे वाणी से ही, ये यज्ञ मनुज पशु जीव सभी।
ऋक् यजुर्वेद औ साम, छन्द, सब रच खाये वह इनको भी!
इसलिये मृत्यु को अदिति कहें, सब कुछ खाये, 'अदितित्व वही।
सब अन्न बने, वह हो अत्ता, जो जाने, है अदितित्व यही। ५

[Bṛhadāraṇyaka-1-2

Attaching speech to mind, Creation He perfected.
For the sentient universe the Time He effected.
The Time or the Year has had no inception,
To beings he bestowed the Time's conception.
But the Death-Brahma now could wait no longer,
He wanted to eat the Time in His great hunger.
Then the Time cried out and speech originated,
Which in the inert and animate differentiated. 4
The Death-Brahma thought, the speech-food is small.
It may not appease my great hunger at all!
By speech the Ṛg Yaju and Sāma He created,
The verses, Yajñas, men and animals originated.
His second sentient body thus did manifest.
He started partaking all these and digest!
Being the All Eater, the Death-Self all consumed.
Knowing this, one eater of all is presumed! 5

सोऽकामयत मेध्यं म इदं स्यादात्मन्व्यनेन स्यामिति। ततोऽश्वः समभवद्यदश्वत्तन्मेध्यमभूदिति तदेवाश्वमेधस्याश्वमेधत्वम्। एष ह वा अश्वमेधं वेद च एनमेवं वेद। तमनवरुध्यैवामन्यत। तं संवत्सरस्य परस्तादात्मन आलभत। पशून्देवताभ्यः प्रत्यौहत्। तस्मात्सर्वदेवत्यं प्रोक्षितं प्राजापत्यमालभन्त। एष ह वा अश्वमेधो य एष तपति तस्य संवत्सर आत्माऽयमग्निरर्कस्तस्येमे लोका आत्मानस्तावेतावर्काश्वमेधौ। सो पुनरेकैव देवता भवति मृत्युरेवाप पुनर्मृत्युं जयति नैनं मृत्युराप्नोति मृत्युरस्यात्मा भवत्येतासां देवतानामेको भवति। ७

कर सृष्टि युगल जड़-चेतन जग, फिर मृत्यु-ब्रह्म इच्छा करता।
वह बृहत् यज्ञ अब करे एक, श्रमलीन तपस्या वह वरता।
श्रम-तप से निकला 'यशोवीर्य, यह यशोवीर्य है प्राण रूप।
भक्षण होता फिर भी बढ़ता, यशवीर्य-प्राण का यह स्वरूप।
इस प्राण शक्ति की वृद्धि जन्य, तन बढ़ा ब्रह्म का जड़-चेतन।
खेतों में मग्न कृषक-मन ज्यों, तन-वृद्धि ब्रह्म का रहता मन। ६
कामना पुनः होती उसको, तन बढ़े किन्तु पावन हो तन।
बढ़ता-फूले जो, वही 'अश्व', है 'मेध्य' वही जो हो पावन।
ज्यों अश्वमेध का हय विचरे, फिर वर्ष अन्त वापस आये।
यह अश्व-सृष्टि भी ब्रह्म निकट, संवत्सर बाद चली जाये।

Upaniṣad]

Now another great Yajña Death-Brahma performed.
Glory and Strength by His austerities formed.
As a farmer caring crops, Brahma tended Creation,
And though being eaten, World-Body had promotion. 6
Brahma willed the World Body pure and gracious.
So the Horse-Creation was prosperous and virtuous.
Thus is the Aśvamedha Yajña of Creation,
Knowing this one really knows Yajña action.
As the Yajña-horse moves freely for an year,
And then it is called back for the Yajña there,
Similarly Death-Brahma rotated the Creation,
And there are the cycles of seasons in action.
The Creation-Horse Brahma for Himself reserved,
The animal form He to the other gods served.
Death-Brahma the sun, earth and moon consumed,
He these worlds and all else as food assumed.

प्रथम अध्याय-ब्राह्मण-३

द्वंया ह प्राजापत्या देवाश्चासुराश्च। ततः कानीयसा एव देवा ज्यायसा असुरास्त एषु लोकेष्वस्पर्धन्त ते ह देवा ऊचुर्हन्तासुरान्यज्ञ उद्गीथेनात्ययामेति।१

भोगता ब्रह्म यह सृष्टि अश्व, पशु भाग गौण देवों का फल।
देवों हित प्राजापत्य भोग, है अश्वमेध ब्रह्माण्ड सकल।
आदित्य तपे, तन संवत्सर, यह अश्वमेध, रवि जो तपता।
पावक, कहते हैं जिसे अर्क, नित अश्वमेध मख यह करता।
पावक लोकों में वृद्धि करे, हैं लोक अग्नि के ही स्वरूप।
यह अश्वमेध का लोक यज्ञ, आदित्य-अग्नि से अर्क रूप।
जा मिलें अन्त में मृत्यु-ब्रह्म, ये सूर्य अग्नि देवता सभी।
लें मृत्यु जीत यह जान मर्म, करता न ग्रस्त फिर मृत्यु कभी।
देवों में हो वह देव एक, यह मृत्यु बने आत्मा स्वरूप।
यह मर्म जानता जो कोई, हो मृत्युजयी वह अमर रूप। ७

प्रथम अध्याय, बाहमण-३ (प्राण तथा देवासुर)

सन्तान प्रजापति के दोनों, अग्रज दानव थे, देव अनुज।
ब्रह्माण्ड-पिण्ड प्रभुता लेकर, स्पर्धा रत थे वे देव-दनुज।

[Bṛhadāraṇyaka

Thus this universe is a God-presentation.
For the Gods it is thus a sacred oblation!
All this an Aśvamedha Sacrifice represented,
The virtues and prosperity foundation presented.
Performing Aśvamedha the Sun radiated,
The year body and radiation the Yajña related.
Or again the fire sacrifices performed,
This fire pervaded and all the worlds formed.
The sun and fire, both are Aśvamedha as it were!
Ultimately they unite in the Death-Brahma there.
Winning death with the Death-Self a god one becomes,
And Knowing this one to the death not comes. 7

Chapter One, Section-3

(Prāṇa Vrs. Gods and Demons)

Prajāpati's own progenies were demons and gods,
The demons were elder and the gods younger lords.

ते ह वाचमूचुस्त्वं न उद्गायेति तथेति तेभ्यो वागुदगायत्। यो वाचि भोगस्तं देवेभ्य आगायद्यत् कल्याणं वदति तदात्मने। ते विदुरनेन वै न उद्गात्राऽत्येष्यन्तीति तमभिद्रुत्य पाप्मनाऽविध्यन्स यः स पाप्मा यदेवेदमप्रतिरूपं वदति स एव स पाप्मा।२

ब्रह्माण्ड-पिण्ड को यज्ञ मान, असुरों से आगे जा बढ़ने।
उद्गीथ अस्त्र को अपनाया, देवों ने असुरों से लड़ने। १
बोले, वाणी उद्गाता बन, वाणी ने इसको लिया मान।
ब्रह्माण्ड-पिण्ड में उद्गाता बनकर देवों का किया गान।
मिल जाँय कर्मफल सब मेरे, देवों को, यह वाणी कहती।
लेकिन अच्छे फल मुझे मिलें, मन में ऐसी इच्छा करती!
असुरों ने ताड़ा स्वार्थ भाव, बोले, इससे हो जीत कहाँ?
वाणी को मारा पाप-वाण, बींधा उससे जो पाप यहाँ।
अब बिंधी पाप से यह वाणी, फिर लगी बोलने मिथ्या भी।
पापों से विद्ध रही वाणी, हों विफल सुरों के यत्न सभी। २

Upaniṣad]

Both of these their own supremacy extended,
For body and cosmos rule each other contended.
Gods thought, the body and cosmos are sacrifices.
And for all prosperity the Yajña suffices.
Therefore if they Oṁ-Udgītha meditated,
The demons defeated would be subjugated. 1
They asked the speech for singing and meditation,
It agreed to do so in the body and Creation.
The gods get fruits, speech singing so wished,
But the best fruits she for herself cherished!
The demons this selfish motive perceived,
They knew how the gods their victory conceived.
They pierced the speech with impiety and evil,
The speech now contracted depravity and devil!
Since then this speech untruths also stated.
The villainies and vices also it related.
Therefore the gods were not to succeed
On the path of victory they could not proceed. 2

अथ ह प्राणमूचुस्त्वं न उद्गायेति तथेति तेभ्य प्राण उदगायद्यः प्राणे भोगस्तं देवेभ्य आगायद्यत् कल्याणं जिघ्रति तदात्मने। ते विदुरनेन वै न उद्गात्राऽत्येष्यन्तीति तमभिद्रुत्य पाप्मनाऽविध्यन्स यः स पाप्मा यदेवेदमप्रतिरूपं जिघ्रति स एव स पाप्मा।३
अथ ह चक्षुरूचुस्त्वं न उद्गायेति तथेति तेभ्यश्चक्षुरुदगायत्। यश्चक्षुषि भोगस्तं देवेभ्य आगायद्यत्कल्याणं पश्यति तदात्मने।

फिर देव घ्राण से जा बोले, उद्गाता बन, वह गया मान।
ब्रह्माण्ड-पिण्ड में उद्गाता बनकर देवों का किया गान।
मिल जाँय कर्मफल सब मेरे, देवों को, घ्राण यही कहता।
लेकिन अच्छे फल मुझे मिलें, इच्छा ऐसी मन में करता।
असुरों ने ताड़ा स्वार्थ-भाव, बोले इससे हो जीत नहीं।
मारा पापों से भरा वाण, हो विद्ध पाप से घ्राण वहीं।
इस भाँति पाप से विद्ध घ्राण, दुर्गन्ध सूंघने लगा तभी।
यों घ्राण पाप से विद्ध रहे, हों विफल सुरों के यत्न सभी। ३
उद्गाता तुम अब बनो चक्षु, सब देव कहें, वह गया मान।
ब्रह्माण्ड-पिण्ड उद्गाता बन, उसने देवों का किया गान।
मिल जाँय कर्मफल सब मेरे, देवों को, चक्षु यही कहता।
लेकिन अच्छे फल मुझे मिलें, इच्छा ऐसी मन में करता।

[Bṛhadāraṇyaka-1-3

The gods asked the nose to sing and meditate.
The smelling sense agreed to so contemplate.
All fruits for the gods it apparently wished,
But the best fruits it for itself cherished!
The demons also this selfish motive perceived.
They wondered how gods their victory conceived!
They pierced the breath with vices and evil,
The breath became controlled by sin and devil.
The nose since then also foul did smell.
Also in the stink and stinch it did dwell.
Therefore the gods could again not succeed,
Towards supremacy they could not proceed. 3
The gods asked the eye to sing and meditate,
The Eye-Deity agreed to so contemplate,
Singing hymns all fruits for gods it wished,
But mentally best fruits for itself cherished!

ते विदुरनेन वै न उद्गात्राऽत्येष्यन्तीति तमभिद्रुत्य पाप्मनाऽविध्यन्स
यः स पाप्मा यदेवेदमप्रतिरूपं पश्यति स एव स पाप्मा।४
अथ ह श्रोत्रमूचुस्त्वं न उद्गायेति तथेति तेभ्यः श्रोत्रमुदगायद्यः
श्रोत्रे भोगस्तं देवेभ्य आगायद्यत्कल्याणं श्रृणोति तदात्मने। ते
विदुरनेन वै न उद्गात्राऽत्येष्यन्तीति तमभिद्रुत्य पाप्मनाऽविध्यन्स
यः स पाप्मा यदेवेदमप्रतिरूपं श्रृणोति स एव स पाप्मा।५

असुरों ने ताड़ा स्वार्थ-भाव, बोले, इससे हो जीत कहाँ!
मारा नेत्रों को पाप वाण, बींधा उससे जो पाप यहाँ।
फिर अप्रतिरूप नयन देखे, ये चक्षु देखते अप्रिय भी।
पापों से विद्ध रहीं आँखें, हों विफल सुरों के यत्न सभी। ४
फिर देव श्रोत्र को कहें बनो उद्गाता तुम वह गया मान।
ब्रह्माण्ड-पिण्ड में उदगाता बनकर देवों का किया गान।
मिल जाँय कर्मफल देवों को, मेरे जो, श्रोत्र कही कहता।
लेकिन उत्तम फल मेरे हों, कामना यही मन में करता।
असुरों ने ताड़ा स्वार्थ-भाव, बोले, इससे हो जीत कहाँ!
मारा श्रोत्रों को पाप-वाण, बींधा उससे जो पाप यहाँ।
फिर अप्रतिरूप श्रोत्र सुनते, ये कान सुनें सब अप्रिय भी।
ये श्रोत्र पाप से विद्ध रहें, हों विफल सुरों के यत्न सभी।। ५

The demons again selfish motive perceived.
They questioned how gods their victory conceived!
They pierced the eye with sin and evil,
The eye was dominated by vices and devil,
Since then the eye also unpleasant perceived,
They offensive and unworthy images received.
The gods therefore could again not succeed.
These demons again they could not precede! 4
The gods now asked the ear to meditate.
The ear also agreed to sing and contemplate.
Singing Oṁ all fruits for gods it wished,
But secretely the best fruits for itself cherished!
The demons again selfish motive perceived.
They asked, how gods thus victory conceived!
They pierced the ear with vices and evil.
And it was dominated by depravity and devil!

अथ ह मन ऊचुस्त्वं न उद्गायेति तथेति तेभ्यो मन उदगायद्यो
मनसि भोगस्तं देवेभ्य आगायद्यत् कल्याणं संकल्पयति तदात्मने।
ते विदुरनेन वै न उद्गात्राऽत्येष्यन्तीति तमभिद्रुत्य पाप्मनाऽविध्यन्स
यः स पाप्मा थदेवेदमप्रतिरूपं संकल्पयति स एव स पाप्मैवमु
खल्वेता देवताः पाप्मभिरुपासृजन्नेवमेनाः पाप्मानाऽविध्यन्।६

अब मन से वे आग्रह करते, उद्गाता बन, वह गया मान।
ब्रह्माण्ड-पिण्ड में देवों का, उद्गाता बनकर किया गान।
मिल जाँय कर्मफल देवों को, मेरे जो, मन भी कहे यही।
लेकिन अच्छे फल मिलें मुझे, मन में इच्छा वह करे वही।
असुरों ने ताड़ा स्वार्थ-भाव, बोले, इससे हो जीत कहाँ!
मारा मन को भी पाप-वाण, बींधा उससे जो पाप यहाँ।
मन अप्रतिरूप विचार करे, संकल्प बुरे भी हों उसको।
देवों के यत्न हुए निष्फल, पापों का घाव लगे मन को। ६

[Bṛhadāraṇyaka-1-3

Since then this ear evil also did hear.
To slanders and scandals also did adhere.
The gods thus once again could not succeed,
In supremacy the demons they could not precede. 5
Now they asked mind to sing and meditate.
The mind agreed to Udgītha contemplate.
The gods get all fruits, it singing meditated,
But the best fruits it for itself contemplated.
The minds' selfish motive the demons perceived.
They wondered how gods their victory conceived!
They pierced the mind with evils and vices,
And the mind was controlled by devilish devices.
Since then the mind also evils contemplated.
Vices and wicked thoughts it also formulated.
Therefore once again gods could not succeed.
In supremacy the demons they could not precede! 6

अथ हेममासन्यं प्राणमूचुस्त्वं न उद्गायेति तथेतितेभ्य एष प्राण उदगायत्ते विदुरनेन वै न उद्गात्राऽत्येष्यन्तीति तदभिद्रुत्य पाप्मनाविध्यन्स यथाऽश्मानमृत्वा लोष्ठो विध्वंसेतैवं हैव विध्वंसमाना विष्वञ्चो विनेशुस्ततो देवा अभवन् परासुरा भवत्यात्मना परास्य द्विषन्भ्रातृव्यो भवति य एवं वेद।७

ते होचुः क्व नु सोऽभूद्यो न इत्थमसक्तेत्ययमास्येऽन्तरिति सोऽयास्य आंगिरसोऽङ्गानां हि रसः।८

सा वा एषा देवता दूर्नाम दूरं ह्यस्या मृत्युर्दूरं ह वा अस्मान्मृत्युर्भवति य एवं वेद।९

मुख मध्य बसा जो प्राण उसे, फिर देव कहें, वह गया मान।
ब्रह्माण्ड-पिण्ड में देवों का, उद्गाता बनकर किया गान।
अब प्राण सहारे क्या आगे हों देव, असुर करते विचार।
चाहा असुरों ने फिर ऐसा, डटकर पापों से करें वार।
पत्थर से टकरा चूर-चूर, ढेला मिटट्ी का हो जैसे।
विध्वंस प्राण से टकरा त्यों, वे असुर चूर बिखरें वैसे।
फिर देव बढ़ें, दानव हारें, द्वेषी अरि भी हारें वैसे।
जाने रहस्य जो भी ऐसा, आत्मा सानिध्य मिले ऐसे। ७
वह कहाँ, देव बोले, ऐसा, जिसने दी है यह जय हमको?
मुख के भीतर ही रहे प्राण, जाना तब देवों ने उसको।
'अय', 'अयं', 'आस्य' 'आस्ये' से ही, होता 'अयास्य' दोनो मिलकर।
उसको 'अयास्य-आंगिरस' कहें, अंगों का वह रस है घुलकर। ८

Upaniṣad]

Now gods to the mouth-based Prāṇa so related,
Agreeing now Prāṇa Udgītha contemplated.
Seeing that the gods wanted to precede,
Demons tried to pierce it with sin to succeed.
But as a clod striking a stone is shattered,
The demons attacking the Prāṇa were battered.
Demons were defeated and gods succeeded,
Knowing this one enemies and wicked superceded. 7
Where is that savior the gods exclaimed.
They saw that the Prāṇa in mouth remained.
Thus this Prāṇa is 'Ayāsya' or 'in-mouth' stated.
As the sap of all limbs, it is 'Āṅgirasa' related! 8

सा वा एषा देवतैतासां देवतानां पाप्मानं मृत्युमपहत्य यत्रासां
दिशामन्तस्तद्गमयांचकार तदासां पाप्मनो विन्यदधात्तस्मान्न
जनमियान्नान्तमियान्नेत्पाप्मानं मृत्युमन्ववायानीति।१०
सा वा एषा देवतैतासां देवतानां पाप्मानं मृत्युमपहत्याथैना
मृत्युमत्यवहत्।११
स वै वाचमेव प्रथमामत्यवहत्सा यदा मृत्युमत्यमुच्यत
सोऽग्निरभवत्सोऽयमग्निः परेण मृत्युमतिक्रान्तो दीप्यते।१२

इस प्राण देव को 'दूर' कहें, भागती प्राण से मृत्यु दूर।
जाने इसका जो यह रहस्य, उससे रहता है यम सुदूर। ९
जो मृत्यु तुल्य हैं पाप उन्हें, यों प्राण इन्द्रियों से हरता।
ये दिशा जहाँ हों अन्त वहीं, अति दूर पाप को है करता।
लुक छिपकर रहते हैं पापी, मानो दिगन्त में रहें कहीं।
जायें न जहाँ रहते पापी, हो पाप-मृत्यु संसर्ग नहीं। १०
जो मृत्यु रूप थे पाप सभी, इन्द्रिय के, उनको यही हरे।
सागर जो मृत्यु स्वरूप उसे, यह प्राण लँघाकर पार करे। ११
बंधन से छूटी ज्यों वाणी, हो पार प्रथम वह अग्नि रूप।
वह मृत्यु पार पहुँची वाणी, जो है प्रदीप्त पावक स्वरूप। १२

[Bṛhadāraṇyaka-1-3

This Prāṇa also 'Dūra' or 'distant' is named,
The death flies away fearing Prana, the famed.
One who really knows, a long life retained,
With him this death a distance maintained. 9
The death-like sin removing from the senses,
The Prāṇa takes them to the quarters' fences.
With sinners living there do not you associate!
As the death-like sins may again contaminate. 10
All vices and sins that death-like proved,
The Prāṇa God all those evils removed.
It takes them away very far from the senses,
Placing senses beyond the death's consequences. 11
At first the Prāṇa God this speech attended,
The speech became fire when death it transcended.
The cosmic fire as speech in body had alighted,
Now freed from death it fire-like lighted! 12

अथ प्राणमत्यवहत्स यदा मृत्युमत्यमुच्यत स वायुरभवत्सोऽयं
वायुः परेण मृत्युमतिक्रान्तः पवते।१३
अथ चक्षुरत्यवहत्तद्यदा मृत्युमत्यमुच्यत स आदित्योऽभ-
वत्सोऽसावादित्यः परेण मृत्युमतिक्रान्तस्तपति।१४
अथ क्षोत्रमत्यवहत्तद्यदा मृत्युमत्यमुच्यत ता दिशोऽभवंस्ता इमा
दिशः परेण मृत्युमतिक्रान्ताः।१५
अथ मनोऽत्यवहत्तद्यदा मृत्युमत्यमुच्यत स चन्द्रमा अभवत्सोऽसौ
चन्द्रः परेण मृत्युमतिक्रान्तो भात्येवं ह वा एनमेषा देवता
मृत्युमतिवहति य एवं वेद।१६
अथात्मनेऽन्नाद्यमागायद्यद्धि किंचान्नमद्यतेऽनेनैव तदद्यत इह
प्रतितिष्ठति।१७

फिर घ्राण मृत्यु तर बने वायु, ज्यों पार घ्राण को करे प्राण।
बह रहा पवन बन जो जग में, वह मृत्यु पार ही गया घ्राण। १३
आदित्य बना यह चक्षु मुक्त, ज्यों प्राण मृत्यु से पार करे।
आदित्य बना तपता जो है, वह चक्षु, गया जो मृत्यु परे। १४
यह श्रोत्र बने दिक् मृत्यु लांघ, ज्यों प्राण उसे भी करे पार।
वह श्रोत्र, गया जो मृत्यु-पार, इन सभी दिशाओं का प्रसार। १५
मन को भी मुक्ति दिलाता वह, हो चन्द्र-प्रभा मन मृत्यु तरे।
चन्द्रमा बने मन मृत्यु-पार, जाने जो, रहता मृत्यु परे। १६
गाये अब भोजन हेतु प्राण, कर मृत्यु-पार इन्द्रियाँ सभी।
जो अन्न खाद्य हो प्राण खाय, वह भोजन का हो आश्रय भी। १७

Then it was the nose breath Prāṇa god tended.
And it became the air as death it transcended.
The cosmic air as breath in body did alight
It freed from the death as the air took flight. 13
It was now the eye that Prāṇa negotiated.
Transcending the death it as sun initiated.
It was the cosmic sun that as eye was arrested,
It radiated again from death thus divested. 14
The Prāṇa god now the hearing sense attended,
It became the quarters as death it transcended.
The quarters of cosmos had as ear manifested,
Now freed from death as the quarters existed. 15
The Prāṇa god now assisted this mind.
And freed from death it as moon illumined.
Captive as the mind, being freed the moon glows,
The Death is transcended by one who thus knows! 16

**ते देवा अब्रुवन्नेतावद्वा इदं सर्वं यदन्नं तदात्मन
आगासीरनुनोऽस्मिन्नन्न आभजस्वेति ते वै माऽभिसंविशतेति तथेति
तं समन्तं परिण्यविशन्त। तस्माद्यदनेनान्नमत्ति तेनैतास्तृप्यन्त्येवं ह
वा एनं स्वा अभिसंविशन्ति भर्ता स्वानां श्रेष्ठः पुर एता
भवत्यन्नादोऽधिपतिर्य एवं वेद य उ हैवंविदं स्वेषु प्रतिपत्तिर्बुभूषति
न हैवालं भार्येभ्यो भवत्यथ य एवैत मनुभवति यो वैतमनु
भार्यान् बुभूर्षति न हैवालं भार्येभ्यो भवति।१८**

इन्द्रियाँ प्राण को यों कहतीं, जग में सब कुछ है अन्न यही।
तूने गाया निज हेतु अन्न, हमको भी दो अब अन्न वही।
तब प्राण कहे, चाहते अन्न, तुम सब कर लो मुझमें प्रवेश।
इन्द्रियाँ कहें ऐसा ही हो, चहुँ ओर प्राण में ले निवेश।
जो कुछ यह प्राण कभी खाये, इन्द्रियाँ तृप्त होतीं उससे।
जो जाने, खाये प्राण-तुल्य , अपनों का हो भर्ता इससे।
ऐसा जन बनता श्रेष्ठ-अग्र, वह अधिपति औ अन्नाद सभी।
यदि अपनों में हो शत्रु उसे, असुरों-सा निर्बल हो अरि भी।
चाहे सुपात्र का जो पालन, जो प्राण-सदृश हो स्वार्थ-रहित।
वह भर्ता, इन्द्रिय हों भार्या, वह प्राण-सदृश परमार्थ-सहित। १८

[Bṛhadāraṇyaka-1-3

When thus by the Prāṇa the senses were tended,
And all the senses had Death transcended,
It sang for food for its own consumption,
It is Prāṇa that eats and holds for digestion. 17
What food was there, the senses thus related,
That you have Prāṇa for yourself appropriated!
Now giving us a share, our lives sustain!
Prāṇa said, enter into myself and attain!
Agreeing all entered into Prāṇa gratified.
So senses are satiated when Prāṇa is satisfied!
One who knows this and who this Prāṇa emulated,
A great man he is and the enjoyer related!
His people depend on him as the feeder
He is a great Lord and his people's great leader.
If among own people an enemy is there,
The enemy like the demons fails everywhere!
One who this selflessness of Prāṇa attained,
He as the sustainer his senses sustained.
He like a husband sense-wives maintained,
And to those sustainable, as sustainer remained. 18

सोऽयास्य आङ्गिरसोऽङ्गानां हि रसः प्राणो वा अङ्गानां रसः प्राणो हि वा
अङ्गानां रसस्तस्माद्यस्मात्कस्माच्चाङ्गात्प्राण उत्क्रामति तदेव तच्छुष्यत्येष
हि वा अङ्गानां रसः।१९
एष उ एव बृहस्पतिर्वाग् वै बृहती तस्या एष पतिस्तस्माद् बृहस्पतिः।२०
एष उ एव ब्रह्मणस्पतिर्वाग् वै ब्रह्म तस्या एष पतिस्तस्माद् ब्रह्मणस्पतिः।२१
एष उ एव साम वाग् वै सामैष सा चामश्चेति तत्साम्नः सामत्वम्। यद्वेव
समः प्लुषिणा समो मशकेन समो नागेन सम एभिस्त्रिभिर्लोकैः समोऽनेन
सर्वेण तस्माद्वेव सामाश्नुते साम्नः सायुज्यं सलोकतां य एवमेतत्साम
वेद।२२

मुख मध्य प्राण यह है 'अयास्य', रस रूप 'आंगिरस' देव वही।
ये अंग सूखते प्राण बिना, अंगों का रस है प्राण यही। १९
वाणी बृहती उसका यह पति, यह प्राण 'बृहस्पति' कहलाता।
वाणी को करता मृत्यु पार, इस हेतु नाम यह है पाता। २०
यह प्राण 'ब्रह्मणस्पति' होता, यह वाक्-ब्रहम का भी स्वामी।
वाणी की मुक्ति इसीसे हो, इस हेतु ब्रह्मणस्पति नामी। २१
वाणी 'सा' है 'अम' प्राण रहे, यह 'साम' बने जो प्राण रूप।
हाथी, मच्छड़ औ घुण सा यह, लेता त्रिलोक का भी स्वरूप।
सम्पूर्ण विश्व में प्राण व्याप्त, है साम यही सबके समान।
पाये सलोकता प्राणों की, सायुज्य प्राप्त हो इसे जान। २२

This in-mouth Prāṇa is 'Āṇgirasa' related,
As this is the essence of these limbs stated.
The limb which it left, soon withers out there,
As this Prāṇa is the sap of all limbs here. 19
This speech is great or 'Bṛhatī' denoted,
And the Prāṇa its Lord or Pati connoted.
This Prāṇa is therefore 'Bṛhaspati' related,
And it is the Lord of all speech stated. 20
This speech is as Brahma or Veda described.
And the Prāṇa its lord, or Pati prescribed.
The Prāṇa is thus the Brahmaṇaspati Lord,
As it is the Lord of this speech god! 21
The speech is 'sā' and the Prāṇa 'am' stated,
Thus Prāṇa is the 'Sāma', 'sā' and 'am' related.
Like elephant, wood-worm or mosquito small
Or Prāṇa is the three worlds and universe all'

एष उ वा उद्गीथः प्राणो वा उत्प्राणेन हीदं सर्वमुत्तब्धं वागेव गीथोच्च गीथा चेति स उद्गीथः।२३
तद्धापि ब्रह्मदत्तश्चैकितानेयो राजानं भक्षयन्नुवाचायं त्यस्य राजा मूर्धानं विपातयताद्यदितोऽयास्य आङ्गिरसोऽन्येनोदगायदिति वाचा च ह्येव स प्राणेन चोदगायदिति।२४
तस्य हैतस्य साम्नो यः स्वं वेद भवति हास्य स्वं तस्य वै स्वर एव स्वं तस्मादार्त्विज्यं करिष्यन्वाचि स्वरमिच्छेत तया वाचा स्वरसंपन्नयार्त्विज्यं कुर्यात्तस्माद्यज्ञे स्वरवन्तं दिदृक्षन्त एव। अथो यस्य स्वं भवति भवति हास्य स्वं य एवमेतत्साम्नः स्वं वेद।२५

यह वाक् 'गीथ', उत् प्राण रूप, उदगीथ प्राण को ही मानो।
गाते प्राणों से उठ प्रभु-गुण, उद्गीथ प्राण का यह जानो। २३
उद्गीथ प्राण इकला न गाय, गाये वाणी से ही मिलकर।
पी रहा सोम जो ब्रह्मदत्त, कहता, वाणी से प्राण मुखर।
सिर राजा सोम विदीर्ण करें, यदि प्राण बिना वाणी गाये।
यह प्राण आंगिरस औ अयास्य, वाणी प्रभु स्तुति मुख में लाये। २४
इस साम-गान का धन स्वर है, धनवान बनें जो स्वर जानें।
स्वर धन है, ऋत्विक स्वर साधें, यज्ञों में स्वर-सम्पन्न बनें।
जिसकी वाणी में स्वर का धन, यज्ञों में मिलता उसे स्थान।
वह बन जाता है साम-धनी, जो जाने स्वर-धन साम-गान। २५

[Bṛhadāraṇyaka-1-3

Being like all else, it all permeated.
Similarity and Sāma the same thing related.
Knowing it one in the Prana-world resides,
With equality and selflessness in Prāṇa abides. 22
The Prāṇa is 'Ut' and speech 'Gītha' stated,
Thus Prāṇa is 'Udgītha', Ut and Gītha related.
With the Prāṇa 'arising' hymns are visualized,
The Prāṇa singing 'Sāma Udgītha realized'. 23
If said, Prāṇa sings Udgītha without speech,
The Soma king shall breaking one's head teach!
Drinking the Soma sap, Brahmadatta so stated,
These two when united, Udgītha meditated. 24
The wealth of Sāma is the 'note' or Svara stated.
Knowing this wealth one is wealthy related.
A hymn singer priest practised recitation
With a correct note only one gets a citation.

तस्य हैतस्य साम्नो यः सुर्वणं वेद भवति हास्य सुवर्णं तस्य वै स्वर एव
सुवर्णं भवति हास्य सुवर्णं य एवमेतत्साम्नः सुवर्णं वेद।२६
तस्य हैतस्य साम्नो यः प्रतिष्ठां वेद प्रति ह तिष्ठति तस्य वै वागेव
प्रतिष्ठा वाचि हि खल्वेष एतत्प्राणः प्रतिष्ठितो गीयतेऽन्न इत्यु हैक
आहुः।२७

जाने सुवर्णयुत साम-गान, मिल जाय स्वर्ण भंडार उसे।
स्वर ही धन है, यह स्वर सुवर्ण, गुण-गान स्वर्ण ही कहें इसे।
यह स्वर ही मानो है सुवर्ण, जो शुद्ध गान हो स्वर्ण वही।
उच्चारण करते शुद्ध अगर, देता है स्वर्ण सुवर्ण यही। २६
सर्वत्र प्रतिष्ठित वह होता, जो साम-प्रतिष्ठा को जाने।
यह वाक् प्रतिष्ठा रूप रहे, वाणी से ही गायन माने।
यह प्राण वाक् में आ गाये, कुछ ऐसा स्वर-गायन जानें।
खा अन्न ऊर्ध्व औ मधुर गाय, यह प्राण, अन्य यह भी मानें। २७

Upaniṣad]

With a much practised voice a priest meditated,
With his wealth of notes he duly contemplated.
Knowing this Svara or true note who recited.
Wealthy in Sāma hymns he alone is cited. 25
The Svara or note is the Sāma hymn's gold!
Knowing it one has all the gold one can hold!
Suvarṇa in meaning 'good reading' denoted,
'Suvarṇa' or 'good looking' gold too connoted!
Suvarṇa this good-note-gold symbolized.
Practising, this gold in music materialized.
With right notes who Sāma hymns visualized,
Knowing meditation as gold' one gold realized. 26
This speech is the Sāma's base and foundation.
The Prāṇa through speech does its recitation.
One who knows that Sāma on speech flourished,
He becomes respected and well established.
In this regard there are two views stated.
Abiding in speech Prāṇa sang some related.
It is due to food, some others thus hold.
Thus the pitch and the note is right they told. 27

अथातः पवमानानामेवाभ्यारोहः स वै खलु प्रस्तोता साम प्रस्तौति स यत्र प्रस्तुयात्तदेतानि जपेत्। असतो मा सद्गमय तमसो मा ज्योतिर्गमय मृत्योर्माऽमृतं गमयेति स यदाहासतो मा सद्गमयेति मृत्युर्वा असत्सदमृतं मृत्योर्माऽमृतं गमयामृतं मा कुर्वित्येवैतदाह तमसो मा ज्योतिर्गमयेति मृत्यवैं तमो ज्योतिरमृतं मृत्योर्माऽमृतं गमयामृतं मा कुर्वित्येवैतदाह मृत्योर्माऽमृतं गमयेति नात्र तिरोहितमिवास्ति। अथ यानीतराणि स्तोत्राणि तेष्वात्मनेऽन्नाद्यमागायेत्तस्मादु तेषु वरं वृणीत यं कामं कामयेत तं स एष एवं विदुद्गातात्मने वा यगमानाय वा यं कामं कामयते तमागायति तद्धैतल्लोकजिदेव न हैवालोक्यताया आशाऽस्ति य एवमेतत्साम वेद। २८

पवमान मन्त्र का ही प्रवाह, उनका ही अभ्यारोह करें।
प्रस्तोता पहले इन्हें जपें, जब साम मन्त्र का गान वरें।
जप 'असतो मा सद्गमय' मन्त्र 'तमसो मा ज्योतिर्गमय' कहे।
'मृत्योर्माऽमृतं गमय' का भी, फिर इसी भाँति प्रस्ताव रहे।
जब 'असतो मा सद्गमय' कहे, मृत्योर्माऽमृतं गमय' आशय।
यह असत् मृत्यु है, सत् अमृत, पाऊँ अमृत, कहता निश्चय।
'तमसो मा ज्योतिर्गमय' बोल, मृत्योर्माऽमृतं गमय कहता।
तम मृत्यु, ज्योति अमृत स्वरूप, अमृत दो, यह आशय रहता।
'मृत्योर्माऽमृतं गमय' जपता, अभिप्राय स्पष्ट इसमें रहता।
मुझको ले चल इस मृत्यु परे, अमृत की ओर, यही कहता!

[Brhadāraṇyaka-1-3

A priest proposing recitation should know,
The sacred Sāma hymns like a stream should flow!
'Lead me from untruth to the Truth' be stated,
'From darkness to light' should then be related'.
'From death to Immortality' I may now progress!
One these three chants should first express.
When 'From untruth to the Truth' one has stated,
'From death to immortality' one really related!
Non-Being and non-existent, untruth is mortal,
And the Truth is Existence and Immortal.
When one says, 'from darkness to light lead!'
'From death to immortality' one really does plead!
Dark nescience is death and light Immortal,
Hence bestow light and not the gloom mortal!
Now, praying 'from death to immortality' is clear,
One wishes to be led to the Immortal there!

प्रथम अध्याय, ब्राह्मण ४

आत्मैवेदमग्र आसीत् पुरुषविधः सोऽनुवीक्ष्य नान्यदात्मनोऽपश्यत्
सोऽहमस्मीत्यतेग्रे व्याहरत्ततोऽहंनामाभवत्तस्मादप्येतर्ह्या-
मन्त्रितोऽहमयमित्येवाग्र उक्त्वाऽथा न्यन्नाम प्रबूते यदस्य भवति
स यत्पूर्वोऽस्मात्सर्वस्मात्सर्वान्पाप्मन औषत्तस्मात्पुरुष ओषति ह
व स तं योऽस्मात्पूर्वो बुभूषति य एवं वेद। १

फिर अन्य स्तोत्र से जो चाहे, माँगे पदार्थ वह भौतिक भी।
जिस-जिसकी हो कामना उसे, वर माँगे वह इस भाँति सभी।
यजमान हेतु, निज जन्य, युगल, सब वस्तु जन्य वह है गाता।
उद्गाता जो ऐसा जाने, गाकर ही वह सब कुछ पाता।
लौकिक पदार्थ ही जो माँगे, इस हेतु साम को जो गाये।
वह बने 'लोकजित्' सही किन्तु, 'आलोक्य' नहीं वह हो पाये। २८

प्रथम अध्याय, ब्राह्मण-४ (सृष्टि रचना)

था सृष्टि-पूर्व वह ब्रह्म पुरुष, आत्मा केवल था, पिण्ड नहीं।
अनुवीक्षण कर आत्मा देखे, उससे न भिन्न कुछ दिखे कहीं।
वह बोल उठा उस क्षण, मैं हूँ, हो अहम् नाम्, 'अहमस्मि' कहे।
होती पुकार, कहते 'यह मैं', फिर कहें अमुक यह नाम रहे।

Through other hymns one may ask as required,
The worldly objects and pleasures one desired.
One knowing this really sings as aspired,
For oneself or the doer all fruits one acquired.
If one to the worldly desires does adhere,
One becomes the master of this world here.
But this world really one can not transcend,
Nor to the higher worlds one can ascend. 28

Chapter One, Section-4 (Creation)

Like the Supreme Person before the Creation,
This Self alone existed before the Body Person.
When the Self found that it was alone there,
So seeing it stated, I it is, I am here!
When some one is asked, who is that there?
One answers, it is I, so and so, this, here!

सोऽबिभेत्तस्मादेकाकी बिभेति स हायमीक्षांचक्रे यन्मदन्यन्नास्ति कस्मान्नु बिभेमीति तत एवास्य भयं वीयाय कस्माद्ध्यभेष्यद्द्वितीयाद्वै भयं भवति।२

स वै नैव रेमे तस्मादेकाकी न रमते स द्वितीयमैच्छत्। स हैतावानास यथा स्त्रीपुमांसौ संपरिष्वक्तौ स इममेवात्मानं द्वेधाऽपातयत्ततः पतिश्च पत्नी चाभवतां तस्मादिदमर्धबृगलमिव स्व इति ह स्माह याज्ञवल्क्यस्तस्मादयमाकाशः स्त्रिया पूर्यत एव तां समभवत्ततो मनुष्या अजायन्त।३

'पुर' पूर्व, जलाना 'उष, होता, वह पुरुष ब्रह्म-आत्मा वैसा।
देता पापों को पूर्व जला, वह सत्य-पुरुष होता ऐसा।
जाने ऐसा जो पुरुष-मर्म, उसको पापों का कलुष नहीं।
यदि पाप निकलता हो आगे, वह कर देता है भस्म वहीं। १
आत्मा इकला था, डरा अतः, इकला जो होता वह डरता।
फिर सोचे अन्य नहीं कोई, किससे औ क्यों मैं डर करता?
जैसे ही उसने यह सोचा, उसका भय दूर हुआ उससे।
था कौन भला जिससे डरता, डर तो होता है अन्यों से। २
वह इकला था, मन लगे नहीं, जो इकला हो मन रहे विकल।
उसने साथी की इच्छा की, वह था नर-नारी मिला, युगल।

[Bṛhadāraṇyaka-1-4

The Supreme Self and Self both 'Person' comprise
Who burns sin before it actually does arise!
That One named Person, no sin contemplated,
Destroying them before' they contaminated.
However if the sin any ascendency shows,
One burns them all if one thus knows. 1
The lone Primal Person, had fear as it were!
Like a lonely person who has fear here.
But then he thought, none else was there,
Why then should he to the fear thus adhere!
Thus thinking his fears were totally removed.
Who else was there who fearful proved!
Indeed one has fear only from another.
But he was alone and there was none other! 2
As he was alone, he was not very pleased.
Thus a lonely person is never appeased.
Though being a man and woman knit together,
He wanted the company of some one another.

सा हेयमीक्षांचक्रे कथं नु माऽऽत्मन एव जनयित्वा संभवति हन्ततिरोऽसानीति सा गौरभवदृषभ इतरस्तां समेवाभवत्ततो गावोऽजायन्त वडवेतराऽभवदश्ववृष इतरो गर्दभीतरा गर्दभ इतरस्तां समेवाभवत्तत एकशफमजायताऽ जेतराऽभवद् बस्त इतरोऽविरितरा मेष इतरस्तां समेवाभवत्ततोऽजावयोऽजायन्तैवमेव यदिदं किंच मिथुनमा पिपीलिकाभ्यस्तत्सर्वमसृजत।४

सोऽवेदहं वाव सृष्टिरस्म्यहं हीदं सर्वमसृक्षीति ततः सृष्टिरभवत्सृष्ट्यां हास्यैतस्यां भवति य एवं वेद।५

अपना तन पटक दिया उसने, दो टुकड़ों में ले लिया रूप।
तन द्विदल, कहें यह याज्ञवल्क्य, सीपी-सा पति-पत्नी स्वरूप।
खाली आकाश पुरुष आगे, नारी के मिलने से पूरित।
नर-नारी तत्त्व मिलें, इससे, यह मनुज मूर्ति होती निर्मित। ३
अब सोचे नारी तत्त्व, हाय, अपने तन से ही जन्म दिया।
संयोग मुझीसे यह करता, उसने छिपने का यत्न किया।
छिपकर इस भाँति बनी गौ वह, यह पुरुष तत्त्व ले वृषभ रूप।
वह घोड़ी बनी, पुरुष घोड़ा, गौ-अश्व जाति यों ले स्वरूप।
फिर गधी-गधे का रूप धरें, उत्पन्न एक खुर वाले भी।
बकरी-बकरा, भेड़ी-भेड़ा, चीटी तक जो भी युग्म सभी। ४
कह उठा, सृष्टि यह मैं ही हूँ, यह सब रचकर वह आत्म तत्त्व।
वह सृष्टि-विधायक हो जाता, जाने जो यह परमार्थ-तत्त्व। ५

He threw Himself down and broke His body there,
The two pieces became the wife-husband pair.
So we are hemispheric as the half pulse-seed,
Yājñavalkya knowing this had said so indeed!
As the two half pulses make one whole seed,
The void facing a male, a female does need.
The man and woman elements thus amalgamated,
And this human race from that originated. 3
Creating from Himself, with me how He mated!
Thus thinking the female-half now hesitated.
She thought to conceal and a cow she became,
The male became a bull and cattle there came!
He became a horse when she was a mare,
Then asses and one-hoofed animals were there.
As goat and sheep again, they now procreated,
Upto ants all species the pair thus created! 4

अथेत्यभ्यमन्थत्स मुखाच्च योनेर्हस्ताभ्यां चाग्निमसृजत
तस्मादेतदुभयमलोमकमन्तरतोऽलोमका हि योनिरन्तरतः।
तद्यदिदमाहुरमुं यजामुं यजेत्येकैकं देवमेतस्यैव सा विसृष्टिरेष उ
ह्येव सर्वे देवाः। अथ यत्किंचेदमार्द्रं तद्रेतसोऽसृजत तदु सोम
एतावद्वा इदं सर्वमन्नं चैवान्नादश्च सोम एवान्नमग्निरन्नादः सैषा
ब्रह्मणोऽतिसृष्टिर्यच्छ्रेयसो देवानसृजताथ यन्मर्त्यः सन्नमृतानसृजत
तस्मादतिसृष्टिरति सृष्ट्यां हास्यैतस्यां भवति य एवं वेद।६

अब आत्म तत्त्व मंथन करता, मुख योनि हाथ से अग्नि रचित।
इस मंथन के कारण ही ये, मुख योनि हाथ हों लोम रहित।
इन-इन देवों को पूज, कहें, लेकिन ये सब हैं व्यर्थ देव।
यह सृष्टि एक ही देव जन्य, है आत्म तत्त्व वह सर्वदेव।
जो कुछ भी आर्द्र तथा जीवित, सब आत्मतत्त्व के वीर्य जन्य।
इस आत्म तत्त्व का बीज सोम, अन्नाद-अन्न ही रहें अन्य।
यह सोम अन्न है भोग्य रूप, अन्नाद अग्नि भोक्ता उसका।
अतिसृष्टि ब्रह्म की श्रेष्ठ यही, हो देव नाम अच्छे जन का।
हों मर्त्य यहाँ अमृत स्वरूप, हों श्रेष्ठ मनुज भी देव यहाँ।
अतिसृष्टि जानता जो ऐसी, अतिसृष्टि ब्रह्म की प्राप्त वहाँ। ६

[Bṛhadāraṇyaka-1-4

The Self now exclaimed, I am the Creation!
Created by me this is my manifestation.
One who knows this, like the Self he becomes,
He attains that state from which Creation comes! 5
Now the Self mouth, womb and hands activated.
Speech and fire from that churning originated.
Thus mouth, womb and palms hairs not contain,
The fire and speech to prosperity pertain.
People say, worship this and that deity there.
But one should only to the Supreme Self adhere.
All this here depend on the God of gods alone.
All living, green and lively is due to that One.
The seed of the Self is the Soma sap stated,
All else food-matter or enjoyer are related.
The Soma is the food that creatures consumed,
The Creation and all is also food assumed.
The fire is the enjoyer consuming all here,
The man should also be like the fire there.
This Creation is Grand and the wise god become,
The mortals here to immortality come!

तद्धेदं तर्ह्यव्याकृतमासीत्तन्नामरूपाभ्यामेव व्याक्रियतासौनामायमिदंरूप इति तदिदमप्येतर्हि नामरूपाभ्यामेव व्याक्रियतेऽसौनामायमिदं रूप इति स एष इह प्रविष्टः। आनखाग्रेभ्यो यथा क्षुरः क्षुरधानेऽवहितः स्याद्विश्वंभरो वा विश्वंभरकुलाये तं न पश्यन्ति। अकृत्स्नो हि स प्राणन्नेव प्राणो नाम भवति। वदन् वाक् पश्चंश्चक्षुः श्रृण्वन् श्रोत्रं मन्वानो मनस्तान्यस्यैतानि कर्मनामान्येव। स योऽत एकैकमुपास्ते न स वेदाकृत्स्नो ह्येषोऽत एकैकेन भवत्यात्मेत्येवोपासीतात्र ह्येते सर्व एकं भवन्ति। तदेतत्पदनीयमस्य सर्वस्य यदयमात्माऽनेन ह्येतत्सर्ववेद। यथा ह वै पदेनानुविन्देदेवं कीर्तिं श्लोकं विन्दते य एवं वेद॥७

अब आत्मतत्त्व सब स्फुट करता, यह सब था अस्फुट-अव्याकृत।
वाणी से देकर नाम-रूप, वह सकल सृष्टि करता व्याकृत।
है नाम अमुक औ रूप यही, कर दिया स्पष्ट जो कार्य चले।
इस नाम रूप से ही जग में, सारा लौकिक व्यवहार पले।
नख अग्र भाग तक वह पहुँचा, वह आत्म तत्त्व सबमें सुनिहित।
उस्तुरा खोल में ज्यों रहता, ज्यों अग्नि अरणि में रहे निहित।
दिखता न कहीं वह आत्म तत्त्व, सम्पूर्ण कहीं वह मिले नहीं।
ले सांस, प्राण तन में कहते, बोले, हम वाणी कहें वहीं।
देखे जब, चक्षु कहें उसको, सुनने लगता तब श्रोत्र वही।
जब मनन करे, हम मन कहते, सबका उद्गम वह, तथ्य यही।

Upaniṣad]

The Creation in the beginning was unmanifested.
The speech was the first to become manifested.
The Self through the speech all this originated,
Giving names and forms it all initiated.
Designating and giving each a name and form,
Entering into all, it to all did conform.
It reaches even up to the tip of the finger,
As the dagger in a sheath and fire in the timber!
The Self we can not possibly visualize,
However when it breathed we as Prāṇa realize.
When it does speak we as speech designate,
And when it perceives, as the eye we relate,
When it is hearing as the ear we related,
And it is the mind when it contemplated.
One who these senses as the Self meditated,
Ignorant is he and not perfect stated!

तदेतत्प्रेयः पुत्रात्प्रेयो वित्तात्प्रेयोऽन्यस्मात्सर्वस्मादन्तरतरं यदयमात्मा।
स योऽन्यमात्मनः प्रियं ब्रुवाणं ब्रूयात् प्रियं रोत्स्यतीतीश्वरो ह
तथैव स्यादात्मानमेव प्रियमुपासीत स य आत्मानमेव प्रियमुपास्ते
न हास्य प्रियं प्रमायुकं भवति।८
तदाहुर्यद् ब्रह्मविद्यया सर्वं भविष्यन्तो मनुष्या मन्यन्ते किमु तद्
ब्रह्माऽवेद्यस्मात्तत्सर्वमभवदिति।९

होगा आत्मा वह पूर्ण नहीं, यदि भजें मान हम भिन्न-भिन्न।
सब एक बनें जा उसमें ही, यदि भजे एक आत्मा अभिन्न।
सबका आत्मा वह, खोज वही, उसको जाने सब लिया जान।
पाते पशुवत् पद-चिह्नों से, इससे होते स्तुति-कीर्तिवान। ७
सुत से भी प्रिय है आत्मतत्त्व, वह वित्त आदि से भी प्यारा।
सबके अन्तरतम में प्रविष्ट, यह आत्म तत्त्व सबसे न्यारा।
प्रिय अधिक अन्य कुछ है बोलो, प्रिय हेतु तुझे होगा रोना।
चाहे तुम हो ऐश्वर्यवान, वह प्रिय तुझको होगा खोना।
कर लो उपासना आत्मा की, यह आत्म तत्त्व ही 'प्रिय' मानो।
यह आत्म तत्त्व जिनको प्रिय है, उनका प्रिय नष्ट नहीं जानो। ८
जो ऐसा कहते, क्यों कहते, सब कुछ बनते यदि ब्रह्म ज्ञान?
वह ब्रह्म ब्रह्मविद्या जाने, कैसे होता सब कुछ, महान? ९

[Bṛhadāraṇyaka-1-4

All these different actions to that Self related,
They unite in the Self and are assimilated.
So the Self should be sought, in all beings shown,
Knowing the Self here every thing is known!
By indications also the Self one should know.
As the foot prints found lost animal do show.
One who thus seeking that Self does gain,
All praises and glories he does attain. 7
Even more than a son, this Self is dear.
It is much dearer than all the wealth here.
This indwelling Self is the dearest of all,
There is nothing you can dearer than it call!
If anything is more dear speak O ignorant!
For that, though opulent, you will have to lament!
This Self as the 'lovable' should be contemplated,
One's dear is not lost, if one so meditated! 8

ब्रह्म वा इदमग्र आसीत्तदात्मानमेवावेदहं ब्रह्मास्मीति।
तस्मात्तत्सर्वमभवत् तद्यो यो देवानां प्रत्यबुध्यत स एष
तदभवत्तथर्षीणां तथा मनुष्याणां तद्धैतत्पश्यन्नृषिर्वामदेवः प्रतिपेदेऽहं
मनुरभवं सूर्यश्चेति। तदिदमप्येतर्हि य एवं वेदाऽहं ब्रह्मास्मीति
स इदं सर्वं भवति तस्य ह न देवाश्च नाभूत्या ईशते। आत्मा
ह्येषां स भवत्यथ योऽन्यां देवतामुपास्तेऽन्योऽसावन्योऽहमस्मीति
न स वेद यथा पशुरेवं स देवानाम्। यथा ह वै बहवः पशवो
मनुष्यं भुञ्ज्युरेवमेकैकः पुरुषो देवान् भुनक्त्येकस्मिन्नेव
पशावादीयमानेऽप्रियं भवति किमु बहुषुतस्मादेषां तन्न प्रियं
यदेतन्मनुष्या विद्युः।१०

था ब्रह्म सृष्टि के पूर्व एक, उसको अपना हो गया ज्ञान।
वह सब कुछ होकर सब जाने, 'मै ब्रह्म' 'अहं ब्रह्मास्मि' जान।
तब देवों में जिसने समझा, ऋषियों में जिनको हुआ ज्ञान।
सब ब्रह्म हुए जिसने जाना, मनुजों में भी, 'मैं ब्रह्म' जान।
ऋषि वामदेव यह जान कहें, था मनु मैं ही, रवि भी मैं ही।
अब भी जो जन ऐसा जाने, 'मैं ब्रह्म', सभी हो जाय वही।
ये देव न रोकें ऐश्वर्य, देवों को वह आत्मा अनन्य।
जो अन्य देव पूजें-मानें, वे स्वयँ अन्य औ देव अन्य।
जैसे अनेक पशु मनुज जन्य, देवों को पशुवत् मनुज सभी।
देवों के वे पशुवत् सेवक, यह नहीं जानते मनुज कभी।
क्षति हो पशु एक, अप्रिय लगता, यह बहु नर-पशु क्षति कौन सहे?
इसलिये चाहते नहीं देव, यह मनुज 'अहं ब्रह्मास्मि, कहे! १०

Upaniṣad]

Some ask, what one by the Brahma Wisdom gains?
Why do people think one everything attains?
Brahma by His wisdom what really did know,
That He became all this that there does show? 9
Creator Brahma was there before the Creation.
Himself He knew that He was the Brahma Person!
Just knowing thus Brahma became all there!
Gods, seers and men became Brahma knowing here!
Seer Vāmadeva realizing had in this way stated,
I was Manu myself and as sun I radiated!
I am Brahma and great, who thus does know,
To day as Brahma and great he does show!

ब्रह्म वा इदमग्र आसीदेकमेव तदेकं सन्न व्यभवत्।
तच्छ्रेयोरूपमत्यसृजत क्षत्रं यान्येतानि देवत्रा क्षत्राणीन्द्रो वरुणः
सोमो रुद्रः पर्जन्यो यमो मृत्युरीशान इति। तस्मात् क्षत्रात्परं
नास्ति तस्माद् ब्राह्मणः क्षत्रियमधस्तादुपास्ते राजसूये क्षत्र एव
तद्यशो दधाति सैषा क्षत्रस्य योनिर्यद् ब्रह्म। तस्माद्यद्यपि राजा

पहले था केवल ब्रह्म एक, इकला था, क्या होता उससे?
था ब्रह्म, वृद्धि की क्षमता थी, वह 'श्रेयोरूप' रचे इससे।
ये इन्द्र सोम पर्जन्य रुद्र, ईशान मृत्यु यम क्षत्र-रूप।
ये क्षात्र धर्म के प्रतिनिधि हैं, है क्षत्र यही श्रेयो स्वरूप।
क्षत्रिय का आसन हो ऊँचा, हो राजसूय जब यज्ञ कहीं।
अपना यश क्षत्रिय को देकर, ब्राह्मण ले आसन निम्न वहीं।
है क्षात्र धर्म सबसे महान, आधार किन्तु है ब्रह्म यही।
ब्राह्मण से नीचे आ बैठे, जब राजसूय हो शेष वही।

[Bṛhadāraṇyaka-1-4

Becoming all, his glory even gods not hinder,
He becomes the Self of all the gods yonder!
If one shows difference adoring other gods,
That person is a fool and animal to god-lords!
As several animals a single man sustain,
Adoring deities, several men each god maintain,
If one animal is lost, one becomes very sad,
Loosing many men-animals would be really bad!
The gods therefore want that men be retained,
They want not that men Brahma-wisdom attained!
So that one may never 'I am Brahma' claim,
Thus in a taunting way one does exclaim! 10
In the beginning there was Para Brahma alone,
With growth-potentiality, He was the Only One!
Growing He was Great and Kṣatriya He created,
He Indra, Soma, Rudra and Parjanya originated.
The, Yama, Death and Iśāna also succeeded,
And there was none who Kṣatriya superceded.
In a Rājasūya Yajña the Brāhmaṇa's place is low.
Giving glory to the Kṣatriya king he does bow.

परमतां गच्छति ब्रह्मैवान्तत उपनिश्रयति स्वां योनिं य उ एनं
हिनस्ति स्वां य योनि मृच्छति स पापीयान् भवति यथा श्रेयांसं
हिंसित्वा।११
स नैव व्यभवत् स विशमसृजत यान्येतानि देवजातानि गणश
आख्यायन्ते वसवो रुद्रा आदित्या विश्वेदेवा मरुत इति।१२
स नैव व्यभवत् स शौद्रं वर्णमसृजत पूषणमियं वै पूषेयं हीदं
सर्वं पुष्यति यदिदं किंच।१३
स नैव व्यभवत्तच्छ्रेयोरूपमत्यसृजत धर्मं तदेतत् क्षत्रस्य क्षत्रं
यद्धर्मस्तस्माद्धर्मात्परं नास्त्यथो अबलीयान् बलीयांसमाशंसते धर्मेण

जिसमें बढ़ने का बीज रहे, जिसके बढ़ने से सब बढ़ता।
वह ब्रह्म, अनादर जो करता, वह अपनी ही हिंसा करता।
जो पाप श्रेष्ठ की हिंसा से, हो ब्रह्म अनादर पाप वही।
यदि क्षात्र धर्म हिंसा करता, उसको लगता है शाप यही। ११
यह क्षात्र धर्म पर्याप्त नहीं, अब करता है वह वैश्य सृजित।
वसु रुद्र मरुत आदित्य विश्व, इनको रचता वह गणों सहित। १२
जब वैश्य-धर्म पर्याप्त न था, वह शौद्र धर्म को रचे तभी।
देवों में यह पृथ्वी पूषा, जो कुछ है, पोषण करे सभी। १३
इसपर भी वांछित हुआ नहीं, तब श्रेय 'धर्म' की सृष्टि करे।
यह 'धर्म' क्षत्र का क्षत्र रहे, है कहीं नहीं कुछ धर्म परे।

Upaniṣad]
But Brāhmaṇa is the source and Kṣatriya foundation,
So the king sits lower at the end of the function.
Disdaining that Brahma who all this created,
One only one's own foundation repudiated.
By slaying an elder as one is a sinner,
So also is a sinner a Brahma disdainer.
If the Kṣatriya Order Brahma repudiated,
It is a sinful act that they perpetrated. 11
By the Kṣatriya alone all could not be effected,
Now Brahma the Order of Vaiśya perfected.
Thus the Vasus, Rudras and Ādityas there came,
Also there Marutas and Viśvadevas became. 12
Still this Creation some thing more needed,
As sustainers the Śaudra Order was seeded.
Among deities this earth is Puṣā the Sustainer,
Whatever is here, she is the maintainer! 13

यथा राज्ञैवं यो वै स धर्मः सत्यं वै तत्तस्मात् सत्यं वदन्तमाहुर्धर्मं
वदतीति धर्मं वा वदन्तं सत्यं वदतीत्येतद्ध्येवैतदुभयं भवति।१४
तदेतद् ब्रह्म क्षत्रं विट् शूद्रस्तदग्निनैव देवेषु ब्रह्माभवद् ब्राह्मणो
मनुष्येषु क्षत्रियेण क्षत्रियो वैश्येन वैश्यः शूद्रेण शूद्रस्तस्मादग्नावेव
देवेषु लोकमिच्छन्ते ब्राह्मणे मनुष्येष्वेताभ्यां कि रूपाभ्यां ब्रह्माभवत्।
अथ यो ह वा अस्माल्लोकात्स्वं लोकमदृष्ट्वा प्रैति स एनमविदितो
न भुनक्ति यथा वेदो वाऽननूक्तोऽन्यद्वा कर्माकृतं यदिह वा

यह धर्म बलों का भी बल है, निर्बल करता बल पर शासन।
यह धर्म जन्य संभव होता, जैसे राजाज्ञा-अनुशासन।
हम कहें, धर्मयुत ही बोले, उसको, जो कहता सत्य वचन।
हम कहें, सत्य ही बोल रहा, उसको, जिसका हो धर्म कथन।
यह धर्म सत्य ही है मानो, जो धर्म वही है सत् स्वरूप।
हैं एक धर्म औ सत्य युगल, है यही धर्म का सत्य रूप। १४
ये ब्रह्म क्षत्र विट् शौद्र धर्म, मिलकर समाज को पूर्ण करें।
ब्रह्मा देवों में अग्नि हुए, मनुजों में ब्राह्मण रूप धरें।
क्षत्रिय धर्मों से वह क्षत्रिय, विश धर्म वही करता धारण।
फिर शौद्र धर्म से ब्रह्म शूद्र, सब ब्राह्म शक्ति के ही कारण।

[Bṛhadāraṇyaka-1-4

Some thing still further was required for Creation,
And Dharma was created in duty and action.
Dharma as the strength of strength is related,
Nothing beyond Dharma can ever be stated.
By Dharma even a weak rules over strong persons,
As is done under the royal instructions.
With the Truth, Dharma or duty is related
Speaking truth is thus speaking Dharma stated!
When some one according to Dharma stated!
It is said that only the Truth he related!
Thus the Truth and Dharma same thing denoted,
They right action, virtue and duty connoted. 14
In society the Four Orders were propagated,
The Brahma, Kṣatra, Viś and Śaudra promulgated.
Among the gods Brahmā as fire-deity emanated,
And among men He as Brāhmaṇa originated.

अप्यनेवंविन्महत्पुण्यं कर्म करोति तद्धास्यान्ततः क्षीयत एवात्मानमेव
लोकमुपासीत स य आत्मानमेव लोकमुपास्ते न हास्य कर्म
क्षीयते। अस्माद्ध्येवात्मनो यद्यत्कामयते तत्तत्सृजते।१५
अथो अयं वा आत्मा सर्वेषां भूतानां लोकः स यज्जुहोति
यद्यजते तेन देवानां लोकोऽथ यदनुब्रूते तेन ऋषीणामथ यत्पितृभ्यो
निपृणाति यत्प्रजामिच्छते तेन पितृणामथ यन्मनुष्यान्वासयते

हों देवलोक में अग्नि तथा, ब्राह्मण मनुजों में हों वांछित।
इन दो रूपों में ब्रह्म ही, जड़-चेतन जग में हों विस्तृत।
इन लोकों में रहकर भी यदि, अपने स्वरूप का नहीं ज्ञान।
चल देते वे हो मृत्यु प्राप्त, इस ब्रह्म तत्त्व को नहीं जान।
बिन पढ़ा वेद ज्यों ज्ञान न दे, फल हीन रहे बिन किया कर्म।
उसको न ब्रह्म का रस मिलता, जाने स्वरूप का नहीं मर्म।
हों क्षीण अन्त में महत् पुण्य, यद्यपि महान भी कर्म मान।
भज आत्मलोक 'मैं ब्रह्म' कहे, मैं स्वल्प नहीं, मैं हूँ महान।
करता उपासना आत्मलोक, हों कर्म न उसके क्षीण कभी।
इस महत् भावना-आत्मा से, वाँछित जो भी वह रचे सभी। १५
आत्मा सब भूतों का निवास, ये यज्ञ-हवन हों देवलोक।
जो पाठन-पठन यहाँ होता, ऋषिलोक बने यह आत्मलोक।

He again became Kṣatriya for duties related.
And doing Vaiśya-duties He was Vaiśya stated.
In Śaudra Dharma also He Himself initiated,
The society was thus by Brahmā instated.
The gods fire and people Brāhmaṇas venerated.
They inert energy and sentiency generated.
Who die and depart without Self realization,
Not tasting the nectar they have no salvation!
As the unread Vedas and undone deeds are vain,
Even a good deed's fruits one does not attain!
So the world of the Self should be meditated,
Thus one gets the fruits one contemplated.
One is Brahma and great, one should realize,
In one's own Self all His powers visualize
With this realization whenever one acted,
Whatever one desired all that one effected! 15

**यदेभ्योऽशनं ददाति तेन मनुष्याणामथ यत्पशुभ्यस्तृणोदकं विन्दति
तेन पशूनां यदस्य गृहेषु श्वापदा वयांस्यापिपीलिकाभ्य उपजीवन्ति
तेन तेषां लोको यथा ह वै स्वाय लोकायारिष्टिमिच्छेदेवं हैवंविदे
सर्वाणि भूतान्यरिष्टिमिच्छन्ति तद्वा एतद्विदितं मीमांसितम्। १६**

सन्तान चाहते जो जग में, जो पितरों की सेवा करते।
वह पितृलोक यह आत्मा ही, हम आत्मलोक में सब वरते।
मनुजों का भोजन-वास जहाँ, यह आत्मलोक ही मनुज-लोक।
पशुओं के तृण-जल का आश्रय, पशु-लोक कहाता आत्मलोक।
घर में चौपाये, चीटी, खग, भोजन-आश्रय जो इनके भी।
उन--उन जीवों के लोक बने, यह आत्मलोक ही बने सभी।
तादात्म्य करो, शुभ चाहो तुम, ये भूत करेंगे तेरा हित।
है यही सत्य, यह ब्रह्म मार्ग, है यह मीमांसित, पूर्व विदित। १६
आत्मा ही केवल था पहले, पत्नी हो यह कामना करे।
जाया से सन्तति हो उसको, फिर वित्त मिले औ कर्म वरे।
ये युगल कामनाएँ सबको, हो पुत्र-वित्त इच्छा सबमें।
इकला जाया-सन्तति चाहे, ले वित्त कर्म करना जग में।

[Bṛhadāraṇyaka-1-3

The Self is the universe that beings inhabited.
As God's world one here doing Yajñas oblated.
When the pupils study, it is Seer World stated,
Serving parents and procreating, Manes World related.
As the Human World, food and abode it created,
With grass and water it is Animal World stated.
The Self is this- that world for this-that creature,
All beings here in the Self-World feature!
One who the good of all beings cherished,
All beings there such person's well wished.
Such a person the cherished Brahma attained,
This truth has been known and well ascertained! 16
The Self was alone in the beginning of Creation.
It wanted a mate for purposes of procreation.
It also willed wealth for engaging in action,
These are the two that motivating function.

आत्मैवेदमग्र आसीदेक एव सोऽकामयत जाया मे स्यादथ प्रजायेयाथ वित्तं मे स्यादथ कर्म कुर्वीयेत्येतावान् वै कामो नेच्छंश्च नातो भूयो विन्देत्तस्मादप्येतर्ह्येकाकी कामयते जाया मे स्यादथ प्रजायेयाथ वित्तं मे स्यादथ कर्म कुर्वीयेति स यावदप्येतेषामेकैकं न प्राप्नोत्यकृत्स्न एव तावन्मन्यते तस्यो कृत्स्नता मन एवास्याऽऽत्मा वाग्जाया प्राणः प्रजा चक्षुर्मानुषं वित्तं चक्षुषा हि तद्विन्दते श्रोत्रं दैवं श्रोत्रेण हि तच्छृणोत्यात्मैवास्य कर्मात्मना हि कर्म करोति स एष पाङ्क्तो यज्ञः पाङ्क्तः पशुः पाङ्क्तः पुरुषः पाङ्क्तमिदं सर्वं यदिदं किंच तदिदं सर्वमाप्नोति य एवं वेद। १७

ये दोनों जबतक नहीं प्राप्त, समझे अपने को वह अपूर्ण।
यह पुत्र-वित्त की प्राप्ति किन्तु, सच में कर सकता नहीं पूर्ण।
मन को आत्मा, वाणी जाया, वह प्रजा प्राण को ही माने।
देखें-जानें धन नेत्रों से, वह मानुष-वित्त नयन जाने।
फिर दैव-वित्त हो श्रोत्र यही, सब दैव-भाव होते सुनकर।
यह मानव-तन ही कर्म मान, तन सब कर्मों को करे सुकर।
मन प्राण कर्म औ चक्षु- श्रोत्र, मिल यज्ञ करें ये पाँच सभी।
यह जो कुछ भी है सभी पाँच, पशु में ये पाँच, मनुज में भी।
पशु यज्ञ-रूप, यह पुरुष यज्ञ, जग पंचतत्त्व का यज्ञ रूप।
सब पा लेता है जगत् मध्य, जाने यज्ञों का यह स्वरूप। १७

Upaniṣad]

Thus a lone man wants a wife for procreation,
He desires also wealth for engaging in action.
Until one these two objects not attains,
He is not a complete man, he thus maintains.
But these two also fullness not furnished,
By the Self-realization fullness is established.
When this mind is the Self and wife the speech.
And the Prāṇa is progeny, he fullness does reach.
When this eye is as the Human-Wealth known,
And the ear also as Divine-Wealth shown,
And when this body as action one regarded,
Such a sacrifice surely all fullness awarded!
The mind, Prāṇa, eye, ear and action Yajña formed,
All animals and men to the Yajña conformed.
The five elements too Universe-Yajña sustained,
And one who knows this, everything attained! 17

प्रथम अध्याय ब्राह्मण-५

यत्सप्तान्नानि मेधया तपसाऽजनयत्पिता। एकमस्य साधारणं द्वे देवानभाजयत्। त्रीण्यात्मनेऽकुरुत पशुभ्य एकं प्रायच्छत्तस्मिन्सर्वं प्रतिष्ठितं यच्च प्राणिति यच्च न। कस्मात्तानि न क्षीयन्तेऽद्यमानानि सर्वदा। यो वैतामक्षितिं वेद सोऽन्नमत्ति प्रतीकेन। स देवानपिगच्छति स ऊर्जमुपजीवतीति श्लोकाः॥१

प्रथम अध्याय ब्राह्मण-५ (सात अन्न तथा प्राण)

उत्पन्न करें जो सात अन्न, वे सृष्टि-पिता मेधा-तप से।
साधारण उनमें एक अन्न, दो दें देवों को वे उनसे।
रख लिया अन्न निज हेतु तीन, जो एक शेष, दें पशुओं में।
पशु हेतु अन्न पर ही आश्रित, प्राणी-अप्राणी सब जग में।
हर समय जा रहे ये खाये, ये नहीं शेष होते तब भी।
क्या कारण इस अक्षय गुण का, यह अन्न नहीं हो क्षीण कभी?
अक्षीण अन्न है जो जाने, खाता प्रतीक ही मात्र इसे।
भंडार रहे अक्षय जिसका, खा पाये कितना भला उसे!
यह अन्न प्राप्त इन्द्रिय को हो, वे इससे ऊर्जा शक्ति वरें।
ये श्लोक यहाँ इस भाँति कहें, आगे इनको यों स्पष्ट करें। १

[Bṛhadāraṇyaka

Chapter One, Section-5 [Prāṇa & Seven Foods]

The Father of Creation seven food-grains created.
Through wisdom and austerity He these originated.
One grain was simple, two to gods attributed.
Keeping three for Himself, one in animals distributed.
Which grain for consumption of creatures purported,
That grain all breathing and non-breathing supported.
These food-grains are constantly consumed,
Even so their stocks always fullness assumed!
One who knows this food's unending stock feature,
His consumption is only symbolic in nature!
How the eternal stock can ever be depleted?
Whatever one consumed is to gods oblated!
These are the foods that all beings sustained,
All vitality and strength they thus obtained.
Knowing this energetic and healthy they become,
From the ancient times these verse-riddles come! 1

यत्सप्तान्नानि मेधया तपसाऽजनयत्पितेति मेधया हि तपसाऽजनयत्पितैकमस्य साधारणमितीदमेवास्य तत्साधारणमन्नं यदिदमद्यते। स य एतदुपास्ते न स पाप्मनो व्यावर्तते मिश्रं ह्येतत्। द्वे देवानभाजयदिति हुतं च प्रहुतं च तस्माद्देवेभ्यो जुह्वति च प्र च जुह्वत्यथो आहुर्दर्शपूर्णमासाविति। तस्मान्नेष्टियाजुकः स्यात्। पशुभ्य एकं प्रायच्छदिति तत्पयः। पयो ह्येवाग्रे मनुष्याश्च पशवश्चोपजीवन्ति तस्मात् कुमारं जातं घृतं वैवाग्रे प्रतिलेहयन्ति स्तनं वाऽनुधापयन्त्यथ वत्सं जातमाहुरतृणाद इति।

उत्पन्न करें वे अन्न सात, मेधा-तप से, है कहा यही।
साधारण उनमें एक कहा, खाते साधारण अन्न वही।
वह अन्न बाँटकर हम खायें, साझा वह अन्न रहे सबका।
निवृत्ति नहीं पापों से हो, यदि संग्रह करते हम उसका।
'हुत-प्रहुत' रहें वे अन्न युगल, देवों को जो करते प्रदान।
है अग्निहोत्र में आहुति 'हुत', वह 'प्रहुत' रूप जो दिया दान।
दो यज्ञ, अमावस-पूर्णमास, कुछ कहें देव के अन्न युगल।
निःस्वार्थ भावना जाग्रत कर, हों देव-भाव से यज्ञ सकल।
पशु हेतु दिया जो अन्न एक, जल-दुग्ध वही पय रूप धरे।
पशु-मनुज प्रथम पय पर जीयें, शिशु घृत चाटे, स्तन पान करे।
अतृणाद रहें पशु-वत्स प्रथम, पय पर ही जीते हैं वे भी।
प्राणी-अप्राणी सब आश्रित, पय-जल पर जीयें जीव सभी।

Upaniṣad]

It is correct, the Creator seven grains created,
Through wisdom and austerity these originated.
One Anna-grain is general for our consumption,
And hoarding it for oneself is a sinful action.
The two grains that were to the gods distributed,
They are as the 'Huta' and 'Prahuta' attributed.
In pious rites, fasting the Huta is oblated.
The charity to Brāhmaṇas is Prahuta related.
Some people gods' two grains differently stated.
They these as the New Moon and Full Moon related.
But these sacrifices should not be motivated.
Being quite unattached one these contemplated.
The grain for animals, milk and water pertained,
This food at first men and animals sustained.
An infant licks butter and sucks only breast,
A new born animal no grass does taste.

तस्मिन् सर्वं प्रतिष्ठितं यच्चं प्राणिति यच्च नेति पयसि हीदं सर्वं
प्रतिष्ठितं यच्च प्राणिति यच्च न। तद्यदिदमाहु: संवत्सरं पयसा
जुह्वदप पुनर्मृत्युं जयतीति न तथा विद्याद्यदहरेव जुहोति तदहः
पुनर्मृत्युमपजयत्येवं विद्वान्सर्वं हि देवेभ्योऽन्नाद्यंप्रयच्छति।
कस्मात्तानि न क्षीयन्तेऽद्यमानानि सर्वदेति पुरुषो वा अक्षितिः स
हीदमन्नं पुनः पुनर्जनयते। यो वैतामक्षितिं वेदेति पुरुषो वा
अक्षितिः स हीदमन्नं धिया धिया जनयते। कर्मभिर्यद्धैतन्न
कुर्यात्क्षीयेत ह सोऽन्नमत्ति प्रतीकेनेति मुखं प्रतीकं मुखेनेत्येतत्स
देवानपिगच्छति स ऊर्जमुपजीवतीति प्रशंसा। २

पी दुग्ध वर्ष भर अमर बने, यह पयोयज्ञ, कुछ यों कहते।
पी- पिला जीतते मृत्यु नित्य, जिस-जिस दिन वे ऐसा करते।
जाने जो पय का यह रहस्य, देवों को करता पय प्रदान।
घृत अन्न दुग्ध जल दही तथा, अन्नादि पूर्ण, वह करे दान।
है 'पुरुष' हेतु उस अक्षिति का, हर समय खाय, हो क्षीण नहीं।
धी-कर्मों से वह पुनः पुनः, रचना करता यह अन्न वहीं।
भोक्ता वह पुरुष भोग्य रचता, अन्यथा अन्न फिर बचे कहाँ?
खाता प्रतीक ही मात्र अन्न, है वह प्रतीक मुख रूप यहाँ।
भंडार रहे अक्षय जिसका, लघु मुख-लघुकौर प्रतीक कहें।
वह देव बने, वह शक्ति वरे, ये वाक्य प्रशंसा रूप रहें। २

[Bṛhadāraṇyaka-1-5

The water and milk all creatures sustained
Breathing and non-breathing all they maintained.
One wins death being on milk for an year,
Nay, one wins it daily doing Milk Yajña here!
One who knows this even to the gods he provided,
In ample food and milk-products he abided.
Though always partaken food never depreciated,
As the Creator again and again it created!
The eating of the food is symbolic presumed,
As only the small mouth-hole food consumed.
One who ate and drank well, healthy abided,
Getting energy, this is praise, in gods one resided! 2

त्रीण्यात्मनेऽकुरुतेति मनो वाचं प्राणं तान्यात्मनेऽकुरुतान्यत्रमना
अभूवं नादर्शमन्यत्रमना अभूवं नाश्रौषमिति मनसा ह्येव पश्यति
मनसा श्रृणोति। कामः संकल्पो विचिकित्सा श्रद्धाऽश्रद्धा
धृतिरधृतिर्ह्रीर्धीर्भीरित्येतत्सर्वं मन एव तस्मादपि पृष्ठत उपस्पृष्टो
मनसा विजानाति यः कश्च शब्दो वागेव सैषा ह्यन्तमायत्तैषा हि
न प्राणोऽपानो व्यान उदानः समानोऽन इत्येतत्सर्वं प्राण एवैतन्मयो
वा अयमात्मा वाङ्मयो मनोमयः प्राणमयः।३

जो तीन अन्न निज हेतु रखे, वे मन वाणी औ प्राण कहें।
वे चार अन्न बाहर के थे, अपने अन्दर के तीन रहें।
अन्यत्र रहे मन, सुना नहीं, अन्यत्र ध्यान, देखे न वहाँ।
मन ही देखे, मन ही सुनता, ऐसा ही हो तात्पर्य यहाँ।
संकल्प, काम, संदेह, बुद्धि, श्रद्धा, धृति, अधृति, अश्रद्धा भी।
लज्जा, भय आदि सभी मन में, मन से ही हों अनुभूत सभी।
यदि पृष्ठ भाग भी स्पर्श करे, मन से हम इसे तुरत जानें।
यह सब मन का ही दिया अन्न, मन से ही सब कुछ पहचानें।
वाणी ही करती सभी व्यक्त, मन में जो रहता है अमूर्त।
लघु होकर जग का ओर छोर, वाणी कर देती सभी मूर्त।
हैं जो अपान औ व्यान प्राण, एवं उदान भी औ, 'समान'।
ये पंच प्राण हैं अन्न रूप, इनको पोषण दे यही प्राण।
मन-वाणी-प्राण पगा यह तन, है यही मनोमय औ वाङ्मय।
यह रहे प्राणमय तन सबका, इसलिये देह है एतन्मय! ३

The three foods that Creator for Himself reserved,
As the mind, the speech and the Prāṇa they served.
These three foods are called one's own internal,
Anna, Huta, Prahuta and Paya are external.
When we say, we did not see nor did we hear,
This seeing and hearing mind was else where.
Desire, will, doubt, faith, unbelief, shame and fear,
Fortitude, lack of it, and intellect all adhere.
All these are the forms and functions of mind.
The mind knows when some one touches from behind.
Whatever is in mind, the speech formulated,
The speech is small, but it world's end related!
This Prāṇa also Apāna and Vyāna denoted,
The Udāna and Samāna it also connoted.

त्रयो लोका एत एव वागेवायं लोको मनोऽन्तरिक्षलोकः प्राणोऽसौ लोकः।४
त्रयो वेदा एत एव वागेवर्ग्वेदो मनो यजुर्वेदः प्राणः सामवेदः।५
देवाः पितरो मनुष्या एत एव वागेव देवा मनः पितरः प्राणो मनुष्याः।६
पिता माता प्रजैत एव मन एव पिता वाङ्माता प्राणः प्रजा।७
विज्ञातं विजिज्ञास्यमविज्ञातमेत एव यत्किंच विज्ञातं वाचस्तद्रूपं
वाग्घि विज्ञाता वागेनं तद्भूत्वाऽवति।८

मन-वाक्-प्राण सर्वत्र रहें, इनसे पूरित है यह त्रिलोक।
यह पृथ्वी वाणी लोक रहे, मन अन्तरिक्ष, द्यौ प्राण-लोक! ४
हैं वेद तीन मन-वाक्-प्राण, ऋग्वेद वाक् को ही जानो।
यह युजर्वेद मन-रूप रहे, फिर साम प्राण को ही मानो। ५
वाणी-मन-प्राण यही तीनों, हैं देव, पितर औ मनुज रूप।
है वाक् देव, मन पितर बना, यह प्राण मनुज का ले स्वरूप। ६
मन-वाणी-प्राण यही तीनों, पितु मातु प्रजा का रूप वरें।
मन पिता, और वाणी माता, ये प्राण प्रजा का रूप धरें। ७
विज्ञात वाक्, मन विजिज्ञास्य, जो अविज्ञात वह प्राण रूप।
है ज्ञात वाक्, मन रहे ज्ञेय, अज्ञात प्राण का है स्वरूप।
जाना जिसको वह वाणी में, विज्ञात वाक् का ले स्वरूप।
वाणी करती रक्षण-पोषण, वाणी ही होती ज्ञान-रूप। ८

[Bṛhadāraṇyaka-1-5

Sustained by Prāṇa on Prāṇa they subsisted,
This body of speech, mind and Prāṇa consisted. 3
These three which in this body resided,
In all the three worlds these also abided.
The earth is the speech-world, space of the mind,
The sky and heaven as Prāṇa-world illumined. 4
The three Vedas also are similarly divined,
The Ṛg is the speech and the Yaju is the mind.
The Sāma sung by Prāṇa, this Prāṇa related,
The speech, mind and Prāṇa are thus corelated. 5
To gods, manes and men, these also denoted,
The speech all gods and mind manes connoted.
The Prāṇa like-wise mankind symbolized,
By this Prāṇa a person all here realized. 6
They are also father, mother and progeny stated,
While mind is the father speech mother related.
The Prāṇa also is as progeny visualized,
In a family and society one all realized. 7

यत्किंच विजिज्ञास्यं मनसस्तद्रूपं मनो हि विजिज्ञास्यं मन एनं तद्भूत्वाऽवति।९
यत्किंचाविज्ञातं प्राणस्य तद्रूपं प्राणो ह्यविज्ञातः प्राण एनं तद्भूत्वाऽवति।१०
तस्यैव वाचः पृथिवी शरीरं ज्योतीरूपमयमग्निस्तद्यावत्येव वाक्तावती पृथिवी तावानयमग्निः।११
अथैतस्य मनसो द्यौः शरीरं ज्योतीरूपमसावादित्यस्तद्यावदेव मनस्तावती द्यौस्तावानसावादित्यस्तौ मिथुनं समैतां ततः प्राणोऽजायत स इन्द्रः स एषोऽसपत्नो द्वितीयो वै सपत्नो नास्य सपत्नो भवति य एवं वेद।१२

जो विजिज्ञास्य, मन रूप रहे, मन में ही हों विज्ञेय सभी।
मन मनन करे, हो ज्ञेय ज्ञान, मन ही करता संरक्षण भी। ९
है अविज्ञात ही प्राण रूप, जाना जाता यह प्राण नहीं।
पर अविज्ञात भावों से भी, रक्षा करता है प्राण वहीं। १०
हो पिण्ड-देह में ज्यों वाणी, ब्रह्माण्ड मध्य भू ले स्वरूप।
जीवन की उष्मा पिण्ड-देह, ब्रह्माण्ड-ज्योति हो अग्नि रूप।
वाणी विस्तृत ज्यों पिण्ड मध्य, ब्रह्माण्ड-मध्य भू का वितान।
वाणी विशाल, भू भी विशाल, यह पावक भी वैसा महान। ११
यह मन जैसे हो पिण्ड-देह, ब्रह्माण्ड मध्य द्यौ ले स्वरूप।
जीवन की उष्मा पिण्ड-मध्य, ब्रह्माण्ड-ज्योति आदित्य रूप।
मन जैसे व्यापक पिण्ड-देह, ब्रह्माण्ड मध्य द्यौ का वितान।
मन भी विशाल, द्यौ भी विशाल, आदित्य रहे वैसा महान।

Upaniṣad]
They are also the known, knowable and unknown!
That which is formulated in speech is the known.
Whatever is known, the speech that perfected,
It does preserve wisdom that people protected
In knowing all knowable this mind is able,
It is always full of every thing knowable.
Also which is not known but knowable, is mind!
And knowing the world it protects mankind! 9
That which is not known is Prāṇa denoted,
Verily this Prāṇa is unknown connoted.
What it is and where, it is never known,
Yet it protects all remaining unknown! 10
The body's speech likens the earth in universe.
The body-warmth is like the world-fire diverse!
The speech and the earth, body-cosmos ascribed,
And with the fire they are extending described. 11

अथैतस्य प्राणस्यापः शरीरं ज्योतीरूपमसौ चन्द्रस्तद्यावानेव
प्राणस्तावत्य आपस्तावानसौ चन्द्रस्त एते सर्व एव समाः सर्वेऽनन्ताः
स यो हैयानन्तवत उपास्तेऽन्तवन्तं स लोकं जयत्यथ यो
हैताननन्तानुपास्तेऽनन्तं स लोकं जयति।१३

वाणी–मन मिलकर प्राण प्रकट, ज्यों पावक–रवि से पवन उदित।
यह प्राण इन्द्र, 'असपत्न' वायु, जाने ऐसा हो शत्रु रहित। १२
यह प्राण पिण्ड--तन में जैसा, ब्रह्माण्ड–मध्य जल भी वैसा।
जीवन की उष्मा पिण्ड–देह, यह चन्द्र विश्व में हो ऐसा।
यह प्राण पिण्ड में ज्यों व्यापक, ब्रह्माण्ड मध्य जल का वितान।
यह प्राण महत्, जल महत् तत्त्व, चन्द्रमा महत्, तीनों महान।
भू, जल, द्यौ, रवि, चन्द्रमा, अग्नि, ब्रह्माण्ड मध्य जो हैं महान।
ये पिण्ड जगत् के तीन महत्, मन वाक् प्राण उनके समान।
लें जीत लोक वे अन्तवान, जो भजें इन्हें कह 'अन्तसहित'।
जो, ये अनन्त, ऐसा भजते, लें जीत लोक जो अन्त रहित। १३

[Bṛhadāraṇyaka-1-5

As mind in the body, heavens cosmos illuminated,
Like life-warmth in body, sun there radiated.
As mind in the body, the heavens pervade there,
The mind, heaven and the sun extend everywhere.
When speech and mind unite, the Prāṇas arise,
The fire and the sun this air comprise!
The Prāṇa in this body is Indra and the air!
Knowing this one has no enemies there! 12
Like Prāṇa to the body, water cosmos related,
As the body-warmth, moon in the cosmos is stated.
The Prāṇa and water both similarly extended,
With the moon these two all this here tended.
The speech, mind and Prāṇa that body related,
Equal to earth, heavens and water are stated.
Similar to the fire, sun and moon also there,
As infinite and great, they sustain all here.
Considering as perishable who these meditated,
They all these perishable worlds subjugated.
But one who as infinite-eternal venerated,
He all these immortal worlds appropriated! 13

स एष संवत्सरः प्रजापतिः षोडशकलस्तस्य रात्रय एव पञ्चदश
कला ध्रुवैवास्य षोडशी कला स रात्रिभिरेवा च पूर्यतेऽप च
क्षीयते सोऽमावास्यां रात्रिमेतया षोडश्या कलया सर्वमिदं
प्राणभृदनुप्रविश्य ततः प्रातर्जायते तस्मादेतां रात्रिं प्राणभृतः प्राणं
न विच्छिन्द्यादपि कृकलासस्यैतस्या एव देवताया अपचित्यै।१४
यो वै स संवत्सरः प्रजापतिः षोडशकलोऽयमेव स
योऽयमेवंवित्पुरुषस्तस्य वित्तमेव पञ्चदश कला आत्मैवास्य षोडशी
कला स वित्तेनैवा च पूर्यतेऽप च क्षीयते तदेतन्नभ्यं यदयमात्मा
प्रधिर्वित्तं तस्माद्यद्यपि सर्वज्यानिं जीयत आत्मना चेज्जीवति
प्रधिनाऽगादित्येवाहुः।१५

संवत्सर-काल प्रजापति है, यह समय भुवन का पति स्वरूप।
इसको भी षोड़श कला प्राप्त, ज्यों चन्द्र षोड़शो कला रूप।
पन्द्रहो कलाएँ निशि पन्द्रह, यह चन्द्र 'ध्रुवा' सोलहवीं में।
रात्रियों जन्य ही हो पूरित, रात्रियों जन्य ही क्षय इसमें।
जीवन संचार करे जग में, शशि अमा निशा में हो निष्कल।
सबके प्राणों में हो प्रविष्ट, उगता सोलहवीं में अविकल।
इस अमा निशा में मत मारें, गिरगिट जैसे भी जीव कहीं।
ये प्राण चन्द्र के ही स्वरूप, इसलिए प्राण हम हरें नहीं। १४
ब्रह्माण्ड मध्य षोड़श-कल हो, जिस भाँति प्रजापति संवत्सर।
यह पुरुष पिण्ड में त्यों रहता, ये कला सोलहों धारण कर।

The year or the Time is the world's sustainer.
This Time can be compared to the moon there.
The moon in sixteen phases there does appear,
The fifteen nights are the fifteen phases here.
The 'Dhruva'-immutable is the sixteenth phase stated
Due to this Dhruva the moon is reinstated,
Due to these nights the moon full becomes,
Due also to these to the New Moon it comes.
When waning, it is entering into creatures,
By New Moon it has pervaded living features.
Rising the next day by remaining Dhruva phase,
For increasing to full it starts its chase.
Hence from violence on the New Moon refrain!
Even a small chameleon should not be slain.

अथ त्रयो वाव लोका मनुष्यलोकः पितृलोको देवलोक इति सोऽयं
मनुष्यलोकः पुत्रेणैव जय्यो नान्येन कर्मणा कर्मणा पितृलोको विद्यया
देवलोको देवलोको वै लोकानां श्रेष्ठस्तस्माद्विद्यां प्रशंसन्ति।१६
अथातः संप्रत्तिर्यदा प्रैष्यन्मन्यतेऽथ पुत्रमाह त्वं ब्रह्म त्वं यज्ञस्त्वं लोक
इति स पुत्रः प्रत्याहाहं ब्रह्माहं यज्ञोऽहं लोक इति यद्वै किंचानूक्तं तस्य
सर्वस्य ब्रह्मेत्येकता। ये वै के च यज्ञास्तेषां सर्वेषां यज्ञ इत्येकता ये वै

सब वित्त कलाएँ पन्द्रह हैं, षोड़शी कला आत्मा स्वरूप।
धन से होता वह पूर्ण कभी, धन से क्षय भी हो चन्द्र रूप।
तन चक्र-नाभि में आत्मा ही, अर-परिधि वित्त करता पूरित।
हो जाय वित्त सम्पूर्ण नष्ट, अर टूटे कहें, तदपि जीवित। १५
ब्रह्माण्ड मध्य स्थित तीन लोक, ये मनुज पितृ औ देवलोक।
खाते-पीते, सन्तति होती, पुत्रों से जीतें मनुज लोक।
विद्या से मिलता देवलोक, जीतें कर्मों से पितृलोक।
इसलिये प्रशंसित है विद्या, है श्रेष्ठ सभी में देवलोक। १६
'संप्रति' से जीतें मनुज लोक, इसमें दे दें सब कुछ सुत को।
संन्यास समय या मृत्यु काल, सुत बुला कहें ऐसे उसको।
तुम ब्रह्म, यज्ञ तुम, लोक तुम्हीं, इस भाँति पुत्र को बतलायें।
मैं ब्रह्म रूप, मैं यज्ञ-लोक,यह सुत के मुख से कहलायें।

[Bṛhadāraṇyaka-1-5

All life is a spark of this very moon-shine,
So to propitiate the moon all violence decline! 14
The Sixteen-Part Time in Universe is sustainer,
In body the Sixteen-Part Person is maintainer.
Fifteen parts comprise the weatth in a person,
The sixteenth is the Self that here does function.
With or without wealth the person is there.
The Self as nave to body-wheel does adhere.
The wealth in the form of spokes, may be broken,
But the wheel moves on by the nave, it is spoken! 15
The manes' world is by the actions obtained.
And the gods' world only by wisdom attained.
The god's world is the greatest realized,
Therefore everyone this wisdom eulogized.
Through one's son this Human World is gained,
Which is not by other actions attained.
These three worlds in the Creation are related,
The Human, the Manes' and God's world stated. 16

के च लोकास्तेषां सर्वेषां लोक इतयेकतैतावद्वा इदं सर्वमेतन्मा सर्वं सन्नयमितोऽभुनजदिति तस्मात् पुत्रमनुशिष्टं लोक्यमाहुस्तस्मादेनमनुशासति स यदेवंविदस्माल्लो- कात्प्रैत्यथैभिरेव प्राणैः सह पुत्रमाविशति। स यद्यनेन किंचिदक्ष्णयाऽकृतं भवति तस्मादेनं सर्वस्मात्पुत्रो मुञ्चति तस्मात्पुत्रो नाम स पुत्रेणैवा स्मिंल्लोके प्रतितिष्ठत्यथैनमेते देवाः प्राणा अमृता आविशन्ति।१७

जो पिता पढ़ चुके, नहीं पढ़े, वह सब कुछ रहता 'ब्रह्म' रूप।
शुभ कर्म किये या नहीं किये, वह सभी 'यज्ञ' का ले स्वरूप।
इस भाँति 'लोक' में सब आते, यश मिले तथा जो मिले नहीं।
कह 'ब्रह्म, यज्ञ औ लोक' पिता, सब कुछ पा लेता पूर्ण यहीं।
ये तीन बने यह सुत मेरा, ले भार हमारा, सुयश वरे।
हो 'लोक्य' पितृ-हितकारी वह, ऐसा सुत को उपदेश करे।
यह मर्म जान संन्यास जाय, अथवा जग को ही जो त्यागे।
देकर मानो उपदेश वही, सुत में प्राणों से जा जागे।
कुछ कार्य नहीं यदि कर पाये, कुछ कारणवश ही पिता कहीं।
रक्षक सुत, पुत्र जिसे कहते, दे मुक्ति उसे कर पूर्ण वहीं।
चल देता है तन त्याग पिता, लेकिन सुत में वह रहे यहीं।
उसमें प्रविष्ट हो देव-प्राण, वह अमर-दिव्य हो रहे वहीं। १७

Upaniṣad]

When one is renouncing or departing from here,
Giving all to the son, wins the Human World there.
You are 'Brahma' and 'Yajña', to the son he stated,
You are the 'World', and the son these repeated.
What the father learnt or not, word 'Brahma' included.
The 'Yajña, meant good deeds even not concluded.
In 'world' come glories he gained and not gained,
Thus these three terms all the virtues contained.
This son of mine shall my good name sustain.
The son who is so told, a good name does gain.
Who knowing this renounces or who does depart,
Entering into him, he becomes son's part!
If one for some reason had not well abided,
For such lapses the son exemption provided,
He is 'Putra' the son who completing protected,
When dying, a person in son resurrected!

पृथिव्यै चैनमग्नेश्च दैवी वागाविशति सा वै दैवी वाग्यया यद्यदेव
वदति तत्तद्भवति।१८
दिवश्चैनमादित्याच्च दैवं मन आविशति तद्वै दैवं मनो येनानन्द्येव भवत्यथो
न शोचति।१९
अद्भ्यश्चैनं चन्द्रमसश्च दैवः प्राण आविशति स वै दैवः प्राणो यः
संचरंश्चासंचरंश्च न व्यथतेऽथो न रिष्यति स एवंवित्सर्वेषां भूतानामात्मा
भवति यथैषा देवतैवं स यथैतां देवतां सर्वाणि भूतान्यवन्त्येवं हैवंविदं
सर्वाणि भूतान्यवन्ति। यदु किंचेमाः प्रजाः शोचन्त्यमैवासां तद्भवति
पुण्यमेवामुं गच्छति न ह वै देवान् पापं गच्छति।२०

मरकर जाते हैं सभी मनुज, जो किन्तु विषय से मुख मोड़ें।
उनकी वाणी में दिव्य शक्ति, इस भाँति जगत् को जो छोड़ें।
भू-अग्नि मध्य जो 'दिव्य-वाक्' उस वाणी का वह करे वरण।
ऐसी वाणी में जो बोले, वह वैसा ही होता तत्क्षण। १८
जो व्याप्त दैव-मन 'द्यौ-रवि' में, मन से प्रवेश उसमें करता।
आनन्द मग्न इस मन से हो, यह मन उसका सब दुख हरता। १९
शशि-जल में जो हो 'दैव-प्राण', वह करता उसको अनुप्राणित।
चलते न थके, स्थिर नष्ट नहीं, सर्वदा उसे करता प्राणित।
सब भूतों का वह हो आत्मा, हो प्राण-देव के ही समान।
सब भूत करें रक्षा उसकी, जिसने रहस्य यह लिया जान।
यदि कोई उसपर दुख करता, उसको हो दुख का स्पर्श नहीं।
वह देव, उसे हो पाप नहीं, मिलता है उसको पुण्य वहीं। २०

[Bṛhadāraṇyaka-1-5

When the father leaving all from here departed,
He is, as it were, a divine life imparted.
An immortal Prāṇa in him then resided,
Divine and immortal, in his son he abided. 17
The Divine Speech that earth and fire pervaded,
Enters into him as attachments he evaded.
When he really renounces everything here
Whatever he utters, that becomes there! 18
The Divine Mind that sun and heavens pervaded,
Enters into him who attachments evaded.
He is in Bliss renouncing all that bind,
The divine mind leaves all sorrows behind. 19
The Divine Prāṇa which moon and water pervaded,
Enters into him when attachments he evaded.
The divine Prāṇa tires not when it is roving,
Nor does it perish when it is not moving!

अथातो व्रतमीमांसा प्रजापतिर्ह कर्माणि ससृजे तानि सृष्टान्यन्योन्येनास्पर्धन्त वदिष्याम्येवाहमितिवाग्दध्रे द्रक्ष्याम्यहमिति चक्षुः श्रोष्याम्यहमिति श्रोत्रमेवमन्यानि कर्माणि यथाकर्म तानि मृत्युः श्रमो भूत्वोपयेमे तान्याप्नोत्तान्याप्त्वा मृत्युरवारुन्द्ध तस्माच्छ्राम्यत्येव वाक् श्राम्यति चक्षुः श्राम्यति श्रोत्रमथेमेव नाप्नोद्योऽयं मध्यमः प्राणस्तानि ज्ञातुं दध्रिरे। अयं वै नः श्रेष्ठो यः संचरंश्चासंचरंश्च न व्यथतेऽथो न रिष्यति हन्तास्यैव सर्वे रूपमसामेति। त एतस्यैव सर्वे रूपमभवंस्तम्मादेत एतेनाख्यायन्ते प्राणा इति। तेन ह वाव तत्कुलमाचक्षते यस्मिन्कुले भवति य एवं वेदः।
य उ हैवंविदा स्पर्धतेऽनुशुष्यत्यनुशुष्य हैवान्ततो म्रियत इत्यध्यात्मम्।२१

अब व्रत-कर्मों की मीमांसा, यह पितृलोक हो किस कारण?
दृढ़व्रती कौन जिसके व्रत को, इस हेतु करें इच्छुक धारण?
कर्मों को रचा प्रजापति ने, स्पर्धा में रत हों कर्म सभी।
वाणी व्रत ले बोलती रहूँ, देखना चक्षु रोके न कभी।
ये श्रोत्र लगे सुनते रहने, इन्द्रियाँ सभी व्रत लें मन में।
यह देख थकावट बनी मृत्यु, रोका प्रविष्ट होकर उनमें।
थक बैठ गईं इन्द्रियाँ सभी, इस कारण थकती है वाणी।
ये चक्षु-श्रोत्र भी थक जाते, कर कर्म सभी थकते प्राणी।
तन मध्य अवस्थित जो रहता, वह प्राण किन्तु थकता न कभी।
यह प्राण श्रेष्ठ, थक नष्ट नहीं, लें इसे जान इन्द्रियाँ सभी।
यह जान बनें वे प्राण रूप, इसलिये इन्द्रियाँ 'प्राण' रहें।
यह जाने जो वह जिस कुल में, उस कुल को उसके नाम कहें।
वे स्वयँ शुष्क हो मर जायें, जो भी उससे स्पर्धा करते।
हो पिण्ड दृष्टि से प्राण श्रेष्ठ, अध्यात्म रूप ऐसा कहते। २१

Upaniṣad]

Knowing it the Self of all one became,
For protecting such a person all beings came.
The sorrows of others on him never acted.
As a god with virtues, no sin he contracted. 20
Now know how a person Manes' World gained,
By actions and austerities it is attained.
Prajāpati Sustainer these actions extended,
Created, the Karmas among themselves contended.
The speech vowed, I will always be speaking.
The eye decided to be always thus looking
The ear also resolved constantly to hear,
Other senses also similarly vowed there!
Seeing this the death came as fatigue-action.

अथाधिदैवतं ज्वलिष्याम्येवाहमित्यग्निर्दधे तप्स्याम्यहमित्यादित्यो भास्याम्यहमिति चन्द्रमा एवमन्या देवता यथादैवतं स यथैषां प्राणानां मध्यमः प्राण एवमेतासां देवतानां वायुर्निम्लोचन्ति ह्यन्या देवता न वायुः सैषाऽनस्तमिता देवता यद्वायुः।२२

अथैष श्लोको भवति यतश्चोदेति सूर्योऽस्तं यत्र च गच्छतीति प्राणद्वा एष उदेति प्राणेऽस्तमेति तं देवाश्चक्रिरे धर्मं स एवाद्य स उ श्व इति यद्वा एतेऽ मुर्ह्यध्रियन्त तदेवाप्यद्य कुर्वन्ति। तस्मादेकमेव व्रतं चरेत्प्राण्याच्चैवापान्याच्च नेन्मा पाप्मा मृत्युराप्नुवदिति यद्यु चरेत्समापिपयिषेत्तेनो एतस्यै देवतायै सायुज्यं सलोकतां जयति।२३

अधिदैव रूप अब वर्णन है, ब्रह्माण्ड रूप से यों कहते।
पावक व्रत ले, सर्वदा जलूं, चाहे आदित्य, रहूँ तपते।
सब देव शपथ लें कर्मों का, भासता रहूँ, यह चन्द्र कहे।
इन्द्रियों मध्य ज्यों प्राण बसे, सब देव बीच त्यों वायु बहे।
हों सभी देवता अस्त, किन्तु, यह पवन सदा रहता बहता।
यह वायु देवता अस्त न हो, ज्यों प्राण चले चलता रहता। २२
इसलिये कहें यह श्लोक यहाँ, रवि अस्त वहीं, हो उदय जहाँ।
आदित्य उदित हो प्राण मध्य, यह प्राण मध्य ही अस्त यहाँ।
फिर यह भी कहते हैं आगे, यह प्राण देव का धर्म रूप।
यह आज धर्म, कल भी वैसा, सर्वदा धर्म का यह स्वरूप।

[Bṛhadāraṇyaka-1-5

The senses now stopped weary from exhaustion.
Thus the speech, eye ear and other senses tire.
But the Prāṇa indwelling never does retire.
The Prāṇa is the greatest, the senses realized,
It is never tired or decayed visualized.
They resolved to assume the Prāṇa's form famed,
And thus these senses are Prāṇa also named.
One who knows this really his clan is established.
All his contenders become weak and perished.
His clan is after his name so related.
The Prāṇa's greatness is bodily so stated. 21
Now cosmically speaking, fire vowed to be blazing,
The sun vowed always radiate so dazing,
To shining perpetually moon did adhere,
Other deities also similarly vowed there!

प्रथम अध्याय, ब्राह्मण-६

त्रयं वा इदं नाम रूपं कर्म तेषां नाम्नां वागित्येतदेषामुक्थमतो हि सर्वाणि नामान्युत्तिष्ठन्ति। एतदेषां सामैतद्धि सर्वैर्नामभिः सममेत देषां ब्रह्मैतद्धि सर्वाणि नामानि बिभर्ति।१

दृढ़ व्रत हो यही हमारा भी, हम एक व्रती हों प्राण रूप।
ज्यों प्राण-अपान चला करते, अनवरत चलें हम तदनुरूप।
यह मृत्यु-पाप भी पा न सके, आजीवन प्राणापान चले।
रहता कर्तव्य जिसे करना, जबतक न शेष, वह नहीं टले।
जीते सलोकता प्राणों की, सायुज्य प्राण का प्राप्त करे।
दृढ़व्रती स्वयँ आगे निकले, वह ऊर्ध्व पहुँचता प्राण-परे। २३

प्रथम अध्याय, ब्राह्मण-६ (तीन त्रिक)

[नाम-रूप-कर्म, वाक्-चक्षु-आत्मा, उक्थ-साम-ब्रह्म]

इस तीन मध्य ही सब जग में, हैं नाम, रूप औ कर्म यही।
इन तीनों के आधार बनें, ये वाक् चक्षु औ आत्मा ही।

Upaniṣad]

As the Prāṇa alone among the senses scored,
The Air Deity also among gods endured.
The other gods wearied, but air not retired,
And it remained blowing never setting tired! 22
As some one in a verse rightly summarises.
Verily the sun sets wherefrom it arises!
The sun certainly from the Prāṇa evolved.
And in Prāṇa itself it also devolved.
The Gods this Prāṇa as Dharma assumed,
To day and tomorrow it is so presumed.
To that Dharma we should take a vow here,
Like Prāṇa, as a duty, to always adhere!
Thus in death's garb the sin grab you not there,
And one does one's duty for whole life here,
Doing duties equality with Prāṇa one gains,
Winning the Prāṇa's world much more he attains. 23

(Chapter One, Section-6 (Three Triads)

[Name-Form-Action, Speech-Eye-Self, Raiser-Unity-Brahma]

The Name, Form and Action everything contained,
Whatever is there to all these pertained.
What the eye perceived here that is form stated,

अथ रूपाणां चक्षुरित्येतदेषामुक्थमतो हि सर्वाणि रूपाण्युत्तिष्ठन्त्ये-
तदेषां सामैतद्धि सर्वै रूपैः सममेतदेषां ब्रह्मैतद्धि सर्वाणि रूपाणि
बिभर्ति।२
अथ कर्मणामात्मेत्येतदेषामुक्थमतो हि सर्वाणि कर्माण्युत्तिष्ठन्त्ये-
तदेषां सामैतद्धि सर्वैः कर्मभिः सममेतदेषां ब्रह्मैतद्धि सर्वाणि कर्माणि
बिभर्ति। तदेतत्त्रयं सदेकमयमात्माऽऽत्मो एकः सन्नेतत्त्रयं तदेतदमृतं
सत्येन च्छन्नं प्राणो वा अमृतं नामरूपे सत्यं ताभ्यामयं प्राणश्छन्नः।३

दिखता आँखों को, 'रूप वही, वाणी रूपों का रखे 'नाम'।
इस नाम-रूप में जो गति हो, उसको ही कहते 'कर्म'-काम।
यह वाक् नाम का 'उक्थ' रहे, नामों को यही उठा देता।
यह वाक् नाम का 'साम'-रूप, नामों को यह देता समता।
यह वाक् ब्रह्म का रूप लिये, नामों को यह करता धारण।
सोये से वाक् जगा करके, सम रूप करे यह संधारण। १
यह चक्षु रूप का 'उक्थ' रहे, रूपों को यही उठा देता।
यह चक्षु रूप का 'साम' बना, रूपों को यह देता समता।
यह चक्षु ब्रह्म का रूप लिये, रूपों को यह करता धारण।
सोये से रूप जगा करके, समरूप करे यह संधारण। २
कर्मों का उक्थ रहे आत्मा, उत्थान कर्म का करे वही।
कर्मों का साम यही आत्मा देता समता का रूप यही।

[Bṛhadāraṇyaka-1-6

The speech gives a Name by which it is related.
The movement in name and form is called Action
Prompted by the Self, the name and form function.
The speech is 'Uktha' or the 'raiser' related,
And as 'Sāma' or 'unity' it equality created,
It is the speech that all names retained,
It is like Brahma that all these sustained.
The speech raising names equality provided,
All names in this speech-Brahma abided! 1
The eye is the Uktha or raiser of forms,
As Sāma or unity to the forms it conforms.
Like Brahma this eye all forms well sustained
In this way the eye to these forms pertained. 2
The Self is the Uktha or the raiser of actions,
As Sāma it provides the unity of functions.
Like Brahma the Self all actions contained,
It is thus that the Self all actions sustained!

द्वितीय अध्याय-प्रथम ब्राह्मण

ॐ दृप्तबालाकिर्हानूचानो गार्ग्य आस स होवाचाजातशत्रुं काश्यं ब्रह्म ते ब्रवाणीति स लोवाचाजातशत्रुः सहस्रमेतस्यां वाचि दद्मो जनको जनक इति वै जना धावन्तीति।१

है ब्रह्म यही कर्मों का भी, आत्मा करता उनको धारण।
सोया संसार जगा कर यह, जग विषम करे सम-संधारण।
ये नाम रूप औ कर्म तीन, जा वाक् चक्षु आत्मा मिलते।
ये उक्थ साम औ ब्रह्म जनित, उन तीनों में जाकर घुलते।
ये वाक् चक्षु आत्मा तीनों, आत्मा से मिलकर रहें लीन।
इकला आत्मा ही सत्-स्वरूप, वह स्वयँ बँटे तब बने तीन।
आत्मा का भौतिक रूप प्राण, इन वाक्-चक्षु का नाम-रूप।
अमृत-आत्मा को घेर रहें, ये वाक्- चक्षु जो सत्-स्वरूप। ३

द्वितीय अध्याय-प्रथम ब्राह्मण (अजातशत्रु-गार्ग्य)

था एक दृप्त बालाकि गार्ग्य, कहते 'अभिमानी बक' जिसको।
वह काशीराज निकट पहुँचा, बतलाऊँ ब्रह्म, कहा उसको।
कहते अजात शत्रु ऐसा, गौवें सहस्र लें आप अभी।
क्यों जनक पुकारे सब दौड़ें, लें नाम ब्रह्मविद्या जब भी?१

To the Self all names, forms and actions are gone!
The speech, eye and Self in the Self become one!
The Self is the Truth that three-fold developed,
The Immortal Self name form and truth enveloped. 3

Chapter Two, Section-1 (Ajātaśatru & Gārgya)

Once there was Gārgya, a Brāhmaṇa educated.
He was said to be pretentious and conceited.
Once to Ajātaśatru, king of Kāśī he stated,
I will tell you about Brahma, it is so related!
Ajātaśatru stated, for so saying, gratified,
I am giving you one thousand cows satisfied!
I wonder, for wisdom why people in whim,
Saying Janaka O Janaka, do run after him! 1

स होवाच गार्ग्यो य एवासावादित्ये पुरुष एतमेवाहं ब्रह्मोपास इति स होवाचाजातशत्रुर्मा मैतस्मिन्संवदिष्ठा अतिष्ठाः सर्वेषां भूतानां मूर्धा राजेति वा अहमेतमुपास इति स य एतमेवमुपास्तेऽतिष्ठाः सर्वेषां भूतानां मूर्धा राजा भवति।२

स होवाच गार्ग्यो य एवासौ चन्द्रे पुरुष एतमेवाहं ब्रह्मोपास इति स होवाचाजातशत्रुर्मा मैतस्मिन्संवदिष्ठा बृहन्पाण्डरवासाः सोमो राजेति वा अहमेतमुपास इति स य एतमेवमुपास्तेऽहरहर्ह सुतः प्रसुतो भवति नास्यान्नं क्षीयते।३

अब कहे गार्ग्य, आदित्य मध्य, 'आदित्य-पुरुष' जो, ब्रह्म वही।
मैं उसे मानता, भजो उसे, कहते राजा, यह नहीं सही।
यह तो भूतों का श्रेष्ठ रूप, उनका मूर्धा, राजा उनका।
मैं भजूं, भजे हो भूत-श्रेष्ठ, वह मूर्धा औ राजा सबका। २
अब कहे गार्ग्य, इस चन्द्र मध्य, जो 'चन्द्र-पुरुष' तुम उसे मान!
मैं ब्रह्म मानकर भजूं उसे, कहते राजा, है नहीं ज्ञान!
यह श्वेत चन्द्रिका वस्त्र पहन, है राजा सोम, उसे भजता।
जो भजे सोम रस धार बहे, उसको न अन्न क्षय हो तजता। ३

[Bṛhadāraṇyaka-2-1

In the sun who abides, now Gārgya thus stated,
That Sun Person as Brahma I meditated!
Ajātaśatru replied, do not say so any more!
As great among beings, head and king I adore!
One who the Sun Person as Great meditated.
Greatest among beings he is surely related.
He becomes the head of all creatures there
He is their great Lord and king also here! 2
In the moon who abided, Gārgya again stated,
As Brahma that Moon Person I meditated.
Ajātaśatru stated, do not say so any more!
As moon-light clothed Soma king I adore!
One who knowing this, Moon Person meditated,
Daily at his home Soma flows, it is stated.
With growing moon the Soma sap also increased,
Grains being nourished, stocks never decreased! 3

स होवाच गार्ग्यो य एवासौ विद्युति पुरुष एतमेवाहं ब्रह्मोपास
इति स होवाचाजातशत्रुर्मा मैतस्मिन्संवदिष्ठासतेजस्वीति वा
अहमेतमुपास इति स य एतमेवमुपास्ते तेजस्वी ह भवति तेजस्विनी
हास्य प्रजा भवति।४
स होवाच गार्ग्यो य एवायमाकाशे पुरुष एतमेवाहं ब्रह्मोपास
इति स होवाचाजातशत्रुर्मा मैतस्मिन्संवदिष्ठाः पूर्णमप्रवर्तीति वा
अहमेतमुपास इति स य एतमेवमुपास्ते पूर्यते प्रजया पशुभिर्ना-
स्यास्माल्लोकात्प्रजोद्वर्तते।५

फिर कहे गार्ग्य, विद्युत् में जो, वह 'विद्युत्-पुरुष' ब्रह्म ही हो।
मैं ब्रह्म कहूँ, तुम भजो उसे, कहते राजा, यह नहीं कहो!
यह रहे अचेतन-तेजस्वी, यह शक्ति, इसे भजता ऐसा।
सन्तति हो तेजस्वी इससे, जो भजता, तेजस्वी वैसा। ४
अब कहे गार्ग्य, आकाश मध्य, 'आकाश-पुरुष' जो, ब्रह्म वही।
मैं भजूं उसे, तुम भी भज लो, कहते राजा, यह नहीं सही।
वह पूर्ण, प्रवर्तक नहीं किन्तु, आरम्भक नहीं, भजूं ऐसे।
जो भजें, प्रजा-पशु पूर्ण रहें, हो नाश नहीं सन्तति जग से। ५

Upaniṣad]

In lightning, Gārgya said, Lightning Person resided,
Meditating him as Brahma O king, I abided!
Do not you say so, Ajātaśatru again stated,
It is only an insentient energy illuminated.
One who this lightning thus meditated,
And like me as insentient energy contemplated,
He becomes himself glorious and illuminated,
His progenies also are glorious related. 4
Gārgya stated, in sky the Sky Person is there,
Meditating as Brahma to Him I adhere!
Ajātaśatru said, no, no, do not you so state!
It is Perfect, but anything it can not create.
One who that Sky Person thus contemplated,
And like me considering Perfect meditated,
In cattle and progenies he acquires perfection
His progenies also never go to destruction. 5

स होवाच गार्ग्यो य एवायं वायौ पुरुष एतमेवाहं ब्रह्मोपास इति
स होवाचाजातशत्रुर्मा मैतस्मिन्संवदिष्ठा इन्द्रो वैकुण्ठोऽपराजिता
सेनेति वा अहमेतमुपास इति स य एतमेवमुपास्ते जिष्णुर्हापरा-
जिष्णुर्भवत्यन्यतस्त्यजायी।६
स होवाच गार्ग्यो य एवायमग्नौ पुरुष एतमेवाहं ब्रह्मोपास इति
स होवाचाजातशत्रुर्मा मैतस्मिन्संवदिष्ठा विषासहिरिति वा
अहमेतमुपास इति स य एतमेवमुपास्ते विषासहिर्ह भवति
विषासहिर्हास्य प्रजा भवति।७

फिर गार्ग्य कहे, जो वायु मध्य, वह 'वायु-पुरुष' है ब्रह्म यहाँ।
मैं भजता, तुम भी भजो उसे, कहते राजा, वह ब्रह्म कहाँ?
ऐश्वर्यवान, निर्बाध चले, अविजित सेना कहकर भजता।
जो भजे वही सब कुछ जीते, अपराजित हो, अरि जय करता। ६
अब कहे गार्ग्य, जो अग्नि मध्य, उस 'अग्नि-पुरुष' को मैं जानूं।
वह ब्रह्म, भजूं मैं, तुम भज लो, राजा यह कहे, नहीं मानूं!
वह सहनशील है शक्ति, भजूं, जो शुद्ध-अशुद्ध सहे, ऐसी।
जो भजे, बने वह सहनशील, हो सहनशील सन्तति वैसी। ७

[Bṛhadāraṇyaka-2-1

In the air, said Gārgya, the Air Person is there,
Meditating as Brahma to Him I adhere.
Ajātaśatru said, it is not as you stated,
An unhindered and invincible army it related.
One who the Air Person thus contemplated,
Like me considering invincible meditated,
Conquering all, such person is never defeated.
And all his enemies he fully subjugated. 6
Gārgya said, in fire the Fire Person is there
Meditating as Brahma to that Person I adhere.
Ajātaśatru said, Oh no, do not you so state!
That only as a 'tolerant entity' I meditate!
One who the Fire Person thus contemplated,
Who it as patient and acquiescent meditated,
He becomes himself full of forbearance,
His progenies also acquire all tolerance. 7

स होवाच गार्ग्यो य एवायमप्सु पुरुष एतमेवाहं ब्रह्मोपास इति
स होवाचाजातशत्रुर्मा मैतस्मिन्संवदिष्ठाः प्रतिरूप इति वा
अहमेतमुपास इति स य एतमेवमुपास्ते प्रतिरूपं हैवैनमुपगच्छति
नाप्रतिरूपमथो प्रतिरूपोऽस्माज्जायते।८
स होवाच गार्ग्यो य एवायमादर्शे पुरुष एतमेवाहं ब्रह्मोपास इति
स होवाचाजातशत्रुर्मा मैतस्मिन्संवदिष्ठा रोचिष्णुरिति वा
अहमेतमुपास इति स य एत मेवमुपास्ते रोचिष्णुर्ह भवति
रोचिष्णुर्हास्य प्रजा भवत्यथो यैः संनिगच्छति सर्वांस्तानतिरोचते।९

फिर गार्ग्य कहे, जल में जो है, 'जल-पुरुष', ब्रह्म उसको मानो।
भजता मैं, तुम भी भजो उसे, कहते राजा, मिथ्या जानो!
जल वस्तु एक अनुकूल रूप, इसको भजता अनुकूल मान।
जो भजें सभी अनुकूल बनें, अनुकूल उसे ही पुत्र जान। ८
अब गार्ग्य कहे, यह दर्पण में, जो 'बिम्ब-पुरुष' है, ब्रह्म वही।
मैं भजूं इसे, तुम भी मानो, राजा कहते, यह नहीं सही।
यह काँच मात्र जो चमक रहा, ऐसा भजता मैं, यह दमके।
जो भजे चमकता, सुत चमके, सम्पर्कों में जो वह चमके। ९

Upaniṣad]

Now Gārgya said again, who in water resided,
That very Water-Person meditating I abided!
Ajātaśatru said, no, do not you so state!
That only as a 'favourable element' I meditate!
One who the Water Person thus contemplated,
Considering it as 'favourable element ' meditated,
To such a person every thing becomes favourable
His progenies also have nothing unfavourable. 8
I meditate the Mirror Person Gārgya now stated,
The image in the mirror as Brahma contemplated.
Ajātaśatru said, no, it is not as you state!
This I as a reflecting mirror meditate.
One who the Mirror Person thus contemplated,
Considering it a shining reflection meditated,
He himself and his progenies all illumine,
Those coming in contact with him also shine! 9

स होवाच गार्ग्यो य एवायं यन्तं पश्चाच्छब्दोऽनूदेत्येतमेवाहं ब्रह्मोपास इति स होवाचाजातशत्रुर्मा मैतस्मिन्संवदिष्ठा असुरिति वा अहमेतमुपास इति स य एतमेवमुपास्ते सर्वं हैवास्मिंल्लोक आयुरेति नैनं पुरा कालात्प्राणो जहाति।१०

स होवाच गार्ग्यो य एवायं दिक्षु पुरुष एतमेवाहं ब्रह्मोपास इति स होवाचाजातशत्रुर्मा मैतस्मिन्संवदिष्ठा द्वितीयोऽनपग इति वा अहमेतमुपास इति स य एतमेवमुपास्ते द्वितीयवान् ह भवति नास्माद्गणश्छिद्यते।११

जो सुनें उपासक नाद शब्द, जब वे उपासना रत रहते।
वह नाद-ब्रह्म मैं भजूं, भजो, कहते राजा, यह क्यों कहते?
यह नाद प्राण की ही ध्वनि है, मैं नाद प्राण माने भजता।
जो भजे, आयु पूरी भोगे, असमय वह प्राण नहीं तजता। १०
फिर गार्ग्य कहे, सब ओर दिखें, जो पुरुष, उन्हें ही ब्रह्म जान।
उनको मैं भजता, भजें आप, कहते राजा, ऐसा न मान।
वे पुरुष हमारे ही समान, उनसे छुटकारा हो न कभी।
जो भजे, अकेला हो न कभी, गण सदा उसे दें साथ सभी। ११

[Bṛhadāraṇyaka-2-1

Meditating one hears a sound Gārgya stated.
That rising roar as Brahma I meditated!
Ajātaśatru said, no, do not you so state!
That I as the voice of the Prāṇa meditate!
One who that roar in this way contemplated,
Considering it as Prāṇa's voice meditated,
He lived a long life before he departed,
Until his time comes his Prāṇas not parted! 10
Everywhere these people who are perceived,
I meditate them, said Gārgya and Brahma conceived.
Ajātaśatru replied, do not you so state!
Like us and always there, them I meditate!
One who them all like ownself contemplated,
And like one's social companions meditated,
He has always company and never lives alone,
With his people and society abides as one. 11

स होवाच गार्ग्यो य एवायं छायामयः पुरुष एतमेवाहं ब्रह्मोपास
इति स होवाचाजातशत्रुर्मा मैतस्मिन्संवदिष्ठा मृत्युरिति वा
अहमेतमुपास इति स य एतमेवमुपास्ते सर्वं हैवास्मिंल्लोक आयुरेति
नैनं पुरा कालान्मृत्युरागच्छति।१२
स होवाच गार्ग्यो य एवायमात्मनि पुरुष एतमेवाहं ब्रह्मोपास
इति स होवाचाजातशत्रुर्मा मैतस्मिन्संवदिष्ठा आत्मन्वीति वा
अहमेतमुपास इति स य एतमेवमुपास्त अत्मन्वी ह भवत्यात्मन्विनी
हास्य प्रजा भवति स ह तूष्णीमास गार्ग्यः।१३
स होवाचाजातशत्रुरेतावन्नू ३ इत्येतावद्धीति नैतावता विदितं
भवतीति स होवाच गार्ग्य उप त्वा यानीति।१४

फिर गार्ग्य कहे, त्राटक करते, जो 'छाया-पुरुष' उसे मानो!
मैं ब्रह्म भजूं उसको, भज लो, कहते राजा, मिथ्या जानो!
वह नाशवान, ऐसा मानो, ऐसा ही माने मैं भजता।
जो उसे भजे, पूर्णायु बने, असमय न काल उसको डँसता। १२
अब कहे गार्ग्य, जो तन में हो, उस आत्म-पुरुष को ब्रह्म मान!
भजता इसको मैं, भज लो तुम, राजा कहते, तुझको न ज्ञान!
भजता मैं 'आत्मन्वी' माने, तन का आत्मा यह पुरुष मान।
आत्मन्वी हो वह, सन्तति भी, जो भजे, गार्ग्य था मौन जान! १३

The Shadow Person conjuring that I see there,
I meditate it said Gārgya, as Brahma here!
Ajātaśatru said, no-no, do not you so state!
It is perishable and so I contemplate!
One who the Shadow Person thus contemplated,
And considering it perishable so meditated,
He lives his full life before he departed!
Until the time comes his Prāṇa not parted, 12
I meditate this Self-Person, Gārgya now stated,
Abiding in body it Brahma contemplated.
Ajātaśatru said, no, no, do not you so state!
It 'needing yet another Self' I meditate!
One who like me the Self thus contemplated,
The Self of the Self-Supreme Self meditated,
He as well as his progenies the Self do gain.
Hearing this now Gārgya spoke not again! 13

स होवाचाजातशत्रुः प्रतिलोमं चैतद्यद्ब्राह्मणः क्षत्रियमुपेयाद्ब्रह्म मे
वक्ष्यतीति व्येव त्वा ज्ञपयिष्यामीति तं पाणावादायोत्तस्थौ तौ ह
पुरुषं सुप्तमाजग्मतुस्तमेतैर्नामभिरामन्त्रयांचक्रे बृहन्पाण्डरवासः सोम
राजन्निति स नोत्तस्थौ तं पाणिना पेषं बोधयांचकार स होत्तस्थौ।१५
स होवाचाजातशत्रुर्यत्रैष एतत्सुप्तोऽभूद्य एष विज्ञानमयः पुरुषः
क्वैष तदाभूत्कुत एतदागादिति तदु ह न मेने गार्ग्यः।१६

चुप देख उसे बोले राजा, क्या इतना ही था ज्ञान तुझे?
हाँ, इससे सकते नहीं जान, तब फिर बतलायें आप मुझे! १४
यदि क्षत्रिय-निकट कभी आये, ब्राह्मण पाने यह ब्रह्म ज्ञान।
होगा प्रतिलोम, कहें राजा, फिर भी दूंगा मैं ज्ञान-दान।
फिर हाथ पकड़ ले चलें उसे, राजा सोये के पास लिये।
हे धवल वस्त्रधारी, महान, हे सोम, पुकारें नाम दिये।
यों भिन्न-भिन्न नामों से भी, कहने पर नहीं उठे सोता।
फिर उसे हिलायें हाथ पकड़, इस पर वह जाग खड़ा होता। १५
विज्ञान-पुरुष था कहाँ भला, पूछें राजा, जब था सोया?
जब जागा, वह आया कैसे, उत्तर न गार्ग्य को कुछ आया! १६

[Bṛhadāraṇyaka-2-1

Ajātaśatru asked, did you this much only know?
Yes, Gārgya replied, that is all I can show!
Brahma is not known by this, the king stated,
Gārgya said, then I may by you be initiated! 14
A Brāhmaṇa learning from a Kṣatriya is inversion,
Yet I will instruct you, the king did mention.
Ajātaśatru leading him to a sleeping man came,
Calling him each time by a different name.
The king that sleeping man in this way addressed,
O Great, O Soma King, O moon-light dressed!
But his not waking, he shook him by the hand,
And that person awoke and now did stand! 15
The King queried, what that Person had become?
Where he was in sleep and wherefrom did he come?
Where the cognizer was, Gārgya had no notions,
And he could not answer the king's questions. 16

स होवाचाजातशत्रुर्यत्रैष एतत्सुप्तोऽभूद्य एष विज्ञानमयः पुरुषस्तदेषां प्राणानां विज्ञानेन विज्ञानमादाय य एषोऽन्तर्हृदय आकाशस्तस्मिञ्छेते तानि यदा गृह्णात्यथ हैतत्पुरुषः स्वपिति नाम तद्गृहीत एव प्राणो भवति गृहीता वाग्गृहीतं चक्षुर्गृहीतं श्रोत्रं गृहीतं मनः।१७
स यत्रैतत्स्वप्न्यया चरति ते हास्य लोकास्तदुतेव महाराजो भवत्युतेव महाब्राह्मण उतेवोच्चावचं निगच्छति स यथा महाराजो जानपदान् गृहीत्वा स्वे जनपदे यथाकामं परिवर्ततैवमेवैष एतत्प्राणान् गृहीत्वा स्वे शरीरे यथाकामं परिवर्तते। १८

कहते राजा, विज्ञान-पुरुष, इन्द्रिय-विज्ञान स्वयँ वरता।
जब सोता, तब विज्ञानों से, इन्द्रिय-विज्ञान वही हरता।
इन्द्रिय-धर्मों को ले समेट, वह हृदयाकाश पहुँच सोये।
कहते इसको हैं स्वपिति नाम, इन्द्रिय-धर्मों को जब खोये।
अपने स्वरूप में वह पहुँचा, प्राणों को अन्तर से पकड़े।
मन वाक् चक्षु औ श्रोत्र सकल, अन्दर विज्ञानात्मा जकड़े। १७
स्वप्नों में जहाँ जहाँ विचरे, इसके ही हों वे लोक सकल।
विज्ञानात्मा हो महाराज, ब्राह्मण हो, ऊँचा-निम्न युगल।
लेकर सेवक ज्यों महाराज, स्वेच्छा से जनपद करे भ्रमण।
इन्द्रियाँ सभी लेकर तन से, विज्ञान-पुरुष करता विचरण। १८

Upaniṣad]

When the Person had slept, the king explained.
The cognition given to the senses he restrained.
He slept in the heart-sky with that cognition.
In such a state in Deep Sleep is that Person.
He is now sleeping, only this much is stated,
But really he is to his real Self related.
In the heart-sky the cognizing Self is active,
Keeping breath, speech, ear, eye and mind captive. 17
Moving about in dreams, many worlds he created,
Becomes an emperor, or as a Brāhmaṇa meditated.
He is high as it were, entering higher states,
Some times to a lowers state also he relates.
As an emperor travels with his men as desired,
Visiting places in his kingdom as he required.
Taking his senses along, that cognizing person,
Moving in the body as desired does function. 18

अथ यदा सुषुप्तो भवति यदा न कस्यचन वेद हिता नाम
नाड्यो द्वासप्ततिः सहस्राणि हृदयात्पुरीततमभिप्रतिष्ठन्ते ताभिः
प्रत्यवसृप्य पुरीतति शेते य यथा कुमारो वा महाराजो वा
महाब्राह्मणो वाऽतिघ्नीमानन्दस्य गत्वा शयीतैवमेवैष एतच्छेते।१९
य यथोर्णनाभिस्तन्तुनोच्चरेद्यथाऽग्नेः क्षुद्रा विस्फुलिंगा
व्युच्चरन्त्येवमेवास्मादात्मनः सर्वे प्राणाः सर्वे लोकाः सर्वे देवाः
सर्वाणि भूतानि व्युच्चरन्ति तस्योपनिषत्सत्यस्य सत्यमिति प्राणा
वै सत्यं तेषामेष सत्यम्।२०

वह नहीं जानता, होता यह, लौटें सुषुप्ति में स्वप्नों से।
हितकारी द्वासप्तति सहस्र, नाड़ियां 'हिता' निकलें हिय से।
ये 'हिता' पुरीतत' हो फैलें, फिर बने सुषुम्ना एक हिता।
जब हो सुषुप्ति, विज्ञानात्मा, जा इसी सुषुम्ना में सोता।
ब्राह्मण, कुमार या महाराज, जैसे निद्रा में हों खोये।
आनन्द पराकाष्ठा सुषुप्ति, विज्ञानात्मा भी त्यों सोये। १९
ज्यों उर्णनाभ नीचे-ऊपर, निज तन्तु रचे आता-जाता।
विज्ञानात्मा भी जाग्रत औ, स्वप्नों-सुषुप्ति में हो आता।
निकलें स्फुलिंग पावक से ज्यों, इन्द्रिय-उद्गम विज्ञानात्मा।
पिण्डों में जो विज्ञानात्मा, ब्रह्माण्ड मध्य वह परमात्मा।
वह ब्रह्म, प्रस्फुटित उससे हों, सब लोक, देव, सब भूतात्मा।
'सत्यों का सत्' उपनिषत् कहे, प्राणात्मा-सत् वह ब्रह्मात्मा। २०

[Bṛhadāraṇyaka-2-1

When fast asleep, he knows not a thing there,
In seventy two thousand capillaries moving in here!
As a youth or a king, he is in Suṣumnā established,
Or rested as a Brāhmaṇa in that Bliss cherished! 19
As a spider moves along creating its thread,
And as tiny sparks from a fire do spread,
The Knowing Self waking, dream and deep sleep attained,
And from the Self all these senses are obtained!
That is Brahma from whom all this originated,
All beings, all deities and the worlds culminated!
The Self in the body is as the Truth related,
Thus Supreme Self is Upaniṣad's 'Truth of truths' stated. 20

द्वितीय अध्याय, द्वितीय ब्राह्मण

योह वै शिशुं साधानं सप्रत्याधानं सस्थूणं सदामं वेद सप्त ह
द्विषतो भ्रातृव्यानवरुणद्धि। अयं वाव शिशुर्योऽयं मध्यमः
प्राणस्तस्येदमेवाधानमिदं प्रत्याधानं प्राणः स्थूणान्नं दाम।१
तमेताः सप्ताक्षितय उपतिष्ठन्ते तद्या इमा अक्षन्लोहिन्यो
राजयस्ताभिरेनं रुद्रोऽन्वायत्तोऽथ या अक्षन्नापस्ताभिः पर्जन्यो
या कनीनका तयादित्यो यत्कृष्णं तेना ग्निर्यच्छुक्लं तेनेन्द्रोऽधरयैनं
वर्तन्या पृथिव्यन्वायत्ता द्यौरुत्तरया नास्यान्नं क्षीयते य एवं वेद।२

द्वितीय अध्याय-द्वितीय ब्राह्मण (प्राण शिशु)

बछड़े का तन 'आधान' रूप, सिर 'प्रत्याधान' रहे मानो।
खूंटे में रस्सी से बँधकर, बछड़ा निर्दोष रहे जानो।
जीवात्मा-शिशु का रूप यही, उसके तन को आधान मान।
ज्ञानेन्द्रिय जिसपर हैं आश्रित, उस सिर को प्रत्याधान जान।
रस्सी यह अन्न उसे रोके, खूंटा है प्राण, बँधा जिससे।
जो यह जाने, जीवात्मा के, ये सात शत्रु रोके इससे।
दो आँख, कान दो, एक जीभ, दो नाक-छिद्र, अरि सात कहें।
खूंटा-प्राणों से बाँध जीव, इन्द्रिय -दोषों से मुक्त रहें। १
उसको अक्षितियाँ सात मिलें, उसकी आँखों में रुद्र यहाँ।
पर्जन्य, सूर्य औ अग्निदेव, मघवन, पृथ्वी द्यौ सभी वहाँ।

Chapter Two-Section-2 (Prāṇa as a Child)

As a calf has a body by which it is sustained,
And a head that controlling the body maintained,
As a stake and a rope the calf firmly hold,
An embodied Self as a child is similarly told!
The body is the base which the child sustained,
The head counter-base that senses maintained.
The Prāṇa is the peg that the child retained,
The food to the rope or the means pertained.
Knowing the Jīva with body, the rope and head,
Fastening it to the peg in Prāṇa's homestead,
One wards off these seven enemies there,
The eyes, ears, nostrils and tongue all here! 1
All seven 'undiminishing powers' he attained,
In the red of his eyes, he Rudra God gained.
The eye-water cloud and pupil sun contained,
In the black of his eyes, the fire-god remained!

तदेष श्लोको भवति। अर्वाग्बिलश्चमस ऊर्ध्वबुध्नस्तस्मिन्यशो
निहितं विश्वरूपम्। तस्याऽऽसत ऋषयः सप्त तीरे वागष्टमी
ब्रह्मणा संविदानेति। अर्वाग्बिलश्चमस ऊर्ध्वबुध्न इतीदं तच्छिर
एष ह्यर्वाग्बिलश्चमस ऊर्ध्वबुध्न स्तस्मिन्यशो निहितं
विश्वरूपमिति प्राणा वै यशो विश्वरूपं प्राणानेतदाह तस्याऽऽसत
ऋषयः सप्त तीर इति प्राणा वा ऋषयः प्राणानेतदाह वागष्टमी
ब्रह्मणा संविदानेति वाग्घ्यष्टमी ब्रह्मणा संवित्ते।३

नेत्रों की लाली रुद्र रहे, पर्जन्य नेत्र-जल में बहता।
पुतली में हों आदित्य बसे, कालिमा मध्य पावक रहता।
हों श्वेत भाग में इन्द्र टिके, पृथ्वी निचली हो पलक यही।
ऊपर की पलकों में द्यौ है, यह जो जाने समृद्ध वही। २
हो एक सोमरस का बर्त्तन, मुहँ नीचे, पेंदी हो ऊपर।
हों भरे सभी यश-रस उसमें, बैठें हों सात वहाँ ऋषिवर।
आठवीं वहीं वाणी बैठी, गुण-गान ब्रह्म का करे वही।
इस शिशु-मुख में ही सभी रहें, अभिप्राय उक्ति का रहे यही।
पेंदी सिर का ऊपरी भाग, नीचे हो मुख का भाग यही।
यश रहे जीवनी-शक्ति रूप, ऋषि बनें इन्द्रियां सात वही।
दो नेत्र, श्रोत्र दो, जीभ एक, दो नाक-छिद्र, ऋषि सात यही।
आठवीं वहीं वाणी बैठी, गुण-गान ब्रह्म का करे वही। ३

[Bṛhadāraṇyaka-2-2

In eye's white portion God Indra was there,
To his lower eye-lid, the earth did adhere.
In his upper eye-lid, the heavens do show,
Knowing this a person no shortage does know. 2
About a Soma sap pot, a verse is there.
The pot is upturned, bottom up, as it were!
Seven seers surround the pot full of fame,
With speech the eighth, praising Brahma's name!
The skull of the head is the botom of that pot,
With the mouth below, it life-glory sap got.
The seven are, tongue, eyes, nostrils and ears,
And Brahma is praised by the speech, all seers! 3
In this mouth Gautama is the right ear,
There is as the left ear Bhāradvāja seer.
The right eye sage Viśvāmitra presented,
The left eye seer Jamadagni represented.

इमामेव गोतमभरद्वाजावयमेव गोतमोऽयं भरद्वाज इमामेव विश्वामित्रजमदग्नी अयमेव विश्वामित्रोऽयं जमदग्नि रिमावेव वसिष्ठ कश्यपावयमेव वसिष्ठोऽयं कश्यपो वागेवात्रिर्वाचा ह्यन्नमद्यतेऽत्तिर्ह वै नामैतद्यदत्रिरिति सर्वस्यात्ता भवति सर्वमस्यान्नं भवति य एवं वेद।४

द्वितीय अध्याय-तृतीय ब्राह्मण

द्वे वाव ब्रह्मणो रूपे मूर्तं चैवामूर्तं च मर्त्यं चामृतं च स्थितं च यच्च सच्चत्यच्च।१

तदेतन्मूर्तं यदन्यद्वायोश्चान्तरिक्षाच्चैतन्मर्त्यमेतत्स्थितमेतत्सत्तस्यैतस्य मूर्तस्यैतस्य मर्त्यस्यैतस्य स्थितस्यैतस्य सत एष रसो य एष तपति सतो ह्येष रसः।२

गोतम दायां यह कान रहें, ये भारद्वाज रहें बायें।
जमदग्नि नेत्र मानो बायें, ऋषि विश्वामित्र रहें दायें।
हैं अत्रि वाक् का रूप लिये, हो अत्रि 'अत्ति' से, जो खाये।
दायीं यह नाक वसिष्ठ रहे, कश्यप ही बायीं कहलाये।
जो जाने ऐसा यह रहस्य भोक्ता होता वह सब कुछ का।
सब बनें उसीके लिये अन्न, यह जगत् भोग्य होता उसका। ४

द्वितीय अध्याय-तृतीय ब्राह्मण (ब्रह्म दर्शन)

'सत्यों का सत्य'

यह ब्रह्म 'मूर्त' भी औ 'अमूर्त', है 'मर्त्य' रूप औ 'अमृत' भी।
'यत्' चले, ठहरता 'स्थित' होकर, वह 'त्यत्' परोक्ष औ 'सत्य' सभी! १

The left nostril there is sage Vasiṣṭha stated,
And the right one sage Kaśyapa related.
Its speech is sage Atri, which 'Eater' symbolized
Knowing this one all as one's food realized! 4

Chapter Two-Section-3 (Brahma's Vision)

'The Truth of truths'

Ajātaśatru about Brahma thus further related.
Formless and embodied, He is two-fold stated.
He is mortal, immortal, immutable and mutable,
Unperceivable indirect direct and perecivable! 1
What other than the air and space is perceived,
All that is embodied and mortal conceived.
They are true, immutable and direct related,
The essence of these forms as the sun radiated!

**अथामूर्तं वायुश्चान्तरिक्षं चैतदमृतमेतद्यदेतत्त्यं तस्यैतस्यामूर्तस्यैतस्या-
मृतस्यैतस्य यत एतस्य त्यस्यैष रसो य एष एतस्मिन्मण्डले पुरुषस्त्यस्य
ह्येष रस इत्यधिदैवतम्।३
अथाध्यात्ममिदमेव मूर्तं यदन्यत्प्राणाच्च यश्चायमन्तरात्मन्नाकाश
एतन्मर्त्यमेतत्स्थितमेतत्सत्तस्यैतस्य मूर्तस्यैतस्य मर्त्यस्यैतस्य स्थितस्यैतस्य
सत एष रसो यच्चक्षुः सतो ह्येष रसः।४**

यह अन्तरिक्ष औ वायु छोड़, कहते राजा, जो दिखे जहाँ।
है वही मूर्त औ मर्त्य रूप, स्थित-रूप वही, सत् वही यहाँ।
इन मूर्त, मर्त्य, स्थित, सत् सबका, रस बन तपता आदित्य यही।
प्रत्यक्ष ब्रह्म होता सबमें, लेकिन सबका सत्-सार वही। २
जो अन्तरिक्ष औ वायु युगल, मानो अमूर्त वे ब्रह्म रूप।
अमृत हैं वे, यत् वे चलते, त्यत् हैं, परोक्ष उनका स्वरूप।
हैं जो अमूर्त औ अमृत भी, यत् त्यत् सबका रस 'पुरुष' वही।
ब्रह्माण्ड-नियामक वह परोक्ष, ब्रह्माण्ड दृष्टि से ब्रह्म यही। ३
यह प्राण, हृदय-आकाश छोड़, इस पिण्ड मध्य जो दिखे जहाँ।
है वही मूर्त औ मर्त्य रूप, स्थित रूप वही, सत् वही यहाँ।
इन मूर्त, मर्त्य, स्थित, सत् सबका, रस रूप पिण्ड में चक्षु यही।
सब जो दीखे, प्रत्यक्ष ब्रह्म, लेकिन उनका सत्-सार वही। ४

[Bṛhadāraṇyaka-2-3

In each of these forms is Brahma realized,
But the sun all these together symbolized.
All embodied here in the sun culminated,
The sun symbolizing all these illuminated. 2
The air and space formless Brahma indicated,
These are shapeless and immortal related.
Mutable and indirect also are narrated,
The essence of these is Supreme Person stated.
These indirect forms that Person symbolized
He is as controlling the universe visualized.
The embodied and formless both are thus stated.
He is both the direct and indirect related. 3
Which is neither Prāṇa nor heart's space here,
In the body all that is His direct form there.
Embodied, mortal, not moving and Existence,
This eye is Brahma's symbol and essence! 4

**अथामूर्तं प्राणश्च यश्चायमन्तरात्मन्नाकाश एतदमृतमेतद्यदेतत्त्यं तस्यैतस्यामूर्तस्यैतस्यामृतस्यैतस्य यत एतस्य त्यस्यैष रसो योऽयं दक्षिणेऽक्षन्पुरुष
स्त्यस्य ह्येष रसः।५**
तस्य हैतस्य पुरुषस्य रूपं, यथा माहारजनं वासो यथा पाण्ड्वाविकं यथेन्द्रगोपो यथाऽग्न्यर्चिर्यथा पुण्डरीकं यथा सकृद्विद्युत्तं सकृद्विद्युत्तेव ह वा अस्य श्रीर्भवति य एवं वेदाथात आदेशो नेति नेति न ह्येतस्मादिति नेत्यन्यत्परमस्त्यथ नामधेयं सत्यस्य सत्यमिति प्राणा वै सत्यं तेषामेष सत्यम्।६

ये प्राण, हृदय-आकाश युगल, मानो अमूर्त वे ब्रह्म-रूप।
अमृत हैं वे, यत् वे चलते, त्यत् हैं, परोक्ष उनका स्वरूप।
अमृत, अमूर्त, सत्, त्यत् सबका, हो नेत्र-पुरुष ही रस-स्वरूप।
रहता वह दायीं आँख छिपा,यह रस-परोक्ष ही चक्षु-रूप। ५
केशर-रंजित हो महावस्त्र, ऊनों की ढेरी पाण्डु-वर्ण।
हो बीर-बहूटी की लाली, ज्वाला हो, होवे अग्नि-वर्ण!
दिखता समाधि में ऐसा ही, ज्यों पुण्डरीक हो श्वेत-धवल।
विद्युत् चमके ज्यों एक बार, ऐसी ही उसकी झलक प्रबल।
जाने रहस्य यह शोभित हो, सकृत् प्रकाश विद्युत् का ज्यों।
इसके आगे है नेति-नेति, आदेश वेद देते हैं यों।
इसके आगे कुछ और नहीं, यह प्राण सत्य जाता जाना।
वह प्राणों का भी प्राण रहें, 'सत्यों का सत्, जाता माना! ६

Prāṇa and the heart-sky the Formless symbolized,
The immortal, movable and indirect visualized.
The Right Eye Person these forms represented,
The eye the essence of indirect Brahma presented. 5
Meditating the Brahma Person one thus conceived,
As a great saffron cloth or yellow wool perceived!
Like a red bloosom or a great fire blazing!
And as a white lotus or lightning flash dazing!
One knowing this as the lightning illumined.
Nothing beyond this has been determined!
'Not this, not so, not anything else' is stated.
'No end to it' about the Supreme is related!
As real and existent this Prāṇa is perceived,
It is as the Truth and Foundation conceived.
Para Brahma is the Prāṇa of Prāṇas related,
He is therefore the Truth of truths stated! 6

द्वितीय अध्याय-चतुर्थ ब्राह्मण

मैत्रेयीति होवाच याज्ञवल्क्य उद्यास्यन्वा अरेऽहमस्मात्स्थानादस्मि हन्त तेऽनया कात्यायन्याऽन्तं करवाणीति।१

सा होवाच मैत्रेयी, यन्नु म इयं भगोः सर्वा पृथिवी वित्तेन पूर्णा स्यात्कथं तेनामृता स्यामिति, नेति होवाच याज्ञवल्क्यो यथैवोपकरणवतां जीवितं तथैव ते जीवितं स्यादमृतत्त्वस्य तु नाऽऽशास्ति वित्तेनेति।२

सा होवाच मैत्रेयी येनाहं नामृता स्यां किमहं तेन कुर्यांयदेव भगवान्वेद तदेव मे ब्रूहीति।३

द्वितीय अध्याय-चतुर्थ ब्राह्मण (याज्ञवल्क्य-मैत्रेयी)

ऋषि याज्ञवल्क्य मैत्रेयी से , कहते जब वे आश्रम तजते।
मैं छोड़ गृहस्थाश्रम चाहूँ, ऊपर उठना प्रभु को भजते।
यह कात्यायनी यहाँ, मिल लो, कर दूँ तेरा अब निबटारा।
आओ अब मैं आश्रम छोड़ूँ आपस में कर लो बँटवारा। १
सब वित्तों से परिपूर्ण सकल, पृथ्वी यदि मिल जाये मुझको।
क्या मुझे अमरता मिल जाये, पूछूँ भगवन मैं यह तुझको!
यह नहीं, कहें यह याज्ञवल्क्य, धन नहीं अमरता का साधन।
जैसे रहते समृद्ध मनुज, वैसा होगा तेरा जीवन। २
जिससे न अमर मैं हो पाऊँ, क्या करना है पाकर उसको?
अमृतत्त्व-मर्म जो वे जानें, बतलायें वह भगवन मुझको! ३

[Bṛhadāraṇyaka

Chapter Two-Section-4 (Yājñavalkya-Maitreyī)

Seer Yājñavalkya to his wife Maitreyī announced,
My dear, it is time that I all renounced.
Let me now make a settlement therefore,
Between you and co-wife Kātyāyanī for sure! 1
Maitreyī said, Reverend, if the earth wealth-filled,
Becomes all mine if I merely so willed,
Would I not, all gaining, still remain a mortal?
Or whether through it would I be immortal?
No, replied Yājñavalkya, you may abide pleased,
As affluent persons are by riches appeased.
But certainly no hope of immortality is there!
Through wealth immortality is not gained here! 2
If that will not make me immortal any more
Said Maitreyī, then what is the use therefore?
Indeed tell me Reverend, what really you know!
That path leading to immortality now show! 3

स होवाच याज्ञवल्क्यः प्रिया बतारे नः सती प्रियं भाषस एह्यास्स्व
व्याख्यास्यामि ते व्याचक्षाणस्य तु मे निदिध्यासस्वेति।४
स होवाच न वा अरे पत्युः कामाय पतिः प्रियो भवत्यात्मनस्तु कामाय
पतिः प्रियो भवति। न वा अरे जायायै कामाय जाया प्रिया भवत्यात्मनस्तु
कामाय जाया प्रिया भवति। न वा अरे पुत्राणां कामाय पुत्राः प्रिया
भवन्त्यात्मनस्तु कामाय पुत्राः प्रिया भवन्ति। न वा अरे वित्तस्य कामाय
वित्तं प्रियं भवत्यात्मनस्तु कामाय वित्तं प्रियं भवति। न वा अरे ब्रह्मणः
कामाय ब्रह्म प्रियं भवत्यात्मनस्तु कामाय ब्रह्म प्रियं भवति। न वा अरे
क्षत्रस्य कामाय क्षत्रं प्रियं भवत्यात्मनस्तु कामाय क्षत्रं प्रियं भवति। न वा

प्रिय वचन तुम्हारा, प्रिय तू भी, ऋषि कहें, बैठ आ, समझाऊँ!
सुनती जाना तू ध्यान सहित, जैसे मैं बतलाता जाऊँ। ४
पति प्रिय हो पति के हेतु नहीं, प्रिय आत्मा की कामना जन्य।
पत्नी के लिये नहीं पत्नी, प्रिय आत्म-कामना से अनन्य।
सुत हेतु नहीं प्रिय सुत होता, प्रिय यही आत्मा-कामना करे।
धन हेतु नहीं धन भी प्रिय हो, धन आत्मा की कामना वरे।
हो ब्रह्म ब्राह्म-बल हेतु नहीं, प्रिय आत्म-कामना हेतु परम।
हो क्षत्र क्षात्र-बल जन्य नहीं, प्रिय आत्म-कामना हेतु चरम।
ये लोक नहीं प्रिय लोक हेतु, यह आत्म-कामना प्रिय करती।
ये देव नहीं प्रिय देव जन्य, यह आत्म-कामना प्रिय वरती।

Yājñavalkya then said, you have been most dear!
You are also saying very dear words here!
Come and sit down and I will make things plain.
Reflect upon these as I all this explain! 4
For the sake of the husband he is not dear,
He is for the sake of the Self dear here!
Not for the sake of the wife she is loved.
The wife for the sake of the Self is beloved!
For the sake of the son, the son is not dear,
He is for the sake of the Self dear here!
The wealth is not for its own sake desired,
For the sake of the Self only it is aspired!
For its own sake Brahma is not contemplated,
It is for the sake of the Self meditated!
The Kṣatriyahood for its sake is not wished,
It is for the sake of the Self so cherished!

अरे लोकानां कामाय लोकाः प्रिया भवन्त्यात्मनस्तु कामाय लोकाः प्रिया भवन्ति। न वा अरे देवानां कामाय देवाः प्रिया भवन्त्यात्मनस्तु कामाय देवा प्रिया भवन्ति। न वा अरे भूतानां कामाय भूतानि प्रियाणि भवन्त्यात्मनस्तु कामाय भूतानि प्रियाणि भवन्ति। न वा अरे सर्वस्य कामाय सर्वंप्रियं भवत्यात्मनस्तु कामाय सर्वं प्रियं भवति। आत्मा वा अरे द्रष्टव्यः श्रोतव्यो मन्तव्यो निदिध्यासितव्गे मैत्रैय्यात्मनो वा अरे दर्शनेन श्रवणेन मत्या विज्ञानेनेदं सर्वं विदितम्।५

ब्रह्म तं परादाद्योऽन्यत्रात्मनो ब्रह्म वेद क्षत्रं तं परादाद्योऽन्यत्रात्मनः क्षत्रं वेद लोकास्तं परादुर्योऽन्यत्रात्मनो लोकान्वेद देवास्तं परादुर्योऽन्यत्रात्मनो देवान्वेद

ये भूत विविध हैं प्रिय लगते, पर भूत नहीं प्रिय भूत जन्य।
आत्मा की जो कामना रहे, उस जन्य रहें प्रिय भूत अन्य।
यह सब कुछ हेतु नहीं प्रिय सब, प्रिय आत्मा की कामना जन्य।
आत्मा में अपने जो रहती, कामना वही प्रिय हो अनन्य।
ये सब प्रिय हों जिस आत्मा को, दृष्टव्य वही, श्रोतव्य वही।
मन्तव्य यही आत्मा सत्ता, निदिध्यासितव्य भी रहे यही।
इस आत्मा को देखे, सुन ले, समझे, कर ध्यान इसे माने।
मैत्रेयी जो इस भाँति करे, यह जान सभी कुछ वह जाने। ५
यह ब्राह्म-शक्ति त्यागे उसको, यदि आत्म-भिन्न उसको माना।
दे क्षात्र-शक्ति थी त्याग उसे, यदि आत्मा-पृथक् उसे जाना।
दें विविध लोक-शक्तियाँ त्याग, आत्मा से भिन्न अगर मानें।

[Bṛhadāraṇyaka-2-4

The worlds are not for their own sake dear,
They are so for the sake of the Self , it is clear.
The gods are not for their sake meditated,
For the sake of the Self, they are venerated!
The creatures are not for their own sake dear.
For the sake of the Self they are dear there!
To all else not for their sake we adhere,
All are for the sake of the Self dear here!
Now Maitreyī, for whose sake all these are aspired,
Verily that Self should be seen, heard and desired.
Reflecting, that Self be meditated upon,
Cognizing and contemplating it all is known! 5
If Brahma as different from the Self is stated,
Brahma's wisdom left him who so related.
If Kṣtriyahood like-wise is different asserted,
All valour and strength such a person deserted.

भूतानि तं परादुर्योऽन्यत्रात्मनो भूतानि वेद सर्वं तं परादाद्योऽन्यत्रात्मनः सर्वं
वेदेदं ब्रह्मेदं क्षत्रमिमे लोका इमे देवा इमानि भूतानीदं सर्वं यदयमात्मा।६
स यथा दुन्दुभेर्हन्यमानस्य न बाह्याञ्छब्दाञ्छक्नुयाद्ग्रहणाय दुन्दुभेस्तु
ग्रहणेन दुन्दुभ्याघातस्य वा शब्दो गृहीतः।७
स यथा शंखस्य ध्मायमानस्य न बाह्याञ्छब्दाञ्छक्नुयाद्ग्रहणाय शंखस्य
तु ग्रहणेन शंखध्मस्य वा शब्दो गृहीतः।८

दें देव-शक्तियाँ त्याग उसे, आत्मा से अलग अगर जानें।
आत्मा से मानें भूत भिन्न, दें भूत-शक्तियाँ उन्हें छोड़।
सब कुछ मानें जो भिन्न-भिन्न, मुख को लेते हैं सभी मोड़।
आत्मा ही है वह ब्रह्म शक्ति, है क्षात्र शक्ति आत्मा स्वरूप।
आत्मा ही है वह लोक शक्ति, हैं देव-शक्तियाँ आत्म रूप।
ये भूत सभी हैं आत्मा ही, आत्मा को ही सब कुछ जानो।
प्रिय यही आत्म-कामना करे, आत्मा को ही तुम पहचानो! ६
जब चोट दुन्दुभी पर पड़ती, ये शब्द निकल आते बाहर।
यदि शब्द पकड़ना हो, पकड़ो, दुन्दुभी, चोट पड़ती जिसपर।
या उसे पकड़ जो बजा रहा, दुन्दुभी इन्द्रियाँ हैं मानो।
आत्मा ही इसको बजा रहा, संसार शब्द निकले जानो। ७
जब शंख फूंकता है कोई, निःसृत ध्वनि पकड़ नहीं पाये।
लो पकड़ शंख या जो फूंके, यह ध्वनि ऐसे पकड़ी जाये। ८

Upaniṣad]

If the worlds are said different, the worlds are gone,
If the gods are so thought, gods leave one alone.
If one all beings different relegated,
These beings also such a person negated!
A person is certainly by everything rejected.
If one with the Self a separation projected.
Hence know it as Brahma, Kṣatra and creatures,
The Self as worlds, gods and all else features! 6
When a drum is beaten, sound can not be seized.
But by seizing the drum or the beater it ceased.
The worldly delusions can also not be caught.
By controlling the senses they can be fought! 7
The sound of the conch can not be arrested.
On seizing the conch or the blower it rested.
The worldy actions can also not be stopped,
When the doer is subdued, the action is dropped! 8

स यथा वीणायै वाद्यमानायै न बाह्याञ्छब्दाञ्छक्नुयाद् ग्रहणाय वीणायै
तु ग्रहणेन वीणावादस्य वा शब्दो गृहीतः।९
स यथाऽऽर्द्रैधाग्नेरभ्याहितात्पृथग्धूमा विनिश्चरन्त्येवं वा अरेऽस्य महतो
भूतस्य निश्वसितमेतद्यदृग्वेदो यजुर्वेदः सामवेदोऽथर्वाङ्गिरस इतिहासः
पुराणं विद्या उपनिषदः श्लोकाः सूत्राण्यनुव्याख्यानानि व्याख्यानान्यस्यै-
वैतानि सर्वाणि निश्वसितानि।१०
स यथा सर्वासामपां समुद्र एकायनमेवं सर्वेषां स्पर्शानां त्वगेकायनमेवं
सर्वेषां गन्धानां नासिके एकायनमेवं सर्वेषां रसानां जिह्वैकायनमेवं सर्वेषां
रूपाणां चक्षुरेकायनमेवं सर्वेषां शब्दानां श्रोत्रमेकायनमेवं सर्वेषां संकल्पानां

बजती वीणा के सुर वैसे, जा नहीं सकें वे भी पकड़े।
वीणा या वादक को पकड़ो, वे सुर ऐसे जायें जकड़े।
तम रज औ सत् गुण जगत्-शब्द, दुन्दभी शंख वीणा निःसृत।
आत्मा वादक के पास पहुँच, पकड़ो जिससे सचमुच विस्तृत। ९
ज्यों आर्द्र काष्ठ ऐ मैत्रेयी, बाहर धूआँ दे जलता जब।
वह महाभूत जो परमात्मा, निःश्वास रूप देता यह सब।
ऋक्, यजु, अथर्व, औ सामवेद, उपनिषद्, श्लोक, व्याख्यान सभी।
विद्या, इतिहास, पुराण, सूत्र, जो अनुव्याख्यान रहें वे भी! १०
जल सभी पहुँचता सागर में, सब स्पर्श त्वचा को ही जाये।
सब गन्ध नासिका को मिलता, सब रस यह जिह्वा ही पाये।
सब रूप चक्षु को ही दिखता, सब शब्द श्रोत्र ही हैं सुनते।
संकल्प सभी मन को होते, सारी विद्या हिय में गुनते।

[Bṛhadāraṇyaka-2-4

When a lyre is played, notes can not be grabbed,
But by seizing the lyre or the player it is jabbed.
The Great Self this virtuous music does sound,
For getting at the note, the Self you surround! 9
From a damp fire-wood, as smoke does arise,
His exhalations the Vedas and Upaniṣads comprise.
The legends, arts, aphorisms and all histories.
From the Self come also glosses and commentaries. 10
As ocean is the abode of all the water there,
To skin touch and to nose the smell does adhere.
The taste tongue and forms always the eye related,
All sounds the ear and the thoughts mind mated!

मन एकायनमेवं सर्वासां विद्यानां हृदयमेकायनमेवं सर्वेषां कर्मणां हस्तावेकायनमेवं सर्वेषामानन्दानामुपस्थ एकायनमेवं सर्वेषां विसर्गाणां पायुरेकायनमेवं सर्वेषामध्वनां पादावेकायनमेवं सर्वेषां वेदानां वागेकायनम्।११

स यथा सैन्धवखिल्य उदके प्रास्त उदकमेवानुविलीयेत न हास्योद्ग्रहणायेव स्याद्यतो यतस्त्वाददीत लवणमेवैवं वा अर इदं महद्भूतमनन्तमपारं विज्ञानघन एवैतेभ्यो भूतेभ्यः समुत्थाय तान्येवाऽनु विनश्यति न प्रेत्य संज्ञाऽस्तीत्यरे ब्रवीमीति होवाच याज्ञवल्क्यः।१२

सा होवाच मैत्रेय्यत्रैव मा भगवानमूमुहन्न प्रेत्य संज्ञाऽस्तीति स होवाच याज्ञवल्क्यो न वा अरेऽहं मोहं ब्रवीम्यलं वा अर इदं विज्ञानाय।१३

पहुँचे विसर्ग सब पायु मध्य, सब कर्म पहुँचते हाथों में।
गति सभी जाय इन पावों में, होता आनन्द उपस्थों में।
वैसे ही सारे वेद आदि, इस वाणी में मिलते आकर।
आत्मा वाणी का आश्रय हो, आत्मा में सब मिलते जाकर। ११
यदि लवण खण्ड जल में डालें, वह मिल जाये जल में घुलकर।
पानी से निकले नहीं, किन्तु, प्रत्येक बून्द में है मिलकर।
वह महत् भूत विज्ञान-रूप, प्रकटे भूतों में ही मिलकर।
वह है अनन्त, वह है अपार, पर हो अदृश्य उनमें छिपकर।
तबतक संज्ञा इस आत्मा की, प्रकटे वह भूतों में जबतक।
जाने पर उसका नाम नहीं, हो नाम रहे संज्ञा तबतक। १२
भगवन, मरकर आत्मा न रहे, दुविधा होती है यह सुनकर!
ऋषि कहें, नहीं ऐसा कुछ है, समझाता हूँ मैं यह कहकर। १३

Upaniṣad]

As the heart has arts and hands crafts make,
The joy sex senses and movements feet take,
So also the Vedas and wisdoms go to speech,
Indeed it is the Self that really they reach! 11
As a solid lump of salt in the water dissolved,
And from that water it can not be absolved,
But all through it tasted a salty solution.
So also the Self is sentiency and resolution.
Infinite and boundless, as sentiency established,
Emerging from elements in them it vanished.
When the Self is thus gone no consciousness is there,
Yājñavalkya said, it is thus Maitreyī, my dear! 12

यत्र हि द्वैतमिव भवति तदितर इतरं जिघ्रति तदितर इतरं पश्यति तदितर इतरं श्रृणोति तदितर इतरमभिवदति तदितर इतरं मनुते तदितर इतरं विजानाति यत्र वा अस्य सर्वमात्मैवाभूत्तत्केन कं जिघ्रेत्तत्केन कं पश्येत्तकेन कं श्रृणुयात्तत्केन कमभिवदेत्तत् केन कं मन्वीत तत् केन कं विजानीयाद्येनेदं सर्वं विजानाति तं केन विजानीयाद्विज्ञातारमरे केन विजानीयादिति१४

द्वितीय अध्याय-पंचम ब्राह्मण

इयं पृथिवी सर्वेषां भूतानां मध्वस्यैपृथिव्यै सर्वाणि भूतानि मधु यश्चायमस्यां पृथिव्यां तेजोमयोऽमृतमयः पुरुषो यश्चायमध्यात्मं शारीरस्तेजोमयोऽ मृतमयः पुरुषोऽयमेव स योऽयमात्मेदममृतमिदं ब्रह्मेदं सर्वम्।१

भूतों में प्रकट जभी आत्मा, वह द्वैत, विषय को पहचाने।
सूंघे, देखे, सुनता, बोले, हो बोध, सभी कुछ वह जाने।
जब आत्मा वही अलग होता, अपने स्वरूप में पूर्ण ज्ञान।
किससे किसको वह सूंघे फिर, किससे किसका हो उसे ज्ञान?
किससे किसको वह देख सके, हो श्रोत्र कहाँ सुन ले जिससे?
किससे किसकी हो समझ भला, वह बोल सके किसको किससे?
वह क्योंकर किसको जान सके, आत्मा ही सब कुछ को जाने।
जो स्वयँ जानने वाला हो, अपने को किससे पहचाने?
इसलिए कहूँ संज्ञा न रहे, हो भूतों से यह अलग जभी।
अपने स्वरूप में जा पहुँचे, आत्मा यह हो न विनष्ट कभी। १४

[Bṛhadāraṇyaka-2-4

Saying, the Self goes leaving nothing here,
Maitreyī said, Reverend, you bewilder me there!
Yājñavalkya said, no dear, have no such confusion
I have so stated only for comprehension. 13
Appearing in beings, there is duality, as it were,
One sees, hears, speaks and smells others here.
Thinking of another, one another understands,
But once separate, it in ownself stands.
By what and whom also should then one perceive?
By what and whom could hear, smell and conceive?
How and what should one speak and understand?
How one really could the Knower comprehend?14

इमा आपः सर्वेषां भूतानां मध्वासामपां सर्वाणि भूतानि मधु यश्चायमास्वप्सु
तेजोमयोऽमृतमयः पुरुषो यश्चायमध्यात्मं रेतसस्तेजोमयोऽमृतमयः
पुरुषोऽयमेव स योऽयमात्मेदममृतमिदं ब्रह्मेदं सर्वम्।२
अयमग्निः सर्वेषां भूतानां मध्वस्याग्नेः सर्वाणि भूतानि मधु यश्चाय-
स्मिन्नग्नौ तेजोमयोऽमृतमयः पुरुषो यश्चायमध्यात्मं वाङ्मय-
स्तेजोमयोऽमृतमयः पुरुषोऽयमेव स योऽयमात्मेदममृतमिदं ब्रह्मेदं सर्वम्।३

द्वितीय अध्याय-पंचम ब्राहमण (मधु विद्या)

[ब्रह्म विद्या-अयमात्मा ब्रह्म]

पृथ्वी सबको मधु-सी प्यारी, मधु-से प्यारे सब पृथ्वी को।
भू में तेजामृत पुरुष व्याप्त, ब्रह्माण्डात्मा कहते उसको।
है तेजामृतमय पुरुष रूप, इस पिण्ड-देह में भी आत्मा।
आत्मा ही ब्रह्म, वही अमृत, यह सब कुछ है वह परमात्मा। १
यह जल सबको मधु-सा प्यारा, मधु-से प्यारे सब हैं जल को।
जल में तेजामृत पुरुष व्याप्त, ब्रह्माण्डात्मा कहते उसको।
है तेजामृतमय पुरुष रूप, तन-पिण्ड मध्य भी वह आत्मा।
आत्मा ही ब्रह्म वही अमृत, यह सब कुछ है वह परमात्मा। २

Chapter Two-Section-5

(The Honey Wisdom-The Self is Brahma)

To all beings this earth appears honey-like,
To the earth also creatures and honey are alike!
There shines in the earth World Person Immortal,
An Immortal also shone in the body of the mortal!
Both of them are the same Person stated,
Thus the cosmos and this body they one related!
Verily this Person is that Self Immortal!
It is Brahma and also all that is here mortal! 1
To all creatures water as honey-like appear,
To the water also creatures are honey-like here,
There shines in water the World Person Immortal.
An Immortal shines in the body of a mortal.
Both of them are the same Person indeed!
The cosmos and this body, both Him do need!
Verily this Person is that Self Immortal
It is Brahma and all this that is here mortal! 2

अयं वायुः सर्वेषां भूतानां मध्वस्य वायोः सर्वाणि भूतानि मधु
यश्चायमस्मिन्वायौ तेजोमयोऽमृतमयः पुरुषो यश्चायमध्यात्मं
प्राणस्तेजोमयोऽमृतमयः पुरुषोऽयमेव स योऽयमात्मेदममृतमिदं ब्रह्मेदं सर्वम्।४
अयमादित्यः सर्वेषां भूतानां मध्वस्यादित्यस्य सर्वाणि भूतानि मधु
यश्चायमस्मिन्नादित्ये तेजोमयोऽमृतमयः पुरुषो यश्चायमध्यात्मं
चाक्षुषस्तेजोमयोऽमृतमयः पुरुषोऽयमेव स योऽयमात्मेदममृतमिदं ब्रह्मेदं
सर्वम्।५

भूतों को अग्नि लगे मधु-सी, मधु-से प्यारे सब पावक को।
जो अग्नि-पुरुष तेजामृतमय, ब्रह्माण्डात्मा कहते उसको।
तेजामृतमय है पुरुष-रूप, तन-पिण्ड मध्य भी वह आत्मा।
आत्मा ही ब्रह्म, वही अमृत, जग में सब कुछ वह परमात्मा। ३
भूतों को वायु लगे मधु-सी, सब भूत पवन को मधु लगते।
जो वायु-पुरुष तेजामृतमय, ब्रह्माण्डात्मा उसको कहते।
तन-पुरुष तेजअमृतमय जो, इस देह मध्य भी वह आत्मा।
आत्मा अमृत, है ब्रह्म वही, यह सब कुछ ही वह परमात्मा। ४
मधु-सा आदित्य लगे सबको, मधु-सा भूतों को रवि मानें।
रवि-पुरुष तेजअमृतमय जो , ब्रह्माण्डात्मा उसको जानें।
तन-पुरुष तेज-अमृतमय जो, इस देह-पिण्ड में वह आत्मा।
यह आत्मा ब्रह्म, वही अमृत, यह सब जो कुछ है, विश्वात्मा। ५

[Bṛhadāraṇyaka-2-5

To all creatures fire is dear honey-like,
To fire also they are honey-dear alike.
A World Person shines in fire as Immortal,
A Soul Person shone in the speech of a mortal!
Both of them indeed are the same Person!
In cosmos and body both it does function.
Verily, it is that Immortal Self stated,
It is Brahma and also all this related! 3
The air is like honey to all beings there,
All beings are also like honey to the air!
An Immortal Person in the air also shines,
As a Soul Immortal this body illumines!
Both these Persons are the same Self stated,
The cosmos and body of beings they related.
That is the Self as the Immortal known!
It is Brahma and also all that there shown! 4

इमा दिशः सर्वेषां भूतानां मध्वासां दिशां सर्वाणि भूतानि मधु यश्चायमासु
दिक्षु तेजोमयोऽमृतमयः पुरुषो यश्चायमध्यात्मं श्रोत्रः प्रातिश्रुत्क-
स्तेजोमयोऽमृतमयः पुरुषोऽयमेव स योऽयमात्मेदममृतमिदं ब्रह्मेदं सर्वम्।६
अयं चन्द्रः सर्वेषां भूतानां मध्वस्य चन्द्रस्य सर्वाणि भूतानि मधु
यश्चायमस्मिंश्चन्द्रे तेजोमयोऽमृतमयः पुरुषो यश्चायमध्यात्मं
मानसस्तेजोमयोऽमृतमयः पुरुषोऽयमेव स योऽयमात्मेदममृतमिदं ब्रह्मेदं
सर्वम्।७

भूतों को मधु-सी दिशा लगें, दिक् भी भूतों को मधु मानें।
दिक् पुरुष तेज-अमृतमय जो, ब्रह्माण्डात्मा उसको जानें।
तेजामृतमय जो पिण्ड-पुरुष, इस देह-पिण्ड में वह आत्मा।
आत्मा ही ब्रह्म, वही अमृत, यह जो कुछ भी सब परमात्मा। ६
भूतों को चन्द्र लगे मधु-सा, मधु से प्यारे सब हैं शशि को।
जो चन्द्र पुरुष तेजामृतमय, ब्रह्माण्डात्मा कहते उसको।
तन-पुरुष तेज-अमृतमय जो, इस पिण्ड-देह में वह आत्मा।
आत्मा अमृत है, ब्रह्म वही, यह सब कुछ केवल ब्रह्मात्मा। ७

Upaniṣad]

The sun is like honey to all beings here,
To the sun also being are honey-like dear.
An Immortal Person in the sun also shines,
As a Soul Immortal this body illumines!
Both these Persons are the same Self stated.
The Self of the cosmos and of body related.
Verily that is the Supreme Self Brahma,
All this, the Self of all, Immortal Ātmā! 5
To beings the quarters are honey-like dear,
To quarters too beings are like honey here.
An Immortal shining in quarters is there
An Immortal illumining to body does adhere!
Both of these Persons are the Self stated,
To cosmos and body respectively related.
Verily it is the Immortal Brahma famed,
The Self of all and all this here named! 6
The moon is like honey to beings as it were,
To the moon also beings are honey-like here.
As an Immortal Person in the moon shines,
An Immortal the body of beings illumines!

इयं विद्युत्सर्वेषां भूतानां मध्वस्या विद्युतःसर्वाणि भूताानि मधु यश्चायमस्यां
विद्युति तेजोमयोऽमृतमयः पुरुषो यश्चायमध्यात्मं तैजसस्तेजोमयोऽमृतमयः
पुरुषोऽयमेव स योऽयमात्मेदममृतमिदं ब्रह्मेदं सर्वम्।८
अयं स्तनयित्नुः सर्वेषां भूतानां मध्वस्य स्तनयित्नोः सर्वाणि भूतानि मधु
यश्चायमस्मिन्स्तनयित्नौ तेजोमयोऽमृतमयः पुरुषो यश्चायमध्यात्मं शाब्दः
सौवरस्तेजोमयोऽमृतमयः पुरुषोऽयमेव स योऽयमात्मेदममृतमिदं ब्रह्मेदं
सर्वम्।९

मधु-सा विद्युत् हो प्रिय सबको, मधु-सा प्यारे सब विद्युत् को।
विद्युत्-तेजामृतपुरुष वहाँ, ब्रह्माण्डात्मा कहते उसको।
तेजामृतमय जो पिण्ड-पुरुष, इस देह-पिण्ड में वह आत्मा।
यह आत्मा ब्रह्म, यही अमृत, यह जो कुछ है, सब परमात्मा। ८
भूतों को मेघ लगें मधु-से, प्यारे मधु-से, सब मेघों को।
जो मेघ-पुरुष तेजामृतमय, ब्रह्माण्डात्मा कहते उसको।
तन-पुरुष तेज-अमृतमय जो, इस देह-पिण्ड में वह आत्मा।
आत्मा ही ब्रह्म, वही अमृत, यह सब कुछ है वह परमात्मा। ९

[Bṛhadāraṇyaka-2-5

Both these Persons are as the Self known,
Which in the cosmos and body both shone.
Verily it is Brahma and Immortal stated,
The Self and all this in Creation related! 7
The lightning is honey-like dear to every creature.
To the lightning also they honey-dear feature!
As an Immortal Person in lightning shines,
A Person Immortal this body illumines!
Both these Persons are the same Self stated,
Which to the cosmos and the body related.
Verily it is Brahma, the Supreme Self Immortal,
It is the Self and all that is here mortal! 8
To all creatures clouds are honey-like dear,
To clouds also creatures are honey-dear here.
As an Immortal Person in the cloud shines,
A Person Immortal this body illumines!
Both of these are the same Self Immortal
Abiding in cosmos and in body of a mortal!
Verily that is the Supreme Self Brahma!
It is the Great Self, all this and the Ātmā! 9

अयमाकाशः सर्वेषां भूतानां मध्वस्याकाशस्य सर्वाणि भूतानि मधु
यश्चायमस्मिन्नाकाशे तेजोमयोऽमृतमयः पुरुषो यश्चायमध्यात्मं
हृद्याकाशस्तेजोमयोऽमृतमयः पुरुषोऽयमेव स योऽयमात्मेदममृतमिदं ब्रह्मेदं
सर्वम्।१०
अयं धर्मः सर्वेषां भूतानां मध्वस्य धर्मस्य सर्वाणि भूतानि मधु
यश्चायमस्मिन्धर्मे तेजोमयोऽमृतमयः पुरुषो यश्चायमध्यात्मं
धार्मस्तेजोमयोऽमृतमयः पुरुषोऽयमेव स योऽयमात्मेदममृतमिदं ब्रह्मेदं सर्वम्।११
इदं सत्यं सर्वेषां भूतानां मध्वस्य सत्यस्य सर्वाणि भूतानि मधु यश्चाऽयम-
स्मिन्सत्ये तेजोमयोऽमृतमयः पुरुषो यश्चाऽयमध्यात्मं सात्यस्तेजोम-
योऽमृतमयः पुरुषोऽयमेव स योऽयमात्मेदममृतमिदं ब्रह्मेदं सर्वम्।१२

आकाश लगे मधु-सा सबको, मधु-से प्यारे सब हों नभ को।
नभ-पुरुष तेज-अमृतमय जो, ब्रह्माण्डात्मा कहते, उसको।
तन-पुरुष तेज-अमृतमय जो, इस देह-पिण्ड में वह आत्मा।
आत्मा ही ब्रह्म, वही अमृत, यह अखिल विश्व ही परमात्मा। १०
यह धर्म भूत को मधु-सा प्रिय , सब भूत धर्म को मधु लगते।
जो धर्म-पुरुष तेजामृतमय, ब्रह्माण्डात्मा उसको कहते।
तन में तेजामृत-पुरुष रहे, इस देह-पिण्ड में वह आत्मा।
आत्मा ही ब्रह्म, वही अमृत, जग में जो कुछ सब विश्वात्मा। ११
यह सत्य सभी को मधु-सा प्रिय, सब भूत सत्य को मधु समान।
जो सत्य-पुरुष तेजामृतमय, ब्रह्माण्डात्मा ही उसे जान।
तन-पुरुष तेज-अमृतमय जो, इस देह-पिण्ड में वह आत्मा।
आत्मा ही ब्रह्म, वही अमृत, जो कुछ जग में सब परमात्मा। १२

Upaniṣad]

This space is like honey to all beings here.
To space also beings are honey-like dear!
As an Immortal Person in the space shines,
A person Immortal this body illumines!
Both these persons are the same Self stated,
Which this cosmos and the body illuminated.
It is Para Brahma the Supreme Self Immortal,
Verily the Self and all here that is mortal. 10
The Dharma or virtue is honey to every creature,
To this faith all beings are honey in nature!
An Immortal Person in the faith illumines,
In this body an Immortal Soul also shines.
Both Persons are the same Self Immortal,
Abiding in the cosmos and in the mortal!
It is the Great Self and Immortal stated
Para Brahma and all here mortal related! 11

इदं मानुषं सर्वेषां भूतानां मध्वस्य मानुषस्य सर्वाणि भूतानि मधु
यश्चाऽयमस्मिन्मानुषे तेजोमयोऽमृतमयः पुरुषोऽयमेव स योऽयमात्मेदम-
मृतमिदं ब्रह्मेदं सर्वम्।१३

अयमात्मा सर्वेषां भूतानां मध्वस्यात्मनः सर्वाणि भूतानि मधु
यश्चायमस्मिन्नात्मनि तेजोमयोऽमृतमयः पुरुषो यश्चायमात्मा
तेजोमयोऽमृतमयः पुरुषोऽयमेव स योऽयमात्मेदममृतमिंद ब्रह्मेदं सर्वम्।१४

मानवता सबको मधु-सी प्रिय, सब मधु-से प्रिय मानवता को।
मानवता में जो तेजामृत, विश्वात्मा पुरुष कहें उसको।
तन में तेजामृत पुरुष-रूप, इस देह पिण्ड में वह आत्मा।
आत्मा ही ब्रह्म, वही अमृत, यह सब जो कुछ वह ब्रह्मात्मा। १३
भूतों को मधु-सा आत्म-भाव, सब भूत अहं को मधु समान।
जो अहं-पुरुष तेजामृतमय, ब्रह्माण्डात्मा ही उसे मान।
तन में तेजामृत पुरुष रहे, तन-पिण्ड मध्य वह है आत्मा।
आत्मा ही ब्रह्म, वही अमृत, जो कुछ जग में सब परमात्मा। १४

[Bṛhadāraṇyaka-2-5

The Truth to all beings is honey-like dear,
To the Truth also beings are like honey here!
In the Truth Universal an Immortal shines,
In the body the Immortal Soul illumines!
Both the Immortals are the same Self stated,
Which both the cosmos and body illuminated.
It is this Self and Para Brahma Immortal!
It is that Being and all that is mortal! 12
The humanity to all beings is honey-like here.
To humanity beings are like honey dear!
As an Immortal Person in humanity shines,
An Immortal Soul also a human illumines!
Both Persons are the same Self Immortal!
Illumining the cosmos and a human mortal!
Verily it is Brahma and the Great Self stated,
It is the Immortal and all this too related! 13
The Self-feeling is honey-like to all beings here.
All are to the Self-feeling honey-like dear!
As an Immortal in this Self-feeling shines,
A Soul Immortal this body illumines!
Both the Immortals are the same Self stated,
They this cosmos and the body illuminated.
It is the Great Self and Brahma Immortal,
It is also all in Creation that is mortal! 14

स वा अयमात्मा सर्वेषां भूतानामधिपतिः सर्वेषां भूतानां राजा तद्यथा
रथनाभौ च रथनेमौ चाराः सर्वे समर्पिता एवमेवास्मिन्नात्मनि सर्वाणि
भूतानि सर्वे देवाः सर्वे लोकाः सर्वे प्राणाः सर्व एत आत्मनः समर्पिताः।१५
इदं वै तन्मधु दध्यङ्ङाथर्वणोऽश्विभ्यामुवाच। तदेतदृषिः पश्यन्नवोचत्।
तद्वां नरा सनये दंश उग्रमाविष्कृणोमि तन्यतुर्न वृष्टिम्। दध्यङ् ह
यन्मध्वाथर्वणो वामश्वस्य शीर्ष्णा प्र यदीमुवाचेति।१६

यह पंच भूत का अधिपति है, सब भूतों का राजा आत्मा।
रथ-नाभि, जगत्-रथ परिधि यही, हों सभी समर्पित परमात्मा।
ज्यों अरे जुड़े रथ-चक्र नाभि, ज्यों परिधि पहुँच वे हैं टिकते।
सब भूत, देव लोकादि, प्राण, सब जीव उसी में स्थित रहते। १५
मैत्रेयी, कहते याज्ञवल्क्य, मधु विद्या कहते हैं इसको।
ऋषि थे अथर्वगोत्री दध्यङ्, वे कहते अश्वि-कुमारों को।
मधु विद्या का वे मर्म जान, अश्विनी कुमारों से कहते।
कल्याण हेतु वे मानव का, इस कठिन कार्य को हैं करते।
यह उग्र ज्ञान मधुविद्या का, अज्ञान-तमों पर वृष्टि करे।
घनघोर वृष्टि, कड़के विद्युत्, त्यों गहन अन्ध में ज्योति भरे।
वे अश्व रूप थे दक्ष युगल, ऋषि अश्व-सदृश चिन्तन करते।
इसलिये अश्व मुख से दध्यङ्, उपदेश अश्वियों को देते। १६

Thus this Self is the lord of all creatures here.
The ruler of the elements and beings all there.
As the hub and rim all wheel-spokes retained,
All gods, worlds, Prāṇas and Selves it sustained. 15
Maitreyī, it is Madhu Vidyā or Honey Wisdom stated,
The seer said, that Dadhyaṅ to Aśvinīs related.
Knowing its value Dadhyaṅ elucidated,
For the good of all he had educated.
As the lightning cracks when dark clouds loom,
And there is heavy rain dispelling the gloom,
This Madhu Vidyā brings peace and illumination,
Dadhyaṅ through his horse-mouth gave the oration. 16
It is the Honey wisdom to Aśvinīs stated,
That Dadhyaṅ of Atharva clan had initiated.
A seer said to Aśvinīs that Dadhyaṅ so related,
As you gave him a horse-head as necessitated. 17

इदं वै तन्मधु दध्यङ्ङाथर्वणोऽश्विभ्यामुवाच, तदेतदृषिः
पश्यन्नवोचदाथर्वणायाश्विना दधीचेऽश्व्यं शिरः प्रत्यैरयतम्। स वां मधु
प्रवोचदृतायन्त्वाष्ट्रं यद्दस्रावपि कक्ष्यं वामिति।१७
इदं वै तन्मधु दध्यङ्ङाथर्वणोऽश्विभ्यामुवाच तदेतदृषिः पश्यन्नवोचत्।
पुरश्चक्रे द्विपदः पुरश्चक्रे चतुष्पदः। पुरः स पक्षी भूत्वा पुरः पुरुष
आविशदिति। स वा अयं पुरुषः सर्वासु पूर्षु पुरिशयो नैनेन किंचनानावृतं
नैनेन किंचनासंवृतम्।१८

मधुविद्या रहे वही विद्या, देते दध्यङ् अश्वियों जन्य।
अश्विनी कुमारों से कहते, इस भाँति पुनः ऋषि एक अन्य।
अश्वों के जैसा तीव्र-कुशल, तुमने दध्यङ् सिर बना दिया।
इसलिये गुप्त यह मधु विद्या, औ ब्रह्मज्ञान उपदेश किया। १७
मधुविद्या वही पुरातन यह, देते दध्यङ् अश्वियों जन्य।
इसके रहस्य को जब जाना, इस भाँति कहें ऋषि एक अन्य।
स्रष्टा रचता है द्विपदपुरी, फिर पुरी चतुष्पद वह रचता।
वह पुरुष रूप इस पुरी मध्य, करके प्रवेश बैठा रहता।
यह वही पुरुष है आत्म रूप, सब पुरी मध्य भीतर पैठा।
सबको आवृत कर वह स्थित है, अन्तर से संवृत कर बैठा। १८

[Bṛhadāraṇyaka-2-5

Knowing this wisdom a seer once stated,
The two and four-footed worlds god has created.
As the Self and a bird in these He resided,
Surrounding from inside and out he abided! 18
Inspired by this wisdom some one had stated,
The Self becomes that with which it related.
But this is only so seen, the Self same remains,
The living Self deluded, different form gains.
In deluding the Self, hundred and ten not succeeded,
It to one, ten, thousand or innumerable not acceded.
The Self its true from thus always retained,
To infatuation and attachment indifference attained!
Other than the Self no entity is there!
In this unique Self nothing else does inhere.
One to which nothing outside does adhere,
It is the Supreme Self pervading everywhere!

इदं वै तन्मधु दध्यङ्ङाथर्वणोऽश्विभ्यामुवाच, तदेतदृषिः पश्यन्नवोचद्रूपं
रूपं प्रतिरूपो बभूव तदस्य रूपं प्रतिचक्षणाय। इन्द्रो मायाभिः पुरुरूप
ईयते युक्ता ह्यस्य हरयः शता दशेति। अयं वै हरयोऽयं वै दश च
सहस्राणि बहूनि चानन्तानि च तदेतद्ब्रह्मापूर्वमनपरमनन्तरमबाह्यमयमात्मा
ब्रह्म सर्वानुभूरित्यनुशासनम्।१९

द्वितीय अध्याय-षष्ठ ब्राह्मण

अथ वंशः पौतिमाष्यो गौपवनाद्गौपवनः पौतिमाष्यात्पौतिमाष्यो
गौपवनाद्गौपवनः कौशिकात्कौशिकः कौण्डिन्यात्कौण्डिन्यः
शाण्डिल्याच्छाण्डिल्यः। कौशिकाच्च गौतमाच्च गौतमः।१

कहते दध्यङ् अश्वियों जन्य, जो मधु विद्या प्राचीन वही।
कहते ऋषि एक कभी कोई, मधु विद्या का है मर्म यही।
जिससे भी आत्मा जा जुड़ता, ले लेता उसका रूप वहीं।
लेकिन यह रूप दिखावे का, सच में बदले वह रूप नहीं।
माया-मोहों से जीव विविध, ये हरें एक सौ दस इनको।
हो एक या कि दस या सहस्र, ये मोह न पायें आत्मा को।
माया अनेक हों या अनन्त, जीवात्मा ब्रह्म रूप, अनपर।
वह है अपूर्व, कोई न परे, कुछ नहीं बाह्य हो या अन्तर।
सर्वानुभूत है तत्त्व यही, 'अयमात्मा ब्रह्म' यही वह है।
यह आत्मा ही है ब्रह्म रूप, शास्त्रों का अनुशासन यह है। १९

द्वितीय अध्याय-षष्ठ ब्राह्मण (गुरु-शिष्य परम्परा)

गुरु प्रथम स्वयंभू ब्रह्मा थे, परमेष्ठी ब्रह्मा शिष्य रूप।
तब सनग, सनातन औ सनारु, फिर व्यष्टि, क्रमिक हों गुरु स्वरूप।

Upaniṣad]

This truth all persons somewhat perceive,
This Self is Brahma in heart they conceive.
The Scriptures say, it is self-realized,
And one in one's own Self visualized! 19

Chapter Two—Section—6

(The Great Teachers)

There were great teachers who wisdom imparted,
The self-Born Brahma the tradition started.
To Effected Brahmā He this wisdom related,
Who then to Sanaga the Upaniṣads stated.

आग्निवेश्यादाग्निवेश्यः शाण्डिल्याच्चानभिम्लाताच्चानभिम्लात आनभिम्लातादानभिम्लात आनभिम्लातादानभिम्लातो गौतमाद् गौतमः सैतव प्राचीनयोग्याभ्यां सैतवप्राचीनयोग्यौ पराशर्यात्पाराशर्यो भारद्वाजाद्भारद्वाजो भारद्वाजाच्च गौतमाच्च गौतमो भारद्वाजाद्भारद्वाजः पाराशर्यात्पारा शर्यो बैजवापायनाद्बैजवापायनः कौशिकायनेः कौशिकायनिः।२ घृतकौशिकाद्घृतकौशिकः पाराशर्यायणात्पाराशर्यायणः पाराशर्यात् पाराशर्यो जातूकर्ण्याज्जातूकर्ण्य आसुरायणाच्च यास्काच्चासुरायणस्त्रैवणेस्त्रैवणि रौपजन्धनेरौपजन्धनिरासुरेरासुरिर्भारद्वाजाद्भारद्वाज आत्रेयादात्रेयो

फिर विप्रचित्ति, एकर्षि तथा प्राध्वंसन भी गुरु हुए वहीं।
आचार्य मृत्यु-प्राध्वंसन औ गुरु हुए अथर्वादेव यहीं।
होते दध्यङ् फिर अश्वि हुए, औ विश्वरूप गुरु बने यहीं।
आभूति-त्वाष्ट्र गुरु हुए पुनः फिर गुरु अयास्य-आंगिरस वहीं।
पथि-सौभर गुरु होते क्रमशः फिर वाभ्रव-वत्सनपात वहाँ।
होते विदर्भि कौंडिन्य पुनः गालव क्रमशः गुरु हुए यहाँ।
फिर गुरु कुमार हारित होते, कैशोर्यकाप्य, शाण्डिल्य वहीं।
गुरु वात्स्य और गौतम होते, पुनि गौतम हों औ माण्टि यहीं।
आत्रेय बने यों गुरु क्रमशः ऋषि भारद्वाज पुनः होते।
आसुरि बनते हैं गुरु फिर यों, गुरु रूप औपजन्धनि आते।
फिर गुरु होते त्रैवणि क्रमशः फिर यास्क-आसुरायण होते।
बनते गुरु जातूकर्ण्य पुनः, गुरु पाराशर्य पुनः आते।

[Bṛhadāraṇyaka-2-6

Then Sanātana, Sanāru and Vyaṣṭi there came,
Vipracitti, Ekarṣi and Prādhvaṁsana became.
Mrityu-Prādhvaṁsana and Atharvādeva there were,
Dadhyaṅ, Aśvi and Viśvarūpa were there.
Ābhūti-Tvāṣtra and Ayāsya-Āṅgirasa then taught
Pathi-saubhara and Vatsanapāt-vābhrava so sought.
Vidarbhi Kaunḍinya and Gālava took the flame,
Kumāra Hārita and kaiśorya kāpya next came.
Śāṇḍilya vātsya and Gautama were there,
Again Gautama, Māṇti and Ātreya next were.
Bhāradvāja, Āsuri and Aupajandhani then taught,
Traivani, Āsuryaṇa and Yāska spread the thought.
Jātūkarṇya, Pārāsharya and Pārāsharyāyaṇa came,
Ghritakauśika and Kauśikayani so became.

माण्टेर्माण्टिगौतमाद्गौतमो गौतमाद्गौतमो वात्स्याद्वात्स्यः शण्डिल्याच्छाण्डिल्यः कैशोर्यात्काप्यात्कैशोर्यः काप्यः कुमारहारितात्कुमारहारितो गालवाद्गालवो विदर्भीकौण्डिन्याद्विदर्भीकोण्डिन्यो वत्सनपातो बाभ्रवाद्वत्सनपाद्बाभ्रवः पथः सौभरात्पन्थाः सौभरोऽयास्यादांगिरसादयास्य आंगिरस आभूतेस्त्वाष्ट्रादाभूतिस्वाष्ट्रो विश्वरूपात्त्वाष्ट्राद्विश्वरूपस्त्वाष्ट्रोऽश्विभ्यामश्विनौ दधीच आथर्वणाद्दध्यङ्ङाथर्वणोऽथर्वणो दैवादथर्वादैवो मृत्योः प्राध्वंसनान्मृत्युः प्राध्वंसनः प्रध्वंसनात्प्रध्वंसन एकर्षेरेकर्षिर्विप्रचित्तेर्विप्रचित्तिर्व्यष्टिः सनारोः सनारुः सनातनात्सनातनः सनगात्सनगः परमेष्ठिनः परमेष्ठी ब्रह्मणो ब्रह्म स्वयंभु ब्रह्मणे नमः।३

पाराशर्यायण गुरु होते, घृतकौशिक भी गुरु बनें तभी।
गुरु पुनः कौशिकायनि होवें, गुरु बनें बैजवापायन भी।
गुरु पाराशर्य पुनः आते, ऋषि भारद्वाज पुनः बनते।
गौतम हों भारद्वाज पुनः गुरु पाराशर्य पुनः आते।
प्राचीन योग्य सैतव गुरु हों, गौतम भी क्रमशः गुरु होते।
गुरु हए आनंभिम्लात पुनः है नाम यही, गुरु दो रहते।
फिर आग्निवेश्य-शाण्डिल्य हुए, गौतम नामक गुरु पुनः तभी।
कौशिक-शाण्डिल्य पुनः आते, कौंडिन्य हुए, हों कौशिक भी।
गौपवन हुए, हों पौतिमाष्य, होते फिर से गौपवन तभी।
गुरु पौतिमाष्य फिर एक हुए, ये अंठावन गुरु रहें सभी।
इस भाँति स्वयंभू ब्रह्मा से, गुरु पौतिमाष्य तक हो प्रसार।
सब इसी ब्रह्म विद्या में है, ऋषि कहें, ब्रह्म को नमस्कार! ३

Upaniṣad]

Again Baijavāpāyana and Pārāśarya did teach,
Bhāradvāja and Gautama also did preach.
Again Bhāradvāja, Pārāśarya and Saitava there were,
Prācinayogya Gautama and Ānbhimlāta were there.
Another Ānbhimlāta then there came,
Then Āgniveśya Śāṇdilya the teacher became.
Now Gautama and Kauśika śāṇdilya there were,
Kaundinya, kauśika and Gaupavana were there
Pautimāṣya and another Gaupavana there came,
And finally another Pautimāṣya so became.
Thus from self-born Brahma this wisdom started.
Upto Pautimāṣya they all this knowledge imparted.
Teaching the Upaniṣads they gave illumination,
Prostrating to Para Brahma I offer salutation! 1-3

तृतीय अध्याय-प्रथम ब्राह्मण

ॐजनको ह वैदेहो बहुदक्षिणेन यज्ञेनेजे तत्र ह कुरुपञ्चालानां ब्राह्मणा अभिसमेता बभूवुस्तस्य ह जनकस्य वैदेहस्य विजिज्ञासा बभूव: क:स्विदेषां ब्राह्मणानामनूचानतम इति स ह गवां सहस्रमवरुरोध दश दश पादा एकैकस्या: श्रृङ्गयोराबद्धा बभूवु:।१

तान्होवाच ब्राह्मणा भगवन्तो यो वो ब्रह्मिष्ठ: स एता गा उदजतामिति। ते ह ब्राह्मणा न दधृषुरथ ह याज्ञवल्क्य: स्वमेव ब्रह्मचारिणमुवाचैता: सोम्योदज सामश्रवा३इति ता होदाचकार ते ह ब्राह्मणाश्चुक्रुधु: कथं नो ब्रह्मिष्ठो ब्रुवीतेत्यथ ह जनकस्य वैदेहस्य होताऽश्वलो बभूव स हैनं पप्रच्छ त्वं नु खलु नो याज्ञवल्क्य ब्रह्मिष्ठोऽसी३इति स होवाच नमो वयं ब्रह्मिष्ठाय कुर्मो गोकामा एव वयं स्म इति तं ह तत एव प्रष्टुं दध्रे होताऽश्वल:।२

तृतीय अध्याय-प्रथम ब्राह्मण (याज्ञवल्क्य से शास्त्रार्थ)

राजा विदेह, था जनक नाम, उसने बहुदक्षिण यज्ञ किया।
पांचाल और कुरु के अनेक, ब्राह्मण समूह ने भाग लिया।
राजा को कौतूहल यह था, विद्वान कौन अतिशय इनमें?
गौ रोक सहस्र, विचार करें, ले जाय कौन देखें उनमें।
गौवों के दोनों सींगों में, बाँधा सुवर्ण दस-दस तोले।
सोचा उसने, अब यह देखें, विद्वान कौन गौवें ले ले! १
बोले विदेह, हे ब्राह्मण गण, ब्रह्मिष्ठ बड़े जो हों अतिशय।
ये गौवें ले घर जा सकते, साहस न उन्हें था, हो संशय!
तब कहें शिष्य को याज्ञवल्क्य, हे सामश्रवा, ले चल इनको।
इस पर सब गौवों को हाँके, ले चला ब्रह्मचारी घर को।

[Bṛhadāraṇyaka

Chapter Three, Section-1 (Yājñavalkya-Debates)

Janaka the Videha king a sacrifice performed,
In which many presents as charities formed.
The Brāhmaṇas of Kuru and Pāñcāla were there
Janaka wondered, who was the most learned here?
Thereupon the king got his cows collected.
A thousand of these as the prize he selected.
To each of the horns of the cows so detained,
Ten Tolās of gold he now ordered fastened. 1
King Janaka then asked O Brāhmaṇas venerable!
Who amongst you is the wisest and most able?
Such person may take away all the cows here!
But none of the Brāhmaṇas dared so there!

याज्ञवल्क्येति होवाच यदिदं सर्वं मृत्युनाऽऽप्तं सर्वं मृत्युनाऽभिपन्नं केन यजमानो मृत्योराप्तिमतिमुच्यत इति होत्रर्त्विजाग्निना वाचा वाग्वै यज्ञस्य होता तद्येयं वाक् सोऽयमग्निः स होता स मुक्तिः साऽतिमुक्तिः।३
याज्ञवल्क्येति होवाच यदिदं सर्वमहोरात्राभ्यामाप्तं सर्वमहोरात्राभ्याममभिपन्नं केन यजमानोऽहोरात्रयोराप्तिमतिमुच्यत इत्यध्वर्युणर्त्विजा चक्षुषाऽऽदित्येन चक्षुर्वै यज्ञस्याध्वर्युस्तद्यदिदं चक्षुः सोऽसावादित्यः सोऽध्वर्यः स मुक्तिः साऽतिमुक्तिः।४

हो क्रुद्ध अन्य ब्राह्मण कहते, कैसे यह श्रेष्ठ रहे सबसे।
जो रहें पुरोहित राजा के, वे अश्वल यों कहते उनसे।
हे याज्ञवल्क्य है नमस्कार, ब्रह्मिष्ठ श्रेष्ठ यदि आप रहें।
हम प्रश्न पूछते, दें उत्तर, हम भी गौवें लेना चाहें। २
हम सभी मृत्यु के ही वश में, यह मृत्यु रहे सर्वत्र व्याप्त।
यजमान मुक्ति पाये क्योंकर, इन यज्ञों से क्या करें प्राप्त?
उत्तर देते, तन में पावक, यह वाक् रूप जो है धरता।
यज्ञों में 'होता' यही करे, वाणी को फिर पावक करता।
वाणी का पावक बन जाना, यजमान जन्य है यही मुक्ति।
'होता' वाणी औ अग्नि मिले, अतिमुक्ति यही, है यही उक्ति। ३
फिर प्रश्न करे, सर्वत्र व्याप्त, दिन-रात्रि, सभी पर ये छाये।
दिन-रात्रि मुक्ति देवें क्योंकर, यजमान यज्ञ से क्या पाये?

Upaniṣad]

Then Yājñavalkya said to his pupil over there,
Take and drive these home O Samaśravā dear!
Brāhmaṇas were enraged on his taking cows away,
Is he the wisest really, how does he dare say?
King Janaka's priest Aśvala also was there,
He said, we bow to the wisest of us here!
We also want cows, but if you are the most wise,
Answer our questions as now they arise! 2
Aśvala now asked, when the death all pervaded,
Yājñavalkya, how a doer mortality evaded?
Aśvala, the fire which in speech was converted,
The oblator again it in fire reverted!
Thus the universe with this body unified,
The individual in the universal vivified.
When speech becomes fire by offering oblation,
Freed from the death, the doer has salvation! 3

याज्ञवल्क्येति होवाच यदिदं सर्वं पूर्वपक्षापरपक्षाभ्यामाप्तं सर्वं पूर्वपक्षापरपक्षाभ्याममभिपन्नं केन यजमानः पूर्वपक्षापरपक्षयोराप्तिमति मुच्यत इत्युदगात्रर्त्विजा वायुना प्राणेन प्राणो वै यज्ञस्योद्गाता तद्योऽयं प्राणः स वायुः स उद्गाता स मुक्तिः साऽतिमुक्तिः।५

उत्तर देते, आदित्य पिण्ड में चक्षु रूप जो है लेता।
अध्वर्यु यज्ञ में यही करे, उसको फिर सूर्य बना देता।
ब्रह्माण्ड-सूर्य ही पिण्ड-चक्षु, जब चक्षु सूर्य हो वही मुक्ति।
आदित्य चक्षु अध्वर्यु मिलें, अतिमुक्ति यही, है यही उक्ति। ४
जो शुक्ल-कृष्ण हैं पूर्व-अपर, सर्वत्र छा रहे पक्ष युगल।
यजमान मुक्ति पाये क्योंकर, ये पक्ष व्याप्त कर रहे सकल?
उत्तर देते, ब्रह्माण्ड-पवन, जो प्राण-रूप तन में धरता।
यज्ञों में उद्गाता उसको, फिर पवन रूप परिणत करता।
ब्रह्माण्ड-वायु ही पिण्ड-प्राण, जब प्राण वायु हो, वही मुक्ति।
उद्गाता प्राण पवन मिलकर, अतिमुक्ति बनें है यही उक्ति। ५

[Bṛhadāraṇyaka-3-1

Aśvala again asked, day and nights all pervaded,
O Yājñavalkya, how the doer these evaded,
The Sun O Aśvala, as the eye which abided,
The Reciter its conversion to the sun provided.
Thus this cosmos with the microcosmos related,
The individual with universal assimilated.
When eye become the sun by hymns recitation,
From day and night freed one has emancipation. 4
When the bright and dark fortnights pervaded,
O Yājñavalkya, how the doer these evaded?
The air O Aśvala, that as breath was converted,
The hymn singer again it in air reverted?
This body here thus with universe unified,
The individual as the universal vivified.
Singing hymns when the Prāṇa becomes air,
From the fortnights the doer is liberated there! 5

याज्ञवल्क्येति होवाच यदिदमन्तरिक्षमनारम्बणमिव केनाऽऽक्रमेण यजमानः स्वर्गं लोकमाक्रमत इति ब्रह्मणर्त्विजा मनसा चन्द्रेण मनो वै यज्ञस्य ब्रह्मा तद्यदिदं मनः सोऽसौ चन्द्रः स ब्रह्मा स मुक्तिः साऽतिमुक्तिरित्यतिमोक्षा अथ संपदः।६

याज्ञवल्क्येति होवाच कतिभिरयमद्यर्ग्भिर्होतास्मिन्यज्ञे करिष्यतीति तिसृभिरिति कतमास्तास्तिस्र इति पुरोऽनुवाक्या च याज्या च शस्यैव तृतीया किं ताभिर्जयतीति यत्किंचेदं प्राणभृदिति।७

है अन्तरिक्ष जब निराधार, ऊपर फिर हम कैसे जायें?
जब नहीं रहे सीढ़ी कोई, यजमान स्वर्ग कैसे पायें?
ब्रह्माण्ड मध्य जो चन्द्र देव, तन में मन रूप वही धरता।
ब्रह्मा-ऋत्विक यज्ञों में मन, फिर चन्द्र रूप परिणत करता।
पिण्डों का मन ब्रह्माण्ड-चन्द्र, मन चन्द्र बने, है यही मुक्ति।
ब्रह्मा-ऋत्विक मन चन्द्र मिलें, अतिमुक्ति यही, है यही उक्ति। ६
हो प्रश्न ऋचाएँ कौन-कौन, जिनसे 'होता' ये यज्ञ करें?
वे तीन, भला वे कौन, कहें, वे 'पुरोनुवाक्या' प्रथम वरें।
दूसरी ऋचा 'याज्या' 'स्वरूप, तीसरी ऋचा 'शस्या' कहते।
इनसे जय करते कौन लोक, मन-लोक प्राणियों का हरते। ७

Upaniṣad]

Yājñavalkya, when space unsupported remains,
By what ladder a sacrificer heaven attains?
The moon O Aśvala, which the mind does form,
The Brahmā priests again to moon it conform.
This body is thus with the universe unified,
And the Person as the Creation magnified.
When the mind with moon is so assimilated
The sacrificer uplifted is emancipated. 6
By what hymns the oblator Yajña contemplated?
By three, came the reply, what are they related?
At first there is preliminary 'Puronuvākya'
Then the Yajña proper is performed by the 'Yājyā'.
At the end of the Yajña the 'Śasyā' is recited,
Yājñavalkya in reply these three hymns cited.
When asked what worlds one thus obtained,
He stated, the minds of all beings gained! 7

याज्ञवल्क्येति होवाच कत्ययमद्याध्वर्युरस्मिन्यज्ञ आहुतीर्होष्यतीति तिस्र
इति कतमास्तास्तिस्र इति या हुता उज्ज्वलन्ति या हुता अतिनेदन्ते या
हुता अधिशेरते किं ताभिर्जयतीति या हुता उज्ज्वलन्ति देवलोकमेव
ताभिर्जयति दीप्यत इव ही देवलोको या हुता अतिनेदन्ते पितृलोकमेव
ताभिर्जयत्यतीव हि पितृलोको या हुता अधिशेरते मनुष्यलोकमेव
ताभिर्जयत्यध इव हि मनुष्यलोकः।८
याज्ञवल्क्येति होवाच कतिभिरयमद्य ब्रह्मा यज्ञं दक्षिणतो
देवताभिर्गोपायतीत्येकयेति कतमा सैकेति मन एवेत्यनन्तं वै मनोऽनन्ता
विश्वे देवा अनन्तमेव स तेन लोकं जायति।९

आहुतियाँ हों कितनी जिनसे, अध्वर्यु यज्ञ में करे हवन?
वे तीन, भला वे कौन-कौन, हो 'उज्ज्वलन्ति' में प्रथम सवन।
'अतिनेदन्ते' दूसरी रहे, हो 'अधिशेरते' तृतीय वहाँ।
इन तीनों से वह क्या जीते, हे याज्ञवलक्य क्यों तीन यहाँ?
हो उज्ज्वलन्ति अतिशय प्रदीप्त, हो दीप्त जीत ले देवलोक।
अतिनेदन्ते चट-चट करती, संघर्षों से हो पितृलोक।
यह अधिशेरते तले सोती, इससे जायें वे मृत्युलोक।
हो दीप्त नहीं, संघर्ष नहीं, चुप नीचे रहना मनुज लोक। ८
अश्वल पूछे, दक्षिण बैठे, यज्ञों के रक्षक ब्रह्मा ही।
किन देव विरुद्ध करें रक्षण, वह एक, कौन वह कहें यही!
वह मन, भागे जो दूर-दूर, उसको केन्द्रित कर साध लक्ष्य।
जीते अनन्त जो लोक, उन्हें, इस मानव जीवन यज्ञ मध्य। ९

[Bṛhadāraṇyaka-3-1

In what flames the Reciter offers oblations?
In three, well now, describe the libations!
'Ujjvalanti' is flaming and 'Atinedante' crackling fire,
The third 'Adhiśerate' at the bottom does retire.
Asked what worlds are by these three obtained!
He said by the flaming one, gods' world is gained.
By the crackling libation, one manes' world attained,
By the retiring one in mortal world remained. 8
How sitting in the south the Brahmā priest guarded?
Against how many deities the Yajña safe guarded?
Yājñavalkya said, one, now who is that sire?
The mind, that innumerable objects does desire!
The Brahmā priest this fickle mind concentrated.
Restrained, the mind then Yajña contemplated.
One who one's life as the Yajña maintained,
Victory over innumerable worlds he attained. 9

याज्ञवल्क्येति होवाच कत्ययमद्योद्गाताऽस्मिन्यज्ञे स्तोत्रियाः स्तोष्यतीति
तिस्र इति कतमास्तास्तिस्र इति पुरोनुवाक्या च याज्या च शस्यैव तृतीया
कतमास्ता या अध्यात्ममिति प्राण एव पुरोनुवाक्याऽपानो याज्या व्यानः
शस्या किं ताभिर्जयतीति पृथिवीलोकमेव पुरोनुवाक्यया जयत्यन्तरिक्षलोकं
याज्यया द्युलोकं शस्यया ततो ह होताऽश्वल उपरराम। १०

हो प्रश्न, स्तोत्र कितने होते, जिनका उद्गाता करें पठन?
वे तीन, भला वे कौन-कौन, हो 'पुरोनुवाक्या' प्रथम कथन।
दूसरा स्तोत्र 'याज्या' स्वरूप, तीसरा स्तोत्र शस्या पढ़ते।
इनसे क्या हो इस पिण्ड मध्य, अध्यात्म रूप तुम क्या कहते?
यह पुरोनुवाक्या प्राण रूप, याज्या अपान को ही मानो।
शस्या लेता है व्यान रूप, इनसे क्या जीतें यह जानो!
इस पुरोनुवाक्या-प्राणों से, पृथ्वी-लोकों का करें विजय।
याज्या-अपान से अन्तरिक्ष, शस्या-व्यानों से द्यौ का जय।
भू अन्तरिक्ष द्यौ ये तीनों, यज्ञों से जीतें मनुज यहाँ।
यों याज्ञवल्क्य के उत्तर सुन, अश्वल जा बैठा मौन वहाँ। १०

Upaniṣad]

Aśvala again asked, Yājñavalkya now state,
By what hymns the Hymn singer does meditate?
By three, he replied, what are the three please?
The Puronuvākyā, Yājyā and Śasyā are these.
Aśvala asked, how these this body related?
How microcosmically one contemplated?
The Prāṇa is Puronuvākyā and Yājyā Āpāna,
And the śasya, Yājñavalkya replied, is Vyāna.
What worlds the doer by these three attained?
By the Puronuvākya-Prāṇa the earth is retained.
By Yājyā and Apāna, the space-world is gained,
By Śasyā and Vyāna one heavens obtained.
Thus when this Prāṇa and Apāna are trained,
And also this Vyāna-respiration restrained,
Over earth, space and heaven rule is attained.
Aśvala now sat down and silence maintained! 10

तृतीय अध्याय-द्वितीय ब्राह्मण

अथ हैनं जारत्कारव आर्तभागः पप्रच्छ याज्ञवल्क्येति होवाच
कति ग्रहाः कत्यतिग्रहा इति। अष्टौ ग्रहा अष्टावतिग्रहा इति ये
तेऽष्टौ ग्रहा अष्टावतिग्रहाः कतमे त इति।१
प्राणो वै ग्रहः सोऽपानेनाऽतिग्राहेण गृहीतोऽपानेन हि
गन्धाञ्जिघ्रति।२ वाग्वै ग्रहः स नाम्नाऽतिग्राहेण गृहीतो वाचा हि
नामान्यभिवदति।३ जिह्वा वै ग्रहः स रसेनाऽतिग्राहेण गृहीतो
जिह्वया हि रसान्विजानाति।४

तृतीय अध्याय-द्वितीय ब्राह्मण (ग्रह-अतिग्रह)

अब प्रश्न पूछते आर्तभाग, बतला ग्रह-अतिग्रह हैं कितने।
उत्तर देते, वे आठ-आठ, वे कौन-कौन होते इतने?१
है प्राण-नासिका ग्रह ऐसा, जीवों को जो रहता पकड़े।
अतिग्रह अपान या गन्ध रूप, सूंघता, घ्राण जब यह जकड़े। २
यह वाक् दूसरा ग्रह ऐसा, सब जीवों को जो रखे पकड़।
अतिग्रह स्वरूप यह नाम-विषय, बोलें, जब लेता नाम जकड़। ३
जिह्वा यह ग्रह तीसरा रहे, यह रहे पकड़कर जीव सभी।
रस अतिग्रह जो जिह्वा जकड़े, जिह्वा जाने रस-विषय तभी। ४

[Bṛhadāraṇyaka

Chapter Three—Section-2

Now Jaratkāru Ārtabhāga questioned the seer,
How many just grab and who seizing adhere?
There are eight each that grab and fully seize,
What are those eight, now detail them please! 1
The Prāṇa or nose is a grabber under question.
As a sense organ, it does grab a person!
A still greater grabber is Apāna or smell,
Being its object seizing nose it does dwell! 2
This speech is another grabber under question,
As a sense organ it also grabs a person!
The word is a still greater grabber of fame,
Thus grabbed by word, speech utters the name. 3
This tongue is also another grabber there.
As the taste-sense organ it grabs all here!
A greater grabber, taste, enjoyers appeased,
Making the tongue taste, the tongue it seized! 4

चक्षुर्वै ग्रहः स रूपेणाऽतिग्राहेण गृहीतश्चक्षुषा हि रूपाणि पश्यति।५

क्षोत्रं वै ग्रहः स शब्देनाऽतिग्राहेण गृहीतः श्रोत्रेण हि शब्दाञ्छृणोति।६ मनो वै ग्रहः स कामेनाऽतिग्राहेण गृहीतो मनसा हि कामान्कामयते।७ हस्तौ वै ग्रहः स कर्मणाऽतिग्राहेण गृहीतो हस्ताभ्यां हि कर्म करोति।८

त्वग्वै ग्रहः स स्पर्शेनाऽतिग्राहेण गृहीतस्त्वचा हि स्पर्शान्वेदयत इत्येतेऽष्टौ ग्रहा अष्टावतिग्रहाः।९

वैसे ग्रह चक्षु चतुर्थ रहे, जीवों को रखता चक्षु पकड़।
अतिग्रह स्वरूप यह रूप-विषय, देखें, जब ले यह नेत्र जकड़। ५
यह श्रोत्र पाँचवाँ ग्रह होता, जीवों को यह रहता पकड़े।
ये शब्द-विषय अतिग्रह स्वरूप, सुनते, जब क्षोत्र रहें जकड़े। ६
यह मन भी ग्रह, है छठा यही, जीवों को बाँधे यह मन ही।
मन भी बँधकर इच्छा करता, अतिग्रह स्वरूप कामना यही। ७
ग्रह हस्त युगल सातवें रहें, जीवों को पकड़ रखें ये भी।
ये हाथ स्वयँ बँध कार्य करें, अतिग्रह स्वरूप हैं कर्म सभी। ८
ग्रह त्वचा, जीव को यह बाँधे, अतिग्रह बन स्पर्श त्वचा पकड़े।
ग्रह आठ, आठ ही अतिग्रह हैं, प्रत्येक जीव पकड़े-जकड़े! ९

The eye as a grabber performs seizing functions.
A seeing sense-organ, it grabs all persons.
The form or vision is a greater grabber pleasing,
As the object of eye, it controls eyes seizing! 5
The ear also does a similar grabbing action.
As the hearing sense, it grabs every person.
A still greater grabber is the word or sound,
As the object of ear, seizing ear it bound! 6
This mind is also another grabber there.
As the sense of thinking it grabs all here!
A still greater grabber is the desire alluring,
As its dear object it grabs the mind luring! 7
These hands are also grabbers of fame.
As organs of action, these grabbing all tame!
A still greater grabber is the action performed,
It grabbing the hands to itself conformed! 8
This skin also does a similar seizing action.
As a pleasure sense it does grab a person!
But the touch, a greater grabber, grabs the skin,
Thus are eight grabbers and great grabbers akin! 9

याज्ञवल्क्येति होवाच यदिदं सर्वं मृत्योरन्नं का स्वित्सा देवता
यस्या मृत्युरन्नमित्यग्निर्वै मृत्युः सोऽपामन्नमप पुनर्मृत्युं जयति।१०
याज्ञवल्क्येति होवाच यत्रायं पुरुषो म्रियत उदस्मात्प्राणाः क्रामन्त्याहो
३ नेति नेति होवाच याज्ञवल्क्योऽत्रैव समवनीयन्ते स
उच्छ्वयत्याध्मायत्याध्मातो मृतः शेते।११
याज्ञवल्क्येति होवाच यत्रायं पुरुषो म्रियते किमेनं न जहातीति
नामेत्यनन्तं वै नामानन्ता विश्वे देवा अनन्तमेव स तेन लोकं
जयति।१२

हे याज्ञवल्क्य, यदि जीव अन्न, सबको खा लेती मृत्यु यही।
है मृत्यु अन्न किसका बतला, है मृत्यु मृत्यु की कौन, वही!
है अग्नि सभी की मृत्यु किन्तु, जल खा लेता है बुझा उसे।
ले जीत मृत्यु को जो जाने, है ब्रह्म मृत्यु की मृत्यु, इसे। १०
फिर प्रश्न करें, जब मनुज मरे, इन्द्रियाँ साथ में क्या जायें?
यह नहीं, इन्द्रियाँ यहीं लीन, तन वायुपूर्ण मृत हो सोयें। ११
जब मनुज मरे, वह कौन वस्तु जो साथ रहे, वह नाम यही!
यह नाम अन्त तक है चलता, पीछे जाता है नाम वही।
जैसे अनन्त गुण दिव्य रहें, यह नाम रूप लेता अनन्त।
ऐसा जो जाने वह जीते, लोकादि, रहे जिनका न अन्त। १२

[Bṛhadāraṇyaka-3-2

Ārtabhāga now asked, when death all consumed,
When all here are death's food-like assumed,
Yājñavalkya, whose food is this death, now relate!
Who is death's Lord and the great eater, state!
Yājñavalkya replied, fire all this finished,
But there is the water that fire extinguished.
The death is no more when Brahma one attains,
Supremacy over death one knowing this gains. 10
Ārtabhāga again asked, Yājñavalkya reply!
If the senses accompany when one does die?
No, the Prāṇas depart and senses dissipated,
This body lay dead with the air inflated! 11
Ārtabhāga now asked, what not leaves one alone?
What accompanies on death and is never gone?
The name, he replied, which follows everywhere,
Whether good name or bad, it to one does adhere!

याज्ञवल्क्येति होवाच यत्रास्य पुरुषस्य मृतस्याग्निं वागप्येति वातं प्राणश्चक्षुरादित्यं मनश्चन्द्रं दिशः श्रोत्रं पृथिवीं शरीरमाकाश-मात्मौषधीर्लोमानि वनस्पतीन्केषा अप्सु लोहितं च रेतश्च निधीयते क्वायं तदा पुरुषो भवतीत्याहर सोम्य हस्तमार्तभागाऽऽवामेवैतस्य वेदिष्यावो न नावेतत् स जन इति तौ होत्क्रम्य मन्त्रयांचक्राते तौ ह यदूचतुः कर्म हवै तद्चतुरथ यत्प्रशशं सतुः कर्म हैव तत्प्रशशं सतुः पुण्यो वै पुण्येन कर्मणा भवति पापः पापेनेति ततो ह जारत्कारव आर्तभाग उपरराम। १३

फिर प्रश्न करे, जब मनुज मरे, वाणी ले लेती अग्नि रूप।
यह प्राण वायु में जा मिलता, ये चक्षु सूर्य का लें स्वरूप।
मन चन्द्र मध्य जाकर मिलता, यह श्रोत्र दिशाओं में जाता।
मिलता शरीर भी पृथ्वी में, तन का नभ भी नभ-तन पाता।
ये केश वनस्पतियाँ बनते, औषधियों में हों लोम लीन।
जब कारण से जा कार्य मिलें, शोणित औ रेतस् जल विलीन।
ऐसे में क्या आधार रहे, जीवात्मा- बद्ध कहाँ टिकता?
हे याज्ञवल्क्य, यह बतलायें, होता समाप्त या वह रहता?
अब याज्ञवल्क्य यह कहें, सोम्य, चल चर्चा करने अलग साथ।
इसको न समझ पायेंगे सब, वे दूर गये यों पकड़ हाथ।

Innumerable shades of name and fame we find,
What one has earned here one leaves that behind.
A great many names and virtues one gains,
One who knows this, infinite worlds he attains. 12
Yājñavalkya, on death speech to fire conformed,
The Prāṇa air, eye sun and the mind moon formed.
The ears to quarters and to earth body came,
The inner sky the space and hairs herbs became!
When this blood and semen in water resolved,
The effects in cause and in cosmos all dissolved,
When nothing is left and nothing to sustain,
Whether and how the Living Self does remain?
Yājṇavalkya on this said, Ārtabhāga, look here!
Give me your hand and come with me my dear!
None of the others are likely to understand,
Let us discuss it alone and you will comprehend!

तृतीय अध्याय-तृतीय ब्राह्मण

अथ हैनं भुज्युर्लाह्यायनिः पप्रच्छ याज्ञवल्क्येति होवाच मद्रेषु चरकाः पर्यव्रजाम ते पतञ्चलस्य काप्यस्य गृहानैम तस्यासीद्दुहिता गन्धर्वगृहीता तमपृच्छाम कोऽसीति सोऽब्रवीत्सुधन्वाऽऽङ्गिरस इति तं यदा लोकानामन्तानपृच्छामाथैनमब्रूम क्व पारिक्षिता अभवन्निति क्व पारिक्षिता अभवन् स त्वा पृच्छामि याज्ञवल्क्य क्व पारिक्षिता अभवन्निति।१

फिर कर्म प्रशंसित-चर्चित हो, कर्मों पर जीव टिका रहता।
सब छूटे, कर्म नहीं छूटे, कर्मों से वह सब कुछ सहता।
पुण्यों से होता पुण्यात्मा, पापात्मा हो यदि पाप किये।
जब यह चर्चा हो गई शेष, चुप आर्तभाग फिर बैठ गये। १३

तृतीय अध्याय-तृतीय ब्राह्मण

अब भुज्य, लाह वंशोत्पन्न, यों याज्ञवल्क्य से हैं कहते।
हम मद्र गये थे एक बार, अध्ययन हेतु विचरण करते।
हम काप्य पतंचल गृह पहुँचे, जामाता थे गन्धर्व जहाँ।
क्या नाम आपका यह पूछा, आंगिरस सुधन्वा कहें वहाँ।
पूछें हम, आप भ्रमण करते, ये पारिक्षित अब गये कहाँ?
अब वही पूछता याज्ञवल्क्य, बतला, पारिक्षित गये जहाँ। १

[Bṛhadāraṇyaka

Discussing at some distance they eulogised action.
Which is with the Living Self, not leaving a person.
By good or evil deeds one is similarly known,
Knowing Karma-foundation Ārtabhāga sat down. 13

Chapter Three-Section-3

Now Bhujyu of Lāha clan questioning thus stated,
Once I with friends was in Madra, he related.
Studying I went to Patamcala Kāpya there,
His daughter had married a demi-god somewhere.
We asked her husband, who he was of fame?
He said that Āṅgirasa Sudhanvā was the name.
We said, you Sir, have been travelling everywhere,
We ask you what you may have seen out there.
Then we questioned him whether he could really say,
Where do those Pārikṣitas presently lay?
Yājñavalkya, I am asking that question again,
Where do the Pārikṣitas now a days remain? 1

स होवाचोवाच वै सोऽगच्छन्वै ते तद्यत्राश्वमेधयाजिनो गच्छन्तीति
क्वन्वश्वमेधयाजिनो गच्छन्तीति द्वात्रिंशतं वै देवरथाह्न्यान्ययं
लोकस्तं समन्तं पृथिवी द्विस्तावत्पर्येति तां समन्तं पृथिवीं
द्विस्तावत्समुद्रः पर्येति तद्यावती क्षुरस्य धारा यावद्वा मक्षिकायाः
पत्रं तावानन्तरेणाकाशस्तानिन्द्रः सुपर्णो भूत्वा वायवे
प्रायच्छत्तान्वायुरात्मनि धित्वा तत्रागमयद्यत्राश्वमेधया-
जिनोऽभवन्नित्येवमिव वै स वायुमेव प्रशशंस तस्माद्वायुरेव
व्यष्टिर्वायुः समष्टिरप पुनर्मृत्युं जयति य एवं वेद ततो ह
भुज्युर्लाह्यायनिरुपरराम।२

था नाम वंश का पारिक्षित, गन्धर्व जो कहे मैं कहता।
राजा होता था जो इनमें, वह अश्वमेध मख था करता।
ये अश्वमेध करने वाले, हैं वहीं जहाँ वे हैं जाते।
फिर भुज्यु पूछता, वहीं कहाँ, तब याज्ञवल्क्य फिर यों कहते।
बत्तीस दिवस में उदय-अस्त पर्यन्त देव-रथ है जाता।
पृथ्वी यह उससे है दूनी, सागर भू से दूना होता।
पृथ्वी-समुद्र के ऊपर ही, असिधार दूर आकाश रहे।
मक्षिका पंख सा ही पतला जो अन्तर, उसमें वायु बहे।
पक्षी बनकर परमात्मा ने, पारिक्षित जन्य कहा ऐसे।
उड़ जाओ तुम आकाश मध्य, इस वायु संग आओ वैसे।

Upaniṣad]

Yājñavalkya said, I will tell what he had stated,
And what the Gandharva had said, he related.
The Pārikṣita kings Aśvamedha performed,
They abide where such Yājña doers conformed.
Bhujyu again asked, what really they attained.
Yājñavalkya said, listen and thus he explained.
From where the sun rises to where it does set,
The God's chariot takes thirty two days to get.
The earth is double that Chariot's Path there,
And the ocean is double the landmass here.
The sky this earth and ocean does graze,
At a distance of a fly-wing or a razor's edge.
In this very narrow space the air abided,
Where Aśvamedha doers as birds resided.
Ascend through the air and sky, God stated,
To Brama's abode where doers are instated.

तृतीय अध्याय-चतुर्थ ब्राह्मण

अथ हैनमुषस्तश्चाक्रायणः पप्रच्छ याज्ञवल्क्येति होवाच यत्साक्षाद-
परोक्षाद्ब्रह्म य आत्मा सर्वान्तरस्तं मे व्याचक्ष्व इत्येष त आत्मा सर्वान्तरः
कतमो याज्ञवल्क्य सर्वान्तरो यः प्राणेन प्राणिति स त आत्मा सर्वान्तरो
योऽपानेनापानिति स त आत्मा सर्वान्तरो यो व्यानेन व्यानिति स त आत्मा
सर्वान्तरो य उदानेनोदानिति स त आत्मा सर्वान्तर एष त आत्मा सर्वान्तरः।१

ये अश्वमेध करने वाले, जा ब्रह्मलोक में ही रहते।
पारिक्षित उड़कर गये वहीं, वे ब्रह्मलोक में, यह कहते।
यह चमत्कार हो वायु जन्य, यह पिण्ड-व्यष्टि में प्राण-रूप।
ब्रह्माण्ड-रूप जो है समष्टि, वह प्राण-वायु का ले स्वरूप।
वे मनुज मृत्यु को जीत गये, ऋषि कहते, जो जानें ऐसे।
फिर भुज्यु लाह्य वंशोत्पन्न, यह सुन चुप हो बैठे वैसे। २

तृतीय अध्याय-चतुर्थ ब्राह्मण

पूछे उषस्त चाक्रायण अब, व्याख्या कर बतलायें आत्मा।
साक्षात् ब्रह्म, प्रत्यक्ष रूप, सबके अन्तर जो परमात्मा।
उत्तर दें, जो तेरा आत्मा, वह आत्मा ही सबके अन्तर।
हे याज्ञवल्क्य यह बतलाओ, कर स्पष्ट कौन जो सर्वान्तर?
जो प्राणित होता प्राण जन्य, वह तेरा आत्मा सर्वान्तर।
है जो अपान-चालित तेरा, वह आत्मा ही सबके अन्तर।
जो व्यान जन्य हो क्रियाशील, वह तेरा आत्मा सर्वान्तर।
जो हो उदान से उदित वही, तेरा आत्मा सबके अन्तर! १

[Bṛhadāraṇyaka

The Pārikṣitas flew from here to that air,
And flying through space they all got there.
They arrived where Aśvamedha doers abided,
The air or the Prāṇa this miracle provided.
The air is the Prāṇa in the body and person,
And this is the air in cosmos and Creation.
One who really knows this, immortality attained,
Now Bhujyu sat down and silence maintained. 2

Chapter Three-Section-4

Then Uṣasta Cākrāyaṇa said, Brahma explain!
The Indwelling Immediate, Present and plain!
That is your own Self, Yājñavalkya replied,
Verily in all beings Indwelling implied!
Yājñavalkya, what Self within all features?
That which breathes with the Prāṇa in creatures!
In Apāna, Vyāna and Udāna which persisted,
That is your Self which in all co-existed! 1

स होवाचोषस्तश्चाक्रायणो यथा विब्रूयादसौ गौरसावश्व इत्येवमेवैतद् व्यपदिष्टं भवति यदेव साक्षादपरोक्षाद्ब्रह्म य आत्मा सर्वान्तरस्तं मे व्याचक्ष्वेत्येष त आत्मा सर्वान्तरः कतमो याज्ञवल्क्य सर्वान्तरः। न दृष्टेर्द्रष्टारं पश्येर्न श्रुतेः श्रोतारं श्रृणुया न मतेर्मन्तारं मन्वीथा न विज्ञातेर्विज्ञातारं विजानीयाः। एष त आत्मा सर्वान्तरोऽतोऽन्यदार्तं ततो होषस्तश्चाक्रायण उपरराम। २

ज्यों गौ-घोड़े को नहीं दिखा, दे दूध, दौड़ता जो, जतला।
कहते उषस्त चाक्रायण फिर, यों टाल दिया तुमने बतला!
साक्षात् कौन वह ब्रह्मात्मा, प्रत्यक्ष रूप सबके अन्तर!
पूछा, तुम टाल रहे, बतला, वह कौन कहाँ वह सर्वान्तर?
उत्तर दें, द्रष्टा वही स्वयँ, उसको देखे फिर कौन कहाँ?
सुनने वाला भी वही मात्र, सुन पाये उसको कौन यहाँ?
वह स्वयँ मनन करने वाला, उसको कैसे मन में लायें?
वह एक जानने वाला है, उसका विज्ञान कहाँ पायें?
द्रष्टा, श्रोता, मन्ता, ज्ञाता, तेरा आत्मा सब हिय पैठा।
कुछ अधिक कहूँ, दुख ही पहुँचे, यह सुन उषस्त चुप हो बैठा! २

Upaniṣad]

Cākrāyaṇa then said, it is not an explanation,
Not showing a thing, it is only a mention!
Asked, where is that Brahma, in all residing,
You simply said He is in all beings abiding!
Tell me, which Self is within every creature?
Where is he really and how does he feature?
Yājñavalkya now said, He is the Hearer and Seer!
How can you percieve such a Self or hear?
The only contemplator, how can one rationalize?
The sole true knower, how can one cognize?
He is your own Self, within all perceived?
All else is only evil, and Uṣasta conceived'! 2

Chapter Three, Section-5

(Procreative, Possessive and Assertive Impulsive)

Now Kahola Kauṣītakeya repeated the question,
Which is that Self within every person?
Explain that Brahma immediately perceived,
O Yājñavalkya, how He is directly conceived?

तृतीय अध्याय-पञ्चम ब्राह्मण

अथ हैनं कहोलः कौषीतकेयः पप्रच्छ याज्ञवल्क्येति होवाच यदेव साक्षादपरोक्षाद्ब्रह्म य आत्मा सर्वान्तरस्तं मे व्याचक्ष्वेत्येष त आत्मा सर्वान्तरः। कतमो याज्ञवल्क्य सर्वान्तरो योऽशनायापिपासे शोकं मोहं जरां मृत्युमत्येति। एतं वै तमात्मानं विदित्वा ब्राह्मणाः पुत्रैषणायाश्च वित्तैषणायाश्च लोकैषणायाश्च व्युत्थायाथ भिक्षाचर्यं चरन्ति या ह्येव पुत्रैषणा सा वित्तैषणा या वित्तैषणा सा लोकैषणोभे ह्येते एषणे एव भवतः। तस्माद् ब्राह्मणः पाण्डित्यं निर्विद्य बाल्येन तिष्ठासेद्बाल्यं च पाण्डित्यं च निर्विद्याथ मुनिरमौनं च मौनं च निर्विद्याऽथ ब्राह्मणः स ब्राह्मणः केन स्याद्येन स्यात्तेनेदृश एवातोऽन्यदार्तं ततो ह कहोलः कौषीतकेय उपरराम।१

तृतीय अध्याय, पंचम, ब्राह्मण (पुत्र-वित्त-लोक एषणाएँ)

अब कहें कुषीतक-सुत कहोल, प्रत्यक्ष ब्रह्म जो भूतान्तर।
वह बता, कहें ऋषि पुनः यही, तेरा यह आत्मा सर्वान्तर।
है कैसा सर्वान्तर वह जो, सब भूख, प्यास औ शोक परे?
जो मोह जरा औ मृत्यु हमें, उनको कैसे यह पार करे?
ऋषि कहें, वही वह जान जिसे, सब पुत्र-एषणा हों विलीन।
हो नहीं वित्त एषणा कभी, हों लोक-एषणा से न दीन।
जो पुत्र-एषणा वही वित्त, जो वित्त एषणा लोक वही।
ये पुत्र-वित्त औ लोक-वित्त, सब रहें एषणा एक यही।
ले बाल्य-भाव पाण्डित्य त्याग, हो जभी एषणा का अभाव।
भिक्षाटन कर मुनि-मौन बनें, सब छोड़ अन्त में ब्रह्म-भाव।

[Bṛhadāraṇyaka-3-5

It is your Self which all beings inhabited!
What is that Self within all, be related!
What is that Self which transcends all dismays?
The hunger, thirst, delusions, death and decays?
The seer said, the wise knowing are elevated,
Desiring not sons and wealth they meditated.
Nor wishing for the worlds, as mendicants live,
All desires are one, this must one believe!
The desires for son and for wealth are related,
For wealth and for worlds are also same rated.
So when a wiseman has no more desires,
Leaving all learning he in childhood retires!
He assumes Munihood for silent meditation,
Finally leaving even conscious contemplation.
Leaving silent sagehood and vocal adoration,
He comes to his pure Self having realization!

तृतीय अध्याय-षष्ठ ब्राह्मण

अथ हैनं गार्गी वाचक्नवी पप्रच्छ याज्ञवल्क्येति होवाच यदिदं सर्वमप्स्वोतं च प्रोतं च कस्मिन्नु खल्वाप ओताश्च प्रोताश्चेति वायौ गार्गीति कस्मिन्नु खलु वायुरोतश्च प्रोतश्चेत्यन्तरिक्षलोकेषु गार्गीति कस्मिन्नु खल्वन्तरिक्षलोका ओताश्च प्रोताश्चेति गन्धर्वलोकेषु गार्गीति कस्मिन्नु खलु गन्धर्वलोका ओताश्च प्रोताश्चेत्यादित्यलोकेषु गार्गीति कस्मिन्नु खल्वादित्यलोका ओताश्च प्रोताश्चेति चन्द्रलोकेषु गार्गीति कस्मिन्नु खलु चन्द्रलोका ओताश्च प्रोताश्चेति नक्षत्रलोकेषु गार्गीति कस्मिन्नु खलु नक्षत्रलोका ओताश्च प्रोताश्चेति देवलोकेषु गार्गीति कस्मिन्नु

कैसे ऐसा वह बने कहो, बनना है यही, बने जैसे।
हैं अन्य मार्ग दुख मूलक ही, यह सुन कहोल हों चुप वैसे। १

तृतीय अध्याय-षष्ठ ब्राह्मण (ओत-प्रोत, अति-प्रश्न)

अब गार्गी वाचक्नवी कहे, भू ओत-प्रोत चहुँ दिश जल में।
हे याज्ञवल्क्य यह बतलायें, है ओत-प्रोत यह जल किसमें?
अब याज्ञवल्क्य उत्तर देते, जल ओत-प्रोत हो इसी पवन।
यह वायु कहाँ, फिर हुआ प्रश्न, वह ओत-प्रोत हो इसी गगन।
ये अन्तरिक्ष के लोक कहाँ, ये ओत-प्रोत गन्धर्व-लोक।
गन्धर्व-लोक फिर हैं किसमें, वे ओत-प्रोत आदित्य-लोक।
आदित्य-लोक हैं कहाँ, कहो, वे चन्द्रलोक में ओत-प्रोत।

Kahola asked, how one can be such a person?
Yājñavalkya said? one has to be without question!
All else is evil and one must do what one may!
Then silenced Kahola Kauṣītakeya gave way! 1

Chapter Three, Section-6
(Pervasiveness-Excessive Questioning)

When earth is by waters surrounded and woven,
Like warp and woof and in water interwoven,
Asked Gārgī Vācaknavī, Yājñavalkya now tell,
In what then indeed this water did dwell?
Yājñavalkya replied, in this air it is woven!
In what then now tell is this air interwoven?
The worlds of space this air permeated,
What then the worlds of space saturated?

खलु देवलोका ओताश्च प्रोताश्चेतीन्द्रलोकेषु गार्गीति कस्मिन्नु
खल्विन्द्रलोका ओताश्च प्रोताश्चेति प्रजापतिलोकेषु गार्गीति कस्मिन्नु
खलु प्रजापतिलोका ओताश्च प्रोताश्चेति ब्रह्मलोकेषु गार्गीति कस्मिन्नु
खलु ब्रह्मलोका ओताश्च प्रोताश्चेति स होवाच गार्गि माऽतिप्राक्षीर्मा ते
मूर्धा व्यपप्तदनतिप्रश्न्यां वै देवतामतिपृच्छसि गार्गि माऽतिप्राक्षीरिति
ततो ह गार्गी वाचक्नव्युपरराम।१

ये चन्द्र-लोक फिर कहाँ रहें, नक्षत्र-लोक आधार-स्रोत।
नक्षत्र-लोक ये कहाँ प्रोत, ये ओत-प्रोत हैं देवलोक।
फिर देवलोक ये हैं किसमें, ये ओत-प्रोत हों इन्द्रलोक।
यह इन्द्रलोक है प्रोत कहाँ, वह लोक-प्रजापति ओत-प्रोत।
फिर कहो प्रजापति लोक कहाँ, है ब्रह्मलोक वह सर्व-स्रोत।
यह ब्रह्मलोक फिर कहाँ कहो, 'अति-प्रश्न' पूछना उचित नहीं!
अति-प्रश्न न होता ब्रह्म-विषय, गार्गी, मूर्धा फिर जाय कहीं!
है 'अनति प्रश्न्य' वह ब्रह्म पुरुष, अति प्रश्न अगर हो कहूँ यही!
सिर फिर जाये इससे, यह सुन, चुप होकर गार्गी बैठ रही! १

[Bṛhadāraṇyaka-3-6

The worlds of demigods the space-world pervade.
And what over the demigod-worlds does spread?
In the worlds of the sun demigod-worlds abide.
Where sun-worlds do, in the moon-worlds reside!
In what then are these moon-worlds woven?
In the worlds of stars these are interwoven!
What then the world of stars does surround?
In the worlds of gods the star-worlds abound!
What over the worlds of gods does spread?
The worlds of Indra over god-worlds pervade!
In what then the worlds of Indra are woven?
In Prajāpati's worlds they are interwoven!
Where now the worlds of Prajāpati are, tell!
Indeed in the world of Brahma they dwell!
Gārgī then asked where Brahmaloka abided?
Replying to Gārgī, Yājñavalkya thus chided:
About that Divinity, it is too much of a question!
O Gārgī indeed it is contrary to conviction!
Ask not too much, lest you lose mental balance!
And Gārgī Vācaknavī now sat down is silence! 1

तृतीय अध्याय-सप्तम ब्राह्मण

अथ हैनमुद्दालक आरुणिः पप्रच्छ याज्ञवल्क्येति होवाच मद्रेष्ववसाम पतञ्चलस्य काप्यस्य गृहेषु यज्ञमधीयानास्तस्यासीद्भार्या गन्धर्वगृहीता तम पृच्छाम कोऽसीति सोऽब्रवीत् कबन्ध आथर्वण इति सोऽब्रवीत्पवञ्चलं काप्यं याज्ञिकांश्च वेत्थ नु त्वं काप्य तत्सूत्रं येनायं च लोकः परश्च लोकः सर्वाणि च भूतानि संदृब्धानि भवन्तीति सोऽब्रवीत्पतञ्चलः काप्यो नाहं तद्भगवन्वेदेति सोऽब्रवीत्पतञ्चलः काप्यं याज्ञिकांश्च वेत्थ नु त्वं काप्य तमन्तर्यामिणं य इमं च लोकं परं च लोकं सर्वाणि भूतानि

तृतीय अध्याय-सप्तम ब्राह्मण (अन्तर्यामी आत्मा)

थे मद्र देश में एक समय, आरुणि उद्दालक अब कहते।
हम यज्ञ-शास्त्र अध्ययन हेतु, थे काप्य पतंचल गृह रहते।
गन्धर्व गृहीता भार्या थी, गन्धर्व वहीं देखा हमने।
जाना कबन्ध आथर्वण था, पूछा जब नाम कहा उसने।
वह काप्य और हमसे पूछे, ये लोक भूत परलोक सभी।
जिस सूत्र पिरोये हैं रहते, जाना ऐसा वह सूत्र कभी?
मैं नहीं जानता, कहे काप्य, क्या अन्तर्यामी किया मनन?
इन लोक भूत परलोकों का, जो अन्तर से करता नियमन?
मैं नहीं जानता, काप्य कहे, अन्तर्यामी का ज्ञान जिसे।
यह सूत्र जानता जो कोई, होता सब कुछ का ज्ञान उसे।

Chapter Three, Section-7 (The Indweller)

Studying Yajñas once in Madra we abided,
In the house of Patañcala Kāpya we resided.
Now Uddālaka Āruṇi questioning so stated,
Kāpya's wife was to a demi-god related.
We asked the demigod his name, he narrated,
I am Kabandha Ātharvaṇa, he related.
The Gandharva asked Kāpya and all of us there,
To what all the worlds and beings do adhere?
Do you know the thread that all this sustained?
Kāpya had said, we ignorant remained!
Do you know the Indweller, he had asked again,
Who guiding all worlds the beings does maintain.
We know it not sire, Kāpya again had stated.
Then you know nothing at all, he related!
To one whom that thread and Indweller is known,
That wise as a Brahma knower has renown.

च योऽन्तरो यमयतीति सोऽब्रवीत्पतञ्चलः काप्यो नाहं तं भगवन्वेदेति
सोऽब्रवीत्पतञ्चलं काप्यं याज्ञिकांश्च यो वै तत्काप्य सूत्रं विद्यात्तं
चान्तर्यामिणमिति स ब्रह्मवित्स लोकवित्स देववित्स वेदवित्स भूतवित्स
आत्मवित्स सर्वविदिति तेभ्योऽब्रवीत्तदहं वेद तच्चेत्त्वं याज्ञवल्क्य
सूत्रमविद्वांस्तं चान्तर्यामिणं ब्रह्मगवीरुदजसे मूर्धा ते विपतिष्यतीति वेद
वा अहं गौतम तत्सूत्रं चान्तर्यामिणमिति यो वा इदं कश्चिद्ब्रूयाद्वेद
वेदेति यथा वेत्थ तथा ब्रूहीति।१

है वही ब्रह्मविद् जो जाने, है वही लोकवित् जिसे ज्ञान।
यह जान देववित् बने मनुज, वेदों का ज्ञानी इसे जान।
वह भूत-आत्मविद् दोनों ही, वह ज्ञाता-ज्ञानी, बने सभी।
गन्धर्व सूत्र-अन्तर्यामी बतलाये, जानूं वह मैं भी!
कहते आरुणि, हे याज्ञवल्क्य, यदि नहीं जानते सूत्र कहीं!
सिर गिर जाये यदि तुझको उस, अन्तर्यामी का ज्ञान नहीं।
वह सूत्र जानता, ऋषि कहते, अन्तर्यामी को मैं जानूं!
सब कहते, 'जानूं-जानूं मैं', बतला ही दो फिर मैं मानूं! १

[Bṛhadāraṇyaka-3-7

As the knower of all the worlds he is stated,
He knows all the Divinities, it is so related.
The Vedas, all beings and the Self he knows,
He is all knower and his wisdom all shows.
Yājñavalkya I know what Gandharva explained,
To what that thread and Indweller pertained.
Not knowing if you claim cows as a Brahma knower,
Defeated, your head then would fall off lower!
Yājñavalkya said, Āruṇi I know that Indweller!
I know that thread and the Inner controller!
Āruṇi said, all state thus, I know, I know!
Whatever, if anything, you know, now show! 1
Yājñavalkya said, Gautama, in cosmos it is Air!
And the Prāṇa in body as the thread does adhere!
This world, other worlds and beings they hold.
In cosmos and body as the thread them behold!
They say of a dead man that his limbs are loose,
As if by a rope they were fastened in a noose!
The air is the power and the great string puller
Quite so Yājñavalkya, now about the Indweller?2

स होवाच वायुर्वै गौतम तत्सूत्रं वायुना वै गौतम सूत्रेणायं च लोकः
परश्च लोकः सर्वाणि च भूतानि संदृब्धानि भवन्ति तस्माद्वै गौतम पुरुषं
प्रेतमाहुर्व्यस्रं सिषतास्याङ्गानीति वायुना हि गौतम सूत्रेण संदृब्धानि
भवन्तीत्येवमेवैतद्याज्ञवल्क्यान्तर्यामिणं ब्रूहीति।२
यः पृथिव्यां तिष्ठन् पृथिव्या अन्तरो यं पृथिवी न वेद यस्य पृथिवी
शरीरं यः पृथिवीमन्तरो यमयत्येष त आत्मान्तर्याम्यमृतः।३
योऽप्सु तिष्ठन्नद्भ्योऽन्तरो यमापो न विदुर्यस्यापः शरीरं योऽपोऽन्तरो
यमयत्येष त आत्मान्तर्याम्यमृतः।४

अब याज्ञवल्क्य कहते, गौतम, ब्रह्माण्ड मध्य वह सूत्र पवन।
सब भूत लोक-परलोक पिरो, यह प्राण सूत्र रहता इस तन।
इसलिये मनुज जब मर जाये, ढीले हो अंग गिरें, कहते।
इस प्राण-वायु से ही गुँथकर, ये अंग हार-सा दृढ़ रहते।
आरुणि कहते, यह ठीक कहा, अब याज्ञवल्क्य बतला मुझको।
वह अन्तर्यामी क्या होता, बतलाओ यदि जानो उसको! २
पृथ्वी पर रहकर पृथक् रहे, लेकिन पृथ्वी ही जिसका तन।
पृथ्वी को जिसका नहीं ज्ञान, लेकिन जो भू करता नियमन।
वह है तेरा ही यह आत्मा, तेरा, 'मैं जानूं' कहें जिसे।
है अन्तर्यामी यह आत्मा, अमृत स्वरूप भी कहें इसे। ३
जल में रहकर जो भिन्न रहे, लेकिन जल ही जिसका है तन!
जल को जिसका हो ज्ञान नहीं, लेकिन जो जल करता नियमन!
वह है तेरा अपना आत्मा, तेरा, 'मैं यह हूँ' कहो जिसे!
यह आत्मा है अन्तर्यामी, अमृत-आत्मा भी कहो इसे। ४

Upaniṣad]

Who dwelling in the earth also out extended,
But whom this earth not at all comprehended,
Controlling from within his earth-body mortal,
He is your Self, the Inner knower Immortal! 3
Who living in water is separate too perceived,
But whom this water not at all conceived,
Controlling from within his water-body mortal,
He is your Self, the Inner knower Immortal! 4

योऽग्नौ तिष्ठन्नग्नेरन्तरो यमग्निर्न वेद यस्याग्निः शरीरं योऽग्निमन्तरो यमयत्येष त आत्मान्तर्याम्यमृतः।५

योऽन्तरिक्षे तिष्ठन्नन्तरिक्षादन्तरो यमन्तरिक्षं न वेद यस्यान्तरिक्षं शरीरं योऽन्तरिक्षमन्तरो यमयत्येष त आत्मान्तर्याम्यमृतः।६

यो वायौ तिष्ठन्वायोरन्तरो यं वायुर्न वेद यस्य वायुः शरीरं यो वायुमन्तरो यमयत्येष त आत्मान्तर्याम्यमृतः।७

पावक में रहकर परे रहे, लेकिन पावक ही जिसका तन।
पावक को जिसका ज्ञान नही, पावक का जो करता नियमन।
वह है तेरा ही यह आत्मा, तेरा, 'मैं हूँ' तुम कहो जिसे।
है अन्तर्यामी यह आत्मा, अमृत-आत्मा भी कहो इसे। ५
जो अन्तरिक्ष में, किन्तु भिन्न, हो अन्तरिक्ष ही जिसका तन।
जिसको न जानता अन्तरिक्ष, जो अन्तरिक्ष करता नियमन।
वह तेरा ही आत्मा यह है, तेरा 'मै हूँ' तुम कहो जिसे।
है अन्तर्यामी यह आत्मा, अमृत-स्वरूप भी कहो इसे। ६
जो वायु मध्य रह भिन्न रहे, लेकिल यह पवन उसीका तन।
जो रहे पवन को ज्ञात नहीं, लेकिन जो करे, पवन-नियमन।
वह है तेरा ही यह आत्मा तेरा, 'मै यह हूँ' कहो जिसे।
है अन्तर्यामी यह आत्मा, अमृत-स्वरूप भी कहो इसे। ७

[Bṛhadāraṇyaka-3-7

Who staying in fire also elsewhere resided,
Whom the fire knowing not in ignorance abided,
Ruling the fire he has a fire-body mortal,
He is your Self, the Inner knower immortal! 5
Who abiding in space also aloof does stand,
Whom this space also can not understand,
His body, the space, from within he controlled!
That Immortal Inner knower is yourSelf extolled! 6
Who dwelling in the air has a separate existence,
But whom the air never knows in true sense.
Controlling his air-body from within as a ruler,
He is your own Self, the Immortal Indweller! 7

यो दिवि तिष्ठन्दिवोऽन्तरो यं द्यौर्न वेद यस्य द्यौः शरीरं यो दिवमन्तरो यमयत्येष त आत्मान्तर्याम्यमृतः।८
य आदित्ये तिष्ठन्नादित्यादन्तरो यमादित्यो न वेद यस्यादित्यः शरीरं य आदित्यमन्तरो यमयत्येष त आत्मान्तर्याम्यमृतः।९
यो दिक्षु तिष्ठन्दिग्भ्योऽन्तरो यं दिशो न विदुर्यस्य दिशः शरीरं यो दिशोऽन्तरो यमयत्येष त आत्मान्तर्याम्यमृतः।१०
यश्चन्द्रतारके तिष्ठंश्चन्द्रतारकादन्तरो यं चन्द्रतारकं न वेद यस्य चन्द्रतारकं शरीरं यश्चन्द्रतारकमन्तरो यमयत्येष त आत्मान्तर्याम्यमृतः।११

जो द्यौ में रहकर भिन्न रहे, लेकिन द्यौ ही जिसका हो तन।
जो ज्ञात नहीं द्यौ को, लेकिन, अन्तर से द्यौ करता नियमन।
वह है तेरा ही यह आत्मा, तेरा, 'यह मैं' तुम कहो जिसे।
है अन्तर्यामी यह आत्मा, अमृत-स्वरूप भी कहो इसे। ८
आदित्य मध्य रह पृथक् रहे, हो किन्तु सूर्य ही जिसका तन।
जो नहीं ज्ञात रवि को, लेकिन, करता रवि का अन्तः नियमन।
वह है तेरा ही यह आत्मा तेरा, 'यह मैं हूँ' कहो जिसे।
है अन्तर्यामी यह आत्मा, अमृत-स्वरूप भी कहो इसे। ९
जो दिक् में रहते परे रहे, ये सभी दिशाएँ जिसका तन।
जो ज्ञात दिशा को नहीं, किन्तु, जो करे दिशा अन्तः नियमन।
वह है तेरा ही यह आत्मा तेरा, 'यह मैं' तुम कहो जिसे।
है अन्तर्यामी यह आत्मा, अमृत-स्वरूप भी कहो इसे। १०

Upaniṣad]

Who dwelling in illumined heavens, transcended,
But whom the heavens not at all comprehended,
His body, the heavens, from within controlling,
He is your Self, that Immortal Indwelling! 8
Who abiding in the sun even beyond ascended,
But whom the sun not the least comprehended,
Controlling his sun-body from within as a ruler,
He is your Self, the Immortal Indweller! 9
Who dwelling in quarters of space, transcended!
But whom these quarters never comprehended,
Ruling from within his quarter-body as controller,
That Immortal is your Self and the Indweller! 10

य आकाशे तिष्ठन्नाकाशादन्तरो यमाकाशो न वेद यस्याकाशः शरीरं य आकाशमन्तरो यमयत्येष त आत्मान्तर्याम्यमृतः।१२
यस्तमसि तिष्ठंस्तमसोऽन्तरो यं तमो न वेद यस्य तमः शरीरं यस्तमोऽन्तरो यमयत्येष त आत्मान्तर्याम्यमृतः।१३
यस्तेजसि तिष्ठंस्तेजसोऽन्तरो यं तेजो न वेद यस्य तेजः शरीरं यस्तेजोऽन्तरो यमयत्येष त आत्मान्तर्याम्यमृतः इत्यधिदैवतमथाधिभूतम्।१४

रह तारक-चन्द्र परे भी जो, हों चन्द्र और तारागण तन।
जिसको न चन्द्र-तारे जानें, जो तारे-चन्द्र करे नियमन।
वह है तेरा ही यह आत्मा, तेरा, अपना तुम कहो जिसे।
है अन्तर्यामी यह आत्मा, अमृत-स्वरूप भी कहो इसे। ११
जो नभ में रहकर भिन्न रूप, जिसका यह नभ ही रहता तन।
नभ को जिसका हो ज्ञान नहीं, लेकिन जो करता नभ-नियमन।
वह है तेरा ही यह आत्मा, तेरा, 'मैं यह हूँ' कहो जिसे।
है अन्तर्यामी यह आत्मा, अमृत-स्वरूप भी कहो इसे। १२
तम में रहते भी पृथक् रहे, यह तम भी जिसका रहता तन।
इस तम को जिसका ज्ञान नहीं, जो तम का भी करता नियमन।
वह है तेरा ही यह आत्मा, तेरा, 'मैं यह हूँ' कहो जिसे।
है अन्तर्यामी यह आत्मा, अमृत-स्वरूप भी कहो इसे। १३

[Bṛhadāraṇyaka-3-7

Abiding in moon and stars who extended,
Whom moon and stars never comprehended,
Ruling his moon-stars body as Indweller,
The immortal is your Self and inner controller. 11
Who dwelling in the sky, the sky transcended,
But whom this sky not at all comprehended,
Ruling his sky-body as the inner controller,
That is your Self, the immortal indweller! 12
Dwelling in the dark nescience, but different,
Of whom this dark ignorance is ignorant,
Of his dark ignorance-body the controller,
That immortal is your Self and the Indweller! 13
Dwelling in the ardour who ardour transcended,
But whom the ardour never comprehended,
Of his body, the ardour, the ruler indweller,
That Immortal is your Self and inner controller! 14

यः सर्वेषु भूतेषु तिष्ठन्सर्वेभ्यो भूतेभ्योऽन्तरो यं सर्वाणि भूतानि न
विदुर्यस्य सर्वाणि भूतानि शरीरं यः सर्वाणि भूतान्यन्तरो यमयत्येष त
आत्मान्तर्याम्यमृत इत्यधिभूतमथाध्यात्मम्।१५
यः प्राणे तिष्ठन्प्राणादन्तरो यं प्राणो न वेद यस्य प्राणः शरीरं यः
प्राणमन्तरो यमयत्येष त आत्मान्तर्याम्यमृतः।१६
यो वाचि तिष्ठन्वाचोऽन्तरो यं वाङ् न वेद यस्य वाक् शरीरं यो
वाचमन्तरो यमयत्येष त आत्मान्तर्याम्यमृतः।१७

जो तेज मध्य रह भिन्न रहे, हो तेज-रूप ही जिसका तन।
जो ज्ञात तेज को रहे नहीं, सब तेज वही करता नियमन।
वह है तेरा ही यह आत्मा, अन्तर्यामी तुम कहो जिसे।
अमृत स्वरूप तेरा आत्मा, अधिदैवत व्याख्या जान इसे। १४
सब भूत मध्य रह भूत परे, ये सभी भूत जिसके हों तन।
जो किसी भूत को ज्ञात नहीं, जो सभी भूत करता नियमन।
वह है तेरा ही यह आत्मा, अन्तर्यामी तुम कहो जिसे।
अमृत स्वरूप यह आत्मा है, अधिभौतिक व्याख्या कहो इसे। १५
जो प्राण मध्य रह भिन्न रहे, हो प्राण रूप जिसका यह तन।
प्राणों को जिसका नहीं ज्ञान, जो करता प्राणों का नियमन।
वह है तेरा ही यह आत्मा, अब पिण्ड दृष्टि से कहें इसे।
है अन्तर्यामी वह आत्मा, अमृत स्वरूप भी कहें उसे। १६
वाणी में रहकर पृथक् रहे, यह वाणी ही जिसका हो तन।
वाणी को जिसका ज्ञान नहीं, जो वाणी का करता नियमन।
वह है तेरा ही यह आत्मा, तेरा, 'यह मैं ' तुम कहो जिसे।
है अन्तर्यामी यह आत्मा, अमृत स्वरूप भी कहो इसे। १७

Upaniṣad]

This was with reference to the Deities stated.
Now know how the indweller to beings related!
He who surely dwells in the persons of creatures,
Also apart from the beings He features!
Of whom these beings have no comprehension,
They themselves constitute his body and person!
Indwelling from within who controls every mortal.
Your own Self is that inner knower immortal! 15
This was with reference to the beings stated,
Now know how the indweller to the body related!
He who in the Life Principle-Prāṇa resided,
Transcending the Prāṇa beyond also abided!

यश्चक्षुषि तिष्ठंश्चक्षुषोऽन्तरो यं चक्षुर्न वेद यस्य चक्षुः शरीरं यश्चक्षुरन्तरो
यमयत्येष त आत्मान्तर्याम्यमृतः।१८
यः श्रोत्रे तिष्ठञ्छ्रोत्रदन्तरो यं श्रोत्रं न वेद यस्य श्रोत्रं शरीरं यः श्रोत्रमन्तरो
यमयत्येष त आत्मान्तर्याम्यमृतः।१९
यो मनसि तिष्ठन्मनसोऽन्तरो यं मनो न वेद यस्य मनः शरीरं यो
मनोऽन्तरो यमयत्येष त आत्मान्तर्याम्यमृतः।२०

नेत्रों में रहकर पृथक् रहे, हो नेत्र-रूप ही जिसका तन।
नेत्रों को जिसका ज्ञान नहीं, जो नयनों का करता नियमन।
वह है तेरा ही यह आत्मा, तेरा, 'मै जानूं' कहो जिसे।
है अन्तर्यामी यह आत्मा, अमृत स्वरूप भी कहो इसे। १८
जो श्रोत्र मध्य रह भिन्न रहे, हो श्रोत्र-रूप ही जिसका तन।
श्रोत्रों को जिसका नहीं ज्ञान, श्रोत्रों का वही करे नियमन।
वह है तेरा ही यह आत्मा, तेरा, अपना कहते जिसको।
है अन्तर्यामी यह आत्मा, अमृत स्वरूप कहते इसको। १९
जो मन में रहकर मनस् परे, जिसका शरीर होता यह मन।
मन को जिसका हो ज्ञान नहीं, मन का भी वही करे नियमन।
वह है तेरा ही यह आत्मा, तेरा, तुम 'यह मैं, कहो जिसे।
है अन्तर्यामी यह आत्मा, अमृत-स्वरूप भी कहो इसे। २०

[Bṛhadāraṇyaka-3-7

About whom the Prāṇa have no comprehension,
The Life Principle itself constitutes whose person,
Who rules the Prāṇa from within as indweller,
That immortal is your Self and inner controller! 16
Who dwelling in speech the speech transcended,
But whom this speech not at all comprehended,
Ruling his speech-body from within as indweller,
That immortal is your Self and inner controller! 17
Who dwelling in the eye this eye transcended,
But whom this eye not the least comprehended,
Ruling from within his eye-body as indweller,
That immortal is your Self and inner controller! 18
Who dwelling in ear this ear transcended,
But whom this ear not at all comprehended,
Ruling his ear-body from within as indweller,
That immortal is your Self and inner controller! 19

यस्त्वचि तिष्ठंस्त्वचोऽन्तरो यं त्वङ् न वेद यस्य त्वक् शरीरं यस्त्वचमन्तरो यमयत्येष व आत्मान्तर्याम्यमृतः॥२१

यो विज्ञाने तिष्ठन्विज्ञानादन्तरो यं विज्ञानं न वेद यस्य विज्ञानं शरीरं यो विज्ञानमन्तरो यमयत्येष त आत्मान्तर्याम्यमृतः।२२

यो रेतसि तिष्ठन् रेतसोऽन्तरो यं रेतो न वेद यस्य रेतः शरीरं यो रेतोऽन्तरो यमयत्येष त आत्मान्तर्याम्यमृतो ऽदृष्टोदृष्टाऽश्रुतः श्रोताऽमतो मन्ताऽ विज्ञातो विज्ञाता नान्योऽतोऽस्ति द्रष्टा नान्योऽतोऽस्ति श्रोता नान्यो ऽतो ऽस्ति मन्ता नान्यो ऽतो ऽस्ति विज्ञातैष त आत्मान्तर्याम्यमृतोऽतोऽन्यदार्तं ततो होद्दालक आरुणिरुपरराम।२३

जो त्वचा मध्य रह भिन्न रहे, हो त्वचा-रूप ही जिसका तन।
जिसको यह त्वचा नहीं जाने, जो स्वयँ करे त्वक् का नियमन।
वह है तेरा ही यह आत्मा, तेरा तुम जिसे स्वयँ जानो।
है अन्तर्यामी यह आत्मा, अमृत-स्वरूप इसको मानो! २१
विज्ञान मध्य रह पृथक् रहे, विज्ञान रूप जिसका हो तन।
जिसको जाने विज्ञान नहीं, विज्ञान वही करता नियमन।
वह है तेरा ही यह आत्मा, तेरा, 'यह मैं हूँ' कहो जिसे।
है अन्तर्यामी यह आत्मा, अमृत स्वरूप भी कहो इसे। २२
रेतस् में रह जो भिन्न रहे, कारण-स्वरूप जिसका हो तन।
ये 'कारण' जिसे नहीं जानें, 'कारण का जो करता नियमन।

Who dwelling in mind this mind transcended,
Whom this mind not the least comprehended.
Ruling his mind-body from within as indweller,
That immortal is your Self and inner controller! 20
Who dwelling in skin this skin transcended,
But whom the touch sense not comprehended,
Ruling his skin-body from within as indweller,
That immortal is your Self and inner controller! 21
Who dwelling in consciousness transcended cognition,
Of whom the consciousness has no comprehension,
Cognition is his body which he rules as indweller,
That immortal is your Self the inner controller! 22
Who dwelling in causes the causes transcended,
Whom also these causes never comprehended,
Ruling his cause-body from within as indweller,
That immortal is your Self and inner controller!

तृतीय अध्याय-अष्टम ब्राह्मण

अथ ह वाचक्नव्युवाच ब्राह्मणा भगवन्तो हन्ताहमिमं द्वौ प्रश्नौ प्रक्ष्यामि तौ चेन्मे वक्ष्यति न वै जातु युष्माकमिमं कश्चिद्ब्रह्मोद्यं जेतेति पृच्छ गार्गीति।१

वह है तेरा ही यह आत्मा, 'कारण' का कारण रहे वही।
है अन्तर्यामी यह आत्मा, अमृत स्वरूप भी रहे यही।
द्रष्टा वह, दृष्ट नहीं होता, श्रोता है, श्रुत वह नहीं कहीं।
मन्ता है, मत वह हो न सके, विज्ञाता है, विज्ञात नहीं!
है अन्य नहीं द्रष्टा कोई, श्रोता रहता कोई न कहीं।
हो अन्य नहीं मन्ता जग में, विज्ञाता भी हो अन्य नहीं।
अन्तर्यामी है यह आत्मा, रहता वह तेरे ही अन्तर।
हैं अन्य सभी कुछ दुखमूलक, बैठा आरुणि तब चुप होकर। २३

तृतीय अध्याय-अष्टम ब्राह्मण

अब गार्गी वाचक्नवी उठी, भगवन, बोली ब्राह्मण गण से।
आज्ञा हो तो करना चाहूँ, दो प्रश्न और भी मैं इनसे।
यदि ये करते हैं समाधान, आपमें ब्रह्मविद् कोई भी।
इनको न जीत पाये समझो, हाँ पूछो गार्गी, कहें सभी। १

[Bṛhadāraṇyaka

He is the Sole Seer, not subject to perception!
He alone is the Hearer, not heard by a person!
The comprehender He is, beyond comprehension!
The Knower and Conceiver, not in conception,
Other than Him none is a seer or hearer,
None else comprehender and no other knower!
Your own Self is that inner knower immortal!
Āruṇi held peace hearing all else are mortal. 23

Chapter Three-Section-8

About Brahma O Brāhmaṇas, two questions are here!
If he answers, none of you can defeat him there.
Gārgī Vācaknavī rearising thus related.
Ask O Gārgī, indeed, the Brāhmaṇas thus stated. 1
Two foe-piercing arrows and strung bow in hand,
As a Kāśī or Videha warrior does stand,
I have here, said Gārgī, two questions to state!
Ask O Gārgī, said Yājṇavalkya, and not hesitate! 2

सा होवाचाहं वै त्वा याज्ञवल्क्य यथा काश्यो वा वैदहो वोग्रपुत्र उज्ज्यंधनुरधिज्यं कृत्वा द्वौ बाणवन्तौ सपत्नातिव्याधिनौ हस्ते कृत्वोपोत्तिष्ठेदेवमेवाहं त्वा द्वाभ्यां प्रश्नाभ्यामुपोदस्थां तौ मे ब्रूहीति पृच्छ गार्गीति।२

सा होवाच यदूर्ध्वं याज्ञवल्क्य दिवो यदवाक् पृथिव्या यदन्तरा द्यावापृथिवी इमे यद्भूतं च भवच्च भविष्यच्चेत्याचक्षते कस्मिंस्तदोतं च प्रोतंचेति।३

स होवाच यदूर्ध्वं गार्गि दिवो यदवाक् पृथिव्या यदन्तरा द्यावापृथिवी इमे यद्भूतं च भवच्च भविष्यच्चेत्याचक्षत आकाशे तदोतं च प्रोतं चेति।४ सा होवाच नमस्तेऽस्तु याज्ञवल्क्य यो म एतं व्योचोऽपरस्मै धारयस्वेति पृच्छ गार्गीति।५

काशी- विदेह का उग्र वीर, हो, गार्गी वाचक्नवी कहे।
अरि-वेधक वाण युगल लेकर, प्रत्यंचा कस सामने रहे।
वैसे ही प्रश्न-युगल लेकर, सामने खड़ी हूँ मैं ऋषिवर।
हे याज्ञवल्क्य, अब उत्तर दें, ऋषि कहें, पूछ गार्गी सत्वर। २
द्यौ से ऊपर, भू से नीचे, द्यौ-पृथ्वी के जो मध्य यहाँ।
जो भूत-भविष्यत्-भवत् रूप, वह ओत-प्रोत है कहो कहाँ?३
द्यौ से ऊपर, भू से नीचे, द्यौ-पृथ्वी के जो मध्य यहाँ।
जो भूत-भविष्यत्-भवत् रूप, ऋषि कहें, रहे नभ-प्रोत वहाँ। ४
कर दी विवेचना प्रथम प्रश्न, हे याज्ञवल्क्य है नमः तुझे!
दूसरे जन्य अब हों प्रस्तुत, पूछो गार्गी दूसरा मुझे! ५

That which beneath earth and beyond heavens abided,
Between the two also whatever resided,
Whatever in past, present and future existed,
As warp and woof woven, in what they subsisted?3
Which below the earth and above heavens existed,
And between the two, that there persisted,
Also which in past, present and future manifested,
As warp and woof woven, in space all subsisted! 4
Yājñavalkya, quite so, I bow, Gārgī stated.
So far you have quite correctly related!
For my other question now be prepared!
O Gārgī, Go ahead, Yājñavalkya declared! 5

सा होवाच यदूर्ध्वं याज्ञवल्क्य दिवो यदवाक् पृथिव्या यदन्तरा द्यावा
पृथिवी इमे यद्भूतं च भवच्च भविष्यच्चे त्याचक्षते कस्मिंस्तदोतं च
प्रोतं चेति।६
स होवाच यदूर्ध्वं गार्गि दिवो यदवाक् पृथिव्या यदन्तरा द्यावापृथिवी
इमे यद्भूतं च भवच्च भविष्यच्चेत्याचक्षत आकाश एव तदोतं च प्रोतं
चेति कस्मिन्नु खल्वाकाश ओतश्च प्रोतश्चेति।७
स होवाचैतद्वै तदक्षरं गार्गि ब्राह्मणा अभिवदन्त्यस्थूलमनणव
ह्स्वमदीर्घमलोहितमस्नेहमच्छायमतमोऽवाय्वनाकाशमसङ्गमरसम
गन्धमचक्षुष्कमश्रोतमवागमनोऽतेजस्कमप्राणममुखममात्रमनन्तरम बाह्यं न
तदश्नाति किंचन न तदश्नाति कश्चन।८

द्यौ से ऊपर, भू से नीचे, द्यौ-पृथ्वी के जो मध्य यहाँ।
जो भूत, भविष्यत् भवत् रूप, वह ओत-प्रोत है कहो कहाँ?६
द्यौ से ऊपर, भू से नीचे, द्यौ-पृथ्वी के जो मध्य यहाँ।
जो भूत भविष्यत् भवत् रूप, फिर कहें, रहे नभ-प्रोत वहाँ।
यों दुहराकर यह प्रश्न तथा, पहले वाला उत्तर पाकर।
आकाश कहाँ हो ओत-प्रोत, पूछे गार्गी, यह दें उत्तर! ७
जिसमें रहता नभ ओत-प्रोत, यह कहें ब्रह्मविद्, वह अक्षर!
अणु, स्थूल ह्रस्व या दीर्घ नहीं, वह नहीं स्निग्ध लोहित नश्वर!
वह तम या छाया रहे नहीं, वह नहीं वायु-आकाश सहित।
निर्गन्ध अरस औ हो असंग, वह चक्षु श्रोत्र औ वाक् रहित।
है तत्त्व वही मात्रा विहीन, मन तेज प्राण मुख रहित सभी।
खाये न स्वयँ, खाता न उसे, हो नहीं बाह्य या अन्तर भी! ८

[Bṛhadāraṇyaka-3-8

Which above heavens and beneath earth existed,
Also which between these two subsisted,
All which to past, present and future pertain,
As warp and woof woven, in what they remain? 6
What above the heavens and below earth abided,
And between these two whatever resided,
All that in past present and future existed,
As warp and woof woven, in space they subsisted!
The question being same that she had first stated,
The same answer also Yājñavalkya repeated.
Emboldened now she Yājñavalkya did face,
As warp and woof woven where is this space? 7
Yājñavalkya said, Gārgī, which sustains this space,
Brahma knowers that as Imperishable preface!
Neither short nor long, nor they say gross or fine,
Not glowing,adhering or shadowy determine!

एतस्य वा अक्षरस्य प्रशासने गार्गि सूर्याचन्द्रमसौ विधृतौ तिष्ठत
एतस्य वा अक्षरस्य प्रशासने गार्गि द्यावापृथिव्यौ विधृते तिष्ठत
एतस्य वा अक्षरस्य प्रशासने गार्गि निमेषा मुहूर्ता अहोरात्राण्यर्धमासा
मासा ऋतवः संवत्सरा इति विधृतास्तिष्ठन्त्येतस्य वा अक्षरस्य
प्रशासने गार्गि प्राच्योऽन्या नद्यः स्यन्दन्ते श्वेतेभ्यः पर्वतेभ्यः
प्रतीच्योऽन्या यां यां च दिशमन्वेतस्य वा अक्षरस्य प्रशासने गार्गि
ददतो मनुष्याः प्रशंसन्ति यजमानं देवा दर्वीं पितरोऽन्वायत्ताः।९

ये चन्द्र-सूर्य यों स्थित रहते, ऐसा इस अक्षर का शासन।
ये द्यौ-पृथ्वी भी सुनियत हों, अक्षर का ऐसा अनुशासन।
हैं ये निमेष औ ये मुहूर्त, इस अक्षर द्वारा ही शासित।
ये रात्रि मास और पक्ष सभी, अक्षर द्वारा ही अनुशासित।
ऋतु-संवत्सर सब ठीक चलें, अक्षर के शासन में रहकर।
सब दिक् निकलें सर-सरिताएँ, इन धवल पर्वतों से बहकर।
हे गार्गी अक्षर-शासन में, दाता-स्तुति करते मनुज सभी।
यजमान-प्रशंसा किया करें, अक्षर-शासन में सुरगण भी।
यह सब अक्षर के शासन में, अक्षर नियमन ही सब जानो।
मानव-सेवा आहुतियाँ दें, ये पितर स्रुवा लेकर मानो! ९

Upaniṣad]

Neither darkness, not air or space it is stated,
Nor attachment, taste or smell is related.
It has no eyes, ears and speech, nor a mind,
No vigour, not Prāṇa nor mouth of any kind.
The Imperishable remains without any measure,
There is no inside nor an outside feature.
Partaking nothing and by none consumed,
With none of these physical qualities presumed. 8
From the rule of the Imperishable none can depart,
Commanded, the sun and the moon stand apart.
Under its rule earth and heavens stay there,
The Time, Moments, Day and Nights do adhere.
The hours, fort nights and months duly come,
The seasons and years so ruled thus become.
From the snowy mountains that white glow,
To the east, west and elsewhere the rivers flow.
Under its rule people praise those who give.
The gods praise the doers in Yajñas who believe.
Under rule of the Imperishable, manes are pleased,
With the ladle in hand they oblate thus appeased. 9

यो वा एतदक्षरं गार्ग्यविदित्वाऽस्मिंल्लोके जुहोति यजते तपस्तप्यते बहूनि
वर्षसहस्राण्यन्तवदेवास्य तद्भवति यो वा एतदक्षरं गार्ग्यविदित्वास्माल्लोकात्प्रैति
स कृपणोऽथ य एतदक्षरं गार्गि विदित्वास्माल्लोकात्प्रैति स ब्राह्मण:।१०
तद्वा एतदक्षरं गार्ग्यदृष्टं द्रष्टृश्रुतं श्रोतमतं मन्त्रविज्ञातं विज्ञातृ नान्यदतोऽस्ति
द्रष्टृ नान्यदतोऽस्ति श्रोतृ नान्यदतोऽस्ति मन्तृ नान्यदतोऽस्ति विज्ञात्रेत- स्मिन्नु
खल्वक्षरे गार्ग्याकाश ओतश्च प्रोतश्चेति।११
सा होवाच ब्राह्मणा भगवन्तस्तदेव बहु मन्येध्वं यदस्मान्नमस्कारेण मुच्येध्वं
न वै जातु युष्माकमिमं कश्चिद्ब्रह्मोद्यं जेतेति ततो ह वाचक्नव्युपरराम।१२

जो यज्ञ करें, बहु तप करते, हे गार्गी अक्षर नहीं जान।
वे व्यर्थ तपस्या हैं करते, वर्षों के तप हों क्षीण मान!
वह कृपण, दया का पात्र वही, बिन जाने जो करता प्रयाण।
ब्राह्मण वेत्ता सब रहे वही, अक्षर जाने जो तजे प्राण। १०
अक्षर अदृष्ट होकर द्रष्टा, अश्रुत होकर भी वह श्रोता।
हो अविज्ञात विज्ञाता भी, वह अमत रहे लेकिन मन्ता।
उससे न भिन्न कोई द्रष्टा, श्रोता-मन्ता भी नहीं भिन्न।
विज्ञाता अन्य नहीं कोई, आकाश प्रोत उसमें अभिन्न। ११
गार्गी कहती, अब ब्राह्मणगण, कर नमः मुक्ति हो, बहुत यही!
तुझमें न जीत पाये कोई, बैठी गार्गी कह इतना ही। १२

[Bṛhadāraṇyaka-3-8

Not knowing the Imperishable who Yajñas performed,
To the rites, worships and austerities conformed,
A thousand years or so, it may thus become,
But certainly some time an end will come !
Whosoever does from this world depart,
If not knowing the Imperishable does part,
O Gārgī, he is very wretched and pitiable.
And who knowing leaves, he is a Brāhmaṇa able !
Verily the Imperishable is the unseen seer!
The unheard hearer and unthought thinker!
None else is a seer and none other hearer!
The unknown knower with no other knower!
In this Imperishable the whole space is woven,
And all this here in the space interwoven!
For, all that there is, in this space abided,
And for all O Gārgī, the Imperishable provided. 11

तृतीय अध्याय-नवम ब्राह्मण

अथ हैनं विदग्धः शाकल्यः पप्रच्छ कति देवा याज्ञवल्क्येति स हैतयैव निविदा प्रतिपेदे यावन्तो वैश्वदेवस्य निविद्युच्यन्ते त्रयश्च त्री च शता त्रयश्च त्री च सहस्रेत्योमिति होवाच कत्येव देवा याज्ञवल्क्येति त्रयस्त्रिंशदित्योमिति होवाच कत्येव देवा याज्ञवल्क्येति षडित्योमिति होवाच कत्येव देवा याज्ञवल्क्येति त्रय इत्योमिति होवाच कत्येव देवा याज्ञवल्क्येति द्वावित्योमिति होवाच कत्येव देवा याज्ञतल्क्येत्यध्यर्ध इत्योमिति होवाच कत्येव देवा याज्ञवल्क्येत्येक इत्योमिति होवाच कतमे ते त्रयश्च त्री च शता त्रयश्च त्री च सहस्रेति।१

तृतीय अध्याय-नवम ब्राह्मण

लेकिन विदग्ध शाकल्य उठा, पूछा, ये देव रहें कितने?
छः अधिक तीन सौ औ सहस्र भी तीन, देव रहते इतने!
यह 'वैश्वदेव निविदा' पढ़कर, ऋषि कहें, देव रहते इतने।
कहता विदग्ध, यह ठीक कहा, फिर कहो देव रहते कितने?
ऋषि कहें, देव तेंतीस रहें, कहता विदग्ध, यह सच कहते।
फिर कहो देव कितने रहते, इस बार कहा, वे छः रहते!
कहता विदग्ध, यह ठीक कहा, फिर कहो, देव होते कितने?
ये देव सभी कुल तीन रहें, हाँ ठीक, देव रहते इतने!
फिर कहो देव कितने रहते, वे दो ही होते, ऋषि कहते।
कहता विदग्ध यह ठीक कहा, फिर कहो, देव कितने रहते?
अध्यर्ध-डेढ़ ही देव रहें, कहता विदग्ध, वह ठीक कहे!
फिर कहो, देव कितने होते, इस बार कहा, वह एक रहे!
छः अधिक तीन सौ औ सहस्र भी तीन, देव जो तुम कहते!
अब पूछे ऋषि से यह विदग्ध, वे कौन-कौन इतने रहते! १

O Brāhmaṇa venerable, Gārgī now stated,
It would be great now getting off prostrated!
In Brahma-wisdom,him,none of you can defeat
Saying thus Gārgī now took her own seat. 12

Chapter Three-Section-9

But Vidagdha Śākalya to questioning did adhere.
O Yājñavalkya, he asked, how many gods are there?
Yajnavalkya quoting hymns that the deities praised,
Three thousand three hundred and six gods appraised.
Vidagdha said, quite so, but he again stated.
Now, really how many gods are narrated?
Thirty three, quite right,but how many again?
They are only six in number, they maintain!

स होवाच महिमान एवैषामेते त्रयस्त्रिंशत्त्वेव देवा इति कतमे ते
त्रयस्त्रिंशदित्यष्टौ वसव एकादश रुद्रा द्वादशादित्यास्त एकत्रिंशदिन्द्रश्चैव
प्रजापतिश्च त्रयस्त्रिंशाविति।२
कतमे वसव इत्यग्निश्च पृथिवी च वायुश्चान्तरिक्षं चादित्यश्च द्यौश्च
चन्द्रमाश्च नक्षत्राणि चैते वसव एतेषु सर्वं हितमिति तस्माद्वसव इति।३
कतमे रुद्रा इति दशेमे पुरुषे प्राणा आत्मैकादशस्ते यदाऽस्माच्छरीरान्मर्त्या-
दुत्क्रामन्त्यथ रोदयन्ति तद्यद्रोदयन्ति तस्माद्रुद्रा इति।४

ऋषि कहें, देव तेंतीस मात्र, यह संख्या महिमा जन्य कहें।
पूछे विदग्ध, वे देव कौन, ये कौन-कौन तेंतीस रहें?
वसु आठ, रुद्र एकादश हों, आदित्य देव द्वादश रहते।
फिर रहें, प्रजापति-इन्द्र युगल, तेंतीस देव ये ही कहते! २
वसु कौन, अग्नि औ पृथ्वी हैं, वे अन्तरिक्ष औ वायु रहें।
आदित्य और द्यौ वे होते, चन्द्रमा और नक्षत्र कहें!
यह सृष्टि सकल इनपर आश्रित, ये ही वसु आठ बने रहते।
ये रहें बसाये जीव सभी, इसलिये इन्हें वसु भी कहते। ३

[Bṛhadāraṇyaka-3-9

Vidagdha again asked, how many are the gods?
Yājñavalkya replied, there are only three Lords.
Quite right, but really how many gods are there?
Yājñavalkya replied, only two gods are here!
Vidagdha again asked, how many are they stated?
Yājñavalkya replied, one and a half are related.
Quite right, but tell again the number of gods!
Yājñavalkya said, only one, and no more Lords!
Yājñavalkya, you have quite correctly related !
But what about the numerous gods enumerated?
Those three thousand three hundred and six you state,
Who are they actually so many, now narrate! 1
Those are the glorious manifestations related,
They are actually thirty three, Yājñavalkya stated.
Who are they, eight Vasus and eleven Rudra named,
Twelve Ādityas, Indra and Prajāpati famed! 2
Who are the eight Vasus, Yājnñavalkya now state!
Fire, earth, air, space and the sun they relate.
With heavens, moon and stars, eight Vasus are there,
Called Vasus or abodes, sustaining all here! 3

कतम आदित्या इति द्वादश वै मासाः संवत्सरस्यैत आदित्या एते हीदं
सर्वमाददाना यन्ति ते यदिदं सर्वमाददाना यन्ति तस्मादादित्या इति।५
कतम इन्द्रः कतमः प्रजापतिरिति स्तनयित्नुरेवेन्द्रो यज्ञः प्रजापतिरिति
कतमः स्तनयित्नुरित्यशनिरिति कतमो यज्ञ इति पशव इति।६
कतमे षडित्यग्निश्च पृथिवी च वायुश्चान्तरिक्षं चादित्यश्च द्यौश्चैते
षडेते हीदं सर्वं षडिति।७
कतमे ते त्रयो देवा इतीम एव त्रयो लोका एषु हीमे सर्वे देवा इति
कतमौ तौ द्वौ देवावित्यन्नं चैव प्राणश्चेति कतमोऽध्यर्ध इति योऽयं

हैं रुद्र कौन, दस प्राण रहें, है ग्यारहवाँ आत्मा स्वरूप।
अथवा दस इन्द्रिय मन मिलकर, एकादश लेते रुद्र रूप!
जब तन से लगें निकलने ये, जो रहें, रुला देते उनको।
इसलिये रुलाने के कारण, यह नाम रुद्र देते इनको! ४
आदित्य कौन हैं यह बतला, द्वादश जो मास वही रहते।
सब फलित करें, 'आदान' करें, आदित्य अतः उनको कहते। ५
यह इन्द्र कौन, पर्जन्य इन्द्र, पर्जन्य कौन, विद्युत् मानो!
फिर कौन प्रजापति, यज्ञ यही, यह यज्ञ कौन, 'पशुवत' जानो! ६
ये देव कौन छः तुम कहते, इन छः देवों में सभी रहें।
द्यौ, अन्तरिक्ष, पृथ्वी, पावक, आदित्य, वायु ही देव कहें। ७

Who are those Rudras that eleven you stated?
Ten Prāṇas or senses and the Self are related!
They make us all weep when the Prāṇas departed,
Verily they are Rudras bringing tears as parted. 4
Now, who are the Ādityas that you did mention?
Twelve months of the year as Ādityas function!
Providing to all, they all consumated,
Therefore these months are Ādityas related. 5
Who is Indra, these clouds are Indra stated!
What is cloud, the lightning the clouds related!
Who is Prajāpati, the Yajña is Prajāpati here!
And what is this Yajña, the creatures all there! 6
What are the six gods that you have related?
They the fire, earth, air and space are stated.
With the sun and the heavens they are six there!
These six contain all whatever is here! 7

पवत इति।८ तदाहुर्यदयमेक इवैव पवतेऽथ कथमध्यर्ध इति यदस्मिन्निदं
सर्वमध्याध्र्नोत्तेनाध्यर्ध इति कतम एको देव इति प्राण इति स ब्रह्म
त्यदित्याचक्षते।९
पृथिव्येव यस्यायतनमग्निर्लोको मनोज्योतिर्यो वै तं पुरुषं विद्यात्सर्वस्यात्मनः
परायणं स वै वेदितास्यात्। याज्ञवल्क्य वेद वा अहं तं पुरुषं सर्वस्यात्मानः
परायणं यमात्थ य एवायं शारीरः पुरुषः स एष वदैव शाकल्य तस्य का
देवतेत्यमृतमिति होवाच।१०

वे तीन देव अब कौन, कहो, द्यौ अन्तरिक्ष पृथ्वी जानो!
बाकी तीनों इन तीन मध्य, सब देव इन्हीं में हैं मानो!
दो देव कौन, वे प्राण-अन्न, अध्यर्द्ध-डेढ़, अब कहो उसे!
ब्रह्माण्ड मध्य यह वायु वही, इस पिण्ड मध्य कह प्राण इसे! ८
अध्यर्द्ध डेढ़ हो, प्राण एक, अध्यर्द्ध वही अधि-वृद्धि जहाँ!
अधि-रिद्धि सभी हो प्राण जन्य, इसलिये कहा अध्यर्द्ध यहाँ।
पूछे फिर, है वह एक कौन, वह एक देव हो प्राण-रूप!
वह ब्रह्म, उसे 'त्यत्'-'वह' कहते, हो प्राण ब्रह्म के ही स्वरूप! ९
मन ज्योति बना जो अग्नि रूप, साक्षात् मही में ले स्वरूप!
वेत्ता जाने वह परम धाम, बतला क्या है वह पुरुष-रूप?
ऋषि कहें, जानता मैं अवश्य, तुम परमधाम कहते जिसको।
'शारीर-पुरुष' वह 'विश्व-पुरुष', हम ब्रह्म नहीं कहते उसको!

[Bṛhadāraṇyaka-3-9

Now, who are the three gods you have concluded?
The earth, space and heavens that rest three included.
Asked about two gods, he Prāṇa and food stated,
Vital force and food-matter together all created.
And what is the one and a half god there?
The air in the cosmos or the Prāṇa that is here!
The air in creation and the Prāṇa in a person,
This is the one and a half god in action! 8
Vidagdha said, how is that, the Prāṇa one denoted!
The seer said, 'Adhyardha'you literally connoted.
'Adhyardha'all growth and prosperity signified,
Therefore Adhyardha this Prāṇa specified!
Vidagdha asked,who is that one God you stated?
It is Prāṇa,he stated,that Life Principle related.
He is Called Brahma the Supreme by the wise,
Known as the Vital Force and 'That'like-wise. 9

काम एव यस्यायतनं हृदयं लोको मनोज्योतिर्यो वै तं पुरुषं विद्यात्सर्वस्यात्मनः परायणं स वै वेदिता स्यात्। याज्ञल्क्य वेद वा अहं तं पुरुषं सर्वस्यात्मनः परायणं यमात्थ य एवायं काममयः पुरुषः स एष वदैव शाकल्य तस्य का देवतेति स्त्रिय इति होवाच।११

रूपाण्येव यस्यायतनं चक्षुर्लोको मनोज्योतिर्यो वै तं पुरुषं विद्यात्सर्वस्यात्मनः परायणं स वै वेदिता स्यात्। याज्ञवल्क्य वेद वा अहं तं पुरुषं सर्वस्यात्मनः परायणं यमात्थ य एवासावादित्ये पुरुषः स एष वदैव शाकल्य तस्य का देवतेति सत्यमिति होवाच।१२

ऋषि कहें, पूछते जा विदग्ध, पूछे, यदि ब्रह्म नहीं मानो।
फिर होता उसका देव कौन, अमृत वह देव, यही जानो! १०
मन ज्योति बना जो हिय द्वारा, कामना मध्य स्थित ले स्वरूप।
वेत्ता जाने वह परम धाम, बतला क्या है वह पुरुष रूप?
ऋषि कहें, जानता जीवों का, तुम परम धाम कहते जिसको।
वह किन्तु 'काममय पुरुष' मात्र, मैं ब्रह्म नहीं कहता उसको।
ऋषि कहें, पूछते जा विदग्ध, पूछे यदि ब्रह्म नहीं मानो!
फिर उसका रहता देव कौन, स्त्री वह देव, प्रकृति जानो! ११
मन ज्योति बना जो नेत्रों से, इस रूप मध्य लेता स्वरूप।
वेत्ता जाने वह परमधाम, बतला क्या है वह पुरुष रूप?
ऋषि कहें, जीव का परमधाम, वह नहीं, यहाँ कहते जिसको।
'आदित्य-पुरुष' वह, मैं जानूं, मैं ब्रह्म नहीं कहता उसको!

Upaniṣad]

Vidagdha said, fire-based and with mind-illumination,
Show that earth-abiding Supreme Abode Person!
I know that World Person, Yājñavalkya related.
He is less than Brahma, ask further, he stated!
If that World Person is Para Brahma not stated!
Vidagdha asked, who else is its god related?
Yājñavalkya said, Immortality and Immortal God!
The God of all gods and Creation's only Lord! 10
Vidagdha said, heart-based with mind illumination,
Show that Desire-abiding Supreme Abode Person!
I know, said Yājñavalkya, he is Desire-Person stated!
He is also less than Para Brahma related!
If that Desire Person is Para Brahma not stated,
Vidagdha asked, who else is his god related?
Yājñavalkya said, woman, who symbolizes Nature,
She is his deity when in him desires feature! 11

आकाश एव यस्यायतनं श्रोत्रं लोको मनोज्योतिर्यो वै वं पुरुषं
विद्यात्सर्वस्यात्मनः परायणं स वै वेदिता स्यात्। याज्ञवल्क्य वेद वा अहं
तं पुरुषं सर्वस्यात्मनः परायणं यमात्थ य एवायं श्रौत्रः प्रातिश्रुत्कः पुरुषः
स एष वदैव शाकल्य तस्य का देवतेति दिश इति होवाच।१३
तम एव यस्यायतनं हृदयं लोको मनोज्योतिर्यो वै तं पुरुषं विद्यात्सर्वस्यात्मनः
परायणं स वै वेदिता स्यात्। याज्ञवल्क्य वेद वा अहं तं पुरुषं
सर्वस्यात्मनः परायणं यमात्थ य एवायं छायामयः पुरुषः स एष वदैव
शाकल्य तस्य का देवतेति मृत्युरिति होवाच।१४

ऋषि कहें, पूछते जा विदग्ध, पूछे, यदि ब्रह्म नहीं मानो!
फिर बतला, उसका देव कौन, वह देव सत्य, सत् ही जानो! १२
मन ज्योति बना, श्रोत्रों में स्थित, आकाश मध्य जो ले स्वरूप।
वेत्ता जाने वह परम धाम, बतला क्या है वह पुरुष रूप?
ऋषि कहें, जीव का परमधाम, वह नहीं, कह रहे तुम जिसको!
मैं जानूं, वह है 'श्रोत्र-पुरुष, मैं ब्रह्म नहीं कहता उसको!
ऋषि कहें, पूछते जा विदग्ध, पूछे यदि ब्रह्म नहीं मानो!
फिर बतला उसका देव कौन, वह देव दिशा, दिक् ही जानो! १३
मन ज्योति बना हिय में जो स्थित, तम मध्य ग्रहण करता स्वरूप।
वेत्ता जाने वह परम धाम, बतला क्या है वह पुरुष रूप?
ऋषि कहें, जानता जीवों का, तुम परमधाम कहते जिसको!
वह तो 'छायामय-पुरुष' मात्र, मैं ब्रह्म नहीं कहता उसको।

[Bṛhadāraṇyaka-3-9

Vidagdha said, eye-based with mind's illumination,
Show the vision-established Supreme Abode Person!
I know, said Yājñavalkya, He is Sun-person stated.
Ask further, He is less than Para Brahma related!
If that Sun Person is Para Brahma not stated,
Vidagdha asked, who else is his god related?
Yājñavalkya said, the Truth and Ultimate Reality,
The Supreme Abode and the Sun Person's Divinity! 12
Vidagdha said, ear-based with mind's illumination,
Show the space-established Supreme Abode Person!
I know, said Yājñavalkya, He is Ear-Person stated.
Ask further; He is Less than Para Brahma related!
If that Ear-Person is Para Brahma not stated,
Vidagdha asked, who else is his god related?
The quarters that sky, sound and ear included,
The abode of the sound, Yājñavalkya conluded. 13

रूपाण्येव यस्यायतनं चक्षुर्लोको मनोज्योतिर्यो वै तं परुषं विद्यात्सर्वस्यात्मनः परायणं स वै वेदिता स्यात्। याज्ञवल्क्य वेद वा अहं तं पुरुषं सर्वस्यात्मनः परायणं यमात्थ य एवायमादर्शे पुरुषः स एष वदैव शाकल्य तस्य का देवतेत्यसुरिति होवाच।१५

आप एव यस्यायतनं हृदयं लोको मनोज्योतिर्यो वै तं पुरुषं विद्यात्सर्वस्यात्मनः परायणं स वै वेदिता स्यात्। याज्ञवल्क्य वेद वा अहं तं पुरुषं सर्वस्यात्मनः परायणं यमात्थ य एवायमप्सु पुरुषः स एष वदैव शाकल्य तस्य का देवतेति वरुण इति होवाच।१६

ऋषि कहें, पूछते जा विदग्ध, पूछे, यदि ब्रह्म नहीं मानो!
फिर बतला उसका देव कौन, वह देव मृत्यु, तम ही जानो! १४
मन ज्योति बना नेत्रों में स्थित, तन मध्य ले रहा जो स्वरूप।
वेत्ता जाने वह परमधाम, बतला क्या है वह पुरुष रूप?
जिसको जीवों का परमधाम, तुम कहते, मैं उसको जानूं।
वह दर्पण का 'आदर्श-पुरुष', मैं ब्रह्म नहीं उसको मानूं।
ऋषि कहें, पूछते जा विदग्ध, पूछे, यदि ब्रह्म नहीं मानो।
फिर बतला उसका देव कौन, वह 'असु' है, प्राण उसे जानो! १५
मन ज्योति बना जो ह्रिय में स्थित, जल मध्य ले रहा है स्वरूप।
वेत्ता जाने वह परमधाम, बतला क्या है वह पुरुष रूप?
जिसको तुम कहते परमधाम, जीवों का, मैं जानूं उसको।
लेकिन यह तो 'जल-पुरुष' मात्र, मैं ब्रह्म नहीं कहता इसको।

Upaniṣad]

Vidagdha said, heart-based with mind's illumination,
Abiding in gloom, show the Supreme Abode Person!
I know, said Yājñavalkya,he is Shadow Person stated,
Ask further,he is less than Para Brahma related.
If that Shadow Person is Para Brahma not stated,
Vidagdha asked, who else is his god related?
Yājñavalkya said, Death, which gloom represented,
The abode of those who as ignorant presented. 14
Vidagdha said,through eye with mind's illumination,
Abiding in body,show the Supreme Abode Person!
I know, said the seer, he is Mirror Person stated,
Ask further, he is less than Para Brahma related!
If that Mirror Person is Para Brahma not stated,
Vidagdha asked, who else is his god related?
Yājñavalkya said,Life, which body maintained,
The Life of lives, Para Brahma all sustained! 15
Vidagdha said, heart-based with mind's illumination,
Abiding in water,show the Supreme Abode person!

रेत एव यस्यायतनं हृदयं लोको मनोज्योतिर्यो वै तं पुरुषं विद्यात्सर्वस्यात्मनः परायणं स वै वेदिता स्याद्याज्ञवल्क्य वेद वा अहं तं पुरुषं सर्वस्यात्मनः परायणं यमात्थ य एवायं पुत्रमयः पुरुष स एष वदेव शाकल्य तस्य का देवतेति प्रजापतिरिति होवाच।१७

शाकल्येति होवाच याज्ञवल्क्यस्त्वां स्विदिमे ब्राह्मणा अंगारावक्षयणमक्रता ३ इति।१८

ऋषि कहें पुनः, पूछो विदग्ध, पूछे यदि ब्रह्म नहीं मानो।
फिर बतला उसका देव कौन, जल-देव वरुण उसको जानो! १६
मन ज्योति बना, इस हिय द्वारा, सन्तति में लेता जो स्वरूप।
वेत्ता जाने वह परम धाम, बतला क्या है वह पुरुष रूप?
जिसको कहते तुम परम धाम, जीवों का, मैं जानूं उसको।
वह किन्तु 'पुत्र-मय पुरुष' मात्र, मैं ब्रह्म नहीं कहता इसको।
ऋषि कहें पुनः, पूछो विदग्ध, पूछे, यदि ब्रह्म नहीं मानो।
फिर बतला उसका देव कौन, वह देव प्रजापति ही जानो! १७

[Bṛhadāraṇyaka-3-9

I know,said Yājñavalkya, he is Water Person stated,
Ask further, he is less than Para Brahma related!
If that Water Person is Para Brahma not stated,
Vidadgdha asked, who else is his god related?
Yājñavalkya said, Varuṇa,who is the Water God,
And of this Water God, Para Brahma is the Lord! 16
Vidagdha said, heart-based with mind's illumination,
Abidintg in progenies, show the Supreme Abode Person!
I know, said Yājñavalkya, he is Son-Person stated,
Ask further,he is less than Para Brahma related!
If this Son Person is Para Brahma not stated,
Vidadgdha asked,who else is his god related?
Yājñavalkya said, Prajāpati is surely that lord,
Prajāpati's creator,Para Brahma is the God! 17
Yājñavalkya said, Śākalya,by Brāhmaṇas projected,
You are now a smouldering ember dejected!
As a burnt out coal with fire extinguished,
You are about to be completely vanquished! 18

याज्ञवल्क्येति होवाच शाकल्यो यदिदं कुरुपञ्चालानां ब्राह्मणानत्यवादी:
किं ब्रह्म विद्वानिति दिशो वेद सदेवाः सप्रतिष्ठा इति यद्दिशो वेत्थ
सदेवाः सप्रतिष्ठाः।१९
किं देवतोऽस्यां प्राच्यां दिश्यसीत्यादित्यदेवत इति स आदित्यः
कस्मिन्प्रतिष्ठित इति चक्षुषीति कस्मिन्नु चक्षुः प्रतिष्ठितमिति रूपेष्विति
चक्षुषा हि रूपाणि पश्यति कस्मिन्नु रूपाणि प्रतिष्ठितानीति हृदय इति
होवाच हृदयेन हि रूपाणि जानाति हृदये ह्येव रूपाणि प्रतिष्ठितानि
भवन्तीत्येवमेवैतद्याज्ञवल्क्य।२०

अब तुम बुझते अंगारे हो, यों याज्ञवल्क्य उसको कहते।
बस केवल बुझना शेष रहा, ये ब्राह्मण सुलगाते रहते! १८
ब्राह्मण जो कुरु-पांचालों के, तुम समझे, हरा दिया उनको!
यह ब्रहम् भला तुम क्या जानो, क्या ज्ञान दिशाओं का तुझको?
अब बता दिशाएँ कौन-कौन, दिक्-देव कौन से रहें वहाँ?
हे याज्ञवल्क्य यदि ज्ञान तुझे, दिक्-देव प्रतिष्ठित कहो कहाँ?१९
है पूर्व दिशा में देव कौन, आदित्य, प्रतिष्ठित वह किसमें?
इस चक्षु मध्य, यह चक्षु कहाँ, जो सब देखे, वह रूपों में!
यह रूप प्रतिष्ठित कहाँ कहो, वह हिय में, हिय को सभी ज्ञान।
यह हृदय नहीं तो रूप नहीं, कहता विदग्ध, सच कहा जान! २०

Upaniṣad]

As the Brāhmaṇas of Kuru and Pāñcāla you defeated,
Vidagdha said, Yājñavalkua now you are conceited.
As you know not Brahma, another question face!
Do you know about these quarters of space?
Vidagdha asked, what are the quarters there ?
Who as the Presiding Deities do adhere?
Where again established these deities do abide ?
Yājñavalkya, now answers to all these provide! 19
Now, who is the deity of the East Quarter stated ?
Yājñavalkya replied, the sun is so related!
In which again this sun remains established?
Yājñavalkya replied, in the eye it flourished.
Asked where eye abided, in the heart, he stated.
In the heart are established all forms, he related.
When the heart knows forms, the vision proceeded,
Quite so Yājñavalkya, Vidagdha conceded. 20

किं देवतोऽस्यां दक्षिणायां दिश्यसीति यमदेवत इति स यमः कस्मिन्प्रतिष्ठित
इति यज्ञ इति कस्मिन्नु यज्ञः प्रतिष्ठित इति दक्षिणायामिति कस्मिन्नु
दक्षिणा प्रतिष्ठितेति श्रद्धायामिति यदा ह्येव श्रद्धत्रेऽथ दक्षिणां ददाति
श्रद्धायां ह्येव दक्षिणा प्रतिष्ठितेति कस्मिन्नु श्रद्धा प्रतिष्ठितेति हृदय इति
होवाच हृदयेन हि श्रद्धां जानाति हृदये ह्येव श्रद्धा प्रतिष्ठिता
भवतीत्येवमेवैतद्याज्ञवल्क्य।२१ किं देवतोऽस्यां प्रतीच्यां दिश्यसीति
वरुणदेवत इति स वरुणः कस्मिन् प्रतिष्ठित इत्यप्स्विति कस्मिन्नवापः
प्रतिष्ठिता इति रेतसीति कस्मिन्नु रेतः प्रतिष्ठितमिति हृदय इति तस्मादपि
प्रतिरूपं जातमाहुर्हृदयादिव सृप्तो हृदयादिव निर्मित इति हृदये ह्येव रेतः
प्रतिष्ठितं भवतीत्येवमेवैत- द्याज्ञवल्क्य।२२

दक्षिण दिक् में है कौन देव, यम-मृत्यु, प्रतिष्ठित वह किसमें?
वह यज्ञ मध्य, यह यज्ञ कहाँ, दक्षिणा मध्य जो दें इसमें।
दक्षिणा कहाँ, वह श्रद्धा में, श्रद्धा से दें, श्रद्धा किसमें?
वह हिय में, हिय श्रद्धा जाने, कहता विदग्ध, कहते सच में! २१
पश्चिम दिक् में है देव कौन, वह वरुण, प्रतिष्ठित वह किसमें!
जल मध्य, प्रतिष्ठित जल किसमें, जल रहे प्रतिष्ठित रेतस् में।
रज-वीर्य कहाँ, वे हृदय मध्य, प्रतिरूप रहे शिशु कहें सभी।
वह माता-पिता हृदय से है, कहता विदग्ध, सच है यह भी! २२

[Bṛhadāraṇyaka-3-9

Now what god the southern quarter presided?
Death, said Yājñavalkya, in the south it resided.
Asked where death abided, he said, in the Yajña!
And where the Yajña is, in charity-'Dakṣiṇā'!
Where charity did lay,in faith, the seer stated.
Where faith is Yājñavalkya,in heart,he related.
This heart knows faith and in heart it abided,
Vidagdha said,quite so,the heart faith provided! 21
What deity this western quarter presided?
Yājṇavalkya said, Varuṇa or in clouds it resided.
Asked where Varuṇa lay, in water he stated,
And where was water, in semen he related.
Asked where semen lay, in the heart he stated,
Thus the parent's hearts similar progenies created.
In the heart semen and female seed abided,
Vidagdha said, quite so,heart these provided. 22
Yājñavalkya, in north quarter what god abided?
Yājñavalkya replied, the Soma God resided.
Asked where Soma lay,he said, in initiation,
Where initiation lay, in Truth, he did mention.

किं देवतोऽस्यामुदीच्यां दिश्यसीति सोमदेवत इति स सोमः कस्मिन्प्रतिष्ठित
इति दीक्षायामिति कस्मिन्नु दीक्षा प्रतिष्ठितेति सत्य इति तस्मादपि
दीक्षितमाहुः सत्यं वदेति सत्ये ह्येव दीक्षा प्रतिष्ठितेति कस्मिन्नु सत्यं
प्रतिष्ठितमिति हृदय इति होवाच हृदयेन हि सत्यं जानाति हृदये ह्येव
सत्यं प्रतिष्ठितं भवतीत्येवमेवैतद्याज्ञवल्क्य।२३
किं देवतोऽस्यां ध्रुवायां दिश्यसीत्यग्निदेवत इति सोऽग्निः कस्मिन्प्रतिष्ठित
इति वाचीति कस्मिन्नु वाक् प्रतिष्ठितेति हृदय इति कस्मिन्नु हृदयं
प्रतिष्ठितमिति।२४

फिर उत्तर दिक् में कौन देव, वह सोम, प्रतिष्ठित वह किसमें?
दीक्षा में, यह दीक्षा किसमें, यह दीक्षा रहती है सत् में।
'सत्यं वद' कहते दीक्षा में, यह सत्य कहाँ, यह है हिय में।
हिय से ही सत्य सभी जानें, कहता विदग्ध, सच है इसमें! २३
ध्रुव दिशा मध्य है देव कौन, वह अग्नि, प्रतिष्ठित वह किसमें?
वाणी में, वाक् कहाँ बतला, यह वाक् प्रतिष्ठित है हिय में।
यदि हृदय नहीं तो वाक् कहाँ, हिय से ही निकले वाक् यहाँ!
अब बतलाओ तुम याज्ञवल्क्य, यह हृदय प्रतिष्ठित रहे कहाँ? २४
रे निशिचर, क्या यह मनुज हृदय, तन मध्य नहीं, अन्यत्र कहीं?
कुत्ते न फांड़ खायें तन को, चिथड़े पक्षी क्या करें नहीं? २५

Upaniṣad]

Speak the truth, the teacher says in initiation.
Where the truth lies, in the heart of a person.
The heart knows the truth that all initiated.
Quite so, Yājñavalkya, you have rightly related! 23
Who the immutable Dhruva quarter presided?
Yājñavalkya said, fire-god,in Dhruva it resided.
Where fire abides,it in this speech abided!
Where the speech lay, the heart abode provided!
When this heart is full, the mouth speaks out.
The heart is the abode, none can do without!
Now Vidagdha Śākalya questioned anguished,
Where then this heart remains established? 24
Yājñavalkya said chiding, in the body it resided.
O Demon,do you think it elsewhere abided?
How else this body could have been alive?
Dogs and birds devouring, how could it survive? 25

अहल्लिकेति होवाच याज्ञवल्क्यो यत्रैतदन्यत्रास्मन्मन्यासै यद्ध्येतदन्यत्रा-
स्मत्स्याच्छ्वानो वैनदद्युर्वयांसि वैनद्विमथ्नीरन्निति।२५
कस्मिन्नु त्वं चात्मा च प्रतिष्ठितौ स्थ इति प्राण इति कस्मिन्नु प्राणः
प्रतिष्ठित इत्यपान इति कस्मिन्न्वपानः प्रतिष्ठित इति व्यान इति कस्मिन्नु
व्यानः प्रतिष्ठित इत्युदान इति कसिमन्नूदानः प्रतिष्ठित इति समान इति
स एष नेति नेत्यात्माऽगृह्यो न हि गृह्यतेऽशीर्यो न हि शीर्यतेऽसंगो न हि
सज्यतेऽसितो न व्यथते न रिष्यति। एतान्यष्टावायतनान्यष्टौ लोका अष्टौ
देवा अष्टौ पुरुषाः स यस्तान्पुरुषान्निरुह्य प्रत्युह्यात्यक्रामत्तं त्वौपनिषदं

तब बता प्रतिष्ठित तन किसमें, वह प्राण मध्य, यह प्राण कहाँ?
रहता अपान, फिर वह किसमें, है व्यान मध्य, ये सभी यहाँ।
यह व्यान प्रतिष्ठित कहाँ कहो, रहता उदान में, वह किसमें?
रहता 'समान' में यह उदान, आगे यह 'नेति' रहे इसमें!
आत्मा का वर्णन अधिक नहीं, हो पकड़ नहीं, अग्राह्य वही!
है यह अशीर्य, क्षयहीन रहे, हो यह असंग, निर्लिप्त यही!
है बंधन रहित यही आत्मा, सर्वदा रहे यह व्यथा रहित।
इसका होता न विनाश कभी, क्षय हीन अमरता-तत्त्व सहित।
ऋषि कहते, आठो देवों की, जो पुरुष आठ औ लोक सभी।
उनकी चर्चा कर ली हमने, अब पूछूँ कुछ तुझसे मैं भी!

[Bṛhadāraṇyaka-3-9

Where then the body with heart did abide?
Yājñavalkya said, it in Prāṇa did reside!
Where then is the Prāṇa,it abides in Apāna!
And where Apāna is, it is indeed in Vyāna!
Now where is Vyāna,it is based on Udāna!
And where Udāna lay,it is surely in Samāna!
This Self can not any further be described,
Only 'Not this''Not so'or 'No end'is ascribed!
Never grasped, it is beyond comprehension,
It is imperishable,not subject to destruction!
It is unattached and uncontaminated,
No shakles, no sorrows, never exterminated!
Yājñavalkya now added, eight gods we stated
Eight Persons and also Eight worlds related!
But only as parts all these there function,
Transcending all, there is the Upaniṣad Person!

पुरुषं पृच्छामि तं चेन्मे न विवक्ष्यसि मूर्धा ते विपतिष्यतीति। तं ह न मेने शाकल्यस्तस्य ह मूर्धा विपपातापि हास्य परिमोषिणोऽस्थीन्यपजह्रुरन्यन्मन्यमानाः।२६

अथ होवाच ब्राह्मणा भगवन्तो यो वः कामयते स मा पृच्छतु सर्वे वा मा पृच्छत यो वः कामयते तं वः पृच्छामि सर्वान्वा वः पृच्छामीति। ते ह ब्राह्मणा न दधृषुः।२७

करके निरोध ये सब विभिन्न, लेते जो रूप विराट्-पुरुष।
इन सबसे ऊपर जो स्वरूप, कहते उसको 'उपनिषत्-पुरुष'!
यह पूछँ मैं शाकल्य तुझे, यह कहो, उपनिषत्-पुरुष कौन?
यदि नहीं कहो सिर गिर जाये, रहता विदग्ध-शाकल्य मौन!
उसका मूर्धा फट गया वहीं, लज्जा से फिर वह बच न सका!
वह गिरा, चुरा लें कुछ समझे, ज्यों चोर अस्थि-पंजर उसका! २६
अब याज्ञवल्क्य कहते, भगवन, ब्राह्मणगण, प्रश्न करें इच्छित!
सब पूछें या मैं ही पूछूँ, जैसा भी सबको हो वाँछित!
मैं आप सबों से प्रश्न करूँ, यदि आप सभी चाहें ऐसा।
समवेत सभी ब्राह्मण गण में, कोई न वहाँ चाहे वैसा। २७

Upaniṣad]

Now I ask you Śākalya,describe that Person!
If you can not do so, you face humiliation!
Your head falling off you will not survive !
And failing he fell down and did not revive!
He had such a shock, his head was shattered,
His bones became loose as if stolen or battered!
Without any strength or support he was numbed,
And unable to stand he collapsed and succumbed! 26
Yājñavalkya now said to the Brāhmaṇas there,
O Reverend, any of you may question me here!
All of you may question if you so desire,
Or I may ask whosoever does so require!
Or if you all want that all of you I ask,
I am also prepared for such a great task.
But none of those Brāhmaṇas put questions there,
They all became silent and none did dare! 27

तान हैतैः श्लोकैः पप्रच्छ। यथा वृक्षो वनस्पतिस्तथैव पुरुषोऽमृषा। तस्य लोमानि पर्णानि त्वगस्योत्पाटिका बहिः। त्वच एवास्य रुधिरं प्रस्यन्दि त्वच उत्पटः। तस्मात्तदातृण्णात्प्रैति रसो वृक्षादिवाऽऽहतात्। मांसान्यस्य शकराणि किनाटं स्नाव तत्स्थिरम्। अस्थीन्यन्तरतो दारूणि मज्जा मज्जोपमा कृता। यद्वृक्षो वृक्णो रोहति मूलान्नवतरः पुनः। मर्त्यः स्विन्मृत्युना वृक्णः कस्मान्मूलात्प्ररोहति। रेतस इति मा वोचत जीवतस्तत्प्रजायते। धानारुह इव वै वृक्षोऽञ्जसा प्रेत्य संभवः। यत्समूल मावृहेयुर्वृक्षं न पुनराभवेत्। मर्त्यः स्विन्मृत्युना वृक्णः कस्मान्मूलात्प्ररोहति। जात एव न

जीवों में मनुज, कहें ऋषि अब, हों वृक्ष वनस्पति में जैसे।
वृक्षों में पत्ते, पुरुष-लोम, वल्कल-सा त्वक् तन में वैसे!
वल्कल कटता, रस-गोंद झरे, यह त्वचा कटे तब रुधिर बहे।
हैं नर्म तहें वल्कल भीतर, त्वक् के अन्दर भी मांस रहे।
वृक्षों में हैं रेशे होते, नाड़ी-नस होते तन में भी!
हो कठिन काष्ठ ज्यों वृक्ष मध्य, तन में वैसे हड्डियाँ सभी।
वृक्षों के अन्दर गूदा हो, यों मज्जा रहे मनुज अन्दर।
ये वृक्ष-मनुज हैं एक भाँति, केवल बाहर से हो अन्तर!
यह वृक्ष काट दे जब कोई, जड़ से जीवित हो फिर उगता।
लेकिन जब मृत्यु मनुज काटे, किस जड़ से पुनः मनुज जगता?

[Bṛhadāraṇyaka-3-9

As among plants a tree is outstanding,
Among all creatures man has his standing.
Yājñavalkya addressing the Brāhmaṇas thus stated,
A human person's hair like the tree-leaves rated.
As a tree has its bark, a person has the skin,
When cut the tree-sap and blood are akin.
As there are soft layers covered by the bark,
This skin as the cover of the flesh does mark.
Like fibres in trees, there are veins in a person,
As hard wood in trees,the bones here function.
In a tree there existed a soft pulp inside,
The bone-marrow in human bones does reside.
When a tree is cut down, Yājñavalkya stated,
Through its own roots it is rejuvenated.
So when like-wise death cuts down a person,
By what root does he rearise and function?

जायते को न्वेवं जनयेत्पुनः। विज्ञानमानन्दं ब्रह्मरातिर्दातुः परायणं तिष्ठमानस्य तद्विद इति।२८

चतुर्थ अध्याय-प्रथम ब्राह्मण

ॐ जनको ह वैदेह आसांचक्रेऽथ ह याज्ञवल्क्य आवव्राज। तं होवाच याज्ञवल्क्य किमर्थमचारीः पशूनिच्छन्नण्वन्तानिति। उभयमेव सम्राडिति होवाच।१

यदि कहें वीर्य से वह होता, हो वीर्य मात्र जबतक जीवित!
वह वृक्ष भाँति ही पुनः उगे, यदि रहे वीर्य होने पर मृत!
फिर मूल सहित दें वृक्ष काट, उत्पन्न नहीं वह हो पाता।
यह मृत्यु काटती मूल सहित, किस जड़ से पुनः पुरुष आता?
सर्वदा 'जात' हो यह आत्मा, 'उत्पन्न' अतः यह नहीं कभी।
'फिर से' यह हो 'उत्पन्न' यहाँ, यह प्रश्न निरर्थक स्वतः तभी!
विज्ञानपूर्ण है यह आत्मा, आनन्दात्मा औ ब्रह्म नाम!
याज्ञिक-दानी, स्थिर चित्तों का, औ ब्रह्मविदों का परमधाम! २८

चतुर्थ अध्याय-प्रथम ब्राह्मण (जनक-याज्ञवल्क्य)

थे एक समय बैठे विदेह, ऋषि याज्ञवल्क्य आ गये वहाँ।
पूछते जनक, हे याज्ञवल्क्य, किस हेतु पधारे आप यहाँ?

If said, one arises through semen seed again,
One does not, as semen but the living contain!
If the roots are cut, the tree growth not attains
So when finally dead, how a rebirth one gains?
When none did reply, Yājñavalkya thus stated,
The Self is not born, it eternally emanated.
Already existing and everlasting ascertained,
There is no question how rebirth it attained!
For those who do Yajñas and charities donated
And who equanimously Brahma meditated,
Consisting of Knowledge, Biss and cognition,
This Self is Brahma, the Abode and salvation! 28

Chapter Four-Section One (Janaka & Yājñavalkya)

Once when the Videha King Janaka sat there,
By chance there came Yājñavalkya the seer.
If cattle or metaphysical discussions he desired,
Thus asked, the seer said, why, both are required ! 1

यत्ते कश्चिदब्रवीत्तच्छृणवामेत्यब्रवीन्मे जित्वा शैलिनिर्वाग्वै ब्रह्मेति यथा मातृमान्पितृमानाचार्यवान्ब्रूयात्तथा तच्छैलिनिरब्रवीद्वाग्वै ब्रह्मेत्यवदतो हि किं स्यादित्यब्रवीत्तु ते तस्यायतनं प्रतिष्ठां न मेऽब्रवीदित्येकपाद्वा एतत्सम्राडिति स वै नो ब्रूहि याज्ञवल्क्य। वागेवायतनमाकाशः प्रतिष्ठा प्रज्ञेत्येनदुपासीत। का प्रज्ञता याज्ञवल्क्य, वागेव सम्राडिति होवाच। वाचा वै सम्राड् बन्धुः प्रज्ञायत ऋग्वेदो यजुर्वेदः सामवेदोऽथर्वांगिरस इतिहासः पुराणं विद्या उपनिषदः श्लोकाः सूत्राण्यनुव्याख्यानानि व्याख्यानानीष्टं

पशुओं की इच्छा है अथवा, अणु-अन्तों की चर्चा इच्छित?
कुछ सूक्ष्म विवेचन क्या होंगे, ऋषि कहें, युगल राजन वाँछित! १
राजन, गुरु ने जो कहा उसे, बतलायें प्रथम सभी वैसे!
जब याज्ञवल्क्य इस भाँति कहें, राजा विदेह कहते ऐसे।
मुझको जित्वा शैलिनी कहे, यह वाक् ब्रह्म का रूप रहे।
ऋषि कहें पिता माता गुरु से शिक्षित-सा यह शैलिनी कहे!
लेकिन वाणी-आयतन तथा क्या वाक्-प्रतिष्ठा बतलाया?
यह नहीं कहा उसने भगवन, तब एक पाद ही दिखलाया!
दें आप बता, ऋषि कहें सुनो, आयतन ब्रह्म का वाक् यही!
इस पिण्ड मध्य यह वाक् ब्रह्म, तन रूप ठिकाना रहे वही।

[Bṛhadāraṇyaka-4-1

Yājñavalkya said, O king, first you let me know,
What your teacher to you really did show?
Jitvā Śailinī has taught, the king thus stated,
This speech is Brahma, she has thus related.
Like parents and teachers she has well stated!
But had she the foundation of speech indicated?
And whether the abode of Speech-Brahma relaterd?
The king said, No Reverend, she had not narrated!
Brahma's body is this speech in a person,
In cosmos the space is the abode-foundation.
Para Brahma is the Supreme Intelligence stated,
As Wisdom and Intellect He should be meditated.
Yājñavalkya, what is this wisdom and intelligence?
O king, this speech is the wisdom's essence.
Speech Ṛg, Sāma, Yaju and Atharva all knows,
All histories, chronicles and Upaniṣads it shows.

हुतमाशितं पायितमयं च लोकः परश्च लोकः सर्वाणि च भूतानि वाचैव सम्राट् प्रज्ञायन्ते वाग्वै सम्राट् परमं ब्रह्म नैनं वाग्जहाति सर्वाण्येनं भूतान्यभिक्षरन्ति देवो भूत्वा देवानप्येति य एवं विद्वानेतदुपास्ते। हस्त्यृषभं सहस्रं ददामीति होवाच जनको वैदेहः। स होवाच याज्ञवल्क्यः पिता मेऽमन्यत नाननुशिष्य हरेतेति।२

येदव ते कश्चिदब्रवीत्तच्छृणवामेत्यब्रवीन्म उदंकः शौल्बायनः प्राणो वै ब्रह्मेति यथा मातृमान्पितृमानाचार्यवान्ब्रूयात्तथा तच्छौल्बायनोऽब्रवीत्प्राणो वै ब्रह्मेत्यप्राणतो हि किं स्यादित्यब्रवीत्तु ते तस्यायतनं प्रतिष्ठां न

आकाश प्रतिष्ठा है उसकी, ब्रह्माण्ड मध्य वह है नभ में।
यह 'प्रज्ञा' रूप रहे उसका, ऐसी उपासना हो इसमें।
अभिप्राय प्रज्ञता से क्या है, प्रज्ञता प्रकट हो वाणी से।
यह वाक् प्रज्ञता-रूप रहे, हम मित्र-बन्धु जानें इससे।
ऋक् यजु अथर्व औ साम सभी, इतिहास, उपनिषत् वाणी से।
सब विद्या अनुव्याख्यान, आदि, ये श्लोक, सूत्र सब हों इससे।
ये सब पुराण, व्याख्यान, इष्ट, भोजन, जल औ अन्यान्य दान।
इहलोक, भूत, परलोक आदि, वाणी से सब हों, सभी ज्ञान।
हे राजन, वाणी परम ब्रह्म, सब भूत करें रक्षा उसकी।
यह साथ नहीं छोड़े उसका, करता उपासना जो इसकी!
बन देव विराजे देवों में, ऐसी उपासना जो वरता।
राजा कहते, गौवें सहस्र, हाथी-सा वृषभ भेंट करता!
आदेश पिता का है उनको, ऋषि याज्ञवल्क्य ऐसा कहते।
जब तक न शिष्य को पूर्ण ज्ञान, दक्षिणा नहीं उससे लेते! २

Upaniṣad]

By speech the verses and commentaries are known.
All arts, aphorisms and annotations are shown.
It Yajñas, oblations, food and drinks indicated,
The charities,this world and hereafter vindicated.
O king by the speech are known all creatures,
Verily this speech as Para Brahma features.
Meditating thus as a god among gods one abided.
All beings such a person protection provided.
I give you a thousand cows, Janaka now stated,
And an elephant-like bull for what you related!
Yājñavalkya said, no, I have father's instruction,
No fees till I give you a complete education! 2

मेऽब्रवीत् इत्येकपाद्वा एतत्सम्राडिति स वै नो ब्रूहि याज्ञवल्क्य प्राण एवाएतनमाकाशः प्रतिष्ठा प्रियमित्येनदुपासीत का प्रियता याज्ञवल्क्य प्राण एव सम्राडिति होवाच प्राणस्य वै सम्राट् कामायायाज्यं याजयत्यप्रति गृह्यस्य प्रतिगृह्णात्यपि तत्र वधाशंकं भवति यां दिशमेति प्राणस्यैव सम्राट् कामाय प्राणो वै सम्राट् परमं ब्रह्म नैनं प्राणो जहाति सर्वाण्येनं भूतान्यभिक्षरन्ति देवो भूत्वा देवानप्येति य एवं विद्वानेतदुपास्ते हस्त्यृषभं सहस्रं ददामीति होवाच जनको वैदेहः स होवाच याज्ञवल्क्यः पिता मेऽमन्यत नाननुशिष्य हरेरेति।३

फिर याज्ञवल्क्य पूछें, राजन, गुरुओं ने जो कुछ कहा उसे।
बतलायें मुझको प्रथम आप, राजा इस पर कहते ऐसे।
कहते उदंक-शौल्बायन गुरु, यह प्राण ब्रह्म है, यों मुझसे।
ऋषि कहें पिता-माता गुरु से, शिक्षित-सा वे कहते तुझसे!
क्या प्राण ब्रह्म-आयतन तथा, क्या प्राण-प्रतिष्ठा बतलाया?
यह नहीं कहा मुझको भगवन, तब एक पाद ही दिखलाया!
दें आप बता, तब ऋषि कहते, आयतन ब्रह्म का प्राण यही।
इस पिण्ड मध्य यह प्राण ब्रह्म, तन रूप ठिकाना प्राण वही।
आकाश प्रतिष्ठा लोकों में, ब्रह्माण्ड मध्य वह है नभ में।
'प्रिय' रूप ब्रह्म जानो इसको, ऐसी उपासना कर इसमें।
इस प्रियता का तात्पर्य कहें, प्रियता प्रकटे इस प्राण जन्य।
यह प्राण रहे प्रियता स्वरूप, हम कहें प्राण-प्रिय जो अनन्य।

[Bṛhadāraṇyaka-4-1

Tell me, said the seer, what another teacher stated!
Janaka said, Prāṇa-Brahma Udaṁka Śaulbāyana related.
As parents and teachers say,he has educated.
But has he the foundation of Prāṇa indicated?
Whether he about its abode too narrated?
The king said, no,he has not so educated
The seer said, Prāṇa is the abode in a person.
And in cosmos the space as support does function.
As a 'beloved'and 'dear'Para Brahma is stated.
He should therefore be as 'dear'meditated.
The king asked, what this dearness denoted?
Yājñavalkya said, verily it Prāṇa connoted.
For life, from an unworthy,one takes a donation,
And performs a Yajña for an unworthy person.
For the Love of one's life,one fears being killed,
Always for the love of one's life one is filled!

यदेव ते कश्चिदब्रवीत्तच्छृणवामेत्यब्रवीन्मे बर्कुर्वार्ष्णश्चक्षुर्वै ब्रह्मेति यथा
मातृमान्पितृमानाचार्यवान्ब्रूयात्तथा तद्वार्ष्णोऽब्रवीच्चक्षुर्वै ब्रह्मेत्यपश्यतो हि
किं स्यादित्यब्रवीत्तु ते तस्यायतनं प्रतिष्ठां न मेऽब्रवीदित्येकपाद्वा
एतत्सम्राडिति स वै नो ब्रूहि याज्ञवल्क्य चक्षुरेवायतनमाकाशः प्रतिष्ठा
सत्यमित्येनदुपासीत का सत्यता याज्ञवल्क्य चक्षुरेव सम्राडिति होवाच
चक्षुषा वै सम्राट् पश्यन्तमाहुरदाक्षीरिति स आहाद्राक्षमिति तत्सत्यं भवति

जो यज्ञ-कर्म के योग्य नहीं, उनको भी यज्ञ करा देते।
जो हों कुपात्र, हम प्राण जन्य, उनसे भी दान ग्रहण क़रते!
इस प्राण-प्रेम के कारण ही, हम यात्रा करते जहाँ-जहाँ।
यह भय भी साथ लिये जाते, मारे हमको कोई न वहाँ!
है प्राण यही वह परम ब्रह्म, करता उपासना जो इसकी।
यह साथ नहीं छोड़े उसका, सब भूत करें रक्षा उसकी।
बन देव विराजे देवों में, प्रिय प्राण-ब्रह्म को जो वरता।
कहते राजा, गौवें सहस्र, हाथी-सा वृषभ भेंट करता!
जबतक न शिष्य पूरा जाने, ऋषि याज्ञवल्क्य ऐसा कहते।
उपदेश पिता का है ऐसा, कुछ भेंट नहीं उससे लेते! ३
ऋषि याज्ञवल्क्य फिर कहें यही, गुरुओं ने ज़ो कुछ कहा सभी।
बतलायें मुझको आप प्रथम, राजा़ इसपर यों कहें तभी।
यह चक्षु ब्रह्म है, वर्कु वार्ष्ण, ऐसा ही कहते हैं मुझसे।
ऋषि कहें, पिता माता गुरु से, शिक्षित-सा वे कहते तुझसे!

Upaniṣad]

The Life Principle is Supreme Brahma venerated.
The breath of life leaves not who so meditated.
All beings flock to him and all him protected,
Among the gods he is as a great god respected.
I give you a thousand cows, Janaka exclaimed,
And an elephant- like bull for what you explained!
Yājñavalkya said, no, my father has directed,
Take nothing as fees till you fully instructed! 3
He again asked, what other teachers had stated?
The king said, Varku Vārṣṇa Eye Brahma related.
He also like parents and teachers educated,
But had he its abode and support indicated?

चक्षुर्वै सम्राट् परमं ब्रह्म नैनं चक्षुर्जहाति सर्वाण्येनं भूतान्यभिक्षरन्ति देवो भूत्वा देवानप्येति य एवं विद्वानेतदुपास्ते हस्त्यृषभं सहस्रं ददामीति होवाच जनको वैदेहः स होवाच याज्ञवल्क्यः पिता मेऽमन्यत नाननुशिष्य हरेतेति।४

क्या चक्षु-ब्रह्म आयतन तथा क्या चक्षु-प्रतिष्ठा बतलाया?
यह नहीं कहा उसने भगवन, तब एक पाद ही दिखलाया!
दें आप बता, ऋषि कहें सुनो, आयतन ब्रह्म का चक्षु यही।
इस पिण्ड मध्य है चक्षु ब्रह्म, तन रूप ठिकाना रहे वही!
आकाश प्रतिष्ठा विश्व मध्य, ब्रह्माण्ड-ब्रह्म हो स्थित नभ में।
है 'सत्य' रूप पर-ब्रह्म यही, ऐसी उपासना कर मन में!
अभिप्राय 'सत्यता' का कह दें, सत्यता चक्षु से ले स्वरूप।
हम सत्य देखते चक्षु जन्य, यह चक्षु रहे सत्यता रूप।
जिसने कुछ देखा, पूछें यदि, देखा, हाँ देखा, वह कहता।
वह देख रहा था आँखों से, जो देखा सत्य वही रहता।
यह चक्षु वही है, परम ब्रह्म, करता उपासना जो इसकी।
यह चक्षु छोड़ता साथ नहीं, सब भूत करें रक्षा उसकी।
बन देव विराजे देवों में, सत् चक्षु-ब्रह्म को जो वरता।
कहते राजा, गौवें सहस्र, हाथी-सा वृषभ भेंट करता।
जब तक न शिष्य पूरा समझे, ऋषि याज्ञवल्क्य कहते ऐसा।
कुछ भेंट नहीं उससे लेते, आदेश पिता का है वैसा। ४

[Bṛhadāraṇyaka-4-1

The king said, no, he has not so described.
Then he has again only one-fourth prescribed!
Do tell me that yourself, the king then stated,
The seer said, in body the eye abode related.
In cosmos the space is the abode and support,
These two the Eye- Brahma's Truth-Form purport.
Yājñavalkya tell me, what this Truth connoted,
The seer said, O king, the eye Truth denoted!
When one asked a person, something who has seen,
He says he has seen and the truth he does mean.
The eye is Supreme Brahma, Yājñavalkya stated,
The eyes not desert one who so meditated.
I give you a thousand cows, Janaka again stated,

यदेव ते कश्चिदब्रवीत्तच्छृणवामेत्यब्रवीन्मे गर्दभीविपीतो भारद्वाजः श्रोत्रं
वै ब्रह्मेति यथा मातृमान्पितृमानाचार्यवान्ब्रूयात्तथा तद्भारद्वाजोऽब्रवीच्छ्रोत्रं
वै ब्रह्मेत्यश्रृण्वतो हि किं स्यादित्यब्रवीत्तु ते तस्यायतनं प्रतिष्ठां न
मेऽब्रवीदित्येकपाद्वा एतत्सम्राडिति स वै नो ब्रूहि याज्ञवल्क्य
श्रोत्रमेवायतनमाकाशः प्रतिष्ठाऽनन्त इत्येनदुपासीत काऽनन्तता याज्ञवल्क्य
दिश एव सम्राडिति होवाच तस्माद्वै सम्राडपि यां कां च दिशं गच्छति
नैवास्या अन्तं गच्छत्यनन्ता हि दिशो दिशो वै सम्राट् श्रोत्रं श्रोत्रं वै
सम्राट् परमं ब्रह्म नैनं श्रोत्रं जहाति सर्वाण्येनं भूतान्यभिक्षरन्ति देवो

फिर याज्ञवल्क्य कहते, राजन, गुरुओं ने जो कुछ कहा उसे।
बतलायें मुझको प्रथम आप, राजा इस पर कहते ऐसे।
यह श्रोत्र ब्रह्म है, इस प्रकार, गर्दभी विपीत कहें मुझसे।
ऋषि कहें, पिता माता गुरु से, शिक्षित-सा वे कहते तुझसे।
क्या श्रोत्र-ब्रह्म आयतन तथा क्या श्रोत्र-प्रतिष्ठा बतलाया?
यह नहीं कहा उसने भगवन, तब एक पाद ही समझाया।
दें आप बता, ऋषि कहें सुनो, आयतन ब्रह्म का श्रोत्र यही।
इस पिण्ड मध्य है श्रोत्र ब्रह्म, तन रूप ठिकाना रहे वही।
आकाश प्रतिष्ठा त्रिभुवन में, ब्रह्माण्ड-ब्रह्म है स्थित नभ में।
रहता यह ब्रह्म अनन्त रूप, ऐसी उपासना कर इसमें!

And an elephant-like bull for having so related.
Yājñavalkya said,no,his father had instructed
Accept not any fees till you fully educated. 4
The seer again asked, what another teacher stated?
He said, Gardhabhī Vipīta Ear Brahma related.
As parents and teachers he has educated,
But had he its abode and support indicated?
The king said,no he has not so described!
The seer said, he only one fourth prescribed!
Seer, tell me the abode, support and meditation!
The seer said, the ear is the physical foundation!
In cosmos this space as the abode supported,
As Endless in form Ear Brahma is purported!
The king asked, what is Endlessness in nature?
The quarters O king have the endlessness feature!

भूत्वा देवानप्येति य एवं विद्वानेतदुपास्ते हस्त्यृषभं सहस्रं ददामीति होवाच जनको वैदेहः स होवाच याज्ञवल्क्यः पिता मेऽमन्यत नाननुशिष्य हरेतेति।५

यदेव ते कश्चिदब्रवीत्तच्छृणवामेत्यब्रवीन्मे सत्यकामो जाबालो मनो वै ब्रह्मेति यथा मातृमान्पितृमानाचार्यवान्ब्रूयात्तथा तज्जाबालोऽब्रवीन्मनो वै ब्रह्मेत्यमनसो हि किं स्यादित्यब्रवीत्तु ते तस्यायतनं प्रतिष्ठां न मेऽब्रवीदित्येकपाद्वा एतत्सम्राडिति स वै नो ब्रूहि याज्ञवल्क्य मन एवायतनमाकाशः प्रतिष्ठाऽऽनन्द इत्येनदुपासीत का आनन्दता याज्ञवल्क्य मन एव सम्राडिति होवाच मनसा वै सम्राट् स्त्रियभिहार्यते तस्यां प्रतिरूपः

है यह अनन्तता क्या भगवन, यह दिक् अनन्तता प्रकट करे।
होती अनन्तता श्रोत्र रूप, ये दिक् अनन्त हों, सभी परे।
जिस किसी दिशा में हम जायें, उसका होता है नहीं अन्त।
पिण्डों में श्रोत्र अनन्त रूप, ये सभी दिशा होतीं अनन्त।
है श्रोत्र यही वह परम ब्रह्म, सब भूत करें रक्षा उसकी।
यह श्रोत्र छोड़ता नहीं साथ, करता उपासना जो इसकी।
बन देव विराजे देवों में, दिक्-श्रोत्र-ब्रह्म को जो वरता।
कहते राजा गौवें सहस्र, हाथी-सा वृषभ भेंट करता।
जबतक न शिष्य पूरा जाने, ऋषि याज्ञवल्क्य ऐसा कहते।
आदेश पिता का है ऐसा, दक्षिणा नहीं उससे लेते। ५
हे राजन, कहते याज्ञवल्क्य, गुरुओं ने जो कुछ कहा उसे।
बतलायें मुझको आप प्रथम, राजा इसपर कहते ऐसे।

[Bṛhadāraṇyaka-4-1

To whatever quarter a person proceeded,
In finding its end he never succeeded.
Quarters and the ear Supreme Brahma indicated,
This ear not deserted who thus meditated.
All run to him and protected he remained,
Abiding among gods, full god-hood he gained.
I give you a thousand cows, king Janaka stated,
And an elephant-like bull for what you related.
Yājñavalkya said,he could not accept the donation.
His father had given him such an instruction.
He had said that nothing as fee be accepted,
Till he while teaching had fully instructed. 5
Yājñavalkya again asked,what another teacher stated?
The king said, one Satyakāma Jābāla educated.
He had taught the mind is Brahma venerated.
The seer said, like parents and teachers he related!

पुत्रो जायते स आनन्दो मनो वै सम्राट् परमं ब्रह्म नैनं मनो जहाति सर्वाण्येनं भूतान्यभिक्षरन्ति देवो भूत्वा देवानप्येति य एवं विद्वानेतदुपास्ते हस्त्यृषभं सहस्रं ददामीति होवाच जनको वैदहः स होवाच याज्ञवल्क्यः पिता मेऽमन्यत नाननुशिष्य हरेतेति।६

यदेव ते कश्चिदब्रवीत्तच्छृणवामेत्यब्रवीन्मे विदग्धः शाकल्यो हृदयं वै ब्रह्मेति यथा मातृमान्पितृमानाचार्यवान्ब्रूयात्तथा तच्छाकल्योऽब्रवीद्धृदयं ब्रह्मेत्यहृदयस्य हि किं स्यादित्यब्रवीत्तु ते तस्यायतनं प्रतिष्ठां न

मन ब्रह्म रूप है, कहें यही, गुरु सत्यकाम जाबाल मुझे!
ऋषि कहें पिता माता गुरु से, शिक्षित-सा वे यों कहें तुझे!
आयतन-प्रतिष्ठा क्या उसने, मन-ब्रह्म विषय में बतलाया?
यह नहीं कहा उसने भगवन, तब एक पाद ही समझाया।
दें बता आप, तब ऋषि कहते, आयतन ब्रह्म का है मन ही।
इस पिण्ड मध्य मन ब्रह्म रूप, तन रूप ठिकाना रहे यही।
आकाश प्रतिष्ठा विश्व मध्य, यह ब्रह्म प्रतिष्ठित है नभ में।
'आनन्द' रूप यह ब्रह्म रहे, ऐसी उपासना कर मन में।
ऋषि, क्या है 'आनन्दता' कहें, आनन्द सभी होता मन से।
आनन्द प्रकट मन ही करता, मन में ही आनन्दता बसे।

Upaniṣad]

Verily, one can not do without this mind!
But had he its abode and support defined?
The king said, no, that he had not related.
The seer said, he only then one-fourth stated!
Then tell me O seer, its abode and foundation!
The seer said, mind itself as abode does function.
The Mind-Brahma is as 'Bliss'meditated,
The king asked, O seer, what this Bliss related?
Mind itself O king, mind all Bliss contained.
By mind choosing wife, one blissful son gained.
This mind is Brahma which as Bliss asserted.
Surely knowing this the mind not deserted!
A person who mind as Para Brahma meditated,
All beings flock to him and he is venerated.
Meditating the Mind-Brahma he is protected.
And abiding among gods is god-like respected.

मेऽब्रवीदित्येकपाद्वा एतत्सम्राडिति स वै नो ब्रूहि याज्ञवल्क्य हृदयमेवायतनमाकाशः प्रतिष्ठा स्थितिरित्येनदुपासीत का स्थितता याज्ञवल्क्य हृदयमेव सम्राडिति होवाच हृदयं वै सम्राट् सर्वेषां भूतानामायतनं हृदयं वै सम्राट् सर्वेषां भूतानां प्रतिष्ठा हृदयं ह्येव सम्राट् सर्वाणि भूतानि प्रतिष्ठितानि भवन्ति हृदयं वै सम्राट् परमं ब्रह्म नैनं हृदयं जहाति सर्वाण्येनं भूतान्यभिक्षरन्ति देवो भूत्वा देवानप्येति य एवं विद्वानेतदुपास्ते हस्त्यृषभं सहस्रं ददामीति होवाच जनको वैदेहः स होवाच याज्ञवल्क्यः पिता मेऽमन्यत नाननुशिष्य हरेतेति॥७

नर-नारी आकर्षण मन से, प्रतिरूप पुत्र होता इससे।
यह होता है आनन्द महा, आनन्द पिण्ड को हो मन से।
यह मन ही है वह परम ब्रह्म, करता उपासना जो मन की।
मन साथ नहीं छोड़े उसका, सब भूत करें रक्षा उसकी।
बन देव विराजे देवों में, आनन्द-ब्रह्म-मन जो वरता।
कहते राजा, गौवें सहस्र, हाथी-सा वृषभ भेंट करता!
जब तक न शिष्य पूरा जाने, ऋषि याज्ञवल्क्य कहते ऐसा।
कुछ भेंट नहीं उससे लेते, आदेश पिता का है वैसा। ६
फिर याज्ञवल्क्य कहते, राजन, गुरुओं ने जो कुछ कहा उसे।
बतलायें मुझको प्रथम आप, राजा इसपर कहते ऐसे।
यह हृदय ब्रह्म है, गुरु विदग्ध शाकल्य मुझे कहते ऐसा।
ऋषि कहें, पिता माता गुरु से, शिक्षित-सा वे कहते वैसा।

[Bṛhadāraṇyaka-4-1

I give you a thousand cows,the king thus stated.
And an elephant-like bull for all you related!
Yājñavalkya said, no, his father has directed,
I accept no fees till I fully instructed! 6
The seer asked again, what another one stated?
Vidagdha Śākalya about Heart Brahma related.
O king, he as parents and teachers educated!
But had he its Support and Abode indicated?
The king said, no, he had not elaborated!
O king, then he only one- fourth narrated!
Truly, what one can do if no heart is there?
But without foundation one does not adhere!
Then do tell me seer, its abode and support!
The seer said, the heart as abode does purport!
In cosmos the space as support does function,
As 'stable'and 'existent' one does meditation!

चतुर्थ अध्याय-द्वितीय ब्राह्मण

ॐ जनको ह वैदेहः कूर्चादुपावसर्पन्नुवाच नमस्तेऽस्तु याज्ञवल्क्यानु मा शाधीति स होवाच यथा वै सम्राणमहान्तमध्वानमेष्यन् रथं वा नावं वा समाददीतैवमेवैताभिरूपनिषद्भिः समाहितात्माऽस्येवं वृन्दारक आढ्यः

फिर हृदय-ब्रह्म आयतन तथा, क्या हृदय-प्रतिष्ठा बतलाया?
यह नहीं कहा उसने भगवन, तब एक पाद ही दिखलाया!
दें बता आप, तब ऋषि कहते, आयतन ब्रह्म का है हिय ही।
इस पिण्ड मध्य यह हृदय ब्रह्म, तन रूप ठिकाना हृदय यही!
आकाश प्रतिष्ठा सृष्टि मध्य, ब्रह्माण्ड-ब्रह्म है स्थित नभ में।
'स्थिति' रूप ब्रह्म इसको कहते, ऐसी उपासना हो इसमें।,
'स्थितता' से क्या तात्पर्य रहे, यह हृदय प्रकट करता 'स्थितता'।
हिय में ही स्थिति होती सबकी, हिय से ही स्थिति अनुभव करता।
आश्रय सबका है हृदय यही, सब भूत प्रतिष्ठित हैं हिय में।
स्थिति का स्वरूप यह हृदय रहे, सब कुछ ही रहता है इसमें।
यह हृदय वही है परम ब्रह्म, करता उपासना जो हिय की।
हिय साथ नहीं छोडे उसका, सब भूत करें रक्षा उसकी।
बन देव विराजे देवों में, स्थिति-हृदय-ब्रह्म को जो वरता।
कहते राजा, गौवें सहस्र, हाथी-सा वृषभ भेंट करता!
जब तक न शिष्य सब कुछ जाने, ऋषि याज्ञवल्क्य कहते ऐसा।
कुछ भेंट नहीं लेते उससे, आदेश पिता का है वैसा। ७

Upaniṣad]

The king asked,what 'stable and existent' denoted?
The heart itself O king all existence connoted!
The heart as the abode supports all there,
All existed and rested well established here!
This heart is Supreme Brahma, the seer asserted.
Knowing it one is not by this heart deserted.
All beings come to him who thus meditated.
As a god among gods he abides venerated.
I give you a thousand cows, Janaka again stated,
And an elephant-like bull for what you related!
Yājñavalkya said,no,his father has directed,
Accept no fees till you fully instructed! 7

Chapter Four-Section Two
(Waking, Dream and Deep Sleep)

Coming down from the throne,King Janaka now stated,
Instruct me O Seer,I bow to you prostrated!

सन्नधीतवेद उक्तोपनिषत्क इतो विमुच्यमानः क्व गमिष्यसीति नाहं तद्भगवन्वेद यत्र गमिष्यामीत्यथ वै तेऽहं तद्वक्ष्यामि यत्र गमिष्यसीति ब्रवीतु भगवानिति।१

इन्धो ह वै नामैष योऽयं दक्षिणेऽक्षन्पुरुषस्तं वा एतमिन्धं सन्तमिन्द्र इत्याचक्षते परोक्षेणैव परोक्षप्रिया इव हि देवाः प्रत्यक्षद्विषः।२

चतुर्थ अध्याय-द्वितीय ब्राह्मण (जाग्रत-स्वप्न-सुषुप्ति)

यह सुन विदेह सिंहासन से, नीचे आकर कहते ऋषि को।
है नमस्कार मेरा भगवन, दें शिष्य समझ शिक्षा मुझको!
ऋषि कहें, दीर्घ पथ तय करने, रथ-नाव सहारा लें जैसे।
जीवन यात्रा में आप लिये, उपनिषत्-ज्ञान राजन वैसे!
हैं पूज्यनीय औ धनी आप, उपनिषत्-वेद सब पढ़ा यहाँ।
जब देह तजेंगे, बतलायें, राजन जायेंगे आप कहाँ?
यह नहीं जानता मैं भगवन, जाऊँ मैं कहाँ छोड़ जग को!
फिर यह बतलाऊँ मैं कैसे, बतला दें यह भगवन मुझको! १
दाहिने नेत्रसे झाँक रहा, तन में जो बैठा पुरुष वही!
ऋषि कहते, यह है आत्मतत्त्व, अपने को करता व्यक्त यही!
यह 'इन्ध' क्योंकि यह दीप्तिमान कहते परोक्ष में इन्द्र सभी।
प्रत्यक्ष बुरा, वे इन्द्र कहें, होते परोक्ष प्रिय सुरगण भी! २

[Bṛhadāraṇyaka-4-2

The seer said, when one a long trip undertakes,
A boat or a chariot for the purpose he takes.
Like-wise you are with the Upaniṣads furnished,
You are very rich and in the Vedas accomplished.
You have studied the Upaniṣads,so now you tell,
Where will you go, freed from body,to dwell?
Seer, where will I go, I do not really know!
Yājñavalkya said O king, then I will now show!
Do teach me Yājñavalkya, the king then stated,
Now Yājñavalkya to Janaka the follwing related. 1
The Self through the eye itself manifested.
In the right eye peeping as 'Indha'existed!
Indirectly Indra named, the Self illuminated,
Not liking direct Indha,gods Indra related! 2

अथैतद्वामेऽक्षणि पुरुष रूपमेषास्य पत्नी विराट् तयोरेष संस्तावो य एषोऽन्तर्हृदय आकाशोऽथैनयोरेतदन्नं य एषोऽन्तर्हृदये लोहितपिण्डोऽथैनयोरेतत्प्रावरणं यदेतदन्तर्हृदये जालकमिवाथैनयोरेषा सृतिः संचरणी यैषा हृदयादूर्ध्वा नाड्युच्चरति यथा केशः सहस्रधा भिन्न एवमस्यैता हिता नाम नाड्योऽन्तर्हृदये प्रतिष्ठिता भवन्त्येताभिर्वा एतदास्रवदास्रवति तस्मादेष प्रविविक्ताहारतर इवैव भवत्यस्माच्छारीरादात्मनः।३

बायीं आँखों से झांक रहा, नारी बन आत्मा-तत्त्व वही।
प्रत्यक्ष नाम उसका विराट्, कहते परोक्ष इन्द्राणी ही।
जो स्थल इनके मिलने का हो, अन्दर हिय का आकाश यही।
स्वप्नावस्था में ये खायें, हिय का जो लोहित पिण्ड वही।
है जाल नाड़ियों का फैला, संचालित रुधिर करे पोषण।
उनसे आवेष्टित ज्यों बन्दी, ये हिय नभ में करते विचरण।
हिय से ऊपर जो नाड़ी हो, उसमें ही ये घूमते रहें।
कर दें सहस्र यदि भाग केश, वैसी ही नाड़ी 'हिता' कहें।
ये हिता स्रवण जो रस करतीं, ये युगल तत्त्व उसमें विचरें।
ये हिता नाड़ियाँ ही उनका, आहार शुद्ध उपलब्ध करें।
स्वप्नावस्था में यह होता, यह आत्मतत्त्व हो हिय नभ में।
वृत्तियाँ बहिर्मुख जो रहतीं, अन्तर्मुख हों सब कुछ उसमें। ३

Upaniṣad]

From the left eye also a Person all perceived,
She is the consort of Indra as 'Virāt'conceived.
Indirectly though she is Indrāṇi designated,
The two forms of the Self are 'illumined'stated.
These male and female have a rendezvous place,
They meet and unite in the heart's inner space.
In heart the Self thus all functions sustained,
While one is asleep the heart all maintained.
In the heart's vein-net these powers percolatedd,
In sleep with the sap they upwards circulated.
Subtle as hair a thousand times divided,
The 'Hitā'veins to these a pure food provided. 3
The Self in the waking state in eyes existed,
As in a dream it in heart manifested.
The Self in the deep sleep in Prāṇa resided,
In all quarters every where in Prāṇa abided.

तस्य प्राची दिक् प्राञ्चः प्राणा दक्षिणा दिग्दक्षिणे प्राणाः प्रतीची दिक् प्रत्यञ्चः प्राणा उदीची दिगुदञ्चः प्राणा ऊर्ध्वा दिगूर्ध्वाः प्राणा अवाची दिगवाञ्चः प्राणाः सर्वा दिशः सर्वे प्राणाः स एष नेति नेत्यात्माऽगृह्यो नहि गृह्यतेऽशीर्यो नहि शीर्यतेऽसङ्गो नहि सज्यतेऽसितो न व्यथते न रिष्यत्यभयं वै जनक प्राप्तोऽसीति होवाच याज्ञवल्क्यः। स होवाच जनको वैदेहोऽभयं त्वा गच्छताद्याज्ञवल्क्य यो नो भगवन्नभयं वेदयसे नमस्तेऽस्त्विमे विदेहा अयमहमस्मि।४

यह आत्मतत्त्व हो प्राण मध्य, होता सुषुप्ति में जब यह तन।
जैसे स्वप्नों में हो हिय में, औ जाग्रत में स्थित इसी नयन।
जागे-सोये वह तत्त्व नहीं, जागे-सोये केवल यह तन।
वह स्थान बदलता रहता है, निज ज्योति और सत्ता-कारण।
इसलिये सुषुप्ति जभी होती, यह आत्मतत्त्व हो प्राण यही।
प्राची में बनता पूर्व-प्राण, दक्षिण में दक्षिण-प्राण वही।
सब दिशा मध्य वह सर्व-प्राण, पश्चिम में प्राण प्रतीचीमय।
नीचे-ऊपर भी वही प्राण, उत्तर में प्राण उदीचीमय।
है आत्मतत्त्व का रूप एक, जाग्रत औ स्वप्न, सुषुप्ति परे।
वह है तुरीय-अनिवर्चनीय, वह 'नेति-नेति' ही रहा करे।
वह है अशीर्य, क्षयहीन रहे, वह है अग्राह्य, हो पकड़ नहीं।
वह है असंग, निर्लिप्त भाव, उस आत्मा को बन्धन न कहीं।

[Bṛhadāraṇyaka-4-2

The east, west,north and the south it invaded,
Up and down,the Self in the Prāṇa pervaded.
But a Fourth State of Bliss is 'Undefinable'stated.
'No end to it' there, it is 'Not This'related!
Not to be conceived,the Self is inconcievable!
Perishes not the Self,it is imperishable!
It is unattached and not contaminable!
No shakles,nor sorrows it is invariable
O king that Imperishable you have realized!
Inconceivable through the Upaniṣads visualized!
Yājñavalkya said, that Fearless you attain!
The Unattached and Untinted Self you will gain!
O Yājñavalkya, by your grace, the Self I did gain!
May you also that Self Fearless attain!
Salutations O Reverend, I am at your feet!
This whole Videha kingdom your own you may treat! 4

चतुर्थ अध्याय-तृतीय ब्राह्मण

जनकं ह वैदेहं याज्ञवल्क्यो जगाम स मेने न वदिष्य इत्यथ ह यज्जनकश्च
वैदेहो याज्ञवल्क्यश्चाग्निहोत्रे समूदाते तस्मै ह याज्ञवल्क्यो वरं ददौ स ह
कामप्रश्नमेव वव्रे तं हास्मै ददौ तं ह सम्राडेव पूर्व पप्रच्छ।१
याज्ञवल्क्य किं ज्योतिरयं पुरुष इति। आदित्य ज्योतिः सम्राडिति होवाचा-
दित्यैनैवायं ज्योतिषास्ते पल्ययते कर्म कुरुते विपल्येतीत्येवमेवैतद्याज्ञवल्क्य।२

उसको न व्यथा, वह नाश रहित, तुम जनक वही पद पाओगे!
तुमने जाना है आत्मतत्त्व, तुम आत्मतत्त्व में जाओगे।
ऋषि कहें पुनः, हो अभय प्राप्त, राजन तुम होगे अभय रूप!
हों अभय आप भी, जनक कहें, हों स्वयं अभय का ही स्वरूप!
हे याज्ञवल्क्य है नमस्कार, स्वीकार करो यह प्रत्यर्पण!
मेरा यह पूर्ण विदेह राज्य, औ अपने को करता अर्पण! ४

चतुर्थ अध्याय-तृतीय ब्राह्मण

ऋषि याज्ञवल्क्य एकदा गये, राजा विदेह के पास कभी।
ऋषि सोचें, आज नहीं बोलें, पर ताड़ गये यह राजन भी!
था अग्निहोत्र हो रहा कहीं, ऋषि औ राजा थे साथ जहाँ।
वर 'कामप्रश्न' का माँगा था, ऋषि ने उनको था दिया वहाँ!
राजा ने निश्चय किया यही, बोलना पड़ेगा ही इनको!
वर कामप्रश्न का स्मरण दिला, राजा विदेह पूछें उनको। १
पाये प्रकाश यह पुरुष कहाँ, ऋषि कहें सूर्य से वह पाता।
जाग्रत में सब रवि ज्योति जनित, बैठा रहता, आता-जाता!
आदित्य ज्योति के कारण ही, जाग्रत में कार्य सभी करते।
कर कार्य उसीमें घर लौटें, कहते राजा, सच ही कहते! २

Chapter Four-Section Three

Once Yājñavalkya went to king Janaka so thinking,
That he will only listen and not be speaking
Of the seer's resolve the king became aware,
And to break his silence he decided there.
Once Yājñavalkya and Janaka when a Yajña attended.
A boon to the king Yājñavalkya had intended.
Janaka had reserved that boon for the future,
Reminded of that boon the seer now had to tutor! 1
Wherefrom, asked Janaka, one gets illumination?
While waking O king, it is from the sun.
One sits, works, moves and returns in sun-light
The king agreed, exactly, it is quite right! 2

अस्तमित आदित्ये याज्ञवल्क्य किं ज्योतिरेवायं पुरुष इति चन्द्रमा एवास्य ज्योतिर्भवतीति चन्द्रमसैवायं ज्योतिषास्ते पल्ययते कर्म कुरुते विपल्येतीत्येवमेवैतद्याज्ञवल्क्य।३

अस्तमित आदित्ये याज्ञवल्क्य चन्द्रमस्यस्तमिते किं ज्योतिरेवायं पुरुष इत्यग्निरेवास्य ज्योतिर्भवतीत्यग्निनैवायं ज्योतिषास्ते पल्ययते कर्म कुरुते विपल्येतीत्येवमेवैतद्याज्ञवल्क्य।४

अस्तमित आदित्ये याज्ञवल्क्य चन्द्रमस्यस्तमिते शान्तेऽग्नौ किं ज्योतिरेवायं पुरुष इति वागेवास्य ज्योतिर्भवतीति वाचैवायं ज्योतिषास्ते पल्ययते कर्म कुरुते विपल्येतीति तस्माद्वै सम्राडपि यत्र स्वः पाणिर्न विनिर्ज्ञायतेऽथे यत्र वागुच्चरत्युपैव तत्र न्येतीत्येवमेवैतद्याज्ञवल्क्य।५

पाये प्रकाश यह पुरुष कहाँ, आदित्य अस्त जब हो जाता?
रवि जब अस्ताचल को जाये, शशि से प्रकाश वह है पाता।
इस चन्द्र ज्योति से चलें-फिरें, बैठते, कार्य भी सब करते।
कर कार्य उसीमें घर लौटें, कहते राजा सच ही कहते! ३
पाये प्रकाश यह पुरुष कहाँ, जब रवि-शशि होते अस्त युगल?
ऋषि कहते पावक से पाता, पावक से करता कार्य सकल!
इस अग्नि ज्योति से ही तब सब, चलते-फिरते, बैठे रहते।
सब कार्य करें, फिर घर लौटें, कहते राजा, सच ही कहते! ४
शशि-सूर्य अस्त हों, अग्नि शान्त, पाये प्रकाश तब कहो कहाँ?
वाणी से तब पायें प्रकाश, वाणी से बैठें-चलें यहाँ।
वाणी से ही सब कार्य करें, कर कार्य पुनः घर को आते।
जब हाथ नहीं दिखता तम से, सब वाक् सहारे कर पाते। ५

[Bṛhadāraṇyaka-4-3

Wherefrom again Seer, when the sun is no more?
From the moon O king, he is lighted as before!
One sits, works, moves and returns in its light
The king said, indeed so, it is quite right! 3
The king again asked, when the sun and moon set,
Wherefrom O Seer, the illumination they get?
From the fire, O king, one sat,worked and moved,
One returns in fire-light, and the king approved. 4
Wherefrom if the sun, moon and fire are not there?
From the speech, O king, to the sound all adhere!
When hands are not seen, one worked,moved and sat.
One returned by sound and the king approved that. 5

अस्तमित आदित्ये याज्ञवल्क्य चन्द्रमस्यस्तमिते शान्तेऽग्नौ शान्तायां वाचि किं ज्योतिरेवायं पुरुष इत्यात्मैवास्य ज्योतिर्भवतीत्यात्मनेवायं ज्योतिषास्ते पल्ययते कर्म कुरुते विपल्येतीति।६

कतम आत्मेति योऽयं विज्ञानमयः प्राणेषु हृद्यन्तर्ज्योतिः पुरुषः स समानः सन्नुभौ लोकावनुसंचरति ध्यायतीव लेलायतीव स हि स्वप्नो भूत्वेमं लोकमतिक्रामति मृत्यो रूपाणि।७

स वा अयं पुरुषो जायमानः शरीरमभिसंपद्यमानः पाप्मभिः संसृज्यते स उत्क्रामन् म्रियमाणः पाप्मनो विजहाति।८

शशि-सूर्य अस्त हों, अग्नि शान्त, जब वाणी भी हो जाय मौन।
जाग्रत से जब हम सो जायें, देता प्रकाश तब कहो कौन?
आत्मा से ही पाते प्रकाश, बैठे रहते, आते-जाते!
सब आत्म ज्योति से स्वप्नों में, कर कार्य पुनः घर को आते! ६
यह आत्मा कौन, पूछते फिर, जाग्रत में जो हो बहिर्ज्योति।
विज्ञान रूप यह आत्मा है अन्तर की फिर वह बने ज्योति।
रहता सुषुप्ति में प्राणों में, स्वप्नों में हिय की ज्योति-रूप।
आता-जाता वह युगल लोक, सर्वदा एक ही हो स्वरूप।
जाग्रत रहकर चेष्टा करता, रहता सुषुप्ति में ध्यान-लग्न।
अतिक्रमण मृत्यु-जग को करता, आत्मा रहता जब स्वप्न-मग्न! ७

Upaniṣad]

When the sun, moon and fire are there no more ,
Also one is asleep and no speech therefore,
King Janaka questioned Yājñavalkya again,
Wherefrom a person illumination did gain?
Yājñavalkya said, one was by the Self illuminated.
In dreams by the Self-light a person ruminated.
One sits,works,and moves around so lighted,
After doing one's works one returns delighted! 6
The king said,tell me about the Self and its nature!
Yājñavalkya said, consciousness is its feature.
Asleep in the heart, waking it becomes external,
In deep sleep it remains in Prāña as internal.
But the Self always is in its true form.
It to the waking and sleep states did conform.
Waking it worked and in deep sleep ascended,
Dreaming, the Self world and death transcended! 7

तस्य वा एतस्य पुरुषस्य द्वे एव स्थाने भवत इदं च परलोकस्थानं च सन्ध्यं तृतीयं स्वप्नस्थानं तस्मिन्सन्ध्ये स्थाने तिष्ठन्नेते उभे स्थाने पश्यतीदं च परलोकस्थानं च। अथ यथाक्रमोऽयं परलोकस्थाने भवति तमाक्रममाक्रम्योभयान् पाप्मन आनन्दांश्च पश्यति स यत्र प्रस्वपित्यस्य लोकस्य सर्वावतो मात्रामपादाय स्वयं विहत्य स्वयं निर्माय स्वेन भासा स्वेन ज्योतिषा प्रस्वपित्यत्रायं पुरुषः स्वयंज्योतिर्भवति।९

यह पुरुष जन्म ले, तन पाये, अपने को पापों से जोड़े।
मरने पर तन को छोड़ वही, मानो पापों का घर छोड़े।
वैसे ही जाग्रत लोकों में, आत्मा पापों से ही जुड़ता।
स्वप्नों-सुषुप्ति में जाकर वह, पापों का घर छोड़े बढ़ता। ८
इस आत्मा के हों यहाँ-वहाँ, जाग्रत-सुषुप्ति ही स्थान युगल।
इन दोनों की ही संधि मध्य, तीसरा स्वप्न का होता स्थल।
इस सन्धि स्थान में बैठा वह, जाग्रत-सुषुप्ति देखे समान।
जिस क्रम से वह आये-जाये, आनन्द-पाप का उसे भान।
जाग्रत से जाये, जग-मात्रा, कुछ सूक्ष्म अंश लेकर जाता।
फिर स्वप्न लोक में उनसे रच, रुचि का संसार वही पाता।
जाग्रत से जाये यदि सुषुप्ति, वह पाप देखता ही जाये।
लौटे सुषुप्ति से जाग्रत में, आनन्द देखता ही आये।
वह उसे बनाये, वह तोड़े, जग उसका हो जब हो सपना।
वह कहलाता है 'स्वयं ज्योति', होता प्रकाश उसका अपना! ९

[Bṛhadāraṇyaka-4-3

A person getting a body is with sin involved,
Shedding body one become of all sin absolved.
Leaving waking state the Self sin-world deserted.
In dream and deep sleep, transcending it asserted. 8
The Self in the waking and deep sleep abided,
In these two states here and there it resided,
Between the two a third dream state is there,
It sees both states, while it remained here.
If it has gone to deep sleep from that of waking,
It perceives all sins this journey undertaking.
If after deep sleep, it waking.state gained,
The Self all the way has happiness attained!
Subtle portions of everything with it self taking,
The Self goes to dream-world from that of waking.
It makes and breaks all as it likes it there,
Illuminated by own light, to its will does adhere! 9

न तत्र रथा न रथयोगा न पन्थानो भवन्त्यथ रथान्रथयोगान्पथः सृजते
न तत्रानन्दा मुदः प्रमुदो भवन्त्यथानन्दान् मुदः प्रमुदः सृजते न तत्र
वेशान्ताः पुष्करिण्यः स्रवन्त्यो भवन्त्यथ वेशान्तान् पुष्करिणीः स्रवन्तीः
सृजते स हि कर्ता।१०
तदेते श्लोका भवन्ति। स्वप्नेन शारीरमभिप्रहत्याऽसुप्तः सुप्तानभिचाकशीति।
शुक्रमादाय पुनरेति स्थानं हिरण्मयः पुरुष एक हंसः।११
प्राणेन रक्षन्नवरं कुलायं बहिष्कुलायादमृतश्चरित्वा। स ईयतेऽमृतो यत्र
कामं हिरण्मयः पुरुष एक हंसः।१२

स्वप्नों में सब कुछ स्वयँ रचे, होते रथ पथ औ अश्व नहीं।
आनन्द, मोद भी औ प्रमोद, इन सबको भी वह रचे वहीं।
सर-सरिताएँ पुष्करिणी भी, होते न वहाँ, सब वह रचता।
स्वप्नों में सब रचना करके, जीवात्मा कहलाता कर्ता! १०
इसलिये किसी ने कहा श्लोक, आत्मा जब स्वप्नों में रहता।
वह ज्योति समेटे अप्रसुप्त, इन्द्रियाँ सुप्त देखा करता।
जाग्रत में स्वप्नों से लौटे, यह पुरुष हिरण्मय ज्योतिवान।
देता प्रकाश यह हंस-पुरुष, जिससे तन-जग हो ज्ञानवान। ११
यह पुरुष हिरण्मय अमर हंस, जब स्वप्न लोक करता विचरण।
तन-कोटर सौंपे प्राणों को, तन का यह प्राण करे रक्षण। १२

Upaniṣad]

In the dream-world there are no chariots there,
And neither yoked horses nor roads anywhere.
Yet all these the Self for itself created,
The chariots,the horses and roads recreated.
There are no joys, delights and pleasures,
For having all these the Self takes measures.
The pools, lotus-ponds and rivers it created,
Therefore the Living Self is the Agent stated. 10
As a verse says, all its lights it collected
Seeing the sleeping senses in dream it rested.
Then comes to waking the Golden Swan Person,
And one is now awaken by its illumination! 11
Like that Swan Immortal is this Golden Person,
Who deputes the Prāṇas for body's protection.
The Prāṇas protected its nest-body here,
And the Self roamed in that dream-world there! 12

स्वप्नान्त उच्चावचमीयमानो रूपाणि देवः कुरुते बहूनि। उतेव स्त्रीभिः
सह मोदमानो जक्षदुतेवापि भयानि पश्यन।१३
आराममस्य पश्यन्ति न तं पश्यति कश्चनेति। तं नायतं बोधकेदित्याहुः
दुर्भिषज्यं हास्मै भवति यमेष न प्रतिपद्यते। अथो खल्वाहुर्जागरितदेश
एवास्यैष इति यानि ह्येव जाग्रत्पश्यति तानि सुप्त इत्यत्रायं पुरुषः
स्वयंज्योतिर्भवति सोऽहं भगवते सहस्रं ददाम्यत ऊर्ध्वं विमोक्षाय ब्रूहीति।१४

बन्धुओं मध्य हँसता-खेले, नारी के संग प्रमोद-रमण।
हो ऊँच-नीच, भय दृश्य सभी, बहुरूप स्वप्न का करे सृजन। १३
सब देखें उसका क्रीड़ा-स्थल, वह स्वयँ दीखता कहीं नहीं।
कुछ कहें, जगायें उसे नहीं, वह लौट न पाये पुनः कहीं!
उपचार कठिन, कुछ यह कहते, लौटे न अगर अधांग वहीं।
आत्मा स्वप्नों में हो बाहर, इसलिये जगायें तुरत नहीं!
ऋषि कहें, किन्तु यह नहीं सत्य, आत्मा स्वप्नों में जो माने।
वह सब जाग्रत से ही आये, सब कुछ तन में रहकर जाने।
बस इतना ही होता अन्तर, वह 'स्वयँ-ज्योति' जाता है बन।
गौवें सहस्र लें, जनक कहे, उपदेश मोक्ष का दें भगवन! १४
ऐसी सुषुप्ति जो 'सम्प्रसाद', आत्मा लौटे कर रमण वहाँ।
वह पाप-पुण्य देखे-लौटे, निज पथ से, कारण-स्थान जहाँ।

[Bṛhadāraṇyaka-4-3

Thus creating in the dream-state various visions,
The Self goes through many high-low situations.
Making merry with women and friends over there,
He is also at times beset with some fear! 13
Some believe it is harmful a dreaming to wake,
The Self roaming out, to the body may not make!
But Yājñavalkya says, it can not so become,
All in the dream from the waking state come.
In a dream one perceived all seen and visited.
As out of his body he has not at all exited.
Only he is lighted by his own illumination,
Thus his place is perceived but not his person!
Now Videha Janaka to Yājñavalkya thus stated,
For this O Reverend that you have related,
A thousand cows as present for you are there!
Now about emancipation instruct me here! 14

स वा एष एतस्मिन्संप्रसादे रत्वा चरित्वा दृष्ट्वैव पुण्यं च पापं च पुनः प्रतिन्यायं प्रतियोन्याद्रवति स्वप्नायैव स यत्तत्र किंचित्यपश्यत्यनन्वागतस्तेन भवत्यसंगो ह्ययं पुरुष इत्येवमेवैतद्याज्ञवल्क्य सोऽहं भगवते सहस्रं ददाम्यत ऊर्ध्वं विमोक्षायैव ब्रूहीति।१५

स वा एष एतस्मिन्मस्वप्ने रत्वा चरित्वा दृष्ट्वैव पुण्यं च पापं च पुनः प्रतिन्यायं प्रतियोन्याद्रवति बुद्धान्तायैव स यत्तत्र किंचित्पश्यत्यनन्वागतस्तेन भवत्यसंगो ह्ययं पुरुष इत्येवमेवैतद्याज्ञवल्क्य सोऽहं भगवते सहस्र ददाम्यत ऊर्ध्वं विमोक्षायैव ब्रूहीति।१६

वह स्वप्न-स्थान में आ जाता, जो कुछ सुषुप्ति में, रहे वहीं।
कारण 'असंग' यह पुरुष रहे, आता कुछ उसके साथ नहीं।
राजा कहते, उपदेश जन्य, गौवें सहस्र अब करें ग्रहण!
अब आगे है प्रार्थना यही, उपदेश मोक्ष का दें भगवन! १५
फिर स्वप्न-स्थान में रमण बाद, आत्मा जाग्रत में आ जाता।
वह पाप-पुण्य सब देख पुनः, उस पथ से ही 'कारण' पाता।
वह जब आता है जाग्रत में, जो स्वप्नों में था, रहे वहीं।
यह पुरुष 'असंग' रहे इससे, आता कुछ उसके साथ नहीं।
कहते राजा, उपदेश जन्य, गौवें सहस्र ले लें भगवन!
अब और प्रार्थना इतनी है, उपदेश मोक्ष का दें तत्क्षण! १६

Upaniṣad]

From the Bliss in deep sleep the Self backs again,
Seeing virtues and all on the way it does gain.
It returns to the dream-world from where it started,
Leaving all experienced in deep sleep, it parted.
A Living Self is naturally unattached and pure.
Quite so Yājñavalkya, it is indeed for sure!
I give you a thousand cows, the king again stated,
Now about emancipation I may be educated! 15
From the dream state also the Self backs again.
Seeing all good and bad on the way it does gain.
It returns to the waking from where it started,
Leavig all perceived in dream world, it parted!
This Self O king, is unattached and pure!
Quite so, Yājñavalkya, the king said, for sure!
Here are a thousand cows for what you related!
Now instruct me about salvation, he stated! 16

स वा एष एतस्मिन्बुद्धान्ते रत्वा चरित्वा दृष्ट्वैव पुण्यं च पापं च पुनः प्रतिन्यायं प्रतियोन्याद्रवति स्वप्नान्तायैव।१७
तद्यथा महामत्स्य उभे कूलेऽनुसंचरति पूर्वं चापरं चेवमेवायं पुरुष एतावुभावन्तावनुसंचरति स्वप्नान्तं च बुद्धान्तं च।१८
तद्यथास्मिन्नाकाशे श्येनो वा सुपर्णो वा विपरिपत्य श्रान्तः संहत्य पक्षौ संलयायैव ध्रियत एवमेवायं पुरुष एतस्मा अन्ताय धावति यत्र सुप्तो न कंचन कामं कामयते न कंचन स्वप्नं पश्यति।१९

आत्मा स्वप्नों से जाग्रत हो, जाग्रत स्थल में वह करे रमण।
सब पाप-पुण्य वह देख पुनः, कारण-स्वप्नों में करे गमन। १७
ज्यों महामत्स्य ये कूल युगल, जो पूर्व-अपर, आता-जाता।
यह पुरुष स्वप्न, जाग्रत दोनों, रहकर असंग त्यों हो आता। १८
ज्यों श्येन-गरुड़ उड़-उड़ थककर, पर को समेट घर को आये।
यह पुरुष स्वप्न-जाग्रत समेट, वापस सुषुप्ति में ही जाये।
कामना नहीं जाग्रत के हों, आता सुषुप्ति के स्थान जभी।
स्वप्नावस्था के स्वप्न न हों, आत्मा को सुख की नींद तभी। १९
ज्यों केश विभाजित हो सहस्र, नाड़ियाँ 'हिता' वैसी, विस्तृत।
वे शुक्ल, कृष्ण, पिंगल, लोहित, औ नील, हरित, रस से पूरित।

[Bṛhadāraṇyaka-4-3

The seer said, when the waking state is regained,
The Self again sees virtues and vices it gained.
For the dream state the Self once again departed,
The same source from which it had once started. 17
As a great fish both banks of a river visited,
And yet unattached to the two banks exited.
Even so this Living Self remains unattached,
Visiting the waking and dream states detached. 18
As a crane or eagle when flying high tired,
And folding its wings to its own nest retired.
Ending waking and dream one gets deep sleep,
Where neither desires nor dreams can peep. 19
One fears in a dream as if subdued or killed,
An elephant attack or a fall fear-filled.
What one feared when awake and conscious,
Dreaming, in ignorance one ever fears in sub-conscious.

ता वा अस्यैता हिता नाम नाड्यो यथा केशः सहस्रधा भिन्नस्तावताऽणिम्ना तिष्ठन्ति शुक्लस्य नीलस्य पिंगलस्य हरितस्य लोहितस्य पूर्णा अथ यत्रैनं घ्नन्तीव जिनन्तीव हस्तीव विच्छाययति गर्तमिव पतति यदेव जाग्रद्भयं पश्यति तदत्राविद्यया मन्यथेऽथ यत्र देव इव राजेवाहमेवेदं सर्वोऽस्मीति मन्यते सोस्य परमो लोकः।२०

तद्वा अस्यैतदतिच्छन्दा अपहतपाप्माऽभयं रूपम्। तद्यथा प्रियया स्त्रिया संपरिष्वक्तो न बाह्यं किंचन वेद नान्तरमेवमेवायं पुरुषः प्राज्ञेनात्मना संपरिष्वक्तो न बाह्यं किंचन वेद नान्तरं तद्वा अस्यैतदाप्तकाममात्मकाममकामं रूपं शोकान्तरम्।२१

तन सो जाये तब यह आत्मा, इन हिता नाड़ियों में विचरे।
जाग्रत में जिनसे डरा करे, स्वप्नों में उनसे पुरुष डरे।
देखे, कोई है मार रहा, कोई वश में करता जैसे।
गिर रहा गढ़े में वह मानो, हाथी पीछा करता, वैसे।
यह सब होता अज्ञान जन्य, जब हो सुषुप्ति, राजा माने।
वह परम लोक होता सुषुप्ति, 'यह सब कुछ मैं ही हूँ' जाने! २०
है 'अतिच्छन्द' अति इच्छा का, यह रूप पाप से रहित, अभय।
आत्मा की इच्छा पूर्ण सकल, निष्पाप और होता निर्भय।
प्रिय पत्नी के आलिंगन में, ज्यों बाह्यान्तर की सुधि भूले।
जब पुरुष प्राज्ञ आत्मा पाता, अन्दर-बाहर सब कुछ पा ले।
है आप्तकाम का रूप यही, आत्मा होता है पूर्णकाम।
वह हो अशोक दुखहीन रहे, कामना पूर्ण, होता अकाम। २१

Upaniṣad]

When one believes that he is the Lord here,
That he is indeed all that is present there ,
That is the state of Deep sleep related,
The Supreme state of this Living Self stated. 20
The Deep sleep Self is the ultimate one wished,
Without sin it is the Fearless cherished.
With beloved in arms, one knows nothihng there,
Attaining the pure Self, one forgets all here.
This is the Fulfilment as desires satiated,
Only the desire for the Self motivated.
One is fully desireless without any craving,
Free from grieves and all sorrows braving. 21

अत्र पिताऽपिता भवति माताऽमाता लोका अलोका देवा अदेवा वेदा
अवेदाः। अत्र स्तेनोऽस्तेनो भवति। भ्रूणहाऽभ्रूणहा चाण्डालोऽचाण्डालः
पौल्कसोऽपौल्कसः श्रमणोऽश्रमणस्तापसोऽतापसोऽनन्वागतं पुण्येनानन्वागतं
पापेन तीर्णो हि तदा सर्वाञ्छोकान्हृदयस्य भवति।२२
यद्वै तन्न पश्यति पश्यन्वै तन्न पश्यति न हि द्रष्टुर्दृष्टेर्विपरिलोपो
विद्यतेऽविनाशित्वान्न तु तद्द्वितीयमस्ति ततोऽन्यद्विभक्तं यत्पश्येत्।२३

जो पिता, रहे वह पिता नहीं, माता न रहे माता जिसमें।
यह लोक नहीं हो लोक यहाँ, जो देव, न देव रहें इसमें।
ऐसे में वेद न वेद रहें, जो चोर, नहीं वे चोर रहें।
भ्रूणहा गर्भघाती न रहे, चाण्डाल किसी को नहीं कहें।
जो श्रमण, रहे वह श्रमण नहीं, तापसी तपस्वी रहे नहीं।
पीछे न पुण्य आये कोई, होता न पाप का स्पर्श कहीं।
इस रूप पहुँचता जब आत्मा, भव-सागर को वह तर जाता।
हिय-सागर के भी सभी शोक, तरकर वह पार निकल पाता। २२
वह देखे नहीं सुषुप्ति मध्य, तात्पर्य, न देखे देख, यही।
वह तो स्वभाव से ही द्रष्टा, यह दृष्टि लोप हो थोड़े ही!
आत्मा अविनाशी हो केवल, दिख पाये जो वह दृश्य नहीं!
द्रष्टा औ दृश्य वही दोनों, हो अन्य नहीं जो दिखे कहीं! २३

[Bṛhadāraṇyaka-4-3

A father on fulfilment is no longer a father,
A mother in this state is no more a mother!
The worlds, gods and Vedas all one deserted,
Thieves, womb-killers and outcasts are converted!
The monks and ascetics no longer so remain,
The virtues and vices not follow nor chain!
The grieves and sorrows that heart innundated,
That ocean the Livintg Self fully negotiated! 22
When it is in deep sleep the Self not perceived.
That is,it sees all but is not deceived!
Verily the Self is by nature a Great Seer,
How then it can cease to be a seer here?
The Self Imperishable is there all alone.
There is no second or different from that one!
Thus when the state of deep sleep is achieved,
There is nothing else it could have perceived! 23

यद्वै तन्न जिघ्रति जिघ्रन्वै तन्न जिघ्रति न हि घ्रातुर्घ्रातेर्विपरिलोपो
विद्यतेऽविनाशित्वान्न तु तद्द्वितीयमस्तु ततोऽन्यद्विभक्तं यज्जिघ्रेत्।२४
यद्वै तन्न रसयते रसयन्वै तन्न रसयते नहि रसयितू रसयतेर्विपरिलोपो
विद्यतेऽविनाशित्वान्न तु तद्द्वितीयमस्ति ततोऽन्यद्विभक्तं यद्रसयेत्।२५
यद्वै तन्न वदति वदन्वै तन्न वदति न हि वक्तुर्वक्तेर्विपरिलोपो
विद्यतेऽविनाशित्वान्न तु तद्द्वितीयमस्ति ततोऽन्यद्विभक्तं यद्वदेत्।२६

वह सूंघे नहीं सुषुप्ति मध्य, तात्पर्य, न सूंघे सूंघ, यही।
वह तो स्वभाव से ही घ्राता, यह घ्राण लोप हो थोड़े ही!
आत्मा अविनाशी एक वही, सूंघने योग्य कुछ अन्य नहीं।
घ्राता औ गन्ध वही दोनों, दूसरा नहीं घ्रातव्य कहीं! २४
रस लेता नहीं सुषुप्ति मध्य, तात्पर्य, न ले रस लेकर भी।
रसयिता वही आत्मा केवल, रस शक्ति कहीं हो लोप कभी!
आत्मा अविनाशी रहे एक, जिसका रस ले वह अन्य नहीं।
रसयिता वही, रस आत्मा ही, दूसरा सरस या रस न कहीं! २५
वह बोले नहीं सुषुप्ति मध्य, तात्पर्य न बोले बोल, यही।
वह तो स्वभाव से ही वक्ता, यह वाक् लोप हो थोड़े ही!
आत्मा अविनाशी एक वही, जिसपर बोले, वह विषय नहीं।
वक्ता औ वाद वही दोनों, दूसरा विषय-वक्ता न कहीं! २६

Upaniṣad]

In that state the Self also did not smell!
That is, feels no smell though smelling so well.
Verily the Self is by nature a smeller,
How then it can cease to be an inhaler?
The Self Imperishable is all alone there,
There is no second or different anywhere.
Thus when the Self in deep sleep did dwell,
There is nothing else that it could really smell! 24
In that state while it did not taste there,
It is indeed tasting though did not adhere.
Verily the Self is the taster by nature,
How then it could be without this feature?
The Self Imperishable is there all alone,
There is no second or different from the one!
Thus when the state of deep sleep is attained,
Nothingelse whatever for tasting remained! 25

यद्वै तन्न श्रृणोति श्रृण्वन्मै तन्न श्रृणोति न हि श्रोतुः श्रुतेर्विपरिलोपो
विद्यतेऽविनाशित्वान्न तु तद्द्वितीयमस्ति ततोऽन्यद्विभक्तं यच्छृणुयात्।२७
यद्वै तन्न मनुते मन्वानो वै तन्न मनुते न हि मन्तुर्मतेर्विपरिलोपो
विद्यतेऽविनाशित्वान्न तु तद्द्वितीयमस्ति ततोऽन्यद्विभक्तं यन्मन्वीत।२८

जब हो सुषुप्ति वह सुने नहीं, तात्पर्य, न सुनता सुनकर भी!
वह तो स्वभाव से ही श्रोता, क्या श्रवण शक्ति हो लोप कभी?
आत्मा अविनाशी हो केवल, जो सुने अन्य कुछ शब्द नहीं!
श्रोता औ शब्द वही दोनों, श्रोतव्य अन्य कुछ नहीं कहीं। २७
वह मनन न करता जब सुषुप्त, तात्पर्य, मनन करके न करे।
वह तो स्वभाव से ही मन्ता, यह मनन शक्ति फिर कौन हरे?
आत्मा अविनाशी एक वही, संकल्प कहाँ जो मनन करे!
मन्ता वह एक, वही मत भी, मत-मन्ता अन्य कहीं न परे! २८

[Bṛhadāraṇyaka-4-3

While the Self not speaks in that state,
Without being verbal it does all relate!
Verily this Self is by nature the speaker,
How then it can in speaking be weaker?
The Imperishable Self is there, Only One!
A second or different from it there is none.
When the Self the state of deep sleep does reach,
There is none or nothing else for this speech! 26
While in deep sleep the Self does not hear.
It indeed hears though not through the ear!
Verily the Self is the Hearer by nature,
How then it can be without this feature?
The Self Imperishable is the only one there.
A second or different from it is nowhere!
When the Self has the state of deep sleep dear,
There is none or nothing else that it could hear! 27
In deep sleep the Self does no more thinking.
But verily it does think, the mind not linking!
Certainly the Self is a thinker by nature,
How then it can be without this feature?
The Self Imperishable is the only one there.
A second or different from it is nowhere!
When the Self the deep sleep state does gain,
There is really nothing to contemplate again! 28

यद्वै तन्न स्पृशति स्पृशन्वै तन्न स्पृशति न हि स्प्रष्टुः स्पृष्टेर्विपरिलोपो
विद्यतेऽविनाशित्वान्न तु तद्द्वितीयमस्ति ततोऽन्यद्विभक्तं यत्स्पृशेत्।२९
यद्वै तन्न विजानाति विजानन्वै तन्न विजानाति न हि विज्ञातुर्विज्ञाते र्विपरिलोपो
विद्यतेऽविनाशित्वान्न तु तद्द्वितीयमस्ति ततोऽन्यद्विभक्तं यद्विजानीयात्।३०
यत्र वान्यदिव स्यात्तत्रान्योऽन्यत्पश्येदन्योऽन्यज्जिघ्रेदन्योऽन्यद्रसयेदन्योऽन्य
द्वेददन्योऽन्यच्छृणुयादन्योऽ न्यन्मन्वीतान्योऽ न्यत्स्पृशेदन्योऽ न्यद्विजानीयात्।३१

करता सुषुप्ति में स्पर्श नहीं, तात्पर्य, स्पर्श करके न करे।
वह तो स्वभाव से ही स्प्रष्टा, फिर स्पर्श शक्ति यह कौन हरे?
आत्मा अविनाशी एक रहे, हो नहीं स्पर्श का विषय परे।
स्प्रष्टा वह है, हो एक वही, हो अन्य नहीं जो स्पर्श करे। २९
होता सुषुप्ति में ज्ञान नहीं, तात्पर्य, न होता यह होकर!
वह तो विज्ञाता रहे स्वयँ, विज्ञान लोप फिर हो क्योंकर?
आत्मा अविनाशी एक वहाँ, हो ज्ञेय नहीं कुछ अन्य कहीं।
ज्ञाता औ ज्ञेय वही दोनों, हो अन्य कहीं कुछ ज्ञेय नहीं। ३०
यदि अन्य कहीं कुछ हो अथवा, होने की संभावना रहे।
ऐसी स्थिति में ही कोई भी, उस अन्य वस्तु की बात कहे!
ऐसे ही में देखे, सूंघे, वह बात करे, रस भी जाने।
सुन पाये या फिर मनन करे, हो स्पर्श, जान ले, पहचाने! ३१

Upaniṣad]

The Self touches not when it is deep sleeping.
But it touches indeed, all distance keeping!
Verily this Self is a toucher by nature,
How then it can be without this feature?
The Self Imperishable is the only one there.
Another who is different from it is nowhere!
When the Self the deep sleep state does gain,
Indeed there is nothing to touch and attain! 29
When there is a deep sleep the Self not knows,
But it really knows though wisdom not shows!
Verily this Self is the knower by nature,
How then can it be without this feature?
The Self Imperishable is the Only one there.
A second or different from it is no where!
When the Self the deep sleep state does acquire,
Indeed there is nothing to know or enquire! 30

सलिल एकोद्रष्टाऽद्वैतो भवत्येष ब्रह्मलोकः सम्राडिति हैनमनुशशास
याज्ञवल्क्य एषास्य परमा गतिरेषास्य परमा संपदेषोऽस्य परमो लोक
एषोऽस्य परम आनन्द एतस्यैवानन्दस्यान्यानि भूतानि मात्रामुपजीवन्ति।३२
स यो मनुष्याणां राद्धः समृद्धो भवत्यन्येषामधिपतिः सर्वैर्मानुष्यकैर्भोगैः संपन्नतमः
स मनुष्याणां परम आनन्दोऽथ ये शतं मनुष्याणामानन्दाः स एकः पितॄणां
जितलोकानामानन्दोऽथ ये शतं पितॄणां जितलोकानामानन्दाः स एको गन्धर्वलोक
आनन्दोऽथ ये शतं गन्धर्वलोक आनन्दाः स एकः कर्मदेवानामानन्दो ये कर्मणा

ज्यों नदियाँ सागर में मिलतीं, आत्मा इन्द्रिय मिल एक रहें।
आत्मा सुषुप्ति में द्रष्टा हो, इस आत्मा को अद्वैत कहें।
यह जो सुषुप्ति में आत्मा का, राजन दिखलाया तुझे रूप।
ऋषि याज्ञवल्क्य इस भाँति कहें, यह ब्रह्मलोक झाँकी स्वरूप!
अपना स्वरूप जब करे प्राप्त, संपदा परम, गति परम वही।
वह परम लोक, आनन्द परम, भूतों को थोड़ा मिले यही! ३२
यदि स्वस्थ युवा समृद्ध एक, लोगों का अधिपति रहे वही।
हो सभी भोग की वस्तु उसे, मानव का परमानन्द यही!
ऐसे में जो आनन्द उसे, हो 'एक मनुज-आनन्द' वही!
आनन्द-तत्त्व की मीमांसा, ऐसे करते, दृष्टान्त यही!
इन 'सौ मानुष-आनन्दों' से, आनन्द एक हो पितरों का।
लें जीत लोक-लोकान्तर जो, आनन्द एक होता उनका।

[Bṛhadāraṇyaka-4-3

Only when there is also another entity,
One can see, smell and speak to in reality.
Then one could hear and think of the other,
As well as touch that and know such another. 31
This Self is like the great ocean in reality,
With all senses merged without duality.
In deep sleep it is without a second, the seer!
That is verily, O king, the Brahma's World there!
This is the highest goal one can cherish,
The greatest of all treasures, a man can wish.
This is the highest world and greatest bliss.
Other beings enjoy only a fragment of this! 32
Youth, good health, wealth, lordship and pleasures,
Such a joy a human's highest bliss measures.
This 'human-bliss' hundred-fold multiplied,
One unit bliss of the Manes'world implied!

देवत्वमभिसंपद्यन्तेऽथ ये शतं कर्मदेवानामानन्दाः स एक आजनदेवानामानन्दो यश्च श्रोत्रियोऽवृजिनोऽकामहतोऽथ ये शतमाजानदेवानामानन्दाः स एकः प्रजापतिलोक आनन्दो यश्च श्रोत्रियोऽवृजिनोऽकामहतोऽथ ये शतं प्रजापतिलोक आनन्दाः स एको ब्रह्मलोक आनन्दो यश्च श्रोत्रियोऽवृजिनोऽकामहतोऽथैष एव परम आनन्द एष ब्रह्मलोकः सम्राडिति होवाच याज्ञवल्क्यः सोऽहं भगवते सहस्रं ददाम्यत ऊर्ध्वं विमोक्षायैव ब्रूहीत्यत्र ह याज्ञवल्क्यो बिभयांचकार मेधावी राजा सर्वेभ्यो माऽन्तेभ्य उदरौत्सीदति।३३

पितरों का सौ आनन्द मिले, आनन्द एक गन्धर्वों का।
गन्धर्वों का जो शत-गुण हो, वह एक कर्ममय देवों का।
देवत्व प्राप्त जो करते हैं, निज कर्मों से वे कर्मदेव।
सौ कर्मदेव आनन्द पुनः, हो एक रहें जो जन्मदेव।
श्रोत्रिय को यह आनन्द मिले, जो अनासक्त निष्पाप रहें।
सौ जन्मदेव आनन्द पुनः, आनन्द-प्रजापति एक कहें।
जो अनासक्त-निष्पाप रहें, श्रोत्रिय को हो आनन्द यही।
आनन्द प्रजापतियों का सौ, बनता है ब्रह्मानन्द वही।
जो श्रोत्रिय होते अनासक्त, निष्पाप, उन्हें आनन्द यही।
गति परम ब्रह्मज्ञानी की जो, सम्राट, परम आनन्द वही।

Upaniṣad]

The bliss of the manes who various worlds won,
Made a hundred-fold is Gandharva's bliss one!
Gandharva's hundred bliss to God's one pertained,
Who by meritorious deeds god-hood attained.
A hundred bliss of those who thus god became,
Equal to one bliss of the born god-hood came!
But the Veda-versed and unassailed by desire,
And who are without sin, this bliss do acquire!
The born god's bliss hundred-fold calculated,
One unit happiness of Prajāpati is related.
But those Veda-versed whom desires not stain,
And who are without sin, this happiness attain!
The bliss of Prajāpati a hundred-fold again,
To one unit bliss of Para Brahma pertain!
But the Veda-versed whom desires not contain,
And who are freed of sin, this joy do attain!
This is the highest bliss that one can attain,
This is the bliss that the Brahma knowers gain.
O king, thus is that supreme Bliss described,
For you, said Yājñavalkya, this is prescribed!

स वा एष एतस्मिन्स्वप्नान्ते रत्वा चरित्वा दृष्ट्वैव पुण्यं च पापं च पुनः
प्रतिन्यायं प्रतियोन्याद्रवति बुद्धान्तायैव।३४
तद्यथाऽनः सुसमाहितमुत्सर्जद्यायादेवमेवायं शारीर आत्मा प्राज्ञेनात्मनान्वारूढ
उत्सर्जन्याति यत्रैतदूर्ध्वोच्छ्वासी भवति।३५
स यत्रायमणिमानं न्येति जरया वोपतपता वाणिमानं निगच्छति तद्यथाम्रं
वौदुम्बरं वा पिप्पलं वा बन्धनात्प्रमुच्यत एवमेवायं पुरुष एभ्योऽङ्गेभ्यः
संप्रमुच्य पुनः प्रतिन्यायं प्रतियोन्याद्रवति प्राणायैव।३६

कहते विदेह, गौवें सहस्र, उपदेश जन्य देता भगवन!
इसके आगे भी आप मुझे, उपदेश मोक्ष का दें तत्क्षण!
अब याज्ञवल्क्य को भय होता, है ज्ञान-पिपासा बहुत इसे!
मेधावी राजा बाध्य करे, सारा रहस्य दूँ खोल उसे! ३३
फिर स्वप्न-स्थान से जाग्रत में, आत्मा लौटे कर रमण वहाँ।
वह पुण्य-पाप देखे-लौटे, निज पथ से जाग्रत जगत् जहाँ। ३४
ज्यों लदा शकट गन्तव्य पहुँच, देता उतार जो रहे भार।
तन-शकट प्राज्ञ-आत्मा ढोये, ले ऊर्ध्व सांस देता उतार! ३५
गूलर, पीपल या आम टूट, टहनी से टपक पड़े जैसे।
तन कृश होता, हो जरा-व्याधि, कृशता से तन छूटे वैसे।
अंगों से छूट मनुज-आत्मा, फिर उसी मार्ग करता, प्रयाण।
अपने कारण औ योनि मध्य, करने को धारण पुनः प्राण। ३६

[Bṛhadāraṇyaka-4-3

I give you a thousand cows,Janaka again stated,
Further for salvation, I may be educated!
Yājñavalkya was afraid of the wise king's seeking,
He may reach the end of wisdom so speaking! 33
The Self roamed in the dream world, he stated,
While dreaming all virtues and vices it visited.
By that path it to the waking-world returned,
By which it previously in dream-world sojourned! 34
Just as a well loaded cart moves moaning,
Even so the Self with the body goes groaning.
At the end of the journey as the pay load parted,
Breathing its last the Living Self departed! 35
When old age or illness body-tree lacerated,
The Person like a mango or fig fruit separated!
The Living Self tearing from the organs parted,
Returning to the source and a new life it started! 36

तद्यथा राजानमायान्तमुग्राः प्रत्येनसः सूतग्रामण्योऽन्नैवः पानैरावसथैः प्रतिकल्पन्तेऽयमायात्ययमागच्छतीत्येवं हैवंविदं सर्वाणि भूतानि प्रतिकल्पन्त इदं ब्रह्मायातीदमागच्छतीति।३७

तद्यथा राजानं प्रयियासन्तमुग्राः प्रत्येनसः सूतग्रामण्योऽभिसमायन्त्येवमेवेम-मात्मानमन्तकाले सर्वे प्राणा अभिसमायन्ति यत्रैतदूर्ध्वोच्छ्वासी भवति।३८

राजा आये, हाथी घोड़े ले, कोतवाल-मुखिया रहते।
ले अन्नपान तम्बू सब कुछ, सब तरह प्रतीक्षा वे करते।
त्यों ब्रह्मविदों के स्वागत में, सब भूत प्रतीक्षा रत रहते।
टकटकी लगाये भूत रहें, आया-आया प्राणी कहते! ३७
राजा जाये, गाड़ी-घोड़े ले, कोतवाल-मुखिया आता।
हो अन्तकाल, ले ऊर्ध्व सांस, इन्द्रियाँ जुटें, वह चल देता! ३८

Upaniṣad]

When the king is arriving for welcome all assemble.
The police, officers and village chiefs all scramble.
With food, drink and equippage they are all there,
Saying, he is coming, he is here, they all adhere!
Even so when a Brahma knower comes anywhere
All beings assemble to welcome him there.
Eagerly awaiting they exclaim, how becoming!
A great soul, Brahma Himself, he is coming! 37
And when later on the king does depart,
All officers men and chieftains fall apart!
One heavily breathed when the senses also part,
And the Living Self on its journey does depart! 38

Chapter Four-Section Four

(Rebirth)

When the body is decayed and mind uncollected,
To the Self go the senses together collected.
The Self draws out energy from the senses,
Which had been its own previously in essences.
To the core of the heart the Self does adhere,
This Eye Person Self not sees nor does hear.
Of forms amd visions it has no more conception
It becomes a knower without knowing or perception! 1

चतुर्थ अध्याय-चतुर्थ ब्राह्मण

स यत्रायमात्माऽबल्यं न्येत्यसंमोहमिव न्येत्यथैनमेते प्राणा अभिसमायन्ति स एतास्तेजोमात्राः समभ्याददानो हृदयमेवान्ववक्रामति स यत्रैष चाक्षुषः पुरुषः पराङ् पर्यावर्ततेऽथारूपज्ञो भवति।१

एकीभवति न पश्यतीत्याहुरेकीभवति न जिघ्रतीत्याहुरेकी भवति न रसयत इत्याहुरेकीभवति न वदतीत्याहुरेकी भवति न श्रृणोतीत्याहुरेकी भवति न मनुत इत्याहुरेकीभवति न स्पृशतीत्याहुरेकीभवति न विजानातीत्याहुस्तस्य हैतस्य हृदयस्याग्रं प्रद्योतते तेन प्रद्योतेनैष आत्मा निष्क्रामति चक्षुष्टो वा मूर्ध्नो वाऽन्येभ्यो वा शरीरदेशेभ्यस्तमुत्क्रामन्तं प्राणोऽनूत्क्रामति प्राणमनूत्क्रामन्तं सर्वे प्राणा अनूत्क्रामन्ति स विज्ञानो भवति स विज्ञानमेवान्ववक्रामति। तं विद्याकर्मणी समन्वारभेते पूर्वप्रज्ञा च।२

चतुर्थ अध्याय-चतुर्थ ब्राह्मण (पुनर्जन्म)

इन्द्रियाँ जा जुटें आत्मा में, जब तन दुर्बल, मन मोह-मग्न।
आत्मा उनमें से अपना ही, सब तेज खींच हिय में निमग्न।
वह चक्षु-पुरुष भीतर जाता, देखना शेष हो जाय सभी।
रूपों का ज्ञान नहीं रहता, वह 'अरूपज्ञ' हो जाय तभी। १
सब कुछ समेट वह एक बने, वह देखे नहीं, कहें ऐसा।
वह सूंघे नहीं, न रस लेता, जब एकीभूत बने वैसा।
वह बोले नहीं, न सुनता ही, इन्द्रिय-आत्मा जब एक रहें।
वह सोचे नहीं, न स्पर्श करें, रहता वह एकीभूत, कहें।
उस समय नहीं जाने यह सब, हो 'हिता' मध्य, हिय-अग्र देश।
आत्मा प्रकाश से भर जाता, ज्योतित हो उठता हिय-प्रदेश।
मूर्धा नेत्रों या अन्य द्वार, उत्क्रमण करे वह ज्योति सहित।
यह प्राण निकलता, इन्द्रिय भी, पीछे-पीछे होतीं निःसृत।
सब कुछ का हो विज्ञान उसे, विज्ञान जाय यों साथ मिले।
सब विद्या, प्रज्ञा-पूर्व सभी, निज कर्म उसीके साथ चले। २

[Bṛhadāraṇyaka-4-4

Not spreading energy, inside all collected,
From all diversity a unity it effected.
It sees not and smells not being unified,
It tastes not and speaks not self-satisfied.
It hears not and thinks not being all alone,
It touches not and knows not being only one!
At the fore part of heart the Self does arrive.
Where 'Hitā' veins from the heart's upwards drive.
The Self for a time heart front illuminated,
Then it and its light the sojourn terminated.
It exits through eye, head or any other part,
After it the Prāṇa and senses too depart!

तद्यथा तृणजलायुका तृणस्यान्तं गत्वाऽन्यमाक्रममाक्रम्यात्मान-
मुपसंहरत्येवमेवायमात्मेदं शरीरं निहत्याऽविद्यां गमयित्वाऽन्यमाक्रम-
माक्रम्यात्मानमुपसंहरति।३
तद्यथा पेशस्कारी पेशसो मात्रामपादायान्यन्नवतरं कल्याणतरं रूपं तनुत
एवमेवायमात्मेदं शरीरं निहत्याऽविद्यां गमयित्वाऽन्यन्नवतरं कल्याणतरं
रूपं कुरुते पित्र्यं वा गान्धर्वं वा दैवं वा प्राजापत्यं वा ब्राह्मं वाऽन्येषां
वा भूतानाम्।४

जब तृण जलायुका नाम कीट, तिनके के अन्त पहुँच जाता।
फिर पकड़ दूसरा तृण-आश्रय, अपने को उसपर ले आता।
आत्मा भी तृण-तन छोड़ एक, कर दूर अविद्या को जाता।
आश्रय लेकर तृण-देह अन्य, अपने को उसमें ले आता! ३
लेकर सुनार ज्यों स्वर्ण पिण्ड, गढ़ता नवीन शुभतर स्वरूप।
कर दूर अविद्या यह आत्मा, लेता तन त्याग नवीन रूप!
विद्या प्रज्ञा औ कर्म जनित, लेता आत्मा अनुरूप रूप।
अन्यान्य सभी भूतादि मध्य, लेता आत्मा कोई स्वरूप।
ले पितर रूप, गन्धर्व, देव, शुभतर लेता है वह स्वरूप।
या वही प्रजापति भी होता, बन जाये अथवा ब्रह्म रूप। ४

Upaniṣad]

The Living Self is a knower when it departed,
Knowing Life and the world with which it parted.
This knowledge accompanies it leaving from here,
Its learning, Karma and previous wisdom adhere. 2
As a caterpillar reaching the end of a straw,
Grabbing another grass itself does draw,
The Self this body and ignorance dispelled,
And towards another body itself propelled. 3
As a goldsmith taking a raw piece of gold,
In a new and handsomer shape does mould,
According to its own Karma and yearning,
In keeping, with its previous wisdom and learning,
It a mane's, Gandharva's, or a being's body gained,
Or it Brahma, Prajāpati or god-hood attained! 4

स वा अयमात्मा ब्रह्म विज्ञानमयो मनोमयः प्राणमयश्चक्षुर्मयः श्रोत्रमयः पृथिवीमय आपोमयो वायुमय आकाशमयस्तेजोमयोऽतेजोमयः काममयोऽकाममयः क्रोधमयोऽ क्रोधमयो धर्ममयोऽधर्ममयः सर्वमयस्तद्यदेतदिदंमयोऽदोमय इति यथाकारी यथाचारी तथा भवति साधुकारी साधुर्भवति पापकारी पापो भवति पुण्यः पुण्येन कर्मणा भवति पापः पापेन। अथो खल्वाहुः काममय एवायं पुरुष इति व यथाकामो भवति तत्क्रतुर्भवति यत्क्रतुर्भवति तत्कर्म कुरुते यत्कर्म कुरुते तदभिसंपद्यते।५

जिससे भी जुड़ता आत्म तत्त्व, ले लेता उसका ही स्वरूप।
विज्ञान-बुद्धि से मिलकर यह, आत्मा होता विज्ञान रूप।
यह बने मनोमय मन से मिल, हो यही प्राण मय प्राण निहित।
मिल चक्षु चक्षुमय यह होता, यह बने श्रोत्रमय श्रोत्र सहित।
पृथ्वीमय हो पृथ्वी से मिल, जलमय होता जल में घुलकर।
यह बने वायुमय वायु मिले, नभमय होता नभ से मिलकर।
तेजोमय हो वह तेज प्राप्त, जिससे भी मिलता वही रूप।
फिर हँटे, छोड़ दे वह उसको, आ जाता अपने ही स्वरूप।
है वही काममय औ अकाम, है वही क्रोधमय-क्रोधरहित।
है वही धर्ममय, धर्मबिना, वह सर्वरहित औ सर्वसहित।
जो कर्म और आचरण करे, वैसा ही होता जीवात्मा।
'यह रूप' और 'वह रूप' नहीं, जैसा करता वैसा आत्मा।

[Bṛhadāraṇyaka-4-4

The Self is Brahma, as Intelligence existing,
Of mind, life, sight and hearing consisting.
It consisted of earth, water, ether and air,
Also as the light and non-light it is there!
Of desire and its absence both it consisted,
As anger and non-anger both it existed.
As righteouness and absence of it realized,
Consisting all and beyond all symbolized!
Why the Self really of this and that consisted?
Because one is what in doing one persisted!
Doing good one is virtuous and doing evil wicked,
Good by good deeds and by sinnig is a crooked.
A man is said to be all made of desires,
But what he desires only so he aspires!
And as he resolves only so he performs,
The result that he reaps, to his deed conforms! 5

तदेष श्लोको भवति। तदेव सक्तः सह कर्मणैति लिङ्गं मनो यत्र
निषक्तमस्य। प्राप्यान्तं कर्मणस्तस्य यत्किंचेह करोत्ययम्।
तस्माल्लोकात्पुनरैत्यस्मै लोकाय कर्मण इति नु कामयमानोऽथाकामयमानो
योऽकामो निष्काम आप्तकाम आत्मकामो न तस्य प्राणा उत्क्रामन्ति
ब्रह्मैव सन्ब्रह्माप्येति।६
तदेष श्लोको भवति। यदा सर्वे प्रमुच्यन्ते कामा येऽस्य हृदि श्रिताः। अथ
मर्त्योऽमृतो भवत्यत्र ब्रह्म समश्नुत इति। तद्यथाऽहिनिर्ल्वयनी वल्मीके
मृता प्रयस्ता शयीतैवमेवेदं शरीरं शेतेऽथायमशरीरोऽ मृतः प्राणो ब्रह्मैव
तेज एव सोऽहं भगवते सहस्रं ददामीति होवाच जनको वैदेहः।७

यह साधु कर्म से साधु बने, पापों से पापी हो आत्मा।
पुण्यों से यह पुण्यात्मा हो, पापों से होता पापात्मा।
इसलिये 'काममय' पुरुष कहें, कामना जन्य 'क्रतु'-यत्न सभी।
होते सब कर्म प्रयत्नों से, कर्मानुरूप होते फल भी। ५
इसलिये कहा है श्लोक यही, जब तन-मन हो अनुरक्त कहीं।
कामना जन्य वह कर्म बँधे, खिंचता जाता उस ओर, वहीं!
पूरा करता जब काम्य कर्म, कुछ अन्य कार्य वह करे तभी।
वह कर्म 'लोक' जैसा होता, जो प्राप्त करे कर यत्न सभी।
वह एक कामना पूर्ण करे, दूसरी ओर तब वह जाये।
होता है 'कामयमान' मनुज, इस भाँति, 'काममय' कहलाये।
फिर आत्मा यह होता 'अकाम', है यही 'अकामयमान' रूप।
है जो अकाम, निष्काम वही, वह 'आत्मकाम' का ले स्वरूप।
वह पूर्णकाम भी कहलाता, यह प्राण नहीं उसका निकले।
यह आत्मा जीवन्मुक्त बने, हो ब्रह्म, बह्म में वही मिले। ६

Upaniṣad]

One's mind is attached to whatever desire,
The Self for that with deeds does aspire.
And when the deed is done and fruits finished,
Another world of deeds the Self now cherished.
So much for the person full of desires,
And now about one who no longer aspires.
One does not have desires who remains satisfied,
He is free from desires in the Self gratified.
So thus it is said, his Prāṇas do not part,
His vital spirits elsewhere not depart.
Attaining Para Brahma, he is emancipated,
And becomes himself Brahma liberated. 6

तदेते श्लोका भवन्ति। अणुः पन्था विततः पुराणो मां स्पृष्टोऽनुवित्तो
मयैव। तेन धीरा अपियन्ति ब्रह्मविदः स्वर्गं लोकमित ऊर्ध्वं विमुक्ताः।८
तस्मिञ्छुक्लमुत नीलमाहुः पिंगलं हरितं लोहितं च। एष पन्था ब्रह्मणा
हानुवित्तस्तेनैति ब्रह्मवित्पुण्यकृत्तैजसश्च।९

इसलिये कहा है श्लोक यही, कामना हृदय की छोड़ सभी।
जो मर्त्य, बनें वे ही अमृत, वे यहीं ब्रह्म का लें रस भी।
ज्यों सर्प केचुली मृत फेकी, मिटटी ढेरों में पड़ी रहे।
हो ब्रह्मविदों का तन वैसा, निर्लिप्त भाव से सभी सहे।
आत्मा अमृत है, प्राण यही, यह ब्रह्म, तेज, अशरीर रहे।
आत्मा ज्योतिर्मय, ब्रह्म रूप, देता सहस्र गौ, जनक कहे। ७
है श्लोक, सूक्ष्म-अणुरूप मार्ग, सर्वत्र वही फिर भी विस्तृत!
पहुँचा टटोलकर मैं उस तक, पाया मैंने उसको निश्चित!
जो धीर-ब्रहम्ज्ञानी होते, उस मार्ग पहुँचते स्वर्ग लोक!
फिर होकर मुक्त वही जाते, उससे ऊपर भी ऊर्ध्वलोक। ८
उस पथ में ज्योति अनेक, हरित औ शुक्ल नील पिंगल लोहित।
पाने को ब्रह्म यही पथ लें, है ब्रह्म-मार्ग यह स्पष्ट विहित।
जो मनुज ब्रह्मज्ञानी होते, जो पुण्यवान हों कर्मों से।
तेजस्वी व्यक्ति रहें जो भी, वे ब्रह्मलोक जायें इससे। ९

[Bṛhadāraṇyaka-4-4

When desires dwelling in the heart are not there,
As says this verse, one is immortal here.
The mortal knowing Brahma in Himself resided,
Even in this world he in beatitude abided.
As the slough of a snake on an ant-hill there,
And as the snake that not to it does adhere,
The Living Self finally this body discarded,
When it is no longer suitable regarded,
Such is the body of a Brahma knower stated,
The disembodied Self is as Brahma related.
It is Immortal Ardour and Prāṇa illuminated,
Have a thousand cows, Janaka reiterated! 7
The seer said, a verse has also thus related,
The Path both subtle and spreading is stated.
Finding that path and following I did gain,
The wise knower heaven and beyond do attain. 8

अन्धं तमः प्रविशन्ति येऽविद्यामुपासते। ततोभूय इव ते तमो य उ
विद्यायांरताः।१०
अनन्दा नाम ते लोका अन्धेन तमसाऽऽवृताः। तांस्ते प्रेत्याभिगच्छन्त्य-
विद्वांसोऽबुधो जनाः।११
आत्मानं चेद्विजानीयादयमस्मीति पूरुषः। किमिच्छन्कस्य कामाय
शरीरमनुसंज्वरेत्।१२
यस्यानुवित्तः प्रतिबुद्ध आत्माऽस्मिन्संदेह्ये गहने प्रविष्टः। स विश्वकृत्स
हि सर्वस्य कर्ता तस्य लोकः स उ लोक एव॥१३

भौतिकवादी तम-अन्ध बसें, जो कर्म-अविद्या मात्र भजें।
अति गहन तमों में अज्ञानी, विद्यामद-रत जो कर्म तजें। १०
आनन्द शून्य औ तमसावृत, ऐसे जो लोक रहें उनमें।
मरकर जायें जो अविद्वान, जो अबुध, रहें वे भी तम में। ११
आत्मा को जब जाने कोई, 'अयमस्मि' समझ में आ जाये।
फिर किस इच्छा से तन सेवे, जन्मों का ज्वर फिर क्यों भाये? १२
तन-वन में छिपा रहे आत्मा, सन्देह नष्ट यदि हो पाये।
जाने होता 'प्रतिबुद्ध' वही, सब करे, 'विश्वकृत' हो जाये।
सब कर्म उसीका आश्रय लें, वह हो सबका कर्ता स्वरूप।
सब लोक उसीके हो जाते, वह स्वयँ बने तब लोक रूप। १३

In that path multicolour lights are there,
White, blue, yellow, green and red they glare!
This path is well known by which one attained,
The virtuous, enlightened and knower all gained! 9
Devoted to objects and untruths in ignorance,
Some go to the gloomy darkness of nescience!
Leaving duties who boasted of knowledge alone,
To a greater gloom, as it were, they too are gone! 10
And who neither matter nor Spirit meditate,
Who nescience or knowledge neither contemplate,
Dying these unwise and ignorant go to dwell,
In the gloomy and joyless worlds like hell! 11
If to a person the Self becomes known,
I am indeed this Self, who thus does own,
Why then to this body he should be attached?
And why with the fever of rebirth attacked? 12

**इहैव सन्तोऽथ विद्मस्तद्वयं न चेदवेदीर्महती विनष्टिः। ये तद्विदुरमृतास्ते
भवन्त्यथेतरे दुःखमेवापियन्ति।१४**
यदैतमनुपश्यत्यात्मानं देवमञ्जसा। ईशानं भूतभव्यस्य न ततो विजुगुप्सते।१५
**यस्मादर्वाक्संवत्सरोऽहोभिः परिवर्तते। तद्देवा ज्योतिषां ज्योतिरायुर्होपास-
तेऽमृतम्।१६**
**यस्मिन्पञ्च पञ्चजना आकाशश्च प्रतिष्ठितः। तमेव मन्य आत्मानं
विद्वान्ब्रह्मामृतोऽमृतम्।१७**

उत्तम है जानें मृत्यु-पूर्व, अन्यथा समझ लें महानाश!
जो जाने उसको, अमर वही, दुख पा अन्यों का हो विनाश। १४
जो उसे निकट से देखे सकें, निन्दा वे उसकी करें नहीं।
वह भूत-भव्य का है स्वामी, वह आत्म देव के रूप यहीं। १५
जिस आत्मा पीछे वर्ष-मास, दिन-रात्रि लिये फिरते रहते।
सुर अमृत-आयु स्वरूप भजें, वे ज्योति ज्योतियों का कहते। १६
ये पंच-पंचजन रहें जहाँ, जिसमें यह विस्तृत नभ रहता।
उसको आत्मा, विद्वान, ब्रह्म, अमृत का अमृत मैं कहता! १७

[Bṛhadāraṇyaka-4-4

In body's deep forest, concealed and abiding,
Who knows that the Self is therein residing,
Who has no more doubts, he can all attain,
Becoming the World Doer he can all sustain.
All the worlds there belong to that person,
Everywhere all bow to him in veneration.
He himself becomes a creator as it were,
He becomes unto himself a world also there! 13
It is better if we know that Self while here.
Otherwise doom and destructions are there!
Those who know here, they become immortal,
Others not knowing are miserable mortal! 14
The Lord of all present, past and the future,
Which is really God in essence and nature,
Who such a great Self from near visualized,
They never disdaining the Supreme realized! 15
Following this Self the year moves around,
Taking days and nights along in its round.
The gods whom the Light of lights related,
As Life, Self and Immortal Entity meditated. 16

प्राणस्य प्राणमुत चक्षुषश्चक्षुरुत श्रोत्रस्य श्रोत्रं मनसो ये मनो विदुः। ते निचिक्युर्ब्रह्म पुराणमग्र्यम॥१८

मनसैवानुद्रष्टव्यं नेह नानास्ति किंचन। मृत्योः स मृत्युमाप्नोति य इह नानेव पश्यति॥१९

एकधैवानुद्रष्टव्यमेतदप्रमेयं ध्रुवम्। विरजः पर आकाशादज आत्मा महान्ध्रुवः॥२०

तमेव धीरो विज्ञाय प्रज्ञां कुर्वीत ब्राह्मणः। नानुध्यायाद् बहुञ्छब्दान्वाचो विग्लापनं हि तदिति॥२१

प्राणों का प्राण वही रहता, वह चक्षु चक्षुओं का मानो!
श्रोत्रों का भी है श्रोत्र वही, मन सभी मनों का भी जानो!
ऐसा जो जानें मात्र वही, जो ब्रह्म यथार्थ उसे जानें।
जानते पुरातन ब्रह्म वही, जो उग्र ब्रह्म, वह पहचानें। १८
मन-आत्मा से एकत्व ज्ञान, नानात्व सृष्टि में नहीं कहीं!
नानात्व ऐक्य में जो देखें, साक्षात् मृत्यु को वरें यहीं! १९
यह आत्मतत्त्व ध्रुव-अप्रमेय, एकत्व रूप द्रष्टव्य यही।
निर्मल नभ से भी वह महान, उससे बढ़कर ध्रुव तत्त्व वही! २०
बहु वाक्-जाल में मत उलझें, ब्राह्मण प्रज्ञा-युत धीर रहें।
इस आत्मतत्त्व का बोध छोड़, सब वाक् थकाना मात्र कहें! २१

Upaniṣad]

In which the five elements and beings abided,
The space and all that is there, resided,
That I know as the Great Self and the Wise,
The Immortal among gods and Brahma like-wise! 17
The Self is the Life of all lives here,
The Eye of all eyes and the Ear of the ear!
As the Mind of minds the Self is visualized,
True Brahma Eternal and Glorious realized! 18
The Unity is to be by the mind realized,
No diversity whatever is here visualized!
In Unity who perceive diversity in Creation,
They die by death remaining in delusion! 19
The Self is unparalled and also immutable,
In unity and not in diversity knowable!
This Self is the Ultimate Reality there,
More true and pure than the space everywhere! 20
A wise seeker knowing should wisdom acquire,
Not involving in words, understanding desire.
All are mere words save the self-realization,
Only tiring of speech is all verbalization! 21

स वा एष महानज आत्मा योऽयं विज्ञानमयः प्राणेषु य एषोऽन्तर्हृदय आकाशस्तस्मिञ्छेते सर्वस्य वशी सर्वस्येशानः सर्वस्याधिपतिः स न साधुना कर्मणा भूयान्नो एवासाधुना कनीयानेष सर्वेश्वर एष भूताधिपतिरेष भूतपाल एष सेतुर्विधरण एषां लोकानामसंभेदाय तमेतं वेदानुवचनेन ब्राह्मणा विविदिषन्ति यज्ञेन दानेन तपसाऽनाशकेनैतमेव विदित्वा मुनिर्भवति। एतमेव प्रव्राजिनो लोकमिच्छन्तः प्रव्रजन्ति। एतद्ध स्म वैतत्पूर्वे विद्वांसः प्रजां न कामयन्ते किं प्रजया करिष्यामो येषां नोऽयमात्माऽयं लोक इति ते ह स्म पुत्तैषणायाश्च वित्तैषणायाश्च लोकैषणायाश्च

अज है महान है यह आत्मा, प्राणों में है विज्ञान रूप।
सब वशीभूत इसके रहते, हिय नभ सोये आत्मा स्वरूप।
सबका ईश्वर, सबका अधिपति, वह साधु कर्म से बड़ा नहीं।
सर्वेश्वर भूतों का अधिपति, छोटा असाधु से नहीं कहीं।
यह आत्मा ही है भूतपाल, लोकों को जोड़े यही सेतु।
करके प्रयत्न उसको जानें, तप ज्ञान यज्ञ का वही हेतु।
वेदों के अनुवचनों से भी, ब्राह्मण ऐसा ही यत्न करें।
उपवास यज्ञ व्रत आदि करें, उसको जानें, मुनि रूप धरें।
इस आत्मलोक को ही पाने, परिव्राजक घर छोड़ें अपना।
विद्वान पूर्व के इसी जन्य, चाहें बिन सन्तति के रहना।
क्या करें पुनः हम सन्तति से, जब आत्मलोक पाया, कहते।
सब लोक-एषणा, पुत्र-वित्त, त्यागें, भिक्षावृति से रहते।

[Bṛhadāraṇyaka-4-4

The Great Self unborn, of consciousness consisted.
In the sky of the heart the Controller existed.
Consisting of knowledge, He rested in there,
The Lord of all beings, He rules all here.
Good deeds make no greater, nor evils smaller,
He is all beings' Lord, God amd sustainer.
He is the Great Bridge or Bank that guarded,
The Link between worlds and boundary regarded.
The Brāhmaṇas seek through the Vedas' meditations,
Through charities, penances and Yajña-functions.
They fast and become ascetic in contemplations,
Mendicants leave homes with Self-inclinations.
The sages of the yore offsprings not desired,
They only for the Self and the Self-world aspired.
They stated what they would from progenies gain,
When the Self and the Self-world they did attain?

व्युत्थायाथ भिक्षाचर्यं चरन्ति या ह्येव पुत्रैषणा सा वित्तैषणा या वित्तैषणा सा लोकैषणोभे ह्येते एषणे एव भवतः। स एष नेति नेत्यात्माऽगृह्यो न हि गृह्यतेऽशीर्यो न हि शीर्यतेऽसङ्गो न हि सज्यतेऽसितो न व्यथते न रिष्यत्येतमु हैवैते न तरत इत्यतः पापमकरवमित्यतः कल्याणमकरवमित्युभे उ हैवैष एते तरति नैनं कृताकृते तपतः।२२

जो पुत्र-एषणा वही वित्त, जो वित्त-एषणा, लोक वही।
जो पुत्र-वित्त वह वित्त-लोक, ये सभी मात्र एषणा यही।
आत्मा इन सब एषणा परे, वह नेति-नेति जाता जाना।
अग्राह्य रहे वह, पकड़ नहीं, आत्मा अशीर्य जाये माना।
होता उसका क्षय नहीं कभी, हो वह असंग-निर्लिप्त भाव।
यह आत्मा बन्धन-व्यथा हीन, हो नहीं नष्ट होकर अभाव।
यह पाप किया है इस कारण, इस हेतु किया कल्याण कर्म।
आत्मा तरता है दोनों ही, उसको न बाँधते कर्म-धर्म।
जो कुछ भी किया, नहीं अथवा, कृत-अकृत का कुछ नहीं मान!
वह पाप-पुण्य से अलग-दूर, वह नेति रूप हो, नहीं ज्ञान! २२

Upaniṣad]

The desires for the son and wealth they renounced,
Wandering as mendicants all they denounced.
For, the desires for son and wealth are the same,
As desires for the riches and worlds same became.
The two desire-pairs are essentially one urge,
As parts of the basic desire they emerge.
Being beyond these, the Self all transcended
Only Not This, Not So, and 'No End' comprehended!
Inconceivable it is, beyond comprehension!
Imperishable and not subject to destruction!
It remains unattached, not contaminated!
Unfettered, undecaying and sorrowless stated!
For such and such reason, I did the evil deed!
And for such reason, I have done good indeed!
By these thoughts one is overcome no more,
Things done or not done not trouble therefore! 22

तदेतदृश्चाभ्युक्तम्। एष नित्यो महिमा ब्राह्मणस्य न वर्धते कर्मणा नो कनीयान्। तस्यैव स्यात्पदवित्तं विदित्वा न लिप्यते कर्मणा पापकेनेति। तस्मादेवंविच्छान्तो दान्त उपरतस्तितिक्षुः समाहितो भूत्वाऽऽत्मन्येवात्मानं पश्यति सर्वमात्मानं पश्यति नैनं पाप्मा तरति सर्वं पाप्मानं तरति नैनं पाप्मा तपति सर्वं पाप्मानं तपति विपापो विरजोऽविचिकित्सो ब्राह्मणो भवत्येष ब्रह्मलोकः सम्राडेनं प्रापितोऽसीति होवाच याज्ञवल्क्यः सोऽहं भगवते विदेहान् ददामि मां चापि सह दास्यायेति।२३

है नित्य रूप यह आत्मा ही, ऐसा ही वेद ऋचाओं में।
जो रहें ब्रह्मविद्, कर्मों से, न बढ़े न घटे महिमा उनमें।
आत्मा ही खोजें मनुज सभी, हों नहीं पाप में लिप्त जान।
इसलिये आत्मविद् शान्त-दान्त, रहते विरक्त सब त्याज्य मान।
हो सहनशील, प्रकटा देखे, इस पिण्ड मध्य ब्रह्माण्ड रूप।
सबको देखे वह आत्म रूप, आत्मा को परमात्मा स्वरूप।
उसको ये पाप नहीं तरते, वह तर जाता है सभी पाप।
ये पाप तपाते नहीं उसे, पापों को देता वही ताप।
मल रहित ब्रह्मज्ञानी होते, जो जानें हों निष्पाप वही।
संशय से शून्य वही होते, है ब्रह्मज्ञान का रूप यही।
ऋषि याज्ञवल्क्य कहते, राजन, है ब्रह्मलोक यह आत्मलोक!
आत्मा में ही परमात्मा को, पाना है पाना ब्रह्मलोक!
राजन, पहुँचे तुम बह्मलोक, कहते राजा फिर तुरत तभी।
लें भगवन पूर्ण विदेह राज्य, हूँ दास रूप प्रस्तुत मैं भी! २३

[Bṛhadāraṇyaka-4-4

The Self is eternal, Veda hymns established,
Any deed its glory not increased nor diminished.
Therefore its nature should be fully shown,
Untainted by evils one becomes having known.
Self-controlled, withdrawn and calm one becomes,
Patient and collected when this wisdom comes.
The Self and all in his own Self realized,
Not subdued by sin, all the vices neutralized!
Not burnt by evils, he freedom obtained,
Burning all vices, by the taints not stained,
Free from all doubts, Para Brahma one knows,
When in his Self that Supreme Self shows!
This is the world of Brahma you have gained!
The seer said, you have Para Brahma attained!
Take entire Videha kingdom, the king so stated,
I am also at your feet myself prostrated! 23

स वा एष महानज आत्माऽन्नादो वसुदानो विन्दते वसु य एवं वेद।२४
स वा एष महानज आत्माजरोऽमरोऽमृतोऽभयो ब्रह्माभयं वै ब्रह्माभयं हि वै ब्रह्म भवति य एवं वेद।२५

चतुर्थ अध्याय-पंचम ब्राह्मण

अथ ह याज्ञवल्क्यस्य द्वे भार्ये बभूवतुर्मैत्रेयी च कात्यायनी च तयोर्ह मैत्रेयी ब्रह्मवादिनी बभूव स्त्रीप्रज्ञैव तर्हि कात्यायन्यथ ह याज्ञवल्क्योऽन्यद्-वृत्तमुपाकरिश्यन्।१
मैत्रेयीति होवाच याज्ञवल्क्यः प्रव्रजिष्यन्वा अरेऽहमस्मात्स्थानादस्मि हन्त तेऽनया कात्यायन्यान्तं करवाणीति।२

आत्मा अज है, यहं है महान भोक्ता बन यह करता भक्षण।
फिर भी विभूति का दान करे, जाने विभूतिमय हो तत्क्षण। २४
आत्मा महान, अज-अमर रहे, यह अजर अभय अमृत स्वरूप।
यह ब्रह्म, अभय जो वही ब्रह्म, यह जान अभय हो ब्रह्म रूप। २५

चतुर्थ अध्याय-पंचम ब्राह्मण

ऋषि याज्ञवाल्क्य को दो पत्नी, मैत्रेयी-कात्यायनी युगल।
थी ब्रह्मवादिनी मैत्रेयी, पत्नी थी कात्यायनी सरल। १
ऋषि जब संन्यास लगे लेने, मैत्रेयी से ऐसा कहते।
ले रहा प्रव्रज्या आश्रम से, आ दोनों निबटारा करते। २

ब्राह्मण-५, ब्राह्मण-६

अध्याय २ के ब्राह्मण ४ तथा ६ के समान

The Self is Supreme and Unborn regarded.
The Eater and Enjoyer, who also all awarded.
A person who knows Him and thus conceived,
Verily all kinds of grace he received. 24
The Self is Great, Unborn and undecaying,
Imperishable, Immortal and fearless Being!
Knowing it the Fearless Brahma one gained.
And one becomes fearless as one attained. 25

Chapter Four-Section Five

Yājñavalkya about to leave home and renounce,
To wife Brahma knower Maitreyī did announce.
He had another wife Kātyāyanī as well,
Of simple womanly intellect she did dwell. 1
Addressing Maitreyī he did thus announce,
As a mendicant I will everthing renounce.

पंचम अध्याय, ब्राह्मण-१

ॐ पूर्णमदः पूर्णमिदं पूणात्पूर्णमुदच्यते। पूर्णस्य पूर्णमादाय पूर्णमेवावशिष्यते। ॐ खं ब्रह्म खं पुराणं वायुरं खमिति ह स्माह कौरव्यायणीपुत्रो वेदोऽयं ब्राह्मणा विदुर्वेदैनेन यद्वेदितव्यम्।१

पंचम अध्याय, ब्राह्मण-२

त्रयाः प्राजापत्याः प्रजापतौ पितरि ब्रह्मचर्यमूषुर्देवा मनुष्या असुरा उषित्वा ब्रह्मचर्यं देवा ऊचुर्ब्रवीतु नो भवानिति तेभ्यो हैतदक्षरमुवाच द इति व्यज्ञासिष्टा ३ इति व्यज्ञासिष्मेति होचुर्दाम्यतेति न आत्थेत्योमिति होवाच व्यज्ञासिष्टेति।१

पंचम अध्याय, ब्राह्मण-१ ('खं' का अर्थ)

ॐ ब्रह्म पूर्ण, ब्रह्माण्ड पूर्ण, उस पूर्ण जनित जग पूर्ण उदित!
वह ब्रह्म पूर्ववत् रहे पूर्ण, ब्रह्माण्ड पूर्ण यद्यपि निःसृत!
ये ओम्, ब्रह्म औ 'खं' तीनों, परब्रह्म पुरुष के नाम-रूप।
कहते हैं अर्थ विविध इनके, प्राचीन नाम हो 'खं' स्वरूप।
यह कौर व्यायणी पुत्र कहें, नभ वायु युक्त ही 'खं' कहते।
कुछ ब्राह्मण 'खं' से वेद कहें, सब ब्रह्म-परक आशय रहते। १

पंचम अध्याय, ब्राह्मण-२ ('द' का अर्थ)

सन्तान प्रजापति के तीनों, थे देव मनुज औ असुर सभी।
वे ब्रह्मचर्य रह वास करें, हो अवधि पूर्ण वे कहें तभी।
ये देव कहें, उपदेश करें, यह 'द' अक्षर उपदेश दिया!
पूछा समझे, हाँ दमन अर्थ, इन्द्रियाँ दमन हों, समझ लिया! १

[Bṛhadāraṇyaka

Now come as I leave, I will now decide,
With Kātyāyanī a settlement I will provide. 2

Rest of Sec. 5 & 6 same as
Sec. 4 & 6 of Ch. 2

Chapter V, section-1 (Full & 'Khaṁ')

The Supreme Self is Full, infinite and perfect!
The universe too is full and perfect as the effect!
From that Full Self full Creation detracted,
That Self Full remains full cosmos retracted!
Oṁ, Brahma and 'Khaṁ' Para Brahma related.
Oṁ and Brahma are known, 'Khaṁ' ancient stated.
Kauravyāyaṇī's son Khaṁ the Airy sky denoted,
Some call it the Vedas, all Brahma connoted! 1

अथ हैनं मनुष्या ऊचुर्ब्रवीतु नो भवानिति तेभ्यो हैतदेवाक्षरमुवाच द इति व्यज्ञासिष्टा ३ इति व्यज्ञासिष्मेति होचुर्दत्तेति न आत्थेत्योमिति होवाच व्यज्ञासिष्टेति।२

अथ हैनमसुरा ऊचुर्ब्रवीतु नो भवानिति तेभ्यो हैतदेवाक्षरमुवाच द इति व्यज्ञासिष्टा३ इति व्यज्ञासिष्मेति होचुर्दयध्वमिति न आत्थेत्योमिति होवाच व्यज्ञासिष्टेति तदेतदेवैषा दैवी वागनुवदति स्तनयित्नुर्द द द इति दाम्यत दत्त दयध्वमिति तदेतत्त्रयं शिक्षेद्दमं दानं दयामिति।३

पंचम अध्याय, ब्राह्मण-३

एष प्रजापतिर्यद्हृदयमेतद्ब्रह्मैतत्सर्वं तदेतत्त्र्यक्षरं हृदयमिति हृ इत्येकमक्षरमभिहरन्त्यस्मै स्वाश्चान्ये च य एवं वेद द इत्येकमक्षरं ददत्यस्मै स्वाश्चान्ये च य एवं वेद यमित्येकमक्षरमेति स्वर्गं लोकं य एवं वेद।१

अब मनुज कहें, उपदेश करें, फिर 'द' अक्षर उपदेश दिया!
पूछा, समझे, हाँ समझ गये, यह दान हेतु, हाँ समझ लिया! २
फिर असुर कहें, उपदेश करें, 'द' अक्षर ही उपदेश दिया!
पूछें, समझे, हाँ समझ गये, यह दया हेतु, हाँ समझ लिया!
देवी वाणी है विद्युत् में, यह 'दाम्यत-दत्त-दयध्वम्' ही!
'दम-दान-दया' ही मूल मंत्र, सबको शिक्षा दें ज्ञान यही! ३

Chapter V, Section-2 ('Da'-give)

When Prajāpati-Sustainer progenies procreated,
Gods, men and demons, the three He created.
When living as disciples, inturnship completed,
The gods said, Reverend, we may be instructed!
Prajāpati saying 'Da' asked, did you comprehend?
It is 'Dāmyata',they said, yes we understand !
This word 'controlling our senses' denoted.
Quite so, said Prajāpati, correctly connoted! 1
Then men requested, instruct us O Reverend!
Saying 'Da' Prajāpati asked, did you understand?
Yes Sire,it is 'Datta' which 'give away' denoted!
Quite, so, said Prajāpati, you rightly connoted! 2
The demons prayed now, educate us O Reverend!
Prajāpati saying 'Da' asked, did you comprehend?
Yes it is 'Dayadhvam' that compassionate denoted.
Quite so, said Prajāpati, you correctly connoted!
The divine roar of thunder the three 'Da' stated.
They self-control, charity and compassion related.
This virtuous triad should be practised therefore,
The Self Control, charity and compassion evermore! 3

पंचम अध्याय, ब्राह्मण-४

तद्वै तदेव तदास सत्यमेव स यो हैतं महद्यक्षं प्रथमजं वेद सत्यं ब्रह्मेति जयतीमांल्लोकान् जित इन्नवसावसद्य एवमेतं महद्यक्षं प्रथमजं वेद सत्यं ब्रह्मेति सत्यं ह्येव ब्रह्म।१

पंचम अध्याय, ब्राह्मण-३ (हृदय)

यह तीन अक्षर का हृदय बना, है यही प्रजापति ब्रह्म रूप!
अभिहरण-'हृ' हो 'हृञ्हरणे' से, यह हृदय सभी कुछ, सब स्वरूप!
उपहार अभिहरण कर देते, अपने हों या हों मनुज अन्य।
जो जाने ऐसा हिय स्वरूप, 'द' से उसको दें इसी जन्य।
यह 'य' अक्षर 'इण गतौ' धातु, जाना है अर्थ, वही जाये।
जो जाने ऐसा हृदय मर्म, वह जाकर स्वर्गलोक पाये। १

पंचम अध्याय, ब्राह्मण-४ (सत्य ब्रह्म)

इस हृदय मध्य ही सत्य रहे, यह ब्रह्म सत्य को ही जानो!
है यह महान औ पूज्यनीय,सबसे पहले प्रकटा मानो!
इन लोकों को ले जीत वही, इस सत्य-ब्रह्म को जो जाने।
है सत्य ब्रह्म, सत् ही है वह, हारता असत् यदि वह माने! १

[Bṛhadāraṇyaka

Chapter V, Section-3 (Heart)

This heart itself is Prajāpati Procreator,
It is all this and Para Brahma Creator!
Of three syllables,'Hṛ' 'da'and 'ya' it consisted,
By the Hṛ syllable 'bringing of things'is suggested.
One who knows the heart and the Hṛ syllable here,
Own people and others bringing presents adhere.
The 'Da'is another which giving things shows,
All give to the person who Da syllable knows.
'Ya' is the third syllable 'Hṛdaya'contained.
It meant 'going' and by going one attained.
One who knows to what these syllables pertained,
Verily the person heavenly worlds obtained! 1

Chapter V, Section-4(Truth-Brahma)

The First-Born Truth is in heart established.
Truth-Brahma is Great, Venerable and cherished.
Knowing this the Indwelling Truth one attained,
And also these various worlds one gained!
One who believes not the Truth-Brahma venerable,
Who considers not the First Borm as the Knowable,
Who believes it as untruth, he is humiliated,
Verily the Great Truth Para Brahma related! 1

पंचम अध्याय, ब्राह्मण-५

आप एवेदमग्र आसुस्ता आपः सत्यमसृजन्त सत्यं ब्रह्म ब्रह्म प्रजापतिं प्रजापतिर्देवांस्ते देवाः सत्यमेवोपासते तदेतत्त्र्यक्षरं सत्यमिति स इत्येकमक्षरं तीत्येकमक्षरं यमित्येकमक्षरं प्रथमोत्तमे अक्षरे सत्यं मध्यतोऽनृतं तदेतदनृतमुभयतः सत्येन परिगृहीतं सत्यभूयमेव भवति नैवं विद्वांसमनृतं हिनस्ति।१

तद्यत्तत्सत्यमसौ स आदित्यो य एष एतस्मिनमण्डले पुरुषो यश्चायं दक्षिणेऽक्षन्पुरुषस्तावेतावन्योन्यस्मिन्प्रतिष्ठितौ रश्मिभिरेषोऽस्मिन्प्रतिष्ठितः प्राणैरयममुष्मिन् स यदोत्क्रमिष्यन्भवति शुद्धमेवैतन्मण्डलं पश्यति नैनमेतेरश्मयः प्रत्यायन्ति।२

पंचम अध्याय, ब्राह्मण-५ (सत्य-भूः भुवः स्वः)

अव्यक्त प्रकृति ही थी पहले, था व्याप्त 'आप्' का ही स्वरूप।
हो प्रकृति व्यक्त, यह सत्य हुआ, सत् पहले था अव्यक्त रूप।
सत् से फिर ब्रह्म प्रकट होता, पहले वह था अव्यक्त रूप।
फिर हुए प्रजापति ब्रह्म जनित, तब दिव्य शक्ति हों सुर स्वरूप।
सत् से ही सब प्रारम्भ हुए, सब देव पूजते हैं सत् ही।
इस सत्य मध्य हैं तीन अक्षर, उनका होता तात्पर्य यही।
पहले औ अन्तिम में स्वर है, जो मध्य रहे वह स्वर विहीन।
यह अनृत मध्य में है जकड़ा, सत्यों से घिर यह सत्यलीन!
वैसे ही अनृत प्रकृति को भी, यह सत्य-ब्रह्म रहता जकड़े।
जो जाने ऐसा सत्य-ब्रह्म, उसको न कभी अनृत पकड़े! १
आदित्य-पुरुष ब्रह्माण्ड-मध्य, औ दक्षिणाक्षि जो अक्षि-पुरुष।
ये दोनों ही हैं सत्य-ब्रह्म, ब्रह्माण्ड-पुरुष औ पिण्ड-पुरुष!

Chapter V, section-5 (Truth-Bhūḥ,Bhuvaḥ,Svaḥ)

In the Beginning pervaded the Eternal Matter,
There existed only the unmanifest Nature.
Now Nature manifested and the Truth became patent,
And Brahma emanated already there latent.
From Brahma, Prajāpati-Sustainer emanated.
Then Divine Powers as the Deities originated.
Thus from the Truth all this was generated,
Hence Divine powers this Truth venerated.
In 'Satya'the two letters middle one compressed.
The Imperishable entity the perishable repressed!
As the Truth from both sides the untruth pressed,
The Truth Brahma also the Nature suppressed.

य एष एतस्मिन्मण्डले पुरुषस्तस्य भूरिति शिर एकं शिर एकमेतदक्षरं भुव इति बाहू द्वौ बाहू द्वे एते अक्षरे स्वरिति प्रतिष्ठिा द्वे प्रतिष्ठे द्वे एते अक्षरे तस्योपनिषदहरिति हन्ति पाप्मानं जहाति च य एवं वेद।३

आदित्य-पुरुष किरणों द्वारा, इस अक्षि-पुरुष में होता स्थित।
यह अक्षि-पुरुष भी प्राणों से, आदित्य-पुरुष में समवस्थित।
ब्रह्माण्ड-सत्य निर्मल देखे, जब ब्रह्मज्ञान युत तजे प्राण।
रवि-किरण नहीं वह फिर देखे, हो मुक्त करे जग से प्रयाण। २
आदित्य-पुरुष जो है विराट्, ब्रह्माण्ड-विश्व मंडल अन्तर।
यह भूः उसीका सिर मानो, सिर एक, भूः भी एक अक्षर!
यह भुवः भुजाएँ दो उसकी, हो भुवः युगल अक्षर स्वरूप।
दो पाद, सुवः में दो अक्षर, स्वः रहे प्रतिष्ठा पाद-रूप!
यह अहः पुरुष का ज्ञान रहे, यह दिवा ज्योति उपनिषद् रूप।
सब पाप हटे, सब पाप तरे, जाने विराट् व्याहृति स्वरूप। ३

[Bṛhadāraṇyaka-5-5

As Truth-Brahma to the Nature, adhered,
The untruth Nature like the Truth appeared.
Knowing the Truth-Brahma and untruth Nature,
One is not harmed by the untruth feature. 1
In universe this truth as the Sun Person abided,
In beings as the Right Eye Person it resided.
Through rays the Sun Person in the eye appeared.
The Eye Person through Prāṇa to the sun adhered.
One who both Persons as same truth regarded,
And who thus enlightened his body discarded,
He in its true form the universe visualized,
No more led by sun rays, salvation realized. 2
The Sun Person of the cosmos has 'Bhūḥ' as head.
One head and the Bhūḥ also one syllable read!
That Colossal has 'Bhuvaḥ'as arms as it were.
The arms are two as two syllables are there!
The 'Svaḥ' as the foundation or legs represented,
Two legs are there as two syllables are presented!
As a person has some wisdom or cognition here,
The Colossal as the Ahaḥ has day-light there!
One who this Person as Colossus contemplated,
As the Truth this Bhūḥ, Bhuvaḥ, svaḥ meditated,
By these mystic words sins are driven away.
Run away those sins that are having full sway! 3

योऽयं दक्षिणेऽक्षन्पुरुषस्तस्य भूरिति शिर एकं शिर एकमेतदक्षरं भुव
इति बाहू द्वौ बाहू द्वे एते अक्षरे स्वरिति प्रतिष्ठा द्वे प्रतिष्ठे द्वे एते अक्षरे
तस्योपनिषदहरिति हन्ति पाप्मानं जहाति च य एवं वेद।४

पंचम अध्याय, ब्राह्मण-६

मनोमयोऽयं पुरुषो भाः सत्यस्तस्मिन्नन्तर्हृदये यथा व्रीहिर्वा यवो वा स
एष सर्वस्येशानः सर्वस्याधिपतिः सर्वमिदं प्रशास्ति यदिदं किंच।१

दक्षिणी नेत्र का अक्षि पुरुष, जो निहित पिण्ड-मंडल अन्तर।
यह भूः उसीका सिर मानो, सिर एक, भूः भी एक अक्षर!
यह भुवः भुजाएँ दो उसकी, हो भुवः युगल अक्षर स्वरूप।
दो पाद, सुवः में दो अक्षर, स्वः रहे प्रतिष्ठा-पाद रूप।
यह 'अहं' ज्योति उपनिषद् बने, है अहं पुरुष का ज्ञान रूप।
सब पाप तरे जो यह जाने, यह पिण्ड-पुरुष व्याहृति स्वरूप। ४

पंचम अध्याय, ब्राह्मण-६

यह पुरुष मनोमय है विराट्, ले सत्य-ज्योति हिय में रहता।
छोटा हिय यव या ब्रीहि तुल्य, लेकिन विराट् इसमें बसता।
यह पुरुष सभी का है स्वामी, अधिपति भी वही रहे सबका।
यह जो कुछ दिखता है जग में, शासक भी वही रहे उसका! १

Upaniṣad]

In the Right Eye Person the Bhūḥ is the head.
The head is one and one syllable Bhūḥ read.
The Eye Person has two Bhuvaḥ-arms there,
The arms are two as two syllables are here!
The Svaḥ as foundation or legs represented.
Two legs are there as two syllables presented.
As one has the wisdom of Upaniṣads here,
That Person has 'Ahaṁ' or the I-Self there!
One who the Truth Person in beings contemplated,
And Bhūḥ, Bhuvaḥ and Svaḥ in them meditated,
By these divine words he drives sin away
Leaving him run away those sin having sway. 4

Chapter V, Section-6

The Colossus World Person consisted of mind.
Illumined with the Truth in the heart we find!
This heart is very small like barley or grain.
Yet the Lord Colossal in it does remain!

पंचम अध्याय, ब्राह्मण-७

विद्युद्ब्रह्मेत्याहुर्विदानाद्विद्युद्विद्यत्येनं पाप्मनो य एवं वेद विद्युद्ब्रह्मेति विद्युद्ध्येव ब्रह्म।१

पचंम अध्याय, ब्राह्मण-८

वाचं धेनुमुपासीत तस्याश्चत्वारः स्तनाः स्वाहाकारो वषट्कारो हन्तकारः स्वधाकारस्तस्या द्वौ स्तनौ देवा उपजीवन्ति स्वाहाकारं च वषट्कारं च हन्तकारं मनुष्याः स्वधाकारं पितरस्तस्याः प्राण ऋषभो मनो वत्सः।१

पंचम अध्याय, ब्राह्मण-७ [विद्युत्-ब्रह्म]

विद्युत् विदीर्ण सब कुछ करता, इसलिये कहें विद्युत् स्वरूप।
यह जान पाप होते विदीर्ण, विद्युत् को कहते ब्रह्म रूप! १

पंचम अध्याय, ब्राह्मण-८ [वाक् ब्रह्म]

यह वाक् धेनु, स्तन चार रहें, हम वाक् भजें गौ के स्वरूप।
जिनसे देवों को हवि देते, दो स्तन 'स्वाहा' औ 'वषट्' रूप।
हैं 'हन्त' 'स्वधा' बाकी दो स्तन, कह हन्त मनुज को हवि देते।
पितरों को दें तब स्वधा कहें, वाणी-गौ से ही सब जीते।
यह प्राण वृषभ इस गौ का है, मन ही रहता है वत्स रूप।
यह वाक्-ब्रह्म है वेद रूप, वाणी-गौ का यह हो स्वरूप। १

[Bṛhadāraṇyaka

The lord of all creatures abiding in this mind,
The Ruler of all in this heart illumined.
Whatever is there in this great Creation,
Ruling over all He as sovereign does function. 1

Chapter V, Section-7 [Lightning Brahma]

The lightning is also Para Brahma related,
'Tearing' all it is by its meaning so stated.
It tears down the sin of one who has known,
Thus lightning is Brahma it has been shown. 1

Chapter V, Section-8 [Speech Brahma]

The speech as the milch cow should be meditated.
The four breast nipples of the cow are thus stated.
They Svāhā, Vaṣat, Haṁta and Svadhā related,
By Svāhā and Vaṣat the gods are oblated.
Thus sucking these two the gods are sustained.
By Haṁta these human beings are maintained.
The departed manes receive the Svadhā oblation,
The speech-breast nipples thus do the lactation.

पंचम अध्याय, ब्राह्मण-९

अयमग्निर्वैश्वानरो योऽयमन्तः पुरुषे येनेदमन्नं पच्यते यदिदमद्यते तस्यैष
घोषो भवति यमेतत्कर्णावपिधाय श्रृणोति स यदोत्क्रमिष्यन्भवति नैनं
घोषं श्रृणोति।१

पंचम अध्याय, ब्राह्मण-१०

यदा वै पुरुषोऽस्माल्लोकात्प्रैति स वायुमागच्छति तस्मै स तत्र विजिहीते
यथा रथचक्रस्य खं तेन स ऊर्ध्व आक्रमते स आदित्यमागच्छति तस्मै स
तत्र विजिहीते यथा लम्बरस्य खं तेन स ऊर्ध्व आक्रमते स चन्द्रमसमागच्छति
तस्मै स तत्र विजिहीते यथा दुन्दुभेः खं तेन स ऊर्ध्व आक्रमते स
लोकमागच्छत्यशोकमहिमं तस्मिन्वसति शाश्वतीः समाः।१

पंचम अध्याय, ब्राह्मण-९ (वैश्वानर)

जिससे खाया भोजन पचता, वैश्वानर पावक रहे वही।
कर कान बन्द वह घोष सुनें, अश्रुत हो अन्तिम काल यही। १

पंचम अध्याय, ब्राह्मण-१० (मृत्यु पर ऊर्ध्व गमन)

वह वायु लोक में प्रथम जाय, जब मनुज मृत्यु को प्राप्त करे।
हो वायु लोक में सूक्ष्म छिद्र, रथ चक्र मध्य सा, जाय परे।
उस सूक्ष्म छिद्र से ऊपर चढ़, वह जा पहुँचे आदित्य लोक।
लम्बर बाजे सा सूक्ष्म छिद्र, चढ़ पुनः पहुँचता चन्द्र लोक।
दुन्दुभि-सा छिद्र पुनः चढ़कर, हिम रहित लोक में वह जाता।
रहता अनन्त वर्षों तक वह, दुख रहित लोक वह यों पाता। १

Upaniṣad]

The Prāṇa as the bull of this cow is stated,
The Lord of the speech and its consort related.
The mind as the calf of the cow represented,
Inspired thus the cow milk-wisdom presented. 1

Chapter V, section-9 (Vaiśvānara Fire)

The inside energy which all food digested,
That Vaiśvānara Fire in the body manifested.
Its roar is heard on closing one's ears,
When dying,a person this roar not hears

Chapter V, section-10 (Going up on death)

When on death a person departed from here,
At first he goes to the world of this air.
Through a hole as in a wheel-hub ascended,
To the world of the sun he thus transcended.
The sun-world also has a upward hole there,
As a very small hole the flute has here.
Through this aperture one upward ascended,
To the world of moon he thus transcended.

पंचम अध्याय, ब्राह्मण-११

एतद्वै परमं तपो यद्व्याहितस्तप्यते परमं हैव लोकं जयति य एवं वेदैतद्वै परमं तपो यं प्रेतमरण्यं हरन्ति परमं हैव लोकं जयति य एवं वेदैतद्वै परमं तपो यं प्रेतमग्नावभ्यादधति परमं हैव लोकं जयति य एवं वेद।१

पचंम अध्याय, ब्राह्मण-१२

अन्नं ब्रह्मेत्येक आहुस्तन्न तथा पूयति वा अन्नमृते प्राणात्प्राणो ब्रह्मेत्येक आहुस्तन्न तथा शुष्यति वै प्राण ऋतेऽन्नादेते ह त्वेव देवते एकधाभूयं भूत्वा परमतां गच्छतस्तद्ध स्माह प्रातृदः पितरं किं स्विदेवैवं विदुषे साधु

पंचम अध्याय, ब्राह्मण-११ (तप)

उद्विग्न न हो जब व्याधि ग्रसे, तप परम यही है, यह माने।
वह परम लोक को जय करता, जो यह तप है ऐसा जाने।
यदि शव को वन में ले जायें, तप जान इसे वह नहीं डरे।
जाने ऐसा जो यह तप है, उत्तम लोकों को विजय करे!
मृत देह अग्नि में भस्म करें, इससे न डरे, तप परम यही।
सब परम लोक को जय करता, जो जाने यह तप परम, वही! १

पंचम अध्याय, ब्राह्मण-१२ (अन्न ब्रह्म-प्राण ब्रह्म)

कुछ कहें अन्न ही ब्रह्म, किन्तु, हो प्राण रहित यह अन्न सड़े।
कुछ कहें, प्राण ही ब्रह्म, किन्तु, यह प्राण अन्न के बिना मरे!

[Bṛhadāraṇyaka

The moon-world too has a hole of this nature,
As the bugle has got a small size aperture.
Through this hole the sorrowless worlds he gained,
In that coldless world he eternally remained. 1

Chapter V, Section-11 (Penance)

Suffering calmly a disease is a penance extreme,
Knowing this one conquers the worlds supreme.
To be taken to the forest for funeral not fearing,
One wins great worlds to this penance adhering.
When a person is not by this thought overcome,
That the body will be burnt when death does come,
It is a great penance not by this be agitated,
Knowing this one the supreme worlds subjugated. 1

Chapter V, Section-12 [Food Brahma-Life Brahma]

The food is Brahma, some people thus state,
But this is not wholly correct to relate.
On Prāṇa's sentiency food-matters depended,
Without Prāṇa the food putrified and offended.

कुर्यां किमेवास्मा असाधु कुर्यामिति स ह स्माह पाणिना मा प्रातृद
कस्त्वेनयोरेकधाभूयं भूत्वा परमतां गच्छतीति तस्मा उ हैतदुवाच वीत्यन्नं
वै व्यन्ने हीमानि सर्वाणि भूतानि विष्टानि रमिति प्राणो वै रं प्राणे
हीमानि सर्वाणि भूतानि रमन्ते सर्वाणि ह वा अस्मिन्भूतानि विशन्ति
सर्वाणि भूतानि रमन्ते य एवं वेद।१

ये दोनों ही जब मिल जाते, ये ध्येय पूर्ण अपना करते।
आचार्य एक प्रातृद नामक, यह जान पिता से यों कहते।
क्या भला-बुरा कर लूँ उसका, जो करे समन्वय युगल यहाँ?
फिर हाथ हिलाये पिता कहें, कर सके भला यह कौन कहाँ?
कहता प्रातृद, हैं 'वीर' पुरुष, जो इसमें करते सम्मिश्रण।
'वी' अन्न, अन्न में सभी 'विष्ट' 'र' प्राण उसी में करें रमण!
जानते 'वीर' का जो रहस्य, जो 'अन्न'-'प्राण' में करें योग।
सब प्राणी हों उनमें प्रविष्ट, उनमें ही करते रमण-भोग। १

Upánișad]

Some say the Prāṇa Para Brahma symbolized.
But this is also not correctly realized.
Surely the Prāṇa is by food- matter maintained,
Without food the Prāṇa can not be sustained.
The food-matter and Life together do the deed.
United, they achieve perfection indeed.
To a wise knower who these two perfected,
Said Prātṛda to father,good or bad not affected.
I can do neither good nor bad to such persons,
They are above these, transcending all actions.
Father said, throwing hands, none is really there,
Who uniting these two to the goal can adhere!
Prātṛda said, the 'Vīra-'brave people are there,
Who effect co-ordination in these two here.
In 'Vīra' the 'vī' food-matter represented,
In 'ra' syllable the Life Principle is presented.
It is the food-matter which beings sustained,
The Prāṇa like-wise all creatures maintained.
Knowing this one bemomes the abode and station,
Entering into him all enjoy the association. 1

पंचम अध्याय, ब्राह्मण-१३

उक्थं प्राणो वा उक्थं प्राणो हीदं सर्वमुत्थापयत्युद्धास्मादुक्थविद्वीर- स्तिष्ठत्युक्थस्य सायुज्यं सलोकतां जयति य एवं वेद।१

यजुः प्राणो वै यजुः प्राणे हीमानि सर्वाणि भूतानि युज्यन्ते युज्यन्ते हास्मै सर्वाणि भूतानि श्रैष्ठ्याय यजुषः सायुज्यं सलोकतां जयति य एवं वेद।२

साम प्राणो वै साम प्राणे हीमानि सर्वाणि भूतानि सम्यञ्चि सम्यञ्चि हास्मै सर्वाणि भूतानि श्रैष्ठ्याय कल्पन्ते साम्नः सायुज्यं सलोकतां जयति य एवं वेद।३

पंचम अध्याय, ब्राह्मण-१३ (उक्थ, यजु, साम, क्षत्र)

यह प्राण 'उक्थ' उत्थान करे, सबको यह प्राण करे प्राणित।
हो प्रसव, बीज उगता उससे, सब कुछ करता वह अनुप्राणित।
जो उक्थ प्राण को ही जाने, हो उक्थ ज्ञानयुत पुत्र वीर।
सायुज्य उक्थ का वह पाता, जीते सलोकता वही धीर। १
यह 'यजु' भी प्राण रूप रहता, सब जुड़ें प्राण में, रहें वहाँ।
सब जीव-जन्तु हैं युक्त वहीं, सब जा मिलते हो प्राण जहाँ।
सब जा जुटते श्रेष्ठता जन्य, जो प्राण जानता यजु स्वरूप।
यजु का सायुज्य उसे मिलता, जीते सलोकता इसी रूप। २
यह 'साम' प्राण ही है मानो, सबको समेटता प्राण यही।
सब प्राणी सिमटें प्राण मध्य, आश्रय सबका हो एक वही।
सब जा मिलते श्रेष्ठता जन्य, जो प्राण जानते साम रूप।
सायुज्य साम का प्राप्त उसे, जीते, सलोकता इस स्वरूप। ३

[Bṛhadāraṇyaka-1-3

Chapter V, section-13

The Prāṇa is 'Uktha' as it raises all creatures,
A seed due to life has got sprouting features.
An off spring by the will to live is impelled,
And out of the womb it is so propelled.
One has a brave son, if one this does know,
The son also Uktha's wisdom does show.
With this knowledge he is with it unified,
Abiding in Uktha with it identified. 1
The Prāṇa is Yaju as it joins every creature,
All join one praising if one knows this feature.
With this knowledge one is with Yaju unified.
And abiding in the Yaju with it identified. 2
The Prāṇa is the Sāma in which all abided,
All flock to the knower and glory provided.
With this Sāma one is oneself unified,
And abiding on a par with it identified. 3

क्षत्रं प्राणो वै क्षत्रं प्राणो हि वै क्षत्रं त्रायते हैनं प्राणः क्षणितोः
प्रक्षत्रमत्रमाप्नोति क्षत्रस्य सायुज्यं सलोकतां जयति य एवं वेद।४

पंचम अध्याय, ब्राह्मण-१४

भूमिरन्तरिक्षं द्यौरित्यष्टावक्षराण्यष्टाक्षरं ह वा एकं गायत्र्यै पदमेतदु हैवा-
स्या एतत्स यावदेषु त्रिषु लोकेषु तावद्ध जयति योऽस्या एतदेवं पदं वेद।१
ऋचो यजूंषि सामानीत्यष्टावक्षराण्यष्टाक्षरं ह वा एकं गायत्र्यै पदमेतदु
हैवास्या एतत्स यावतीयं त्रयी विद्या तावद्ध जयति योऽस्या एतदेवं पदं
वेद।२

ये प्राण-क्षत्र हैं युगल एक, क्षति से रक्षा यह प्राण करे।
जानता प्राण को क्षत्र रूप, सब शक्ति-क्षत्र वह शीघ्र वरे।
ऐसा बल होता प्राप्त उसे, अन्यों से चाहे त्राण नहीं।
सायुज्य क्षत्र का प्राप्त उसे, जीते सलोकता पुनः वहीं। ४

पंचम अध्याय, ब्राह्मण-१४ (गायत्री)

भू-अन्तरिक्ष- द्यौ में जैसे, हों वर्ण कुल मिला आठ सभी।
गायत्री का पद एक रहे, हों आठ वर्ण कुल उसमें भी।
'तत्सवितुर्वरेणियम्' कहकर, तीनों लोकों का ध्यान धरें।
जो जानें ऐसा प्रथम पाद, सब कुछ त्रिलोक में प्राप्त करें। १
जो हों 'यजूंषि सामानि ऋचः, ये पुनः आठ होते मिलकर।
'भर्गो देवस्य धीमहि' कहते, इसमें भी होते आठ अक्षर!
ऋक् यजु औ साम भजन करता, जो कर उच्चारण पाद यही।
प्राप्तव्य त्रयी विद्या से जो, वह सब करता है प्राप्त वही। २

Upaniṣad]

The Prāṇa is the 'Kṣatra', protecting every person,
Knowing one has Kṣatra, needing no protection.
With this Kṣatra power he becomes unified,
Abiding on a par with it identified. 4

Chapted V, Section-14 (Gāyatrī Verse)

As earth- space-heaven eight syllables pertained,
Gāyatrī Verse's first part eight letters contained.
Gāyatrī's this part three worlds represented,
Knowing one gets what these worlds presented. 1
The Ṛg Yaju and Sāma of eight syllables consisted,
In Gāyatrīs' second part eight letters existed.
Thus this part the three wisdoms represented,
Knowing this one gets what the Vedas presented. 2

प्राणोऽपानो व्यान इत्यष्टावक्षराण्यष्टाक्षरं ह वा एकं गायत्र्यै पदमेतदु हैवास्या एतत्स यावदिदं प्राणि तावद्ध जयति योऽस्या एतदेवं पदं वेदाथास्या एतदेव तुरीयं दर्शतं पदं परोरजा य एष तपति यद्वै चतुर्थं तत्तुरीयं दर्शतं पदमिति ददृश इव ह्येष परोरजा इति सर्वमु ह्येवैष रज उपर्युपरि तपत्येवं हैव श्रिया यशसा तपति योऽस्या एतेदेवं पदं वेद।३
सैषा गायत्र्येतस्मिंस्तुरीये दर्शते पदे परोरजसि प्रतिष्ठिता तद्वै तत्सत्ये प्रतिष्ठितं चक्षुर्वै सत्यं चक्षुर्हि वै सत्यं तस्माद्यदिदानीं द्वौ विवदमानावेयाताम

ये प्राणापान व्यान तीनों, कुल मिलकर होते आठ अक्षर।
फिर 'धियो योन: प्रचोदयात्, में भी होते इतने मिलकर।
भजते जो प्राण अपान व्यान, करते उपासना पाद यही।
प्राप्तव्य रहे जो जीव मध्य, वह सब करता है प्राप्त वही।
गायत्री का पद एक और, वह है तुरीय-'दर्शत', 'दिखता'।
कहते 'परोरजा' भी उसको, जो प्रकृति-परे ही है रहता।
यह है चतुर्थ पद तप स्वरूप, ब्रह्माण्ड अखिल तपलीन जान!
जो जाने ऐसा पाद वही श्री, यश, तप से हो ज्योतिवान। ३
गायत्री 'दर्शत' में स्थित हो, यह हो तुरीय में समवस्थित।
यह प्रथम तीन में रहे नहीं, रहती 'परोरजा' में ही स्थित।

[Bṛhadāraṇyaka-5-14

Prāṇa, Apāna and Vyāna have eight syllables there.
In Gayatrī's' third part eight letters are here.
Thus Gāyatrī's this part three Prāṇas symbolized,
What the Life has to offer, one knowing realized.
The Gāyatrī has a fourth part as 'Turīya' named,
Also called 'Darśat' or visible part famed.
Called 'Parorajā' again transcending all Nature,
Due to it in the world the austerities feature.
One who this fourth part meditating visualized,
He, visible and transcending the Nature, realized,
With prosperity and riches such a person radiated,
With glory and fame he always illuminated. 3
The Turīya Gāyatrī is in Truth established.
For the Fourth State of Blessedness it is cherished
The truth is what is visible and not what is heard,
So, what is visualized, we truthful declared.

हमदर्शमश्रौषमिति य एवं ब्रूयादहमदर्शमिति तस्मा एव श्रद्दध्याम तद्वै तत्सत्यं बले प्रतिष्ठितं प्राणो वै बलं तत्प्राणे प्रतिष्ठितं तस्मादाहुर्बलं सत्यादोजीय इत्येवम्वैषा गायत्र्यध्यात्मं प्रतिष्ठिता सा हैषा गयांस्तत्रे प्राणा वै गयास्तत्प्राणांस्तत्रे तद्यद्गयांस्तत्रे तस्माद्गायत्री नाम स यामेवामूं सावित्रीमन्वाहैषैव सा स यस्मा अन्वाह तस्य प्राणांस्त्रायते॥४
तां हैतामेके सावित्रीमनुष्टुभमन्वाहुर्वागनुष्टुबेतद्वाचमनुब्रूम इति न तथा कुर्याद्गायत्रीमेव सावित्रीमनुब्रूयाद्यदिह वा अप्येवंविद् बह्विव प्रतिगृह्णाति न हैव तद्गायत्र्या एकंचन पदं प्रति॥५

सत् मध्य प्रतिष्ठित हो तुरीय, रहता तुरीय पद सत्य रूप।
है चक्षु सत्य, देखे सत् वह, 'दर्शत' होने से सत् स्वरूप।
करते विवाद जब कोई दो, देखा मैंने, यह एक कहे।
दूसरा कहे, है सुना इसे, देखा जिसने, वह सत्य रहे।
यह सत्य प्रतिष्ठित है 'बल' में, यह बल प्राणों से ही निःसृत।
इसलिये सत्य हो शक्ति सहित, यह सुबल प्रतिष्ठित प्राण-निहित।
ब्रह्माण्ड मध्य यह प्राण शक्ति, पिण्डों में गायत्री जैसे।
'गय' प्राण रहे, यह त्राण करे, 'गायत्री' शब्द बने ऐसे।
गायत्री प्राणों की रक्षक, इन्द्रियाँ करे यह दमन-शमन।
नवजीवन का संदेश यही, गायत्री प्राणों का नियमन! ४

Upaniṣad]

The 'Darśata' or visual that truth symbolized,
Which doing austerities is directly visualized.
Verily this truth is in energy established,
And the energy also due to Prāṇa flourished.
Thus strength is greater than truth, some stated,
But the Prāṇa is greater than this strength related.
In macrocosm Gāyatrī the Prāṇa eulogized,
In microcosm the Prāṇa Gāytrī symbolized.
The 'Gaya' syllable in Gāyatrī Prāṇa denoted,
Protecting the Prāṇa it Gāyatrī connoted.
The senses are subdued by Gāyatrī meditation,
The Praāṇs are controlled by its contemplation.
Giving the Sacred Thread after having educated,
In Gāyatrī a celibate is properly initiated.
The Prāṇas of the pupils Gāyatrī protected,
In them it a new lease of life effected. 4

स य इमां स्त्रींल्लोकान्पूर्णान्प्रतिगृह्णीयात्सोऽस्या एतत्प्रथमं पदमाप्नुयादथ
यावतीयं त्रयी विद्या यस्तावत्प्रतिगृह्णीयात्सोऽस्या एतद्द्वितीयं पदमाप्नु
यादथ यावदिदं प्राणि यस्तावत्प्रतिगृह्णीयात्सोऽस्या एतत्तृतीयं पदमाप्नु
यादथास्या एतदेव तुरीयं दर्शतं पदं परोरजा य एष तपति नैव केनचनाप्यं
कुत उ एतावत्प्रतिगृह्णीयात्।६

है श्रेष्ठ अनुष्टुप गायत्री, कुछ कहें, करें उपदेश वही!
वाणी रूपा पद चार उसे, लेकिन हम कहते नहीं सही!
त्रिपदा सावित्री गायत्री, हम कहें, यही उपयुक्त जान!
गुरु अधिक दक्षिणा भी लेता, पद एक तुल्य भी नहीं मान! ५
यदि वित्त पूर्ण ये तीन लोक, हों प्राप्त, प्रथम पद तुल्य वही।
यदि प्राप्त त्रयी विद्या होती, समझो द्वितीय पद तुल्य यही!
यदि प्राणि-जगत् सम्पूर्ण मिले, समझो तृतीय पद प्राप्त उसे!
जो परोरजा-दर्शत-तुरीय, उस पद की तुलना हो किससे?
वह पद दीखे तपता मानो, तप रहा सृष्टि में जहाँ कहीं।
तुलना में हम क्या ला सकते, भौतिक पदार्थ हों तुल्य नहीं। ६

[Bṛhadāraṇyaka-5-14

Some say, 'Anuṣṭupa' Gāyatrī should be taught,
Consisting of four parts, speech like thought.
But I believe, this is incorrect and improper,
The Sāvitrī of three parts is Gāyatrī verse proper.
The Gāyatrī of three parts should be meditated
About the same the pupils should be educated.
If a teacher who knows, a big fee demands,
It is less than what its one part commands! 5
If the three worlds full of riches one gains,
It is like Gāyatrī's first part one attains!
Gaining all wisdom that three Vedas contain,
Equals to the second part of Gāyatrī again!
If the whole Sentient Creation one attains,
It is like Gāyatrī's third part one gains.
The fourth part 'Visual' radiating visualized,
Wherefrom can a comparison be realized? 6

तस्या उपस्थानं गायत्र्यस्येकपदी द्विपदी त्रिपदी चतुष्पद्यपदसि नहि पद्यसे।
नमस्ते तुरीयाय दर्शताय पदाय परोरजसेऽसावदो मा प्रापदिति यं
द्विष्यादसावस्मै कामो मा समृद्धीति वा न हैवास्मै स कामः समृद्ध्यते
यस्मा एवमुपतिष्ठतेऽहमदः प्रापमिति वा॥७
एतद्ध वै तज्जनको वैदेहो बुडिलमाश्वतराश्विमुवाच यन्नु हो तद्गायत्री
विदब्रूथा अथ कथं हस्तीभूतो वहसीति मुखं ह्यस्याः सम्राण्न विदांचकारेति

तेरे इतने पद गायत्री, अब करें प्रार्थना-'उपस्थान'!
फिर भी पद-रहित तुझे कहते, तेरा हो सकता नहीं ज्ञान!
है प्रथम पाद तेरा त्रिभुवन, यह विद्या-त्रयी द्वितीय चरण!
ये तीन प्राण हों पद तृतीय, चौथा तुरीय के रूप वरण!
है नमः उसे जो परोरजा, दर्शत-तुरीय पद है तेरा!
कामना न अरि की हो पूरी, पद पा न सके द्वेषी मेरा!
जो करता ऐसे उपासना, अरि का अभीष्ट भी मुझे मिले।
अरि को इच्छित फल नहीं प्राप्त, गायत्रीविद्-प्रार्थना फले। ७
था बुडिल, अश्वतराश्व पुत्र, उसको विदेह यों कहें कभी।
गायत्रीविद् हूँ, यह कहते, हाथी-सा क्यों ढो रहे अभी?

Upaniṣad]

Now we do the Gāyatrī hymn's invocation here.
Gāyatrī, three worlds make your first foot there!
The three Vedas' wisdom the second part related,
The three vital Prāṇas the third part stated.
Your fourth foot or part is 'Visual' designated,
It is called Parorajā that all illuminated.
You are indeed partless with all these parts,
As none of these really your knowledge imparts.
To that Fourth foot my salutations are here!
My enemies must never succeed anywhere!
Thus praying the Gāyatrī Knower desired attained,
His enemies on the other hand not a thing gained. 7
Once Videha king Janaka, it is so related,
To Budila, son of Aśvatarāśva thus stated.
You always say that this Gāyatrī you know!
Now why like an elephant this load you tow?

होवाच तस्या अग्निरेव मुखं यदि ह वा अपि बह्विवाग्नावभ्यादधति
सर्वमेव तत्संदहत्येवं हैवैवं विद्यद्यपि बह्विववपापं कुरुते सर्वमेव तत्संप्साय
शुद्धः पूतोऽजरोऽमृतः संभवति।८

पंचम अध्याय, ब्राह्मण-१५

हिरण्मयेन पात्रेण सत्यस्यापिहितं मुखं। तत्त्वं पूषन्नपावृणु सत्यधर्माय
दृष्टये। पूषन्नेकर्षे यम सूर्य प्राजापत्यव्यूह रश्मीन्समूह तेजो यत्ते रूपं
कल्याणतमं तत्ते पश्यामि। योऽसावसौ पुरुषः सोऽहमस्मि।

यह कहे बुडिल, राजन मैं तो, जानूं केवल गायत्री-तन।
उसके मुख का है ज्ञान नहीं, उतना जानूं जो किया पठन।
जो सकल पाप को भस्म करे, राजा कहते, मुख अग्नि रूप।
वह अजर-अमर औ शुद्ध-पूत, जो जाने इसको इस स्वरूप। ८

पंचम अध्याय, ब्राह्मण-१५ (सोऽहमस्मि)

स्वर्णिम ढक्कन से ढका सत्य, जिज्ञासु उसे कर अनावरण!
सत्धर्म-दृष्टि औ पुष्टि हेतु, सत्-पूषन् का अब करो वरण!
हे पूषन् ऋषि हे अद्वितीय, यम, पुत्र-प्रजापति, रवि स्वरूप!
देखूँ समेट लो रश्मि-व्यूह, तेजोमय जो कल्याण रूप!

[Bṛhadāraṇyaka

The body of Gāyatrī I know, he thus stated,
But I know not its mouth he also related.
Janaka said, Gāyatrī has the mouth of fire,
That wisdom you can meditating acquire!
As the fire here everything into ashes turns,
This fire-mouth also the greatest sin burns.
One knowing, perishing not, is sacred and pure,
And thus one becomes immortal for sure. 8

Chapter V, Section-15 (That I Am)

By the worldly golden cover the Truth is concealed,
O seeker, for sustenance, get it revealed!
If the virtues and Dharma you want to realize,
Removing the veil, now the Truth visualize!
The Sustainer, Controller, Sole Seer and the Sun!
Now gather up your rays O Prajāpati's son!
Oh, now that the virtuous grand form I behold!
That illumined Person I am myself, I hold!

वायुरनिलममृतमथेदं भस्मान्तं शरीरम्। ॐ क्रतो स्मर कृतं स्मर क्रतो स्मर कृतं स्मर। अग्ने नय सुपथा राये अस्मान्विश्वानि देव वयुनानि विद्वान्। युयोध्यस्मज्जुहुराणमेनो भूयिष्ठां ते नम उक्तिं विधेम।१

कल्याण पूर्ण तेजस्वी जो, प्रकटा अनूप वह पुरुष रूप!
ज्योतिर्मय वह औ 'सोऽहमस्मि', मेरा भी ज्योतिर्मय स्वरूप!
इस पवन मध्य जा प्राण मिले, वह अमर, भस्म होता यह तन।
जो किया उसे कर स्मरण जीव, आगे करना जो, करो स्मरण!
हे देव,अग्नि, सर्वज्ञ बता, उन्नति मूलक वह सुपथ मुझे!
हों कुटिल पाप-पथ हार दूर, है पुनः पुनः यह नमः तुझे! १

षष्ठ अध्याय-ब्राह्मण-१

यह छान्दोग्योपनिषद्, पंचम प्रपाठक, खण्ड १ तथा २ में लगभग इन्हीं शब्दों में है।

ब्राह्मण-२-यह भी छान्दोग्य, पंचम प्र० खण्ड ३ से १० तक लगभग इन्हीं शब्दों में है।

Upaniṣad]

As in fire become ashes all bodies mortal,
To the cosmic air goes this Prāṇa immortal!
So always remember what you did perform!
And also to what you have to conform.
To success O Fire God, by pious path lead!
Remove obstacles and depravities, I plead!
You are aware O Knower, of all our actions,
We offer you our repeated prostrations! 1

Chapter Six-Section-1 [Prāṇa & Senses]

Occuring in Chāndogya, Ch. 5 Sec. 1 & 2

Chapter Six-Section-2 [Pravāhaṇa's Five Questions]

Occuring in Chāndogya, Ch. 5 Sec. 3 to 10

षष्ठ अध्याय, ब्राह्मण-३

स यः कामयेत महत्प्राप्नुयामित्युदगयन आपूर्यमाणपक्षस्य पुण्याहे द्वादशाहमुपसद्व्रती भूत्वौदुम्बरे कंसे चमसे वा सर्वौषधं फलानीति संभृत्य परिसमुह्य परिलिप्याग्निमुपसमाधाय परिस्तीर्यावृताज्यं संस्कृत्य पुंसा नक्षत्रेण मन्थसंनीय जुहोति। यावन्तो देवास्त्वयि जातवेदस्तिर्यञ्चो घ्नन्ति पुरुषस्य कामान्। तेभ्योऽहं भागधेयं जुहोमि ते मा तृप्ताः सर्वैः कामैस्तर्पयन्तु स्वाहा। या तिरश्ची निपद्यतेऽहं विधरणी इति। ता त्वा घृतस्य धारया यजे संराधनीमहं स्वाहा॥१

षष्ठ अध्याय-ब्राह्मण-३ (मन्थ रहस्य)

हो शुल्क पक्ष, द्वादशी दिवस, जब सूर्य उत्तरायण जाये।
उपसद् व्रत-दुग्धाहार करे, वाँछित महत्व इससे पाये।
गूलर या कांसा बर्तन में, सर्वौषधि-फल कर लें मिश्रण।
आधान अग्नि का करें पुनः, कर भूमि स्वच्छ, करके लेपन।
सब ओर बिछाये कुश आसन, हो घृत ढककर, संस्कार करे।
जब पुल्लिंगी नक्षत्र रहे, वह करे प्रार्थना, मन्थं वरे।
हे अग्नि, बाम जो देव रहें, कामना मनुज की सभी हरें।
देता उनको मैं भाग-देय, हों तृप्त, कामना तृप्त करें।
जो शक्ति बनीं तिरछी मुझसे, समझें वे कर सकतीं कुछ भी।
घृत की धारा से पूज रहा, प्रतिकूल न हों, दें मुझे सभी। १

[Bṛhadāraṇyaka

Chapter Six, Section-3 (The Divine Churn)

During northward sun in fortnight-bright,
For twelve days one should fast day and night,
For prosperity the person a vow undertakes,
He doing austerity milk only partakes.
Taking herbs and fruits one thoroughly mixed,
In a fig wood or bronze pot all that fixed.
One cleaned and purified the place all around.
Lighting sacred fire, laid 'Kuśa' on the ground.
The clarified butter one then consecrated,
In a masculine constellation one then oblated.
Now saying these prayers one thus contemplated,
And oblating the 'Mantha'- churn in fire meditated.
O Fire, he prays, gods who are not pleased,
Going against me, who desires not appeased!
Through fire I offer oblations to gratify,
So that now they may our wishes satisfy!

ज्येष्ठाय स्वाहा श्रेष्ठाय स्वाहेत्यग्नौ हुत्वा मन्थे संस्रवमवनयति प्राणाय
स्वाहा वसिष्ठायै स्वाहेत्यग्नौ हुत्वा मन्थे संस्रवमवनयति वाचे स्वाहा
प्रतिष्ठायै स्वाहत्यग्नौ हुत्वा मन्थे संस्रवमवनयति चक्षुषे स्वाहा संपदे
स्वाहेत्यग्नौ हुत्वा मन्थे संस्रवमवनयति श्रोत्राय स्वाहाऽऽयतनाय स्वाहेत्यग्नौ
हुत्वा मन्थे संस्रवमवनयति मनसे स्वाहा प्रजात्यै स्वाहेत्यग्नौ हुत्वा मन्थे
संस्रवमवनयति रेतसे स्वाहेत्यग्नौ हुत्वा मन्थे संस्रवमवनयति।२
अग्नये स्वाहेत्यग्नौ मन्थे संस्रवमवनयति सोमाय स्वाहेत्यग्नौ हुत्वा मन्थे
संस्रवमवनयति भूः स्वाहेत्यग्नौ हुत्वा मन्थे संस्रवमवनयति भुवः स्वाहेत्यग्नौ

अब मन्थ मध्य कर प्राण-भाव, 'स्वाहा, ज्येष्ठाय' कहें उससे।
घृत बून्द मन्थ में टपका दें, फिर कह 'स्वाहा श्रेष्ठाय' उसे।
'प्राणाय', 'वसिष्ठायै' स्वाहा, क्रमशः कहकर फिर करें हवन।
'वाचै' कह पुनः 'प्रतिष्ठायै', स्वाहा कहकर पुनि करें नमन!
इस भाँति 'चक्षुषे स्वाहा' कह, 'स्वाहा संपदे' कहें यह भी।
'स्वाहा श्रोत्राय', कहे अब वह, 'स्वाहा' फिर 'आयतनाय' तभी।
'मनसे स्वाहा' यह कहकर फिर, वह कहे 'प्रजात्यै स्वाहा' यों।
घृत मन्थ मध्य वह फिर दे दे, वह कहे 'रेतसे स्वाहा' त्यों। २
फिर कहे 'अग्नये स्वाहा' वह, स्वाहा सोमाय' हवन कर ले।
वह कहे भूः स्वाहा, घृत दे, वह पुनः 'भुवः स्वाहा' वर ले!

Upaniṣad]

The powers that are to me now opposed,
They can do everything, they thus supposed!
I worship them by pouring the butter clarified,
So that not opposing they are satisfied. 1
Now one in that Mix, Life Principle contemplated,
This Prāṇa as the Greater and Elder meditated,
Then one chanting 'Jyeṣṭhāya Svāhā' oblated,
And oblating 'Śreṣṭhāya Svāhā' related.
Dripping 'Ghī' in that Mix after he oblated,
He now the chant 'Prāṇāya Svāhā' narrated.
Then 'Vasiṣṭhāya Svāhā' and 'Vāche Svāhā' stated
Further saying 'Pratiṣṭhāyai svāhā' libated.
Also 'Cakṣuṣe Svāhā; and 'Sampade Svāhā' stated,
'Śrotrāya Svāhā' and 'Āyatanāya Svāhā' related.
Then 'Manase Svāhā' and 'Prajātyai svāhā' libated,
Oblating again 'Retase Svāhā' he narrated. 2

हुत्वा मन्थे संस्रवमवनयति स्वः स्वाहेत्यग्नौ हुत्वा मन्थे संस्रवमवनयति भूर्भुवः
स्वः स्वाहेत्यग्नौ हुत्वा मन्थे संस्रवमवनयति ब्रह्मणे स्वाहेत्यग्नौ हुत्वा मन्थे
संस्रवमवनयति क्षत्राय स्वाहेत्यग्नौ हुत्वा मन्थे संस्रवमवनयति भूताय स्वाहेत्यग्नौ
हुत्वा मन्थे संस्रवमवनयति भविष्यते स्वाहेत्यग्नौ हुत्वा मन्थे संस्रवमवनयति
विश्वाय स्वाहेत्यग्नौ हुत्वा मन्थे संस्रवमवनयति सर्वाय स्वाहेत्यग्नौ हुत्वा मन्थे
संस्रवमवनयति प्रजापतये स्वाहेत्यग्नौ हुत्वा मन्थे संस्रवमवनयति।३

अथनमभिमृशति भ्रमदसि ज्वलदसि पूर्णमसि प्रस्तब्धमस्येकसभमसि
हिंकृतमति हिंक्रियमाणमस्युद्गीथमस्युद्गीयमानमसि श्रावितमसि

स्वः स्वाहा कह दे घृत आहुति, वह कहे 'ब्रह्मणे स्वाहा' त्यों।
'क्षत्राय' कहे 'स्वाहा' क्रमशः, 'स्वाहा भूताय' कहे फिर यों।
हो 'भविष्यते स्वाहा' क्रमशः, 'स्वाहा विश्वाय' कहे वैसे।
'सर्वाय', 'प्रजापतये' क्रमशः 'स्वाहा' कर हवन करे ऐसे।
दे अग्नि मध्य वह घृत आहुति, प्रत्येक बार स्वाहा कहकर।
फिर मन्थ मध्य घृत की बूंदें, टपका दे गिरतीं जो चूकर। ३
अब करे मन्थ को स्पर्श, कहे, तुम भ्रमणशील, जाज्वल्यमान!
हो ब्रह्म-सदृश भी पूर्ण तुम्हीं, नभ-सदृश बने निष्कम्पमान!
हो तुम्हीं सभापति-जगत्सभा, हिंकार करो, हिंकार तुम्हीं!
तुम उद्गाता-उद्गीथ युगल, तू ध्वनि, प्रतिध्वनि भी बने वहीं

[Bṛhadāraṇyaka-6-3

Now 'Agnaye svāhā' and 'Somāya Svāhā'are stated,
Also 'Bhūḥ, Bhuvaḥ and Svaḥ Svāhā' are related.
Saying 'Brahmaṇe Svāhā' the doer oblated,
'Kṣatrāya Svāhā' and 'Bhūtāya Svāhā' libated
Then offering oblation 'Bhaviṣyate Svāhā' is stated,
'Viśvāya Svāhā' and 'Sarvāya Svāhā' are related.
Saying 'Prajāpataye svāhā' one gave the libation,
Dripping Ghee in the Mantha after each oblation. 3
Now touching the Mix, Prāṇa is meditated,
In it all virtues and welfare contemplated.
You move about as air, one praying related,
He says thus, like fire you all illuminated.
You are like Brahma, Infinite, Full and Perfect!
Unquivering like sky and ether, without defect!
You yourself preside the assembly of Creation,
Doing 'Hiṁkāra', you are Hiṁkāra in person!

प्रत्याश्रावितमस्यार्द्रे संदीप्तमसि विभूरसि प्रभूरस्यन्नमसि ज्योतिरसि
निधनमसि संवर्गोऽसीति।४
अथैन मुद्यच्छत्यामं स्यामं हि ते महि स हि राजेशानोऽधिपतिः स मां
राजेशानोऽधिपतिं करोत्विति।५
अथैनमाचामति तत्सवितुर्वरेण्यम्। मधु वाता ऋतायते मधुक्षरन्ति सिन्धवः।
माध्वीर्नः सन्त्वोधषीः। भूःस्वाहा। भर्गो देवस्य धीमहि। मधु नक्तमुतोषसो
मधुमत्पार्थिवं रजः। मधु द्यौरस्तु नः पिता। भुवः स्वाहा। धियो यो नः
प्रचोदयात्। मधुमान्नो वनस्पतिर्मधुमां ३ अस्तु सूर्यः। माध्वीर्गावो भवन्तु

तू विभु है, प्रभु भी, अन्न, ज्योति, जल में पावक भी बने तुम्हीं!
तू निधन, तुम्हीं संवर्ग बने, तुझसे उत्पत्ति, विनाश वहीं! ४
ये उच्च भावनाएँ भरकर, उठ पुनः करे प्रार्थना वहीं।
हे मन्थ, कहें तुझको महान, तू 'अम' है, तेरा माप नहीं।
तुम ही राजा, तुम ही स्वामी, अधिपति स्वरूप भी कहें तुझे!
मुझको भी राजा रूप करो, स्वामी-अधिपति भी बना मुझे! ५
वह चार ग्रास में मन्थ सकल, इस भाँति पुनः कर ले सेवन।
'तत् सवितुर्वरेण्यम्...जप ले, जब प्रथम ग्रास वह करे ग्रहण।
'भर्गो देवस्य धीमहि...' बोले, वह ग्रास दूसरा करे ग्रहण।
तीसरा 'धियो योनः....' कहकर, वह ग्रास पुनः कर ले सेवन।
सावित्री वह सम्पूर्ण पढ़े, मधुमान पूर्ण का करे पठन।
तीनों व्याहृतियाँ भी जपकर, वह चौथा ग्रास करे भोजन।

Upaniṣad]

As the hymn and the hymn singer, both you sound,
You are the sound and yourself you resound!
You are cloud's lightning and Great Lord Person,
The food-matter, light, origin and destruction! 4
Now standing, taking Mantha with reverence related,
Knowing you as the 'Am' we immeasurable rated.
You are the king, supreme sovereign and Lord!
Make myself also a sovereign and overlord! 5
In four morsels thus the Mantha he partakes,
With the first Madhumāna hymn, first morsel takes.
Saying second Madhumāna second morsel swallows,
With the third hymn there third morsel follows.
Now the whole Sāvitrī and Gāyatrī one cited,
All the three Madhumāna hymns one recited.
All the three mystic words one contemplated,
This is the process that fourth morsel related.

नः। स्वः स्वाहेति। सर्वां च सावित्रीमन्वाह सर्वाश्च मधुमती रहमेवेदं सर्वं भुयासं भूर्भुवः स्वः स्वाहेत्यन्तत आचम्य पाणी प्रक्षाल्य जघनेनाग्निं प्राक्शिराः संविशति प्रातरादित्यमुपतिष्ठते दिशामेकपुण्डरीकमस्यहं मनुष्याणामेकपुण्डरीकं भूयासमिति यथेतमेत्य जघनेनाग्निमासीनो वंशं जपति।६

तं हैतमुद्दालक आरुणिर्वाजसनेयाय याज्ञवल्क्यायान्तेवासिन उक्त्वोवाचापि
य एनं शुष्के स्थाणौ निषिञ्चेज्जायेरञ्छाखाः प्ररोहेयुः पलाशानीति।७
एतमु हैव वाजसनेयो याज्ञवल्क्यो मधुकाय पैङ्ग्यायान्तेवासिन उक्त्वोवाचापि
य एनं शुष्के स्थाणौ निषिञ्चेज्जायेरञ्छाखाः प्ररोहेयुः पलाशानीति।८

वह कहे भूर्भुवः स्वः स्वाहा, संकल्प करे, सब हो पाये।
आचमन करे, फिर अग्नि निकट, सिर पूर्व किये वह सो जाये।
प्रातः उठ रवि सम्बोधन कर, प्रार्थना करे, तू कमल रूप!
मनुजों में खिलूं अकेले ही, मैं भी होकर सरसिज स्वरूप!
फिर बैठे अग्नि निकट जाकर, वह वंश श्रृङ्खला करे ध्यान।
गुरु-शिष्यों से क्रमशः जैसे, इस विद्या का वह वरे ज्ञान। ६
थे याज्ञवल्क्य वाजसनेयी, जिनको उद्यालक-आरुणि ने।
यह मन्थ मर्म था बतलाया फिर यों है जाना यह जिसने।
जानें इसको फिर मधुक पैङ्ग्य, फिर चूल भागविति गुरु मानें।
यह पुनः जानते जानकि हैं, हम आयस्थूण जिन्हें जानें।

[Bṛhadāraṇyaka

I should be like Mantha, one now thus stated,
Like ideas and ideals in the Mantha contemplated.
Saying Bhūḥ,Bhuvaḥ, Svaḥ he then sipped water,
And slept behind fire facing the east quarter.
One prayed in the morning when the rising sun shone,
You bloosom like the Lotus in the quarters alone!
I also like the lotus may bloosom among all!
Then sitting behind fire about the teachers recall. 6
First Uddālaka Āruṇi about the Mantha stated.
He to his disciple Yājñavalkya related.
Yājñavalkya then Madhuka Paiṅgya initiated,
Who in turn Cūla Bhāgaviti educated.
Bhāgaviti to Jānaki Āyasthūṇa stated,
Who again to Satyakāma Jābāla related.
Even a dry wood branched, the teachers prefaced,
They bloosomed if the Mantha on it is placed!

एतमु हैव मधुकः पैङ्ग्यश्चूलाय भागवित्तयेऽन्तेवासिन उक्त्वोवाचापि य एनं
शुष्के स्थाणौ निषिञ्चेज्जायेरञ्छाखाः प्ररोहेयुः पलाशानीति।९
एतमु हैव चूलो भागवित्तिर्जानकय आयस्थूणायान्तेवासिन उक्त्वाचापि य एनं
शुष्के स्थाणौ निषिञ्चेज्जायेरञ्छाखाः प्ररोहेयुः पलाशानीति।१०
एतमु हैव जानकिरायस्थूणः सत्यकामाय जाबालायान्तेवासिन उक्त्वोवाचापि य
एनं शुष्के स्थाणौ निषिञ्चेज्जायेरञ्छाखाः प्ररोहेयुः पलाशानीति।११
एतमु हैव सत्यकामो जाबालोऽन्तेवासिभ्य उक्त्वोवाचापि य एनं शुष्के स्थाणौ
निषिञ्चेज्जायेरञ्छाखाः प्ररोहेयुः पलाशानीति तमेतं नापुत्राय वाऽनन्तेवासिने वा ब्रूयात्।१२
चतुरौदुम्बरो भवत्यौदुम्बरः स्रुव औदुम्बरश्चमस औदुम्बर इध्म औदुम्बर्या उपमन्थन्यौ
दश ग्राम्याणि धान्यानि भवन्ति व्रीहियवास्तिलमाषा अणुप्रियङ्गवो गोधूमाश्च मसूराश्च
खल्वाश्च खलकुलाश्च तान् पिष्टान्दधनि मधुनि घृत उपसिञ्चत्याज्यस्य जुहोति।१३

फिर सत्यकाम-जाबाल रहें, ये सब गुरु कहते ऐसा भी।
शाखा फूटें, कोंपल निकलें, दें शुष्क काष्ठ पर मन्थ जभी!
कहते ऋषि, यह जो मन्थ-मर्म, कहते कुपात्र को नहीं कहीं!
बतलायें यह सुत-शिष्यों को, दूसरे किसी को कहें नहीं! ७-१२
इस मन्थ कर्म में गूलर के, हों स्रुवा, पात्र भी गूलर के।
समिधा भी गूलर की होती, उपमन्थी भी दो हों उसके।
सर्वौषध में दस ग्राम्य धान्य, चावल, तिल जौ औ उड़द रहें।
बाजरा, कंगनी, गेहूँ भी, कुलथी, मसूर औ मटर कहें।
ये सभी पीस लें एक साथ, इसमें डालें मधु और दही।
इसको फिर मन्थन कर डालें, घृत सहित करें फिर हवन यही। १३

Upaniṣad]

The secret of this Mantha is to be well guarded.
To an undeserving it is not to be awarded.
About this one only one's son initiated,
Or else some deserving disciple educated, 7-12
A fig ladle, fig pot and two sticks for churning.
Of fig wood also are the fuel for burning.
For preparing the Churn these are described,
For all four only the fig-wood is prescribed.
For it rice, barley and sesamum are stated,
Horse-bean, millet and panic seed related.
Wheat, tensil and peas are also included,
The ten grains in the Mix with Kulathī concluded.
Grinded with curd and honey assimilated,
with clarified butter that mix is oblated. 13

षष्ठ अध्याय, चतुर्थ ब्राह्मण

एषां वै भूतानां पृथिवी रसः पृथिव्या आपोऽपामोषधय ओषधीनां पुष्पाणि
पुष्पाणां फलानि फलानां पुरुषः पुरुषस्य रेतः।१
स ह प्रजापतिरीक्षांचक्रे हस्तास्मै प्रतिष्ठां कल्पयानीति स स्त्रियं ससृजे
तां सृष्ट्वाऽध उपास्त तस्मात्स्त्रियमध उपासीत स एतं प्राञ्चं ग्रावाणमात्मन
एव समुदपारयत्तेनैनामभ्यसृजत्।२
तस्या वेदिरुपस्थो लोमानि बर्हिश्चर्माधिषवणे समिद्धो मध्यतस्तौ मुष्कौ
स यावान् ह वै वाजपेयेन यजमानस्य लोको भवति तावानस्य लोको
भवति य एवं विद्वानधोपहासं चरत्यासां स्त्रीणां सुकृतं वृङ्क्तेऽथ य
इदमविद्वानधोपहासं चरत्यस्य स्त्रियः सुकृतं वृञ्जते।३

षष्ठ अध्याय-चतुर्थ ब्राह्मण (गर्भाधान)

है पंचभूत का रस पृथ्वी, जल पृथ्वी का, औषधि जल का।
औषधियों का रस पुष्प रूप, ये पुष्प रूप लेते फल का।
यह पुरुष फलों का रस स्वरूप, पुरुषों का रस हो वीर्य रूप।
यह पुरुष मध्य रस-रूप रहे, रस का रस हो यह रस-स्वरूप! १
फिर करें प्रजापति यह ईक्षण, अब करूँ प्रतिष्ठा मैं इसकी।
हो नष्ट नहीं यह श्रेष्ठ तत्त्व, उसने नारी की रचना की!
पावन-दैवी सब शक्ति लगा, उसने नारी का सृजन किया।
मानो अपार निज वज्र-सदृश, बल पार लगा तन गठन दिया।
यह रचना थी अति श्रेष्ठ रूप, यह कृति उपासना थी मानो।
नारी की भी हो उपासना, यह प्रभु कृति की ही स्तुति जानो! २

[Bṛhadāraṇyaka

Chapter VI, Section-4 (Conception & Birth)

The essence was earth when elements were grilled,
Water from the earth, herbs from water distilled.
From herbs were flowers, and flower fruit became,
The Person from fruits and from him semen came. 1
The Creator considered, this semen is important
Let me establish it and make it more potent.
He created the woman as He contemplated,
On His handsome creation He fully meditated.
He wanted that all should praise His creation,
Fashioned so attentively for procreation.
He employed His powers-supreme as it were,
And by His divine will the woman was there! 2

एतद्ध स्म वै तद्विद्वानुद्दालक आरुणिराहैतद्ध स्म वैतद्विद्वान्नाको मौद्गल्य आहैतद्ध स्म वै तद्विद्वान्कुमारहारित आह बहवो मर्या ब्राह्मणायना निरिन्द्रया विसुकृतोऽस्माल्लोकात्प्रयन्ति य इदम विद्वांसोऽधोपहासं चरन्तीति बहु वा इदं सुप्तस्य वा जाग्रतो वा रेतः स्कन्दति।४

है यही यज्ञ-रूपा नारी, वेदी उपस्थ, प्रज्जनन स्थान।
ये लोम बने हैं कुश स्वरूप, नारी को पावन यज्ञ मान!
मृगचर्म-सोमरस कोष रूप, ये युगल मुष्क मांसल मानो!
प्रज्ज्वलित मध्य में उत्तेजित, आसन स्वरूप इनको जानो!
इस भाँति यज्ञ माने नारी, यज्ञों-सा शुचि उसको माने।
व्यवहार करे यदि नारी से, नारी का सुकृत मिले, जाने!
यदि नहीं जानकर यह रहस्य, नारी से वह व्यवहार करे।
नर का जो कुछ भी सुकृत-पुण्य, उससे ले नारी सकल वरे! ३
उद्यालक आरुणि यह कहते, आचार-धर्म यह श्रेष्ठ-उचित।
मुद्गल सुत नाक कहें ऐसा, कहते कुमार हारित समुचित।
ऐसे अनेक ब्राह्मण होते, वे सुकृत-इन्द्रियहीन रहें।
अज्ञान बने वे मर जाते, अपने को ब्राह्मण व्यर्थ कहें!
नारी को यज्ञ समझकर वे, व्यवहार नहीं हैं कर पाते।
यह यज्ञ नहीं वे कर पायें, ब्राह्मण यों ही वे कहलाते!
ऐसे भी संयम हीन रहें, मन लीन वासना में जिनका।
स्वप्नों में या जाग्रत में भी, हो वीर्यपात ऐसे जन का। ४

Upaniṣad]

The woman is a sacred sacrifice as it were!
Her organ of procreation is the altar over there!
Her hairs are Kuśa grass and in middle situated,
Two deer skin-soft shells of nectar stimulated!
Who knowing with woman as a sacrifice acted,
The virtues of that woman he thus contracted.
And who not knowing differently reacted
By the woman he gets his virtues substracted! 3
Knowing this Aruṇa's son Uddālaka has stated,
This is the duty of a house holder consecrated.
Mudgal's son Nāka and Kumāra Hārita related,
A house-holder's good conduct is similarly rated.
Some people profess to be Brāhmaṇas in vain,
With senses powerless they virtues not attain.
Only bidding their time they depart from here,
Not knowing the woman as a sacrifice there!

तदभिमृशेदनु वा मन्त्रयेत यन्मेऽद्य रेतः पृथिवीमस्कान्त्सीद्यदोषधीरप्यस-
रद्यदपः। इदमहं तद्रेत आददे पुनर्मामैत्विन्द्रियं पुनस्तेजः पुनर्भगः।
पुनरग्निर्धिष्ण्या यथास्थानं कल्पन्तामित्यनामिकाऽङ्गुष्ठाभ्यामादायान्तरेण
स्तनौ वा भ्रुवौ वा निमृज्यात्।५
अथ यद्युदक आत्मानं पयशेत्तदभिमन्त्रयेत मयि तेज इन्द्रियं यशो द्रविणं
सुकृतमिति श्रीर्ह वा एषा स्त्रीणां यन्मलोद्वासास्तस्मान्मलोद्वाससं
यशस्विनीमभिक्रम्योपमन्त्रयेत।६

इस भाँति अगर हो वीर्यनाश, वह पश्चाताप करे ऐसा।
यह वीर्यनाश जो आज हुआ, आगे न कभी यह हो वैसा!
मैं करूँ वीर्य को फिर धारण, इन्द्रिय बल मुझको कर प्रदान!
सौभाग्य-तेज हो पुनः प्राप्त, मैं स्थान भ्रष्ट, फिर मिले स्थान!
वह अनामिका-अंगुष्ठ जोड़, मस्तिष्क-हृदय को स्पर्श करे।
जल से उनको कर सिक्त पुनः, मस्तिष्क-हृदय में शान्ति वरे।
प्रार्थना पुनः इस भाँति करे, हे अग्निदेव कर वर प्रदान!
इन्द्रिय बल फिर से हो मुझको, हूँ स्थान भ्रष्ट, कर यथा स्थान! ५
वह स्नान करे, जल में देखे, प्रतिबिम्ब देख इस भाँति कहे।
यश धन औ सुकृत मुझे मिले, मुझको इन्द्रिय बल प्राप्त रहे!
फिर यशस्विनी नारी को वह, चाहे, उपमन्त्रण उसे करे।
वह धुले वस्त्र सी निर्मल हो, श्री इसमें, निर्मल उसे वरे। ६

[Bṛhadāraṇyaka

Some persons do not have self-control at all.
While sleeping or waking they have seminal fall.
They consider the woman as object of pleasure,
Obsessed with desire, they have such a seizure. 4
By forefinger and thumb, touching forehead and heart,
Such a person should vow, I would now be elert.
He should say that this would not happen again,
The energy and essence I should now regain,
I may once again my vitality gain,
My valour and fortune I may have again!
I may not deviated from my path remain,
I may O Fire God, my own place attain! 5
Taking bath and seeing in water his reflection,
For semen sustenance he should do meditation.
I may now strong senses and energy attain,
All glories, wealth and virtues obtain!

सा चेदस्मै न दद्यात्काममेनामवक्रीणीयात् सा चेदस्मै नैव दद्यात्काममेनां यष्ट्या वा पाणिना वोपहत्यातिक्रामेदिन्द्रियेण ते यशसा यश आदद इत्ययशा एव भवति।७

सा चेदस्मै दद्यादिन्द्रियेण ते यशसा यश आदधामीति यशस्विनावेव भवतः।८

स यामिच्छेत्कामयेत मेति तस्यामर्थं निष्ठाय मुखेन मुखं संधायोपस्थमस्या अभिमृश्य जपेदंगादंगात्संभवसि हृदयादधिजायसे। स त्वमंगकषायोऽसि दिग्धविद्धामिव मादयेमाममूं मयीति।९

अच्छी चीजें ला भेंट करे, यदि नारी दे सहयोग नहीं।
यदि इस पर भी सहयोग न दे, हो छड़ी-पाणि ताड़ना वहीं।
मैं तेज और इन्द्रिय बल से, तेरा यश खींचूं, कहे यही।
स्त्री यशहीन बने इससे, फिर देती है सहयोग वही। ७
करता हूँ यशस्विनी तुझको, अपने इन्द्रियबल औ यश से!
कहता वह जब सहयोग मिले, वे युगल यशस्वी हों इससे। ८
यदि चाहे वश में हो नारी, उसकी इच्छा अपनी कर ले।
कर स्पर्श, सभी में हाँ कहकर, उसको आलिंगन में भर ले!
हे प्रेम देव, मेरे हिय से, तुम फूट रहे, इस भाँति कहे।
मेरे अंगों के रस स्वरूप, तुम अंग-अंग से निकल रहे!
विष बुझे वाण से व्याधा के, हो जाय मृगी वश में जैसे।
इसको कर दो मोहित मुझपर, यह नारी हो वश में वैसे! ९

Upaniṣad]

Now strengthened, a virtuous woman he sought,
Who should be quite pure in body and thought.
Such a good and spotless woman he mated,
Like a washed linen who is clean related. 6
Co-operating not if the woman resented,
Choice and good things to her he presented.
If she still refused, she may be chastised,
She may be duly chided and criticised.
He should say, you will acquire a bad name.
And my glory will take away all your fame!
For fear of thus becoming disreputed,
Correcting herself she now cooperated. 7
When she thus relenting herself cooperated,
He would make her glorious he thus stated.
By his strength and honour, glory she gained,
And thus both of them all virtues attained. 8

अथ यामिच्छेन्न गर्भं दधीतेति तस्यामर्थं निष्ठाय मुखेन मुखं
संधायाभिप्राण्यापान्यादिन्द्रियेण ते रेतसा रेत आदद इत्यरता एव भवति।१०
अथ यामिच्छेद्दधीतेति तस्यामर्थं निष्ठाय मुखेन मुखं संधायापान्य-
भिप्राण्यादिन्द्रियेण ते रेतसा रेत आदधामीति गर्भिण्येव भवति।११
अथ यस्य जायायै जारः स्यात्तं चेद्द्विष्यादामपात्रेऽग्निमुपसमाधाय प्रतिलोमं
शरबर्हिस्तीर्त्वा तस्मिन्नेताः शरभृष्टीः प्रतिलोमाः सर्पिषाऽक्ता जुहुयान्मम
समिद्धेऽहौषीः प्राणापानौ त आददेऽसाविति मम समिद्धेऽहौषीः पुत्रपशूंस्त

यदि ब्रह्मचर्य रहना चाहें, उसकी इच्छा निज सदृश करें।
फिर प्राणापान युगल साधे, दोनों ही प्राणायाम वरें।
हम एक दूसरे में अपनी, संकल्प करें, सब शक्ति भरें।
इस भाँति रहें वे ब्रह्मचर्य, स्वेच्छा से प्रजनन नहीं करें। १०
इच्छा दोनों की एक करें, यदि गर्भ चाहते संधारण।
अभिप्राणित गर्भाधान करें, रेतस् मिल गर्भ करें धारण। ११
यदि गुप्त जार पत्नी को हो, पति अगर द्वेष करता उससे।
कच्चा ले पात्र, उसी में वह, तब अग्न्याधान करें इससे।
शर-कुशा बिछा दे वह उलटा, घृत सिक्त करे उलटा उनको।
फिर इस प्रकार वह कह-कहकर, पावक में होम करे कुश को।
मम यज्ञ-अग्नि पत्नी प्रदीप्त, उसमें तुमने है हवन किया!
रे अमुक, खींचता प्राण यही, तेरा अपान यह खींच लिया!

[Bṛhadāraṇyaka-6-4

If in affection he wanted her appeased,
Making her wish his own surely she is pleased.
Caressing her mouth with mouth, coming near,
He touches and fondles her body every where.
O Love God, he says, from heart emanating,
My limbs' essence, from the limbs originating!
Do make her all love-sick in body and mind,
As a hunter by poison-dart a deer does bind! 9
If he desired that celibacy be maintained,
Making his will her own, they both abstained.
Controlling breaths they Prāṇāyāma performed,
And joining their energy to chastity conformed. 10
However if he had a will to procreate,
Joining will and speech they did copulate.
The essences of both now fused in union,
And there is conception from the communion. 11

आददेऽसाविति मम समिद्धेहौषीरिष्टासुकृते त आददेऽसाविति मम
समिद्धेहौषीराशापराकाशौ त आददेऽसाविति स वा एष निरिन्द्रियो
विसुकृतोऽस्माल्लोकात्प्रैति यमेवंविद्ब्राह्मणः शपति तस्मादेवंविच्छ्रोत्रियस्य
दारेण नोपहासमिच्छेदुत ह्येवं वित्परो भवति।१२
अथ यस्य जायामार्तवं विन्देत्त्र्यहं कंसेन पिबेदहतवासा नैनां वृषलो न
वृषल्युपहन्यात्त्रिरात्रान्त आप्लुत्य व्रीहीनवघातयेत्।१३

जो पुत्र और पशु वह खींचूं, सब इष्ट-सुकृत है छीन लिया!
आशा-प्रत्याशा भी ले लूँ, सब कुछ से तुझे विहीन किया!
वह मरे निरिन्द्रिय, सुकृतहीन, जब श्राप मर्म ज्ञानी देता।
उपहास न कर श्रोत्रिय-पत्नी, श्रोत्रिय अति भीषण अरि होता। १२
ऋतु प्राप्त जिसे वह तीन दिवस, जल कांस्य पात्र में पिये नहीं।
धोये न वस्त्र वह तीन दिवस, हो स्पर्श अशुचि जन का न कहीं!
होती व्यतीत जब तीन रात्रि, वह स्वच्छ बने औ करे स्नान।
चरु कूट उसे तैयार करे, लेकर थोड़ा इस हेतु धान। १३

Upaniṣad]

If there is a paramour whom he detested,
Placing fire in an unbaked pot he thus acted.
Laying Kuśa grass on ground, reverse pointed,
Oblated it in fire with roots Ghī-annointed.
Addressing the adulterer he thus related,
You have in my own Yajña-fire oblated!
I draw out your vital airs now therefore,
I take away your son and cattle furthermore!
All your beloved and good deeds are drawn,
Your hopes and expectations all withdrawn!
Knowing this, when a wise Brāhmaṇa thus cursed,
The adulterer's limbs and virtues are accursed!
His strength and good deeds are no more there,
And totally doomed, he departed from here.
One teases not therefore the wife of a wise,
For he is a dangerous adversary like-wise! 12
When a woman has got her menstrual course,
To the bronze water pots she takes no recourse.
For three days the washing of clothes is not done,
Men or women non-virtuous, touched her none.
Now after three nights she got her refreshed,
Taking bath she washed herself and dressed.
Then taking some paddy for preparing libation,
She engaed in pounding the grains for oblation. 13

स य इच्छेत्पुत्रो मे शुक्लो जायेत वेदमनुब्रुवीत सर्वमायुरियादिति क्षीरौदनं पाचयित्वा सर्पिष्मन्तमश्नीयातामीश्वरौ जनयितवै।१४

अथ य इच्छेत्पुत्रो मे कपिलः पिङ्गलो जायेत द्वौ वेदावनुब्रुवीत सर्वमायुरियादिति दध्योदनं पाचयित्वा सर्पिष्मन्तमश्नीयातामीश्वरौ जनयितवै।१५

अथ य इच्छेत्पुत्रो मे श्यामो लोहिताक्षो जायेत त्रीन्वेदाननुब्रुवीत सर्वमायुरियादित्युदौदनं पाचयित्वा सर्पिष्मन्तमश्नीयातामीश्वरौ जनयितवै।१६

यदि शुक्ल वर्ण का सुत चाहे, जो एक वेद का हो ज्ञाता।
सम्पूर्ण आयु को जो भोगे, वह इस प्रकार से हो पाता।
वे लें चावल औ दुग्ध पका, घृत डाल उसे दोनों खायें।
उत्पन्न पुत्र ऐसा ही हो, इसमें समर्थ वे हो पायें। १४
यदि कपिल वर्ण का पिंगलाक्ष, दो वेदों का ज्ञाता चाहें।
जो पूर्ण आयु का भोग करे, वह इस प्रकार से वे पायें।
चावल को लें वे पका और, घृत-दही डाल दोनों खायें।
हो ऐसा उनको पुत्र प्राप्त, दो वेदों का ज्ञाता पायें। १५
यदि श्यामवर्ण औ लोहिताक्ष, सुत, तीन वेद का जिसे ज्ञान।
सम्पूर्ण आयु जो भोग करे, वह इस प्रकार उत्पन्न जान!
चावल लेते वे पका और, घृत डाल उसे दोनों खाते।
ऐसा सुत हो उत्पन्न तभी, इसमें समर्थ वे हो पाते। १६

[Bṛhadāraṇyaka-6-4

If a fair complexioned son they desired,
The knower of one Veda, full life who acquired,
Cooking rice with milk and Ghī they partake,
Then such an able son there birth does take! 14
If a reddish brown and Yellow-eyed son is required,
The knower of two Vedas who full life acquired,
Cooking rice with curd and Ghī they consume,
Then such an able son there birth does assume! 15
If a dark-skinned and red-eyed son is aspired,
And knowledge of three Vedas and long life desired,
In cooked rice they only Ghī introduce,
Thus such a wise son they are able to produce! 16
If it is for a learned daughter they longed,
To whom a full and a long life belonged,
Cooking rice and sesamum with Ghī they dined
And this such a daughter's birth determined! 17

अथ य इच्छेद्दुहिता मे पण्डिता जायेत सर्वमायुरियादिति तिलौदनं पाचयित्वा सर्पिष्मन्तमश्नीयातामीश्वरौ जनयितवै।१७

अथ य इच्छेत्पुत्रो मे पण्डितो विगीतः समितिंगमः शुश्रूषितां वाचं भाषिता जायेत सर्वान्वेदाननुब्रुवीत सर्वमायुरियादिति मांसौदनं पाचयित्वा सर्पिष्मन्तमश्नीयातामीश्वरौ जनयितवा औक्षेण वार्षभेण वा।१८

अथाभिप्रातरेव स्थालीपाकावृताज्यं चेष्टित्वा स्थालीपाकस्योपघातं जुहोत्यग्नये स्वाहाऽनुमतये स्वाहा देवाय सवित्रे सत्यप्रसवाय स्वाहेति हुत्वोद्धृत्य प्राश्नाति प्राश्येतरस्याः प्रयच्छति प्रक्षाल्य पाणी उदपात्रं पूरयित्वा तेनैनां त्रिरभ्युक्षत्युत्तिष्ठातो विश्वावसोऽन्यामिच्छ प्रपूर्व्यां सं जायां पत्या सहेति।१९

यदि विदुषी कन्या ही चाहें, सम्पूर्ण आयु का भोग जिसे।
तिल चावल वे घृत सहित खाँय, ऐसी ही कन्या हो इससे! १७
यदि चाहे सुत पंडित होवे, प्रख्यात, समितियों में जाता।
प्रियवादी, हो सम्पूर्ण आयु, जो सब वेदों का हो ज्ञाता।
चावल औ उड़द पका खायें, इससे होता है सुत वैसा।
ऋषियों-सा ज्ञान जिसे होता, तन से जो हो वृषभों जैसा। १८
प्रांतः थाली में रखा पाक, घृत ढका, उसे दें खूब हिला।
थोड़ा-थोड़ा ले होम करें, आहुति दें घृत औ पाक मिला।
अनुमति दें, होवे पुत्र प्रसव, प्रार्थना अग्नि से करे यही!

Upaniṣad]

If a learned, famed and popular son is wished,
A soft spoken speaker in the Vedas accomplished,
For fuller life, taking rice and bean they relished
An ox-strong seer-son is there as cherished! 18
In the morning one shakes the dish of oblation,
One stirred the Ghī kept covered for libation.
Taking bit by bit in sacred fire one oblated,
And offering the oblation one also thus stated.
This oblation is proffered for the sacred fire!
Permission for procreation we do desire!
For the Great Sun God we offer this oblaton!
Who does as it were, the Truth's procreation!
Oblating thus the remains he now partakes,
He also for his wife the same remanent takes.
Washing his hands and taking the sacred water,
He sprinking his wife thus thrice does utter.

अथैनामभिपद्यतेऽमोऽहमस्मि सा त्वं सा त्वमस्यमोऽहं सामाहमस्मि ऋक्त्वं द्यौरहं
पृथिवी त्वं तावेहि सरंभावहै सह रेतो दधावहै पुंसे पुत्राय वित्तय इति।२०
अथास्या ऊरू विहापयति विजिहीथां द्यावापृथिवी इति तस्यामर्थं निष्ठाय
मुखेन मुखं संधाय त्रिरेनामनुलोमामनुमार्ष्टि विष्णुर्योनिं कल्पयतु त्वष्टा
रूपाणि पिंशतु। असिञ्चतु प्रजापतिर्धाता गर्भं दधातु ते। गर्भं धेहि
सिनीवालि गर्भं धेहि पृथुष्टुके। गर्भं ते अश्विनौ देवावाधत्तां पुष्करस्रजौ।२१

जिससे होता है सत्य-प्रसव, सविता की आहुति रहे वही।
अवशिष्ट रहे जो चरु उसको, खाये, थोड़ा दे पत्नी को।
धो हाथ, पात्र में जल भरकर, दे छींट तिबारे वह उसको।
फिर कहे, विश्व की निधि स्वरूप, पत्नी, सुत की तू इच्छा कर!
उन्नति मूलक, सर्वथा भिन्न, सन्तति दे तू पति से मिलकर! १९
फिर गर्भाधान करे यों वह, मैं 'अम', तुम 'सा' का लिये रूप!
मैं प्राण रूप, तू वाणी है, तू ही 'सा' है, मैं 'अम' स्वरूप!
तुम ऋक् हो, मैं हूँ साम बना, तुम पृथ्वी, मैं हूँ द्यौ स्वरूप!
सहवास-वीर्य स्थापन कर लें, जिससे पुमान् हो पुत्र रूप! २०
द्यौ-पृथ्वी मिलें, अलग होवें, अब होकर अलग कहें ऐसा।
उसकी इच्छा अपनी कर लें, जो कहे सभी कुछ हो वैसा।
मुख से मुख का संधान करे, अनुलोम हाथ उसपर फेरे।
उसका चित करने को प्रसन्न, वह तीन बार यों स्पर्श करे।

[Bṛhadāraṇyaka-6-4

O Wealth of the World, my wife, so dear!
With me thus uniting, to me do adhere!
Now an off spring different from all do desire!
Progressing who always will further aspire. 19
And now for conception they both copulated.
I am 'Am'you are 'Sā' he stated while mated!
You 'Sā'-speech and I 'Am'-Prāṇa denote,
I relate the Sāma and the Ṛg you connote!
You stand for the earth and the heavens I relate!
Let us both uniting together copulate!
In communion thus we strive for conception,
And thus we obtain a good and manly son. 20
He caressing her thrice with reversed hand said,
By Viṣṇu your womb may be healthily laid.
The Creator carved limbs and Prajāpati nourished,
The Sustainer sustaining it well established.

हिरणमयी अरणी याभ्यां निर्मन्थतामश्विनौ। तं ते गर्भं हवामहे दशमे मासि सूतये। यथाऽग्निगर्भा पृथिवी यथा द्यौरिन्द्रेण गर्भिणी। वायुर्दिशां यथा गर्भ एवं गर्भं दधामि तेऽसाविति।२२

सोष्यन्तीमद्भिरभ्युक्षति यथा वायुः पुष्करिणीं समिंगयति सर्वतः। एवा ते गर्भ एजतु सहावैतु जरायुणा। इन्द्रस्यायं व्रजः कृतः सार्गलः सपरिश्रयः। तमिन्द्र निर्जहि गर्भेण सावरां सहेति।२३

श्री विष्णु योनि को स्वस्थ रखें, त्वष्टा हों शिशु-कर्त्ता-कारण।
यह गर्भ प्रजापति ही सीचें, धाता यह गर्भ करें धारण!
हे पत्नी, शोभन केश युक्त, स्तुति योग्य, गर्भ कर ले धारण!
ये पद्ममाल अश्विनी वैद्य, इस गर्भ वृद्धि के हों कारण! २१
ये नर-नारी स्वर्णिम अरणी, अश्विनी करें मन्थन इनसे।
ज्यों अग्नि अरणि मन्थन से हो, सन्तान प्रकट इस मन्थन से।
दस मास बाद उत्पन्न यही, तबतक गर्भों में हो पोषण।
अश्विनी जन्य ऐसा होता, यह गर्भ करें हम आवाहन!
पृथ्वी में जैसे अग्नि रहे, द्यौ-गर्भ इन्द्र रहते जैसे।
ज्यों दिशा-गर्भ यह वायु रहे, मैं गर्भ तुम्हारा दूँ वैसे! २२
जल छींट प्रसूता को बोले, ज्यों वायु करे सर संचालित।
आये जरायु युत यह बाहर, तेरा यह गर्भ रहे चालित।
दस मास मार्ग में अर्गल हो, आता है जीव इसी पथ से।
आ गर्भ और अवरा सँग ही, हे इन्द्र-जीव तू भी इससे! २३

Separating after union he thus does mention,
The heavens and earth had mated for conception!
Her wishes now making his own he appeased,
Conforming to her wills he always her pleased.
O Beautiful Haired, now conception achieve!
O praise worthy wife, you properly conceive!
He says, Lotus garlanded Aśvinīs are there,
The growth in your womb they may duly care! 21
The male and female as tinder-sticks behold!
The Aśvinīs are churning with these made of gold!
Through Aśvinīs we seek now such a conception,
In ten months the child is ready for reception.
As fire in the womb of the earth does abide,
As Indra in womb of the heavens does reside,
And in the womb of quarters as air abided,
Alike in your womb I conception provided! 22

जातेऽग्निमुपसमाधायांक आधाय कंसे पृषदाज्यं संनीय पृषदाज्यस्योपघातं
जुहोत्यस्मिन्सहस्रं पुष्यासमेधमानः स्वे गृहे। अस्योपसंद्यां मा च्छैत्सीत्
प्रजया च पशुभिश्च स्वाहा। मयि प्राणांस्त्वयि मनसा जुहोमि स्वाहा।
यत्कर्मणाऽत्यरीरिचं यद्वा न्यूनमिहाकरम्। अग्निष्टत्स्विष्टकृद्विद्वान्स्विष्टं
सुहुतं करोतु नः स्वाहेति।२४
अथास्य दक्षिणं कर्णमभिनिधाय वाग्वागिति त्रिरथ दधि मधु घृतं
संनीयानन्तर्हितेन जातरूपेण प्राशयति। भूस्ते दधामि भुवस्ते दधामि
स्वस्ते दधामि भूर्भुवः स्वः सर्वं त्वयि दधामीति।२५

ले गोद जन्म जब लेता शिशु, वह पुनः अग्नि का करे चयन।
ले कांस्य पात्र में घृत औ दधि, यह कह इससे वह करे हवन।
समृद्ध और संपुष्ट रहूँ, हो नाम हजारों वर्ष, कहे।
पशु-प्रजा वंश में लोप न हों, पहली आहुति इस भाँति रहे।
हे पुत्र तुझे अर्पित करता, मन द्वारा अपना प्राण यही।
देता द्वितीय आहुति जो वह, उसमें बोले वह ऐसा ही।
जो किये न्यून या अधिक कर्म, यह अग्नि जानता-पहचाने।
दे इष्ट-यज्ञ का रूप बना, 'सुन्दर आहुति' कर दे जाने। २४
दक्षिणी कान में 'वाक्' शब्द, कह दे शिशु से वह तीन बार।
दधि घृत मधु स्वर्ण शलाका से, दे, ऐसी आवृति करे चार।

[Bṛhadāraṇyaka-6-4

Sprinkling water on the mother he thus stated,
As air churns a pond, her foetus activated.
The placenta for ten months turned it about,
With placenta by this path O Jiva come out! 23
When the birth takes place, sacred fire is fixed.
With the child on lap, Ghī and curd is mixed.
Oblating he said, son, my Prāṇa I proffer!
To you by my mind this oblation I offer!
For thousands of years famed as the righteous ,
My fame at home may spread as the virtuous!
In my clan progenies and cattle be protected!
Thus praying the faher first oblation effected.
What more or less actions I did perform,
May this fire in virtuous oblations transform !
The sacred fire knows all I have ever done,
Let it make a good Yajña out of each one ! 24

अथास्य नाम करोति वेदोऽसीति तदस्य तद्गुह्यमेव नाम भवति।२६
अथैनं मात्रे प्रदाय स्तनं प्रयच्छति यस्ते स्तनः शशयो यो मयोभूर्यो
रत्नधा वसुविद्यः सुदत्रः। येन विश्वा पुष्यसि वार्याणि सरस्वति तमिह
धातवे करिति।२७

वह चार बार जब मुख में दे, प्रत्येक बार बोले ऐसे।
तुझमें मैं धारण भूः करूँ, यह भुवः करूँ धारण वैसे।
यह स्वः तुझमें करता धारण, ये भूः भुवः स्वः सब धारण।
तुझमें करता सब संधारण, ये चार बार हों उच्चारण। २५
अब नामकरण करते इसका, 'वेदोऽसि' ऐसा हैं कहते।
तू वेद रूप है, ज्ञान रूप, यह गुह्य नाम इसको देते। २६
फिर माँ को दें स्तनपान हेतु, यह कहें सरस्वति दो इसको!
रत्नधा, मयोभू, सुख-आशय, वसु युक्त, दुग्धदा स्तन शिशु को!
सुत-सुता सभी होते सुयोग्य, जिस स्तन से हो सबका पालन।
आगे कर वह स्तन सरस्वती, इस शिशु का भी कर ले लालन! २७

Upaniṣad]

Vāk, Vāk, Vāk, he thrice thus announced,
In the right ear of the child he so pronounced.
He makes the child lick with a gold-made spike,
Curd, honey and Ghī mixed, as it does like.
Bhūḥ Bhuvaḥ and Svaḥ I see in your mind!
In you all worlds and the mystic words find!
You are yourself Bhūḥ and Bhuvaḥ, I do hold,
You are Svaḥ as in you all three I behold!
Stating these chants thus one after another,
Each time the child is to lick the mix further.
Four times thus these chants he does utter,
Each time the child licks, curd, honey and butter. 25
Naming the child, you are the Veda, he stated,
Embodiment of the Vedas and wisdoms related.
This will be the child's secret and nick name,
The other general name a little later came. 26
He now gives the child to its mother to suck
O Sarasvati, he says, to your lap now tuck!
Present forward your joyful breasts pleasurable!
The sustainer of children, jewelled and suitable!
Put forth your breasts very sapful and pleasing!
Wet with the nectar of milk so appeasing !
Feeding your breasts now this one sustain,
As you your other children did maintain! 27

अथास्य मातरमभिमन्त्रयते, इलाऽसि मैत्रावरुणी वीरे वीरमजीजनत्। सा त्वं वीरवती भव याऽस्मान वीरवतोऽकरदिति तं वा एतमाहुरतिपिता बताभूरतिपितामहो बताभूः परमां बत काष्ठां प्रापच्छ्रिया यशसा ब्रह्मवर्चसेन य एवंविदो ब्राह्मणस्य पुत्रो जायत इति।२८

शिशु की माँ को यों कहें पुनः, स्तुति योग्य, तुझीने सभी किया।
तू इला, मित्रवत्, स्नेहमयी, तू वरुण सदृश हो न्याय प्रिया!
यह वीर पिता का वीर पुत्र, जिसको तुमने है जन्म दिया।
तुम वीरवती हो स्वयँ, मुझे भी, वीर पुत्र का पिता किया!
यह पिता छोड़ आगे निकला, सब लोग कहें ऐसा इसको।
ऐसा भी कहें, बहुत आगे, निकला यह छोड़ पितामह को!
यह मर्म जानता जो ज्ञानी, जब पुत्र-रत्न वह प्राप्त करे।
अत्यन्त ब्रह्मवर्चस्वी हो, श्री-यश अपार वह पुत्र वरे! २८

षष्ठ अध्याय- पाँचवाँ ब्राह्मण

यहाँ भी एक गुरु-परम्परा है जो प्रथम दो (२-३ तथा ४-६) से भिन्न है।

बृहदारण्यकोपनिषद् समाप्त

[Bṛhadāraṇyaka-6-4

Praising the mother he further thus stated,
O praise worthy and friend, with love saturated!
Importance to the truth like Varuṇa you gave
Giving birth to a brave son of a man also brave!
As the father of a brave son you myself make,
One should say the son will his father overtake!
They also might say, now exceeding his father,
He will overtake and exceed his grandfather!
When a son is born to such a Brāhmaṇa wise,
Who has this knowledge and acts like-wise,
The penacle of wealth and glory the son gains.
The knowledge of Para Brahma also attains! 28

Chapter Vl, Section-5

(Another list of teachers is here)

Oṁ Tat Sat

Bṛhadāraṇyaka Upaniṣad Ends.

End of The Upaniṣads

समापन

भावे चोपलब्धेः। २-१-१५ (ब्रह्मसूत्र)
कारण में कार्य निहित रहते, उपलब्धि तभी, सत्-भाव यही।
आभूषण स्वर्णों में जैसे, बदला स्वरूप है, स्वर्ण वही!
सत्वाच्चावरस्य। २-१-१६
कार्यों में कारण विद्यमान, इसलिये कार्य-कारण अभिन्न।
हो प्राग्भाव से ब्रह्म परे, सत् है, था भी, होगा न भिन्न!
असद्व्यपदेशान्नेति चेन्न धर्मान्तरेण वाक्यशेषात्। २-१-१७
यदि जगत् असत् होता पहले, कार्यों का कारण में अभाव।
पहले था सत् अव्यक्त मात्र? था नहीं नाम औ रूप-भाव!
युक्तेः शब्दान्तराच्च। २-१-१८
है युक्ति, कार्य-कारण अनन्य, ज्यों वृक्ष बीज में सूक्ष्म रूप।
हैं आप्त वचन इसके प्रमाण, वह ब्रह्म बीज के ही स्वरूप!
पटवच्च! २-१-१९
यह वस्त्र सूत्र में पहले ही, बुनने पर कारण सूत्र कहें।
हो रूप भिन्न, लेकिन अभिन्न, त्यों कारण-कार्य अभिन्न रहें।
(लेखक की पुस्तक 'वेदान्तगीत-ब्रह्मसूत्र' से)

Epilogue

Bhāve copalabhdheḥ, 2-1-15
The presence of Material Cause makes effects perceivable.
The Effect-Universe is from Cause-Brahma inseparable.
The universe is manifested due to Brahma's existence,
The Creation is no different from the Supreme Intelligence,
Satvāccāvarasya 2-1-16
The universe is already in Brahma before Creation.
The effect was in a latent form in the Causation.
Before, all existed in Him as He was the Existence.
Nothing comes out of another thing or Non-Existence!
A sadvyapadeśānneti Cenna dharmāntareṇa vākyaśeṣāt 2-1-17
Scripture's 'Non-Existence' 'no names and forms' denoted.
'The universe was unmanifested' it only connoted.
'It existed in subtle and latent state' śruti stated.
It became patent on creation, grew and differentiated!
Yukteḥ Śabdāntaracca 2-1-18
In reason, cause and effect have a relation of identity .
The cause exists prior to effect, not different in entity.
Śruti says, in the Beginning there was only Existence.
Effects existed in the Cause in unmanifest non-existence!
Patavacca 2-1-19
The cloth is in the thread from which it is woven
On weaving, the thread becomes the cause proven .
The universe during dissolution is in a dormant state.
The effect is cause-manifested, seed and tree illustrate!
From Author's 'Brahma Sūtras- The Song String Divine'